FRONTEIRAS DA TEORIA DO DIREITO

FRONTEIRAS DA TEORIA DO DIREITO

Richard A. Posner

Tradução
EVANDRO FERREIRA E SILVA, JEFFERSON LUIZ CAMARGO,
PAULO SALLES E PEDRO SETTE-CÂMARA

Revisão de tradução e texto final
EVANDRO FERREIRA E SILVA

wmf **martinsfontes**

Esta obra foi publicada originalmente em inglês com o título
FRONTIERS OF LEGAL THEORY
por Harvard University Press, Cambridge, USA
Copyright © 2001 by the President and Fellows of Harvard College
Publicado por acordo com Harvard University Press
Copyright © 2011, Editora WMF Martins Fontes Ltda.,
São Paulo, para a presente edição.

1ª edição 2011
2ª tiragem 2021

Tradução
EVANDRO FERREIRA E SILVA
JEFFERSON LUIZ CAMARGO
PAULO SALLES
PEDRO SETTE-CAMARA

Revisão da tradução e texto final
Evandro Ferreira e Silva
Acompanhamento editorial
Márcia Leme
Revisões
Daniela Lima
Alessandra Miranda de Sá
Edição de arte
Katia Harumi Terasaka
Produção gráfica
Geraldo Alves
Paginação
Studio 3 Desenvolvimento Editorial
Capa
Katia Harumi Terasaka

Dados Internacionais de Catalogação na Publicação (CIP)
(Câmara Brasileira do Livro, SP, Brasil)

Posner, Richard A.
Fronteiras da teoria do direito / Richard A. Posner ; tradução Evandro Ferreira e Silva, Jefferson Luiz Camargo, Paulo Salles e Pedro Sette-Câmara ; revisão de tradução e texto final Evandro Ferreira e Silva. – São Paulo : Editora WMF Martins Fontes, 2011. – (Biblioteca jurídica WMF)

Título original: Frontiers of legal theory
Bibliografia
ISBN 978-85-7827-320-0

1. Direito – Filosofia 2. Direito – Teoria I. Silva, Evandro Ferreira e. II. Título. III. Série.

10-07073   CDU-340.11

Índices para catálogo sistemático:
1. Direito : Teoria   340.11
2. Teoria geral do direito   340.11

Todos os direitos desta edição reservados à
Editora WMF Martins Fontes Ltda.
*Rua Prof. Laerte Ramos de Carvalho, 133 01325.030 São Paulo SP Brasil
Tel. (11) 3293.8150 e-mail: info@wmfmartinsfontes.com.br
http://www.wmfmartinsfontes.com.br*

ÍNDICE

Introdução VII

I. ECONOMIA

1. A teoria econômica do direito:
   de Bentham a Becker 3
2. O mercado do discurso 47
3. A teoria econômica normativa do direito:
   do utilitarismo ao pragmatismo 97

II. HISTÓRIA

4. A dependência do direito em relação ao passado .. 167
5. O historicismo entre os estudiosos do direito:
   Ackerman e Kahn 203
6. Savigny, Holmes e a posse na teoria econômica do
   direito 235

III. PSICOLOGIA

7. A emoção no direito 281
8. A economia comportamentalista do direito 319
9. As normas sociais (com uma nota sobre religião) ... 373

IV. EPISTEMOLOGIA

10. O testemunho	415
11. Os princípios do direito probatório e a crítica do sistema de confrontação das partes	439
12. As normas do direito probatório	503

V. EMPIRISMO

13. A contabilização, sobretudo de citações	547
Agradecimentos	591
Índice remissivo	595

INTRODUÇÃO

A educação jurídica tradicional privilegia o aspecto prático: ensina o aluno a tornar-se um advogado eficiente. A ênfase incide na análise das leis, bem como dos votos e das sentenças dos juízes (particularmente importantes num sistema de direito baseado na jurisprudência); no aprendizado dos contornos das doutrinas jurídicas fundamentais; nos valores profissionais; e, cada vez mais, no desenvolvimento de habilidades de acusação, defesa e negociação. Com uma educação desse tipo, seguida da experiência prática em um bom escritório de advocacia ou em um órgão público bem administrado, pode-se formar um profissional altamente qualificado, ou seja, capaz de se "movimentar" bem pelos labirintos do sistema. Esse tipo de formação, porém, não fornece os instrumentos essenciais para a compreensão e o aperfeiçoamento do sistema, uma vez que é incapaz de cultivar a indispensável perspectiva *externa*. Justamente por reconhecer essa limitação, bem como algumas falhas evidentes das reformulações jurídicas elaboradas por advogados[1] e o progresso das ciências sociais, é que, nos últimos anos, o ensino do direito e o pensamento jurídico em

---

1. Para uma das mais recentes reformulações desse tipo, a saber, aquela derivada da atuação da Suprema Corte nos casos delicados que prepararam o cenário para o *impeachment* do presidente Clinton, ver Richard A. Posner, *An Affair of State: The Investigation, Impeachment, and Trial of President Clinton*, cap. 6 (1999).

termos gerais se tornaram mais interdisciplinares e, em decorrência, mais "teóricos" (já que o direito é um campo menos dominado pela teoria, se comparado com a maior parte dos campos acadêmicos com os quais possui relação ou com os quais coincide em determinados aspectos). Esse fenômeno não é inteiramente positivo, pois boa parte da produção teórica em matéria de direito é vazia de conteúdo[2]. Nem toda ela, porém, é assim. Outras disciplinas têm muito com que contribuir para a compreensão e o aperfeiçoamento do direito. Neste livro, examino contribuições da economia, da história, da psicologia, da epistemologia e da inferência estatística.

O tema é vasto, razão pela qual meu tratamento será necessariamente parcial[3]. A ênfase na economia e na necessidade de um estudo mais empírico do direito não é um tema novo em minha obra, embora aqui a abordagem mude um pouco de direção. Mas a ênfase na história, na psicologia e na epistemologia (que, no presente contexto, significa o exame crítico da capacidade do processo jurídico para descobrir a verdade) é nova. Apoio-me intensamente em textos de minha autoria, mas os revisei, na tentativa de dar coesão e clareza ao conjunto, bem como de eliminar repetições. Submeti-os também a uma atualização (eles não são antigos, mas a teoria do direito é um campo que evolui muito rapidamente) e tentei corrigir erros, responder a críticas e tornar a linguagem mais harmônica.

---

2. Conforme argumento em Richard A. Posner, *The Problematics of Moral and Legal Theory* (1999). Ver também Dennis W. Arrow, "'Rich', 'Textured', and 'Nuanced': Constitutional 'Scholarship' and Constitutional Messianism at the Millennium", 78 *Texas Law Review* 149 (1999).

3. Um aprofundamento pode ser encontrado em vários de meus livros anteriores. Ver, além daqueles citados nas notas 1 e 2 anteriormente, *The Problems of Jurisprudence* (1990) [trad. bras. *Problemas de filosofia do direito*, São Paulo: WMF Martins Fontes, 2007]; *Cardozo: A Study in Reputation* (1990); *Overcoming Law* (1995) [trad. bras. *Para além do direito*, São Paulo: WMF Martins Fontes, 2009]; *The Federal Courts: Challenge and Reform* (1996); *Law and Legal Theory in England and America* (1996); *Law and Literature* (edição revisada e ampliada 1998); *Economic Analysis of Law* (5. ed. 1998).

INTRODUÇÃO

Do modo como a entendo aqui, a "teoria do direito" exclui tanto a filosofia do direito (a filosofia jurídica ou jusfilosofia) – que se ocupa da análise de abstrações de alto nível relacionadas com o direito, como o positivismo jurídico, o direito natural, a hermenêutica jurídica, o formalismo jurídico e o realismo jurídico – quanto a análise da doutrina jurídica ou de seu sinônimo, o raciocínio jurídico, que é o componente analítico central dos julgamentos de causas e da prática do direito. A teoria do direito diz respeito aos problemas práticos do direito, mas os aborda de uma perspectiva externa, usando as ferramentas de outras disciplinas. Não leva em conta a perspectiva interna do profissional do direito, que se presta inclusive à solução dos problemas práticos do direito.

Percebo que é um pouco tarde para tentar apropriar-me da expressão "teoria do direito" para a análise do direito de uma perspectiva externa. No direito americano, a palavra "teoria" já vem há muito tempo sendo usada como uma forma pedante de designar a tese do autor da ação ("a 'teoria' do demandante é a de que o réu, por sua conduta, prejudicou-o em seus direitos contratuais"), como uma generalização que se propõe a organizar um corpo de jurisprudência ("a teoria da responsabilidade civil é a de que as perdas só devem ser revertidas pelo direito quando o autor do delito puder ser considerado culpado") ou como uma teoria do direito restrita ao âmbito desta ciência, uma teoria elaborada por professores de direito, com pouco uso de ideias ou métodos provenientes de outros campos – a maioria das "teorias" constitucionais é desse tipo. Esses sentidos da palavra "teoria", que equivalem a igualar "teórico" a sistemático, abrangente ou fundamental, são um tributo ao domínio que a ciência exerce sobre a mente moderna. Porém, como as únicas abordagens de uma concepção genuinamente científica do direito são aquelas que vêm de outras disciplinas, como a economia, a sociologia e a psicologia, é apropriado, ao falar de "teoria do direito" de modo geral, restringir o termo às teorias que vêm de fora do campo do direito.

Assim entendida, a teoria do direito é de origem mais recente que a filosofia jurídica ou a análise doutrinal. Suas raízes, no entanto, remontam ao final do século XVIII e início do século XIX, quando surgiram a teoria utilitarista (essencialmente econômica) da punição criminal de Bentham e a concepção historicista da ciência jurídica defendida por Savigny, que influenciou Holmes. Mais tarde, Max Weber lançou as bases de uma abordagem sociológica do direito, a qual foi retomada por Roscoe Pound e outros, nos Estados Unidos, sob a rubrica de "teoria do direito sociológica". Posteriormente, o movimento do realismo jurídico, nas décadas de 1920 e 1930, veio defender não apenas um realismo psicológico (Jerome Frank) e um realismo econômico (Karl Llewellyn, William O. Douglas) maiores no campo jurídico, como também a pesquisa empírica em grande escala como caminho para a reformulação do direito. O realismo jurídico fora antecipado por Bentham, Holmes e Cardozo, todos os quais haviam, cada qual a seu modo, defendido um maior uso de perspectivas extrajurídicas e, particularmente, sociocientíficas.

O realismo jurídico, entretanto, não conseguiu cumprir suas promessas e, perto do fim da Segunda Guerra Mundial, já havia se esgotado. A década de 1950 e, em particular, a de 1960 presenciaram um aumento gradual das ambições intelectuais dos estudiosos do direito, mas foi somente a partir da década de 1970 que a teoria do direito passou a ser um dos principais objetos de enfoque do pensamento jurídico. A partir de então, o progresso foi rápido; e as razões disso são muitas. Os avanços verificados em outras áreas – como a economia, a teoria dos jogos, as teorias sociológica e política, a psicologia cognitiva e, até mesmo, a teoria literária – produziram novas ferramentas para o estudo do direito, ao mesmo tempo que a crescente complexidade do direito e da sociedade expôs a pobreza da análise doutrinal como ferramenta para a solução dos problemas do sistema jurídico. O simples aumento do número de juristas acadêmicos (resultante da forte elevação da demanda por serviços jurídicos) e, consequentemente, do número de advogados e estudantes de direito também desempenhou um papel importante nesse fenômeno. Hoje, existem tantos professores de direito, que aqueles mais inclinados à especulação teórica podem buscar entre os próprios pares um público para sua produção acadêmica. Não precisam mais buscar esse público entre os advogados da ativa e os juízes. Além disso, a abertura do direito acadêmico às mulheres, às minorias e aos radicais em matéria de política ampliou o mercado para as perspectivas críticas sobre o sistema jurídico, que geralmente vêm de outras áreas que não o direito. Ao mesmo tempo, a abundância de dados disponíveis sobre esse sistema, facilmente recuperáveis e analisáveis, vem ajudando a sustentar a teoria do direito como programa de pesquisa.

Ou, melhor dizendo, como programas. A teoria do direito não é um programa de pesquisa unificado. Seus integrantes não têm nem mesmo uma posição consensual sobre o significado de "teoria". Uma parte da teoria do direito é sociocientífica, outra não. Alguns teóricos desse campo enfatizam a teoria abstrata, outros a pesquisa empírica, outros nenhuma das duas. Alguns segmentos da teoria do direito têm um viés fortemente político, até polêmico, e outros não. Algumas abordagens são essencialmente descritivas, outras fortemente normativas; algumas se concentram em campos específicos do direito, outras têm maior amplitude. Diante disso, um esboço dos principais ramos desse campo meio indefinido pode ajudar o leitor a se orientar. Enfatizo o direito norte-americano porque a teoria do direito é bem mais desenvolvida e influente nos Estados Unidos que em outros países. Por outro lado, a filosofia jurídica tem presença mais marcante fora dos Estados Unidos.

A antiga e a nova teoria econômica do direito. O rápido aumento do alcance e do rigor da microeconomia nas últimas décadas (em parte devido à crescente incorporação da teoria dos jogos à economia) estimulou o surgimento e o crescimento contínuo de um ramo singular e importante da teoria do direito: a análise econômica do direito. As principais faculdades de direito dos Estados Unidos têm um ou mais economistas com Ph.D. em seu corpo docente. Há sete periódicos acadêmicos (seis norte-americanos e um europeu) especializados em análise econômica do direito. Há, ainda, inúmeros livros didáticos, uma vasta bibliografia de dissertações e duas enciclopédias[4], além de associações de profissionais nos Estados Unidos, na Europa e na América Latina. Muitos dos juízes dos tribunais recursais federais já foram estudiosos de análise econômica do direito. Além disso, a maioria dos juízes federais e muitos dos juízes estaduais frequentam, periodicamente, cursos nessa área.

A análise econômica do direito tem aspectos heurísticos, descritivos e normativos. Como heurística, procura apresentar a unidade subjacente às doutrinas e instituições jurídicas. Em sua modalidade descritiva, procura identificar a lógica e as consequências econômicas das doutrinas e instituições, bem como as causas econômicas das transformações jurídicas. Finalmente, em seu aspecto normativo, orienta os juízes e outros defensores do interesse público quanto aos métodos mais eficientes de regulamentação da conduta através do direito. Seu conteúdo tornou-se vasto – na verdade, o nível de abrangência é máximo. Ao explorar os avanços da economia do comportamento não mercadológico, a análise econômica do direito expandiu-se para muito além de seu enfoque original no direito antitruste, no direito tributário, na regulamentação dos órgãos executivos que prestam serviços públicos, nas finanças corporativas e em outras áreas de regulamentação explicitamente econômica. (Dentro desse domínio, expandiu-se, a fim de incorporar campos como o dos direitos de propriedade e o do direito contratual.) A "nova" análise econômica do direito abrange campos jurídicos não mercadológicos, ou

---

4. *The New Palgrave Dictionary of Economics and the Law* (Peter Newman [org.], 1998); *Encyclopedia of Law and Economics* (Boudewiin Bouckaert e Gerrit de Geest [orgs.], 2000).

INTRODUÇÃO XIII

quase não mercadológicos, como a responsabilidade civil, o direito de família, o direito penal, a liberdade de expressão, o direito processual, a legislação, o direito público internacional, os direitos de propriedade intelectual, as normas que regem o processo em primeira e segunda instâncias, o direito ambiental, o processo administrativo, a regulamentação da saúde e da segurança, as leis que proíbem a discriminação no ambiente de trabalho e as normas sociais vistas como fonte, obstáculo e substituto do direito formal. Os economistas, com grande frequência, participam de julgamentos, testemunhando como especialistas em campos como o direito antitruste e a regulamentação do mercado de valores mobiliários, bem como em todas as ações judiciais em que é necessário o cálculo de indenização por perdas e danos (como em processos que envolvem danos infligidos a uma pessoa ou atividade comercial).

A análise econômica do direito teve maior impacto prático nas áreas de regulamentação explicitamente econômica, como o direito antitruste e a regulamentação dos órgãos executivos que prestam serviços públicos. Nessas áreas, os analistas econômicos desempenharam um importante papel no sentido de impingir ao direito norte-americano uma orientação favorável ao livre-mercado. Cada vez mais, porém, sua marca é igualmente percebida em outras áreas jurídicas, como no direito ambiental, em que os direitos de emissão comerciáveis são um símbolo da abordagem econômica do meio ambiente; nas normas que regem o direito de desapropriação, um campo no qual a crescente preocupação dos juízes com os ganhos "regulatórios" traz a marca dos analistas econômicos do direito; e no direito de família, área na qual as ideias feministas e econômicas se juntaram para enfatizar a dimensão econômica da produção familiar.

O aspecto *teórico* mais ambicioso da abordagem econômica do direito é a proposta de uma teoria econômica unificada do direito, no âmbito da qual se considera que a função deste é a de facilitar a operação do livre-mercado e, nas áreas em que os custos das transações mercadológicas são proibitivos, a de "mimetizar o mercado" por meio da determinação, mediante decisão judicial, do desfecho que seria mais provável caso as transações de mercado fossem viáveis[5]. Portanto, tem, ao mesmo tempo, aspectos descritivos (ou explicativos) e normativos (ou reformistas).

A proposta daquilo que poderíamos pomposamente chamar de "a teoria econômica do direito por excelência" tem por base um artigo pioneiro de Ronald Coase[6]. O "Teorema de Coase" sustenta que, quando o custo das transações de mercado é igual a zero, a atribuição inicial de direitos não influencia em nada a eficiência, uma vez que, se a atribuição for ineficiente, as partes vão retificá-la por meio de uma transação corretiva. Disso derivam dois corolários importantes. O primeiro é o de que o direito, na medida em que esteja interessado na promoção da eficiência econômica, deve tentar minimizar os custos de transação – por exemplo, através de uma definição clara dos direitos de propriedade e de um esforço por torná-los facilmente transferíveis, bem como da criação de remédios judiciais baratos e eficazes para a quebra de contrato. Isso parece simples, mas a formulação de regras eficientes relativas aos direitos de propriedade e ao direito contratual nada tem de simples, como veremos de passagem no Capítulo 6, a propósito dos direitos de propriedade.

Por sua vez, o segundo corolário do Teorema de Coase afirma que, quando, a despeito de todos os esforços jurídicos, os custos das transações de mercado permanecem altos, o direito deve simular a alocação de recursos do mercado mediante concessão de direitos de propriedade aos usuários de mais alto valor. Um exemplo disso é a doutrina do uso justo (*fair use*) da lei de direitos autorais, que permite que

---

5. Ver, de minha autoria, *Economic Analysis of Law*, nota 3 acima, para a mais completa elaboração dessa abordagem até o momento presente.
6. R. H. Coase, "The Problem of Social Cost", 3 *Journal of Law and Economics* 1 (1960).

INTRODUÇÃO

os autores publiquem pequenas citações de uma obra protegida por essa lei, sem precisarem negociar com os detentores dos direitos autorais. Normalmente, os custos dessas negociações seriam proibitivos. Se não o fossem, o resultado mais comum seria um acordo para permitir a citação, de modo que a doutrina do uso justo produz o resultado que o mercado produziria se as transações mercadológicas fossem viáveis.

A abordagem econômica do direito, que desempenha um papel central neste livro, assim como na maior parte de minhas obras anteriores, será explicada com mais detalhes nos três primeiros capítulos e aplicada, seguidas vezes, nos capítulos subsequentes.

História do direito. A perspectiva histórica é a mais antiga perspectiva externa dos sistemas jurídicos e, até há poucas décadas, a mais comumente adotada. Por ser o direito uma ciência muito antiga e, além disso, caracterizada por uma notável continuidade em relação a suas origens (a qual se reflete, por exemplo, no arcaísmo de sua terminologia); e também devido à ênfase que o sistema jurídico norte-americano, em particular, atribui aos textos antigos – sobretudo à Constituição de 1787 – e (juntamente com os outros sistemas jurídicos anglo-americanos) à decisão de casos segundo a jurisprudência; é natural que os estudiosos acadêmicos do direito adotem uma abordagem historicista, cuja essência consiste em postular que tanto o significado quanto a legitimidade das doutrinas e decisões jurídicas dependem do *pedigree* histórico delas. Ainda que, nas últimas décadas, o historicismo tenha perdido terreno para outras abordagens interdisciplinares, o "originalismo", que poderia ser descrito como uma versão radical do historicismo, passou a exercer grande influência na Suprema Corte e nos tribunais federais. A abordagem histórica do direito é o tema da Segunda Parte deste livro. No entanto, argumentarei ali que a melhor maneira de entender o originalismo não é definindo-o como um tipo de historicismo, mas, antes, como uma tentativa de fugir das abordagens (inclusive da historicista) que, tanto na teoria quanto na prática, permitem um grau considerável de criatividade por parte dos juízes.

Teoria feminista do direito. Até bem pouco tempo, a advocacia, em todas as suas vertentes, era uma profissão totalmente dominada pelos homens. A Faculdade de Direito de Harvard só passou a admitir mulheres como alunas na década de 1950, e a primeira juíza da Suprema Corte só foi nomeada em 1981. Como resultado da escassez de mulheres em posições influentes na profissão e do papel de subordinação que, via de regra, estas ocupavam na sociedade, o direito não refletia os interesses das mulheres, nem a perspectiva delas, a propósito de um grande número de questões. Entre essas questões, estavam as normas probatórias nos julgamentos por estupro, a venda e a exibição de pornografia, o assédio sexual no ambiente de trabalho, a discriminação sexual no trabalho e nas instituições de ensino, as normas relativas ao divórcio e à guarda de crianças, as restrições legais ao aborto e as adaptações a serem feitas no local de trabalho para acomodar mulheres grávidas. A partir da década de 1970, advogadas feministas, como Ruth Bader Ginsburg e Catharine MacKinnon, começaram, através de sua atividade docente, de seus escritos e do exercício da advocacia forense, além de outras atividades profissionais, a realizar importantes reformas no tratamento jurídico dispensado às mulheres. A vertente teórica do movimento feminino pela reforma do direito é conhecida como "teoria feminista do direito". As feministas de esquerda, como Ginsburg, lutam, basicamente, pela igualdade no tratamento concedido a homens e mulheres. Por outro lado, as feministas da "diferença", como Carol Gilligan, acreditam que a jurisprudência masculina se concentra excessivamente em regras, conflitos e direitos. As feministas radicais encaram com pessimismo as reformas que buscam aperfeiçoar aquilo que já existe. MacKinnon, a pioneira da teoria feminista radical do direito (e, praticamente, a criadora do conceito de assédio sexual no ambiente de trabalho como delito), compara as mulheres ao proletariado de Marx.

INTRODUÇÃO

A teoria feminista do direito tem exercido influência sobre cada vez mais obras teóricas que abordam questões de interesse dos homossexuais ("direito *gay*"), como a proibição do casamento homossexual, a exclusão dos homossexuais das forças armadas dos Estados Unidos – entre outras discriminações contra os homossexuais – e a proibição da sodomia homossexual pelo direito penal, uma proibição que ainda está presente na lei em quase metade dos estados norte-americanos.

Em outros livros[7], discuti com certa profundidade as teorias feministas, entre outras teorias jurídicas que remetem às questões da prática e da orientação sexual, e não pretendo retomá-las aqui.

Teoria constitucional; direito e teoria política. A linguagem da Constituição dos Estados Unidos é, às vezes, abrangente em excesso e vaga. Um notável exemplo são as garantias de "devido processo legal" e "igual proteção das leis" da Décima Quarta Emenda. O caráter extremamente abrangente e vago de tal linguagem, além da idade inegavelmente avançada de grande parte do texto da Constituição e do dinamismo da sociedade que ela procura regular, são convites à livre interpretação. A partir da interpretação de termos vagos presentes na Constituição, a Suprema Corte, muitas vezes, criou direitos que estão, ao mesmo tempo, distantes das expectativas dos autores e ratificadores da Constituição e em desacordo com a vontade das maiorias democráticas de determinados estados (quando não com a do país inteiro), como o direito de aborto. A legitimidade de uma prática por meio da qual uma comissão de juízes pode pôr em xeque o poder da maioria democrática de implementar suas preferências jurídicas tem sido, há muito

---

7. Ver Richard A. Posner, *Sex and Reason* (1992); *Overcoming Law*, nota 3 acima, pt. 4 e cap. 26; *The Problematics of Moral and Legal Theory*, nota 2 acima, p. 314 (referências no índice a "Feminismo" e "Homossexualidade"). Para contribuições recentes, ver Linda R. Hirshman e Jane E. Larson, *Hard Bargains: The Politics of Sex* (1998); William N. Eskridge Jr., *Gaylaw: Challenging the Apartheid of the Closet* (1999).

tempo, objeto de debate entre os profissionais do direito. Existe uma tradição de autorrestrição, que se desenvolveu a partir de um antigo ensaio de James Bradley Thayer[8] e arregimentou importantes personalidades do judiciário, como Oliver Wendell Holmes, Louis Brandeis, Felix Frankfurter e Learned Hand, além de eminentes figuras acadêmicas, como Henry Hart e Herbert Wechsler. O mais importante representante de Thayer na atualidade é o juiz Antonin Scalia, da Suprema Corte. Em um artigo escrito em 1959, que versava sobre os princípios neutros do direito constitucional e que é o *locus classicus* da abordagem restritivista, Wechsler propunha que o direito constitucional poderia ser estabilizado se os juízes baseassem suas decisões em princípios abrangentes[9]. O autor criticava o caso *Brown vs. Board of Education*, em que a Suprema Corte invalidou a segregação racial na rede pública de ensino com base na alegação de que o único princípio neutro aplicável à questão era o princípio da liberdade de associação. Segundo Wechsler, a decisão da Corte violara a neutralidade por sobrepor, implicitamente, a liberdade dos negros de se relacionar com os brancos à liberdade destes de não se relacionar com os negros.

O artigo de Wechsler desencadeou um debate acadêmico (que se estende até hoje) sobre qual seria a abordagem decisória apropriada para os julgamentos de causas constitucionais, uma abordagem que fosse capaz de evitar o emprego licencioso do poder discricionário sem reprimir o poderoso impulso para a justiça substantiva que se evidencia no caso *Brown* e em outras famosas decisões da Corte presidida pelo juiz Warren. Alguns marcos desse debate são a proposta de Alexander Bickel (apresentada em seu livro *The Least Dangerous Branch* [A sucursal menos perigosa]) de

---

8. James B. Thayer, "The Origin and Scope of the American Doctrine of Constitutional Law", 7 *Harvard Law Review* 129 (1893).

9. Herbert Wechsler, "Toward Neutral Principles of Constitutional Law", 73 *Harvard Law Review* I (1959).

INTRODUÇÃO

aperfeiçoar o princípio wechsleriano, agregando-lhe um progressismo prudencial, e a sugestão de John Ely, segundo a qual o correto papel dos juízes, nos julgamentos de causas constitucionais, é o de "reafirmar a representatividade" e, portanto, invalidar os obstáculos à democracia representativa, como a proporcionalidade representativa injusta e o imposto sobre o voto[10]. O ímpeto esquerdizante de Bickel, Ely e seus seguidores foi repelido por Robert Bork, Scalia e outros defensores do originalismo. Estes rejeitam a ideia de uma "Constituição viva" e preferem se manter fiéis ao significado da Constituição tal como a entendiam seus criadores e ratificadores.

A teoria constitucional é fortemente normativa em sua orientação e seus objetivos. Quase sem exceção, os teóricos estão muito mais interessados em avaliar as decisões judiciais já tomadas e fornecer orientação sobre como decidir novos casos do que em explicar, por referência a normas com as quais os teóricos podem não concordar, os padrões que caracterizam as decisões baseadas na jurisprudência. Talvez devido ao pendor emocional e político do direito constitucional hodierno, a teoria constitucional, na condição de campo do conhecimento, não tem demonstrado nenhuma tendência à conclusão[11].

Os cientistas políticos que se interessam por temas relacionados ao direito exploram as mesmas questões (a esta altura, as mesmas *velhas* questões) que afligem os estudiosos da teoria constitucional: o papel da deliberação na elaboração de políticas democráticas, a tradição do republicanismo cívico, o significado da democracia norte-americana e os elementos que caracterizam a defesa do interesse público guiada por princípios gerais, por parte dos juízes. Frequentemente, esses cientistas políticos são, eles próprios,

---

10. John Hart Ely, *Democracy and Distrust: A Theory of Judicial Review* (1980).

11. Para um estudo recente das teorias constitucionais, ver Richard H. Fallon Jr., "How to Choose a Constitutional Theory", 87 *California Law Review* 535 (1999).

estudiosos da teoria constitucional. Tão frequentemente, na verdade, que "direito e teoria política" é quase um sinônimo de teoria constitucional. Por outro lado, é muito diversa a abordagem daqueles pensadores que incorporam à análise das questões constitucionais os princípios da "escolha pública" e, desse modo, enfatizam o papel dos grupos de interesse nos processos legislativo e judicial, a influência que a manipulação de informações exerce sobre as escolhas políticas ou sobre as escolhas coletivas de qualquer outro tipo, a interação estratégica entre diferentes setores do governo e as indeterminações do ato de votar como método de aglutinação de preferências. Tudo isso, ou seja, a vertente da teoria constitucional ou política fundada na escolha pública, apoia-se fortemente na teoria dos jogos e em modelos de escolha racional, e pode ser incluído na esfera da análise econômica do direito.

Em outros livros meus, já discorri longamente sobre a teoria constitucional e a teoria política[12]. Neste, discuto a questão sobretudo nos Capítulos 2 a 5 e na segunda metade desta Introdução.

Direito e filosofia. A filosofia do direito (jusfilosofia) não esgota as aplicações potenciais da filosofia ao direito. Os temas filosóficos são muito comuns na teoria constitucional e em sua irmã gêmea, a teoria política do direito. Além disso, podem ser encontrados, ocasionalmente, não apenas na análise econômico-normativa do direito, nos estudos jurídicos críticos e em outros campos interdisciplinares, mas também na discussão de campos específicos do direito. Essas aplicações definem um campo da teoria do direito que é distinto daquele da jusfilosofia, a saber, o campo da "teoria filosófica do direito". Os filósofos políticos e morais kantianos e utilitaristas, assim como seus seguidores dentre os professores de direito, tentam impor suas concepções normativas à responsabilidade civil, ao direito penal, ao direito

---

12. Ver, por exemplo, *Overcoming Law*, nota 3 acima, pt. 2; *The Problematics of Moral and Legal Theory*, nota 2 acima, pp. 144-82.

contratual, aos direitos de propriedade e a outros campos; ou então argumentam que suas posições filosóficas se encontram latentes nesses campos. Os epistemólogos e os filósofos da linguagem aplicaram suas descobertas a um grande número de questões específicas do direito, como o conceito de nexo causal na responsabilidade civil e no direito penal, os conceitos de intencionalidade e voluntariedade (por exemplo, de uma confissão à polícia) no direito penal e o horizonte de alcance da interpretação das leis. O aspecto epistemológico da teoria filosófica do direito é um dos temas abordados na Quarta Parte deste livro. Os demais ramos são discutidos com mais abrangência em outros livros meus[13].

A sociologia do direito e a teoria social do direito. Na Europa, a sociologia do direito, que inclui a criminologia, tem uma longa história (na qual Max Weber é a figura tutelar) e continua bem representada nas faculdades de direito, nas revistas e dissertações acadêmicas e nos movimentos pela reforma do direito. Os campos de interesse da sociologia do direito europeia são a operação e os efeitos do sistema de justiça penal; a prestação de serviços jurídicos aos pobres; a estrutura, a renda e a regulamentação das profissões jurídicas; os métodos de aperfeiçoamento do desempenho dos juízes; e, finalmente, a influência dos interesses políticos e de classe sobre os juízes e profissionais do direito em geral. Haja vista a hospitalidade de que desfruta a teoria do direito no meio acadêmico-jurídico dos Estados Unidos, é surpreendente que a sociologia do direito desempenhe um papel marginal na teoria do direito norte-americana. Seus praticantes são muito poucos para manter uma associação profissional e um periódico. Para conquistar esse *status* de campo consolidado do conhecimento, estes, então, julgaram necessário juntar-se aos cientistas políticos, antropólogos e psicólogos para formar o campo da teoria social do direito, que tem uma associação profissional e um periódi-

---

13. Ver *The Problems of Jurisprudence*, nota 3 acima; *The Problematics of Moral and Legal Theory*, nota 2 acima.

co próprios. A marginalidade da sociologia do direito nos Estados Unidos se deve ao fato de a criminologia não ter conseguido apresentar propostas viáveis e convincentes para lidar com os elevadíssimos índices de criminalidade do país, assim como a uma indisposição geral da educação superior norte-americana para com a sociologia[14] e à ascensão de escolas de teoria do direito que competem com a sociologia do direito (a saber, principalmente, a teoria econômica do direito e a filosofia feminista do direito)[15].

Não obstante, são muitos os pontos fortes da sociologia do direito norte-americana e da "teoria social do direito" em geral. O mais importante deles é a ênfase no estudo empírico do sistema jurídico, ênfase esta que não encontra equivalente em nenhum outro campo da teoria jurídica. Os sociólogos do direito norte-americanos têm prestado contribuições importantes no que concerne ao cálculo dos índices de litigiosidade; à comparação de sistemas jurídicos no âmbito internacional; ao funcionamento de atividades do sistema judiciário mais ligadas ao dia a dia, como os julgamentos de causas de divórcio e de causas relacionadas a infrações e acidentes de trânsito; à dimensão estratégica das ações judiciais e do papel da raça e da classe social no sistema jurídico. A sociologia do direito desempenhou um papel significativo em um de meus livros anteriores[16]. Neste, porém, ocupa uma posição secundária. O Capítulo 9, que trata das normas sociais, remete a um tema tradicionalmente sociológico, mas minha ênfase incide sobre a economia e a psicologia do comportamento regido por normas e não sobre o entendimento sociológico deste.

Direito, psicologia cognitiva e comportamentalismo. Há muito se reconhece a importância da psicologia do anormal

---

14. Indisposição que se deve ao pendor tradicionalmente esquerdista desse campo, bem como a sua ligação com muitas propostas políticas fracassadas e à crescente concorrência da economia, que se expandiu e passou a abordar alguns tópicos tradicionais da sociologia, só que com maior rigor.

15. Ver Richard A. Posner, "The Sociology of the Sociology of Law: A View from Economics", 2 *European Journal of Law and Economics* 265 (1995).

16. *The Problematics of Moral and Legal Theory*, nota 2 acima.

INTRODUÇÃO XXIII

para a avaliação das questões de insanidade que surgem nos processos penais e nas ações civis em que se pede a internação compulsória de uma pessoa. Inédita, na era da teoria do direito, é a aplicação da psicologia cognitiva (o estudo da administração do comportamento humano pelo cérebro, seja esse comportamento "anormal" ou não) a uma grande variedade de temas jurídicos. Esses temas, muitos dos quais abordo na Terceira Parte e, em menor grau, na Quarta Parte deste livro, incluem a avaliação do depoimento das testemunhas sobre eventos ocorridos no passado distante; a mensuração de distorções na avaliação que as pessoas fazem dos riscos caracterizados por uma baixa probabilidade de incidência; a estipulação do impacto das provas e da argumentação sobre o processo mental e a decisão dos jurados; a avaliação dos processos de tomada de decisão dos jurados e dos juízes segundo parâmetros psicologicamente realistas; o reconhecimento do papel da emoção nos processos decisórios; a identificação dos mecanismos pelos quais as normas jurídicas e de qualquer outra natureza se impõem extrajuridicamente; e a crítica ao realismo dos pressupostos adotados pela análise econômica do direito quanto à racionalidade do comportamento humano.

Um tema que unifica boa parte deste livro (a parte que atende pelo nome de "economia comportamental", "teoria econômico-comportamental do direito" ou "comportamentalismo econômico") é aquele que parte da constatação de que a evolução produziu condicionamentos no aparato cognitivo humano, os quais prejudicam a capacidade dos participantes do processo jurídico para absorver e processar informações essenciais. Entre esses condicionamentos estão a heurística da disponibilidade, que é a tendência a atribuir uma importância indevida a fatos ou sentimentos marcantes e facilmente relembrados; a percepção tardia, ou tendência a exagerar a inevitabilidade das cadeias causais; e o efeito de apropriação (*endowment effect*), que é a tendência a valorizar o que temos porque é nosso, a despeito de seu valor intrínseco. A tendência à percepção tardia, por exemplo, pode levar os jurados a inferirem, a partir do fato de que um acidente ocorreu, que o transgressor deveria ter previsto e evitado o perigo do acidente, e que foi, portanto, negligente. O efeito doação, por sua vez, pode tornar difícil a atribuição de direitos ao portador de mais alto valor (o procedimento recomendado pela análise econômica do direito), pois o valor se torna uma função da pessoa à qual se atribuem os direitos. Os comportamentalistas econômicos também acreditam que o altruísmo e o sentimento de "equidade" desempenham, no comportamento social humano, um papel que a teoria da escolha racional é incapaz de explicar. No Capítulo 8, porém, argumento que o modelo de escolha racional é mais forte do que pensam os comportamentalistas econômicos. Especificamente, mostro como um modelo de sinalização racional pode explicar alguns dos principais resultados empíricos da bibliografia comportamental.

Direito e literatura. Desde o começo da década de 1970, um grande número de professores de direito, um número um pouco menor de especialistas em literatura e alguns acadêmicos com formação nas duas áreas vêm explorando as inúmeras relações entre direito e literatura. Muitas obras literárias cujo enredo contém temas jurídicos (entre elas algumas tragédias gregas, várias das peças de Shakespeare e diversos romances e contos) foram exploradas por sua importância do ponto de vista do direito. As aplicações mais práticas desse campo de estudos concentram-se nas áreas da interpretação, da retórica, do ensino do direito e da propriedade intelectual. Métodos de interpretação desenvolvidos por críticos e estudiosos da literatura foram aplicados à Constituição norte-americana (criando um entrecruzamento entre a teoria constitucional e a teoria literária do direito); métodos de avaliação do estilo e da retórica das obras literárias foram empregados na crítica dos votos e das sentenças dos juízes; obras literárias tidas como ilustrativas de princípios éticos ou capazes de suscitar sentimentos de solidarização com os problemas das minorias têm tido seu estudo recomendado a estudantes de direito e juízes; e, finalmente, o conhecimento literário tem sido usado como fonte de ideias de originalidade e criatividade que poderiam ser usadas como paradigma para a interpretação dos direitos autorais e das demais leis que regulamentam a atividade expressiva. Este é outro campo da teoria jurídica que já discuti extensamente em outro livro[17] e não pretendo retomar aqui.

Estudos jurídicos críticos e estudos jurídicos pós-modernos. Também a partir da década de 1970, muitos estudiosos do direito, inspirados tanto pelos movimentos estudantis de fins dos anos 1960 quanto pela teoria sociológica continental europeia (marxismo, estruturalismo e pós-estruturalismo), juntaram-se para formar o movimento a que deram o nome de estudos jurídicos críticos. Tratava-se, basicamente, de uma retomada do realismo jurídico de uma ótica radicalmente intransigente. Os realistas haviam enfatizado o elemento político do direito, mas sem apresentá-lo como o único elemento. De modo geral, não defendiam nada mais radical que a reestruturação dos princípios do direito a partir das descobertas vinculadas a uma sociologia neutra do ponto de vista ético. Os adeptos dos estudos jurídicos críticos, por sua vez, afirmavam que o direito não passa de política – e que o mesmo acontece com as ciências sociais (a não ser, talvez, a teoria crítica influenciada pelo marxismo), especialmente a análise econômica do direito, contra a qual esses estudiosos dirigiram suas baterias. Sua negação da objetividade do direito e a natureza em geral niilista de seu projeto, bem como a consequente escassez de sugestões construtivas por parte desses intelectuais, restringiram o impacto de sua obra tanto dentro quanto fora das universidades. Hoje, o movimento dos estudos jurídicos críticos encontra-se ultrapassado, a não ser pelo fato de que, como a mãe salmão, de cujo corpo a prole se nutre, ele serviu de combustível para três outras escolas radicais de teoria do

---

17. Ver *Law and Literature*, nota 3 acima.

direito, que continuam exercendo influência sobre os círculos jurídicos acadêmicos. São estes os estudos jurídicos feministas radicais, que enfatizam, ao modo dos estudos jurídicos críticos, o caráter ideológico das doutrinas e instituições jurídicas existentes; a pesquisa acadêmica pós-modernista, que enfatiza a flexibilidade do sistema jurídico; e a teoria crítica da raça, que, em algumas versões, leva a crítica da racionalidade jurídica ao extremo, ao insistir no abandono dos paradigmas acadêmicos vigentes, em favor do "grito da raça", entoado por estudiosos do direito pertencentes a grupos minoritários em obras acadêmicas de caráter autobiográfico e não analítico. A teoria crítica da raça vincula-se à teoria jurídica radical feminista por dar ênfase à raça como elemento socialmente construído, o que se aparenta à ênfase das feministas no gênero sexual como elemento socialmente construído. Em todos os três movimentos derivados dos estudos jurídicos críticos, é evidente a influência do socioconstrutivismo radical de Foucault. Discuti esses movimentos mais detidamente em outras obras[18] e só os menciono de passagem neste livro, basicamente no Capítulo 10.

Essa enumeração dos campos da teoria jurídica não é completa, mas os campos omitidos da lista acima tendem a ter um enfoque restrito ou, então, poucos adeptos. Nesse contexto incluem-se, por exemplo, bibliografias como a que explora a aplicação da teoria da probabilidade bayesiana ao direito probatório ou como aquela que aplica a teoria linguística à interpretação de peças jurídicas e a que aplica a biologia evolutiva a determinados temas, sobretudo no âmbito do direito de família e das regulamentações concernentes à atividade sexual. O primeiro desses campos, porém, que se poderia considerar um ramo da psicologia cognitiva ou um encontro entre a psicologia e a epistemologia,

---

18. Particularmente em *Sex and Reason*, nota 7 acima, e *Overcoming Law*, nota 3 acima; mas ver também *The Problematics of Moral and Legal Theory*, nota 2 acima, pp. 265-80.

figura nos capítulos sobre direito probatório, na Quarta Parte deste livro.

A teoria do direito veio para ficar. Os êxitos que obteve na elucidação de alguns dos mais obscuros recantos do sistema jurídico e na indicação do caminho para mudanças construtivas foram suficientemente numerosos para torná-la um elemento indispensável do pensamento jurídico. Entretanto, provou-se de difícil assimilação no âmbito da advocacia e do ensino do direito, por depender de áreas do saber das quais, ainda hoje, poucos juristas possuem mais que um conhecimento superficial. Minha expectativa é torná-la mais acessível e útil aos advogados, aos estudantes de direito, aos juízes e aos próprios estudiosos interdisciplinares. Dessa forma, podem-se transpor as fronteiras acadêmicas convencionais, que fizeram a teoria jurídica parecer, por vezes, um caleidoscópio ou mesmo um amontoado de fragmentos, em vez de uma busca por um melhor entendimento do direito. Pode parecer que as áreas especificamente examinadas neste livro – economia, história, psicologia, epistemologia e empirismo quantitativo – guardem pouca relação umas com as outras. Veremos, contudo, que elas se sobrepõem e se misturam, permitindo-nos vislumbrar a possibilidade da teoria do direito como um campo unificado da ciência social.

Precisamos da ajuda da teoria do direito, sobretudo, para responder a questões fundamentais sobre o sistema jurídico, pois o conhecimento *sobre* o sistema, em contraposição à habilidade de manobrar *no interior* do sistema, é precisamente o que as técnicas analíticas convencionais do jurista ou do professor de direito não oferecem. Considere-se (e será este o enfoque do restante desta Introdução, um estudo de caso da constrangedora ignorância, que, com o tempo, talvez a teoria do direito nos ajude a superar) a questão de saber se o poder há muito exercido pela Suprema Corte de invalidar leis federais e estaduais, entre outras ações governamentais que, em seu entendimento, violam a Constituição, surtiu, em termos gerais, efeitos que a maioria das pessoas consideraria benéficos. Os profissionais do direito respondem prontamente que "sim". Mas essa é uma resposta meramente instintiva, e atualmente vem sendo intensamente questionada por um grupo de juristas e professores de direito bastante diversificado em termos políticos e metodológicos[19]. Alguns desses céticos têm apenas objeções políticas a doutrinas ou decisões específicas e aceitariam de bom grado o controle judicial de constitucionalidade, se considerassem os juízes da Suprema Corte tão liberais ou conservadores (conforme o caso) quanto eles. A outros, que aqui ecoam uma opinião proferida por Learned Hand[20] e, antes dele, por Jefferson e Lincoln, entre muitos outros, desagrada o caráter antidemocrático do controle judicial de constitucionalidade (que é como os juristas constitucionais chamam o direito dos juízes de invalidar, por referência à Constituição, os atos dos outros poderes do Estado).

---

19. Ver J. M. Balkin e Sanford Levinson, "The Canons of Constitutional Law", 111 *Harvard Law Review* 963 (1998); Michael J. Klarman, "What's So Great about Constitutionalism?", 93 *Northwestern University Law Review* 145 (1998); Klarman, "Constitutional Fetishism and the Clinton Impeachment Debate", 85 *Virginia Law Review* 631 (1999); Richard D. Parker, *"Here, the People Rule": A Constitutional Populist Manifesto* (1994); Mark Tushnet, *Taking the Constitution away from the Courts* (1999); Robert H. Bork, *Slouching towards Gomorrah: Modern Liberalism and American Decline*, pp. 117-8 (1996) (Bork não prega abertamente o fim do controle judicial de constitucionalidade. Sua proposta é enfraquecer esse poder, ao se permitir que o Congresso revogue uma decisão judicial que invalide uma lei federal); Jeremy Waldron, *Law and Disagreement* (1999). Além disso, David A. Strauss, num artigo intitulado "The Irrelevance of Constitutional Amendments" (publicado em março de 2001, *Harvard Law Review*), apresenta o poderoso argumento de que mesmo as emendas formais à Constituição dos Estados Unidos realizadas depois do período de fundação fizeram pouca diferença para a ordem constitucional e as instituições do país. Se assim for, parece ainda menos provável que as decisões judiciais que interpretam a Constituição, as quais não se revestem da mesma autoridade das emendas formais, tenham feito uma grande diferença.

20. Que, numa afirmação célebre, disse que não gostaria de ser "governado por uma tropa de guardiões platônicos" porque "perderia o estímulo de viver numa sociedade na qual desempenho, ao menos em teoria, algum papel na condução dos negócios públicos". Learned Hand, *The Bill of Rights*, pp. 73-4 (1958).

INTRODUÇÃO

Outros simplesmente duvidam que os juízes tenham competência para exercer com responsabilidade o grande poder que é o controle de constitucionalidade. Não me ocupo, contudo, dos fundamentos ou das motivações dessa dúvida, mas apenas do questionamento dos céticos acerca das consequências benéficas da doutrina do controle de constitucionalidade; pois isso mostra que, depois de dois séculos de vigência dessa doutrina nos Estados Unidos, bem como de muitos milhares de sentenças judiciais e incontáveis obras de direito constitucional, suas consequências ainda são objeto de conjectura.

Os argumentos dos céticos são os seguintes:

1. Os legisladores e as demais autoridades governamentais levam a Constituição a sério, mesmo quando não há perspectiva de que os juízes garantam o cumprimento dela. Vimos isso na tentativa de *impeachment* de Clinton. Ainda que a atitude do judiciário diante de casos de *impeachment* seja a de lavar as mãos e permitir que o Congresso faça praticamente o que quiser, este se esforçou por não se desviar das posições mais convencionais no que se refere à interpretação das cláusulas constitucionais aplicáveis. Desconsideraram-se, tacitamente, ideias fantasiosas que desafiavam as crenças estabelecidas sobre o significado dessas cláusulas, como o argumento de que o Senado pode condenar um presidente por crimes graves ou pequenas contravenções e, ainda assim, decidir não destituí-lo. Na medida em que as alegações plausíveis de inconstitucionalidade tiverem poder efetivo como retórica política, a Constituição pode ser considerada autoexecutável.

2. Uma questão análoga, com implicações semelhantes, é que os legisladores e as demais autoridades governamentais tendem a levar a Constituição *mais* a sério quando não podem passar a responsabilidade aos tribunais. É mais provável que sejam acusados de comportamento inconstitucional se não houver nenhuma modalidade de correção. Por esta e outras razões, as autoridades se sentem incentivadas a obedecer a maior parte das cláusulas constitucio-

nais. Esses dispositivos são "incentivadores naturais", não precisando, portanto, de agentes externos que garantam seu cumprimento[21].

3. O público pode ser levado a perder o interesse pela Constituição se o domínio da interpretação constitucional for monopólio de uma casta de juízes. A mensagem que o controle judicial de constitucionalidade transmite ao público é a de que a Constituição é assunto de juízes, não do povo. Mark Tushnet distingue uma Constituição "robusta", ou seja, o texto integral com o enorme *corpus* de interpretação judicial a ele incorporado, e uma Constituição "enxuta", que consiste num punhado de normas básicas, muitas delas provenientes da Declaração de Independência (que, tecnicamente, nem faz parte da Constituição) e do preâmbulo à Constituição[22]. A Constituição "enxuta" é aquela reverenciada pelas pessoas e na qual se basearam os debates entre Lincoln e Douglas. Ela é ofuscada pelo desenvolvimento, por parte dos juízes, da Constituição densa, um emaranhado cada vez mais impenetrável de regras e tecnicidades – obra de juristas tecnicamente competentes, porém de mentalidade estreita, numa era de racionalidade, especialização e desencantamento.

4. O controle judicial de constitucionalidade é paternalista e antidemocrático. Ele alça os juízes da Suprema Corte ao papel de regentes de uma população tida como incapaz de governar a si própria por causa de sua ignorância, suas paixões, seus preconceitos e sua falta de princípios. A vitaliciedade do cargo, por sua vez, confere aos juízes federais um ar monárquico, e não se constitui apenas numa fórmula para isolá-los das paixões do momento, mas também num passaporte para a irresponsabilidade e a altivez.

5. Quando a Constituição é clara a respeito de determinada questão (por exemplo, ao conceder a cada estado, independentemente de sua população, o direito a ter

---

21. Tushnet, nota 19 acima, cap. 5.
22. *Id.*, pp. 9-13.

dois senadores), não há necessidade de revisão do processo administrativo por um segundo grau de jurisdição para determinar se houve violação. Esta seria óbvia e o povo ficaria indignado (a não ser em uma situação de crise extraordinária). Por outro lado, nas questões sobre as quais a Constituição é obscura, o controle judicial de constitucionalidade tende a ser guiado pelas preferências políticas dos juízes e por sua visão acerca do interesse público, não pela Constituição em si. O texto é tão antigo e as controvérsias sobre seu significado são tão saturadas de implicações políticas, que a interpretação da Constituição em casos duvidosos (os únicos que tendem a ser levados a juízo) está fadada a ser arbitrária, em vez de regida por normas rigorosamente definidas.

6. A legislação constitucional através do exercício do poder discricionário poderia ser algo benéfico se uma comissão de juristas não eleitos (a Suprema Corte, no fim das contas, é isso) dispusesse da quantidade de informação necessária para legislar com conhecimento de causa – isso seria a política elevada ao nível da arte de governar. Mas as coisas não são assim. O direito constitucional abrange um domínio tão vasto de questões de interesse público (que vão da imigração à educação, da mitigação da pobreza aos direitos dos homossexuais e do crime à liberdade religiosa), que poucos juízes conseguem manter-se bem informados sobre uma porção substancial delas. Formação em direito não é formação em legislação. Da mesma forma que os outros juristas, os juízes, mesmo aqueles das instâncias superiores, tendem a ser estritamente profissionais, em vez de se comportarem como estadistas ou pessoas de grande envergadura intelectual.

7. Assim, as decisões dos casos constitucionais, carentes de orientação tanto do texto da Constituição quanto de um *corpus* de conhecimento especializado, tendem a refletir os preconceitos (os quais, consequentemente, adquirem força de lei) do grupo social, ou seja, da "classe" da qual provêm os juízes da Suprema Corte – uma elite cultural com poucas

pretensões de representar o pensamento ou os sentimentos do norte-americano comum.

8. O judiciário carece dos instrumentos necessários para dar eficácia a normas constitucionais impopulares. Ele pode proibir a segregação nas escolas públicas, mas não conseguirá impedir que os pais matriculem seus filhos nas escolas particulares ou se mudem para bairros exclusivamente habitados por brancos. Seja como for, forçar a entrada de negros em escolas em que predominam os brancos é sempre uma solução jurídica extremamente imperfeita para a "fuga dos brancos" – na verdade, pode até intensificá-la. Os juízes podem criar novos direitos constitucionais para os réus de processos penais, mas não são capazes de arregimentar o desejo de proibir que o poder legislativo reaja, tornando as sentenças mais severas ou privando de seus recursos essenciais os advogados de réus indigentes de processos penais, ou, ainda, restringindo os direitos não constitucionais de pessoas suspeitas de terem praticado algum crime. Devido à capacidade limitada que têm para levantar os fatos de um processo, os juízes não conseguem nem mesmo fiscalizar eficientemente a obediência às próprias regras do judiciário. Um policial que não tenha lido os direitos de um cidadão no ato de sua prisão pode afirmar que o fez – e, em geral, acreditarão nele.

9. Por termos um sistema de direito baseado na jurisprudência, em cujo topo está a poderosa e prestigiada Suprema Corte, e pelo fato de os casos geralmente serem dramáticos e instigantes (sobretudo os casos constitucionais mais importantes), a instituição do controle judicial de constitucionalidade levou os debates e as análises concernentes à Constituição a girarem excessivamente em torno dos interesses da Suprema Corte. Os pontos da Constituição que, por uma razão ou outra, não geram muita litigiosidade (como o direito exclusivo do Congresso de declarar guerra, contínua e impunemente desrespeitado) e as teses constitucionais que a Corte rejeita expressamente (como aquela segundo a qual a cláusula de igual proteção das leis da Dé-

INTRODUÇÃO XXXIII

cima Quarta Emenda exige a uniformização dos gastos por aluno em todas as escolas públicas) não recebem atenção, por mais intrinsecamente importantes e pertinentes que sejam. Em vez de estudar as questões de que tratam os processos judiciais, os especialistas em direito constitucional estudam os votos da Suprema Corte, ainda que os juízes dessa Corte – os quais, é preciso lembrar, são apenas juristas – frequentemente não dominem os temas que permeiam os casos em juízo.

10. O poder político conferido pelo controle judicial de constitucionalidade resulta na politização do processo de seleção dos juízes. Se fosse menos poderoso, o judiciário federal seria mais profissional e também mais capaz de desempenhar suas funções não constitucionais.

11. O processo legislativo pode ser melhor que o judiciário para lidar com as espinhosas questões fundamentais da ética política. Jeremy Waldron assinala que "as únicas estruturas que interessam aos filósofos do direito hoje em dia são aquelas do raciocínio judicial. Eles têm obsessão pelo judiciário, e as delícias dos julgamentos de causas constitucionais os cegaram para quase tudo o mais"[23]. Interessam-se tão pouco por legislação que não se dão conta da importância do fato de que (via de regra) não é pelo raciocínio que os legisladores chegam às conclusões "corretas". Os legisladores votam. O lado perdedor não sai persuadido – pelo voto – de que estava errado; tampouco a posição que este defendia é declarada ilegal, equivocada ou inescrupulosa. As convicções dos perdedores permanecem inalteradas e estes simplesmente aceitam a derrota, reconfortando-se, talvez, com a ideia de que poderão vencer da próxima vez ou com concessões possivelmente obtidas por meio de algum acordo.

O objetivo de um Congresso nacional é personificar a totalidade das opiniões vigentes na sociedade; e, numa so-

---

23. Waldron, nota 19 acima, p. 9. As demais referências a páginas do livro de Waldron aparecem no corpo do texto. Todas as palavras que se encontram em itálico nas minhas citações também estão assim no original.

ciedade tão diversificada quanto a dos Estados Unidos, o leque dessas opiniões é tão amplo que seus extremos nunca se tocam, por assim dizer. Como resultado, a escolha de representantes por meio do voto popular nos diferentes estados traz para os salões do Congresso porta-vozes de um sem-número de opiniões inconciliáveis. Dessa cacofonia, emergem leis que, invariavelmente, são produto de acordos, polêmicas e politicagem pura e simples; não de um consenso forjado pelo raciocínio a partir de premissas compartilhadas por todos e que procurem chegar a objetivos comuns. Poucos concebem a legislação como triunfo do certo sobre o errado. Logo, o processo legislativo trata a divergência com mais respeito do que o faz o processo judicial e, desse modo, tende a dispersar – e não a concentrar e inflamar – as paixões que vêm à tona quando as questões políticas são debatidas em razão de direitos fundamentais.

Waldron enfatiza a formalidade do processo legislativo (por exemplo, a aplicação das regras da Casa, segundo os preceitos do manual de Robert*, como forma de organizar a discussão e a votação) e, portanto, sua distância dos "modelos [de deliberação] derivados da conversação comum" (p. 70). A informalidade da conversação "tende a apoiar-se na ideia de que os participantes compartilham das mesmas premissas implícitas e que o diálogo entre eles tem por finalidade evitar a divergência e alcançar o consenso" (*id.*). A legislação é a solução democrática para o problema que surge do fato de que, numa sociedade complexa e heterogênea, as pessoas não concordam entre si quanto aos fins almejados.

Diante disso, o indivíduo habituado a considerar o controle judicial de constitucionalidade como uma instituição inquestionável logo perceberá uma inquietante semelhan-

---

* Referência ao livro *Robert's Rules of Order* (cujo título integral era *Pocket Manual of Rules of Order for Deliberative Assemblies*), publicado pela primeira vez em 1876, de autoria de Henry Martin Robert. A obra, baseada nos procedimentos utilizados no Parlamento britânico, é um manual para a condução eficiente de reuniões. (N. do R. da T.)

ça entre o processo legislativo descrito por Waldron e o processo judicial. No judiciário, também se decidem questões pelo voto, e o processo de deliberação judicial tem suas próprias formalidades. Quando deliberam, os juízes raramente o fazem por meio de diálogos informais. Pronunciam-se seguindo uma sequência determinada pelo tempo de serviço de cada um e atentam para não interromper uns aos outros. Além disso, a extensão e a intensidade das discussões são, em geral, inversamente proporcionais ao grau de convicção com que cada juiz examina o tema debatido. Nem mesmo os juízes eleitos (como ainda é o caso da maioria dos juízes estaduais) são representantes do povo no mesmo sentido em que os legisladores o são. Mas as causas judiciais, como os projetos de lei, suscitam divergências que, decorrentes da discrepância de valores fundamentais ou experiências de vida, não se deixam eliminar pelas ferramentas de argumentação que os juízes propõem em lugar da legitimidade democrática que lhes falta. Se o processo legislativo não for considerado um método satisfatório para a resolução de divergências fundamentais, tampouco poderá sê-lo o judicial (à primeira vista, pelo menos). Porém, se o processo legislativo é um método satisfatório, por que precisamos do controle judicial de constitucionalidade?

John Rawls, entre outros, defende a criação de uma teoria suprema da justiça, de que os juízes poderiam valer-se para dirimir aquelas divergências cuja resolução os legisladores só conseguem protelar (dando vitória temporária a um ou a outro lado, sem, no entanto, solucionar a questão mediante a determinação de que lado está "correto"). Apesar de ter bastante consciência de como são espinhosas as disputas em torno do "bem", Rawls é incapaz de perceber que dos indivíduos racionais *não* "se pode esperar que concordem quanto ao equilíbrio apropriado a ser atribuído, na vida social, a suas respectivas concepções abrangentes" do bem (p. 152). As incertezas que tornam impossível a obtenção de um consenso em torno do bem são as mesmas que tornam essa mesma tarefa também impossível no que diz respeito à teoria da justiça. As pessoas profundamente religiosas não apenas rejeitarão qualquer esforço no sentido de persuadi-las da superioridade da concepção ateísta do bem, como também rejeitarão a hipótese de que teóricos não religiosos, como Rawls, tenham uma concepção de justiça superior à delas. A validade dessa afirmação independe de acreditarmos ou não, como os realistas morais acreditam, que até mesmo as mais difíceis questões que envolvem conceitos morais, como o de justiça, possuem uma única resposta correta. Esta é uma questão de ontologia (existe uma realidade moral?). Mas a questão crucial é epistemológica: como demonstrar a certeza de nossas crenças morais aos céticos? "Se o realismo moral for verdadeiro, então as crenças morais dos juízes se chocarão com as crenças morais dos legisladores. Se, por outro lado, o realismo for falso, as atitudes dos juízes se chocarão com aquelas dos legisladores" (p. 184). "A despeito da frequência ou ênfase com que empregamos palavras como 'objetivo', a pretensão de saber o que a justiça demanda *objetivamente* jamais aparece na política, a não ser como ponto de vista de alguém" (p. 199).

Por mais vigorosas que sejam as críticas ao controle judicial de constitucionalidade acima examinadas, diversas réplicas são possíveis. Não me refiro a velhos chavões, como aquele de que o controle judicial de constitucionalidade transforma a Suprema Corte em professora de educação cívica e moral do povo norte-americano. Os tribunais recursais podem ser órgãos mais deliberativos que as assembleias legislativas, mas deliberam com uma atitude mental formada na tradição e experiência dos juristas. Assim, produzem normas constitucionais que podem refletir as inclinações da profissão – por exemplo, a favor de uma observância estrita, porém dispendiosa, dos direitos processuais. Nas mãos dos juízes, o direito constitucional perde a maior parte de seu potencial inspirador e se torna uma miscelânea de particularidades, às quais falta unidade conceitual e retórica (a Constituição "enxuta", aquela que os juízes *não* aplicam, poderia ser um veículo mais eficiente para se infundir uma religião civil). Não há quase nada que indique que as pessoas se orientem moral ou ideologicamente pelas decisões do judiciário[24].

Um argumento mais convincente é aquele de que o controle judicial de constitucionalidade protege de violações a essência da Constituição. É improvável que violações claras sejam cometidas ou, se o forem, que produzam recursos em todas as instâncias, até chegarem à Suprema Corte. O resultado disso é a manifestação de um viés seletivo: os casos "selecionados" para decisão pela Suprema Corte são aqueles situados nos limites do direito. Esse grupo, portanto, será inevitavelmente dominado por casos para os quais a Constituição não apresenta solução clara, o que abre espaço para o exercício do poder discricionário por parte dos juízes. Esses litígios nos limites externos do direito representam um escudo contra a violação dos direitos mais essenciais.

Segundo outro argumento, mesmo que os juízes não consigam obter muita orientação da Constituição, sua prerrogativa de invalidar as ações tomadas por outros poderes do Estado protege a liberdade, pois representa uma descentralização de poder. Esse argumento está intimamente relacionado ao anterior, pois ambos implicam que o controle judicial de constitucionalidade protege a liberdade dos norte-americanos. Essa afirmação, no entanto, é de difícil comprovação. Não podemos retroceder na história e vivenciá-la sem o controle judicial de constitucionalidade, para então poder contabilizar as violações à liberdade que teriam ocorrido sob tal regime hipotético e que são coibidas no regime atual. Essas violações têm ocorrido a despeito da existência do controle judicial de constitucionalidade, e é possível que, sem este, ocorreriam em número ainda maior. Porém, da mesma forma que um cão latirá mais alto para os

---

[24]. Ver, por exemplo, Michael J. Klarman, "The Plessy Era", em *Supreme Court Review* (1998) 303, 391-392.

transeuntes se estiver seguro atrás de uma cerca, assim também um Congresso tenderá a promulgar mais leis inconstitucionais se souber que o judiciário vai invalidá-las. Desse modo, os legisladores não prejudicam ninguém e ainda podem dizer ao grupo de interesse que intercedia por determinada lei que ao menos tentaram aprová-la. O exemplo do *impeachment* sugere que o Congresso reluta em cometer violações claras da Constituição quando são poucas as probabilidades de retificação por parte do judiciário, a menos que a pressão pública pela violação seja imensa, como quando Lincoln suspendeu o *habeas corpus* ou quando o Congresso e as assembleias legislativas estaduais tomaram severas medidas contra o discurso radical, na esteira das duas guerras mundiais. Outros exemplos são a realocação dos imigrantes japoneses nos Estados Unidos durante a Segunda Guerra Mundial, a promulgação de leis de controle do porte de armas, que vão contra o direito de portar armas garantido pela Segunda Emenda, e o contínuo desrespeito ao direito exclusivo do Congresso de declarar guerra, cujo exemplo mais recente é a campanha militar no Kosovo. Nessas situações, porém, se o judiciário não é ignorado (como no caso da recusa de Lincoln em obedecer a um mandado de *habeas corpus* emitido pelo juiz-presidente Taney), esquiva-se do problema (como em todos os outros exemplos) através de uma interpretação pouco rigorosa da Constituição ou, como no caso do poder de declarar guerra, mediante a decisão de que determinada tese constitucional não é passível de apreciação judicial.

Outro argumento que se pode apresentar em defesa do controle judicial de constitucionalidade é o de que o judiciário, sobretudo o federal, com seus juízes não eleitos e de cargo vitalício, realmente possui vantagens consideráveis sobre o legislativo. A despeito da inegável limitação de sua competência em determinadas matérias, o judiciário fica a salvo da maior parte das pressões políticas que assediam o poder legislativo eleito, pressões essas que às vezes refletem interesses egoístas ou provincianos, sentimentos

INTRODUÇÃO XXXIX

moralmente repulsivos, ignorância, temores irracionais ou preconceitos. Esse isolamento, ao lado das tradições e dos costumes da magistratura e do fato de os juízes federais serem escolhidos por sua competência e integridade, confere ao judiciário a capacidade de refletir de forma independente e inteligente sobre as questões políticas, o que o caracteriza como um valioso complemento ao legislativo.

Além disso, somente o judiciário é capaz de contrapor-se a algumas características intrínsecas do poder legislativo que representam obstáculos à eficácia do Estado democrático. O exemplo mais claro disso é que um legislativo caracterizado por uma proporcionalidade representativa injusta relutará em reformar-se para resolver esse problema. Os legisladores beneficiados pela falha lutarão com todas as suas forças contra as mudanças necessárias para saná-la. Ademais, os políticos podem procurar abrigo em leis que proíbam críticas "injustas" a autoridades governamentais. Por sua vez, os legisladores que já estão no poder podem tentar impedir que os opositores financiem suas campanhas ou que nem sequer consigam candidatar-se; enquanto as minorias impopulares podem não ter influência política suficiente para combater as leis que as discriminam. Por fim, a simples inércia do processo legislativo – o fato de que revogar uma lei existente é tão difícil quanto promulgar uma nova[25] – faz com que muitas leis obsoletas continuem vigentes e causem problemas ocasionais. Graças à sua posição de domínio no Partido Democrata e ao sistema de superioridade hierárquica por tempo de serviço vigente no Congresso, os deputados e senadores do Sul conseguiram, até a década de 1960, impedir a aprovação de leis em defesa dos direitos civis fortemente apoiadas pela maioria dos norte-americanos. O resultado disso foi um impasse legislativo que só o judiciário federal seria capaz de resolver, mediante a invocação do poder de controle judicial de constitucionalidade.

---

25. Não raro é *mais* difícil, porque a lei pode ter criado ou fortalecido um grupo de interesse que sairá muito beneficiado se ela continuar em vigor.

Opondo-se totalmente àqueles que afirmam que o controle judicial de constitucionalidade é antidemocrático, John Hart Ely, entre outros, alega que a revisão judicial pode tornar o governo *mais* democrático[26]. Em resposta, Jeremy Waldron assinala que, quando uma questão democrática é resolvida de forma não democrática (por exemplo, quando um juiz lança mão do controle judicial de constitucionalidade), a liberdade política sai enfraquecida, ainda que o juiz tenha resolvido a questão da maneira correta. Mas a força desse argumento se extingue na ambiguidade do termo "democrático". Suponhamos que o Congresso aprovasse uma lei que restringisse o direito de voto a pessoas com renda igual ou superior a um milhão de dólares. O Congresso eleito pelo novo sufrágio não poderia ser caracterizado como "democrático" sob a justificativa de que a restrição fora adotada democraticamente. Não existe nenhuma teoria amplamente aceita sobre quais regras e instituições específicas relativas ao processo de votação, à divisão em municípios, aos procedimentos legislativos, às qualificações dos legisladores, à frequência das eleições e coisas do gênero são necessárias para que o resultado do processo legislativo seja "democrático". Quando os candidatos concorrem no âmbito municipal e não no estadual, o legislativo pode não refletir as preferências da maioria, e isso ocorre independentemente do efeito de distorção provocado pelos grupos de interesse sobre o processo democrático. Uma maioria de eleitores em uma maioria de municípios elegerá uma maioria de legisladores. Porém, uma maioria dentro de uma maioria pode facilmente representar uma minoria (por exemplo, 60% de 60% é só 36%). Além disso, deixando de lado a questão da representatividade, não devemos ser idealistas a respeito do processo legislativo. Para Waldron, não se trata de uma "competição indigna por benefícios pessoais" (p. 304), mas sim de "um cenário tumultuado em que homens e mulheres de espírito elevado de-

---

26. Ver nota 10 acima e o texto a que esta se refere.

INTRODUÇÃO

batem com paixão e veemência sobre que direitos possuímos, quais são as demandas da justiça e o que vem a ser o bem comum; sendo que, em suas divergências, não são movidos por interesses pessoais, mas pelo desejo de acertar" (p. 305). Essa imagem do processo legislativo é tão irreal quanto aquela que pinta o judiciário como um mar de rosas. A verdade está entre esses dois polos e provavelmente mais próxima do primeiro. Além disso, nada garante que pessoas com diferentes perspectivas sejam "capazes de aglutinar essas perspectivas para produzir decisões melhores do que aquelas que seriam tomadas no plano individual" (p. 72). Essa afirmação é refutada pela concepção realista (implícita em boa parte no que Waldron tem a dizer sobre os limites da razão no que concerne à conciliação de divergências fundamentais) segundo a qual a troca de ideias entre pessoas que guardam divergências desse tipo só tenderá a consolidar essas divergências. Apresentaremos a comprovação empírica desse fato no Capítulo 11.

Dados os argumentos *a favor* do controle judicial de constitucionalidade, a argumentação teórica contra este deve ser considerada inconclusiva. A questão é empírica, e sua solução empírica tem sido protelada, em parte devido a uma perda de interesse dos cientistas políticos pelo direito, mas sobretudo devido à natureza especulativa da história virtual (mais sobre o assunto nos Capítulos 1 e 5). Sabemos o que a Suprema Corte efetivamente fez. Ignoramos, no entanto, o que o poder legislativo *teria feito* se a Suprema Corte não tivesse reivindicado para si o poder de controle judicial de constitucionalidade. Mas podemos fazer algumas suposições bastante plausíveis. A segregação racial oficial nas escolas públicas do Sul não terminaria tão rapidamente se a Suprema Corte não tivesse decidido o caso *Brown vs. Board of Education*, embora certamente tivesse terminado muitos anos atrás. Sem dúvida, muitas assembleias legislativas estaduais continuariam até hoje viciadas por distorções de proporcionalidade representativa, não fosse o caso *Baker vs. Carr* e aqueles que se lhe seguiram. Além disso, os estados de Connecticut e Massachusetts teriam mantido, ao menos por algum tempo, as leis que proibiam a venda de contraceptivos, não fossem as decisões da Corte que invalidaram essas leis. Vários estados, por fim, ainda teriam leis extremamente restritivas em relação ao aborto.

O que esses exemplos têm em comum e o que dá confiabilidade aos cenários não factuais traçados a partir de seus respectivos contextos é o uso de princípios constitucionais novos para invalidar leis há muito existentes. Quando essas leis foram adotadas, não havia fundamento algum para considerá-las inconstitucionais. As assembleias legislativas que as promulgaram não estavam protegidas das consequências de seus atos pelo controle judicial de constitucionalidade e não teriam hesitado em agir por medo de serem acusadas de violar a Constituição. Portanto, ainda que não existisse o controle judicial de constitucionalidade, as leis teriam sido promulgadas na mesma ocasião e da mesma forma que o foram. Além disso, por pura inércia do processo legislativo, teriam durado mais tempo (em alguns casos, muito mais tempo) se a Corte não tivesse exercido seu poder para derrubá-las.

Nos casos mais complicados, a legislação foi aprovada, por assim dizer, a despeito da Constituição. Exemplo disso são as leis federais que proibiam a queima da bandeira dos Estados Unidos, invalidadas pela Suprema Corte. Não sabemos se, caso não existisse o controle judicial de constitucionalidade, o Congresso teria ainda assim aprovado leis tão questionáveis do ponto de vista constitucional. Teria havido mais oposição no Congresso se os oponentes não tivessem encontrado no judiciário uma forma de respaldo.

Poderíamos examinar os casos nos quais o controle judicial de constitucionalidade parece, de fato, ter feito alguma diferença e nos perguntarmos se, tudo somado, esses casos tornaram o país melhor em algum sentido consensual. A tarefa seria hercúlea e também implicaria uma desconfortável (e até desorientadora) mudança de foco, das consequências jurídicas para as consequências práticas. O

INTRODUÇÃO XLIII

caso *Brown vs. Board of Education* foi um marco jurídico e, no plano dos princípios, um triunfo da razão no que concerne ao bem público. No que diz respeito a suas consequências, porém, a decisão foi menos importante, podendo-se até mesmo concebê-la como secundária. A segregação não foi extinta em muitas escolas (na prática, houve poucos casos em que se recorreu à justiça para fazer cumprir os direitos de uma minoria qualquer) até a promulgação das leis antidiscriminação na década de 1960. Por sua vez, a promulgação dessas leis parece ter ocorrido muito mais em decorrência do movimento não legalista pelos direitos civis (um movimento de *des*obediência civil à lei) liderado por Martin Luther King Jr. do que de qualquer coisa que a Suprema Corte tenha feito ou afirmado. Sem dúvida o caso *Brown* pode ter encorajado um pouco (quiçá bastante) os negros do Sul e seus partidários no Norte a dar o próximo passo em direção à igualdade. Isso, contudo, também é conjectura. Para alguns estudiosos do período, a reação violenta do Sul à decisão do caso *Brown* tornou os nortistas mais solidários com os movimentos pelos direitos civis, o que não teria acontecido se os eventos tivessem se desenrolado de outra forma[27]. Se correta, essa crença ilustra os desígnios da lei das consequências involuntárias – e, quanto mais acreditar no poder dessa "lei", menos confiança poderá ter um juiz de que uma postura ativista de sua parte tenderá, em termos gerais, a ter consequências positivas. A intervenção esporádica do judiciário em disputas sociais ou políticas incrivelmente complexas (com os limitados instrumentos de que dispõe para reformar a sociedade) está frequentemente fadada a trazer consequências imprevistas. Um exemplo recente disso é a declaração de nulidade parcial, pela Suprema Corte, das leis federais que regem o financiamento de campanhas eleitorais[28], que criou o paradoxo de que uma pessoa rica pode gastar quantias ilimita-

---

27. Tushnet, nota 19 acima, p. 146.
28. Ver *Buckley vs. Valeo*, 424 U.S. 1 (1976) (*per curiam*).

das com sua própria candidatura, mas não pode dar mais de mil dólares a um candidato provavelmente muito mais qualificado que ela. Outro exemplo é a confirmação, por essa mesma Corte, da lei que criava o cargo de procurador especial[29] (hoje felizmente extinta), da qual decorreu o fiasco do *impeachment* de Clinton.

Como mostra o livro de William Eskridge sobre o tratamento dispensado aos homossexuais pelo direito norte-americano, o avanço desses indivíduos em direção à cidadania plena, a exemplo do que acontece com outros grupos impopulares, tem dependido muito mais dos próprios esforços e da expressão das forças sociais que do direito constitucional. Os juízes se mostram relutantes em reconhecer os direitos dos homossexuais, ainda que, ao aplicarem as proteções jurídicas gerais (inclusive do direito constitucional) a esses indivíduos, tenham promovido a causa da igualdade[30]. O movimento feminista também parece dever muito pouco à Suprema Corte (ou ao judiciário em geral), que só descobriu um direito constitucional à igualdade dos sexos quando esse movimento já andava a passos largos. Muito mais decisivas para o feminismo foram as transformações do papel das mulheres na sociedade decorrentes dos avanços tecnológicos: o surgimento de melhores métodos de contracepção, a redução do índice de mortalidade infantil, o aumento da produtividade no lar decorrente do aperfeiçoamento dos utensílios domésticos e a diminuição da importância da força física no mercado de trabalho. O caso *Roe vs. Wade* por certo fez aumentar a quantidade de abortos realizados nos Estados Unidos, mas talvez não muito, pois a taxa de abortos legais já vinha subindo rapidamente na época em que o caso foi decidido[31]. Além disso, o caso

---

29. Ver *Morrison vs. Olson*, 487 U.S. 654 (1988), discutido em Posner, nota 1 acima, pp. 217-25, 227-30.

30. Ver Eskridge, nota 6 acima, cap. 3.

31. Gerald Rosenberg, *The Hollow Hope: Can Courts Bring about Social Change?* pp. 178-80 (1991). Rosenberg é um dos poucos cientistas políticos contemporâneos que conduzem uma análise empírica sistemática de uma das mais importantes fases da história do sistema jurídico norte-americano.

também reanimou o movimento do "direito à vida", o qual logrou impedir o financiamento federal das cirurgias e intimidar muitos dos profissionais que proviam o serviço. De todo modo, mesmo que *Roe vs. Wade* tenha causado o aumento do número de abortos, ninguém pode afirmar com certeza se é bom ou mau haver tantos abortos como há nos Estados Unidos.

Nos períodos em que os valores constitucionais estiveram seriamente ameaçados, a Corte tendeu a omitir-se; e em outras ocasiões (no momento atual, por exemplo) suas intervenções no direito constitucional tendem a carecer de embasamento ou coerência. Pode-se ver a Suprema Corte contemporânea como uma instituição que impede, de forma não sistemática, a adoção de soluções experimentais para os problemas sociais. Entre os diversos experimentos sociais frustrados pela Suprema Corte em nome da Constituição, podemos citar a proibição das formas de expressão motivadas pelo ódio e da pornografia na Internet; a exigência de que um indivíduo comprove residência no estado para que possa usufruir dos programas de assistência social ali vigentes (medida que visa a inibir o afluxo de indigentes em estados com leis generosas de promoção do bem-estar social); a limitação do número de mandatos que os parlamentares podem exercer; o poder de veto unilateral de qualquer uma das casas do Congresso a regulamentações administrativas; o veto parcial; a exigência de adaptação das prisões e demais instituições públicas às práticas das minorias religiosas; e a limitação do papel do dinheiro nas campanhas políticas. Nunca saberemos se essas propostas experimentais são boas ou ruins se elas forem recusadas antes que se conheçam seus resultados. Talvez os juízes devessem refletir sobre a advertência de Isabel a Ângelo em *Medida por medida*: "É grande coisa/ Ter de um gigante a força, mas tirânico/ Como um gigante usá-la."[32]

Os juristas e estudiosos que veem com ceticismo o controle judicial de constitucionalidade não "provaram" que esse

---

32. Segundo Ato, Cena 2, versos 111-114.

poder é, em termos gerais, algo ruim. Não provaram nem mesmo que ele não é, em termos gerais, uma coisa boa. A única coisa que conseguiram demonstrar é que sabemos muito pouco sobre essa importante prática do sistema jurídico norte-americano e, por implicação, sobre o sistema como um todo. Talvez precisemos de um livro como este, que explora o potencial de outras disciplinas além do direito, para nos ajudar a compreender e aperfeiçoar o sistema jurídico.

I. Economia

1. A teoria econômica do direito: de Bentham a Becker

O mais importante campo interdisciplinar dos estudos jurídicos é a análise econômica do direito ou, em sua definição mais comumente conhecida, "teoria econômica do direito". O diretor da Faculdade de Direito da Universidade de Yale, apesar de ser um crítico da teoria econômica do direito, define-a como "uma enorme força rejuvenescedora no pensamento jurídico norte-americano" e afirma que ela "permanece como a mais influente escola de teoria do direito dos Estados Unidos"[1]. Um exame global desse campo transcende o objetivo do presente livro e, de qualquer modo, pode ser encontrado em outras obras[2]. Em vez disso, o que tento fazer neste capítulo é descrever brevemente a teoria econômica do direito a partir de dois dos seus mais ilustres progenitores: Jeremy Bentham e Gary Becker (sobre o qual serei sucinto), dois estudiosos separados por quase dois séculos, mas unidos por uma concepção comum de alcance do modelo econômico do comportamento humano. No capítulo seguinte, procuro ilustrar de que modo a ciência econômica pode trazer nova luz a uma área do direito que parece particularmente distante da economia, a saber, a liberdade de expressão. Por fim, no terceiro capítulo,

---

1. Observações de Anthony T. Kronman no *"Second Driker Forum for Excellence in the Law"*, 42 *Wayne Law Review* 115, 160 (1995).
2. Ver Richard A. Posner, *Economic Analysis of Law* (5. ed., 1998).

abordo algumas das difíceis questões normativas que envolvem a aplicação da economia ao direito. Outros tópicos da análise econômica do direito são abordados nos capítulos posteriores – por exemplo, a economia da posse, de que trato no Capítulo 6, e a economia do direito processual, que abordo no Capítulo 11 e no 12. Outro objetivo do presente capítulo é iniciar um embate com a questão da causalidade histórica, que reaparece na Segunda Parte do livro. É por essa questão que vou começar.

O problema da influência de Bentham sobre a teoria econômica do direito é particularmente difícil, ainda que só diga respeito a uma minúscula porção da vasta influência desse autor sobre o pensamento e a prática do direito[3]. Essa dificuldade advém do próprio caráter problemático da determinação de influências, sobretudo quando o intervalo de tempo a ser considerado é grande. A teoria econômica do direito só começou a adquirir uma forma semelhante à atual em algum momento entre 1958 e 1973. A primeira data corresponde ao primeiro ano de publicação do *Journal of Law and Economics* e a segunda, ao ano em que publiquei meu livro *Economic Analysis of Law* [Análise econômica do direito]. Antes do lançamento do *Journal of Law and Economics*, não era possível afirmar que a teoria econômica do direito existia. Por outro lado, depois da publicação de meu livro, não era mais possível negar a existência dessa teoria, ainda que se pudesse deplorá-la. Se tivermos de escolher um ano para situar o surgimento dessa teoria, escolhamos 1968,

---

3. Sobre os quais ver, por exemplo, *Jeremy Bentham and the Law: A Symposium* (George W. Keeton e Georg Schwarzenberger [orgs.], 1948); Gray L. Dorsey, "The Influence of Benthamism on Law Reform in England", 13 *St. Louis University Law Journal* 11 (1968); Peter J. King, *Utilitarian Jurisprudence in America: The Influence of Bentham and Austin on American Legal Thought in the Nineteenth Century*, caps. 2-5 (1986). Encontrei apenas uma única discussão anterior à minha sobre a relação entre Bentham e a teoria econômica do direito: Alan Strowel, "Utilitarisme et approche économique dans la théorie du droit: autour de Bentham et de Posner", 18 *Revue interdisciplinaire d'études juridiques* 1 (1987). Trata-se basicamente de uma comparação entre a visão de Bentham e a minha. O trabalho não discute a influência dele.

por uma razão que se mostra ligada a Bentham, ainda que apenas vagamente. Ademais, em 1968, Bentham já estava morto há 136 anos.

É preciso distinguir entre dois sentidos de "influência". Um deles, que chamarei de "inspiração", refere-se a uma situação na qual (se estivermos falando da influência do pensamento de alguém) uma ideia defendida por uma pessoa A é apropriada e utilizada por uma pessoa B. O importante, nesse caso, é que na verdade B pegou a ideia de A, em vez de descobri-la por conta própria ou tomá-la emprestada de alguém que não a tenha pegado, direta ou indiretamente, de A. O segundo sentido de "influência", que chamarei de "causa", refere-se à situação em que B não teria usado a ideia se A nunca a tivesse tido. B poderia ter sido inspirado por A, no sentido de ter ido buscar a ideia no pensamento de A, e ainda assim poderia acontecer que, se A nunca tivesse existido, B teria tomado a mesma ideia do pensamento de outra pessoa, a qual a teria descoberto ou criado (mesmo que A jamais tivesse existido) mais tarde, mas antes de B. Quanto maior o intervalo entre A e B, maior a probabilidade de isso acontecer.

A inspiração é mais facilmente determinável do que aquilo que chamo de nexo causal, porque não envolve a especulação sobre eventos hipotéticos. Em geral, ela pode ser identificada a partir do histórico dos atos ou das afirmações de B e de seus conhecidos ou pelo tipo de prova interna (uma semelhança intrigante, inexplicável exceto pela hipótese de cópia) usada em muitos casos de direitos autorais para determinar se uma obra é cópia de outra anterior a ela.

Embora a distinção entre inspiração e causa seja um requisito supostamente fundamental para o exercício da análise histórica, os estudiosos não raro a ignoram, como o faz o eminente historiador William McNeill na seguinte passagem: se o exército assírio tivesse conquistado Jerusalém no ano 701 a.C. e deportado seus habitantes, "o judaísmo teria desaparecido da face da terra e a existência das duas religiões dele nascidas, o cristianismo e o islamismo, seria inconcebível. Em suma, nosso mundo seria tão profundamente diferente em vários aspectos, que não conseguimos efetivamente imaginar como ele seria"[4]. O judaísmo foi uma inspiração para o cristianismo e o islamismo no sentido de que estas duas últimas religiões tomaram-lhe de empréstimo alguns elementos. Mas não se segue daí que, tivesse o judaísmo desaparecido no século VIII ou mesmo jamais existido, o cristianismo e o islamismo (mais ou menos da maneira como conhecemos essas religiões hoje) não teriam surgido e se desenvolvido essencialmente na forma e na época em que o fizeram. Pois elas surgiram como reações a forças poderosas e, tanto na religião como no mercado, a demanda tende a produzir oferta.

Seria extremamente difícil estabelecer uma relação de causa e efeito entre Bentham e um evento que ocorreu quase um século e meio depois de sua morte (o nascimento da teoria econômica do direito). Contudo, considero possível mostrar que ele foi um dos inspiradores dessa teoria.

A relação entre economia e direito já é fato conhecido pelo menos desde a discussão hobbesiana da propriedade, no século XVIII. Tanto David Hume quanto Adam Smith discutiram as funções econômicas do direito[5]. Já na década de 1930, uma série de campos do direito que lidam explicitamente com a concorrência e o monopólio, sobretudo o direito antitruste e a regulamentação das companhias públicas, era alvo da atenção constante dos principais economistas ingleses e norte-americanos. (Desde Adam Smith que a concorrência e o monopólio são alvo da atenção dos economistas; daí o adjetivo "constante".) Além disso, em retrospectiva, é possível identificar uma bibliografia econômica que lida com outros campos do direito, como a obra de Robert Hale sobre o direito contratual, que também

---

4. William H. McNeill, "The Greatest Might-Have-Been of All", *New York Review of Books*, 23 de setembro de 1999, p. 62.

5. Conforme enfatizado em Charles K. Rowley, "Law-and-Economics from the Perspective of Economics", em *The New Palgrave Dictionary of Economics and the Law*, vol. 2, pp. 474, 474-6 (Peter Newman [org.], 1998).

data dos anos 1930[6]. Porém, mesmo após o início da publicação do *Journal of Law and Economics* em 1958, uma teoria econômica do direito propriamente dita seria um fenômeno de difícil percepção e estaria relacionada em essência ao estudo da concorrência e do monopólio, ainda que se tenham realizado algumas incursões eventuais nas áreas do direito tributário (Henry Simmons), do direito societário (Henry Manne) e até mesmo do direito da propriedade industrial (Arnold Plant). Além disso, se remontarmos ao século XVIII, ali encontraremos Bentham e sua muito esquecida análise utilitarista dos crimes e das punições (essencialmente econômica), sobre a qual falarei logo adiante. Somente em 1961, quando da publicação do artigo de Ronald Coase[7] sobre custo social e, quase ao mesmo tempo, do primeiro artigo de Guido Calabresi sobre responsabilidade civil[8], é que foi possível vislumbrar uma teoria econômica do *common law*. Em 1968, quando Gary Becker publicou seu artigo sobre o crime[9], ressuscitando e aperfeiçoando as ideias de Bentham, parecia não haver mais campo algum do direito que, interpretado sob a ótica econômica, não produzisse resultados elucidativos. Realmente, poucos anos depois surgiram trabalhos acadêmicos sobre a teoria econômica do direito contratual, do processo civil e penal, dos direitos de propriedade, da proteção do consumidor, entre outras áreas até então novas para os economistas. Assim, o campo de estudos amadurecia e tornava-se discernível em sua forma rudimentar. Mais tarde, livros e artigos estenderiam o alcance da análise econômica do direito a áreas como o direito

---

6. Ver Barbara Fried, *The Progressive Assault on Laissez Faire: Robert Hale and the First Law and Economics Movement* (1998); Ian Ayres, "Discrediting the Free Market", 66 *University of Chicago Law Review* 273 (1999).

7. R. H. Coase, "The Problem of Social Cost", 3 *Journal of Law and Economics* 1 (1960 [mas na verdade publicado em 1961]).

8. Guido Calabresi, "Some Thoughts on Risk Distribution and the Law of Torts", 70 *Yale Law Journal* 499 (1961).

9. Gary S. Becker, "Crime and Punishment: An Economic Approach", 76 *Journal of Political Economy* 169 (1968), reimpresso em *The Essence of Becker*, p. 463 (Ramón Febrero e Pedro S. Schwartz [orgs.], 1995).

trabalhista, o direito marítimo, as normas jurídicas que regem a propriedade intelectual, o direito de família, a legislação, o direito ambiental, o direito administrativo, o direito internacional privado e, finalmente, o comportamento dos juízes – e esta lista é apenas parcial. A expansão do alcance da análise econômica do direito foi facilitada pela crescente aplicação do modelo econômico da escolha racional ao comportamento não mercadológico. Mais recentemente, o alcance e a profundidade da abordagem econômica do direito foram ampliados pelos avanços nas áreas de teoria dos jogos, teoria da sinalização e economia do comportamento não racional ("economia comportamental"). Discutirei todos esses avanços em capítulos subsequentes.

A análise econômica do direito possui tanto aspectos positivos (isto é, descritivos) quanto aspectos normativos. Seu objetivo é tentar explicar e prever o comportamento dos grupos que participam do sistema jurídico, além de explicar a estrutura doutrinal, procedimental e institucional do sistema. Mas também busca aperfeiçoar o direito, ao assinalar as consequências involuntárias ou indesejáveis das leis vigentes ou dos projetos de lei e propor reformas práticas. Não se trata de um empreendimento meramente idealista, sobretudo nos Estados Unidos, onde suas descobertas influenciaram reformas jurídicas em áreas como o direito antitruste, a regulamentação das companhias públicas e do transporte de cargas, a regulamentação ambiental, o cálculo de indenização por perdas e danos em processos que envolvem dano à pessoa, a regulamentação dos mercados de valores mobiliários, a elaboração de diretrizes para o pronunciamento de sentenças judiciais no judiciário federal, os métodos empregados na divisão dos bens e no cálculo da pensão alimentícia nos casos de divórcio e as normas que regulamentam as ações de investimento dos fundos de pensão e demais agentes fiduciários. O movimento pela desregulamentação e a crescente respeitabilidade da ideologia do livre-mercado em geral devem algo à teoria econômica do direito.

As pessoas sem conhecimento de economia tendem a associar economia a dinheiro, capitalismo e egoísmo, a uma concepção redutivista e irrealista das motivações e do comportamento do homem, bem como a um espantoso aparato matemático e uma queda por conclusões cínicas, pessimistas e conservadoras. A economia ganhou o apelido de "ciência maldita" devido à tese de Thomas Malthus de que a fome, a guerra e a abstinência sexual eram os únicos meios de conter o crescimento da população e a falta de alimentos. A essência da economia, porém, não consiste em nada disso. É, em vez disso, algo extremamente simples, ainda que a simplicidade seja enganadora. O simples pode ser sutil e pouco intuitivo. Sua antítese é o "complexo" e não o "difícil".

A maioria das análises econômicas consiste em delinear as consequências do pressuposto de que as pessoas são racionais em suas interações sociais. No caso das atividades que concernem ao direito, esses indivíduos podem ser criminosos, promotores públicos, uma das partes envolvidas em um caso de acidente, contribuintes, fiscais do tesouro ou trabalhadores em greve (ou até mesmo estudantes de direito). Os estudantes tratam as notas como preços; de modo que, a menos que a administração da universidade intervenha, os professores impopulares, para não perderem seus alunos, terão às vezes de compensá-los pelo baixo valor que atribuem ao curso dando-lhes notas mais altas. Isso significa um aumento no preço que o professor paga pelo aluno.

Afirmei que a investigação econômica das consequências de uma prática ou política é ao mesmo tempo sutil e simples. Segue-se um exemplo[10]. O fideicomisso instituído em benefício de um pródigo é uma forma comum de fideicomisso que não autoriza o fiduciário a despender do di-

---

10. Baseado em Posner, nota 2 acima, pp. 560-1, e Adam J. Hirsch, "Spendthrift Trusts and Public Policy: Economic and Cognitive Perspectives", 73 *Washington University Law Quarterly* 1 (1995).

nheiro ou de qualquer outro bem legado pelo fideicomitente, para quitar dívidas com quaisquer credores dos fideicomissários. O desrespeito a essa restrição é passível de punição na forma da lei. A muitos estudantes de direito, contudo, esse tipo de fideicomisso parece uma fraude contra os credores, pois cria uma situação em que o fideicomissário (presumindo-se que toda sua riqueza se encontre protegida pelo fideicomisso) pode tomar emprestado à vontade, gastar o que tomou emprestado e ainda ficar livre de qualquer imposição legal de reembolsar os credores. Mas a ciência econômica sugere a conclusão oposta: desde que a cláusula que impede o acesso dos credores aos bens do fideicomissário não seja ocultada, esse tipo de fideicomisso tem, na verdade, o efeito de *dificultar* que o fideicomissário tome dinheiro emprestado, já que este se vê impedido de oferecer garantias ao mutuante e, portanto, o compromisso assumido de quitação futura da dívida perde credibilidade. A partir dessa constatação, fica fácil ver que a concessão de mais direitos aos devedores em casos de falência, longe de provocar uma avalanche de tomadas de empréstimo irresponsáveis, poderia reduzir a quantidade de empréstimos e, consequentemente, a incidência das falências, pois levaria os credores a emprestar quantias menores a devedores de risco. Portanto, os credores podem se opor à flexibilização das regras de falência por temerem não o aumento da inadimplência, mas a redução do volume dos empréstimos. (Imagine quão poucos empréstimos haveria se os tomadores não tivessem *nenhuma* obrigação de reembolsar os credores.) Note-se também que tanto as regras de falência excessivamente rígidas quanto aquelas excessivamente lenientes prejudicam os credores: se, a exemplo do que acontecia na Roma antiga, a lei determinasse que o devedor inadimplente poderia ser esquartejado em tantas partes quantos fossem os seus credores, o índice de inadimplência de empréstimos seria muito baixo. Em compensação, a maioria das pessoas teria medo de tomar dinheiro emprestado. Entende-se assim por que os agiotas quebram as pernas do devedor inadimplente, mas não o matam.

Esta discussão ilustra duas vantagens da abordagem econômica do direito que estão intimamente relacionadas. Em primeiro lugar, essa abordagem oferece um ponto de vista imparcial sobre temas jurídicos politicamente controversos. Os estudiosos convencionais da falência tendem a ser partidários dos devedores ou dos credores (razão pela qual o curso sobre falência é às vezes chamado de "Os direitos dos devedores" e, outras vezes, de "Os remédios judiciais dos credores", em vez de simplesmente "Falência"). O economista, por sua vez, não favorece nenhum dos lados. Favorece apenas a eficiência. Em segundo lugar, a abordagem econômica frequentemente desfaz antinomias que podem suscitar disputas (neste caso, ao demonstrar as relações mútuas entre os interesses dos devedores e os dos credores).

Agir racionalmente implica tomar decisões, e as pessoas muitas vezes precisam fazê-lo sob condições de profunda incerteza. Consideremos a questão de saber quanto cuidado uma pessoa sensata deve tomar para evitar um acidente. Chamarei de A (de acidente) a probabilidade de o acidente acontecer e de P (de prejuízo) o custo que ele imporá. Ao lesante em potencial, a eliminação da possibilidade de que o acidente aconteça também imporia um custo, a que chamarei O (de ônus). O custo de evitar o acidente será menor do que a estimativa de custo do acidente (ou benefício de evitar o acidente) se O for menor que P descontado de A (multiplicação), ou $O < AP$[11]. Nesse caso, se o indivíduo não tomar a precaução (talvez por não considerar que o custo para a vítima do acidente seja um custo também para si) e o acidente ocorrer, ele será corretamente considerado culpado. Esta é a fórmula da responsabilidade civil dependente de culpa introduzida pelo juiz Learned Hand num voto emitido em 1947[12], mas que só veio a ser reconhe-

---

11. Ignoro aqui as complicações introduzidas pela pressuposição de que o lesante em potencial ou o lesado em potencial é avesso ou receptível ao risco e não neutro perante o risco.

12. *Estados Unidos vs. Carroll Towing Co.*, 159 F.2d 169 (2d Cir. 1947).

cida como uma fórmula econômica para esse tipo de responsabilidade civil muitos anos depois. A fórmula é simples, mas seu detalhamento e sua aplicação a doutrinas específicas do direito da responsabilidade civil geraram uma bibliografia imensa e inspiradora. Hand não era economista, e propôs sua fórmula com o objetivo de decidir um processo judicial. Temos aí um exemplo da frequente coincidência estrutural entre as doutrinas jurídicas e os princípios econômicos; motivo pelo qual estes podem não raro ser usados para esclarecer e aprimorar aqueles.

É interessante observar que um lesante pode infligir dano culposo mesmo que a probabilidade de acontecer um acidente seja muito baixa (porque O pode ser baixo e P alto) e mesmo que o custo de evitar o dano seja muito alto (porque A e/ou P podem ser muito altos). Observe-se também que O pode significar, para o lesante em potencial, não apenas o custo do ato de tomar precauções, mas também o custo da redução de sua produção ou qualquer outra atividade, o que representa outra maneira de evitar infligir dano às pessoas. Isso nos dá uma pista sobre o papel, ou *um* dos papéis, da responsabilidade objetiva no direito. Se uma pessoa mantivesse um tigre no quintal por medida de segurança e o tigre fugisse e arrancasse a cabeça de um vizinho, teríamos um caso em que A e P teriam valores elevados, o mesmo acontecendo com O na impossibilidade de a pessoa ter tomado mais cuidado para evitar a fuga do tigre. Mas o valor de O poderia ser baixo se visto como o custo de não ter tigre algum, ou seja, o custo de substituir o tigre por outro sistema de segurança. De fato, este é um caso ao qual a responsabilidade objetiva se aplica, a fim de induzir os lesantes em potencial a considerarem a introdução de mudanças no caráter ou na intensidade de sua atividade.

Até aqui, discuti os danos infligidos por acidente. A fórmula de Hand, no entanto, também pode aplicar-se aos danos dolosos mediante a simples colocação de um sinal de menos antes de O. Nesse caso, configura-se uma situação na qual o lesante, em vez de ter de despender recursos para evitar o dano (variável O positiva), despende recursos para infligi-lo, de modo que na verdade economizaria recursos se não o infligisse (variável O negativa). Uma vez que AP sempre será necessariamente maior que O quando esta variável for negativa, é evidente que os danos dolosos, diferentemente dos culposos, devem ser presumidos como ilícitos. Outro fato a ser ressaltado – um pouco menos óbvio – é que a prevenção dos danos dolosos não pode ficar totalmente a cargo do sistema de responsabilidade civil. A pessoa que despende recursos para infligir um dano provavelmente espera auferir um ganho substancial, seja este pecuniário ou não, do sucesso de sua empreitada. Além disso, provavelmente tomará medidas para não ser descoberto. Em ambas as situações, a sanção ideal aplicável a um dano doloso é mais forte que aquela aplicável a um dano culposo. Por exemplo, se o candidato a lesante estimar um ganho líquido G e uma probabilidade de ser punido de $P < 1$, a sanção estipulada deve ser $S = G/P$ para equiparar-se ao benefício que ele espera colher do ato de infligir o dano. Desse modo, o ato não valerá a pena para ele. Não raro aquele que inflige o dano doloso é incapaz de arcar com o valor da sanção ideal. A sociedade, portanto, tem de recorrer a sanções não pecuniárias na tentativa de impor-lhe uma desutilidade igual ou superior à utilidade que ele espera obter com seu ato de transgressão. Além disso, esse tipo de lesante muitas vezes não possui bens (o que talvez explique o porquê de ele ter recorrido ao crime como forma de sustento). Por esse motivo, muitas vezes as vítimas de danos dolosos não se sentirão incentivadas a entrar com uma ação civil na justiça. Em ambos os casos, portanto, a sociedade precisa ter um direito penal que sirva de apoio ao direito da responsabilidade civil.

Examinemos agora duas aplicações da análise econômica menos familiares que a explicação da racionalidade econômica das normas e práticas jurídicas. São elas a simplificação da análise jurídica, não raro através da transposição de fronteiras doutrinais, e o desafio a que o advogado ou juiz defendam seus valores. Flertamos com a primeira dessas aplicações quando associamos o direito penal à responsabilidade civil e atribuímos ao primeiro um papel complementar. É interessante observar, ainda, como a tomada de decisões em condições de incerteza desempenha um papel crucial em ambas as análises. Não saber se um criminoso será pego ou se um ato descuidado causará dano a alguém é crucial para a determinação da sanção ideal.

O caso *Dr. Miles Medical Co. vs. John D. Park & Sons Co.*[13] envolvia a determinação da legalidade, segundo as normas do direito antitruste, de um contrato por meio do qual um fornecedor de remédios patenteados proibia que os revendedores cobrassem pelos remédios um valor inferior ao preço de varejo sugerido pela fábrica. A Suprema Corte decidiu que a prática (conhecida como fixação dos preços de revenda) era ilegal e assinalou que ela tinha o mesmo efeito que teria um acordo entre os revendedores para fixar o preço pelo qual venderiam os remédios do Dr. Miles; isto é, o mesmo efeito de um cartel de revendedores, o que, por definição, constituiria uma violação das normas do direito antitruste. Mas havia outro efeito, que a Corte não percebeu. Os revendedores que são incapazes de competir com a concorrência em termos de preço, mas que mesmo assim ganhariam dinheiro se conseguissem vender mais, competirão em outros quesitos que não o preço – como, por exemplo, a disponibilidade de estoque ou a qualidade do treinamento do pessoal de vendas, com o objetivo de atrair mais clientes. Se a oferta desses serviços for importante para a estratégia de *marketing* do fabricante, ele poderá usar a fixação dos preços de revenda como uma forma de fomentá-la; pois, ao fixar o preço mínimo de revenda acima do custo de venda básico dos revendedores, o fabricante os estará incentivando a concorrer entre si por maiores vendas mediante a oferta de mais serviços aos clientes. Essa concorrência, por sua vez, transformará o lucro embutido no pre-

---

13. 220 U.S. 373 (1911).

ço mínimo de revenda em mais serviços no ponto de venda, que é o que deseja o fabricante.

Um cartel de revendedores também teria esse efeito. Cada um dos membros deste, desejoso de aumentar suas vendas aos preços fixados pelo cartel (já que esses preços são, por definição, superiores ao custo), tentaria atrair clientes dos outros revendedores através da oferta de melhores serviços. A diferença é que, no caso do cartel, o revendedor pode estar oferecendo *mais* serviços do que o cliente deseja – este poderia preferir um menor preço com menos serviços. Se isso for de fato o que o consumidor prefere[14], o fornecedor não adotará a fixação dos preços de revenda, porque, se o fizesse, perderia negócios e lucros para os concorrentes que não se engajassem em tal prática.

Meu próximo exemplo pode parecer deslocado. Os críticos da desregulamentação do setor aéreo apontaram que, em certos aspectos, os serviços oferecidos pelas empresas aéreas hoje são inferiores àqueles de que o passageiro usufruía na época em que o setor era regulamentado. Os aviões estão mais lotados, há menos espaço entre as poltronas e a comida piorou. Não existem mais, por exemplo, os pianos-bares dos *Boeings* 747 da American Airlines. A ciência econômica já previa isso. A regulamentação do setor aéreo criou um cartel protegido pelo Estado. Os preços altos eram sustentados artificialmente e, em decorrência disso, a concorrência desviou-se para outros quesitos que não o preço. No momento em que a concorrência na oferta de serviços enfim esgotou todas as oportunidades de lucro que a cartelização representava para as companhias aéreas, o setor estava pronto para a desregulamentação. Quando esta ocorreu, houve uma queda tanto nos preços quanto na oferta de serviços, pois esta era a combinação que os consumidores queriam, conforme podemos deduzir do enorme crescimento desse mercado após a desregulamentação.

---

14. O cliente marginal, para ser mais preciso. Mas não me aprofundarei nesse detalhe. Ver Posner, nota 2 acima, p. 321.

Percebe-se, assim, e este é o ponto central da discussão, que a fixação dos preços de revenda dos remédios patenteados e a desregulamentação do setor aéreo suscitam a mesma constatação econômica, a saber, que há uma relação entre a concorrência de preços e a concorrência não relacionada aos preços, ainda que uma envolva mercadorias e a outra serviços, que uma seja antiga e a outra recente, ou que uma envolva a interpretação do direito antitruste pelos juízes e a outra, a reforma das leis que regulamentam o transporte de cargas. Esta é uma experiência recorrente na análise econômica do direito. Práticas, instituições e corpos de leis que não apresentam nenhuma relação entre si quando vistos sob as lentes da análise jurídica ortodoxa terminam por demonstrar-se relacionados à mesma questão econômica. A ótica econômica revela relações recíprocas entre campos inteiros do direito. Quando eu era estudante de direito, este me parecia um amontoado de regras, procedimentos e instituições sem nenhum vínculo mútuo. A economia, entretanto, revela uma estrutura jurídica profunda dotada de coesão considerável.

Consideremos *Eckert vs. Long Island R.R.*[15], um famoso caso de responsabilidade civil. Um homem viu uma criança caminhando sobre os trilhos de uma ferrovia. Um trem, que era operado de modo negligente (isso é crucial, como veremos em seguida), aproximava-se perigosamente. O homem então correu, salvou a criança empurrando-a para fora dos trilhos, mas foi atropelado. Diante disso, deveria a empresa ferroviária ser responsabilizada por sua morte, devido à negligência do maquinista? Ou dever-se-ia considerar que o salvador assumira o risco? Trata-se de uma questão de responsabilidade civil, mas uma boa maneira de abordá-la é por meio da ideia de contrato. Suponhamos que os custos de negociação entre a empresa ferroviária e os salvadores em potencial fossem baixos (em vez de proibitivos, já que qualquer indivíduo é um salvador em poten-

---

15. 43 N.Y. 502 (1871).

cial). Nesse caso, seria possível celebrar-se um contrato que oferecesse compensação a eles ou a seus familiares, caso se ferissem ou morressem durante a tentativa de salvar uma pessoa posta em perigo por negligência dos funcionários da ferrovia (com a condição de que o ato de salvamento tivesse sido racional). Se a pessoa não fosse salva, a empresa ferroviária seria acusada de crime de responsabilidade civil por dano culposo. Portanto, a possibilidade de que apareçam indivíduos para salvar as pessoas de eventuais acidentes representa uma estimativa de benefício para a empresa ferroviária, pela qual ela provavelmente pagaria de bom grado se o custo fosse inferior ao benefício estimado.

Trata-se, porém, de uma mera "estimativa" de benefício; e isso ocorre por duas razões. O salvador pode ser suficientemente altruísta para realizar a tentativa de salvamento sem nenhuma expectativa de compensação. A tentativa, por sua vez, pode falhar. No caso Eckert, ela foi bem-sucedida. Suponhamos que a vida da criança valesse tanto quanto a do salvador, digamos um milhão de dólares (em dólares atuais). Suponhamos também que o salvador tivesse dez por cento de chance de ser morto durante o salvamento e a criança não tivesse chance alguma de sobreviver se o salvamento fosse malsucedido. Então, *ex ante*, ou seja, antes que se conhecesse o resultado da tentativa de salvamento, a empresa ferroviária teria grande interesse em assinar o contrato que descrevi. Para ela, a estimativa de benefício líquido teria sido de 900 mil dólares, já que em 90 por cento dos casos ela economizaria integralmente a quantia de 1 milhão de dólares correspondente à indenização por perdas e danos que a justiça concederia a Eckert se a situação hipotética descrita se concretizasse. Este é mais um exemplo de como a tomada de decisões sob condições de incerteza permeia muitas das diferentes questões jurídicas e confere unidade a elas.

A ferramenta analítica que consiste em imaginar o resultado de uma situação hipotética em que os custos da confecção de um contrato são nulos é um legado do famoso artigo de Coase sobre custo social. Lembremo-nos, com base na discussão do Teorema de Coase na Introdução, que a análise de Coase propõe ao direito (concebido como um método de distribuição eficiente de recursos) duas tarefas intimamente relacionadas. A primeira delas consiste em minimizar os custos de transação – por exemplo, através da definição clara dos direitos de propriedade e de sua concessão às pessoas que provavelmente os valorizarão ao máximo (a fim de minimizar a ocorrência de situações em que a confecção de contratos em torno da atribuição inicial de direitos implique custos elevados). A segunda tarefa insere-se num contexto em que os custos de transação são proibitivos e consiste na tentativa de produzir o esquema de alocação de recursos que teria existido se os custos de transação fossem nulos, pois este é o esquema de alocação mais eficiente.

A importância que o Teorema de Coase atribui à distinção entre os cenários em que os custos de transação são altos e os cenários em que esses custos são baixos ilustra a quebra de antigos paradigmas pela análise econômica do direito. Mas há um exemplo ainda mais exótico disso: o uso do conceito de "personalidade" como um princípio organizador econômico aplicável a um amplo espectro de temas jurídicos. O *Webster's Third New International Dictionary* oferece várias definições do termo. Personalidade é "a qualidade ou o estado de ser uma pessoa e não uma abstração". É também "o fato de ser uma pessoa individual"; "a condição ou o fato de guardar relação com determinada pessoa"; "o complexo de características que distinguem determinado indivíduo, que o individualizam ou o caracterizam em suas relações com os outros"; "a organização dos traços de caráter, das atitudes ou dos hábitos que distinguem um indivíduo"; e, ainda, as "características sociais que consistem em atrair a atenção e a admiração, impor respeito ou exercer influência por meio das características pessoais". Personalidade, portanto, significa individualidade humana e (como na última definição) uma luta em que um ser humano busca ser reconhecido como um indivíduo separado, distinto e admirável. Quando a personalidade não é reconhecida, temos o anonimato. Assim, o "autor", concebido como um escritor que infunde sua personalidade nos próprios escritos, deve ser contrastado com o *ghost-writer*, que tenta (ou tentava, pois a prática vem mudando) ocultar sua personalidade.

O conceito de personalidade desempenha um papel central nas leis de direitos autorais e numa variante da proteção a esses direitos chamada "direito moral", que ora vem se firmando no sistema jurídico norte-americano. A cópia pode ser uma forma de lesar ou usar indevidamente a personalidade. O plágio e a falsificação estão entre os conceitos que o direito usa para impor limites à cópia e proteger assim a personalidade. Uma vez que entendamos que, assim como uma pessoa física, uma empresa ou qualquer outra instituição também pode ter personalidade, perceberemos que a ideia de personalidade é presença forte também no direito das marcas. Um produto com marca registrada tem personalidade, enquanto sua versão genérica não tem. A personalidade também é elemento central na responsabilidade civil por violação da privacidade, sobretudo (embora não exclusivamente) no ramo desse direito conhecido como "direito ao uso publicitário da imagem ou do nome" – por exemplo, o direito de uma celebridade a controlar o uso de seu nome ou sua imagem para fins publicitários ou comerciais em geral. A ideia de personalidade também está presente nas disputas em torno da propriedade sobre obras de arte, devido às razões pelas quais as pessoas adquirem esse tipo de obra, que incluem a exibição do gosto estético, entre outras dimensões da personalidade do proprietário; e devido também à importância da proveniência para o valor de uma obra de arte (por "proveniência" geralmente se entende a identidade do artista).

Ao longo dos séculos tem-se verificado uma ascensão contínua daquilo que poderíamos chamar de "culto à personalidade", não fosse a infeliz associação desse termo aos países outrora comunistas. O anonimato (não apenas quando a obra em questão é um livro, mas também quando se trata de um artigo de revista ou de jornal, ou ainda de uma obra de arte) está tão fora de moda, que hoje é comum vermos o nome do *ghost-writer* logo abaixo do nome do (pretenso) autor na folha de rosto de um livro; ou o nome do estudante junto a notas e comentários por ele redigidos em publicações acadêmicas de direito (uma prática que se desconhecia três décadas atrás), por mais que o trabalho tenha sido editado várias vezes. O movimento do cinema de autor tem procurado, com algum êxito, obter o reconhecimento de que o diretor de cinema é o autor dos filmes que dirige. Concomitantemente (e a incoerência aqui é apenas superficial), o reconhecimento das contribuições prestadas ao autor de um livro ou de qualquer outro projeto criativo por pessoas que leram os originais da obra, bem como por editores, membros da família, secretários e outros profissionais de nível técnico e administrativo, tem-se tornado uma prática cada vez mais comum. Na verdade, é até obrigatório em alguns tipos de obras. Além disso, cada vez mais, trabalhos claramente acadêmicos trazem fofocas sobre a vida de seus autores. Os produtos de marca, por sua vez, são uma novidade relativamente recente. Enfim, todos esses fenômenos são acompanhados pelo surgimento de mais e mais direitos que protegem a personalidade.

Essas transformações, que ocorrem tanto nos costumes sociais quanto no direito (o qual, ao que tudo indica, ao mesmo tempo reflete e facilita as transformações dos costumes), são vilipendiadas pela esquerda como manifestações de uma ideologia do "individualismo possessivo", que vê as conquistas humanas como produto de uma luta individual e não do esforço coletivo. Segundo essa visão, o culto à personalidade caminha lado a lado com a ascensão do capitalismo. Embora haja um fundo de verdade nessa interpretação, é mais elucidativo e correto associar o crescente reconhecimento social e jurídico da personalidade a transformações na relação entre os custos e os benefícios da produção personalizada, em contraposição àqueles que envolvem a produção anônima de mercadorias, tanto as tangíveis quanto as intangíveis. Três dessas mudanças são cruciais. A primeira diz respeito ao tamanho do mercado. Quanto menor é o mercado para algum produto, mais facilmente os consumidores identificam o fabricante sem uma marca que o identifique, seja essa marca uma assinatura, no caso de um livro ou de uma obra de arte, seja ela um logotipo, no caso de um produto ou serviço menos "criativo". Os mercados modernos, grandes por excelência, são ditos "impessoais", o que é muito sugestivo. Sua impessoalidade cria uma demanda por personalização.

Se um mercado for pequeno demais, pode ser que o consumo não seja suficiente para financiar sua produção. Os produtores, nesse caso, podem recorrer ao patrocínio privado ou reivindicar subsídio estatal. Por outro lado, se os consumidores não estiverem pagando pelo produto, terão menos interesse em identificar o fabricante. Ademais, quanto menor for o mercado, menor será a importância de incentivar os fabricantes permitindo-lhes apropriar-se de grande parte dos benefícios sociais de seu trabalho. Apesar do dito espirituoso de Samuel Johnson, segundo o qual só os tolos não escrevem por dinheiro, sempre houve pessoas talentosas que escreviam, compunham ou pintavam pela satisfação pessoal que isso lhes dava e não pela renda em dinheiro que obtinham com sua atividade. Se a demanda por um tipo de obra for pequena, o esforço dos produtores, movidos pelo próprio sentimento de realização pessoal, pode ser suficiente para atendê-la.

A segunda variável, que está relacionada à primeira (o tamanho do mercado), é o custo da obtenção de informações acerca da qualidade dos bens e serviços. Esse custo tem aumentado em muitos casos, devido ao crescente número de produtos e fabricantes, bem como à maior variedade e complexidade desses produtos e à crescente especialização, que reduz a quantidade de informações que os consumidores possuem sobre a concepção e a produção das mercadorias que eles utilizam. (Os consumidores não fazem mais as próprias ferramentas.) Quanto maior é o custo da informação, mais difícil se torna a avaliação de um produto. Consequentemente, mais valiosa será a informação sobre quem o produziu. Em outras palavras, dentre os bens que consumimos hoje, há mais daqueles que os economistas chamam de "bens de crença", isto é, bens que compramos por confiarmos no fabricante e não por termos conhecimento direto deles[16].

A relação recíproca entre o tamanho do mercado e o crescente custo das informações relativas a ele é ilustrada pela importância cada vez maior que os acadêmicos de hoje atribuem a questões de plágio, precedência, originalidade e volume de obras publicadas; bem como às citações e demais formas de reconhecimento do trabalho já publicado. Os mercados acadêmicos de hoje são grandes, de modo que os autores não conseguem criar rapidamente uma reputação apenas no boca a boca. Eles precisam tornar visível a marca de sua personalidade.

Desse modo, quanto maior é o mercado e mais alto o custo da informação, maiores são os benefícios advindos do reconhecimento jurídico da personalidade do criador ou fabricante. Mesmo assim, os custos desse reconhecimento não devem ser ignorados. Esses custos têm muito a ver com a natureza geralmente colaborativa da produção, uma característica que foi obscurecida pela ênfase romântica no gênio e que é a terceira variável acerca do cultivo e do reconhecimento da personalidade que desejo ressaltar. A maior parte das obras criativas depende muito de trabalhos anteriores, a ponto de o próprio criador ter de se esforçar para

---

16. Há aqui uma analogia com o conceito aristotélico de "apelo ético", que significa o esforço de um orador no sentido de persuadir seu público de que ele é uma pessoa honesta, instruída e digna de confiança. Este é um importante recurso de retórica, que Aristóteles definiu muito apropriadamente como o raciocinar sobre questões que não podem ser resolvidas em definitivo mediante o apelo à lógica ou a dados empíricos. Para Aristóteles, a persuasão retórica é a tentativa de vender um bem de crença.

ocultar esse fato. Quanto mais a apropriação de obras já criadas for onerada pelos custos de negociar com seus criadores (por lhes terem sido concedidos direitos sobre as obras), maior será o custo de produção de trabalhos criativos no presente e no futuro. Este é um exemplo de cooperação entre gerações. Mas certamente há também muita cooperação contemporânea, como no caso da coautoria e da criação de obras de multimídia, como as óperas e os filmes de cinema. Aqui também o empenho em dar proteção legal à personalidade de cada colaborador pode criar custos de transação colossais.

Nesse contexto, verifica-se uma convergência entre a análise econômica da personalidade e a crítica radical da personalidade, com sua ênfase no caráter instrumental ou socialmente construído (em vez de "natural") da autoria[17]. Todo texto tem um autor e, para simplificar, consideremos apenas os textos escritos por um único indivíduo. Outra questão bem diferente é a de saber se esse indivíduo algum dia virá a ser considerado um "autor" e, desse modo, se conquistará não somente a proteção da lei de direitos autorais como também uma reputação que elevará (ou reduzirá) sua capacidade futura de vender livros, provocará curiosidade sobre sua vida e seu pensamento e criará um mercado para sua biografia. Essa pessoa pode vir a obter autoridade interpretativa também, isto é, a autoridade para determinar o significado daquilo que ela escreveu. Por outro lado, ela pode não passar de um constructo interpretativo de sua obra. Tudo o que sabemos sobre "Homero", por exemplo, é aquilo que podemos inferir dos textos da *Ilíada* e da *Odisseia*.

---

17. Ver, por exemplo, Michel Foucault, "What Is an Author?", em *Textual Strategies: Perspectives in Post-Structuralism Criticism* 141 (Josué V. Harari [org.], 1979); *The Construction of Authorship: Textual Appropriation in Law and Literature* (Martha Woodmansee e Peter Jaszi [orgs.], 1994). O nome "autor" não precisa limitar-se ao indivíduo que escreve um texto. Pode aplicar-se também a um pintor, um compositor ou qualquer outro "criador"; ou ainda – por que não? – a um produtor de bens e serviços convencionais.

O que vai determinar se o indivíduo será considerado autor de uma obra serão antes as convenções sociais e jurídicas do que o fato de ele ter escrito o texto em questão. A sociedade pode sensibilizar-se mais com a contribuição que o tipógrafo, o encadernador, o ilustrador, o editor ou até mesmo os leitores deram a um livro, que com a contribuição do escritor. A sociedade pode, ainda, considerar o ato de escrever menos importante do que as ideias escritas, as quais talvez provenham de outra pessoa. Do mesmo modo, as pessoas poderiam parar de pensar que "Rembrandt" é uma forma útil de classificar um conjunto de pinturas do século XVII. Assim, o preço de um "Rembrandt" não cairia caso se descobrisse que as telas foram pintadas por outra pessoa, já que a descoberta não alteraria a pintura em si. O fato de que o preço cai, isto é, que o valor de um "Rembrandt" despenca quando se descobre que este foi pintado por outra pessoa, sugere que os "Rembrandts" são bens de crença; talvez porque não exista nenhum meio "objetivo", ou algorítmico, de determinar a qualidade de uma obra de arte[18]. Aqui deparamos com o paradoxo de que o cultivo e o reconhecimento da personalidade guardam uma relação direta com os modismos e o comportamento de manada. A incerteza que marca o conceito de padrão de qualidade e que nos leva a basear um juízo de valor na personalidade que chamamos de "Rembrandt" e não na qualidade intrínseca de suas pinturas também faz com que aceitemos a avaliação que outras pessoas fazem dessas pinturas.

Essa análise pode nos ajudar a compreender não apenas a artificialidade de muitas das distinções doutrinais do direito como também a fragilidade das fronteiras que sepa-

---

18. Ver Holger Bonus e Dieter Ronte, "Credibility and Economic Value in the Visual Arts" (Westfälische Wilhelms-Universität Münster, Volkswirtschaftliche Diskussionsbetrag Nr. 219, 1995). O fenômeno não se limita ao mercado das obras de arte. Depois de gerar uma onda de curiosidade inicial, a descoberta de que uma peça atribuída a Shakespeare na verdade fora escrita por um obscuro contemporâneo seu levou a uma diminuição do número de montagens realizadas e dos lucros obtidos com a exibição da peça.

ram o direito de outras formas de controle social (a serem examinadas no Capítulo 9, que trata das normas sociais). Os direitos autorais, o direito das marcas e os direitos de privacidade representam um esforço de busca por um meio-termo entre os custos e os benefícios do reconhecimento da personalidade. Mas o mesmo se pode dizer dos conceitos de originalidade e criatividade que norteiam o mercado de arte, assim como das normas não jurídicas relativas ao reconhecimento da influência e da colaboração.

Permita-me apresentar alguns exemplos da utilidade da economia para a contestação de nossos valores individuais. Meu primeiro exemplo é um breve artigo de Michael Sandel, famoso estudioso de teoria política da Universidade de Harvard. No texto, surpreendentemente, o autor prova a venda de bebês ao mesmo tempo em que condena os contratos de maternidade substituta[19]. Um médico de nome Hicks, que exercia a medicina em uma zona rural do Sul nas décadas de 1950 e 1960, mantinha, como afirma Sandel, "um negócio secreto de venda de bebês nas horas vagas". O médico, que também realizava abortos, às vezes "persuadia mulheres jovens desejosas de abortar a ter seus bebês, pois assim criava a oferta que atendia à demanda de seus clientes por filhos adotivos". Para Sandel, o "mercado negro de bebês" de Hicks tinha características moralmente redentoras, mas que a maternidade substituta não tem nenhuma. O autor observa que, comparada ao "negócio caseiro do Dr. Hicks, a maternidade substituta com fins comerciais é uma enorme indústria, que movimenta 40 milhões de dólares". Mas Sandel compara um vendedor de um mercado a outro mercado inteiro e, além do mais, compara um vendedor de um mercado ilegal, em que os vendedores se escondem, a todo um mercado legal. Tendo em vista que o número de abortos ultrapassa 1 milhão ao ano, é evidente o potencial que a "venda de bebês" tem, se legalizada, para suplantar a maternidade substituta.

---

19. Michael Sandel, "The Baby Bazaar", em *New Republic,* 20 de outubro de 1997, p. 25.

A principal justificativa apresentada por Sandel para distinguir a venda de bebês da maternidade substituta é que esta, ao contrário daquela, estimula a comercialização. "O mercado negro de bebês do Dr. Hicks era uma reação a um problema que surgiu independentemente de considerações mercadológicas. Para começar, ele não estimulava as mães solteiras cujos bebês vendia a ficarem grávidas." Ele não precisava fazê-lo, pois a demanda gera a oferta. As mulheres que soubessem da existência de um mercado onde poderiam vender seus bebês se não quisessem ficar com eles tenderiam a ter menos cuidados para evitar a gravidez. Sem dúvida, se esse mercado não fosse ilegal, mais mulheres teriam conhecimento de sua existência. Mas Sandel não sugere que a prática do Dr. Hicks fosse redimida por sua ilegalidade!

Não defendo que a análise econômica deva convencer os adversários da maternidade substituta a abandonarem sua posição de oposição. Não acredito que a economia (ou qualquer outro sistema teórico, diga-se de passagem) seja capaz de exercer força de obrigatoriedade sobre um juízo moral[20]. Esses indivíduos, entretanto, podem sentir-se pressionados por minha análise a reconsiderar sua oposição. Talvez concordem com a afirmação de Sandel de que a prática do Dr. Hicks, apesar de ilegal, não era imoral. Mas talvez concordem também que Sandel cometeu um erro econômico ao pensar que aquilo que o Dr. Hicks fazia era diferente daquilo que a indústria da maternidade substituta está fazendo e que tem diferença o fato de que ele atuava sozinho, enquanto a indústria da maternidade substituta envolvia um grande número de pessoas.

Mas posso apresentar um exemplo mais complexo de como a análise econômica pode motivar uma reconsideração dos compromissos éticos[21]. A lei federal de aposenta-

---

20. Este é um dos temas centrais de meu livro *The Problematics of Moral and Legal Theory* (1999), do qual extraio minha discussão sobre Sandel e Hicks. Ver *id.*, p. 87.

21. A discussão que se segue é baseada em Richard A. Posner, *Aging and Old Age*, pp. 299-305 (1995).

doria, conhecida como ERISA (*Employee Retirement Income Security Act*), exige que o empregador que crie um plano de previdência com benefício definido conceda ao empregado coberto pelo plano o direito de recolher seus benefícios proporcionalmente após cinco anos. O objetivo da exigência é corrigir o abuso que consiste em criar um plano de previdência sem benefício proporcional e então demitir o empregado às vésperas de sua aposentadoria.

Um economista a quem se pedisse para avaliar essa exigência da ERISA talvez desejasse examinar, primeiro, quão comum seria, na ausência da lei, esse esquema de criação de planos sem benefício proporcional diferido e se sua proibição poderia ter consequências negativas, principalmente para aqueles a quem se pretende beneficiar, ou seja, os empregados. Antes da aprovação da lei (1974), um trabalhador que deixasse o emprego antes da idade de aposentadoria poderia, de fato, ver-se em uma situação na qual o valor dos benefícios a que tinha direito era muito inferior ao das contribuições dadas, ou até nulo. Portanto, ele tinha fortes motivos para permanecer na mesma empresa até a idade de aposentadoria. Ademais, o empregador tinha o poder de expropriar o capital humano vinculado à empresa (isto é, a parcela da capacidade de gerar receita de um empregado que está ligada ao fato de ele trabalhar para essa empresa especificamente, de modo que ele ganharia menos se trabalhasse para qualquer outra empresa), ameaçando demitir seus empregados antes do prazo de carência do fundo de pensão, caso insistissem em reivindicar um salário proporcional a seu valor para a empresa. Poderíamos imaginar um cenário em que o empregador reduziria o salário do empregado a um patamar em que o valor deste somado ao valor do salário de aposentado excedessem apenas levemente o salário que o empregado ganharia em sua segunda melhor opção de emprego. Um ano antes de o empregado aposentar-se e tornar-se apto a receber a aposentadoria, o valor de seu salário poderia ser nulo ou mesmo negativo. Neste último caso, o empregado poderia estar disposto a pagar pelo benefício de trabalhar na empresa até ter direito à aposentadoria.

Nas linhas anteriores apresentei, ao que parece, argumentos definitivos em favor da ERISA. Todavia, estudos empíricos demonstraram que as práticas previdenciárias dos empregadores antes da ERISA raramente se pautavam pela exploração e que a criação da lei foi incentivada principalmente por abusos relacionados a planos de previdência administrados pelo sindicato dos caminhoneiros e por outros sindicatos, para vários empregadores. Os termos da aposentadoria, inclusive os direitos previdenciários, são uma questão de negociação contratual entre o empregador e o candidato a empregado, não de imposição unilateral. Mesmo que determinado empregador se recusasse a negociar em separado com cada empregado e oferecesse, em vez disso, um acordo empregatício do tipo "é pegar ou largar", a concorrência entre os empregadores daria aos candidatos a empregado a possibilidade de escolher entre diferentes pacotes de benefícios salariais. Alguns empregadores ofereceriam pacotes que enfatizariam uma aposentadoria confortável, entre outros benefícios, à custa de menores salários; enquanto outros ofereceriam pacotes que privilegiariam altos salários, às expensas de uma aposentadoria menos generosa ou segura, bem como de outros benefícios. Provavelmente, os empregados se distribuiriam entre as empresas de acordo com suas preferências individuais relativas a risco e à alocação do consumo ao longo da vida.

Quanto aos planos de previdência sem benefício proporcional, ao condicionarem os benefícios previdenciários à permanência do empregado na empresa e a um desempenho satisfatório deste no cumprimento de suas tarefas, esses planos facilitavam o retorno do investimento em capital humano feito pelos empregadores. Isso provavelmente levaria a mais investimentos desse tipo e, desse modo, a salários mais altos. Esse tipo de plano também resolvia o problema do empregado que, estando prestes a aposentar--se, não se sente mais estimulado a trabalhar arduamente.

Esse problema, que os economistas chamam de "problema da fase final", era resolvido não apenas com a punição (a ameaça de demitir o funcionário antes de ele ter direito a receber sua aposentadoria), mas também com a recompensa, uma vez que os benefícios previdenciários se medem muito em razão do salário do empregado em seus últimos anos de emprego.

O incentivo que o empregador tinha a abusar do poder que o plano sem benefício proporcional lhe conferia e deixar de cumprir o acordo verbal através do qual se comprometera a tratar os empregados de forma equitativa era refreado por sua preocupação em preservar uma reputação de honestidade (se ele a perdesse, teria de pagar salários mais altos aos novos empregados) e pelo poder de negociação conferido ao trabalhador pela posse de conhecimentos que o tornam parte importante do capital humano da empresa. (Se este se demitisse por raiva ou descontentamento, ou fosse demitido para que seus benefícios se perdessem, a empresa teria de investir no treinamento de um empregado inexperiente que o substituísse.) Na verdade, como afirmei, antes da ERISA as demissões oportunistas de trabalhadores cobertos por um plano de aposentadoria eram raras. Ademais, a lei não surtiu nenhum efeito perceptível sobre as demissões de trabalhadores com cobertura.

Porém, ao limitar a criação de planos de previdência sem benefício proporcional, a lei tendeu a reduzir o controle dos empregadores sobre seus empregados mais antigos. Essa perda de controle, ao que tudo indica, tem três efeitos negativos sobre os próprios empregados. O primeiro seria o de levar os empregadores a investir menos em capital humano, o que diminuiria a produtividade dos empregados e, consequentemente, o salário destes. Em segundo lugar, como os empregadores teriam um menor investimento em capital humano a proteger e como os empregados se sentiriam menos incentivados a mostrar um bom desempenho (por não terem de enfrentar uma perda substancial de benefícios previdenciários se fossem demitidos), provavelmente os primeiros recorreriam com mais frequência à ameaça explícita ou implícita de demissão a fim de manter a disciplina. Finalmente, em terceiro lugar, qualquer fator (legal ou não) que eleve o custo de empregar um trabalhador levará os empregadores a empregar menos trabalhadores, a pagar-lhes salários menores, ou ambas as coisas.

Ainda que concorde com minha análise econômica, o leitor pode ter a impressão de que, pesando-se os prós e os contras, para os trabalhadores é mais importante ter direitos previdenciários assegurados ou maior autonomia perante seus empregadores. Uma vez mais, porém, desejo forçar o leitor a perguntar a si mesmo se essa impressão é forte o bastante para fazer frente às consequências introduzidas pela análise econômica, algumas delas prejudiciais aos próprios trabalhadores, como os salários mais baixos ou mesmo, ironicamente, *menos* empregos que ofereçam benefícios trabalhistas.

Apresentei dois exemplos do que se poderia chamar de economia "conservadora", ainda que um termo mais preciso fosse "libertarianista", pois esse tipo de posicionamento reflete uma preferência pelos mercados e pela iniciativa privada como agentes reguladores, em detrimento do Estado. Mas a economia aspira à imparcialidade axiológica. E nisso obtém algum êxito, uma vez que existem, dentre os adeptos da análise econômica do direito, várias figuras de esquerda, como Guido Calabresi, professor da Universidade de Yale e atualmente juiz do Tribunal Federal da Segunda Região, e John Donohue, de Stanford. Permita-me, então, oferecer um exemplo de como a economia pode jogar um pouco de água fria numa política apoiada pelos conservadores[22]. Tomemos as leis que dão ao Estado o poder de tombar a fachada de um edifício como patrimônio histórico. Após o tombamento, o proprietário não pode mais modi-

---

22. A discussão que se segue é baseada em Posner, nota 2 acima, pp. 66-7, e em Daniel A. Farber, "Economic Analysis and Just Compensation", 12 *International Review of Law and Economics* 125, 131-132 (1992).

ficar a fachada. Uma alternativa ao tombamento seria o Estado comprar o direito de servidão sobre a fachada (talvez mediante a ameaça de desapropriação e sem prejuízo do pagamento de justa indenização). Essa opção é defendida pela maioria dos conservadores. Na opinião deles, não se deve permitir que o governo obtenha coisas de graça e, ao fazê-lo, ainda imponha pesados custos aos detentores de propriedade privada. Logo, insistem em que se dê máxima importância ao princípio da justa indenização. Esses mesmos conservadores tendem a argumentar que as leis que regem a preservação do patrimônio histórico levam o Estado a instituir tombamentos demais, o que não aconteceria tanto em um regime no qual o Estado fosse obrigado a indenizar o proprietário do imóvel pela redução do valor de sua propriedade, decorrente da impossibilidade de alterar a fachada.

Na verdade, não se pode afirmar com certeza que se instituiriam menos tombamentos caso se adotasse a abordagem da indenização. O próprio fato de as leis de preservação do patrimônio histórico geralmente não preverem indenização faz com que os proprietários se oponham ao tombamento de seu imóvel, reclamando junto a seus representantes no Congresso, pressionando de alguma forma os órgãos responsáveis pelo tombamento, contratando advogados que encontrem brechas na lei e até mesmo organizando-se institucionalmente para lutar pela anulação ou revogação dessas leis. A resistência dos contribuintes a pagar os impostos necessários ao financiamento de um programa de compra de direitos de servidão sobre os imóveis históricos poderia ser menor. Os programas governamentais financiados pela arrecadação de impostos (o subsídio à agricultura, por exemplo) são muitas vezes tão onerosos em termos sociais quanto os programas regulatórios, ou até mais onerosos que estes. Mas os custos incidem tão sutilmente sobre cada contribuinte que poucos deles reclamam.

Sem dúvida, uma campanha de resistência à instituição de tombamentos pode ser dispendiosa em comparação com um sistema no qual o proprietário se submeta docilmente à determinação do Estado e aceite a indenização pela cessão de seu direito. Mas os custos totais podem ser menores se a ameaça de resistência for capaz de inibir a instituição de tombamentos.

Mas será que o Estado, por não estar tirando dinheiro do próprio bolso, não pode instituir tombamentos injustificados, isto é, sobre propriedades que valeriam muito mais se passassem por reformas? Talvez sim, talvez não. Quanto maior for esse valor alternativo, mais forte será a resistência ao tombamento. O fato é que a abordagem do tombamento pode levar a uma redução da oferta de imóveis tombados. Os proprietários de edifícios potencialmente sujeitos a tombamento podem apressar-se em demolir a fachada desses imóveis, antes que o Estado institua o tombamento. Não é esta, porém, a natureza da objeção dos conservadores.

O aspecto falacioso de sua objeção – segundo a qual o Estado deve ser tratado como qualquer outro comprador – é o pressuposto implícito de que o Estado é, efetivamente, um comprador comum e que, portanto, reage a incentivos financeiros da mesma forma que um comprador particular reagiria. Mas o Estado não é um comprador comum. Na verdade, não faz sentido falar na possibilidade de *fazer* com que o Estado pague pelas coisas que deseja como o faria uma pessoa qualquer, já que ele *precisa* recorrer à coerção para obter o dinheiro que usa para pagar por essas coisas[23]. Para pagar justa indenização por uma desapropriação, ou mesmo para fazer uma compra voluntária mediante contrato celebrado em igualdade de condições e sem nenhuma ameaça implícita de condenar o vendedor se este se recusar

---

23. Isso ocorre até mesmo quando o Estado financia suas atividades por meio de empréstimos ou da emissão de dinheiro, uma vez que ele só pode fazer essas coisas por ter o poder de cobrar impostos e, no caso da emissão de moeda, de forçar as pessoas a tratarem o dinheiro que ele emite como moeda corrente. O Estado só se comporta como um integrante privado do mercado quando financia suas atividades por meio da cobrança individualizada por determinados serviços, a preços de mercado.

a vender o imóvel, o Estado deve primeiro arrecadar os fundos necessários junto ao contribuinte, sem lhe oferecer nenhuma compensação. Ou seja, a justa indenização implica um ato precedente de desapropriação.

Conforme ilustram esses exemplos, o trabalho do economista no que se refere às políticas e práticas acerca do interesse público, tanto as vigentes quanto aquelas que se propõem, consiste essencialmente em advertir-nos sobre as consequências que os não economistas tendem a negligenciar e que frequentemente, embora nem sempre, são adversas ou no mínimo onerosas. Essa aplicação da economia deve ser bem-vinda pelos advogados que julguem importante descobrir quais são as consequências reais das doutrinas e instituições jurídicas, inclusive aquelas que os profissionais do direito consideram intocáveis.

Apresentada a teoria econômica do direito de modo geral, retomemos a questão da influência de Bentham, a começar pelo aspecto concernente à inspiração. Nesse caso, a indicação mais clara, ao que parece, é o texto sobre o crime publicado por Gary Becker em 1968[24] e que se tornou fonte de referência para o estudo econômico do crime e seu controle. O texto de Becker cita vários trechos de *Introduction to the Principles of Morals and Legislation* [Introdução aos princípios da moral e da legislação] (1780, ed. ampliada, 1789)[25], nos quais Bentham discute a economia do crime e da pena. Nesse livro, Bentham levantara algumas questões econômicas importantes: uma pessoa só comete um crime se o prazer que ela espera obter com ele exceder a dor esperada, ou seja, somente se a estimativa de benefício exceder a estimativa de custo. Para coibir o crime, portanto, a pena deve impor uma quantidade de sofrimento que, somada a quaisquer outros sofrimentos estimados pelo criminoso, exceda

---

24. Nota 9 acima.
25. Becker também cita o tratado de criminologia de Sutherland. Este contém algumas referências a Bentham, mas credita a Beccaria "a principal aplicação dessa doutrina [o utilitarismo] à penologia". Edwin H. Sutherland, *Principles of Criminology*, p. 52 (5. ed., rev. por Donald R. Cressey, 1955).

o prazer que ele espera obter com a prática do crime. Não se deve impor uma pena maior que essa, pois o resultado seria a criação de um sofrimento (para o criminoso irreprimível) que não encontraria compensação no prazer (benefícios) auferido pelas possíveis vítimas do crime[26]. A tabela de punições deve ser organizada de tal modo que, se tiver a possibilidade de escolher entre dois ou mais crimes, o criminoso cometa aqueles menos graves. As multas constituem um método mais eficaz de punição que o encarceramento, pois conferem um benefício ao mesmo tempo em que impõem uma perda. Além disso, conforme já vimos, quanto menor for a probabilidade de o criminoso ser apanhado, mais pesada deve ser a pena. Desse modo, garante-se uma estimativa de custo alta o bastante para dissuadir.

Essas questões constituem os elementos essenciais da teoria econômica do crime e da pena tal como Becker a retomou. Porém, ainda que o núcleo da teoria esteja claramente exposto no livro de Bentham, Becker e seus sucessores acrescentaram muitas coisas. Um elemento de particular importância para o posterior desenvolvimento do campo foi a engenhosa sugestão de Becker de que, do ponto de vista social, por serem as multas uma forma de punição menos dispendiosa que o encarceramento (entre outras coisas, elas não reduzem a capacidade do réu de produzir riqueza), a punição ideal será a combinação de uma multa muito alta com uma probabilidade muito baixa de descobrir efetivamente o crime e, portanto, de impor a multa, uma vez que a geração de uma alta probabilidade exigiria a contratação de mais pessoal para a polícia e a promotoria pública – e seria, portanto, dispendiosa[27]. Porém, não ob-

---

26. Bentham reconhecia o prazer vingativo que a punição pode produzir. Embora considerasse que o sofrimento da pessoa punida normalmente se sobrepunha a esse prazer, ele admitia que, em princípio, era preciso levá-lo em consideração na hora de decidir que pena representaria uma maximização da utilidade.

27. O custo estimado da pena é (desprezando-se a influência da postura diante do risco) pm, em que p é a probabilidade de sua imposição e m (de

servamos essa combinação "ideal" com muita frequência, e a tentativa de descobrir o motivo disso levou os analistas econômicos do direito a explorarem os fatores que limitam o valor das multas e a severidade das penas em geral, bem como a examinarem as propriedades econômicas das soluções alternativas que o sistema de justiça penal concebeu para lidar com o problema.

Bentham era um economista famoso, e o caráter econômico de sua análise do crime e da pena é inequívoco, apesar do vocabulário ligeiramente arcaico. Ademais, sua teoria influenciou em sua concepção o sistema de justiça penal da Inglaterra e dos Estados Unidos. A despeito de tudo isso, Becker foi, pelo que pude determinar, o primeiro economista a apresentar uma teoria econômica do crime e do controle do crime. Além disso, o próprio Becker me disse que, quando começou a refletir sobre a economia do crime, desconhecia a discussão de Bentham sobre a questão. Ele veio a conhecê-la enquanto trabalhava em seu artigo, mas não se lembra mais se algum dos pontos ali levantados lhe foi sugerido pelo texto de Bentham, ainda que algumas de suas citações emprestadas desse autor sugiram que isso possa ter acontecido[28]. Não se sabe ao certo, portanto, se Bentham foi ou não o inspirador da análise econômica do direito.

Isso torna ainda mais problemático defender que Bentham foi a causa do surgimento desse campo. Se Bentham não tivesse escrito nada sobre o crime ou até mesmo se nunca tivesse nascido, provavelmente algum outro economista anterior a Becker teria inventado uma teoria econômica do crime caracterizada pelas mesmas linhas gerais daquela que Bentham inventou. Afinal, ele não foi o inventor do utilitarismo. Além disso, o crime parece ser, pelo menos

---

multa) é a severidade da pena. Uma vez que m é uma transferência de riqueza do criminoso ao Estado, seu custo social efetivo é muito baixo (talvez próximo a zero). Assim, um esquema punitivo que combine um m muito alto com um p muito baixo tende a ser menos oneroso que um outro no qual se atribuam pesos contrários a essas variáveis.

28. Ver *The Essence of Becker*, nota 9 acima, p. 511, notas 40, 42 e 46.

historicamente, um campo naturalmente adequado à aplicação das ideias utilitaristas. De fato Beccaria, o precursor de Bentham e um dos primeiros utilitaristas, já discutira o crime desde um ponto de vista utilitarista, ainda que o tenha feito de modo muito menos sistemático que Bentham.

Ainda que uma teoria econômica do crime já estivesse, de certo modo, "no ar" na última parte do século XVIII, é incrível que quase dois séculos tenham se passado antes que outro economista retomasse o tema. Portanto existe a possibilidade de que, se Bentham jamais tivesse nascido, a teoria econômica do crime tivesse de esperar mais alguns anos para tornar-se parte da moderna teoria econômica do direito. Mas essa possibilidade é pequena, uma vez que a teoria econômica do crime beckeriana parece ser, em grande medida, um caso de descoberta independente.

Além de escrever sobre o crime, Bentham também escreveu sobre outras áreas jurídicas, sobretudo a respeito do direito probatório. Mas foi somente no que diz respeito ao direito penal que ele formulou uma teoria econômica. Desconfio que a razão disso tenha sido seu extremo interesse por questões de organização social e administração pública, um campo em que o direito penal desempenha um importante papel. Não creio que ele tenha se dado conta de que a responsabilidade civil, o direito contratual e o direito de propriedade também são partes importantes do tecido social. Sua aversão ao *common law* (que, ao que tudo indica, para ele não tinha outra função além de enriquecer os advogados) pode tê-lo cegado para esse fato. Curiosamente, porém, naquela época o direito penal também era, em grande medida, um sistema de *common law*. Holmes, por sua vez, tinha a mesma falha de visão (isto é, reconhecia o papel regulador do direito penal, mas não o da responsabilidade civil), ainda que, em seu caso, esse modo de pensar não decorresse de nenhuma hostilidade ao *common law*.

Devemos, porém, considerar a possibilidade de a teoria utilitarista de Bentham ter influenciado a análise econômica do direito independentemente de quaisquer métodos que ele possa ter criado para aplicar o utilitarismo ao direito. Para tanto, será preciso fazer uma distinção entre o utilitarismo como descrição do comportamento humano e como teoria ética. As ideias utilitaristas remontam a Aristóteles, e o utilitarismo como princípio ético fundamental fora claramente enunciado no século XVIII (antes de Bentham começar a escrever sua obra) por Hutcheson, Beccaria, Helvetius, Priestley, Godwin e outros (na verdade, no caso de Beccaria, o princípio foi enunciado praticamente da mesma forma em que Bentham o enunciou) como "a máxima felicidade do maior número de indivíduos"[29]. O que diferencia Bentham dos outros é a tenacidade e até mesmo o arrebatamento com que insiste na universalidade dos cálculos de utilidade nas decisões humanas. Suas palavras, estampadas na primeira página de *Introduction to the Principles of Morals and Legislation*, são as seguintes: "A natureza colocou a humanidade sob o governo de dois mestres soberanos, a *dor* e o *prazer* (...). Eles nos governam em tudo aquilo que fazemos, dizemos e pensamos". Como afirmei, outro nome para dor é custo e para o prazer, lucro. Logo, o que Bentham afirma é que todas as pessoas, o tempo todo e em todas as suas atividades, baseiam suas ações (além de suas palavras e pensamentos) em análises de custos e benefícios. Bentham passou boa parte de sua vida reiterando essa afirmação, aperfeiçoando-a e ilustrando-a com exemplos[30].

Essa afirmação está na base da economia do comportamento não mercadológico, da qual a análise econômica do direito é, em grande medida, uma aplicação – porque o direito é fundamentalmente uma instituição não mercado-

---

29. Ver H. L. A. Hart, "Bentham and Beccaria", em Hart, *Essays on Bentham: Studies in Jurisprudence and Political Theory*, p. 40 (1982). Mas Beccaria, ao que parece, extraíra a frase de Hutcheson. J. B. Schneewind, *The Invention of Autonomy: A History of Modern Moral Philosophy*, p. 420 (1998).

30. Ainda que a afirmação em si fosse um lugar-comum antes mesmo de Bentham nascer: "O Amor-próprio e a Razão a um fim aspiram,/ A Dor é seu contrário, o Prazer seu desejo" (Alexander Pope, *An Essay on Man* [1733], Epístola II, versos 87-8). Não é na afirmação em si que reside a originalidade de Bentham, mas na inexorabilidade e inventividade com que ele a enunciou.

lógica e uma instituição que regulamenta tanto o comportamento mercadológico quanto o não mercadológico: de criminosos, promotores públicos, casais que se divorciam, testadores, fiéis, oradores (como veremos no próximo capítulo), homens de negócios, trabalhadores, consumidores e assim por diante. Sem uma ciência econômica do comportamento não mercadológico, o alcance da análise econômica do direito estaria onde estava na década de 1950, ou seja, limitada à regulamentação jurídica dos mercados explícitos. Bentham pode ser visto como o criador da economia não mercadológica.

Sua criação, no entanto, foi deixada de lado por quase tanto tempo quanto sua teoria do crime e da pena. Explicar por que isso ocorreu é uma tarefa para a sociologia da ciência, isto é, diz respeito aos motivos que levam os cientistas a se interessarem por um conjunto de problemas e não por outro. Mais especificamente, tem a ver com a razão pela qual os economistas do século XIX, assim como aqueles da primeira metade do século XX, não demonstravam praticamente nenhum interesse por fenômenos sociais como o crime, a litigiosidade, o núcleo doméstico, a discriminação, os acidentes e normas jurídicas. (Uma importante exceção a isso é o interesse que A. C. Pigou e Frank Knight demonstraram pelas externalidades. Os acidentes que envolvem estranhos são um tipo de externalidade e foram superficialmente abordados por Pigou.) Talvez eles se sentissem totalmente ocupados na tentativa de compreender a economia de mercado, ou talvez achassem que lhes faltavam boas ferramentas e um padrão de medida comparável ao dinheiro para estudar os fenômenos não mercadológicos. Ainda hoje há economistas que se sentem assim. Seja como for, até a década de 1950, quando Gary Becker redigiu sua tese de doutorado sobre a economia da discriminação racial[31], a promessa implícita na afirmação de Bentham sobre

---

31. Publicada em 1957 como *The Economics of Discrimination*. Uma segunda edição foi publicada em 1971.

a universalidade do modelo econômico do comportamento humano foi essencialmente ignorada[32].

O próprio Becker me garantiu que não seguia conscientemente os passos de Bentham quando insistiu na universalidade do modelo racional. Ele identificava Bentham com a tese normativa de que existe um dever moral de maximizar a felicidade do maior número possível de indivíduos, não com a tese positiva de que as pessoas agem a fim de maximizar a própria utilidade. Mas na época em que Becker escreveu seu artigo sobre o crime, a maximização da utilidade já era há muito tempo um princípio fundamental de economia. Ademais, embora já se tivesse há muito esquecido que as origens desse princípio remontam a Bentham (provavelmente porque o princípio só se tornou útil aos economistas cerca de cinquenta anos depois da morte do autor)[33], ele merece crédito por ter semeado a ideia[34].

Os poucos economistas que, desde a época de Bentham até a de Becker, afirmaram que a maximização da utilidade é uma característica universal da psicologia humana – dentre os quais se destaca Wicksteed – não citaram Bentham como autor dessa afirmação[35]. Além disso, e o que é

---

32. Para um exemplo surpreendente, ver T. W. Hutchison, "Bentham as an Economist", 66 *Economist Journal* 288 (1956), trabalho que ignora completamente (evidentemente por não ser "economia") a teoria do crime de Bentham e sua crença de que as pessoas são maximizadoras racionais em todos os domínios da vida.

33. George J. Stigler, "The Adoption of the Marginal Utility Theory", em Stigler, *The Economist as Preacher, and Other Essays*, p. 72, 76 (1982).

34. Ver *id.* p. 78.

35. Ver Philip H. Wicksteed, *The Common Sense of Political Economy*, vol. 1, cap. 1 (Lionel Robbins [org.], 1935) (publicado pela primeira vez em 1910). Como observa Robbins em sua introdução, Wicksteed "insiste [insistia] que não pode haver uma linha divisória lógica entre o funcionamento do mercado e outras formas de ação racional". *Id.* p. xxii. Robbins, porém, não atribui essa ideia de Wicksteed a Bentham; tampouco cita Bentham no livro em que expôs a própria concepção de economia, igualmente abrangente. Lorde Robbins, *An Essay on the Nature and Significance of Economic Science* (3. ed., 1984). Entretanto, não se pode atribuir muita importância ao fato de Wicksteed não ter citado Bentham, uma vez que ele não cita quase ninguém, a não ser Jevons e uma única vez.

mais importante, quase nada fizeram com a descoberta dele de que era possível aplicar a economia ao comportamento não mercadológico[36]. Na verdade, o manifesto de Becker em nome da economia não mercadológica menciona Bentham, juntamente com Adam Smith e Karl Marx, como precursores[37], mas critica Bentham por ter sido basicamente um reformador e não ter chegado a "desenvolver uma teoria do comportamento humano real, com um número considerável de implicações que pudessem ser testadas"[38]. Nesse contexto, vislumbra-se outra razão pela qual as contribuições de Bentham à economia foram muitas vezes negligenciadas. Ele não tem uma identidade clara de economista. Sua importância como filósofo[39], reformador e polemista tendeu a ofuscar sua obra econômica. Sem dúvida, Adam Smith foi também um famoso filósofo, além de economista. Mas Smith escreveu um tratado sobre economia, coisa que Bentham não fez. Na verdade, Bentham não escreveu, ou pelo menos não publicou, quase nada que tivesse um caráter sistemático.

Ainda assim, se a ideia de maximização da utilidade como elemento fundamental da psique humana pode ser remontada a Bentham, então é possível afirmar que a economia do comportamento não mercadológico foi influenciada por ele. Vale ressaltar mais uma vez que, sem a economia do comportamento não mercadológico, o alcance da

---

36. Embora o capítulo 1 de *The Common Sense of Political Economy* contenha uma extensa discussão sobre a produção familiar.
37. Ver Gary Becker, *The Economic Approach to Human Behavior*, cap. 1 (1976), reimpresso em *The Essence of Becker*, nota 9 acima, pp. 7-8, 15, nota 13. Ele também cita a ampla definição de economia de Robbins, *id.* p. 14, nota 3 (citando *The Nature and Significance of Economic Science* 16), mas observa que Robbins não desenvolveu suas implicações. *Id.* p. 14, nota 5.
38. *Id.* p. 8. Outra crítica semelhante feita a Bentham por este ter enfatizado em excesso a reforma em detrimento da análise positiva, ver Richard A. Posner, *The Economics of Justice*, pp. 33-41 (1981) [trad. bras. *A economia da justiça*, São Paulo: WMF Martins Fontes, 2010]. Nesse livro, contudo, também chamo a atenção para a dívida que a teoria econômica do direito tem para com Bentham. *Id.* pp. 41-2.
39. Ver Ross Harrison, *Bentham* (1983).

análise econômica do direito se reduziria muito. Mais uma vez, porém, isso é influência no sentido de inspiração. Mesmo que Bentham nunca tivesse existido, é improvável que a maximização da utilidade nunca viesse a ser descoberta ou aplicada ao comportamento não mercadológico, pois devemos lembrar que há uma defasagem de quase dois séculos entre a *Introduction* e Becker. Além disso, tanto o conceito de utilidade quanto a filosofia do utilitarismo são anteriores a Bentham.

Mas há que investigar, ainda, mais duas possíveis vias de influência que conduzem de Bentham à teoria econômica do direito. A primeira passa pela economia do bem-estar social e a segunda, pelo realismo jurídico. A ideia de que a maximização da utilidade é não o que as pessoas e os governos efetivamente fazem, mas o que *deveriam fazer*, isto é, de que a utilidade conjunta das pessoas (em algumas versões, de todos os seres sencientes), de alguma forma calculada, deveria ser o paradigma do dever moral e jurídico, constitui a base da economia como disciplina normativa. Esta é a concepção que examino no Capítulo 3. Bentham pode ser considerado, junto com Adam Smith (que foi, porém, muito mais ambivalente sobre a importância da economia para a ética), o fundador da economia normativa. Essa constatação permanece verdadeira, ainda que Pigou, uma figura tão influente dentre os primeiros economistas do bem-estar social, não tenha citado Bentham e tenha usado a expressão "bem-estar total" em vez de utilidade total[40]. Em vez de Bentham, Pigou cita Sidgwick[41]. Mas o utilitarismo deste pode ser remontado a Bentham. Ademais, como o direito é incorrigivelmente normativo (já que tanto os professores de direito quanto os juízes e os advogados estão sempre em busca de fundamentos que lhes permitam avaliar ações e propor reformas), o fato de a economia ter uma dimensão normativa foi de grande impor-

---

40. A. C. Pigou, *The Economics of Welfare*, p. 12 (4. ed., 1938).
41. *Id*. pp. 18, 24.

tância para que ela fosse aceita pelo pensamento jurídico. Uma vez mais, porém, embora a influência de Bentham seja inegável se tomada no sentido de inspiração, ela é muitíssimo menos clara se tratada como fator causal. Ainda que Bentham nunca tivesse existido, é provável que, mesmo assim, uma versão normativa desse tipo de ciência econômica voltada para a maximização da riqueza teria surgido durante o período de quase um século e meio que separa sua morte do nascimento da teoria econômica do direito.

O realismo jurídico mencionado na Introdução deste livro é um exemplo de um dos lados de um debate jurídico antiquíssimo que já se evidencia claramente no *Górgias* de Platão. Nesse diálogo Sócrates, desempenhando o papel de um protorrealista jurídico, equipara os retóricos, que hoje chamaríamos de advogados, aos sofistas e demagogos mais desprezíveis. Muito mais tarde, no reinado de Jaime I no século XVII, o debate se travaria entre o juiz Coke e Jaime. O primeiro glorificava a "razão artificial do direito", ou o que hoje chamaríamos de raciocínio jurídico, enquanto Jaime indagava por que o direito deveria ser monopólio de uma corporação de chicaneiros obscurantistas. Ao fim do século XVIII, o debate foi retomado com Blackstone ocupando o lugar de Coke, e Bentham, o de Jaime. Embora Blackstone não fosse o impudente apologista do *status quo* da profissão retratado por Bentham em *A Fragment on Government* [Um fragmento sobre o governo] (1776), ele realmente exaltava o *common law* e enfatizava a importância dos direitos legais. Bentham, por outro lado, via o *common law* como uma bagunça sem salvação, cuja única utilidade era garantir os honorários dos advogados. Além disso, não via sentido algum no diálogo sobre os direitos. Mas ele não se limitou a afirmar essas coisas. Tentou reconstruir o direito, propondo, por exemplo, que o *common law* fosse substituído por um código simples e de fácil entendimento que eliminaria, em grande medida, a necessidade de advogados. Seu desejo era descartar as tradições e os costumes do direito e reedificá-lo sobre bases científicas, concebidas a partir do princípio da "Maior Felicidade".

Bentham foi o grande desmistificador do direito. Seus inúmeros seguidores na Inglaterra e os poucos, porém influentes, seguidores nos Estados Unidos[42] (entre os quais está inclusive o criador do primeiro código jurídico norte-americano de maior importância, David Dudley Field, que redigiu um código de direito processual para o estado de Nova York) mantiveram acesa a chama benthamista de reforma jurídica. Sem o ceticismo jurídico benthamista, é difícil imaginar que Oliver Wendell Holmes escreveria aquilo que se tornou o manifesto do realismo jurídico: seu ensaio "The Path of the Law", de 1897. Além disso, sem o apoio involuntário de Holmes, fica um pouco difícil imaginar que o realismo jurídico exerceria tanta influência sobre a imaginação jurídica como exerceu na década de 1930, influência esta à qual veio se juntar um entusiasmo pela codificação de leis que atingiu seu apogeu com a redação do Código Comercial Uniforme (Uniform Comercial Code), adotado por todos os estados norte-americanos.

Mais difícil porém é saber se, sem o realismo jurídico, Guido Calabresi teria embarcado em seu projeto de repensar o direito da responsabilidade civil à luz da economia, o qual se mostrou fundamental para a moderna teoria econômica do direito. Seu primeiro artigo sobre os ilícitos civis, apesar de não atribuir explicitamente ao realismo jurídico a abordagem econômica que adota, contém pequenas pistas que apontam para antecedentes realistas[43]. Calabresi é um filho da Faculdade de Direito de Yale. A faculdade – baluarte do realismo jurídico – ainda era considerada sinônimo desse pensamento quando ele começou a lecionar lá, no final dos anos 1950. Nesse contexto, pode-se considerar que o artigo, bem como suas obras posteriores, encontram-se saturados do espírito realista.

---

42. Ver, por exemplo, Jesse S. Reeves, "Jeremy Bentham and American Jurisprudence", pp. 23-6 (Indiana State Bar Association, 11-12 jul. 1906).

43. Ver Calabresi, nota 8 acima, pp. 500-1.

Mas sou cético quanto a isso (e uma conversa que tive com Calabresi sobre o assunto reforçou em mim esse ceticismo), pois o realismo jurídico adotara uma abordagem *anti*econômica do direito da responsabilidade civil. Holmes, surpreendentemente alheio ao efeito de dissuasão da responsabilidade civil, imaginava que usá-la como forma de transferir ao lesante os danos sofridos pela vítima de um acidente era algo que só se justificava se o transgressor fosse culpável, mas a vítima não[44]. Ele não tentou infundir um significado econômico ao conceito de culpabilidade (como faria Learned Hand mais tarde, segundo vimos). Em vez disso, emprega o termo "culpa" em um sentido moral intuitivo e desdenha da ideia da responsabilidade civil como forma de criação de uma espécie de seguro social contra as perdas inesperadas, e não raro catastróficas, causadas pelos acidentes. Holmes fez com que a análise científica dos ilícitos civis começasse mal. Graças a ele, os juristas de vanguarda (aqueles que seguiam o caminho por ele aberto) abandonaram o conceito de responsabilidade civil como um regime regulatório no qual as sanções legais são usadas para "precificar" o comportamento perigoso e adotaram um conceito que enfatizava noções moralistas de culpa e noções coletivistas de seguridade social. Para os realistas jurídicos, considerações moralistas não se aplicam a danos acidentais. Além disso, achavam que Holmes havia subestimado a utilidade que a sociedade poderia obter com o emprego do direito da responsabilidade civil para fins de garantir seguridade social. Na época do realismo, o pensamento "econômico" sobre os ilícitos civis era associado à seguridade social. Apenas em uma fase mais moderna é que a análise econômica dos ilícitos civis passou a enfatizar a otimização do comportamento de risco como função do direito.

Portanto, na estrada que leva de Bentham à moderna teoria econômica do direito falta um trecho. Resta o fato de

---

44. Oliver Wendell Holmes Jr., *The Common Law*, lição 3 (1881).

que ele apontou o caminho para o uso normativo do pensamento econômico e que isso foi muito importante para esse campo de estudos. Quanto à criação do realismo jurídico, remotamente atribuída a ele, esta pode não ter contribuído em nada para a teoria econômica do direito.

O economista contemporâneo mais intimamente ligado a Bentham, como vimos, é Gary Becker. A importância de Becker para a teoria econômica do direito foi grande, embora ela não seja amplamente reconhecida, já que seu artigo sobre o crime é o único trabalho de sua extensa obra onde se pode encontrar uma análise mais detida do direito. Uma vez que a teoria econômica benthamista do crime fora esquecida pelos economistas (apesar de ter conservado uma ligeira influência sobre a criminologia e o direito penal), Becker prestou um importante serviço ao direito e à economia pelo simples esforço de ressuscitar essa teoria e traduzi-la para a linguagem da economia moderna. Mas a importância de Becker para a análise econômica do direito vai muito além do crime. Becker, como já sugeri, é o grande economista da economia não mercadológica[45]; e esta é fundamental para a análise econômica do direito, já que muitas das atividades que o direito regulamenta têm lugar fora do mercado. O livro de Becker sobre o capital humano[46] e seu artigo sobre a remuneração do trabalhador[47] abriram o direito do trabalho (área de crescente importância no direito) à análise econômica, como já vimos aqui a propósito da ERISA. Sua obra sobre a economia da discriminação racial, por sua vez, fez o mesmo pelos ramos do direito que lidam com a discriminação, assim como sua obra sobre economia familiar[48]

---

45. Ver, por exemplo, Gary S. Becker, "Nobel Lecture: The Economic Way of Looking at Behavior", 101 *Journal of Political Economy* 385 (1993).
46. Ver Gary Becker, *Human Capital: A Theoretical and Empirical Analysis, with Special Reference to Education* (3. ed., 1993).
47. Gary S. Becker e George J. Stigler, "Law Enforcement, Malfeasance, and Compensation of Enforcers", 3 *Journal of Legal Studies* 1 (1974). Becker escreveu a parte do artigo que trata da remuneração dos empregados.
48. Ver Gary S. Becker, *A Treatise on the Family* (ed. ampliada, 1991).

beneficiou o direito de família[49]. Estes são campos da análise econômica do direito que atualmente se encontram em pleno desenvolvimento. O mais importante porém é que, ao demonstrar a viabilidade e a fecundidade da aplicação da economia a atividades muito distantes do conteúdo "econômico" convencional da disciplina, Becker estimulou outros estudiosos a expandirem de tal modo os domínios da economia não mercadológica que poucas áreas do direito hoje estão além do alcance da análise econômica.

A obra de Becker pode nos ajudar a enxergar as limitações da abordagem de Bentham. Este proclamava a universalidade daquilo que na terminologia hodierna chamaríamos de análise de custo e benefício. Um manifesto, porém, não é um programa de pesquisa. O que Bentham não conseguiu mostrar em sua obra (exceto em seu tratado sobre o crime e a pena) foi de que modo o modelo que ele propunha, no qual as pessoas são agentes racionais em todas as áreas da vida, poderia ser usado para explicar ou regulamentar o comportamento dos indivíduos.

---

49. Becker também contribuiu para o desenvolvimento da teoria econômica do direito, através da influência pessoal sobre estudantes e colegas, inclusive sobre mim. Ver Richard A. Posner, "Gary Becker's Contributions to Law and Economics", 22 *Journal of Legal Studies* 211 (1993); Victor R. Fuchs, "Gary S. Becker: Ideas about Facts", *Journal of Economic Perspectives*, primavera de 1994, pp. 183, 190.

2. O mercado do discurso

Na Introdução, mencionei o direito constitucional como um exemplo evidente de nossa ignorância sobre as consequências das normas jurídicas. Ora, hoje sabemos que a economia é a ciência das consequências do comportamento humano. Talvez possamos, então, fazer algum progresso no conhecimento das consequências do direito constitucional se examinarmos esse campo do direito através das lentes da economia. Neste capítulo, examino essa possibilidade no contexto da cláusula da liberdade de expressão da Primeira Emenda. Uma investigação desse tipo envolve a adoção de uma abordagem instrumental da liberdade de expressão, ou seja, uma abordagem na qual a liberdade só é valorizada na medida em que promova objetivos específicos, como a estabilidade política, a prosperidade econômica e a felicidade pessoal[1]. A esta abordagem se contrapõe a abordagem moral, em que a liberdade de expressão é valorizada

---

1. Ver Richard A. Posner, *Economic Analysis of Law*, cap. 27 (5. ed., 1998); Posner, "Free Speech in an Economic Perspective", 20 *Suffolk University Law Review* 1 (1986); Daniel A. Farber, "Free Speech without Romance: Public Choice and the First Amendment", 105 *Harvard Law Review* 554 (1991); Eric Rasmusen, "The Economics of Desecration: Flag Burning and Related Activities", 27 *Journal of Legal Studies* 245 (1998). A abordagem é criticada em uma nota de rodapé, em Peter J. Hammer, "Free Speech and the 'Acid Bath': An Evaluation and Critique of Judge Richard Posner's Economic Interpretation of the First Amendment", 87 *Michigan Law Review* 499 (1988).

como consequência ou implicação de uma concepção moral legítima da pessoa; como, por exemplo, a de que esta deve ser tratada como um ser que dirige sua própria vida e, portanto, deve ter o direito tanto de expressar suas ideias e opiniões quanto de receber quaisquer ideias e opiniões que possam ajudá-la a desenvolver seu potencial de escolha livre e racional[2]. A abordagem moral, portanto, atribui valor intrínseco ao discurso, ainda que não necessariamente um valor que não possa ser suprimido por outros. A exemplo de outras teorias morais, esta me parece imperfeita e arbitrária (e não sou o único que pensa assim)[3]. A teoria moral não se presta mais a resolver questões de liberdade de expressão do que a teologia se presta a resolver controvérsias decorrentes das cláusulas da Primeira Emenda relativas a questões religiosas.

Em *On Liberty* [*A liberdade/Utilitarismo*]*, Mill funde as duas abordagens – a instrumental (ou econômica) e a moral – e argumenta que a liberdade de pensamento e de expressão é essencial para a produção de ideias verdadeiras e úteis, mas também para permitir que o indivíduo desenvolva seu pleno potencial como um fim em si mesmo. Essa fusão sugere que talvez não haja muita diferença prática entre as duas abordagens. No entanto, a abordagem instrumental

---

2. Ver, por exemplo, Thomas Scanlon, "A Theory of Freedom of Expression", 1 *Philosophy and Public Affairs* 204 (1972). Será que isso significa que, se o orador conclama seus ouvintes a espoliarem outras pessoas em benefício próprio (como no caso de boa parte dos discursos nazistas e comunistas), a supressão do discurso reduziria a autonomia do público de alguma forma censurável? Por que se deveria considerar que um público tem o direito moral de receber tal tipo de informação e estímulo?

3. Para uma crítica incisiva proveniente de dentro da filosofia, ver Joshua Cohen, "Freedom of Expression", 22 *Philosophy and Public Affairs* 207 (1993). Embora Cohen afirme aceitar uma mistura de justificações intrínsecas e instrumentais para a liberdade de expressão, *id.* p. 230, eu chamaria de extrínseca sua justificação intrínseca. Esta consiste, basicamente, na afirmação de que as pessoas gostam de expressar suas opiniões (ver *id.* pp. 224-5), ou seja, é a liberdade de expressão como uma das variáveis da função de utilidade do indivíduo.

* Trad. bras. São Paulo: Martins Fontes, 2000.

(pragmática e econômica) contorna as questões morais e ideológicas controversas e permite uma análise proveitosa da liberdade de expressão, seja qual for o objetivo estabelecido para essa análise (proveitosa porque é muito mais fácil raciocinar sobre os meios relativos a um fim determinado, do que sobre os fins em si mesmos). A Primeira Emenda apresenta o termo "liberdade de expressão ou de imprensa"[4], mas não o define. Para piorar, a história pré-constitucional do termo é obscura, e os juízes que o interpretaram não seguiram um padrão harmonioso ao longo do tempo. Tampouco encontramos um padrão que unifique os diferentes ramos do direito que lidam com a liberdade de expressão. Devido a todos esses fatores, a concepção jurídica de liberdade de expressão é mutável e contestável. Tende, portanto, a formar-se a partir das considerações práticas derivadas de uma abordagem instrumental e pode mudar na medida em que essas considerações se modifiquem.

De fato, embora a Primeira Emenda não a imponha, a abordagem instrumental tem uma respeitável legitimidade constitucional. No primeiro caso em que a proteção constitucional à liberdade de expressão veio à tona (*Schenck vs. Estados Unidos*)[5], a abordagem adotada foi a instrumental. Depois que os Estados Unidos entraram na Primeira Guerra Mundial, Charles Schenck, secretário-geral do Partido Socialista, providenciou a distribuição de quinze mil panfletos a recrutas, denunciando a guerra e pregando a oposição ao recrutamento militar. Os panfletos não pregavam medidas ilegais, como a recusa a prestar serviço militar, mas Schenck admitiu que um júri sensato poderia ter determinado que a intenção da correspondência fora "influenciar [pessoas sujeitas ao recrutamento] a impedir sua realização"[6]. Com voto vencedor do juiz Holmes, a Suprema

---

4. Refiro-me a ambas como "liberdade de discurso" (*freedom of speech*). Talvez fosse melhor usar "liberdade de expressão" (*freedom of expression*). [Em português, tanto *freedom of speech* quanto *freedom of expression* são traduzidos como "liberdade de expressão". (N. do T.)]

5. 249 U.S. 47 (1919).

6. *Id*. p. 51.

Corte confirmou as condenações. "Em tempos normais", segundo Holmes, a Primeira Emenda poderia ter garantido ao Partido Socialista o direito de distribuir os panfletos. "Mas o caráter de todo ato depende das circunstâncias em que é praticado. Nem em sua versão mais rígida a proteção à liberdade de expressão se aplicaria a um homem que, mentindo, gritasse 'incêndio' dentro de um teatro e assim causasse um pânico geral."[7] Portanto, a liberdade de expressão pode ser suprimida quando "as palavras em questão são usadas em circunstâncias tais e são de natureza tal, que criam um perigo certo e iminente e podem desse modo produzir os males substantivos que o Congresso tem o dever de prevenir"[8]. Com o país em guerra, o Congresso tinha um interesse legítimo e até premente de impedir que o recrutamento de soldados fosse obstruído. A conduta de Schenck, por sua vez, tanto tendia a dificultar o recrutamento quanto tinha a intenção de provocar esse efeito.

No caso de um falso alarde de incêndio em um teatro lotado, o dano causado pelo discurso é iminente, palpável, grave e de ocorrência quase indubitável. No caso da postagem de propaganda contra a guerra dirigida a recrutas, o dano (obstrução do recrutamento) pode ser grande se ocorrer, mas é menos certo que ocorra do que no caso anterior. O caráter *probabilístico* da maioria dos tipos de dano causados pelo discurso é evidente no caso do recrutamento. O critério do "perigo certo e iminente" de Holmes requer que a probabilidade seja alta (ainda que não necessariamente tão alta quanto no caso do incêndio) e o dano, iminente. Em outras palavras, o *perigo* de dano deve ser grande. Um economista diria que, para quantificar um dano incerto, é preciso multiplicar esse dano possível pela probabilidade de sua ocorrência. Quanto maior a probabilidade, maior o dano estimado e, portanto, mais forte a justificativa para

---

7. *Id*. p. 52.
8. *Id*.

impedir ou punir o discurso que cria o perigo[9]. Além disso, quanto mais real (isto é, mais certo) e mais iminente for o perigo, maior a probabilidade. O economista acrescentaria que a *magnitude* do dano possível também é importante, pois esta representa o fator de multiplicação que determina o dano esperado. Embora essa questão possa estar implícita na contraposição que Holmes estabelece entre tempo de guerra e tempo de paz, ele a negligencia em sua fórmula. Mais adiante terei de voltar a esse ponto, que é crucial.

A importância da condição de iminência é reforçada por outro fator, mais uma vez ilustrado pelo falso alarde de incêndio em um teatro lotado: quanto mais iminente for o dano provocado pelo discurso, menos viável será confiar na concorrência entre oradores e outras fontes de informação para que o dano seja evitado sem a necessidade de intervenção do poder público. Em linguagem econômica, a "falha do mercado"[10] torna-se mais provável quando o discurso perigoso ocorre em circunstâncias nas quais o discurso de oposição (uma forma de concorrência que protege os interesses do público quase da mesma maneira que a concorrência no mercado econômico protege os consumidores) é inviável. Disso não se segue que o discurso deva ser regulamentável *somente* quando o dano for iminente, conforme determina a afirmação de que, "sem que se demonstre a existência de um dano provável, iminente e grave, o Estado não pode regulamentar o discurso político"[11]. Tal postura negará a existência de uma relação de compensação mútua

---

9. Esse critério é formulado de maneira explícita por Learned Hand quando este reafirma o critério do "perigo certo e iminente" em *United States vs. Dennis*, 183 F.2d 201, 212 (2d Cir. 1950), aff'd, 31 U.S. 494 (1951). Sua semelhança com a fórmula da responsabilidade civil dependente de culpa de Learned Hand, discutida no capítulo anterior, já deve estar evidente.

10. Os motivos que podem levar o mercado do discurso a falhar são enfatizados em Albert Breton e Ronald Wintrobe, "Freedom of Speech vs. Efficient Regulation in Markets for Ideas", 17 *Journal of Economic Behavior and Organization* 217 (1992).

11. Cass R. Sunstein, *Democracy and the Problem of Free Speech*, p. 122 (1993).

entre iminência e gravidade, negação esta que também estaria presente em uma exigência de que o dano fosse *ao mesmo tempo* provável e grave. Se este for grave o bastante, deve ser regulamentável, ainda que seja improvável. Por outro lado, se for provável o bastante, deve ser regulamentável, ainda que não seja excepcionalmente grave. Vale observar ainda que ambos os juízos dependem das circunstâncias. Uma questão semelhante a essa foi apresentada no Capítulo 1, a propósito da fórmula da responsabilidade civil dependente de culpa de Learned Hand.

A possibilidade de traduzir a abordagem instrumental em linguagem especificamente econômica lançou-se quando Holmes, em voto divergente apresentado meses depois do caso *Schenck*, empregou a metáfora do mercado para tratar da liberdade de expressão. O juiz afirmou que uma ideia é verdadeira (mais precisamente, tão próxima da verdade quanto nos é dado chegar) somente se prevalecer sobre as demais em uma situação de concorrência no mercado de ideias[12]. Portanto, o governo presta um desserviço à verdade quando abole a concorrência de ideias. Holmes identifica assim um benefício da liberdade de expressão. Se no caso *Schenck* o juiz discutira apenas os custos dessa liberdade, no caso *Abrams* ele delineia o outro lado da equação custo-benefício[13]. A diferença entre as ênfases é natural porque, no primeiro caso, Holmes rejeitava a exigência da Primeira Emenda e, no segundo, incentivava sua aceitação.

---

12. *Abrams vs. Estados Unidos*, 250 U.S. 616, 630 (1919). A origem dessa ideia está em Charles Sanders Peirce e, antes dele, em John Stuart Mill. Ver David S. Bogen, "The Free Speech Metamorphosis of Mr. Justice Holmes", 11 *Hofstra Law Review* 97, 120, 188 (1982).

13. Ao tratar como complementares os votos emitidos por Holmes nos casos *Schenck* e *Abrams*, afasto-me do ponto de vista mais comum, bem defendido em David M. Rabban, *Free Speech in Its Forgotten Years*, pp. 280-2, 324-5, 346-55 (1997), segundo o qual esses votos são incoerentes. Rabban fundamenta seu ponto de vista, parcialmente, em trechos do voto de *Schenck* que parecem comprometer o espírito de proteção ao discurso contido na ideia de "perigo real e imediato". A coerência dos dois votos é discutida em Bogen, nota 12 acima.

Em ambos os casos, agitadores de extrema esquerda organizavam ações de protesto contra a participação dos Estados Unidos na Primeira Guerra Mundial (ainda que o objetivo específico, em *Abrams*, fosse o de desencorajar o envio de tropas à Rússia para lutar contra os bolcheviques, que acabavam de fazer um acordo de paz com a Alemanha). Havia, contudo, uma importante diferença. No caso *Schenck*, os réus tentavam efetivamente obstruir o recrutamento, enviando panfletos aos recrutas. No caso *Abrams*, os panfletos foram distribuídos à população em geral. Embora alguns recrutas e trabalhadores da indústria bélica possivelmente estivessem entre os destinatários, não se apresentou prova de nenhuma tentativa dos réus de fazer os panfletos chegarem às mãos de algum desses grupos especificamente[14]. Portanto, o perigo iminente de obstrução do esforço de guerra era menor em *Abrams*.

Os dois votos de Holmes contêm o embrião da abordagem econômica da liberdade de expressão. Mas apenas o embrião. A análise dos custos do discurso realizada no caso *Schenck* é incompleta porque Holmes concentrou-se apenas na probabilidade de dano que decorreria do discurso se este fosse permitido, e não na magnitude que esse dano teria caso viesse a ocorrer. Ele estava examinando apenas um dos fatores que determinam a expectativa de custo da liberdade de expressão. Por outro lado, o voto divergente em *Abrams* não examina uma premissa que está implícita em *Schenck*, a saber, a possibilidade de que a concorrência entre ideias nem sempre nos conduza à verdade (em *Schenck*, a verdade de que os recrutas devem lutar; e, no caso hipotético do teatro, a verdade de que não há incêndio). Aliás, pode-se duvidar de que a questão da "verdade" estivesse sequer presente no caso *Schenck*. A preocupação, naquela ocasião, não era se os réus estavam mentindo, mas se punham em risco um importante projeto nacional (a analogia

---

14. Ver Richard Polenberg, *Fighting Faiths: The* Abrams *Case, the Supreme Court, and Free Speech* 104 (1987).

é com a disseminação de uma fórmula verdadeira para a fabricação de gás venenoso). Trata-se de casos nos quais a concorrência de ideias é indesejável mesmo (ou talvez sobretudo) quando nos leva à verdade.

Mas será que a abordagem introduzida por Holmes pode ser generalizada e posta em prática? Ela pode ser formalizada, ainda que isso não signifique a mesma coisa. Expressemos por B os benefícios do discurso que se quer proibir; por D (de dano) ou U (de ultraje) os custos (incêndio, deserção, tumulto, rebelião e assim por diante) que advirão se a veiculação do discurso for permitida[15]; por p a probabilidade de que o custo realmente se materialize; por d (que, como p, deve ser um número entre 0 e 1) o fator de multiplicação que desconta do presente os custos e benefícios futuros; por n o número de anos (ou qualquer outra unidade de tempo) que provavelmente transcorrerão entre a veiculação do discurso (se esta for permitida) e a materialização do dano decorrente; e por A o custo administrativo de uma regulamentação que proíba o discurso. Então o discurso deve ser permitido se, e somente se,

(1) $\qquad B \geq pD/(1 + d)^n + U - A,$

isto é, a veiculação do discurso deve ser permitida se, e somente se, os benefícios advindos igualarem ou excederem os custos, descontando-se a probabilidade de materialização desses custos e o tempo que provavelmente transcorrerá até que essa materialização ocorra e subtraindo-se, além disso, os custos administrativos de uma proibição.

Mas por que os custos administrativos (A) devem ser subtraídos dos custos do discurso? Porque a eventual permissão de veiculação deste representará economia nesses custos de administração[16]. É por isso que, quanto maior for

---

15. O motivo da distinção entre dano e nocividade ficará claro logo a seguir.

16. Suponhamos que os benefícios do discurso valham 50 e os custos 70, mas que os custos de proibi-lo valham 40. Embora os custos do discurso

A (assim como quanto menores forem p, D e U, e quanto maiores d e n), tanto mais provável será que os benefícios do discurso excedam seus custos. Outro modo de enxergar isso é enunciando a desigualdade (1) da seguinte forma. Deve-se proibir o discurso se, e somente se,

(2) $\quad pD/(1+d)^n + N \geq B + A,$

isto é, se, e somente se, a expectativa de custo do discurso exceder a somatória dos benefícios do discurso e dos custos administrativos de sua eventual proibição (esta tem de cobrir seus custos para se justificar em termos econômicos). A pressuposição implícita de que administrar uma *proteção* à liberdade de expressão não implica custos é, sem dúvida, pouco realista. Porém, o fator mais importante para essa análise é que o custo administrativo da proibição deve exceder o custo administrativo da proteção. A pode ser visto como o primeiro custo menos o segundo.

Outra opção é, tomando-se x como o grau de rigor com que se regulamenta o discurso potencialmente prejudicial ou perigoso, quanto maior for x, menos liberdade de expressão haverá. Se C representar o custo social efetivo da supressão de determinadas categorias de discurso, então

(3) $\quad C(x) = A(x) + B(x) - (pD/(1+d)^n + U)(x).$

Os custos líquidos da supressão serão tanto maiores quanto maiores forem os custos e os benefícios administrativos do discurso suprimido; e menores, quanto mais prejudicial ou ultrajante for o discurso. Os custos efetivos são minimizados se diferenciarmos C de x e tornarmos o resultado igual a zero, o que nos deixa com a seguinte equação:

---

excedam seus benefícios, proscrevê-lo não seria um projeto social lucrativo. Isso ocorre porque os custos dessa proscrição (50, valor que corresponde aos benefícios aos quais se renunciou, mais 40, valor que representa os custos da proibição) excederiam seus benefícios – os quais somariam apenas 70, cifra correspondente aos custos decorrentes da eventual veiculação do discurso em questão.

(4) $\quad A_x + B_x = -(pD/(1+d)^n + U)_x,$

em que os caracteres subscritos denotam derivadas. Expressando a equação em palavras, o rigor ideal é alcançado no momento a partir do qual qualquer rigidez adicional elevaria o custo da regulamentação e aumentaria a censura, sem atenuar os danos e/ou o sentimento de ultraje.

Apresento essas fórmulas como um tipo de heurística, uma forma de estruturar e pensar a regulamentação do discurso, não como um algoritmo para uso dos juízes. A formulação de uma aplicação prática para a abordagem instrumental da liberdade de expressão é algo formidavelmente problemático, devido às indeterminações que permeiam o campo. Simplesmente desconhecemos grande parte das consequências sociais dos diferentes graus de liberdade de expressão.

A demonstração do valor heurístico da fórmula depende de um exame mais aprofundado de duas de suas variáveis, a saber, B, que representa os benefícios do discurso, e U, que expressa o fator de ultraje. B não precisa ter nada a ver com a promoção do progresso social e científico ou da liberdade e estabilidade políticas. O prazer estético ou mesmo o sexual são benefícios tão genuínos quanto a democracia ou a verdade, ainda que não sejam necessariamente tão valiosos. Além disso, B pode assumir um valor negativo. Isto é, algumas restrições ao discurso na realidade o promovem. Considere-se a seguinte variante do caso *Arkansas Educational Television Commission vs. Forbes*[17]. Uma emissora de TV pública deseja patrocinar um debate entre presidenciáveis. O problema é que há (digamos) dez candidatos, oito dos quais pertencem a partidos com pouquíssima representatividade, como o dos vegetarianos e o dos socialistas. Se, para não desrespeitar a liberdade de expressão, o canal convidar todos os candidatos a participarem do debate, o tempo disponível àqueles que têm mais probabilidade

---

17. 523 U.S. 666 (1998).

de eleger-se será drasticamente reduzido. O que os candidatos principais têm a dizer é provavelmente mais importante para o público do que aquilo que os outros têm a dizer[18], ainda que a única razão disso seja o fato de estes últimos não terem chance de ganhar. Um debate limitado aos candidatos mais bem colocados nas pesquisas pode atrair um público maior e mais atento, além de transmitir aos ouvintes informações mais úteis sobre as questões em pauta e os candidatos. Portanto, a restrição ao direito de fala dos candidatos de menor expressão pode elevar a qualidade discursiva do debate como um todo.

No que diz respeito à variável U, correspondente ao sentimento de ultraje, se uma pessoa grita "Fogo!" dentro de um teatro lotado (quando não há incêndio algum ou mesmo que haja!) e provoca um pânico durante o qual outras pessoas são esmagadas na correria, é evidente que há um dano. O mesmo vale para uma situação em que a venda de material pornográfico resulta num ato de estupro que, de outro modo, não teria ocorrido. O que dizer, porém, da indignação provocada pela mera consciência de que há pessoas vendendo pornografia ou propagando o socialismo? Há alguma diferença entre esta e qualquer outra desutilidade? John Stuart Mill achava que sim. Ele faz distinção entre atos de atenção aos próprios interesses e atos de atenção aos interesses dos outros. Estes últimos são os atos que têm efeitos tangíveis sobre as pessoas, enquanto os primeiros são aqueles que as afetam – se é que chegam a isso – somente através da consciência de sua ocorrência (a terminologia é confusa). No caso dos atos de atenção aos próprios interesses, o exemplo dado por Mill é o do ultraje

---

18. Isso é provável, mas não indubitável. Grandes partidos podem surgir como partidos pequenos e os partidos menores podem contribuir com ideias que posteriormente serão adotadas pelos maiores. Além disso, candidatos marginais podem alçar-se à condição de principais. Todos esses pontos, aliás, são ilustrados pela ascensão de Hitler e do partido nazista. Esses exemplos servem para alertar-nos de que a liberdade de expressão política não é uma bênção incondicional.

que o povo inglês sentia por saber que a poligamia era abertamente praticada em Utah, a milhares de quilômetros de distância[19]. Ele achava que um dano, ou "custo", desse tipo não deveria ter peso algum nos juízos morais ou jurídicos. Mas um custo é um custo, seja ele resultado do ato de ver algo (por exemplo, ver um homem expondo seus órgãos genitais por ter se excitado com pornografia), seja apenas do ato de ler sobre o assunto (por exemplo, ler sobre os efeitos estimulantes da pornografia). Ainda que o dano provavelmente seja maior no primeiro caso[20], o fato de ele ser mediado pelo pensamento ou pela lembrança, em vez de produzido pela impressão imediata dos sentidos, não precisa ter importância em si.

O critério do "perigo certo e iminente" não se aplica a regulamentações baseadas no fator ultraje, pois o dano causado pelo discurso ultrajante não é indireto ou probabilístico, mas iminente e certo. É por isso que, ao contrário do que acontece com os custos que indico por D (de dano), as desigualdades (1) e (2) tratam o ultraje (U) como um custo presente e certo, em vez de futuro e hipotético. No tempo de Holmes, o direito do Estado a reprimir o discurso ultrajante de caráter sexual era tão inquestionável que o autor não considerou necessário desenvolver um critério de liberdade de expressão suficientemente amplo para abranger tanto o discurso perigoso quanto o discurso ultrajante. Mas é claro que, em certo sentido, os panfletos dos casos *Abrams* e *Schenck* representavam um "ultraje" ao sentimento patriótico, independente de serem ou não realmente perigosos.

Essas fórmulas não fazem menção explícita aos *motivos* que levam o Estado a querer suprimir determinadas formas de discurso. Por exemplo, a finalidade poderia ser reprimir críticas a membros do governo, impor a uniformidade ideo-

---

19. Ver John Stuart Mill, *On Liberty*, cap. 4 (1859).
20. Devido à "heurística da disponibilidade", discutida nos capítulos subsequentes.

lógica ou impedir que candidatos de oposição concorram em condições de igualdade. Critérios baseados na motivação costumam ser insatisfatórios, pois os motivos são algo fácil de ocultar. Geralmente precisamos deduzi-los das consequências dos atos das pessoas, e um critério voltado para as consequências nos convida a pôr de lado o intermediário, por assim dizer. Uma lei que proibisse críticas aos legisladores seria negativa segundo minha abordagem, pois seus custos excederiam qualquer avaliação razoável de seus benefícios. Se alguém observasse que provavelmente os motivos que levaram tal lei a ser proposta são egoístas, isso não acrescentaria nada à questão.

Se os benefícios e os custos da liberdade de expressão pudessem ser calculados (e aqui é preciso pôr um grande "se"), a abordagem que aqui exploro não poderia ser considerada obviamente incompatível com a tradição analítica da Primeira Emenda e, em decorrência, descartada. O voto vencedor de *Schenck* e o voto divergente de *Abrams* trazem implícita uma abordagem de custos e benefícios, por mais alheia que esta seja à retórica tipicamente empolada dos votos redigidos pelos juízes nos casos que envolvem a liberdade de expressão. E essas duas decisões judiciais há muito viraram referência jurídica quando o assunto é liberdade de expressão. Esta não é a única abordagem usada no judiciário[21] e talvez lhe falte a grandiosidade retórica que caracteriza o discurso da liberdade de expressão de Milton a Meiklejohn. Mas não existe voto mais eloquente na história do direito norte-americano do que o voto divergente de Holmes em *Abrams*. A abordagem sugerida tampouco tiraria a liberdade de expressão da posição privilegiada que esta ocupa em virtude do fato de ser classificada pela Suprema Corte como uma liberdade "prioritária". Não é preciso que as leis ordinárias obedeçam a um critério de custo-benefí-

---

21. Por exemplo, em *Brandenburg vs. Ohio*, 395 U.S. 444 (1969) (*per curiam*), a Suprema Corte adotou uma versão extremamente rígida do critério do "perigo real e imediato", abandonando o critério econômico adotado por Learned Hand no caso *Dennis*.

cio para que se as considere constitucionais, mesmo porque boa parte delas não obedece nem de longe a tal critério. Porém, no contexto da abordagem à liberdade de expressão fundada nos custos e benefícios, as medidas do legislativo (ou de qualquer outro poder do Estado) que restrinjam o discurso só devem ser permitidas quando se puder demonstrar, com certo grau de certeza, que os benefícios da restrição excedem os custos.

A lei da liberdade de expressão se estrutura segundo uma forma que se assemelha bastante àquela da abordagem econômica. Consideremos a complexa doutrina dos "espaços públicos" ("*fora*")[22]. A justiça faz distinção entre espaços públicos tradicionais, espaços públicos com função designada (*designated public forums*), espaços públicos com função designada e acesso restrito (*limited public forums*) e espaços não públicos (*nonpublic forums*). Na primeira dessas categorias incluem-se sobretudo as ruas públicas, as calçadas e os parques, que são espaços tradicionalmente dedicados à realização de assembleias e manifestações públicas. A segunda, por sua vez, engloba os espaços de propriedade pública que, apesar de não serem tradicionalmente utilizados para fins de comunicação, passaram a sê-lo em decorrência de decisão do Estado. A terceira categoria (frequentemente tratada nos julgamentos de causas judiciais como parte da segunda) define os lugares públicos projetados para um tipo específico de expressão, como, por exemplo, os teatros públicos. A quarta, por fim, inclui todas as outras propriedades públicas. Algumas destas podem ser adequadas à atividade expressiva (por exemplo, as ruas e calçadas de uma base militar ou os grandes espaços abertos de um aeroporto), mas nenhuma foi concebida tendo-se em vista esse tipo de atividade. Nas categorias um e dois, o Es-

---

22. Essa doutrina é sintetizada, por exemplo, em *Perry Education Association vs. Perry Local Educators' Association*, 460 U.S. 37, 45-46 (1983). O uso arcaico do plural latino lhe confere um falso ar de erudição. Para uma aplicação recente do conceito de espaço público, ver *Chicago Acorn vs. Metropolitan Pier and Exposition Authority*, 150 F.3d 695 (7th Cir. 1998).

tado só regulamenta o tempo, o lugar e o modo do discurso. Na categoria três, pode restringir o tipo de discurso à finalidade para a qual o lugar foi projetado. Na quarta, pode restringir o discurso como bem entender, desde que mantenha a neutralidade entre pontos de vista antagônicos (sem dúvida, essa condição também se aplica às outras três categorias).

Economicamente, essas distinções fazem sentido, ainda que grosso modo. Os espaços públicos tradicionais e aqueles com função designada podem ser usados para atividades de expressão sem que isso gere muita despesa, desde que se imponham restrições para prevenir a formação de grandes aglomerações, restrições que nesse caso são permitidas. Quanto aos espaços públicos com função designada e acesso restrito, estes não seriam viáveis se o acesso a eles não pudesse ser limitado. Imagine o que aconteceria com um teatro se a direção tivesse de liberar seu uso para manifestações, comícios, assembleias de sindicatos e outras atividades do gênero. Este é outro caso (como *Forbes*) em que restringir o discurso pode na verdade promovê-lo[23]. Por fim, o Estado ficaria incapacitado de desempenhar suas funções se *qualquer* propriedade pública fisicamente apropriada a manifestações ou outras atividades de expressão pudessem ser requisitadas para tais fins.

Além de conferir sentido prático a algumas distinções jurídicas herméticas, a abordagem econômica também tem a vantagem de pôr em relevo (e Holmes foi providencialmente explícito a esse respeito no caso *Schenck*) o contexto do discurso que se procura suprimir: guerra *versus* paz, ou teatro lotado *versus* teatro vazio. O foco no contexto pode ajudar a eliminar o anacronismo e o provincianismo que levam tantos estudiosos modernos da liberdade de expressão a condenar restrições impostas em sociedades muito diferentes da sociedade norte-americana contemporânea. Os

---

23. Outro exemplo é a lei de direitos autorais. Ao restringir a cópia, essa lei aumenta os incentivos financeiros à criação intelectual.

Estados Unidos são um país muito rico, poderoso, seguro e politicamente estável. Além disso, para os padrões históricos e internacionais, o povo norte-americano é extremamente instruído e tem acesso muito fácil a pontos de vista antagônicos. Por tudo isso, no contexto da sociedade norte-americana, permitir que qualquer pessoa diga o que quer que seja simplesmente não representa perigo algum, com muito poucas exceções. Mas isso nem sempre foi uma realidade, e ainda não o é em toda parte. Em razão disso, o economista não se mostrará surpreso nem necessariamente crítico diante do fato de que, em muitos lugares e em muitas épocas, o conceito de liberdade de expressão não é (ou não foi) considerado tão abrangente quanto o é nos Estados Unidos de hoje.

O pensamento hodierno sobre a liberdade de expressão é marcado pela falácia da percepção tardia. Os estudiosos da liberdade de expressão sabem hoje que a agitação socialista jamais representou nenhuma ameaça verdadeira aos Estados Unidos (embora não se soubesse disso na época) e tendem portanto a ignorar as preocupações expressadas por Holmes na decisão de *Schenck*. Entretanto, muitas das mesmas pessoas que criticam as decisões de *Schenck* e *Dennis* temem a liberdade de expressão na Internet. A amplitude da proteção que a lei concede ao discurso é uma função não da intuição moral, mas da percepção de inocuidade ou periculosidade do discurso em questão.

Um discurso pode ser inofensivo e ainda assim profundamente ultrajante. Mas se, como parece ser o caso (essa questão é aprofundada no Capítulo 9), as normas vêm perdendo sua influência sobre o comportamento dos norte-americanos (isto é, se os Estados Unidos são cada vez mais uma sociedade de indivíduos governados pelo direito e não uma sociedade de confrarias regidas por normas), nesse caso a indignação perante as pessoas que desafiam as normas talvez não chegue a um grau de intensidade grande o bastante para levar o Estado a mobilizar suas forças. Ortodoxia e ultraje são duas faces da mesma moeda. Num país onde há pouca ortodoxia, muito poucas questões tendem a ser altamente ultrajantes para a maioria da população. A maior parte dos norte-americanos é um tanto religiosa, igualitarista e até um tanto puritana. Mas muitos não são, e a maioria dos que são tende a sê-lo apenas superficialmente[24]. É muito difícil chocá-los. Uma vez que a homogeneidade é relativamente maior no nível local e até mesmo no estadual, as pressões pela censura são mais fortes nesses níveis. Com a maior probabilidade de censura, mas com consequências menos graves, a estimativa de custo total da proibição do discurso no nível local pode não ser menor que aquela verificada no nível nacional. Se assim for, aqui encontramos uma razão prática para a decisão da Suprema Corte de aplicar incondicionalmente a cláusula da liberdade de expressão da Primeira Emenda à ação dos estados e municípios, mediante uma interpretação da Décima Quarta Emenda que não é de modo algum inevitável.

Uma abordagem que gira em torno dos custos e dos benefícios torna-se vulnerável a críticas se estes forem altamente incertos. Isso acontece, sem dúvida, no caso da regulamentação do discurso. O que a história (bastante ridicularizada) da censura nos mostra não é que esta representa, sempre e em toda parte, uma política equivocada, mas que os censores raramente são capazes de determinar a veracidade ou qualquer outro valor de um discurso perigoso ou ultrajante. (A ridicularização porém é equivocada, pois a maior parte dos atos de censura deriva de uma preocupação com a periculosidade, não com a falsidade.) À dificuldade intrínseca de determinar a veracidade de um discurso através dos métodos empregados pelos censores vem se juntar o fato de que afirmações falsas e teorias equivocadas podem ter um considerável valor social. Estas não apenas estimulam os defensores da verdade a refletir mais profun-

---

24. No Capítulo 9, indago, desde um ponto de vista crítico, o que significa exatamente dizer que os norte-americanos são "altamente religiosos" ou o povo "mais religioso" do mundo ocidental.

damente sobre suas concepções, a dar a estas uma feição mais persuasiva e a sustentá-las com mais provas empíricas (como enfatizou Mill no segundo capítulo de *Sobre a liberdade*), como também trazem à tona hostilidades ou mal-entendidos que podem exigir ação corretiva. Ambos esses pontos são ilustrados pelas "formas de expressão motivadas pelo ódio" e pelo assédio verbal em geral (por exemplo, os casos de assédio sexual verbal no ambiente de trabalho, quando estes não envolvem ameaças nem investidas diretas). Na medida em que as formas de expressão motivadas pelo ódio tecem-se a partir de equívocos sobre os objetos desse ódio, como os negros e os homossexuais, sua manifestação irrestrita obriga os defensores desses grupos a irem além das exortações hipócritas por igualdade e da negação nada convincente das patologias sociais associadas a esses grupos (como a criminalidade no caso dos negros e as doenças sexualmente transmissíveis no caso dos homossexuais do sexo masculino). Além disso, permite que o Estado identifique as fontes da ignorância e do ressentimento que levam os indivíduos a apelarem para as formas de expressão motivadas pelo ódio e tome providências no sentido de extingui-las. Mais adiante neste capítulo abordarei outra questão, bastante difícil, que consiste em saber até que ponto essas formas de expressão põem em perigo a missão das universidades e o funcionamento das empresas, e se isso justifica a repressão desse tipo de discurso. Por ora, minha intenção é apenas ressaltar que esse tipo de discurso não é totalmente desprovido de benefícios sociais, ainda que tenha pouco ou nenhum valor como representação da verdade; da mesma forma que não se pode pressupor que uma forma de discurso lesiva ou ultrajante seja socialmente benéfica só por ser verdadeira.

Um benefício mais sutil da tolerância com as formas de expressão motivadas pelo ódio é que ela impede um indivíduo de expressar suas convicções através da disposição para ser submetido à prisão ou a qualquer outro tipo de punição em nome de suas crenças. A leniência é o antídoto para a martirização. Assim, em vez de esquentar o debate público, a tolerância para com o discurso inflamado pode antes esfriá-lo. Isso ocorre porque, num contexto de tolerância, os integrantes desse debate encontram mais dificuldades para provar que dariam a vida por aquilo que estão pregando. Consideremos aquela forma de expressão literalmente inflamada que é a queima da bandeira nacional. Conforme sustentou a Suprema Corte, a força desse ato se vê extremamente enfraquecida se não se puder punir uma pessoa por praticá-lo. Quando falar é muito fácil, aquilo que se diz também tem pouco crédito. E a tolerância garante essa facilidade. Sem dúvida, eliminar a martirização pode ser algo bom ou algo ruim. Este é um exemplo das indeterminações que contaminam a análise das questões relativas à liberdade de expressão.

A avaliação dos benefícios do discurso caso a caso pode parecer um método inviável, ao contrário de uma abordagem por categorias. Este tipo de abordagem, muito popular entre os especialistas em liberdade de expressão, envolve a criação de uma hierarquia na qual, por exemplo, o discurso político e científico recebe a máxima proteção, sob a justificativa de que esse tipo de discurso é o mais valioso do ponto de vista social ou de que (no caso do discurso político) ocupava um lugar central entre os interesses que animavam os autores da Primeira Emenda e aqueles que a ratificaram. A propaganda comercial recebe menos proteção, junto com a arte, o entretenimento e também a pornografia. As ameaças e os assédios criminosos não recebem proteção alguma.

A abordagem por categorias funciona muito bem neste último caso. Se o *único* objetivo de um discurso é dar origem a uma atividade inequivocamente criminosa e, além disso, essa atividade é seu único efeito provável, então está demonstrado que esse discurso é inútil (pois o lado esquerdo da desigualdade (1), nesse caso, é igual a zero). Nesse caso, a única questão que resta para ser resolvida é a de saber se os custos do discurso excedem os custos de sua proibição, isto é, se o lado direito da desigualdade é maior que zero. O fator complicador dos casos que envolviam o comunismo, como o caso *Dennis*, era o fato de o Partido Comunista dos Estados Unidos ser ao mesmo tempo o agente conspirador de um governo estrangeiro hostil e uma fonte de ideias interessantes sobre economia, classes sociais, racismo, política externa e outros fenômenos sociais importantes.

Entretanto, dentro do amplo espectro de formas de expressão que conferem algum benefício legítimo, a abordagem por hierarquia fracassa porque confunde benefícios totais com benefícios marginais. Do ponto de vista social, proibir toda e qualquer forma de discurso político poderia ser pior, na prática, do que proibir a arte[25]. Mas não é esta a escolha com que depara um conselho de censores ou qualquer outro corpo judicial incumbido de proibir determinada forma de expressão, seja esta um anúncio comercial, um programa de televisão violento, um romance que descreva cenas explícitas de lesbianismo ou uma apresentação erótica numa casa noturna. Embora o discurso político seja socialmente mais valioso do que o romance, um manifesto em defesa do genocídio talvez tenha menos valor social do que um romance propositadamente apolítico de Henry Miller, ainda que parte do prazer que os leitores extraem de um romance de Miller provenha de seus elementos pornográficos. Não vale afirmar, em resposta a isso, que o Estado é suspeito quando a questão é permitir a realização de críticas contra si mesmo. O Estado é suspeito e ponto-final, pois tende a suprimir qualquer forma de expressão radicalmente impopular, seja ela política, religiosa ou estética, com consequências que não estão relacionadas a nenhuma hierarquia de valores discursivos. (Outro modo de colocar isso é dizer que o governo é os grupos que o sustentam.) No

---

25. Ou melhor, do ponto de vista da *sociedade norte-americana*. Não está claro, de modo algum, que toda sociedade priorize ou deva priorizar o aspecto político desse modo. Considere-se o Renascimento italiano como um possível exemplo contrário.

longo prazo, Espanha, Portugal e Itália provavelmente causaram mais danos ao bem-estar de seus povos ao reprimirem a liberdade científica (ou ao aceitarem que a Igreja a reprimisse) no início da Idade Moderna do que ao suprimirem a liberdade política[26]. Aqueles que desejam privilegiar o discurso político são, em geral, pessoas que simplesmente acreditam que a política é a mais importante das atividades humanas.

Um argumento melhor em prol da concessão de um pouco mais de proteção ao discurso político é aquele que remete ao "paradoxo do eleitor". Considera-se um enigma o fato de as pessoas votarem nas eleições políticas*, uma vez que a probabilidade de a eleição ser decidida por diferença de um voto tende a zero. Na prática, muitas pessoas votam. Como, porém, o valor de cada voto em particular é pequeno, o incentivo para investir na busca de informações sobre as questões que permeiam a eleição é também pequeno. Uma vez que a demanda dos indivíduos por ideias políticas é fraca, faz sentido tentar minimizar os custos legais da produção de tais ideias, concedendo a essa produção um amplo privilégio jurídico.

Se avaliar os benefícios do discurso é inviável pelos métodos jurídicos, o enfoque de uma abordagem de custo-benefício tem de incidir sobre os custos do discurso. É possível demonstrar que estes muitas vezes são nulos ou até inferiores a zero. Examinemos o caso *Posadas de Puerto Rico Associates vs. Tourism Company of Puerto Rico*[27]. A Corte decidiu que, uma vez que o governo de Porto Rico poderia ter proibido toda e qualquer forma de jogo sem com isso violar a Constituição, esse mesmo governo não violara a Primeira Emenda ao proibir, dentro do país (mas não fora), a veiculação de anúncios publicitários de cassinos, estabelecimen-

---

26. Trato da relação entre prosperidade e liberdade política no capítulo seguinte.
* Nos Estados Unidos, o voto é facultativo. (N. do R. da T.)
27. 478 U.S. 328 (1985).

tos que haviam sido legalizados. A decisão da Corte faz pouco sentido para um economista, ainda que se considere a publicidade, via de regra, menos digna de proteção legal do que o discurso político[28]. A proibição da publicidade dos cassinos tinha como objetivo aparente diminuir a tentação do jogo para os residentes de Porto Rico[29] (objetivo esse que não é incompatível com a legalização dos cassinos, pois esta pode ter ocorrido simplesmente em reconhecimento da inutilidade de tentar reprimir o jogo), e pode ter surtido algum efeito nesse quesito. Ao mesmo tempo, porém, provocou uma redução dos gastos dos cassinos com publicidade, redução essa que deve tê-los levado a baixar seus preços. Isso, por sua vez, deve ter tornado o jogo mais atraente do que era antes. A proibição, portanto, tendia a privar os consumidores de informações valiosas e não atenuava nenhum dos efeitos colaterais indesejáveis do vício do jogo (falência, miséria, endividamento ou suicídio). Na verdade, pode até ter intensificado esses efeitos.

Às vezes, os custos sociais do discurso danoso ou ultrajante podem ser minimizados sem que se reduzam significativamente seus benefícios. Outras vezes, como já observei aqui, a regulamentação do discurso pode na verdade ampliar esses benefícios. Em casos assim, pouco se exige da capacidade dos juízes para realizar ou avaliar análises de custo-benefício. São exemplos desse tipo de caso os atos de restringir o número de participantes em um debate televisionado, impedir que manifestantes obstruam vias públicas, condescender com a proibição de propaganda enganosa e garantir remédio judicial contra a cópia e a difamação. Uma lei que determine o deslocamento de todas as livrarias

---

28. Ver Fred S. McChesney, "De-*Bates* and Re-*Bates*: The Supreme Court's Latest Commercial Speech Cases", 5 *Supreme Court Economic Review* 81, 102-105 (1997).

29. Ao permitir que os cassinos fizessem propaganda fora do país, o governo de Porto Rico mostrou que não se importava com a corrupção de não residentes!

que comercializem material pornográfico para uma zona "de meretrício" reduz os custos associados à pornografia e preserva, ao mesmo tempo, os benefícios essenciais supostamente inerentes à pornografia. Por outro lado, uma lei que proibisse a pornografia reduziria ainda mais esses custos, mas, se imposta com excessivo rigor, poderia eliminar a maioria dos benefícios (o mesmo aconteceria se a lei de direitos autorais e as normas jurídicas aplicáveis à difamação, de tão rigorosas, impedissem completamente o uso de ideias de outras pessoas sem seu consentimento, bem como qualquer crítica ao comportamento das pessoas). Além disso, seria muito mais dispendioso fazer cumprir normas e leis desse tipo. Essas questões remetem à minha observação anterior sobre a importância da avaliação dos custos e benefícios marginais de determinadas formas de expressão.

Os custos de aplicação da lei, geralmente subestimados, constituem uma objeção ao programa feminista radical de restrição da pornografia. No projeto de lei antipornográfica redigido por Andrea Dworkin e Catharine MacKinnon[30] exigiam-se provas de que a produção ou a venda de pornografia por parte do réu lesara o demandante. Os custos de uma investigação probatória desse tipo, sobretudo com os erros que ela produziria, seriam muito altos, porque é extremamente difícil determinar a relação causal entre a exposição dos indivíduos à pornografia e os atos de cada um desses indivíduos em particular. Uma proibição mais ampla da pornografia (não condicionada à apresentação de provas de que alguém foi lesado) implicaria custos ainda maiores de administração, conforme já o demonstrou a experiência com tentativas de repressão a outros delitos morais. A concreti-

---

30. O projeto de lei propunha que todos os indivíduos prejudicados pela venda de materiais que reproduzissem graficamente a subordinação das mulheres aos homens tivessem o direito de mover ação civil contra o vendedor. Em Indianápolis, o projeto virou lei municipal, mas esta foi considerada inconstitucional em *American Booksellers Association, Inc. vs. Hudnut*, 771 F.2d 323 (7th Cir. 1985), sentença confirmada sem exposição de motivos, 475 U.S. 1001 (1986).

zação de uma proibição dessa natureza demandaria amplas e invasivas medidas de execução da lei. E o alto custo dessas medidas tornaria insignificante a economia que se obteria por não ser mais necessário apresentar provas da ocorrência de danos.

Diante desses custos e da inviabilidade de avaliar os benefícios da pornografia (pode-se considerar que os benefícios brutos estão refletidos na receita total da indústria pornográfica, mas nem esse número é conhecido), o cálculo dos custos sociais gerais dessa forma de expressão revela-se uma tarefa ingrata. Alguns desses custos, como aqueles resultantes da exploração e do abuso ocasionais de modelos e atrizes empregadas na produção de fotos e filmes pornográficos, são subproduto da condição formal de ilegalidade da pornografia "pesada", que priva as modelos e atrizes das proteções contratuais e legais de que desfrutam os trabalhadores e produtores[31]. O principal custo de que se queixam as feministas – a saber, a tendência da pornografia a perpetuar estereótipos inexatos e ofensivos da sexualidade feminina, ou mesmo a incitar os homens ao estupro, entre outras formas de abuso, humilhação ou desvalorização das mulheres – ainda está por ser determinado[32].

Os adversários conservadores da pornografia tendem a enfatizar não os danos provocados por essa forma de expressão, mas seu caráter ultrajante. Porém, como a maioria

---

31. O uso de crianças não é um efeito da ilegalidade, mas poderia ser proibido sem que para tanto fosse necessário proibir totalmente a pornografia. Supostamente, as modalidades de pornografia infantil que não envolvem o uso de crianças, por exemplo a pornografia infantil exclusivamente verbal (o romance *Lolita* ou as adaptações cinematográficas deste em que as cenas de pornografia são excluídas ou Lolita é representada por uma atriz adulta), devem ser tratadas do mesmo modo que outras formas de pornografia. Isso porque faltariam provas de que a pornografia infantil, além de servir de estímulo à masturbação para os pedófilos, incite o abuso de crianças. Mas isso significa não levar em conta o ultraje, que é uma outra justificativa para a proibição da pornografia.

32. Ver, por exemplo, Paul R. Abramson e Steven D. Pinkerton, *With Pleasure: Thoughts on the Nature of Human Sexuality*, pp. 188-90 (1995); Richard A. Posner, *Overcoming Law*, pp. 361-2 (1995).

dos danos de atenção aos próprios interesses (tal como Mill os define), esse caráter ultrajante é difícil de avaliar, mesmo aproximadamente. É questionável se devemos atribuir muita importância ao ultraje como fundamento para a restrição da liberdade de expressão. O ultraje é, muitas vezes, um subproduto da contestação de valores e crenças que são importantes para as pessoas. Esse tipo de contestação, por sua vez, desempenha um papel significativo no mercado de ideias e opiniões. As pessoas se contrariam quando seu modo de vida é contestado. Essa contrariedade, no entanto, pode dar origem à dúvida e acabar levando a uma mudança benéfica. Pense em todas as ideias e opiniões que hoje são convencionais, mas que eram profundamente ultrajantes quando foram proferidas pela primeira vez. Talvez se deva impor uma condição para o direito de um indivíduo a ouvir e expressar ideias que possam contestar os valores e crenças dos *outros*: que esse indivíduo esteja disposto a estender o mesmo direito aos outros e, consequentemente, não consinta em permitir que o sentimento de ultraje sirva de justificativa para se punir as pessoas por aquilo que elas expressem. A pornografia é prova disso. Se hoje ela é uma *bête noire* das feministas radicais, historicamente está associada à contestação política[33] e até mesmo ao próprio feminismo[34].

Diante dessa análise, parece necessário fazer uma ressalva a meu argumento de que os atos de atenção aos próprios interesses (tal como definidos por Mill) representam custos, como acontece com os atos de atenção aos interesses dos outros. Esse argumento reflete uma análise estática e ignora as consequências dinâmicas, que são justamente aquelas enfatizadas por Mill. A garantia à máxima liberdade de expressão, a despeito dos casos de ultraje que provavelmente surgirão onde ela existir, pode maximizar o

---

33. Ver, por exemplo, Robert Darnton, *The Forbidden Best-Sellers of Pre-Revolutionary France*, cap. 3 (1995).
34. *Id.* p. 114.

progresso social. Se assim for, os benefícios provavelmente superarão os custos gerados pelos casos de ultraje, os quais, de qualquer modo, tendem a ser poucos. Deixar a cabeça bater em algum lugar é um ato que tende a ter consequências de longo prazo que são tanto dispendiosas quanto pouco vantajosas para um indivíduo. No fim das contas, a distinção milliana entre atos de atenção aos próprios interesses e atos de atenção aos interesses dos outros encontra fundamentação na ciência econômica.

O "ultraje", porém, não é um fenômeno isolado. No caso da exibição de pornografia em local público ou no ambiente de trabalho, há pessoas que acabam expostas ao material contra sua vontade, como acontece com as mulheres que se sentem ultrajadas. Em contrapartida, quando se vende material pornográfico de forma discreta a um consumidor em particular, o objetivo é agradar a esse consumidor e não insultar, intimidar nem constranger quem quer que seja. Esse tipo de venda só causará dano a uma mulher se o material pornográfico incitar um consumidor a maltratá-la. O efeito é indireto, e ainda não está demonstrado que ele seja considerável. Ademais, as mulheres que trabalham num local onde se exibe material pornográfico são compensadas economicamente por terem de tolerar essa situação, pois na prática os salários refletem tanto as vantagens e desvantagens de um emprego quanto a produtividade do trabalhador. Sendo iguais todas as outras variáveis (uma ressalva que é obviamente fundamental), quanto mais perigoso, sujo, insalubre, extenuante, desconfortável, desagradável ou degradante for o local de trabalho, mais alto será o salário[35].

Tanto no caso da pornografia quanto naquele das formas de expressão motivadas pelo ódio, e também no que concerne ao "politicamente correto" em geral, a defesa da regulamentação tem pouco a ver com a demonstração de

---

35. Ver Gertrud M. Fremling e Richard A. Posner, "Status Signaling and the Law, with Particular Application to Sexual Harassment", 147 *University of Pennsylvania Law Review* 1069, 1088-1093 (1999).

que alguém foi lesado ou mesmo com o caráter ofensivo do discurso. Ela tem mais a ver com projetos ideológicos. Na verdade, o objetivo ideológico é o mesmo em todos os casos: negar a existência de diferenças profundas entre grupos sociais (sobretudo entre homens e mulheres e entre negros e brancos) ou mascarar essas diferenças. Os adeptos das formas de expressão motivadas pelo ódio negam com veemência a igualdade, e a pornografia atende sobretudo a um desejo que é especificamente masculino: o interesse pelas mulheres como brinquedos sexuais e não como pessoas dotadas de direitos próprios e intrinsecamente iguais aos homens exceto por sua anatomia reprodutiva. (Esta é uma regra geral, mas não absoluta. Existem modalidades de pornografia dirigidas às mulheres e a homossexuais de ambos os sexos. Além disso, muitas vezes a pornografia "prega" o prazer sexual tanto para mulheres quanto para homens e até mesmo a igualdade sexual.) Na medida em que as campanhas pela regulamentação da pornografia e das formas de expressão motivadas pelo ódio tenham o propósito e o efeito de corrigir um "erro" ideológico ou político, dar a essas campanhas o amparo da lei significa interferir arbitrariamente no mercado de ideias e opiniões.

Entre as intervenções no mercado do discurso movidas por interesses políticos ou ideológicos, algumas assumem a forma não de supressão de um discurso abominado, mas de apoio financeiro a campanhas políticas ou a discursos que se lhe oponham. São exemplos destes os discursos em defesa da segurança no trânsito, do sexo seguro e dos valores patrióticos. Esse tipo de medida, que é uma forma de intervenção do Estado no mercado de ideias e opiniões, implica a coerção daqueles contribuintes que divergem da corrente ideológica ou política beneficiada pelo apoio financeiro e que não desejam ver seu dinheiro utilizado para difundi-la. Mas o subsídio estatal e a proibição são práticas que provocam efeitos diferentes. Determinado gasto em dinheiro por parte do Estado terá um efeito maior se seu objetivo for financiar medidas que garantam o cumprimento de uma proibição e não medidas de oposição a certos discursos. A publicidade é muito dispendiosa e, ademais, tende a ser ineficaz quando prega um comportamento contrário aos interesses particulares de seu público-alvo. O segundo ponto mostra a inutilidade do discurso de contraposição direcionado, por exemplo, contra a pornografia ou a violência no cinema. As pessoas que apreciam essas coisas não serão sensibilizadas por propagandas que lhes digam para não apreciá-las. A propaganda antitabagista, quando enfatiza os efeitos do fumo sobre a saúde, apela aos interesses pessoais do público e portanto tende a ser mais eficiente que a propaganda concebida apenas para levar os consumidores de pornografia a sentirem-se culpados ou "sujos".

A propaganda contra o aborto, por sua vez, é um caso intermediário. Seu público-alvo é formado por indivíduos dotados de liberdade de escolha – quer se trate de mulheres que já estejam grávidas, de pais de meninas adolescentes e de garotas ou mulheres em via de decidir se pretendem ou não manter relações sexuais e, em caso afirmativo, se vão fazer prevenção contra a gravidez e a qual método contraceptivo vão recorrer. Essas escolhas implicam uma complexa combinação de considerações de interesse pessoal e preocupações altruístas, mas, se o equilíbrio entre elas estiver bem-proporcionado, a propaganda estatal pode fazer a balança pender para um dos lados em alguns casos. Comparemos, porém, duas hipóteses. Na primeira, o governo gastaria 100 milhões de dólares numa campanha publicitária contra o aborto, enquanto na segunda usaria a mesma quantia para processar pessoas que pregam o aborto. Neste último caso, a defesa do aborto cairia a níveis muito baixos e, consequentemente, o número de abortos diminuiria (apesar de que haveria uma compensação parcial: os abortos se tornariam mais baratos, uma vez que as clínicas seriam forçadas a economizar nos custos com publicidade, como no caso da regulamentação da propaganda dos cassinos em Porto Rico). Por outro lado, o gasto de 100 milhões de dólares em comerciais que denunciassem o aborto surtiria menos efeito, principalmente porque, como a propaganda antiabortista do Estado viria somar-se à propaganda financiada pela iniciativa privada com o mesmo fim, esta última se tornaria mais escassa. A contribuição *adicional* da propaganda financiada pela iniciativa privada para a formação da opinião pública seria menor depois que o Estado entrasse em cena. Logo, o aumento total da propaganda contra o aborto talvez fosse insignificante. Além disso, as propagandas do Estado dariam ao público um tipo de informação que em grande medida este já teria, com ou sem publicidade. Para piorar, essa informação seria contrabalançada, isto é, parcial ou totalmente compensada, pela propaganda pró-escolha. Em suma, levando-se em conta cada unidade monetária gasta, a abordagem financeira teria menos impacto sobre o mercado de ideias e opiniões do que a abordagem regulatória. Isso a tornaria menos problemática do ponto de vista da preservação da liberdade desse mercado. Mesmo assim, a abordagem financeira ainda seria um pouco problemática, uma vez que obrigaria os contribuintes a pagarem por propaganda em defesa de causas que eles talvez abominassem. Isso seria uma fonte de desutilidade para esses contribuintes.

É preciso distinguir entre as medidas corretivas do Estado para erradicar crenças "deletérias" e o discurso estatal em defesa de funções públicas essenciais, com a defesa nacional. Não se pode culpar o Estado por tentar recrutar soldados mediante o apelo ao patriotismo das pessoas, mesmo que os pacifistas se sintam ultrajados. Quando o Estado é um participante legítimo do mercado de trabalho ou de outros mercados, deve ter os mesmos direitos à publicidade que os outros participantes. Além disso, quando ele estiver cumprindo com uma responsabilidade regulatória tradicional, como o combate a epidemias, deve-se permitir que ele use a defesa de causas como um de seus instrumentos. Assim, por exemplo, o Estado deve ter o direito de defender a monogamia e o sexo seguro a fim de reduzir a incidência de Aids.

Tomemos duas formas de regulamentação quaisquer (por exemplo, a proibição da pornografia e a delimitação de zonas específicas de uma cidade nas quais se permite a presença de livrarias que vendem material pornográfico). Mesmo que estas difiram em matéria de custos, o critério dos custos e benefícios pode reprovar ambas (pelo fato de os benefícios excederem cada conjunto de custos) ou igualmente aprová-las (pelo fato de os benefícios serem menores que cada um dos conjuntos de custos). Infelizmente, esses benefícios são quase sempre subestimados devido a uma assimetria na saliência ou no cômputo dos custos e benefícios do discurso. Se um discurso desencadeia um tumulto, os custos são palpáveis, mas os benefícios de promoção da verdade ou da felicidade não são – estes são difusos, indiretos e quase impossíveis de demonstrar pelos métodos do litígio. Em vez de tentar ponderá-los, outra opção é restringir a regulamentação a casos em que o dano infligido pelo discurso seja *manifestamente* alto em relação à quantidade ou ao valor do discurso suprimido, isto é, em outras palavras, forçar o equilíbrio entre custos e benefícios.

Essa abordagem, porém, gera decisões que muitos consideram doutrinárias e tolas. Quase toda a pornografia "leve" exibida em revistas e filmes que vencem o crivo constitucional, junto com os disparates neonazistas, que ocupam uma posição ainda mais segura na esfera de proteção da Constituição segundo a interpretação corrente, não parece ter maior valor social que um produto não discursivo qualquer, como um revólver de espoleta ou um brinquedo erótico. Entretanto, se estou certo ao afirmar que os benefícios do discurso não são demonstráveis pelos métodos do litígio, a abordagem que consiste em considerar altos os benefícios mesmo nos exemplos duvidosos que acabei de dar pode fazer sentido do ponto de vista estratégico. Para mostrar isso melhor, podemos nos valer de uma analogia. A estratégia de defesa dos Estados Unidos durante a Guerra Fria era preventiva. Nossa linha de combate era o Elba, não o Potomac. A escolha entre uma estratégia preventiva e uma estratégia de simples defesa das fronteiras domésticas implica concessões. A defesa preventiva é mais onerosa. A linha de frente, nesse caso, é mantida mais próxima das forças inimigas e portanto é mais passível de ser rompida. Por outro lado, esse tipo de estratégia permite uma defesa extensiva e reduz a probabilidade de penetração das fronteiras domésticas. Se a frente interna for muito difícil de defender, o argumento em favor da defesa preventiva torna-se imperioso. Da mesma maneira, quando o judiciário, em vez de defender apenas o direito do indivíduo a dizer e escrever coisas que tenham algum valor social plausível, adota uma abordagem de "superestimação dos benefícios", também está defendendo o direito desse indivíduo a dizer e escrever coisas absolutamente sem valor e profundamente ultrajantes. A luta prossegue nessas frentes externas. Além disso, é onerosa, já que a tese da liberdade de expressão se enfraquece ao pretender ultrapassar as fronteiras domésticas. Às vezes, essa tese chega a ser derrotada. Mas a frente interna mantém-se segura, pois o inimigo esgota suas forças ao tentar penetrar as defesas externas. Isso é vital porque, se a batalha se transferisse para a frente interna e o judiciário tivesse de defender, digamos, o direito das pessoas a ler *The Bell Curve* [A curva de Bell]* ou *The Case for Same-Sex Marriage* [A defesa do casamento entre pessoas do mesmo sexo]**, os juízes encontrariam dificuldades para afirmar o

---

* De Richard J. Herrnstein e Charles Murray. Publicado em 1994, o livro defende a tese de que as pessoas de baixa renda, inclusive os brancos pobres, têm menos aptidões cognitivas do que as das classes média e alta. Os autores acreditam que as diferenças raciais e de classe são causadas por fatores genéticos, ou seja, que as pessoas são pobres devido a suas características genéticas. Portanto, os brancos de baixa renda e os afro-americanos compartilhariam características genéticas inferiores. (N. do T.)

** De William N. Eskridge. Publicado em 1996, o livro (cujo título completo é *The Case for Same-Sex Marriage: From Sexual Liberty to Civilized Commitment*) defende o direito ao casamento entre pessoas do mesmo sexo. (N. do T.)

valor social de livros como esses e para combater, desse modo, o argumento de que o primeiro compromete as relações raciais na sociedade e o segundo abala os alicerces da moral[36].

A estratégia preventiva que descrevi nos ajuda a enxergar a partir de uma perspectiva adequada a afirmação de Stanley Fish de que "'liberdade de expressão' é apenas o nome que damos ao comportamento verbal que serve às causas concretas que desejamos propalar"[37]. Os juízes, segundo Fish, protegem "o discurso que desejam que seja ouvido" e regulamentam "o discurso que querem ver silenciado"[38]. Até certo ponto, isso é verdade. A liberdade de expressão não é um valor absoluto. Ela se define por relação às condições sociais. Por isso tinha menor alcance para Blackstone do que tem para nós. Quanto à afirmação de que ele tinha uma concepção muito estreita de liberdade de expressão até mesmo para sua época, precisaríamos conduzir uma minuciosa pesquisa histórica para justificá-la com dados concretos. Uma pessoa ainda pode ser punida por difusão de material obsceno, pela revelação de segredos militares ou industriais, por difamação, por incitação ao tumulto, por violação da lei de direitos autorais ou da lei de marcas e patentes, por plágio, por realização de ameaça, por perjúrio, por propaganda enganosa, entre outros tipos de apresentação de informações falsas, por certos tipos de abuso verbal, pela troca de informações a fim de facilitar o controle de preços, por desacato à autoridade, pela revelação de confidências de vários tipos,

---

36. Vincent Blasi, no artigo "The Pathological Perspective and the First Amendment", 85 *Columbia Law Review* 449 (1985), discute uma questão afim: qual é o melhor tipo de doutrina relativa à liberdade de expressão a se desenvolver em períodos nos quais a liberdade de expressão não se encontra sob forte pressão, se a principal preocupação das leis concernentes à liberdade de expressão é tentar conter as forças que a ameaçam (como o Pânico Vermelho depois da Primeira Guerra Mundial ou o macarthismo depois da Segunda Guerra Mundial) quando ela está sob forte pressão?

37. Stanley Fish, *There's No Such Thing as Free Speech, and It's a Good Thing, Too* 102 (1994). A discussão que se segue tem por base Richard A. Posner, *The Problematics of Moral and Legal Theory*, pp. 277-9 (1999).

38. Fish, nota 37 acima, p. 110.

por certas formas de piquete e assédio agressivo, por invasão de privacidade, por comportamento indecoroso em um tribunal, por criticar publicamente seu empregador por razões que não são consideradas como de interesse público, por atitude irresponsável ou ofensiva na veiculação de informação por rádio ou TV e até mesmo pelo uso de alto-falantes. Mas há uma diferença entre um tipo de doutrina da liberdade de expressão formada e circunscrita no âmbito de considerações políticas gerais e o processo de tomada de decisões de um juiz, quando esse processo não tem coesão teórica. Isso sem falar nas decisões guiadas por um afeiçoamento pelo caráter ou conteúdo de um discurso específico ou pela aversão a este. A maioria das "formas de expressão" que sobrevivem à contestação judicial nos Estados Unidos – não apenas os disparates neonazistas e a pornografia que não descamba para a obscenidade, mas também a arte blasfematória, os documentos de Estado que contêm segredos diplomáticos (os arquivos do Pentágono, por exemplo), a queima da bandeira, os piquetes e a queima de cruzes – ofende os mais conservadores, que em sua maioria são pessoas de meia-idade e idosas que, como juízes, insistem em afirmar que o Estado permite tais demonstrações.

O próprio Fish reconhece que o processo de tomada de decisões dos juízes na área da liberdade de expressão não é *completamente* independente, ao discutir uma sátira publicada pela revista *Hustler* e considerada sob a proteção da Constituição pela Suprema Corte. Na sátira, Jerry Falwell, o líder religioso fundamentalista, mantém relações sexuais com sua mãe numa latrina[39]. A incapacidade da Corte para traçar uma linha demarcatória que viabilizasse a proibição de um ataque pessoal tão intelectualmente estéril e desnecessariamente repulsivo traz à mente uma observação contundente de Fish sobre o judiciário e sua "incapacidade autoimposta de fazer distinções que pareceriam perfeitamente óbvias a qualquer adolescente instruído"[40]. Essa

---

39. Hustler Magazine, *Inc. vs. Falwell*, 485 U.S. 46 (1988).
40. Fish, nota 37 acima, p. 132.

incapacidade soa como o oposto de um processo decisório *ad hoc* e guiado por interesses políticos. Soa, na verdade, como um compromisso dos juízes para com a estratégia de defesa preventiva.

Pode parecer que, ao elogiar essa estratégia e, portanto, a conveniência de manter as mãos do Estado fora do mercado do discurso, eu esteja presumindo que esse mercado funcionará com eficiência desde que o Estado mantenha as mãos fora dele. Na verdade, há razões para duvidar-se de que o mercado do discurso venha a funcionar eficientemente, pois é difícil determinar direitos de propriedade sobre a informação, além do que existem incertezas profundas de natureza tanto prática quanto filosófica acerca da viabilidade de determinar, através da concorrência ou de qualquer outro meio, o valor (por exemplo, a verdade, a fecundidade ou a beleza) das ideias, das opiniões, bem como das obras de arte e outras formas de produção intelectual ou expressiva. Ademais, o "mercado das ideias" muitas vezes é metafórico e não literal, porque (e este ponto tem a ver com o primeiro) formas de expressão quase nunca são compradas ou vendidas. A possibilidade de os mercados de ideias não conseguirem internalizar externalidades é demonstrada pelo caráter irrepreensível de certas intervenções, como o ato de punir uma pessoa que grita "Fogo!" dentro de um teatro lotado quando sabe que não há fogo algum.

Esses mercados também podem falhar por produzirem "bens" totalmente desprovidos de valor, como as ideologias totalitárias que produziram estragos tão extraordinários durante boa parte do século XX. Mesmo hoje os norte-americanos se deixam levar por crenças supersticiosas e equivocadas, quando não absurdas, em parte por culpa do sensacionalismo e da negligência da "imprensa". Muitos membros da intelectualidade, por sua vez, são vítimas de ideias absurdas disseminadas por pós-modernistas radicais, além do que a quantidade de lixo cultural, tanto popular quanto de pretensões intelectuais, é assombrosa. Os mercados de ideias muitas vezes são inviabilizados pelos custos proibitivos da informação, o que abala a confiança na capacidade desses mercados para produzir verdade e beleza.

Apesar de ser um cético, o que, em economia, significa alguém para quem os custos de informação são *realmente* altos, Holmes não era indiferente em sua atitude perante a liberdade de expressão – muito pelo contrário. Além disso, era no ceticismo que ele fundava sua convicção de que o mercado das ideias deveria conservar-se, em grande medida, desregulamentado. O próprio elemento que torna esse mercado ineficiente, isto é, o custo extremamente alto da informação, é o que torna sua regulamentação também ineficiente. Se os consumidores não conseguem distinguir o verdadeiro do falso ou o belo do feio nas mercadorias produzidas nesses mercados, quão provável será que censores, juízes ou jurados o consigam? Além disso, as dificuldades que o produtor de ideias provavelmente encontrará para colher os benefícios sociais de sua produção o tornarão exageradamente sensível aos custos que a perspectiva de punição representa. O orador impopular arcará com todos os custos da punição, enquanto os benefícios do discurso lhe poderão ser negados por muito tempo e, enquanto isso, serão em grande medida desfrutados por outras pessoas. O direito apresentou diferentes propostas para lidar com esse problema (um problema de "benefícios externos", na terminologia econômica). Uma delas consiste em negar o direito do indivíduo a republicar material difamatório sem ser responsabilizado por difamação. Se apenas a primeira pessoa ou instituição a publicar o material fosse enquadrada em delito de responsabilidade civil por difamação, os jornais e demais meios noticiosos seriam ainda mais relutantes do que são hoje em arriscar-se na publicação de material difamatório, pois estariam cientes de que seus concorrentes poderiam republicar o material sem arcar em nada com os custos representados pela perspectiva de incidir em responsabilidade civil por difamação.

Uma conclusão que podemos tirar dessa análise – e que independe de qualquer juízo de valor – é a de que a proteção constitucional ao discurso deve ser apenas parcial no caso das formas de expressão comerciais, mas plena no caso das formas de expressão motivadas pelo ódio. O discurso comercial é forte não porque a atividade comercial seja politicamente poderosa (o que às vezes ocorre, outras vezes não), mas porque o emissor comercial de discurso espera recuperar o pleno valor econômico de seu discurso sob a forma de preços mais altos para seus produtos ou de um aumento na produção. É questionável que o discurso comercial deva ter uma proteção constitucional maior que a atividade comercial em geral. As formas de expressão motivadas pelo ódio, em contrapartida, são frágeis porque nelas os custos estão concentrados, mas os benefícios mantêm-se difusos. O estudante que é expulso da escola por expressar o antagonismo racial arca com todos os custos de ter-se expressado livremente, mas colhe uma parcela pequena (se tanto) dos benefícios sociais de seu ato.

Tudo isso teria pouca importância se Platão estivesse certo em pensar que toda verdade é passível de ser descoberta pelos especialistas. Permitimos a censura quando acreditamos que a opinião dos especialistas produza um "conhecimento verdadeiro". São exemplos disso as regulamentações concernentes à segurança e eficácia dos medicamentos pela *Food and Drug Administration**, a regulamentação da veracidade da propaganda e das informações que figuram nos rótulos dos produtos pela Comissão Federal de Comércio e a determinação da verdade em casos de difamação. A censura nessas áreas já foi defendida como uma forma desejável de paternalismo – o "paternalismo epistêmico"[41]. Não há problema com esse argumento. O termo é que é inadequado. A questão envolve apenas a delegação de responsabilidade a órgãos especializados, neutros e essencialmente confiáveis, no que diz respeito à determina-

---

* FDA, agência norte-americana de regulamentação de medicamentos e alimentos. (N. do T.)

41. Alvin I. Goldman, "Epistemic Paternalism: Communication Control in Law and Society", 88 *Journal of Philosophy* 113 (1991).

ção de verdades factuais, ou de qualquer outra natureza, nos casos em que um cidadão privado não tem tempo ou preparo para conduzir a tarefa. A maior parte de nosso conhecimento é de segunda mão, ou seja, é adquirida pela simples aceitação do testemunho de outras pessoas, em geral especialistas, nas quais temos boas razões para crer[42].

Infelizmente, a veracidade das ideias políticas e até de muitas ideias científicas – e, mais seguramente ainda, a beleza das obras de arte ou de literatura, bem como o deleite gerado por estas – não pode ser determinada de forma confiável por processos forenses ou por especialistas a serviço do Estado. A tarefa, portanto, não pode ser delegada a juízes, burocratas ou especialistas. A "determinação" da verdade e da beleza deve ficar a cargo da luta competitiva e do teste do tempo; e mesmo assim de modo apenas provisório, sempre sujeita a revisões. Uma vez assegurado esse ponto, o censor se vê desarmado, já que a concorrência e o teste do tempo não são métodos que ele possa usar no desempenho de suas funções.

O teste do tempo vincula o ceticismo de Holmes a sua forte postura de defesa da liberdade de expressão. Um cético radical duvidaria de que a censura fosse um obstáculo à descoberta da verdade, posto que duvidaria da própria existência de uma verdade a ser descoberta. Nesse caso, a única objeção à censura seriam os custos de administração de um programa que a implemente e controle, os quais são muitas vezes (ainda que nem sempre, como enfatizei ao discutir a pornografia) modestos. Mas Holmes não era um cético desse tipo, pelo menos não no caso *Abrams*. O que ele afirmou na ocasião não foi que a verdade é indeterminável, mas que esta só pode ser determinada por meio da concorrência e que, portanto, requer liberdade de expressão e é destruída pela censura. Uma consequência disso é que, quando a determinação da verdade não requer um pro-

---

42. Conforme se afirma no importante livro de C. A. J. Coady, *Testimony: A Philosophical Study* (1992), que analiso no Capítulo 10.

cesso concorrencial, como em muitos casos de propaganda e difamação, o argumento em favor da censura é muito mais forte.

Até aqui, minha análise da liberdade de expressão concentrou-se principalmente em questões antigas. Pretendo agora refletir sobre como a abordagem instrumental pode contribuir para a solução de três das questões mais recentes: as formas de expressão motivadas pelo ódio[43], a regulamentação do financiamento de campanhas eleitorais e a regulamentação da Internet.

As formas de expressão motivadas pelo ódio. Já chamei a atenção para uma objeção às formas de expressão motivadas pelo ódio: elas privam o Estado de informações valiosas sobre o descontentamento das pessoas prejudicadas ou agredidas pela ação afirmativa, pelo multiculturalismo e pelo politicamente correto. Além disso, também há o fato de que o Estado, valendo-se dessas formas de expressão, faz a balança da opinião pública pender para um dos lados no quesito igualdade. Isso é verdade mesmo quando o discurso é racialmente neutro para permitir que um estudante negro seja punido por dirigir a um estudante branco um adjetivo pejorativo relativo à cor deste. Há uma corrente de opinião na comunidade negra, associada ao movimento conhecido como afrocentrismo, que considera os brancos inferiores aos negros. Isso parece uma tolice, mas não compete ao Estado punir as pessoas por negarem a igualdade racial. Afinal, a ideia de que as raças, os sexos, as nacionalidades, os grupos étnicos etc. são iguais entre si não passa de um dogma. Punir as pessoas por contestarem esse dogma é tão censurável quanto punir alguém por pregar o comunismo ou a economia de livre-mercado.

---

43. É preciso distinguir entre a censura às formas de expressão motivadas pelo ódio e a punição dos crimes motivados pelo ódio, de que trato no Capítulo 7. Para uma boa análise das questões relativas à Primeira Emenda levantadas pelas medidas de erradicação das formas de expressão motivadas pelo ódio, ver James Weinstein, *Hate Speech, Pornography, and the Radical Attack on Free Speech Doctrine* (1999).

É verdade que, dentre as formas de expressão motivadas pelo ódio, mesmo as mais cuidadosamente elaboradas se limitam a "palavras insultuosas"*, uma categoria de discurso que a Suprema Corte há muito considera fora do raio de proteção da Primeira Emenda[44]. As palavras insultuosas se definem como palavras que tendem a incitar uma violação da paz. Trata-se de uma definição perversa, pois amplia os direitos daqueles indivíduos excessivamente delicados e sensíveis à violência e, desse modo, estimula as pessoas a cultuarem a hipersensibilidade. Ao concentrar-se sobre a reação do público, essa definição revela-se condescendente com o "veto do contestador"**, o qual foi devidamente rejeitado pela Suprema Corte como justificativa para restringir a liberdade de expressão[45]. Além disso, é discriminatória em relação aos indivíduos sem instrução e desse modo põe as formas de expressão motivadas pelo ódio em conflito com o desejo de ampliar o acesso dos grupos marginais ao mercado das ideias, expresso pelos mesmos liberais que defendem essas formas de expressão[46]. Por fim, ao adotar a norma do decoro, ela revela um entendimento equivocado da natureza da atividade expressiva. Uma pintura abstrata não é menos expressiva que um ensaio sobre as raízes históricas da Primeira Emenda. Tampouco o é um assassinato político, por mais chocante que isso possa parecer. A prosa

---

* *Fighting words*, no original em inglês. Segundo a definição da Suprema Corte dos Estados Unidos, *fighting words* são aquelas palavras cuja simples pronunciação inflige dano ou incita à imediata violação da paz. (N. do R. da T.)

44. Ver *Cantwell vs. Connecticut*, 310 U.S. 296 (1940).

** No original, *heckler's veto*. *Heckler* é o indivíduo importuno que perturba um orador com apartes, perguntas etc. (N. do T.)

45. *Forsyth County vs. Nationalist Movement*, 505 U.S. 123, 133-135 (1992). O Estado não só não pode banir o orador impopular, como também não pode impor-lhe a cobrança de taxa alguma pelo custo adicional de lhe oferecer proteção policial. Se pudesse, isso encorajaria os contestadores importunos, que desejariam tornar o custo da proteção o mais alto possível a fim de fazer a pressão financeira incidir sobre o orador.

46. Ver, por exemplo, Cohen, nota 3 acima, pp. 245-8 (acesso justo), 250-7 (formas de expressão motivadas pelo ódio).

discursiva representa uma minúscula fração da atividade expressiva que construiu a história. Os assassinatos políticos são punidos não porque não contribuem para o mercado das ideias e opiniões (muitas vezes contribuem e às vezes de modo decisivo), mas em razão de seus custos. É somente sob a ótica do custo que se pode considerar racional distinguir entre os diferentes gêneros de atividade expressiva, nunca da ótica da capacidade de articulação verbal.

A questão sobre o que fazer a respeito das formas de discurso motivadas pelo ódio pode se tornar ainda mais sutil se atentarmos para o fato de que a Primeira Emenda se limita à ação pública. Se uma universidade da rede privada quiser permitir tais formas de expressão em seu *campus*, não há nada na Constituição que a impeça. Sem dúvida, é um mistério o próprio fato de o Estado ser proprietário e dedicar-se à administração de faculdades e universidades. O mistério não é o apoio do poder público à educação, mas a administração pública de instituições de ensino. Muitos alunos de universidades privadas recebem dinheiro do Estado de um modo ou de outro, mas sem que as universidades deixem de ser privadas. Se o Estado se retirasse da atividade de dirigir universidades, tanto a questão das formas de expressão motivadas pelo ódio quanto a da ação afirmativa seriam totalmente abolidas da agenda constitucional.

Essa discussão ilustra a questão geral de que o estrito cumprimento da cláusula da liberdade de expressão cria um incentivo à privatização das atividades estatais. Ao "privatizar-se", uma empresa pode fugir dos custos da obediência a diretrizes legais que só se aplicam ao Estado. Isso não significa necessariamente uma evasão da Primeira Emenda nem, consequentemente, uma ameaça à liberdade. As empresas privadas têm incentivos diferentes daqueles das públicas (incentivos em geral mais saudáveis), além de terem menos poder também.

À luz dessa constatação, tornam-se questionáveis as propostas no sentido de fazer com que o Estado coloque um maior número de suas instituições a serviço da defesa de diferentes causas[47]. Tal medida acelerará a tendência à privatização. Suponhamos que o judiciário decidisse que os aeroportos e as escolas deveriam ser considerados espaços públicos disponíveis a todo tipo de manifestação, como passeatas, comícios e abordagem importuna de passantes. Em princípio, nada exige que aeroportos ou escolas sejam propriedade pública. Ademais, há um movimento cada vez maior a favor da privatização das escolas nos Estados Unidos. A privatização dos aeroportos, por sua vez, é um desfecho provável para o processo por que passa o setor de transporte aéreo. No longo prazo, quanto mais o judiciário impuser custos às instituições públicas em nome da liberdade de expressão, *menos* liberdade de expressão haverá sob a proteção do Estado se esses custos fizerem a balança pender para o lado da privatização.

A regulamentação do financiamento de campanhas eleitorais. A despeito de ser parcialmente pago pelo Estado e de contar com algumas restrições ao tamanho das contribuições individuais, o sistema norte-americano de financiamento de campanhas eleitorais é extremamente flexível. Muitos o consideram, provavelmente com razão, um sistema mal disfarçado de suborno indireto de autoridades eleitas. No mínimo, ele favorece nitidamente a participação dos ricos e organizados, para quem é mais fácil arrecadar grandes somas de dinheiro de indivíduos limitados pela lei federal de financiamento de campanhas a contribuir com no máximo mil dólares por candidato. Essas características resultam da interpretação dada pela Suprema Corte à Primeira Emenda. Segundo a Corte, a dita emenda permite *essa* limitação de gastos de campanha especificamente, mas proíbe (por representar violação da liberdade de expressão) a imposição de limites legais aos gastos totais de uma campanha, ao direito de um indivíduo a comprar propaganda

---

47. Ver, por exemplo, *id.* p. 247. A privatização das faculdades e universidades seria o caminho oposto.

política com o próprio dinheiro ou com o dinheiro de sua família, bem como ao direito de um indivíduo, ou de uma organização, que seja "independente" do candidato a fazer propaganda relacionada a questões levantadas na campanha eleitoral (em outras palavras, não há limites ao direito de fazer doações "indiretas")[48]. O sistema amplifica o poder dos grupos de interesse e, sem dúvida, dos ricos sobre a condução dos assuntos de interesse da sociedade. No caso dos grupos de interesse isso ocorre porque, por definição, estes são capazes de superar os obstáculos à cooperação mais comumente encontrados. Conseguem assim levantar quantias desproporcionalmente mais vultosas que aquelas levantadas por membros de grupos difusos e desorganizados que, no entanto, muitas vezes são muito maiores e portanto possuem, do ponto de vista democrático, o direito a desempenhar um papel de maior peso na formulação das políticas públicas. Ao mesmo tempo que facilita a expressão dos ricos e dos grupos de interesse, o sistema vigente interfere, segundo se diz, no equilíbrio do mercado das ideias por impedir que os desorganizados e os menos endinheirados se expressem. O exercício da liberdade de expressão política tem importância prática limitada sem o acesso aos meios de comunicação de massa. Tal acesso demanda recursos que só uma parcela da sociedade possui, e essa parcela não constitui uma amostra aleatória da população. Esse ponto guarda relação com o alto custo da propaganda, que mencionei anteriormente quando tratava das formas de expressão patrocinadas pelo Estado.

Diante de tais conclusões, seria um tanto estranho dizer a um admirador do presidente Clinton e da primeira-dama: "você não deve comprar mil exemplares de *It Takes a Village* [*É tarefa de uma aldeia*]* e distribuí-los gratuitamente, pois se fizer isso você terá mais 'voz' que aqueles indivíduos incapazes de arcar com o custo de semelhante iniciativa".

---

48. *Buckley vs. Valeo*, 424 U.S. 1 (1976) (*per curiam*).
* Título de um livro escrito por Hillary Clinton. (N. do T.)

A partir desse exemplo, fica fácil perceber que a imposição de restrições às doações "indiretas" de dinheiro realmente significaria uma violação do direito à liberdade de expressão e, portanto, demandaria uma demonstração convincente dos danos causados por tal forma de expressão. Mas esses danos são enganosos. Os indivíduos ou grupos que possuem uma quantidade de dinheiro maior que a média sempre tiveram mais capacidade que a média para gastar dinheiro na tentativa de influenciar a opinião pública. Não consideramos tal desigualdade como uma razão premente para restringir a liberdade de expressão. De alguma forma o mercado das ideias parece resistente às desigualdades de gastos por parte dos produtores e dos consumidores que o integram. Confirmando minha análise anterior sobre a interferência financeira estatal no mercado do discurso, a opinião pública aparentemente não se deixa moldar com muita facilidade, apesar dos gastos despendidos para tal fim. Será que a sociedade norte-americana sai prejudicada pelo fato de os grupos de interesse exercerem sua influência através do financiamento de campanhas eleitorais e de os ricos usarem seu dinheiro para tentar se eleger? Isso ainda não foi demonstrado. Eu suspeito, porém, que a maior parte dos defensores da imposição de limites aos gastos de campanha acredita que, se o dinheiro desempenhasse um papel menos importante no processo eleitoral, a probabilidade de adoção das políticas públicas por ele defendidas aumentaria. As contribuições são muito pequenas em relação aos recursos daqueles que contribuem. Portanto, não oneram excessivamente os negócios[49]. Ao que parece, elas compram acesso e certa influência, na melhor das hipóteses. Muitas vezes, porém, apenas compensam as contribuições fornecidas aos candidatos concorrentes e não causam distorções

---

49. Elas também são extremamente pequenas diante do tamanho do Estado moderno. Ver John R. Lott Jr., "A Simple Explanation for Why Campaign Expenditures Are Increasing: The Government Is Getting Bigger", 43 *Journal of Law and Economics* 359 (2000).

substanciais nos mercados em que atuam ou naqueles que as oferecem[50].

Já se sugeriu que o problema do suborno indireto poderia ser resolvido mediante a exigência de que as doações de campanha fossem anônimas[51]. Haveria, porém, um custo informacional: a identidade do doador é um indício das políticas que provavelmente o beneficiário implementaria caso se elegesse. Ela é portanto um indício valioso se o doador for mais bem informado sobre o candidato que o eleitor médio. (Logo, talvez fosse melhor *proibir* as doações anônimas!) Mais ainda, na medida em que as doações de campanha forem realmente subornos indiretos, as pessoas se sentiriam menos incentivadas a realizá-las se tivessem de fazê-lo no anonimato.

A imposição de limites aos gastos de campanha pode criar um tipo específico de distorção no mercado das ideias: a consolidação da posição daqueles que já estão no poder. Para consolidar-se no mercado, um novo produto precisa ser anunciado mais intensamente do que aqueles já existentes, os quais já são conhecidos dos consumidores. A limitação da quantidade de dinheiro que se poderia gastar para anunciar um produto reduziria, portanto, a concorrência no mercado de produtos. A mesma possibilidade se insinua no caso da imposição de um limite aos gastos de campanha. Na verdade, porém, essa imposição pode prejudicar mais aqueles que já estão no poder do que seus oponentes, pois os primeiros em geral são capazes de levantar mais dinheiro, uma vantagem natural que então se veria neutralizada. Os dados empíricos são inconclusivos.

---

50. Ver Steven D. Levitt, "Congressional Campaign Finance Reform", *Journal of Economic Perspectives*, primavera de 1995, pp. 183, 190-2; Stephen G. Bronars e John R. Lott Jr., "Do Campaign Donations Alter How a Politician Votes? Or, Do Donors Support Candidates Who Value the Same Things That They Do?", 40 *Journal of Law and Economics* 317 (1997).

51. Ver Ian Ayres e Jeremy Bulow, "The Donation Booth: Mandating Donor Anonymity to Disrupt the Market for Political Influence", 50 *Stanford Law Review* 837 (1998).

Em termos gerais, contudo, eles não parecem sustentar a tese de que a imposição de um limite aos gastos beneficiaria aqueles que já estão no poder, em vez de prejudicá-los (como parece mais intuitivo)[52]. Outra possibilidade, porém, é que uma redução das contribuições de campanha, ao tornar menor o volume veiculado de publicidade relacionada ao processo político, na verdade contribuísse para fortalecer a política de grupos de interesse. Isso porque, nesse caso, esses grupos seriam menos observados e fiscalizados, ao mesmo tempo que o já frágil incentivo dos políticos a examinar com atenção as opiniões dos eleitores comuns se enfraqueceria ainda mais.

    Para aqueles que consideram imoral o fato de os ricos e os grupos organizados desfrutarem de vantagens na arena política, o argumento esboçado acima não será nada convincente. Para o economista, porém, a moralidade de nosso sistema oligárquico de custeio político não está nem de um lado nem do outro. O problema está nas consequências que adviriam de sua modificação. Sem dúvida, qualquer questão não instrumental pode ser "instrumentalizada" por uma postulação adequada dos fins. Se o fim fosse a igualdade de influência, a imposição de limites rigorosos ao financiamento de campanhas eleitorais poderia ser defendida como um instrumento para esse fim. Alguns críticos do financiamento de campanhas postulariam tal fim, mas isso seria apenas uma figura de linguagem. A igualdade, sobretudo numa esfera tão especializada e até mesmo hermética como o financiamento de campanhas eleitorais, é um conceito abstrato demais para ser considerado um fim por um pensador instrumentalista. Este insistirá em que o proponente da igualdade na dita esfera explique que bem tangível pode dela resultar. Ficarão os norte-americanos mais felizes se os gastos de campanha forem restringidos? Ficarão os pobres em melhor situação por causa disso? Haverá menos crime,

---

52. Ver Levitt, nota 50 acima, pp. 188-90.

menos discriminação ou mesmo menos poluição? O governo será maior, menor, melhor ou quiçá pior?

Se existe realmente um problema do financiamento de campanhas, este foi exacerbado pela reação da Suprema Corte aos esforços do legislativo no sentido de regulamentá-lo. A combinação do limite de mil dólares para as contribuições individuais com a anulação de todo e qualquer tipo de limite sobre os gastos próprios beneficiou imensa e arbitrariamente as pessoas ricas. Suponhamos que A seja rico e tenha opiniões políticas incisivas, mas nenhuma habilidade política. B, por sua vez, não é rico, compartilha das ideias de A e tem aptidões políticas. A não pode, entretanto, dar a B o dinheiro que gastaria consigo, mesmo que seja candidato. Que sentido faz isso?

Mas a limitação das contribuições individuais a campanhas eleitorais também tem outros efeitos perversos. Ela confere uma vantagem arbitrária a candidatos que têm o apoio de grandes empresas onde trabalham muitos executivos ricos, uma vez que essas empresas podem se transformar facilmente em uma grande fábrica de dinheiro para o candidato. Além disso, torna a arrecadação de fundos uma tarefa muito mais demorada para os candidatos (desestimulando, assim, muitas pessoas capazes que poderiam concorrer a cargos políticos), por exigir que eles arrecadem dinheiro no "varejo", em vez de permitir que contem com um número relativamente reduzido de grandes doadores. Por fim, a limitação favorece arbitrariamente os sindicatos, que contribuem para campanhas eleitorais com o dinheiro da contribuição sindical que os empregadores deduzem do salário dos trabalhadores. Embora o trabalhador tenha o direito a pedir restituição da parcela de sua contribuição que foi destinada às atividades políticas do sindicato, a inércia favorece este último. Ademais, as empresas não têm nenhum direito semelhante a este, de tomar dinheiro dos salários de seus empregados para fins políticos.

Regulamentação da Internet. São quatro os problemas essenciais da liberdade de expressão na Internet. Primeiramente, afirma-se que a rede facilita a disseminação e o recebimento anônimos de material indecente, particularmente de pornografia infantil. Em segundo lugar, diz-se que ela carece por completo de um controle de qualidade e desse modo promove a difusão de informações inexatas e enganosas que, por uma espécie de Lei de Gresham*, acabará erradicando as informações verdadeiras. Argumenta-se, por exemplo, que jornalistas inescrupulosos e não supervisionados da Internet "forçam" os veículos de comunicação respeitáveis a espalhar rumores infundados. Em terceiro lugar, argumenta-se que, como a Internet oferece às pessoas a oportunidade de levar seu discurso a um vastíssimo público em potencial, ela multiplica os danos potenciais do discurso irresponsável. Em quarto e último lugar, afirma-se que a Internet fomenta o comportamento antissocial, por permitir que pervertidos e extremistas encontrem seus pares com maior facilidade.

O quarto ponto é particularmente interessante. As pessoas que têm ideias excêntricas tendem a guardar essas ideias para si próprias, pois temem ser excluídas da sociedade se as expressarem. Ademais, talvez até duvidem da validade de suas ideias, por não encontrarem outras pessoas diante de quem possam afirmá-las. O isolamento destrói a autoconfiança da maioria das pessoas. Assim que um excêntrico descobre, em *sites* e salas de bate-papo na Internet, que centenas ou milhares de outras pessoas pensam exatamente como ele, isso o encoraja não somente a expressar suas ideias, mas também a agir sob a influência delas. Ele vê sua autoconfiança fortalecida porque se sente pertencente a uma comunidade de crentes. Porém, se o Estado tentasse fechar salas de bate-papo e *sites* que atraem gente perigosa ou psicologicamente instável, isso teria como efeito colateral a censura a interações comunicativas

---

* Sir Thomas Gresham, que fundou a Bolsa de Valores de Londres em 1571, foi o autor do aforismo "Dinheiro ruim expulsa o bom", ou seja, em todos os países em que duas moedas legais estão em circulação, a moeda má expulsa a boa. (N. do T.)

potencialmente válidas para a sociedade, mas pouco convencionais. Além disso, uma vez que as salas de bate-papo são abertas a todos, inclusive a agentes do Estado, a sociedade é capaz de se proteger através do monitoramento dessas salas. Um Estado fraco pode ser abalado pela liberdade de expressão. Um Estado forte, no entanto, pode se fortalecer ainda mais através dela, já que sua existência lhe permite exercer vigilância sobre potenciais ameaças.

Tanto no primeiro quanto no segundo caso, a preocupação com a liberdade de expressão na Internet envolve características transitórias desse novo meio de comunicação. Há uma grande variedade de métodos tecnológicos e regulatórios para impedir a difusão de material ilegal e proteger desse tipo de material os consumidores que não desejam ser expostos a ele[53]. Além disso, a demanda privada pela triagem de resultados de busca com base na precisão acabará fazendo com que a Internet se equipe com instrumentos de controle de qualidade tão eficazes quanto aqueles da mídia tradicional. Quanto ao terceiro motivo (a capacidade de dano potencialmente maior do discurso veiculado na Internet, devido ao tamanho também potencialmente maior do público a ser atingido por indivíduos cujo discurso é demasiado lesivo ou ofensivo para passar pelo crivo da mídia convencional), este é o mais perigoso de todos. Um maluco que teria suas cartas vetadas por qualquer jornal pode atingir milhares ou até milhões de pessoas na Internet, a um custo praticamente nulo. Mas este é um problema que a abordagem instrumental resolve automaticamente. O custo social de uma forma de expressão é função não apenas do caráter lesivo ou ultrajante desta, mas também do tamanho de seu público. É pior gritar "Fogo!" num grande teatro lotado do que num teatro pequeno (pelo menos quando não há incêndio algum, e às vezes até quando há).

Outro ponto a se considerar é que a Internet é utilizada como forma de driblar a censura privada. Esta, que às

---

53. Ver Lawrence Lessig, *Code and Other Laws of Cyberspace* (1999).

vezes alcança dimensões opressivas nos veículos de comunicação de massa "respeitáveis", faz parte do mercado das ideias e opiniões, mas também representa um obstáculo ao funcionamento desse mercado. Se não houvesse censura privada, tantas vozes se levantariam no mercado do discurso que este poderia se transformar numa cacofonia ininteligível. Sua presença, porém, frequentemente elimina importantes ideias, informações e intuições. O mercado depende da seletividade e precisa de proteção, mas também pode ser destruído por elas. A Internet é, entre outras coisas, uma válvula de escape.

3. A teoria econômica normativa do direito: do utilitarismo ao pragmatismo

A ciência econômica sempre esteve intimamente ligada à reforma social. Da defesa do livre-comércio por Adam Smith à apologia do monetarismo, do serviço militar facultativo e do imposto de renda negativo por Milton Friedman, passando pela crítica benthamista das leis relativas à usura e pela defesa keynesiana do gasto deficitário em tempo de depressão, os economistas sempre consideraram natural traduzir seus diagnósticos de patologias econômicas em receitas de cura. Eles raramente julgaram necessário construir uma ponte entre o "ser" e o "dever ser", ou seja, lançar bases filosóficas para o uso da economia como uma ciência normativa e não meramente positiva. Apesar de ter chamado a atenção de economistas importantes, como Paul Samuelson e Amartya Sen, o ramo da ciência econômica que aborda com rigor a questão da normatividade da economia, a "economia do bem-estar", sempre foi um tanto marginalizado, quase do mesmo modo como a ética na medicina é marginalizada nesta área. Os economistas conseguem se safar de maiores problemas mesmo quando são negligentes em relação à normatividade de sua ciência, porque geralmente podem recorrer a um objetivo comumente aceito, como a maximização do valor da produção, em vez de precisarem defender um objetivo qualquer. Mostrando-nos de que modo uma mudança na política econômica ou nas estruturas econômicas nos aproximaria desse objetivo, eles são capazes de fazer uma afirmação normativa sem precisarem defender suas premissas fundamentais. Assim, eles conseguem manter o debate no nível técnico, em que o raciocínio gira em torno dos meios e não dos fins. Conseguem demonstrar, por exemplo, que a cartelização provoca uma redução no valor da produção. Portanto, uma vez que a maximização desse valor é um objetivo geralmente aceito em uma sociedade voltada para o comércio, a demonstração deles fornece, sem mais, um argumento em favor da proibição dos cartéis, *prima facie*.

A ressalva *"prima facie"* é importante, pois quando se faz uma proposta de reforma econômica logo aparecem adversários declarando objetivos contrários à eficiência ou à maximização do valor. Isso acontece sobretudo quando os economistas adentram áreas que não são tradicionalmente econômicas, e isso ocorre com frequência na análise econômica do direito. Dizer que uma área não é tradicionalmente considerada "econômica" equivale a dizer que, nessa área, as iniciativas no sentido de propor a eficiência ou outros valores econômicos como princípios norteadores tendem a ser conflitantes entre si, uma vez que valores não econômicos são considerados pressupostos dominantes em questões não explicitamente econômicas. O que deve fazer então o economista? Pode este afirmar algo além de que sabe que a política X aumentaria a eficiência, mas que não pode garantir nada?

Ele não poderia fazê-lo sem apontar os valores econômicos para alguma fonte ou algum conceito mais abrangente de valor. Historicamente, como vimos de relance ao discutirmos Bentham no Capítulo 1, isso significou empurrar a ciência econômica para dentro da filosofia utilitarista. A economia moderna faz uso intenso da terminologia utilitarista em expressões-chave, como "utilidade esperada", "utilidade marginal" e "maximização da utilidade", mas na prática ela raramente é utilitarista em sentido estrito. Voltando ao exemplo da cartelização, embora seja verdade que um cartel reduz o valor dos produtos, ele também transfere riqueza dos consumidores para os produtores. Se estes últimos por acaso obtiverem muito mais utilidade a partir do dinheiro do que os consumidores obtêm, o cartel poderia provocar um aumento da utilidade total que superasse a perda de utilidade causada pela queda do valor dos produtos. A economia moderna desistiu de tentar calcular a utilidade, pois isso demanda um tipo de informação sobre as preferências e emoções das pessoas que parece impossível de obter[1]. Assim, o vínculo histórico entre a economia e o utilitarismo foi, em grande medida, rompido. Portanto, o significado prático da utilidade na ciência econômica moderna restringe-se principalmente às atitudes perante o risco, o que pode causar uma ruptura entre a riqueza e o valor num sentido mais amplo, que os economistas chamam de "utilidade". Por exemplo, por definição uma pessoa avessa ao risco valorizará menos uma chance de dez por cento de ganhar 100 dólares do que a certeza de receber 10 dólares; enquanto uma pessoa indiferente ao risco atribuirá o mesmo valor às duas situações.

Além disso, o fato é que o utilitarismo, independentemente de todos os seus problemas de cálculo, não é uma fonte de orientação confiável para a formulação de soluções para a sociedade[2]. São três as razões básicas disso. Em primeiro lugar, poucas pessoas acreditam realmente que maximizar a felicidade, o contentamento, a alegria, a satisfação de preferências, a quantidade de prazer em comparação com a de dor, ou qualquer outra versão da utilidade,

---

1. Para alguns economistas, fazer comparações entre o que é útil para diferentes pessoas é uma tarefa "sem sentido". Esses economistas, porém, estão errados. Os pais, por exemplo, estão constantemente fazendo suposições – frequentemente muito boas – a propósito do efeito que a transferência de dinheiro para os filhos terá sobre a relação de equilíbrio entre a utilidade destes e a sua própria utilidade. Esta é uma característica geral do altruísmo, e o altruísmo é algo comum tanto dentro quanto fora do círculo familiar.

2. A bibliografia existente sobre a relação entre economia e utilitarismo é vasta. Uma boa antologia pode ser encontrada em *Ethics, Rationality, and Economic Behaviour* (Francesco Farina, Frank Hahn e Stefano Vannucci [orgs.], 1996).

seja ou deva ser o objetivo de vida de alguém (e não há como provar que elas estejam erradas). A felicidade é importante para a maioria das pessoas, mas não é tudo. Quantos de nós estaríamos dispostos a tomar uma pílula que nos colocasse num estado hipnótico de felicidade onírica pelo resto da vida, ainda que estivéssemos absolutamente convencidos da segurança e eficácia da pílula e do transe? Mesmo hoje, depois de a ciência ter aproximado da realidade muitas das maravilhas tecnológicas que, em *Admirável mundo novo* (1932), Aldous Huxley projetou para um futuro seiscentos anos adiante de sua época (drogas para deixar as pessoas felizes e satisfeitas – o soma de Huxley é o nosso Prozac – e cirurgias cosméticas em todo o corpo, bem como a eliminação das doenças da velhice, a separação entre sexo e reprodução, o consumismo etc.), a maioria de nós se aliaria ao "Sr. Selvagem" e rejeitaria a vida utópica dos "normais".

Em segundo lugar, ao agregar a utilidade de todas as pessoas em um somatório geral, o utilitarismo trata-as como células de um organismo social e não como indivíduos. Esta é a origem dos conhecidos barbarismos da ética utilitarista, como o sacrifício proposital de inocentes para maximizar a quantidade total de felicidade da sociedade (ou então do mundo, ou do universo) e o "monstro utilitário", cuja capacidade de prazer sádico excede tanto a capacidade de suas vítimas para experimentar a dor, que a liberalização do estupro e do assassinato por parte dele representa a maximização da utilidade. Os defensores do utilitarismo procuram rebater essas críticas observando que a falta de confiança nas autoridades inviabiliza qualquer esforço de maximização da utilidade dos indivíduos através da ação do Estado. Eles mostram que, no mundo real, o único regime possível de maximização da utilidade seria uma espécie de utilitarismo normativo que restringisse o poder do Estado e assim impossibilitasse, por exemplo, o surgimento do tipo de regime autoritário bem-intencionado, porém sinistro, representado no romance de Huxley (uma versão tecnofuturista do reino do Grande Inquisidor descrito em *Os irmãos Karamázov*). Contudo, apresentar objeções práticas às implicações lógicas do utilitarismo é um equívoco. A lógica já é, em si, repulsiva. Ainda que ignoremos todos os problemas de implementação e contemplemos o resultado (a indução de transes de felicidade nos indivíduos por parte de agentes estatais até bem-intencionados e entusiasmados com a democracia), mesmo assim este não nos agradará.

Em terceiro lugar, não há princípios que sirvam de limite ao utilitarismo, exceto talvez a capacidade de percepção pelos sentidos. Peter Singer, o principal filósofo defensor da libertação dos animais, é um utilitarista[3]. Os animais sentem dor, assim como – mais claramente ainda – os estrangeiros. De modo que o utilitarismo entra em choque com a forte intuição de que nossas obrigações sociais são maiores para com as pessoas de nossa própria sociedade do que para com os forasteiros, e maiores para com os seres humanos do que para com os (outros) animais.

Algumas das objeções ao utilitarismo podem ser contornadas se substituirmos a riqueza pela utilidade como a variável a ser maximizada. Nesse contexto, a "riqueza" deve ser entendida não estritamente como uma função do dinheiro, mas sim como a soma de todos os objetos aos quais uma sociedade atribui valor, tanto os tangíveis quanto os intangíveis. Essa soma deve ser, além disso, ponderada pelos preços que esses objetos teriam se fossem negociados no mercado. Em outras palavras, a transação de mercado é considerada o paradigma da ação moralmente adequada. Essa concepção, apesar de abominável para quem quer que conserve mesmo o mínimo sentimento de simpatia em relação ao socialismo nesta era de triunfo do capitalismo, pode ser defendida (ainda que não se saiba ao certo com que grau de sucesso) com base em noções de consentimen-

---

3. Ver Peter Singer, *Animal Liberation* (ed. revisada, 1990) [trad. bras. *Libertação animal*. São Paulo: WMF Martins Fontes, 2010].

to tanto expresso quanto implícito. Se *A* vende a *B* sua coleção de selos por $1.000, isso implica que a coleção vale menos que isso para *A* e mais que isso para *B*. Suponhamos que ela valha $900 para *A* (isto é, *A* se sentiria em situação de vantagem se fechasse a venda por qualquer soma superior a essa) e $1.200 para *B* (o máximo que ele pagaria pela coleção). A transação é maximizadora da riqueza porque, antes de ela ocorrer, *A* tinha algo que valia $900 para ele e *B* tinha $1.000 em dinheiro, e depois dela *A* tem $1.000 e *B* tem algo que vale $1.200 para ele. Logo, a riqueza total aumentou em $300 ($1.000 + $1.200 − $1.000 + $900). O aumento da riqueza gerou-se por consentimento e não por coerção. Desde que a transação não tenha efeitos sobre terceiros, ela deixou duas pessoas em melhor situação e nenhuma em má situação. Trata-se, portanto, do produto de uma escolha livre e unânime.

A maximização da riqueza atenua os problemas que listei anteriormente, relativos à maximização da utilidade, pois é mais fácil mensurar valor do que utilidade. Além disso, quando o critério é a riqueza, não se assumem posições definidas quanto àquilo que as pessoas querem ou deveriam querer, como, por exemplo, a felicidade; o nível aceitável de coerção é menor (embora não seja nulo, como veremos logo a seguir) porque o direito de agir segundo os próprios desejos é limitado pela disposição para pagar (*B* não pode apropriar-se da coleção de selos de *A* simplesmente porque esta lhe dá mais prazer do que dá a *A*); preservam-se os valores não econômicos, como a liberdade e a autonomia; e, por fim, resolve-se o problema dos limites porque a comunidade é definida como aqueles que têm dinheiro para bancar seus desejos.

Ainda assim, restam alguns problemas sérios por resolver, muito embora a objeção fundamental à maximização da riqueza como norma ética não seja, como se poderia imaginar, a de que a maioria das transações tem efeitos sobre terceiros e que a economia não pode se organizar em torno de critérios exclusivamente voluntaristas. É verdade que a coerção é indispensável como meio de prevenção contra diversas falhas graves do mercado, bem como de financiamento (sob a forma da tributação) das medidas coercitivas necessárias ao impedimento da ocorrência de tais falhas. Mas é possível criar métodos regulatórios capazes de produzir resultados próximos àqueles que o livre-mercado produz quando os custos de transação não impedem o funcionamento de um mercado, como no exemplo da venda da coleção de selos. Muitos trabalhos de análise econômica do direito são voltados à sugestão de formas de regulação que pretendem "imitar o mercado" no que concerne ao tratamento de fenômenos como o monopólio, as externalidades, entre outros fenômenos que impedem os mercados de funcionarem direito por não poderem ser controlados por meio de contratos[4].

A principal objeção à maximização da riqueza como norma ética não tem a ver com sua inaplicabilidade na prática, mas sim com o fato de que o desfecho das relações que ocorrem no mercado depende da maneira como a riqueza se distribui. Pode ser que A tenha avaliado sua coleção de selos em apenas $900, enquanto B a avaliou em $1.200, não porque A goste menos de selos do que B (talvez goste muito mais) nem porque exista algum conceito de merecimento ao qual B poderia recorrer para legitimar sua pretensão de comprar a coleção pelo preço estipulado. Pode ser que A simplesmente seja pobre e precise vender sua coleção de selos a fim de comer e que B, embora não morra de amores por selos – consideremos, melhor dizendo, que B seja indiferente a estes –, talvez queira diversificar sua enorme ri-

---

4. Como mostrou Coase em seu clássico artigo sobre custo social (citado na introdução deste livro), se os custos de transação forem baixos, o mercado internalizará as externalidades. Da mesma forma, se os custos de transação em um cenário de monopólio forem baixos, as vítimas do monopólio pagarão ao monopolista para que ele expanda sua produção até esta alcançar um nível competitivo. Ainda haverá, mesmo assim, uma transferência de riqueza para o monopolista. Porém, ao menos em uma primeira aproximação, a alocação de recursos será eficiente porque o mercado monopolizado produzirá o mesmo que produziria em um cenário de concorrência.

queza mediante a aquisição de diversos itens de colecionador. Essas circunstâncias não são de modo algum incoerentes com o fato de a venda ter deixado A e B em melhor situação. Muito pelo contrário, elas explicam *por que* isso acontece. Mas também enfraquecem os fundamentos morais de um sistema social voltado para a maximização da riqueza. Isso ocorre porque, quando se tiver alcançado o paraíso da otimização e todas as instituições da sociedade tiverem se ajustado às exigências da maximização da riqueza (e consistirem, portanto, em um sistema de livre-mercado complementado por intervenções estatais que imitam os mecanismos desse mercado), o padrão de consumo e produção será derivado estritamente da distribuição de riqueza que subjaz a todo o sistema. Se essa distribuição for injusta, o modelo de atividade econômica dela derivado também não terá grandes pretensões ao título de justo. Ademais, na medida em que a distribuição da riqueza é em grande parte determinada pelo mercado, o caráter de justo deste não pode derivar de alguma noção independente de distribuição equitativa.

Além disso, há outra indeterminação operando nesse contexto: quando um bem representa uma parcela importante da riqueza de um indivíduo, pode ser impossível determinar de que forma esse bem deve ser distribuído para maximizar a riqueza. Se A e B só tiverem $100 cada um e a questão for saber se alguma mercadoria vale mais para um deles do que para o outro, a resposta pode depender de quem vai ficar com essa mercadoria. Nesse caso, o critério de maximização da riqueza não pode ser empregado para determinar qual deles haverá de ficar com ela. Se a mercadoria valer $200 e for dada a A, A vai valorizá-la mais que B, porque B não estará disposto a pagar mais por ela (ainda que somente por não ter condições de fazê-lo). Mas se, em vez disso, a mercadoria for dada a B, B irá valorizá-la mais, uma vez que A não terá condições de comprá-la de B.

Alguns desses problemas não precisam ser considerados determinantes. No caso desse que acabo de mencionar, pode-se observar que ele só inviabiliza a aplicação do critério da maximização da riqueza nos casos em que o bem a ser distribuído representa uma grande parcela da riqueza daqueles que competem por ele. O argumento de que o processo de tomada de decisões no *common law* deve guiar-se por esse critério não requer uma tomada de posição quanto a seus méritos fundamentais. Desde que a riqueza seja um valor social genuíno, ainda que não necessariamente o único ou o principal, desde que os juízes tenham boas condições de promovê-lo e desde que as questões de igualdade econômica sejam enfocadas por outros órgãos do Estado de maneira mais eficiente ou legítima, não há nenhuma objeção normativa premente a se utilizá-lo como diretriz do *common law*. Poderíamos inclusive considerá-la eficiente segundo o critério de Pareto, que é mais poderoso que o critério da maximização da riqueza. Segundo o critério de Pareto, um estado de coisas é ideal se não puder ser alterado sem se deixar pelo menos uma pessoa em pior situação, e é superior a outro estado de coisas se deixar pelo menos uma pessoa em melhor situação e nenhuma em má situação. Em ambos os casos, o critério é essencialmente a unanimidade. Ora, o resultado de uma escolha unânime tem um apelo moral considerável. Se o *common law*, quando guiado pelo critério da maximização da riqueza, tem as características atraentes que imagino ter, seria possível obter, em um sistema assim, um consentimento quase unânime *ex ante*, caso existisse um mecanismo para a obtenção de tal consentimento.

Embora a concepção e a validação de uma teoria da justiça distributiva não esteja ao alcance dos economistas, estes podem apontar alguns aspectos descritivos que poderiam ajudar outros sociólogos a produzir ou defender tal teoria. A observação mais óbvia que o economista poderia fazer é a de que a renda e a riqueza[5] estão desigualmente distribuí-

---

5. A renda é aquilo que circula, enquanto a riqueza é o estoque. Como uma pode ser convertida na outra, uso esses termos basicamente de modo intercambiável.

das na sociedade norte-americana (mais adiante examinaremos a intensidade dessa desigualdade), muito embora esse mesmo economista vá acrescentar imediatamente que boa parte da desigualdade é reflexo de escolhas (eu seria mais rico se não tivesse aceitado a nomeação para o cargo de juiz muitos anos atrás), entre elas a da quantidade de risco financeiro a ser assumida. Esse grau de desigualdade satisfaz os critérios de Pareto. A desigualdade reflete, em certa medida, as diferentes etapas do ciclo de vida, que são um fator determinante bastante neutro; e também reflete caráter e empenho. Mas aqui nos encontramos num beco sem saída, pois estes fatores são em grande medida (talvez inteiramente, para alguém que não acredita no livre-arbítrio) produto de uma "loteria natural", isto é, de diferenças relativas às características inatas, inclusive inteligência, energia e predisposição a ter boa saúde. Não são, portanto, coisas que escolhemos.

É preciso admitir que boa parte da desigualdade de riqueza é simplesmente produto da sorte, ainda que os atributos de caráter e inteligência de uma pessoa sejam vistos como um direito e não como resultado do arranjo aleatório dos genes. Um indivíduo pode ter a sorte de nascer num país rico e não num país pobre, a sorte de ser beneficiado por mudanças imprevisíveis no âmbito do mercado de trabalho e no que concerne às exigências dos consumidores, a sorte de receber uma herança, a sorte de ganhar dinheiro no mercado financeiro, a sorte de conhecer determinadas pessoas em detrimento de outras e a sorte de os seus pais terem tido a capacidade ou disposição de investir em seu capital humano. Os deterministas acham que tudo é sorte, e que o fato de uma pessoa ser rica ou pobre não tem nada a ver com merecimento.

Há um ponto que fortalece o ceticismo em relação à equidade da distribuição de renda e que tem recebido bem menos atenção do que merece: o fato de que o sistema de mercado tende a *aumentar* as diferenças concernentes às habilidades inatas, provocando uma ruptura entre a loteria da natureza e a renda. A causa disso é o fenômeno da "celebridade"[6]. Imaginemos dois pianistas concertistas, um deles (*A*) levemente melhor que o outro (*B*). Suponhamos que atualmente a maior parte da renda de um pianista como esses provenha não de suas apresentações ou aulas, mas da gravação de discos. Uma vez que as gravações de uma mesma obra são muito parecidas, um consumidor não tem por que comprar uma gravação feita por *B* em detrimento de outra da mesma obra feita por *A*, a menos que haja uma diferença significativa de preço, o que quase nunca é o caso. Ainda que o contrato de *A* com sua gravadora lhe dê direito a mais *royalties* do que *B* seria capaz de obter, o custo adicional para a gravadora pode ser compensado pela economia decorrente de uma produção maior. Portanto, *A* pode terminar obtendo uma renda bastante considerável com a gravação de discos, enquanto *B* pode acabar não ganhando nada com essa atividade; ainda que *A* seja apenas 2 por cento melhor como pianista e que a diferença em termos de qualidade só seja discernível por uma pequena porcentagem do público apreciador desse tipo de música. Não há necessariamente nada de "injusto" na discrepância de renda entre os dois pianistas. Mas esta tampouco pode ser atribuída de maneira confiável à diferença de qualidade entre os dois, tendo em vista a desproporção entre essa diferença e a diferença de renda. Isso ilustra a *arbitrariedade* moral das diferenças de riqueza entre os indivíduos em muitos casos. Um sistema de maximização da riqueza sanciona e aperfeiçoa uma ordem de distribuição de riqueza essencialmente arbitrária.

A justificativa para a existência de tal sistema, se é que existe, não é ética, mas sim pragmática. De fato existe uma justificativa pragmática e esta pode ser formulada de duas maneiras, uma específica e a outra geral. A específica implica refutar a afirmação de que um alto grau de desigualdade econômica, como aquele verificado atualmente nos Esta-

---

6. Ver Sherwin Rosen, "The Economics of Superstars", 71 *American Economic Review* 845 (1981).

dos Unidos, gera instabilidade política (essa afirmação é recorrente nos debates sobre a maximização da riqueza como objetivo social). A geral, por sua vez, implica refutar as críticas tecidas pelos estudiosos que defendem a análise de custo e benefício como método prático de maximização da riqueza.

A propósito do efeito da desigualdade econômica sobre a estabilidade política, é preciso definir alguns termos. "Estabilidade política" poderia significar, estrita e negativamente, a mera ausência de guerras civis, golpes de Estado (exitosos ou não), mudanças constitucionais frequentes (por exemplo, a mudança de uma ditadura para uma democracia), corrupção e apropriação da coisa pública, bem como de um terrorismo político descontrolado no âmbito doméstico[7]. Essa definição, porém, não diferenciaria estabilidade de repressão. Os regimes autoritários podem até eliminar os sintomas de instabilidade política (como, por exemplo, as manifestações de massa contra o regime) através da intimidação. Nos últimos tempos, no entanto, assistimos diversas vezes ao súbito colapso de regimes autoritários que antes pareciam muito fortes e estáveis, para não dizer inabaláveis. Assim como acontece com o câmbio fixo em relação à instabilidade econômica, o autoritarismo estatal mais oculta do que elimina a instabilidade política. Os únicos regimes realmente estáveis são aqueles nos quais os sintomas de inquietação política estão ausentes *apesar* de não serem eliminados pela força. Às medidas que atacam os sintomas de instabilidade devem acrescentar-se, portanto, medidas em prol da liberdade política. Veremos que as medidas em

---

7. Ver John Londregan e Keith Poole, "The Seizure of Executive Power and Economic Growth: Some Additional Evidence", em *Political Economy, Growth, and Business Cycles* 51 (Alex Cukierman, Zvi Hercowitz e Leonardo Leiderman [orgs.], 1992), trabalho que enfatiza os golpes de Estado e as transformações constitucionais. Acrescentei o adjetivo "descontrolado" depois de "terrorismo político" porque assassinatos políticos ocasionais e até mesmo um episódio terrorista dramático como a explosão de uma bomba no edifício do governo federal na cidade de Oklahoma em 19 de abril de 1995 não provocam instabilidade política.

distribuição dos ricos para os pobres são maiores. Quanto mais equitativa for a distribuição de renda, menos o eleitor médio terá a ganhar com impostos progressivos, porque menor será a renda tributável dos mais ricos. Podemos esperar portanto (e há dados empíricos em favor dessa tese[12]) que haja menos desigualdade de renda nas nações democráticas que nas não democráticas, como consequência do sistema político (sendo o termo "democracia" aqui definido não apenas formalmente, mas a partir de comportamentos reais, como o número de eleitores que compareçam às urnas)[13]. Se a democracia está associada à estabilidade política devido à correlação entre democracia e liberdade política e entre liberdade política e estabilidade política, então a igualdade de renda pode ser um efeito, e não a causa, da estabilidade política.

Mas um modelo de democracia política centrado no eleitor médio é uma terrível simplificação, pois ignora o papel dos grupos de interesse no processo político, bem como

---

12. Alberto Alesina e Dani Rodrik, "Distribution, Political Conflict, and Economic Growth: A Simple Theory and Some Empirical Evidence", em *Political Economy, Growth, and Business Cycles*, p. 23 (Alex Cukierman, Zvi Hercowitz e Leonardo Leiderman [orgs.], 1992). Ver também Edward N. Muller, "Democracy, Economic Development, and Income Inequality", 53 *American Sociological Review* 50, 65 (1988); Gerald W. Scully, *Constitutional Environments and Economic Growth*, cap. 8 (1992); Steven Stack, "The Political Economy of Income Inequality: A Comparative Analysis", 13 *Canadian Journal of Political Science/Revue canadienne de science politique* 273 (1980). Note que um sistema redistributivo de cobrança de impostos reduzirá tanto a desigualdade de renda que existia antes de sua adoção quanto aquela que passa a existir depois, uma vez que as pessoas de alta renda redirecionam sua energia e seus investimentos a empreendimentos que escapem da tributação. Por exemplo, os títulos municipais isentos de impostos tornam-se mais e mais atraentes para os indivíduos de alta renda quanto maior for a alíquota marginal do imposto de renda. O rendimento desses títulos, no entanto, é inferior àquele dos títulos tributáveis, em consequência da demanda por renda isenta de impostos entre as camadas da população que se encaixam nas faixas mais altas de tributação.

13. Este é um indicador ambíguo, entretanto, já que um Estado repressor pode adotar a posição unilateral de obrigar os cidadãos a votarem. Kenneth A. Bollen, "Political Democracy: Conceptual and Measurement Traps", 25 *Studies in Comparative International Development* 7, 8 (1990).

a existência de importantes limitações institucionais ao funcionamento do princípio democrático. Como resultado dos esforços dos grupos de interesse, muitos gastos públicos – por exemplo, com instituições educacionais de elite como a Universidade da Califórnia, em Berkeley – beneficiam desproporcionalmente pessoas de alta renda. Desse modo, embora com frequência se afirme que a renda depois dos impostos é mais igualmente distribuída do que a renda antes dos impostos, esta última pode ser um ponto de partida equivocado para comparações. A renda poderia ser mais igualmente distribuída se os impostos fossem mais baixos e o Estado, menor.

Além disso, as democracias bem-sucedidas são invariavelmente aquelas que tomam a forma de Estados liberais, porque a democracia pura, direta, plebiscitária (aquela na qual o governo da maioria não é controlado por mecanismos jurídicos e institucionais) está condenada a descambar para a ditadura. O Estado de bem-estar social de nossos dias é mais democrático e menos liberal do que os defensores do livre-mercado do século XIX considerariam ideal, mas é notório por oferecer um considerável grau de liberdade ocupacional e uma liberdade pessoal quase total, bem como por garantir um terreno bastante amplo para a iniciativa privada. Isso implica o reconhecimento e a proteção dos direitos de propriedade, ainda que em menor intensidade do que seria do agrado dos liberais do livre-mercado. É impossível prever o efeito total dessas liberdades sobre a distribuição de renda. Mas elas certamente representam um obstáculo aos esforços democráticos no sentido de produzir a igualdade de renda por meio da tributação e de outras medidas coercitivas.

Essas questões ajudam a explicar de que modo a distribuição de renda no âmbito de um regime democrático liberal pode, em determinadas circunstâncias históricas (como aquelas dos países democráticos e ricos de nossos dias), tender para a desigualdade. Com a consolidação dos aparelhos informatizados como ferramentas de trabalho, aumentou a demanda por mão de obra altamente especializada, capaz de operar computadores e demais produtos afins, de alta tecnologia. Ao mesmo tempo, diminuiu a demanda por mão de obra com pouca ou nenhuma qualificação, sobretudo na produção industrial, em que a experiência provou que computadores, robôs e outras formas de mão de obra podem ser substitutos eficazes do trabalho humano. Isso ocorreu em parte devido a uma concorrência internacional cada vez mais intensa no mercado dos produtos industrializados. A consequente hegemonia do setor de serviços nos países desenvolvidos representa uma mudança em direção a um sistema de divisão do trabalho em que os trabalhadores pouco ou não qualificados tendem a receber baixos salários, enquanto os indivíduos altamente instruídos passam a receber salários muito altos. Num grande número de indústrias, a desregulamentação forçou os salários para baixo; além do que as alíquotas tributárias marginais também caíram. O efeito combinado desses e de outros fenômenos, incluindo as mudanças na estrutura familiar, foi o de ampliar a distribuição de renda[14].

---

14. Ver, por exemplo, H. Naci Mocan, "Structural Unemployment, Cyclical Unemployment, and Income Inequality", 81 *Review of Economics and Statistics* 122 (1999); John A. Bishop, John P. Formby e W. James Smith, "Demographic Change and Income Inequality in the United States, 1976-1989", 64 *Southern Economic Journal* 34 (1997); Gordon W. Green Jr., John Coder e Paul Ryscavage, "International Comparisons of Earnings Inequality for Men in the 1980's", em *Aspects of Distribution of Wealth and Income*, p. 57, 71 (Dimitri B. Papadimitriou [org.], 1994); Kevin M. Murphy e Finis Welch, "The Structure of Wages", 107 *Quarterly Journal of Economics* 285 (1992); e, para um exame aprofundado das possibilidades, Gottschalk e Smeeding, nota 9 acima, pp. 646-51. Entretanto, a transformação que nos leva de um mercado de trabalho onde predominavam os empregos bem remunerados no setor industrial para um outro onde predomina a prestação de serviços mal remunerada é um fenômeno parcialmente ilusório. Parte da alta remuneração do setor industrial era, e continua sendo, mera compensação pelo perigo físico que o operário corre, entre outras inconveniências desse tipo de trabalho, e não puramente uma recompensa pela produtividade. Se um auxiliar de escritório e um mineiro recebem o mesmo salário, o primeiro está na verdade ganhando mais. Este é mais um exemplo das armadilhas do emprego da desigualdade de renda como meio de avaliar a desigualdade econômica real.

Além disso, quando a capacidade mental – e não a força física, a coragem e a capacidade de esforço – se converte no elemento decisivo da produtividade, possivelmente a correlação entre a renda e o QI tende a aumentar; e a distribuição do QI é algo extremamente desigual[15]. Em qualquer uma de suas manifestações, essa tendência da distribuição de renda a acompanhar a distribuição do QI tende a aumentar com o colapso das barreiras tradicionais que um sistema de castas, ou coisa do gênero, opunha à mobilidade profissional, barreiras essas que abriam um abismo entre inteligência e remuneração. (Os críticos da ação afirmativa descrevem-na como uma tentativa de recriar as barreiras que o sistema de castas interpunha à concorrência plena nos mercados de trabalho.) Ademais, com o declínio do casamento arranjado e dos tabus contra o casamento inter--racial ou interétnico, é de esperar que os indivíduos passem a selecionar seus possíveis cônjuges mais por semelhanças "reais", inclusive pela inteligência[16]. O QI tem um componente hereditário significativo, de modo que o aperfeiçoamento do acasalamento seletivo implica, para o futuro, uma ampliação da distribuição do QI e possivelmente também da distribuição de renda. Isso se dá sobretudo pelo fato de que um QI alto tende a exercer mais efeito sobre a produtividade de um indivíduo do que a força física e, consequentemente, a elevar a desigualdade de renda. A força física aumenta somente a produtividade do próprio indivíduo, enquanto a agilidade mental pode possibilitar o aumento da produtividade dos outros (por exemplo, dos empregadores ou clientes desses indivíduos dotados de alto QI), para quem o indivíduo com alto QI poderá trazer ganhos elevados. A alta renda dos atletas profissionais apenas aparentemente representa exemplo em contrário. Esses atletas

---

15. Linda S. Gottfredson, "What Do We Know about Intelligence?", *American Scholar*, inverno de 1996, p. 15.

16. Sobre a tendência ao "acasalamento seletivo", isto é, à união entre indivíduos semelhantes, ver, por exemplo, Gary S. Becker, *A Treatise on the Family*, cap. 4 (ed. ampliada, 1991).

ganham salários altíssimos porque a televisão lhes permite, na verdade, "revender" sua produção a milhões de clientes e obter assim um efeito multiplicador comparável àquele do indivíduo com alto QI que multiplica sua produtividade ao liderar outras pessoas. Temos aqui, mais uma vez, o fenômeno da "superestrela".

Esses exemplos mostram que as medidas públicas ou privadas no sentido de promover a igualdade de oportunidades podem na verdade reduzir a igualdade de resultados, sobretudo a igualdade de renda. Embora a sociedade seja capaz de intervir na distribuição de renda através de políticas tributárias e fiscais, os altos custos tanto políticos quanto econômicos são cada vez mais reconhecidos, e as pessoas que seriam diretamente prejudicadas por eles (os ricos) são muito hábeis em orquestrar uma oposição política eficiente. Mill estava enganado ao pensar que o Estado, embora pouco possa fazer para aumentar a riqueza total da sociedade, tem total liberdade para decidir como essa riqueza será distribuída à população[17].

Devemos temer que a crescente desigualdade de renda crie uma subclasse arredia e potencialmente desestabilizadora que, apesar de democraticamente impotente posto que muito alienada para participar de eleições e outras atividades cívicas, pode ser arregimentada por movimentos sociais violentos?[18] Creio que não. Nos países em que a maioria da população desfruta de uma situação razoavelmente boa e tem, portanto, condições e disposição para financiar um aparato de manutenção da ordem pública extraordinaria-

---

17. John Stuart Mill, *Principles of Political Economy*, p. 200 (W. J. Ashley [org.], 1926). Para sermos justos com Mill, devemos observar que sua concepção de Estado dista muito da concepção de Estado democrático do final do século XX.

18. Como se argumenta, por exemplo, em Rebecca M. Blank, "Changes in Inequality and Unemployment over the 1980s", 8 *Journal of Population Economics* 1, 14 (1995). Ver também Paul S. Sarbanes, "Growing Inequality as an Issue for Economic Policy", em *Aspects of Distribution of Wealth and Income*, nota 14 acima, p. 168 ("a crescente desigualdade de renda é um perigo real e uma ameaça a nossa sociedade").

mente grande e poderoso, uma subclasse não tem nenhuma influência ou oportunidade política. Existe sempre o perigo de que o aparato se torne tão poderoso que escape ao controle, oprima cidadãos cumpridores da lei e, ao fazê-lo, ponha fim à legitimidade do regime e acabe por desestabilizá-lo. Segundo uma das teorias da ação revolucionária, esse tipo de ação levará o Estado a adotar métodos repressivos, como a tortura e a punição coletiva. Mas os países ricos são capazes de bancar os onerosos métodos de aplicação da lei que preservam as liberdades civis e evitam a tortura e a punição coletiva (que são métodos baratos porque economizam nos custos de investigação), assim como a censura às opiniões dissidentes.

Se assim for, podemos esperar que o *nível* de renda, ou seja, a renda média de uma sociedade, afete a estabilidade política, ainda que a *distribuição* de renda não o faça. Ainda mais porque, se o povo em geral for muito pobre, haverá poucos indivíduos dispostos a defender o regime vigente contra um golpe. Quando não estão em boa situação, as pessoas tendem a pensar (ainda que quase sempre sem razão) que não têm nada a perder com uma mudança no sistema de governo. Assim, "praticamente qualquer teoria sensata da liberdade deve prever uma proporção direta entre liberdade e renda real. Do lado da demanda, a liberdade deve ser considerada um artigo de luxo, de modo que os recursos dedicados à conquista da liberdade individual tendem a ser maiores quando a renda *per capita* é alta. Do lado da oferta, é sem dúvida mais oneroso reprimir uma pessoa rica do que uma pessoa pobre. Ademais é provável que a necessidade de fazê-lo não seja tão premente"[19].

Percebe-se um paralelo entre a parte que fala dos "recursos dedicados à conquista da liberdade individual" e meu

---

19. John F. O. Bilson, "Civil Liberty – An Econometric Investigation", 35 Kyklos 94, 103 (1982). Bilson encontra exatamente essa proporção direta entre renda e liberdade política. *Id.*, p. 107. Ver também Brian T. Johnson, "Comparing Economic Freedom and Political Freedom", em Bryan T. Johnson, Kim R. Holmes e Melanie Kirkpatrick, 1996 *Index of Economic Freedom* 29 (1996).

argumento sobre os recursos necessários a um sistema de controles internos que não incita à ação revolucionária. Além disso, o trecho sobre o caráter menos premente da necessidade de reprimir uma pessoa rica é análogo a minha ideia de que uma pessoa em boa situação financeira tende mais a preservar o sistema de governo existente. A implicação disso é que, a menos que se intervenha na distribuição de renda a fim de torná-la assimétrica (sua representação gráfica, nesse caso, seria uma pirâmide de base bem larga e cume bem pontiagudo), uma renda média alta, ainda que esta seja desigualmente distribuída e que haja na sociedade uma subclasse permanente bastante grande, será uma garantia de estabilidade. Além disso, quando a renda média mantém-se em um processo de elevação, a renda dos pobres pode aumentar, ainda que a distribuição de renda esteja se tornando mais desigual. Se as pessoas tomarem a própria experiência como paradigma para avaliar como estão se saindo, e não a experiência de pessoas que vivem em circunstâncias muito diferentes das suas, é improvável que a ampliação da distribuição de renda venha a exacerbar quaisquer ressentimentos que as pessoas menos privilegiadas sintam por aquelas que estão acima delas na distribuição de renda.

Não se deve confundir desigualdade de renda com pobreza. Na verdade, se medidas que reduzem a desigualdade de renda, como o imposto progressivo, também reduzem o crescimento econômico (por exemplo, ao desviar recursos socialmente valiosos para atividades estéreis como a elisão fiscal ou ao desestimular a disposição para o risco na atividade econômica) e, desse modo, retardam o crescimento da renda média da população, então a proporção entre pobreza e desigualdade pode ser na verdade inversa. Pode haver menos pobres em uma sociedade que *não* tenta redistribuir a renda do que em uma sociedade que tente fazer isso. Essa possibilidade se vê encoberta pelo fato de que os Estados Unidos têm, ao mesmo tempo, uma renda média muito alta, muitos pobres e uma desigualdade de renda maior que a dos demais países desenvolvidos[20]. Não obstante, uma das razões dessa desigualdade, a saber, o grande número de imigrantes que têm entrado nos Estados Unidos nos últimos tempos, é coerente com uma proporção inversa entre pobreza e desigualdade. Se há mais probabilidade de a renda média ser alta num país tolerante com a desigualdade de renda, um imigrante pode enxergar mais oportunidades econômicas nos Estados Unidos do que em seu país de origem, mesmo que a transição para sua nova vida venha a ser dolorosa. Quanto mais o mercado de trabalho estiver aberto a pessoas talentosas, a despeito de sua nacionalidade, mais atraente um país será para os imigrantes. Ao mesmo tempo, essa mesma abertura pode resultar em uma extrema desigualdade de renda, na medida em que as pessoas serão distribuídas em diferentes faixas de renda de acordo com atributos de inteligência e caráter altamente variáveis; e também na medida em que os integrantes da primeira geração de imigrantes aceitarão empregos mal remunerados, por não dominarem o idioma e por lhes faltarem certas habilidades extremamente valorizadas no mercado de trabalho. Além disso, países fortemente comprometidos com a igualdade estão fadados a impor limites à imigração, para não se verem inundados por levas de pessoas pobres em busca de uma melhora imediata e garantida (graças ao generoso sistema de proteção ao cidadão que caracteriza uma sociedade igualitária) de sua situação econômica.

A outra face da moeda é que uma sociedade que, na busca por igualdade, reduza sua renda média levará muitos de seus cidadãos mais produtivos a emigrar para lugares que lhes ofereçam melhores oportunidades econômicas. Esta parece ter sido uma das consequências das políticas igualitárias do muito admirado governo socialista do estado indiano de Kerala[21]. Antes disso, foi também uma das

---

20. Ver Gottschalk e Smeeding, nota 9 acima, p. 644.
21. Jean Drèze e Amartya Sen, *India Economic Development and Social Opportunity*, p. 198 (1995).

consequências das altíssimas alíquotas marginais de imposto de renda na Inglaterra e na Suécia, entre outros países onde se adotou a social-democracia.

Mesmo que a questão da pobreza seja desvinculada da questão da desigualdade (ainda que os esforços no sentido de atenuar a desigualdade tendam a aumentar a pobreza), é legítimo temer que um avanço em direção a uma desigualdade de renda cada vez maior desgaste os vínculos de comunidade política de uma sociedade e acabe abalando a estabilidade política[22]. Pode-se imaginar uma situação na qual a distância entre a classe média baixa e a classe alta continue aumentando e na qual, num dos polos da distribuição de renda, um punhado de homens e mulheres extremamente inteligentes (saudáveis e de boa aparência graças às academias, aos cirurgiões plásticos, à engenharia genética e aos cuidados preventivos com a saúde) ganha altos salários que lhe permitem viver luxuosamente em comunidades isoladas. Essas pessoas transmitiriam seus benefícios aos descendentes por legado direto, por legado genético através do acasalamento seletivo, bem como pela concessão, aos filhos, da oportunidade de estudar em escolas caras. Ao mesmo tempo, um pouco acima da linha da pobreza, podemos imaginar milhões de indivíduos pouco capacitados trabalhando duro por salários modestos em empregos que não conferem prestígio nem segurança e que trazem muito pouca satisfação intrínseca. Essas pessoas viveriam, em seu meio, uma vida cheia de limitações e relativamente pouco saudável. Os habitantes desses dois mundos podem tornar-se tão diferentes em termos de valores, perspectivas, inteligência, interesses, aspirações, instrução, estilo de vida e até mesmo aparência física (altura, postura, idade aparente), e tão segregados (encontrando-se uns com os outros apenas rapidamente e no ambiente de trabalho), a ponto de se tornarem incapazes de compreen-

---

22. Conforme afirmado em Michael Lind, *The Next American Nation: The New Nationalism and the Fourth American Revolution* (1995).

são e empatia mútuas, bem como de unirem-se em torno de projetos nacionais.

Mas esse cenário é exagerado até mesmo quando ignoramos as faixas de renda intermediárias. (Cada grupo de renda irá tocar a extremidade do anterior e do posterior. Assim, mesmo que o grupo mais rico tenha muito pouco em comum com o mais pobre, uma linha de comunicação indireta será estabelecida por meio dos grupos intermediários.) Isso ocorre porque é preciso levar em conta o aumento da renda média. Daqui a vinte anos é bem possível que a renda média do povo norte-americano terá aumentado 50 por cento (em termos reais). Então, os 10 por cento mais pobres estarão em situação bem melhor do que aquela em que vivem atualmente. Serão mais saudáveis, viverão mais, viajarão mais, terão mais conhecimento e um horizonte mais amplo, e talvez se tornem mais calmos e tolerantes[23]. Mesmo que as pessoas que hoje ganham 1 milhão por ano estejam ganhando 3 milhões daqui a vinte anos, elas não ficarão três vezes melhor fisicamente, ou três vezes mais saudáveis e educadas do que são hoje. Isso se chama utilidade marginal decrescente do dinheiro.

Na verdade, embora os dias atuais sejam gloriosos para os ricos, o abismo entre as pessoas mais ricas e aquelas que estão situadas um pouco acima da linha de pobreza é menor hoje do que era na Inglaterra do século XVIII, quando os ricos viviam em mansões suntuosas, servidos por legiões de criados, e o homem de classe média era um agricultor. O exemplo inglês sugere que não existe um patamar específico de desigualdade econômica acima do qual uma sociedade se despedaça. Ainda que *certo* sentimento de solidariedade seja precondição para que os indivíduos se disponham a aceitar os resultados da escolha democrática, esse sentimento pode ser tão pequeno que não se deixe afetar nem mesmo por enormes diferenças de renda. A cidade de

---

23. Cf. Edward J. Rickert, "Authoritarianism and Economic Threat: Implications for Political Behavior", 19 *Political Psychology* 707, 717 (1998).

Nova York é notória, entre outras coisas, pela enorme desigualdade de renda de seus habitantes. Entre estes se encontram, num extremo, algumas das pessoas mais ricas do mundo (literalmente bilionárias) e, no outro, uma gente desesperadamente pobre que vive de esmolas e dorme nas calçadas. Os bilionários e demais indivíduos ricos são servidos por um imenso exército de pessoas de classe média: motoristas de táxi, cozinheiros, empregados domésticos, balconistas, jornaleiros e policiais. Para chegar a seus locais de trabalho essas pessoas viajam horas desde os pontos mais distantes da cidade. Há uma classe média alta de advogados e corretores de valores, uma classe boêmia, uma multidão de imigrantes legais e ilegais, além de estudantes, criminosos, uma classe de excluídos e uma miríade de grupos étnicos e religiosos. Mas, mesmo com toda essa incrível heterogeneidade, Nova York é uma comunidade estável. É claro que essa estabilidade deve-se em parte ao fato de a cidade pertencer a comunidades políticas maiores: o estado de Nova York e, acima de tudo, os Estados Unidos. Mesmo assim, seu exemplo ilustra a possibilidade de uma coexistência essencialmente pacífica e cooperativa, ainda que não exatamente harmoniosa e muito menos tranquila, entre pessoas espalhadas por um enorme espectro de faixas de renda.

Outro ponto – que se tornou famoso por atrair o escárnio de Anatole France – é que uma sociedade democrática reconhece a igualdade política de seus cidadãos através da concessão de amplos direitos a eles: o direito de votar, de candidatar-se a cargos políticos, de expressar-se livremente, de não sofrer determinados tipos de discriminação etc. Mesmo que o valor econômico desses direitos seja proporcional à renda pecuniária ou à riqueza, na medida em que eles têm valor até mesmo para as pessoas de baixa renda, eles aumentam o amor-próprio e a autoestima (a consciência do "valor" da pessoa) de todos os cidadãos e, desse modo, tornam a ausência da igualdade de renda menos estigmatizante e menos degradante. Ao mesmo tempo, porém, uma ideologia de igualdade política pode fomentar uma postura do tipo "todo homem é um rei". Isso, por sua vez, pode levar as pessoas a questionarem a legitimidade das diferenças de renda: se sou tão bom quanto meu vizinho, por que ele ganha quatrocentas vezes mais do que eu?

Ainda não examinei as implicações da inveja ou da equidade para a análise da desigualdade econômica. Os dois conceitos são mais semelhantes do que parece. A inveja é o inverso do altruísmo: se invejo uma pessoa rica, isso implica que minha felicidade aumentaria se a pessoa perdesse sua fortuna, pois assim minha inveja, que é uma fonte de desutilidade, deixaria de existir. É verdade que quem deseja ver maior igualdade de renda não justifica sua preferência em razão da inveja. Diz apenas que uma distribuição de renda mais igualitária seria mais justa. Mas, se não houvesse inveja, e se estou correto ao supor que os esforços no sentido de nivelar a distribuição de renda (que não devem ser confundidos com as medidas que visam diminuir a pobreza) reduziriam a renda média da população, o que se teria a ganhar com tais esforços? Seja como for, o fator inveja é automaticamente levado em consideração numa sociedade democrática. Se a distribuição de renda se desviar muito das preferências de um grande contingente de eleitores, os políticos reagirão e serão promulgadas leis que diminuam a desigualdade ou, pelo menos, que a mascarem. Este é um dos motivos que nos levam a crer que as sociedades onde as pessoas são livres para expressar seus ressentimentos diretamente ou por meio do voto tendem a ser mais estáveis do que as sociedades repressoras.

No que concerne à inveja, eu discordo de John Rawls, pois não a vejo como uma coisa totalmente má[24]. A inveja é, de um modo curioso, um tipo de alicerce para a sociedade. Através dela nos identificamos sentimentalmente com indivíduos diferentes de nós, sentimos suas alegrias (ainda que como nossos sofrimentos) e seus sofrimentos

---

24. John Rawls, *A Theory of Justice*, pp. 530-41 (1971) [trad. bras. *Uma teoria da justiça*. São Paulo: Martins Fontes, 2008].

(ainda que como nossas alegrias). O oposto da inveja é o altruísmo, mas o meio-termo entre inveja e altruísmo é a indiferença para com os outros. De qualquer modo, numa sociedade em que o sistema de direitos de propriedade e dos contratos é suficientemente robusto para que se torne difícil prejudicar aqueles que estão em melhor situação com a finalidade de diminuir a inveja de alguém, a inveja é um estímulo ao empenho e ao sucesso – empenho em superar os outros, mas não em empurrá-los para baixo. Rawls admite a existência da "inveja benigna", à qual chama "emulação"[25]. Mas ele não considera a possibilidade de que uma sociedade que proteja as pessoas contra atos de violência, difamação e outros tipos de agressão por parte dos invejosos termine transmutando a má inveja em boa inveja. Rawls passa ao largo dessa possibilidade porque acredita que a inveja e a emulação são sentimentos diferentes e não o mesmo sentimento exteriorizado de maneiras diferentes. A inveja é vista como sinal de hostilidade, enquanto a emulação é percebida como uma forma de admiração. Os invejosos, porém, serão levados por sua inveja a um esforço construtivo, da mesma maneira que acontece com os emuladores, desde que a organização política e econômica da sociedade torne o caminho construtivo mais fácil que o destrutivo. Kant, de quem Rawls é um distinto seguidor, considerava a "vaidade competitiva movida pela inveja" um dos estímulos essenciais que levam o homem a aperfeiçoar suas aptidões naturais[26].

Se a inveja depende da identificação empática, ela pode ser mais aguda quando as diferenças de renda são pequenas do que quando são grandes, pois é mais fácil identificar-se, tanto positiva quanto negativamente, com pessoas iguais a nós. Sem dúvida, o comportamento dos acadêmicos sugere que a inveja não é uma função das grandes dife-

---

25. *Id.* p. 533.
26. Immanuel Kant, "Idea for a Universal History with a Cosmopolitan Purpose", em *Kant: Political Writings*, pp. 41, 45 (Hans Reiss [org.], 2. ed. 1991).

renças de renda. Tocqueville achava que "mais igualdade tende a produzir comparações invejosas: quando se tornam mais iguais, os indivíduos veem sua desigualdade como algo cada vez mais difícil de tolerar"[27]. Na medida em que o aguilhão da inveja deixa de produzir igualdade e o tecido político torna-se demasiado frágil para conter com segurança os impulsos destrutivos da inveja, a desigualdade pode tornar-se uma força desestabilizadora. Mas se Tocqueville está certo, mais desigualdade pode ser algo *menos* desestabilizador do que menos desigualdade.

A questão mais geral, porém, é que as consequências políticas da desigualdade não são determinadas pelo grau de desigualdade da distribuição de renda entre a população, mas sim pela reação ética ou emocional a isso[28]. Um compromisso social forte com a igualdade de oportunidades, como o que existe nos Estados Unidos, pode refrear os sentimentos de inveja (sem refrear o empenho em ser bem-sucedido) ao fazer com que a riqueza pareça ser uma consequência do mérito pessoal, da sorte ou de outras condições inocentes ou virtuosas, e não uma ratificação da exploração, da discriminação e de outras injustiças, ou uma recompensa por essas práticas. Se isso for verdade, a maximização da igualdade de oportunidades pode reduzir as pressões pela redistribuição e ao mesmo tempo, pelas razões que já apresentei, tornar a distribuição de renda mais desigual. Entretanto, a igualdade de oportunidades pode exacerbar a inveja precisamente por dar a impressão de que a renda resulta da sorte e não do mérito (sobretudo se mesmo os atributos genéticos forem considerados produto da sorte, como pensa Rawls), sendo portanto arbitrária; ou por enfatizar as diferenças de capacidade e, desse modo, humilhar os perdedores na competição pela superioridade. É em-

---

27. Raymond Boudon, "The Logic of Relative Frustration", em *Rationality and Revolution*, p. 245 (M. Taylor [org.], 1988).
28. Sobre a diferença, ver Peter van Wijck, "Equity and Equality in East and West", 47 *Kyklos* 531, 543 (1994) (quadro 4).

pírica, portanto, a questão de saber de que modo a igualdade afeta a inveja e o amor-próprio e, consequentemente, a estabilidade política. Os dados empíricos apresentados por Sam Peltzman no sentido de que a igualdade precede e facilita o distributivismo sugerem que a inveja da condição dos ricos não é a força motriz das políticas igualitárias[29].

Essa discussão tem implicações sobre outra questão: a de saber até que ponto o direito deve proteger a propriedade. Por um lado, a forte proteção a esses direitos levará o sistema econômico a operar com maior eficiência, o que resultará em uma renda média maior e em melhores oportunidades econômicas. Por outro lado, essa proteção pode ser levada a um ponto em que quaisquer medidas redistributivas, como a tributação progressiva, sejam consideradas inconstitucionais ou inaceitáveis por violarem os direitos de propriedade. Se isso ocorrer e a desigualdade de renda aumentar até o ponto em que a inveja exija reparação, a válvula de escape que é o processo democrático estará fechada e a estabilidade política poderá, assim, ver-se ameaçada. O ideal é que o processo político seja flexível o suficiente para reagir às reivindicações por igualdade quando estas, independentemente de serem radicadas na inveja ou em qualquer outro princípio ou sentimento, se tornarem urgentes. A vantagem da democracia como sistema político é sua capacidade de servir de mediadora entre a igualdade e a estabilidade.

A hipótese que formulei apresenta uma relação de proporção direta entre estabilidade política e renda média (basicamente porque os cidadãos de um país rico têm grande interesse na estabilidade política e dispõem de recursos para empregar medidas repressivas "civilizadas" que não geram grandes ressentimentos para com os ricos), mas nenhuma correlação entre estabilidade política e igualdade de renda. É preciso agora confrontar essa hipótese com os da-

---

29. Sam Peltzman, "The Growth of Government", 23 *Journal of Law and Economics* 209 (1980).

dos empíricos, o que faço na Tabela 3.1. As variáveis que medem a estabilidade política no sentido mais estrito (como o risco de expropriação, o número de golpes de Estado e a frequência das mudanças extraconstitucionais de regime), junto com aquelas que medem a liberdade política (o compromisso com o Estado de direito e um "índice de liberdade" baseado nas liberdades civis e nos direitos políticos), têm seu coeficiente de regressão calculado em relação a uma variável de mensuração da igualdade de renda (a relação de proporção entre a renda familiar dos 20 por cento mais pobres e a renda familiar dos 20 por cento mais ricos)[30], bem como em relação à renda média na sociedade e às mudanças por que passa essa renda (que podem ser consideradas desestabilizadoras). Como os países reunidos na tabela diferem entre si em muitos aspectos potencialmente relevantes para a estabilidade política além daquele da renda, também incluo variáveis regionais *Dummy* e permito que as margens de erro tenham variâncias diferentes em cada país[31].

A tabela consta de duas partes. A parte *A* apresenta as regressões nas quais as variáveis dependentes são índices. Nessas regressões, quanto maior a variável dependente, tanto "melhor" (por exemplo, um valor mais alto para o risco de expropriação significa que o risco é menor). Na parte *B*, que apresenta as regressões nas quais as variáveis dependentes são enumerações de eventos (como o número de golpes de Estado), quanto maior a variável dependente,

---

30. Esta não é uma avaliação sofisticada da desigualdade de renda. Mas os dados são insuficientes para a elaboração de avaliações sofisticadas, como o coeficiente de Gini, para uma parcela suficiente dos anos e países da amostra. Em vez da relação de proporção entre os 20 por cento mais ricos e os 20 por cento mais pobres, poderíamos utilizar variáveis separadas para os mais pobres e os mais ricos. Esse procedimento, no entanto, seria mais trabalhoso, menos intuitivo e levaria a resultados semelhantes.

31. Para uma discussão mais profunda dos dados e da metodologia que emprego na Tabela 3.1 e na 3.2, entre eles estatísticas e definições sumárias das variáveis dependentes, ver o Apêndice Estatístico em Richard A. Posner, "Equality, Wealth, and Political Stability", 13 *Journal of Law, Economics, and Organization* 344, 354-364 (1997).

tanto "pior" (por exemplo, mais golpes de Estado). As especificações diferem ligeiramente para os dois conjuntos de regressões. Quem desejar mais detalhes pode pedir diretamente a mim.

O sinal do coeficiente da variável de igualdade de renda é estatisticamente relevante no nível convencional de 5 por cento (indicado por uma estatística t com valor absoluto superior a 1,96) em apenas duas das regressões. Numa delas, aquela que trata das mortes por violência política, o sinal é negativo, o que indica uma correlação entre uma maior desigualdade de renda e níveis de violência política reduzidos. Na outra, porém (aquela que calcula o índice de liberdade), a correlação é entre maior igualdade de renda e menos liberdade. Consideradas em conjunto, essas regressões não sugerem que a redução da desigualdade econômica tende a aumentar a estabilidade política. Para testar minha hipótese anterior de que a desigualdade de renda *extrema* pode ser politicamente desestabilizadora, substituí (num conjunto não publicado de regressões) a variável de igualdade da Tabela 3.1 pelo quadrado dessa variável. O resultado foi um aumento da diferença entre a distribuição de renda mais equitativa e a menos equitativa. Quanto à variável de igualdade, esta continuou não apresentando importância estatística após o ajuste.

O *nível* de renda tem um efeito estatisticamente muito relevante em cinco das equações. Além disso, em sete das oito equações o sinal comporta-se conforme previsto: a estabilidade política aumenta com uma renda média alta. A exceção (o sinal positivo e relevante da variável que representa as manifestações e os protestos) é apenas aparente. As sociedades estáveis são capazes de tolerar essas manifestações. Estas, no entanto, tendem a ser consideradas fonte de instabilidade política e costumam ser severamente reprimidas nas sociedades instáveis ou não liberais.

Por último, o sinal do coeficiente da variável referente às alterações na renda é estatisticamente relevante em quatro das oito regressões. Nas regressões estatisticamente re-

Tabela 3.1 Regressões da estabilidade política em relação à renda média real, ao crescimento da renda média real, à igualdade de renda e à região (estatística *t* entre parênteses)

A. Regressões com índices de estabilidade política

Variáveis dependentes (N = número de observações)	Igualdade de renda (pontos percentuais) (com defasagem de 1 ano)[a]	PIB *per capita* (logaritmo) (com defasagem de 1 ano)[b]	Crescimento de 5 anos no PIB *per capita* (pontos percentuais)	África	América do Norte, Europa e Austrália	Ásia	América Latina	Constante	Probabilidade
Risco de expropriação (-5 até +5) (N = 303)	-0,0025 (-0,267)	0,0002 (6,281)	0,0277 (11,693)	0,3325 (2,002)	1,5767 (4,288)	0,2174 (0,883)	0,2681 (1,182)	0,4523 (2,013)	1,335
Corrupção no governo (-6 até +6) (N = 311)	-0,0143 (-1,369)	0,0003 (5,716)	0,0016 (0,897)	0,7774 (2,939)	2,2192 (4,335)	-0,9950 (-2,296)	-0,8921 (-3,596)	-0,7595 (-2,872)	77,002
Estado de direito (-6 até +6) (N = 320)	-0,0324 (-2,170)	0,0002 (5,067)	0,0018 (0,712)	0,0487 (0,272)	5,1139 (11,884)	-0,1056 (-0,294)	0,4295 (1,820)	-1,4349 (-4,595)	-7,747
Índice de liberdade (-6 até +6) (N = 462)	-0,0065 (-0,477)	0,0003 (8,024)	0,0142 (-10,291)	-0,3447 (-1,208)	3,6232 (8,292)	1,1647 (3,214)	3,1498 (7,427)	-1,7465 (-4,973)	-114,551

B. Regressões com mensurações empíricas da estabilidade política

Variáveis dependentes (N = número de observações)	Igualdade de renda (pontos percentuais) (com defasagem de 1 ano)[a]	PIB *per capita* (logaritmo) (com defasagem de 1 ano)[b]	Crescimento de 5 anos no PIB *per capita* (pontos percentuais)	África	América do Norte, Europa e Austrália	Ásia	América Latina	Oriente Médio	R ao quadrado
Protestos *per capita* (logaritmo) (N = 567)	-0,0080 (-0,353)	0,3890 (2,081)	-0,0132 (-2,848)	-2,1296 (-1,642)	-1,3678 (-0,793)	-1,2896 (-0,880)	-2,3667 (-1,561)	-1,5217 (-1,156)	0,60
Mortes por violência política *per capita* (logaritmo) (N = 567)	-0,0719 (-2,898)	-0,2809 (-1,321)	-0,0352 (-3,470)	4,5078 (2,731)	0,0119 (0,316)	6,2167 (3,637)	4,3061 (2,525)	5,1298 (2,735)	0,47
Transferências irregulares do controle do executivo (logaritmo) (N = 567)	-0,0002 (-0,163)	-0,0162 (-1,677)	-0,0002 (-0,891)	0,1402 (2,000)	0,1570 (1,770)	0,1710 (2,082)	0,1834 (2,099)	0,1528 (1,805)	0,05
Golpes de Estado (logaritmo) (N = 683)	-0,0001 (-0,087)	-0,0147 (-1,791)	-0,0003 (-0,835)	1,1131 (1,872)	0,1425 (1,764)	0,1386 (1,856)	0,1783 (2,352)	0,1385 (1,795)	0,05

a. Parcela da renda familiar sob posse dos 20 por cento mais pobres expressa como porcentagem da parcela da renda familiar sob posse dos 20 por cento mais ricos.
b. PIB *per capita* real em dólares constantes de 1985 (índice em cadeia).

levantes, a taxa de crescimento econômico nos cinco anos precedentes está associada a poucas mortes por violência política, a um menor número de manifestações de protesto e a um risco menor de expropriação. Surpreendentemente, porém, também está associada a um menor índice de liberdade.

Esses resultados implicam que o nível de renda e, com menos intensidade, o aumento na renda são diretamente proporcionais à estabilidade política, enquanto a igualdade de renda não guarda relação com esta. A importância desses resultados, porém, é limitada[32]. As estatísticas econômicas internacionais, sobretudo para os países mais pobres, não costumam ser confiáveis. Quanto aos dados relativos à política, não são confiáveis nem objetivos. Mas os resultados do meu estudo definitivamente põem em dúvida a afirmação de que a igualdade de renda é um elemento-chave para a estabilidade política. Ao mesmo tempo, dão sustentação à afirmação de que uma renda média elevada promove essa estabilidade.

Uma questão importante nesse contexto é a direção da causalidade. Poderia a estabilidade política ser a causa da renda média elevada e em crescimento, em vez de sua consequência? O uso de variáveis independentes defasadas sugere que não. Mas regressões de quadrados mínimos em duas etapas (não apresentadas aqui) realizadas com os mesmos dados empíricos que utilizei aqui não me permitem rejeitar a hipótese de que a estabilidade política fomente, de fato, a renda média elevada e em crescimento. O processo causal talvez seja bidirecional, uma vez que um ambiente político estável, no qual a lei pune aqueles que não res-

---

32. Duas análises de regressão que usam variáveis independentes e dados empíricos diferentes daqueles usados por mim encontram uma relação de proporção direta relevante entre desigualdade de renda e violência política. Cliff Brown e Terry Boswell, "Ethnic Conflict and Political Violence: A Cross--National Analysis", 25 *Journal of Political and Military Sociology* 111 (1997); Edward N. Muller e Mitchell A. Seligson, "Inequality and Insurgency", 81 *American Political Science Review* 425 (1987).

peitam os direitos civis, estimula o investimento tanto no capital físico quanto no capital humano. Em favor dessa tese, há toda uma bibliografia econômica que enxerga uma relação de proporção direta entre estabilidade política e desenvolvimento econômico[33].

Já afirmei aqui que as diferentes unidades de medida da estabilidade política tendem a ser diretamente proporcionais. Na Tabela 3.2, essa sugestão é confrontada com dados empíricos mediante o cálculo de coeficientes de correlação para as variáveis dependentes da tabela anterior. Os números entre parênteses indicam a probabilidade de o coeficiente de correlação ser efetivamente zero, isto é, de as variáveis não estarem correlacionadas. Como se esperava, as variáveis são em geral fortemente correlatas, e com o sinal previsto. Assim, o risco de expropriação apresenta uma forte relação de proporção direta com a corrupção no governo, bem como uma forte relação de proporção inversa com as variáveis que expressam o grau de respeito ao Estado de direito e à liberdade. A corrupção, por sua vez, guarda uma forte relação de proporção inversa com o Estado de direito, enquanto os golpes de Estado apresentam relação de proporção inversa com o Estado de direito e de proporção direta, em alto grau, com as transferências irregulares do controle do executivo, e assim por diante.

---

33. Ver, por exemplo, Robert J. Barro, "Economic Growth in a Cross Section of Countries", 101 *Quarterly Journal of Economics* 407, 437 (1991). Ver também Roger C. Kormendi e Philip G. Meguire, "Macroeconomic Determinants of Growth: Cross-Country Evidence", 16 *Journal of Monetary Economics* 141, 156 (1985); Kevin B. Grier e Gordon Tullock, "An Empirical Analysis of Cross National Economic Growth, 1951-80", 24 *Journal of Monetary Economics* 259, 271-273 (1989). Ver ainda Adam Przeworski e Fernando Limongi, "Political Regimes and Economic Growth", 7 *Journal of Economic Perspectives*, verão de 1993, pp. 51-69, para um exame extremamente crítico da bibliografia econômica que associa regimes políticos a crescimento econômico. É preciso enfatizar que, como os direitos não são isentos de custos, sua proteção excessiva pode reduzir a riqueza de um país, sobretudo se este país for pobre. Stephen Holmes e Cass R. Sunstein, *The Cost of Rights* (1998); Richard A. Posner, "The Costs of Enforcing Legal Rights", *East European Constitutional Review*, verão de 1995, p. 71.

Tabela 3.2 Correlações entre variáveis que representam o grau de coesão da comunidade política (nível de relevância entre parênteses, com número de observações logo abaixo)

	Risco de expropriação	Corrupção no governo	Estado de direito	Índice de liberdade	Protestos *per capita* (logaritmo)	Mortes por violência política *per capita* (logaritmo)	Transferência irregular do controle do executivo (logaritmo)	Golpes de Estado (logaritmo)
Risco de expropriação	1,0000 1.672							
Corrupção no governo	0,6274 (0,000) 1.672	1,0000 1.712						
Estado de direito	0,7865 (0,000) 1.672	0,7379 (0,000) 1.712	1,0000 1.712					
Índice de liberdade	0,5337 (0,000) 1.408	0,5146 (0,000) 1.428	0,5466 (0,000) 1.428	1,0000 2.099				
Protestos *per capita* (logaritmo)	0,0560 (0,653) 67	0,3051 (0,004) 87	0,2466 (0,021) 87	0,2633 (0,000) 705	1,0000 2.739			
Mortes por violência política *per capita* (logaritmo)	0,0000 (1,000) 67	0,0000 (1,000) 87	0,0000 (1,000) 87	0,0275 (0,466) 705	0,2759 (0,000) 2.739	1,0000 2.739		
Transferência irregular do executivo (logaritmo)	-0,1021 (0,411) 67	-0,1879 (0,081) 87	-0,1206 (0,266) 87	-0,0870 (0,021) 705	0,0843 (0,000) 2.739	0,2039 (0,000) 2.739	1,0000 2.739	
Golpes de Estado (logaritmo)	-0,1118 (0,006) 595	-0,1437 (0,000) 635	-0,1633 (0,000) 635	-0,0859 (0,003) 1.173	0,0610 (0,002) 2.532	0,1695 (0,000) 2.532	0,6200 (0,000) 2.532	1,0000 3.229

Passo agora da estabilidade política (e de sua relação com a igualdade) para a análise de custo-benefício. O termo tem muitos sentidos e usos. Quando empregado em seu nível mais alto de generalidade, como no texto elaborado por Amartya Sen para uma conferência sobre análise de custo-benefício[34], seu sentido é praticamente idêntico àquele que ele assume quando usado em sentido normativo na economia. No outro polo da escala de generalidade, o termo denota o uso do critério de maximização da riqueza para a avaliação de projetos estatais, como a construção de uma represa ou a aquisição de um sistema bélico; verbas públicas, como aquelas destinadas à pesquisa na área médica; e regulamentações estatais, entre elas não apenas as regulamentações administrativas referentes à saúde, ao meio ambiente e outras atividades fortemente regulamentadas, mas também as leis e as doutrinas e decisões do *common law*. Mas a análise de custo-benefício tem utilidade tanto positiva quanto normativa, isto é, pode ser usada para explicar e prever algumas decisões de Estado, sobretudo aquelas que são relativamente imunes às manobras políticas dos grupos de interesse.

Seguindo uma linha de definição diferente, a análise de custo-benefício pode caracterizar-se como um método de avaliação pura, conduzido independentemente do uso possível de seus resultados em uma decisão; como um dos fatores a serem levados em conta em uma decisão, o que deixa a pessoa que a toma livre para rejeitar os resultados da análise com base em outras considerações; ou ainda como o próprio método de decisão. Quando usado neste último sentido, como em minha defesa do uso da análise de custo--benefício para orientar a tomada de decisões no *common law*, o critério de maximização da riqueza (se for esse o critério de custo-benefício utilizado) deve ser defendido. Porém, quando a análise de custo-benefício é apenas um dos

---

34. Amartya Sen, "The Discipline of Cost-Benefit Analysis", 29 *Journal of Legal Studies* 931 (2000).

elementos considerados em uma tomada de decisão e, mais claramente ainda, quando não passa de um exercício de erudição, não há necessidade de insistir em sua adequação como princípio normativo, desde que se admita que a riqueza seja um valor social, ainda que não o único. Creio que mesmo Sen, que é mais cético que eu em relação ao livre-mercado, concorda com esse ponto de vista (ver p. 947). Creio até que Henry Richardson[35], que é ainda mais cético diante do livre-mercado do que Sen, também concorde. Além disso, para repetir um ponto que afirmei anteriormente, na medida em que se possa mostrar que a justiça distributiva é da competência de algum outro poder do Estado ou é função de algum instrumento de defesa do interesse público (por exemplo, a tributação redistributiva e os gastos públicos em projetos redistributivos), bem como que o ato de ignorarem-se as considerações distributivas na esfera decisória especificamente em pauta não trará consequências distributivas sistemáticas e substantivas, enfim, na medida em que isso for demonstrável, é perfeitamente possível pôr de lado as considerações distributivas e usar a abordagem da maximização da riqueza.

Num texto apresentado na mesma conferência, John Broome contesta a afirmação de que a maximização da riqueza é um bem social, valendo-se do seguinte exemplo: toma-se uma mesa que pertence a uma pessoa rica e se a transfere, à força e sem nenhum tipo de compensação, a uma pessoa pobre. Ele está certo ao considerar que a realização de uma transferência desse tipo não aumentaria de modo algum o bem-estar social. Mas transferências desse tipo também não implicariam maximização da riqueza se considerarmos seu efeito estimulante, tanto sobre ricos quanto sobre pobres, em comparação com outra opção, a saber, a de obrigar a pessoa rica a negociar com a pessoa pobre. Há uma espécie típica de projeto ou política pública à qual se costuma aplicar a análise de custo-benefício guiada

---

35. Henry S. Richardson, "The Stupidity of the Cost-Benefit Standard", 29 *Journal of Legal Studies* 971 (2000).

pelo critério da maximização da riqueza, e ela não tem as características que tornam intragável o exemplo de Broome. Esse exemplo, contudo, ajuda a mostrar por que a disposição para aceitar, e não a disposição para pagar, é que deveria ser a medida de valor quando a política cujos custos e benefícios estão sendo avaliados viola os direitos de propriedade – como no caso da mesa, ou no caso da inundação de terras devido à construção de uma represa. Os direitos de propriedade ficam mais protegidos se a ação do Estado for vinculada a uma exigência legal de que os indivíduos por ela afetados estejam dispostos a aceitar suas consequências. E esses direitos desempenham um importante papel econômico numa economia de mercado.

Em outras preleções proferidas na mesma conferência (por Robert Hahn, Lewis Kornhauser, Cass Sunstein e Kip Viscusi)[36], a preocupação básica é defender a análise de custo-benefício contra seus críticos. Já Robert Frank, Barry Adler e Eric Posner[37] desejam introduzir mudanças significativas nesse campo, enquanto nos textos de Broome, Martha Nussbaum e Richardson[38] a tônica dominante é de dúvida quanto à validade e utilidade da análise de custo-benefício. As visões defendidas no texto de Sen, por sua vez, parecem ser um meio-termo perfeito entre aquelas defendidas no segundo e no terceiro grupos, por isso vou discuti-las por último.

---

36. Robert W. Hahn, "State and Federal Regulatory Reform: A Comparative Analysis", 29 *Journal of Legal Studies* 873 (2000); Lewis A. Kornhauser, "On Justifying Cost-Benefit Analysis", 29 *Journal of Legal Studies* 1037 (2000); Cass R. Sunstein, "Cognition and Cost-Benefit Analysis", 29 *Journal of Legal Studies* 1059 (2000); W. Kip Viscusi, "Risk Equity", 29 *Journal of Legal Studies* 843 (2000).

37. Robert H. Frank, "Why Is Cost-Benefit Analysis so Controversial?", 29 *Journal of Legal Studies* 913 (2000); Matthew D. Adler e Eric A. Posner, "Implementing Cost-Benefit Analysis When Preferences Are Distorted", 29 *Journal of Legal Studies* 1105 (2000).

38. John Broome, "Cost-Benefit Analysis and Population", 29 *Journal of Legal Studies* 953 (2000); Martha C. Nussbaum, "The Costs of Tragedy: Some Moral Limits of Cost-Benefit Analysis", 29 *Journal of Legal Studies* 1005 (2000); Richardson, nota 35 acima.

A análise desses textos nos leva a descobertas interessantes. A primeira delas é que a análise de custo-benefício se sai muito bem do ponto de vista pragmático, frequentemente servindo bastante bem a quaisquer objetivos que por acaso tenhamos. Se, por exemplo, estivermos particularmente interessados no bem-estar das minorias, devemos perguntar se a análise de custo-benefício presta-se à defesa dos interesses delas. Descobriremos, com base no texto de Viscusi, que ela se presta bem a essa função. Veremos também que a utilidade da análise de custo-benefício como critério de decisão é uma função do grau de independência de dado tipo de processo decisório estatal em relação à influência política. Muitos desses processos são de fato imunes à influência política, em maior ou menor grau. Veremos, ainda, que os defensores da análise de custo-benefício apresentaram argumentos pragmáticos persuasivos (com enfoque principalmente na regulamentação do risco) em favor da tese de que esse tipo de análise pode melhorar a qualidade das decisões no âmbito do Estado. Sunstein coloca muito bem essa questão ao afirmar que a análise de custo-benefício pode ser "mais bem compreendida como um instrumento pragmático, agnóstico diante das questões mais profundas e projetado para ajudar as pessoas a fazer julgamentos complexos em situações que envolvem bens diversos" (p. 1077). Ele observa que o valor prático dela é grande sobretudo devido a certas idiossincrasias cognitivas que, em sua opinião, impedem as pessoas de pensar objetivamente, tornando-se necessário, portanto, o tipo de disciplina racional que a análise de custo-benefício impõe às decisões. Sen também menciona, em tom de aprovação, os benefícios disciplinares da insistência na clareza que deve marcar os juízos de valor. Quando se aplica a análise de custo-benefício à regulamentação de riscos no âmbito da saúde e da segurança por diferentes órgãos de regulamentação federais, descobrem-se anomalias estranhas que ninguém defenderia.

Por último, veremos que alguns textos aceitam a validade essencial da análise de custo-benefício mas procuram desenvolver mais o aspecto normativo desta, mediante alterações no critério de maximização da riqueza ou mesmo diante da recusa em adotá-lo como princípio norteador. Esses trabalhos ganham pouco em plausibilidade normativa e perdem muito ao embrenhar-se em complicações e incertezas. O melhor é aceitar que a análise de custo-benefício não pode ser a única regra decisória usada pelo Estado e que ela pode ser valiosa quando usada como um entre os vários elementos que entram no processo de tomada de decisões, como mostram os estudos sobre a regulamentação de riscos. Assim empregada, a análise de custo-benefício obriga o tomador de decisões a levar em conta os custos de um curso de ação proposto[39], e talvez isso seja o máximo que se possa esperar em uma sociedade democrática. Se tanto os membros de determinado órgão estatal quanto os contribuintes e os eleitores souberem, graças à análise de custo-benefício, que um projeto em exame vai salvar dezesseis lontras-do--mar a um custo de 1 milhão de dólares cada uma, e mesmo assim o governo não recuar em sua intenção, então minha crítica não terá fundamento.

Nenhum dos trabalhos em que o autor considera inaceitável a aplicação da análise de custo-benefício às questões nas quais ele tem mais interesse sugere uma opção superior para a avaliação das políticas públicas. Duvido que qualquer um deles fosse a favor de juízos políticos *arbitrários*. Em uma grande variedade de decisões acerca de questões de interesse público, a análise de custo-benefício é inevitável[40].

---

39. "O objetivo da análise de custo-benefício foi, desde o início, funcionar como uma estratégia para limitar o papel da política nas decisões sobre investimentos públicos." Theodore M. Porter, *The Pursuit of Objectivity*, in *Science and Public Life*, p. 189 (1995).

40. "Sem dúvida, aqueles que se opõem à análise de benefícios e custos quase nunca são completamente fiéis a sua crença de que o tratamento de questões de saúde pública não deve sofrer a interferência de critérios econômicos. Eles falam sobre viabilidade econômica e não sobre custo; aceitam a leniência na aplicação da lei; eximem de punição certas classes de poluidores; além do que estimulam (na verdade, às vezes chegam a exigir) a procrastina-

O texto de Hahn poderia ser considerado pessimista quanto à utilidade prática da análise de custo-benefício que venho enfatizando. Ele acha que a tendência a se exigir esse tipo de análise na esfera do Estado tem apresentado poucos resultados no sentido de uma regulamentação mais eficiente. Hahn observa que "mais da metade (57%) das regulamentações federais não passaria num teste rigoroso de custo-benefício que utilizasse os números [duvidosos e parciais] do próprio governo" (pp. 892-3; nota de rodapé omitida). Além disso, "uma realocação dos gastos obrigatórios que objetivasse beneficiar as regulamentações que dão mais retorno à sociedade salvaria até 60 mil vidas por ano a um custo adicional nulo" (p. 893; nota de rodapé omitida). Esses números são chocantes, pelo menos se eliminarmos o pensamento cruel de que talvez nem todas essas 60 mil vidas mereçam ser salvas. Os êxitos da análise de custo-benefício mencionados por Hahn são certamente modestos – meus favoritos são a revogação de uma regulamentação que proibia a presença de carros funerários em certas vias públicas (muito bonitas, imagino) e uma regulamentação referente à sinalização de escolas, adotada por sugestão de uma criança. A experiência já provou que a política e, sem dúvida (embora Hahn não enfatize esse ponto), a inércia burocrática, junto com o egoísmo, representam enormes obstáculos à análise de custo-benefício em todas as esferas do Estado.

Tão significativo quanto as falhas da análise de custo-benefício, porém, é quanto essa técnica entrou em voga em todos os escalões do governo. As objeções teóricas à análise de custo-benefício se desintegraram no nível prático e passaram a habitar apenas o ambiente acadêmico. A difusão da análise de custo-benefício, mesmo quando esta assume

---

ção, do contrário as consequências de sua postura geral diante da coisa pública tornam-se demasiado evidentes." R. Shep Melnick, "The Politics of Benefit-Cost Analysis", em *Valuing Health Risks, Costs, and Benefits for Environmental Decision Making: Report of A Conference*, pp. 23 e 25 (P. Brett Hammond e Rob Coppock [orgs.] 1990) (nota de rodapé omitida).

a forma de fidelidade hipócrita aos princípios de eficiência, confirma uma tendência internacional em direção ao livre-mercado. A análise de custo-benefício representa uma tentativa de introduzir princípios de mercado na administração do Estado ou de induzir o Estado a simular desfechos mercadológicos para certas situações. Em resumo, é uma tentativa de tornar o governo mais semelhante a uma atividade comercial. Existe uma ideologia do livre-mercado que exerce alguma influência sobre certas decisões governamentais; e a popularidade crescente da análise de custo-benefício é tanto um dos efeitos quanto, em menor grau, uma das causas dessa ideologia.

Hahn talvez subestime a frequência com que decisões administrativas tolas são desfeitas durante a fase de submissão dos processos administrativos à apreciação dos poderes competentes ou contornadas pela exploração astuta de brechas legais por parte das empresas regulamentadas. O autor também não leva em conta a importância do controle judicial de constitucionalidade no sentido de conservar a honestidade das análises de custo-benefício conduzidas pelos órgãos do governo. Quando as regulamentações se baseiam em análises de custo-benefício, por mais ineptas ou tendenciosas que estas sejam, os indivíduos a elas sujeitos têm como se defender em juízo, apontando os aspectos nos quais a análise de custo-benefício realizada pelo Estado se mostrou irracional e apresentando outra, superior, em seu lugar. É mais difícil contestar uma regulamentação inteiramente assentada sobre bases igualitárias obscuras.

Kornhauser, de sua parte, faz a defesa pragmática básica da análise de custo-benefício – que consiste em dizer que esta "frequentemente parece aumentar a qualidade das decisões" (p. 1038) – e reforça essa defesa com uma útil distinção entre julgar a análise de custo-benefício segundo um critério moral global e julgá-la com base nas outras opções viáveis. Esta última é, sem dúvida, a abordagem mais adequada. De nada adianta observar que a análise de custo-benefício viola algum princípio moral desejável se não houver outro método viável para lidar com o problema em pauta ou se todas as outras opções viáveis renderem resultados que até mesmo os filósofos morais considerarão piores.

Incomoda-me, porém, a discussão de Kornhauser sobre o valor da vida. Ele está certo ao afirmar que a análise de custo-benefício não visa, na verdade, a valorizar a vida. Esta inclusive é uma questão importante, à qual voltarei mais adiante. Para defendê-la, no entanto, ele apresenta um exemplo que, em sua opinião (para mim equivocada), mostra que "a análise de custo-benefício não oferece uma avaliação específica nem mesmo do valor da vida de um fumante" (p. 1051). Kornhauser afirma, acertadamente, que os fumantes não ficarão necessariamente indiferentes diante de três projetos políticos que se proponham, cada um deles, a reduzir à metade o número estimado de mortes por câncer de pulmão: tornar os cigarros menos tóxicos, reduzir o número de fumantes e reduzir a letalidade do câncer de pulmão. Disso ele infere que não há um princípio único de valorização da vida nem mesmo para os fumantes. Mas o que varia nesses exemplos não é o valor de vida e sim as outras consequências do ato de fumar. No primeiro exemplo, o fumante pode continuar fumando despreocupadamente; no segundo ele perde toda a utilidade que lhe advém do cigarro e, no terceiro, incorre no custo do câncer de pulmão, ainda que este se trate de um custo menor, uma vez que aumenta sua probabilidade de sobrevivência.

O que Kornhauser deveria ter dito sobre o valor da vida é que a análise de custo-benefício valoriza riscos, não vidas. O "valor da vida" a que os adeptos da análise de custo-benefício se referem é apenas uma expressão matemática. Suponhamos que se descubra, através do estudo do comportamento dos indivíduos, que as pessoas em geral estariam dispostas a arcar com um custo máximo de $1 para evitar o risco, de um em um milhão, de ser morto por determinado tipo de perigo que seria eliminado por certo projeto proposto pelo governo. Suponhamos ainda que dois milhões de pessoas estejam sujeitas a esse risco e que o projeto proposto (o qual, para simplificar as coisas, pressuponho não ter quaisquer outros benefícios) custará $3 milhões. Uma vez que cada pessoa beneficiada (teoricamente) pelo projeto pagaria apenas $1 para evitar o perigo, para um total de $2 milhões, os benefícios são menores que os custos. Para descrever a questão em outras palavras, a estimativa é que esse projeto de salvação de vidas só salve a vida de duas pessoas, cada uma das quais "estima o valor de sua vida" em "apenas" $1 milhão ($1/0,000001); e que, portanto, os benefícios totais são de apenas $2 milhões – logo, menores do que os custos. Como afirmei, esta é apenas a expressão aritmética de uma análise que valoriza os riscos e não as vidas.

Broome apresenta um exemplo que ilustra as armadilhas de tentar valorizar vidas em vez de riscos. Segundo o autor, dois projetos, cada um dos quais resultará na morte de uma pessoa, têm o mesmo custo (presume-se que todos os demais custos sejam idênticos), ainda que, no primeiro projeto, a morte seja o resultado da imposição de um risco de morte de um em um milhão a cada uma dentre um milhão de pessoas e que, no segundo projeto, a morte seja o resultado da imposição de um risco de morte de um em mil a cada uma dentre mil pessoas. O custo é o mesmo num sentido *ex post*, mas a avaliação do projeto *ex ante* exige a consideração dos custos *ex ante*, e estes não são idênticos nos dois projetos. O segundo projeto é mais oneroso *ex ante*, porque as pessoas relutam muito mais (provavelmente mil vezes mais) em submeter-se ao risco maior. Se a quantia total paga pelo grupo de um milhão de pessoas para evitar o risco que lhes diz respeito é maior que a quantia paga pelo grupo de mil pessoas para evitar esse outro risco, que é aquele que diz respeito a *estas* mil pessoas especificamente, então o segundo projeto é mais oneroso.

O texto de Sunstein curiosamente inverte uma das críticas clássicas da análise de custo-benefício e do pensamento econômico em geral: aquela de que ambos subestimam as variáveis "flexíveis". Segundo aqueles que tecem esse tipo de crítica, as pessoas dão importância demais a fatores que podem ser quantificados, fenômeno este que, se for verdadeiro, é um bom exemplo da operação da heurística da disponibilidade. Sunstein afirma que a análise de custo-benefício pode ser utilizada para combater essa heurística e promover a racionalidade na administração dos interesses da sociedade. Ao argumentar desse modo, contudo, ele incorre em risco de circularidade. Isso porque, se as idiossincrasias cognitivas que o preocupam contaminarem o comportamento do mercado, os preços nos quais se baseia a análise de custo-benefício não serão um instrumento confiável de disciplinamento do pensamento.

Outro problema é que alguns desses "desvios" são, na verdade, racionais, como o fato de que as pessoas pensam melhor quando se lhes oferece um contexto do que quando se lhes pede para resolver um problema isolado. Ademais, a inversão das preferências ocorre não porque as pessoas sejam incoerentes, mas porque elas dão melhores respostas quando são incitadas a buscar na memória informações que as ajudem a lidar com o problema da atribuição de valor. Da mesma maneira, é racional temer mais os riscos novos, como aquele da energia nuclear, que os antigos, como aquele da poluição causada pela queima de carvão. Quando um risco é novo, torna-se difícil avaliar seu significado e sua variância. Quando alguma coisa terrível acontece pela primeira vez, como quando uma criança sai atirando em seus coleguinhas de classe, existe a preocupação natural de que isso possa ser o começo de uma tendência, em vez de um fato isolado. Especificamente nesse exemplo, há ainda a preocupação com a possibilidade da imitação, outra fonte legítima de temor.

Alguns dos exemplos de Sunstein podem ser analisados a partir de conceitos mais simples que aqueles usados por ele. Por exemplo, não acredito que o conceito de "voluntariedade" seja necessário ou útil para explicar por que reagimos de um jeito à ideia de investir na redução das mortes por acidentes de paraquedismo e de outro às mortes durante o parto. No primeiro caso, percebemos que uma possível medida de baixo custo para poupar vidas consiste em fazer com que os paraquedistas abandonem o paraquedismo e passem a praticar esportes mais seguros. Ao mesmo tempo, porém, não acreditamos que a maneira menos onerosa de evitar a morte durante o parto seja zerar o índice de natalidade. Os estudiosos da responsabilidade objetiva provaram essa tese ao distinguirem as mudanças na esfera ocupacional, ou dos níveis de atividade, das mudanças na esfera dos níveis de apego, como métodos de prevenção de acidentes. Às vezes o método mais barato consiste em abandonar a atividade perigosa. Da mesma forma, uma das mais importantes considerações econômicas que devem ser feitas ao se escolher o nível adequado de proteção contra o assassinato de membros do Estado é a de que estes indivíduos são muito mais passíveis de ataque do que as pessoas comuns. De modo que, nesse caso, podemos dispensar o medo como variável explanatória.

Sunstein mostra-se hesitante quanto a aceitar ou combater as percepções equivocadas no processo de determinação de custos e benefícios. Se o valor dos imóveis de uma área despencará devido ao temor irracional de doenças contagiosas, deve isso ser incluído como custo quando for preciso decidir onde construir um hospital? Por um lado, aceitar a avaliação irracional do mercado é reduzir a força de um dos aspectos vantajosos da análise de custo-benefício por ele enfatizados: o de que essa análise estimula um pensamento mais racional. Se o hospital for construído e os vizinhos não se infectarem, o temor irracional de contágio tenderá a dissipar-se. Por outro lado, o custo do temor irracional das pessoas é, para elas, um custo real; no sentido de que as deixa, inequivocamente, em pior situação. Portanto, no exemplo dado, o declínio do valor dos imóveis é um custo tangível. Além disso, é um custo com o qual deverão arcar inclusive os proprietários de imóveis que não sintam nenhum tipo de temor irracional (mas é um benefício para os indivíduos destemidos que desejem comprar os imóveis deles). Em princípio, a melhor solução para o dilema é a de Adler e Posner: levar em consideração os valores irracionais se, e apenas se, for muito improvável que estes venham a dissipar-se. Porque, nesse caso, o ato de ignorar os temores não irá produzir o benefício esperado por Sunstein, qual seja, o de levar as pessoas a refletir mais. Essa solução, no entanto, é ao mesmo tempo difícil de implementar, porque quase nunca se sabe ao certo se um temor é irracional, e incapaz de impedir a queda de valor dos imóveis que pode ser gerada pelo temor irracional. O segundo ponto, porém, não me preocupa muito, pois o valor dos imóveis se recuperará uma vez que se dissipem os medos irracionais. Algumas pessoas ganharão com isso e outras perderão, mas esta é uma preocupação exclusivamente distributiva que excluo de minha concepção de uma análise de custo-benefício legítima.

Viscusi distingue entre "heterogeneidade dos riscos individuais, heterogeneidade da disposição individual para correr riscos e diferenças de preferência no que concerne às atividades que implicam riscos" (p. 847). Na primeira categoria, ele coloca o índice de mortalidade por acidente ou homicídio, mais alto para os homens que para as mulheres. Esses exemplos, no entanto, pertencem à segunda categoria: as diferenças quanto à disposição para correr riscos. Em geral, os homens não morrem em acidentes ou são assassinados por serem desastrados ou fracos, mas sim porque se engajam em atividades mais arriscadas, em comparação com as mulheres. A tipologia de Viscusi também deixa de lado uma quarta e importante categoria de heterogeneidade na avaliação individual do risco: o puro gosto pelo perigo. As atividades esportivas e as profissões perigosas, como a de bombeiro, são valorizadas por seus participantes em parte pelo perigo, cujo enfrentamento faz com que os indivíduos se sintam mais valiosos.

Viscusi precipita-se ao recomendar que o Estado faça campanhas de esclarecimento da população sobre questões de saúde e segurança a fim de dissipar as informações equivocadas que abrem um abismo entre os custos subjetivos e os custos objetivos (ou entre os temores irracionais e os racionais). Campanhas desse tipo muitas vezes carecerão de credibilidade, uma vez que os programas estatais são conhecidos por deixarem-se sujeitar à influência da política. Além disso (retomando uma questão que levantei no capítulo anterior), podem desestimular as iniciativas privadas de disseminação de informações pertinentes ao assunto, por reduzirem o efeito informacional incremental dessas iniciativas a partir do momento em que o programa governamental entrar em vigor. Consequentemente, o aumento total da quantidade de informação pode ser pequeno.

Além disso, a absorção de informação é uma atividade custosa. De modo que o ato de inundar o público com informações sobre riscos pode levar as pessoas a tornarem-se mais desinformadas sobre alguma outra questão de igual importância; e o ato de informar o público sobre um subgrupo de riscos pode levar as pessoas a subestimarem a importância de outros riscos. Elas podem pensar que, se esses riscos fossem importantes, o governo também as informaria sobre eles.

Viscusi dedica muito pouca atenção à questão das medidas para salvar a vida dos idosos[41]. É demasiado simplismo dizer que "as iniciativas que implicam muito pouca expectativa de vida adicional desviam recursos de programas que poderiam ter um maior efeito em matéria de expectativa de vida" (p. 859). Parece óbvio o pressuposto de que salvar a vida de uma pessoa de cinquenta anos é mais benéfico que salvar a vida de outra de oitenta anos porque a primeira normalmente terá uma maior expectativa de vida. Contudo, se adotarmos mais uma vez a perspectiva *ex ante*, isso pode se revelar incorreto. O valor que as pessoas atribuem ao tempo de vida que lhes resta em geral não diminui com a idade. Isso acontece porque as pessoas em geral

---

41. Ver Richard A. Posner, *Aging and Old Age*, pp. 109-10, 270-2 (1995).

não enxergam, em nenhum momento da vida, nenhuma outra opção melhor que a de viver. Desse modo, elas gastarão a mesma quantia tanto para ganhar alguns anos de vida quanto para ganhar muitos anos de vida, pois não veem, paralelamente a esse gasto, nenhum custo de oportunidade (para exagerar um pouco) – ainda que elas não estejam protegidas contra riscos financeiros por nenhuma forma de seguridade privada ou social.

Porém, quando a questão não é a cura de uma doença que afeta os idosos, mas simplesmente a redução de riscos, a disposição para pagar pode de fato ser inversamente proporcional à idade, como presume Viscusi, uma vez que, quanto mais velho alguém for, menor será o benefício que esse alguém esperará obter da redução dos riscos. Outro ponto que vem justificar essa conclusão de que devemos tomar os recursos destinados a salvar os idosos e redirecioná-los ao salvamento dos jovens é o fato de que o salvamento de uma pessoa idosa representa um subsídio à doença. As doenças concorrem entre si para matar as pessoas. Assim, se salvamos uma pessoa de uma doença, aumentamos a probabilidade de que essa pessoa seja morta por outra doença. Quanto mais velha for a pessoa, mais forte será a concorrência e menos esta se verá mitigada pela eliminação de um dos competidores. É por isso, por exemplo, que a total eliminação do câncer exerceria apenas um efeito modesto sobre a longevidade. As vítimas de câncer são, em sua maior parte, pessoas idosas. Se o câncer poupar essas pessoas, isso aumentará a oportunidade de incidência de outras doenças que acometem os idosos. Segundo essa mesma linha de raciocínio, o ato de salvar um idoso aumenta a estimativa de custos de seu tratamento médico. Além disso, a alteração da composição etária de uma sociedade pode ter consequências significativas, ainda que não necessariamente ruins, de natureza tanto econômica quanto política.

Viscusi levanta (mas em seguida deixa de lado) a difícil questão de saber se devemos descontar do cálculo dos custos e benefícios as consequências para as populações futuras.

Ele faz a seguinte pergunta: "Os riscos [que vão se concretizar no mínimo daqui a 100 mil anos] merecem a mesma atenção que damos aos riscos que atingem as populações atuais?" (p. 865). Um dos argumentos que podemos apresentar contra a ideia de dedicar a mesma atenção a esses riscos e, portanto, a favor da postura de descontá-los de nossos cálculos, é o de que há uma enorme probabilidade de que as pessoas sejam muito mais ricas no futuro distante, em consequência de um progresso científico cada vez maior. Mais especificamente, é enorme a probabilidade de que o ser humano se torne muito mais capaz de eliminar os riscos à segurança e à saúde. Diante disso, se dedicássemos nossos recursos de hoje para afastar esses riscos, isso levaria a uma grave má distribuição da riqueza ao longo do tempo. O argumento decisivo, porém, é o de que não somos capazes de projetar riscos para daqui a cem mil anos.

Robert Frank oferece uma variante do enigma de Viscusi. Ele simpatiza com a visão segundo a qual, "se o fato de não adotarmos hoje padrões mais rigorosos de qualidade do ar significar que as doenças respiratórias serão mais comuns na próxima geração, essas doenças deveriam receber mais ou menos a mesma atenção que receberiam se estivessem ocorrendo hoje" (p. 916). Porém, tendo em vista a probabilidade de que, daqui a uma geração, a cura para a maioria das doenças respiratórias seja mais fácil e mais barata, e portanto menos onerosa do que é atualmente, o autor admite certo grau de desconto.

Frank atribui grande importância à renda como um bem posicional. Em seu entender, "calcular o valor social de um bem de consumo a partir da soma daquilo que os indivíduos gastam com ele é o mesmo que calcular o valor social dos armamentos militares a partir da soma das quantias que cada país gasta com eles" (p. 923). Em outras palavras, a luta para aumentar a própria renda é como uma das manobras de uma corrida armamentista, e este é um jogo cujo somatório das forças de seus participantes é igual a zero. Se as pessoas usarem bens de consumo para simbolizar traços desejáveis de caráter, como excelência, respeito e dignidade, um aumento geral do nível de renda pode fazer com que elas substituam certos bens por outros mais caros, sem obterem ganho algum em matéria de informação. Mas há motivos para se duvidar de que é este o principal efeito do aumento da renda média. Em primeiro lugar, a renda relativa é importante como sinal de quão bem uma pessoa está se saindo. Se o seu patrão lhe paga muito menos do que a alguém que faz um trabalho semelhante, alguma coisa está errada, a menos que você tenha resolvido substituir a renda pecuniária pela renda não pecuniária. O nivelamento de todas as rendas privaria as pessoas de muitas informações sobre sua condição social e suas perspectivas.

Em segundo lugar, a renda relativa é importante para se tentar obter bens escassos. A capacidade de uma pessoa para comprar uma tela de um artista consagrado, por exemplo, depende mais de sua renda relativa do que de sua renda absoluta. Frank analisa o resultado de uma pesquisa que perguntou a alunos de pós-graduação se eles prefeririam ganhar $50.000 num cenário em que os outros ganhassem $25.000, ou $100.000 num cenário em que os outros ganhassem $200.000. A pesquisa constatou que a maioria preferia a primeira situação. Mas ele pode ter interpretado mal o resultado da pesquisa. Se a renda pessoal média fosse metade do que é hoje e não ocorresse nenhuma catástrofe, como outra Grande Depressão ou uma guerra de grandes proporções, os preços provavelmente seriam a metade do que são hoje. De modo que quem ganhasse $50.000 no primeiro cenário proposto estaria tão bem de situação quanto quem ganhasse $100.000 no segundo, o que significa em melhor situação em razão dos dois primeiros pontos que levantei. Vale ressaltar ainda que meu argumento sobre a importância *informacional* da renda relativa pode explicar a segunda constatação da pesquisa: a de que os estudantes estavam muito menos interessados no período relativo de férias do que em sua renda relativa. O tamanho das férias de uma pessoa é um indicador ambíguo de "como alguém está se saindo". Um período de férias mais longo pode apenas indicar que uma pessoa tem um emprego que não exige tanto dela.

A busca de *status* por meio da renda é um mecanismo desejável de incentivo, pelo menos numa sociedade bem organizada, e pode explicar, em grande medida, a prosperidade dos Estados Unidos. Este é exatamente meu argumento anterior sobre os benefícios sociais da inveja. Se uma pessoa puder atenuar sua inveja apenas trabalhando mais arduamente, para desse modo colocar-se em pé de igualdade com as pessoas que ela inveja, a sociedade como um todo irá beneficiar-se disso, pois um indivíduo não é capaz de transformar a totalidade do produto social de seu trabalho mais árduo em produto privado. A competição por uma renda mais alta não é um jogo de soma zero.

Barry Adler e Eric Posner pretendem modificar a análise de custo-benefício a fim de atender a algumas das críticas que lhes costumam ser dirigidas. Na prática, eles querem aproximá-la mais de suas bases utilitaristas. Minha opinião sobre isso é que a percepção das deficiências da análise de custo-benefício não deve afetar o modo como se conduz essa análise, ainda que deva, às vezes, afetar o modo como ela é utilizada. É crucial distinguir entre a análise de custo-benefício como método de avaliação e essa mesma análise como regra de decisão. A diferença entre tornar a análise de custo-benefício mais complexa (a fim de aproximá-la de seu ideal) e mantê-la simples (reconhecendo-se, ao mesmo tempo, sua incompletude normativa) é semelhante à diferença entre atentar àquilo que está no texto e que afeta diretamente a linha principal de raciocínio, e atentar para aquilo que se encontra nas notas de rodapé e que reflete juízos subjetivos que, se introduzidos na demonstração de resultados e no balanço patrimonial propriamente ditos, tornaria sua interpretação obscura.

Ao mesmo tempo, intriga-me a decisão de Adler e Posner de excluir os compromissos morais (mesmo quando é possível quantificá-los na forma de dinheiro) do cálculo dos benefícios ou dos custos de uma política. Compreendo a diferença entre agir com base em um senso de dever e agir a fim de aumentar a própria felicidade. Mas por que excluir o custo da incapacidade de cumprir um dever nos casos em que é possível expressar esse custo sob a forma de dinheiro? Suponhamos que alguém que não espere beneficiar-se da preservação do número existente de espécies acredite, não obstante, talvez por convicção religiosa, que seja errado permitir que uma espécie se extinga como consequência da atividade humana. Suponhamos ainda que essa pessoa sustente sua convicção com seu dinheiro, fazendo contribuições filantrópicas. A partir dessas contribuições, é possível inferir sua avaliação implícita e positiva da preservação das espécies. É possível até mesmo quantificá-la na forma de dinheiro com um grau de objetividade adequado e suficiente para que se possa incorporá-la a uma análise de custo-benefício. É no mínimo cabível (Sen apresenta um argumento em contrário, do qual tratarei mais adiante) argumentar que tal pessoa incorrerá num custo real se uma medida do governo causar a extinção de determinada espécie. E o fato de que a definição de bem-estar total de Adler e Posner não abrange esse custo é insuficiente para justificar sua exclusão da análise de custo-benefício aplicável a essa medida.

O problema mais grave é que os fatores medidos pelos valores contingentes utilizados na análise de custo-benefício ambiental não podem ser adequadamente compreendidos, na maior parte das vezes, como compromissos morais dotados daquelas curiosas propriedades que intrigam os autores. As pessoas podem adorar a vida selvagem ou a natureza e desejar sua preservação, sem, no entanto, sentirem um compromisso moral para com elas ou mesmo sem desejarem estar junto delas, por assim dizer. O desfrute dessas coisas é um tipo de atividade de consumo tanto quanto o é o hábito de manter animais de estimação ou um jardim. Ele só se distingue dessas duas outras atividades porque seu valor é mais difícil de medir. Em princípio, não há diferença, e portanto nenhum paradoxo, em afirmar que a utilidade de uma pessoa se veria mais reduzida pela extinção do guepardo listrado do que por uma inundação que estragasse seu tapete. O problema é a mensuração, e é o mesmo que ocorre no caso do princípio defendido por Adler e Posner, segundo o qual as preferências fundadas na ignorância (assim como as preferências adaptativas) deveriam ser excluídas quando se tem confiança de que elas mudariam depois que a política fosse posta em prática. Concordo com eles que seria inviável ponderar custos ou benefícios a partir da utilidade marginal da renda. Não porque a comparação das utilidades de pessoas diferentes seja um método falho em princípio, mas sim porque o problema da mensuração é insolúvel e, se superado, ainda assim o resultado final seria uma confusa mistura de considerações sobre eficiência e equidade.

Discordo da sugestão deles de que os órgãos do Estado devam "ignorar as preferências moralmente questionáveis quando elas violarem ideias amplamente adotadas e incontestes sobre o comportamento moralmente apropriado" (p. 1143). Isso pode valer para as questões relativas à tomada de decisões, mas é uma atitude questionável quando a questão é de avaliação. Por exemplo, consideremos dois programas de tratamento de viciados em drogas. Se os dois fossem igualmente eficazes, tivessem o mesmo custo e um deles desse aos consumidores de drogas o mesmo prazer que haviam obtido com uma droga ilegal, mas o outro não lhes desse o mesmo prazer, então o primeiro seria preferível desde um ponto de vista utilitarista.

Examinemos agora os três críticos mais severos da análise de custo-benefício – Broome, Nussbaum e Richardson. Broome afirma que, por ser a análise de custo-benefício um método de avaliação (embora também possa ser uma regra decisória), ela "precisa fundar-se em uma teoria do valor" (p. 954). Isso é um jogo de palavras ("valor" – "avaliação"). A análise de custo-benefício não precisa "fundar-se" em nada mais profundo ou rigoroso do que uma demonstração de que ela tem consequências que nós apreciamos. A mais importante contribuição da análise de custo-benefício em tempos recentes foi demonstrar, através dos escritos de Stephen Breyer, Viscusi, Sunstein e outros, que as regulamentações federais concernentes aos riscos à segurança e à saúde formam uma colcha de retalhos maluca; e, sobretudo, que muitas das regulamentações são ruins justamente porque não obedecem ao critério do custo-benefício. Essa constatação é cada vez mais aceita e as iniciativas de reforma nessa área vêm progredindo, ainda que aos trancos e barrancos e apesar de os analistas dessa área terem rejeitado implicitamente a afirmação de Broome de que "para fazer análise de custo-benefício adequadamente, precisamos de uma teoria sobre a excelência de uma vida" (p. 958).

Para a infelicidade de Broome, ele não consegue apresentar uma teoria desse tipo, ainda que sua tentativa nesse sentido seja interessante. Ele afirma que, por um lado, trazer ou não trazer uma pessoa à existência não a deixa em melhor ou pior situação do que aquela na qual ela estaria de outro modo, uma vez que, desse outro modo, ela não *estaria*, por assim dizer. Não existe outro estado ao qual se possa comparar o estado de existência de um indivíduo. Por isso é impossível afirmar que o acréscimo de outra pessoa a uma sociedade (por nascimento, não por imigração) crie mais benefícios do que custos, ou mais custos do que benefícios, excluindo-se os efeitos desse acréscimo sobre outras pessoas. Por outro lado, porém, podemos imaginar o acréscimo dessa pessoa a duas sociedades diferentes (esta é a única diferença cabível) e enxergá-la em melhor situação em uma do que em outra. A sociedade que a puser em melhor situação terá, portanto, um nível mais alto de utilidade geral do que a outra, razão pela qual deve ser preferida. Isso significa que o ato de trazer uma nova pessoa à existência *pode sim* criar benefícios adicionais. Broome mostra que este é um legítimo paradoxo. Mas isso não será surpresa para ninguém que tenha algum conhecimento sobre o debate em torno de que variável deve desempenhar o papel de maximando no utilitarismo: a utilidade média ou a total.

É absurdo pensar que deveríamos nos tornar pobres para criar uma população humana (e talvez animal) imensamente maior, cuja utilidade total será maior, ainda que sua utilidade média seja baixa. Mas é igualmente absurdo pensar que deveríamos exterminar uma grande parte da população (de um modo imperceptível e portanto indolor para as pessoas eliminadas) se isso maximizasse a utilidade média.

Esses paradoxos do utilitarismo refletem um dos problemas fundamentais e aparentemente insolúveis dessa filosofia, a saber, sua incapacidade de especificar a comunidade cuja utilidade deve ser maximizada. Os seres vivos? Apenas os seres humanos? Apenas os norte-americanos? Os fetos também deveriam ser incluídos? A população humana que existirá daqui a 10 mil anos? Os animais sencientes? Estas são perguntas irrespondíveis, pelo menos no âmbito do utilitarismo, mas provavelmente em todo e qualquer âmbito. Farei, porém, uma sugestão. Suponhamos que o acréscimo de mil pessoas à sociedade não tivesse efeito algum sobre o bem-estar da população existente; não haveria engarrafamentos nem outras externalidades negativas (ou – por que não? – externalidades positivas). Suponhamos ainda, porém, que nenhuma dessas mil pessoas, apesar de ter uma vida "medíocre" no dizer de Broome, quisesse cometer suicídio. Em outras palavras (deixo de lado quaisquer escrúpulos religiosos ou outros custos do suicídio), cada uma delas extrairia uma utilidade positiva do fato de ter nascido. A adição dessas dez mil pessoas seria então Pareto-eficiente, o que, como já vimos, é um forte princípio normativo. A utilidade média seria menor (pressupondo-se que a vida dos membros da população existente estivesse, em geral, acima do nível "medíocre"), mas a utilidade total seria maior e nenhuma pessoa estaria em má situação. Na medida em que qualquer questão concreta de política populacional se aproxime desse exemplo, deve ser possível fazer um julgamento normativo relativamente inconteste a favor dos seres humanos que ainda não nasceram, quando estes não impuserem externalidades negativas à sociedade.

Broome usa o problema do aquecimento global como veículo para especular sobre os efeitos do acréscimo de população sobre o bem-estar da humanidade. Ele comete o erro de afirmar que, ao matar pessoas por meio de enchentes, o aquecimento global reduzirá a população futura "porque algumas dessas pessoas teriam tido filhos posteriormente" (p. 969). Isso significa pressupor que o número de filhos que uma pessoa tem é fixo e não uma questão de escolha. Esse pressuposto é falso e levou, em outros contextos, a previsões equivocadas, como aquela de que o número de nascimentos é reduzido pelo número de abortos. A redução de nascimentos nesse caso é menor porque a questão do aborto diz respeito, em parte, ao momento de ocorrência dos nascimentos e não à quantidade destes. Se uma mulher quer ter dois filhos, é improvável que o fato de ela abortar em sua primeira gravidez a convença a ter apenas um filho. Da mesma maneira, se muitas pessoas morrerem em enchentes, outras poderão decidir ter mais filhos. Um casal que perde um filho numa enchente pode decidir ter outro filho que não teria tido se o primeiro não tivesse morrido. Aqui, a analogia com o aborto (ou, melhor ainda, com o aborto natural) é muito próxima. Além disso, por resultarem em um aumento da quantidade de terras proporcionalmente à de pessoas, as enchentes letais podem elevar a renda dos sobreviventes, o que, por sua vez, pode (ou não) provocar um aumento no número de filhos que os sobreviventes decidirão ter.

O número de pessoas que serão mortas pelo aquecimento global é absolutamente indeterminado e o efeito que um aumento no índice de mortalidade teria sobre as populações futuras é incerto. Além disso, também são indeterminados os benefícios e custos associados a uma população futura maior ou menor, mesmo sem se levar em conta o paradoxo explorado por Broome. Diante de tudo isso, creio que a abordagem apropriada para a análise de custo-benefício do aquecimento global consistiria simplesmente em ignorar os efeitos desse fenômeno sobre o tamanho da população. Esta é a abordagem adotada no meticuloso estudo de Fankhauser, que descobre custos sociais importantes do aquecimento global sem levar em consideração os efeitos demográficos deste[42]. Imagino se Broome concordaria com a abordagem de Fankhauser ou se simplesmente sugeriria a abolição de qualquer tipo de análise de custo-benefício do aquecimento global. Na hipótese de ele fazer essa sugestão, pergunto-me que tipo de análise ou reação ele sugeriria que se adotasse diante do aquecimento global.

O texto de Nussbaum trata da tragédia e da escolha sob circunstâncias trágicas. Para ilustrar esses termos, a autora alude tanto à peça *Antígona*, de Sófocles, quanto às próprias dificuldades para conciliar os deveres profissionais de professora universitária com as obrigações familiares. É na comparação implícita que a autora faz entre ela própria e Antígona que se percebe melhor sua concepção de tragédia. Sua pequena tragédia[43] tem um final feliz, e ela sugere que, tivesse Tebas adotado algo semelhante às cláusulas relativas à religião da Primeira Emenda à Constituição dos Estados Unidos, a peça de Sófocles (ou, antes, a lenda na qual esta se baseia) também poderia ter tido um final feliz. Essa noção de tragédia parece-me ao mesmo tempo demasiado abrangente e demasiado rasa. Mesmo quando afirma, com um pouco mais de plausibilidade do que em seu próprio caso, que "não ter liberdade de expressão (...) é sempre uma tragédia" (p. 1023), Nussbaum exagera a intensidade da esfera trágica. Será que foi uma tragédia o fato de Shakespeare ter escrito peças teatrais numa sociedade em que o teatro era extremamente censurado?

---

42. Samuel Fankhauser, *Valuing Climate Change: The Economics of the Greenhouse* (1995). Análises dos custos e benefícios do aquecimento global precedentes a esta encontram-se resumidas em *id.* pp. 121-3.

43. Não pretendo subestimar as tensões e pressões por que passam as mulheres ao tentarem conciliar o trabalho com a maternidade. Sugiro apenas que não há comparação possível entre essa situação e a de Antígona, que resultou em sua execução.

A verdadeira função da tragédia, tanto como gênero literário quanto como conceito distinto daquele da escolha difícil ou dolorosa (função essa que coincidentemente é bem ilustrada por *Antígona*), consiste em mostrar que alguns conflitos são insolúveis. Eles não se prestam à análise de custo-benefício, por mais generosa que seja sua interpretação. São, por excelência, situações nas quais não há vencedor. Creonte governa Tebas como sucessor de um Édipo desgraçado e exilado, porém carismático. Um dos filhos de Édipo, Etéocles, é o comandante do exército tebano. O outro filho, Polinice, revolta-se contra Creonte e Tebas. Na batalha que se segue, tanto Etéocles, heroico defensor da cidade, quanto Polinice, rebelde e traidor, são mortos. Creonte então dá a Etéocles um funeral de herói, mas ordena que Polinice não seja sepultado, para que os abutres o devorem. Esta é uma punição terrível na mitologia grega, e Antígona, que é filha de Édipo e portanto irmã dos dois mortos, desobedece às ordens de Creonte e sepulta Polinice. Como tinha condenado à pena de morte qualquer pessoa que desobedecesse à sua ordem, Creonte manda executar Antígona. Este acredita ser essencial à preservação da ordem cívica que o traidor seja tratado, na morte, de uma maneira que o diferencie do irmão leal e que a irmã do traidor seja castigada por ter desobedecido à sua ordem; de outro modo, perderia sua autoridade, e os valores cívicos que ele personifica (inclusive o Estado de direito) ficariam subordinados aos valores religiosos e familiares potencialmente subversivos que Antígona personifica. Ela, em contrapartida, acredita que esses valores são de importância transcendental. Não há meio-termo entre esses dois sistemas de valores, e é isso que faz da peça uma tragédia, em vez de um simples apelo ao consenso.

Nussbaum faz a tragédia perder todo o seu sentido quando "imagin[a] como seria um mundo onde as pessoas não precisassem enfrentar escolhas como essa" (p. 1013). A autora sonha com um mundo em que todos os conflitos, pelo menos todos os conflitos públicos, sejam resolvidos mediante a conciliação dos interesses antagônicos, ou, poderíamos dizer, mediante a comparação dos custos com os benefícios. Essa concepção das possibilidades que envolvem um processo de resolução de conflitos deveria fazer com que Nussbaum se mostrasse mais receptiva à análise de custo-benefício do que ela se mostra. Ela não rejeita esse tipo de abordagem, mas introduz-lhe tantas ressalvas que sua utilidade como instrumento a serviço do interesse público vê-se grandemente diminuída. Nussbaum afirma, por exemplo, que os custos da violação dos direitos constitucionais básicos não devem estar sujeitos a ser compensados pelos benefícios dessa violação, porque se trata de delitos cujos ônus não devem ser cobrados de nenhum cidadão. Porém, os direitos constitucionais são, em grande medida, determinados por um equilíbrio de custos e benefícios. Pense nas limitações que isso imporia ao direito constitucional à liberdade de expressão discutido no Capítulo 2. Além disso, a análise de custo-benefício é inevitável quando a questão é saber quantos recursos devem ser dedicados à execução de um direito constitucional.

A interferência mais forte que Nussbaum quer ver incidir sobre a balança dos custos e benefícios é um "imposto de tragédia" destinado a refletir a indignação que determinados custos deveriam provocar no analista. Para ajudar a explicar minha divergência em relação a essa sugestão, utilizarei o exemplo da educação feminina no Terceiro Mundo, apresentado pela própria autora. O conhecimento sobre a questão do retorno dos investimentos em capital humano encontra-se bastante avançado nos dias de hoje, e podemos usar esse conhecimento para conduzir análises de custo-benefício das propostas de ampliação da educação nos países pobres. Podemos comparar os benefícios do acréscimo de um ano no ensino médio para os meninos com, digamos, os benefícios do acréscimo de dois anos de ensino fundamental para as meninas, nas sociedades em que os meninos são favorecidos pela educação. (Vou pressupor, para simplificar, que os custos são os mesmos.) Suponhamos que as circunstâncias econômicas do país sejam tais que, independentemente de quaisquer restrições religiosas ou consuetudinárias ao emprego feminino (porque também quero excluir as questões concernentes às preferências irracionais e adaptativas), as oportunidades para as mulheres no mercado de trabalho sejam escassas. O motivo poderia ser a inexistência de creches e outras instituições do gênero, graças às quais as mulheres pudessem trabalhar em tempo integral. Nesse caso, o acréscimo de educação para as meninas poderia ser menos produtivo do que o acréscimo para os meninos. Ou talvez não, pois teríamos de levar em conta se o recebimento de educação escolar pelas mães "donas de casa" provocaria um aumento da produtividade das crianças (que poderia ser considerável), quando estas se tornarem adultos, bem como quais seriam os benefícios de um índice de natalidade mais baixo, uma das prováveis consequências do aumento do nível de instrução das mulheres. Estes são cálculos muito difíceis, mas não impossíveis.

Se depois de fazer essa análise de custo-benefício o indivíduo responsável por tomar uma decisão descobrisse – isso poderia acontecer (embora eu duvide) – que dar aos meninos a instrução adicional seria mais proveitoso do que oferecê-la às meninas, ele poderia mesmo assim decidir que a igualdade é mais importante que os benefícios de uma produtividade maior. Mas pelo menos ele saberia do que seria necessário abrir mão a fim de alcançar a igualdade desejada. Injetar o "imposto de tragédia" na análise de custo-benefício seria disfarçar o custo da igualdade.

Henry Richardson faz duas observações dignas de nota sobre a análise de custo-benefício. A primeira é que esta não seleciona por conta própria os projetos ou as políticas passíveis de avaliação ou comparação. A segunda é que nem todas as decisões racionais requerem uma análise de custo-benefício *explícita*. Esses pontos estabelecem limites válidos quanto à utilidade da análise, mas não a tornam "estúpida" (que é como ele qualifica a análise de custo-benefício). Muitas vezes não há o que discutir em determinado projeto ou determinada política, e a única tarefa que resta é comparar a hipótese de sua adoção com a de não fazer nada. Além disso, se o projeto for complexo, o tipo de raciocínio improvisado que frequentemente empregamos com resultados bastante satisfatórios em nosso cotidiano pode levar a resultados indesejados.

Richardson não distingue entre avaliação e decisão. Ele considera a análise de custo-benefício um procedimento estúpido de decisão, mas a recomenda implicitamente como método de avaliação e, definitivamente, como um dos elementos que contribuem para a tomada de decisão: "Não pretendo, de modo algum, diminuir a importância de reunir informações acerca dos benefícios e dos custos das diversas propostas referentes a uma questão. Muito pelo contrário, este é o primeiro passo em qualquer processo inteligente de deliberação" (p. 973). Todavia, reunir essas informações é precisamente o que significa a análise de custo-benefício como ferramenta de avaliação – na verdade, como qualquer coisa que não seja a regra decisória propriamente dita. Não é o signo da igualdade ou da desigualdade o que caracteriza a análise como de custo-benefício, mas sim a reunião e a apresentação dos custos e dos benefícios. Se o analista constatar que os benefícios de algum projeto seriam de $10 milhões e os custos, de $12 milhões, a análise estará completa. Ele não precisa acrescentar: "E assim vemos que os custos excedem os benefícios."

Richardson observa que um exame dos diferentes modos possíveis de chegar a determinado fim podem nos levar a alterar esse fim, uma possibilidade que, em sua opinião, a análise de custo-benefício exclui. Desejamos estar vestidos e, por esse motivo, consideramos meios alternativos de nos vestir. Mas "se a única alternativa disponível fosse o sumagre-venenoso*, eu não me sentiria nem um

---

* O sumagre, um arbusto nativo do sul da Europa, já foi muito usado no curtume de peles e de couro. Já o sumagre-venenoso provoca dermatites violentas quando em contato com a pele. (N. do T.)

pouco culpado por permanecer nu" (p. 979; nota de rodapé omitida). Essa situação, porém, não representa um problema para a análise de custo-benefício. No exemplo de Richardson, o método de cobrir o corpo que produz o maior superávit de benefícios em relação aos custos é obviamente a nudez. A nudez não produz nenhum benefício. Mas uma quantidade nula de benefícios é mais do que uma quantia negativa de benefícios, que é o que produz o sumagre-venenoso, a única alternativa à nudez. (Da mesma maneira, incendiar a própria casa para cozinhar carne de porco produz benefícios em quantidade negativa em comparação com a outra opção, de simplesmente não comer carne de porco, embora seja verdade que o equilíbrio se alteraria se a morte por inanição estivesse em pauta.) Outra possibilidade é a de que o objetivo do analista esteja mal especificado: o correto não seria perguntar qual é o melhor modo de cobrir o corpo, mas sim qual é a melhor escolha a se fazer no que concerne a cobrir o corpo. No sistema de divisão do trabalho intelectual, o analista de custos e benefícios pode não ser aquele que acrescenta alternativas ou reespecifica objetivos. Mas sua análise pode, ainda assim, produzir informações que levam outro participante da cadeia de tomada de decisões a modificar a concepção original da análise.

No que se refere às limitações da análise de custo-benefício, um exemplo melhor que o do sumagre-venenoso, mas ao qual se aplica a mesma resposta que dei àquele problema, é o caso em que o maximando é irremediavelmente vago ("Quero ser um sucesso"). Antes de lançar-se à análise de custo-benefício de um caso desses, o analista perguntará quem foi que submeteu a análise à apreciação dele. Ninguém vai negar que a discussão e a deliberação podem ajudar uma pessoa a ter uma ideia melhor de quais são os custos ou benefícios de uma proposta, ou de quais propostas alternativas merecem ser consideradas. Na verdade, o exemplo do maximando vago traz à luz mais uma vantagem da análise de custo-benefício. A impossibilidade de conduzir a análise sem maiores especificações acerca do maximando pode induzir o analista a refletir sobre a imprecisão dessa variável e levá-lo a buscar mais orientação junto ao indivíduo incumbido de tomar a decisão. Desse modo, estimulará este último a engajar-se na deliberação sobre os objetivos.

Outra questão semelhante é que, ao longo do processo de implementação de um meio para atingir determinado fim, pode-se descobrir que esse meio é um fim em si mesmo, como quando alguém estuda balé para melhorar sua postura e acaba descobrindo que adora balé como forma de arte. Esse ponto é idêntico àquele apresentado por Sunstein e outros relativamente ao objetivo propriamente dito da análise de custo-benefício diante das preferências fundadas na ignorância. Tivesse o bailarino um conhecimento prévio do quanto gostaria das aulas de balé, ele teria atribuído mais benefícios a estas do que a simples obtenção de uma postura melhor. Trata-se de uma questão legítima, mas que apenas identifica um problema informacional que contamina qualquer norma decisória.

A cidade de Denver precisou tomar a decisão de equipar ou não sua polícia com balas expansivas. Richardson (numa interessante discussão que não figura na versão publicada de seu texto) afirma não entender como tal questão poderia ser respondida pela análise de custo-benefício. A resposta é simples. As balas expansivas são mais eficientes do que as balas comuns para deter um agressor, embora provavelmente abram neste uma ferida mais grave. Além disso, é menos provável que ricocheteiem de modo que atinjam um passante. Portanto, os benefícios dessas balas consistem na redução do número de ferimentos causados a policiais e transeuntes por criminosos armados, bem como no aumento do custo estimado do crime para os criminosos. Os custos, por sua vez, consistem em ferimentos mais graves para alguns criminosos (mas o custo total para os criminosos pode ser mais baixo se houver menos crimes) e também para as pessoas inocentes que a polícia atinja por suspeita de que sejam criminosos. Todos esses custos e benefícios são calculáveis, junto, é claro, com o custo das balas em si. Nessa análise, não é preciso distinguir entre vidas inocentes e vidas culpadas. Danos representam custos mesmo quando o indivíduo ferido é um criminoso – ainda que, nesse caso, o dano possa ser compensado por benefícios como a prevenção ou a dissuasão dos crimes. Devem-se levar em consideração esses benefícios, mas também os danos, que são uma fonte de custo. Outro custo a se considerar é o da corrida armamentista inútil que pode se seguir à adoção de balas expansivas pela polícia: os criminosos podem responder armando-se mais pesadamente, ainda que o custo disso talvez tenha o efeito desejável de reduzir a criminalidade. O exame dessa questão, por sua vez, pode levar à consideração de outra alternativa: equipar com coletes à prova de bala os policiais que atuam em áreas de alta incidência de crimes, em vez de tornar mais letais as balas por eles usadas.

Quanto a Sen, este discute os princípios e as armadilhas da análise de custo-benefício[44], mas (com uma única exceção) não examina análises de custo-benefício reais, o que torna difícil dizer com que frequência, em seu ponto de vista, essa análise não funciona bem. Como segunda opção relativamente à apreciação da análise de custo-benefício, ele apresenta uma abordagem "desde baixo", em que se examina a prática propriamente dita da análise de custo--benefício e desse exame se extrai uma crítica. Gostaria que ele tivesse seguido essa abordagem, pois é impossível dizer, com base em sua discussão de princípios, de que modo ele gostaria de alterar a prática; e é na prática que estou interessado. Quase no fim do texto, porém, ele finalmente abandona o campo abstrato e levanta uma poderosa obje-

---

44. Questão que é tema de uma vasta bibliografia. Ver, para uma boa introdução, *Cost-Benefit Analysis* (Richard Layard e Stephen Glaister [orgs.], 2. ed., 1994); Robert Sugden e Alan Williams, *The Principle of Practical Cost-Benefit Analysis* (1978).

ção à mensuração dos valores ambientais através do método de perguntar às pessoas quanto elas pagariam para salvar um membro de uma espécie ameaçada num contexto em que, digamos, a compra desse bem não é, de fato, uma opção para a pessoa questionada. Para colocar a objeção de Sen da forma mais simples possível, nós não *compramos* espécies ameaçadas do mesmo modo que compramos creme dental. Portanto, embora o ato de perguntar a uma pessoa quanto ela pagaria por um tubo de creme dental resulte numa resposta significativa, o mesmo não acontecerá se lhe perguntarmos qual espécie ameaçada deve ser salva. As respostas estranhas que essas pesquisas obtêm podem refletir não uma idiossincrasia cognitiva, como creem os behavioristas (ver Capítulo 8), mas sim o abismo que se interpõe entre o método investigativo utilizado e os cenários reais nos quais as pessoas deparam com o sistema de preços. A questão, portanto, é o que fazer; questão essa que Sen não analisa. (Isso confere a seu texto uma trajetória análoga àquela percorrida pelo trabalho de Broome.) Uma das possibilidades é restringir a análise de custo-benefício às consequências mercadológicas da política proposta (uma política de proteção ambiental, presumirei) e deixar a cargo do processo político a determinação de se os custos totais (caso os custos excedam os benefícios) sobrepõem-se à pressão dos grupos ambientalistas. Como preâmbulo à avaliação dessa possibilidade, poderíamos comparar as avaliações ambientais que surgem nessas pesquisas questionáveis com a hierarquia de projetos ambientais implícita nas atividades lobísticas dos principais grupos ambientalistas. Apesar de não representarem "preços", essas valorações podem indicar a intensidade da emoção que se traduz na dimensão e na intensidade da luta dos ambientalistas e que se pode medir a partir dessa luta.

II. História

II. História

4. A dependência do direito em relação ao passado

O direito é, das profissões, aquela que é mais voltada para a história. Para sermos mais exatos, é a profissão que mais volta seu olhar para o passado, aquela que dele mais "depende". O direito venera a tradição, o precedente, o ritual, o costume, as práticas antigas, os textos antigos, a terminologia arcaica, a maturidade, a sabedoria, a experiência que vem com a idade, a gerontocracia e a interpretação concebida como método de resgate dos fatos históricos. Desconfia da inovação, das rupturas, das "mudanças de paradigma", bem como da energia e do ímpeto dos jovens. Essas atitudes arraigadas são obstáculos para aqueles que, como eu, gostariam de redirecionar o direito para caminhos mais científicos, econômicos e pragmáticos. Ao mesmo tempo, porém, a teoria pragmática do direito tem de se conciliar com a história. Nada melhor, então, para iniciar minha discussão da abordagem histórica do direito do que retomar o grande ensaio de Nietzsche sobre a história[1]. Trata-se tanto de uma objeção poderosa (ainda que indireta) àquela abordagem quanto de um texto fundador do pragmatismo.

---

1. Friedrich Nietzsche, "On the Uses and Disadvantages of History in Life", em Nietzsche, *Untimely Meditations*, p. 57 (trad. para o inglês de R. J. Hollingdale, 1983). O ensaio foi publicado pela primeira vez em 1874. As referências a páginas aparecem no corpo do texto deste capítulo. Encontrei apenas uma única discussão do ensaio de Nietzsche anterior a esta na bibliografia jurídica: Donald P. Boyle Jr., Nota, "Philosophy, History, and Judging", 30 *William and Mary Law Review* 181, 185-189 (1998).

Devemos primeiramente distinguir o *estudo* da história e, portanto, a história como maneira de remeter ao passado, interpretá-lo e explicá-lo (*Geschichte*), da história simplesmente como conjunto de eventos, cronologia ou registro do passado (*Historie*)[2]. O alvo de Nietzsche é a história no primeiro desses sentidos. Ele não nega a possibilidade de conhecimento dos fatos que ocorreram no passado. Não é, portanto, um louco pós-modernista. Mas a soma desses fatos, desacompanhada de análises, interpretações ou imputações causais, não é o que entendemos por compreensão histórica, e esta é enganadora. Mesmo assim Nietzsche não é, pelo menos no ensaio que estou examinando, um cético *epistêmico* diante de qualquer um desses dois tipos de história. Ele não nega que possamos saber que Napoleão Bonaparte renunciou ao trono pela segunda vez em 1815, ou mesmo que possamos saber que Napoleão apressou (ou não) o surgimento do nacionalismo alemão[3]. Seu ceti-

---

2. A distinção é bem desenvolvida em Carl L. Becker, "Everyman His Own Historian", 37 *American Historical Review* 221 (1932); C. A. J. Coady, *Testimony: A Philosophical Study*, pp. 233-6 (1992) (onde se distingue entre fatos históricos, por um lado, e teoria histórica, ou ciência histórica – "uma reconstrução imaginativa do passado" [*id.* p. 235] – por outro); e Lionel Gossman, *Between History and Literature*, cap. 9 (1990) (onde se distingue entre pesquisa histórica e interpretação histórica). Coady discorda veementemente (ver Coady, acima, cap. 13) do ceticismo de Collingwood em relação aos fatos históricos. Ver R. G. Collingwood, *The Idea of History* (1970). *Historie* corresponde à busca da verdade no nível do juízo de primeira instância, e pode ser que métodos e problemas bastante semelhantes estejam presentes tanto na busca do historiador quanto na busca do juiz pela verdade dos fatos, como sugere o discurso filosófico sobre o "testemunho", bem ilustrado pelo livro de Coady, que trata dos dois tipos de busca e que retomo na Parte Quatro deste livro.

3. A ideia de que as teorias históricas são uma espécie legítima de teoria científica é vigorosamente defendida em Murray G. Murphey, *Philosophical Foundations of Historical Knowledge*, cap. 7 (1994). Isso não significa negar a indeterminação *prática* de boa parte do que se produz nesse campo. Apresentarei exemplos mais adiante. Sobre a questão geral do ceticismo diante do conhecimento histórico, ver Arthur C. Danto, *Narration and Knowledge* (1985). Para uma sólida demonstração empírica de que o fato histórico é reconstruível mesmo quando envolve episódios que despertam intensas paixões políticas, ver Alan B. Spitzer, *Historical Truth and Lies about the Past: Reflections on Dewey, Dreyfus, de Man, and Reagan* (1996).

cismo diz respeito ao valor social da *Geschichte*, não ao seu valor como verdade. Ele afirma, audaciosamente, que a busca de compreensão histórica pode ter um efeito debilitante sobre a capacidade de enfrentar os desafios do presente e do futuro.

Seu argumento levanta muitas questões a serem ponderadas pelos estudiosos da ciência jurídica, mas somente no que diz respeito ao uso da história como paradigma para o direito. Não sou filisteu a ponto de querer desmerecer o estudo da história jurídica em si. A curiosidade sobre o passado é natural, e o direito tem uma história longa e fascinante. Porém, o estudo imparcial da história jurídica é tão raro quanto irrepreensível. Com exceção do paciente trabalho de um número relativamente pequeno de historiadores profissionais do direito (esse trabalho é árduo, demorado e vem sendo realizado há muito tempo; por tudo isso, é modesto em quantidade), a maioria dos escritos jurídicos sobre história é obra de juízes que evidentemente não são historiadores do direito, bem como de professores de direito que, na melhor das hipóteses, realizam um trabalho de amadores. Esse trabalho tem objetivos normativos e, desse modo, convida ao exame de seu valor social prático, que constitui a preocupação do ensaio de Nietzsche.

Sua crítica do estudo da história se organiza ao redor de três pontos. O primeiro é que o estudo acadêmico da história, ou seja, a tentativa de reconstruir o passado com escrupulosa exatidão – que é o objetivo da escola do *wie es eigentlich gewesen ist* ("como realmente foi") de Leopold von Ranke e seus seguidores, contra os quais Nietzsche escrevia – provoca a desilusão; e o ser humano precisa de ilusões para realizar o que quer que seja. "A verificação histórica sempre traz à luz tantas coisas falsas, toscas, desumanas, absurdas e violentas, que aquele estado de sincera ilusão, que é o único estado no qual qualquer ser desejoso de viver consegue viver, necessariamente cai por terra" (p. 95). As pessoas que têm potencial para a grandiosidade precisam de "uma concepção monumentalista do passado", com a qual possam aprender que "de qualquer modo, a grandiosidade outrora existente foi *possível* uma vez e pode voltar a sê-lo novamente" (p. 69). "Um gigante chama por outro durante os intervalos desertos de tempo e, imperturbado pela tagarelice dos anões que se multiplicam a seus pés, o magnânimo espírito-diálogo prossegue" (p. 111). Essa concepção da história contrapõe-se à "idolatria do factual" (p. 105), uma visão que define todo e qualquer evento histórico como determinado (como um dos elos de uma cadeia inexorável de causas e efeitos) e que exclui a possibilidade da liberdade e da criatividade humanas. Ironicamente, o melhor exemplo que se pode encontrar do tipo de sensibilidade histórica que Nietzsche despreza é a obra de seu seguidor Michael Foucault. Este, por exemplo, em sua história da pena desde o século XVIII[4], não encontra nenhum tipo de grandiosidade ou mesmo de progresso, mas apenas uma teia cada vez mais insidiosa de forças a serviço do poder, um retrato da impotência humana. Esse método de fazer história alimenta um tipo de cinismo que é conformista, para não dizer paralisante.

A segunda crítica nietzschiana da sensibilidade histórica, que só na superfície é incoerente com a primeira, é a de que ela gera ufania porque nos faz pensar que somos melhores que nossos antepassados. Poderíamos chamar essa atitude de "rotulação cronocêntrica". A título de exemplo, podemos citar os críticos de esquerda contemporâneos que rotulam Aristóteles de misógino e censuram Jefferson por ter sido proprietário de escravos e talvez até ter tido filhos com escravas. A história, observa Nietzsche, "leva uma época a imaginar-se possuidora da mais rara das virtudes, a

---

4. Michael Foucault, *Discipline and Punish: The Birth of the Prison* (1977). Não obstante, o método histórico de Foucault provém de Nietzsche, mais especificamente da metodologia "genealógica" exposta na obra *Genealogia da moral*. Ver Brian Leiter, "What Is 'Genealogy' and What Is the *Genealogy*?", em Leiter, *Nietzsche on Morality* (no prelo). A *Genealogia* foi escrita muitos anos depois do ensaio sobre a história. No capítulo seguinte, examino de passagem a relação entre os dois textos.

justiça, em maior grau do que qualquer outra" (p. 83). O progresso moral, cujo conceito é historicista por definição, invariavelmente nos faz parecer bons em comparação com nossos antepassados porque é calculado a partir do ponto de vista do presente. São nossos valores que determinam o que conta como progresso. Para os ingênuos, "escrever de acordo com as concepções de sua própria época é o mesmo que ser justo". Logo, "sua tarefa consiste em adaptar o passado à trivialidade contemporânea" (p. 90).

A relação desta com a primeira crítica está em que tanto o sentimento de paralisia quanto o de progresso provêm da mesma coisa, a saber, do fato de que "todo passado merece condenação" (p. 76). Diante dos horrores e das loucuras do passado, algumas pessoas sentem desesperança, enquanto outras experimentam um sentimento de superioridade. Nenhuma dessas atitudes mentais leva a uma postura sincera, vigorosa e otimista diante dos problemas contemporâneos.

Poderíamos definir a primeira crítica como uma crítica ao tipo de história que menospreza o passado, e a segunda, como uma crítica do tipo de história que glorifica o presente. Já a terceira crítica nietzschiana da sensibilidade histórica (uma crítica, por assim dizer, à postura histórica que menospreza o presente) é a mais interessante e menos desenvolvida. Ela foi retomada por Max Weber – que, nesse contexto, é mais um seguidor de Nietzsche – e, no que diz respeito à criatividade literária, por Harold Bloom. A tese é a de que uma consciência viva do passado desperta um sentimento de atraso. Faz-nos sentir como se fôssemos "retardatários" que vivem "na velhice da humanidade" (pp. 83, 109), e à velhice "corresponde uma ocupação senil, que é aquela de olhar para trás, avaliar as coisas, acertar contas e buscar consolo na lembrança dos fatos passados; em suma, uma cultura histórica" (p. 109). Esse ponto guarda relação com a primeira crítica e, apesar das aparências, não é incoerente com a segunda (aquela segundo a qual o estudo da história leva à ufania). Podemos acreditar que progredimos no campo da moral e, sem dúvida, também nos campos econômico, científico e tecnológico. Mas não podemos nos imaginar em pé de igualdade com Jesus, Sócrates, Buda e outros grandes inovadores morais do passado. Além disso, nos campos em que nosso progresso é inquestionável, este se deve, em grande parte, à especialização. É inimaginável que as conquistas de um cientista atual tenham a mesma amplitude que as de Newton, que o pensamento de um economista tenha a grandeza daquele de Adam Smith, ou que um biólogo possa produzir um impacto tão revolucionário quanto aquele produzido por Darwin. É impossível imaginar hoje um conquistador da envergadura de Alexandre, o Grande, um gênio militar comparável a Napoleão Bonaparte, ou mesmo que algum dia venha a existir, nos Estados Unidos, um juiz-presidente à altura de John Marshall[5].

Essa visão pessimista, no entanto, pode refletir apenas uma falta de imaginação. Nietzsche está longe de aprovar o sentimento de atraso gerado por um mergulho na história. Na verdade, desde 1874 alguns gigantes (uma categoria que inclui monstros, assim como gênios e santos) passaram pelo palco do mundo, dentre os quais Freud, Yeats, Einstein, Wittgenstein, Lenin, Hitler, Gandhi, Churchill, Kafka, Weber, Holmes, Joyce, Stravinsky e Picasso. Mas realmente parece que o alcance e a possibilidade da genialidade, da grandeza, do verdadeiro individualismo e das conquistas individuais espetaculares diminuíram; e acentuou-se o sentimento de atraso, à medida que áreas cada vez mais vastas da vida humana são submetidas ao jugo da racionalidade gerado a partir da tendência à especialização (divisão do trabalho), ao governo burocrático (e não mais o carismático ou o tirânico), à educação universal, à sofisticação induzida pela mídia, à automação de muitas funções cujo desempe-

---

5. Holmes parece ter tido um sentimento de atraso em relação a Marshall. Ver Oliver Wendell Holmes, "John Marshall", em *The Essential Holmes: Selections from the Letters, Speeches, Judicial Opinions, and Other Writings of Oliver Wendell Holmes Jr.*, p. 206 (Richard A. Posner [org.], 1992).

nho no passado dependia de habilidades humanas, ao crescente sucesso obtido pelas ciências naturais e sociais no tratamento dos problemas sociais e pessoais de modo racional e sistemático e (como parte do avanço da ciência e da tecnologia) ao aperfeiçoamento dos métodos de intervenção terapêutica que visam à correção de deficiências físicas e mentais e à normalização de personalidades anormais. É possível encontrar em gerações anteriores, inclusive naquelas muito anteriores à de Nietzsche, um sentimento de atraso. Podemos encontrá-lo em Hesíodo e na geração de Homero, por exemplo. Mas as circunstâncias do mundo moderno o tornam mais plausível do que nunca.

Por trás desse sentimento de atraso há um quê de complacência e de derrotismo, e isso vincula a terceira das críticas nietzschianas da sensibilidade histórica à segunda. Se a humanidade chegou a uma velhice coletiva, isso significa que ela vivenciou a maturidade (em outras palavras, chegou a um apogeu), o que gera a tentação de comparar a "miserável condição" atual da humanidade a "uma culminação da história do mundo (...), de modo que, para Hegel, o clímax e o ponto-final do mundo como processo coincidia com sua própria existência em Berlim" (p. 104). Todavia, aquilo que entendemos por civilização tem apenas cinco mil anos de idade. Até onde sabemos, podem existir mil, 100 mil, ou até 1 milhão de eras ou mais com tal duração antes que o *homo sapiens* saia de cena (para outros planetas, talvez). Curiosamente, portanto, a perspectiva histórica, aquela que faz com que nos sintamos retardatários, distorce a noção que deveríamos ter de nosso lugar na história.

A terceira crítica talvez pareça entrar em tensão com a primeira e a segunda por ter como alvo uma forma de historicismo monumentalista que realça a grandeza do passado, uma forma que poderia parecer o extremo oposto do historicismo do menosprezo, que é o alvo das outras críticas. Mas a tensão se desfaz quando reconhecemos que o tipo de história monumentalista execrado na terceira crítica é aquele que menospreza o presente, uma postura que é tão negativista quanto aquela de menosprezar o passado. Os historiadores diminutivistas privam a geração contemporânea daqueles exemplos de conquista de que toda geração precisa para se guiar (aqueles gigantes que chamam uns aos outros nos intervalos desertos do tempo) ou geram uma atitude de desprezo ao passado, enquanto os monumentalistas que menosprezam o presente "não desejam ver o surgimento de novas grandiosidades: seu meio de impedir tal advento consiste em dizer: 'Olhai! A grandeza já existe!' (...) Eles agem como se seu lema fosse: que os mortos enterrem os vivos" (p. 72).

Nietzsche não afirma que o estudo da história não tenha nenhum valor possível. Isso fica evidente a partir do fato de que ele aprova o tipo de história monumentalista que exibe à geração presente exemplos alcançáveis de conquistas do passado. Isso é a história "trabalhando pelo futuro e pelo presente, não a serviço do enfraquecimento do presente ou da destruição das raízes de um futuro vigoroso" (p. 77). Trata-se, portanto, da história "a serviço da vida (...). O estudo da história só será algo de saudável e promissor para o futuro na medida em que servir a um novo e poderoso fluxo de vida, por exemplo, a uma cultura em desenvolvimento. Em outras palavras, somente quando for dominada e dirigida por uma força superior, em vez de ser ela própria a dominar e conduzir" (p. 67). O estudo da história deve voltar-se para a ampliação de nosso "poder plástico", que é "a capacidade do indivíduo de desenvolver-se a partir de si mesmo e a seu próprio modo, transformar-se e incorporar o que é passado e estrangeiro, cicatrizar feridas, substituir o que se perdeu e recriar moldes rompidos" (p. 62). Em suma, "a história pertence sobretudo ao homem de realizações e poder, àquele que luta o bom combate e que precisa de modelos, mestres e consoladores, mas não consegue encontrá-los entre seus contemporâneos" (p. 67). Além disso, se certo tipo de história nos faz mal, talvez certo tipo de esquecimento nos faça bem. Esta é a mais interessante das implicações do ensaio. Para Nietzsche, a história só tem valor para a sociedade se for concebida como criação de mitos através da memória seletiva e do esquecimento seletivo.

As críticas de Nietzsche ao estudo da história são de caráter psicológico: história em excesso, ou história do tipo errado (psicologicamente errada, não inexata, já que Nietzsche não preza a exatidão pela exatidão)[6], desperta emoções que impedem a realização de conquistas. Se ainda havia dúvidas de que Nietzsche estava no caminho certo, estas foram dissipadas pelos eventos na Iugoslávia. A preocupação dos sérvios com a história e sobretudo com a Batalha do Kosovo (possivelmente mítica), travada entre turcos e sérvios em 1389, é ruim tanto para estes quanto para seus vizinhos. Uma dose de esquecimento não faria mal aos sérvios.

Também há motivos para nos preocuparmos com as consequências inconvenientes de tipo *cognitivo* do estudo da história, ainda que Nietzsche pouco se ocupe delas. O conhecimento histórico toma espaço no cérebro e deixa menos lugar para outras questões de natureza intelectual. Esse tipo de conhecimento não é inútil, ao menos se pusermos de lado seus efeitos emocionais, e fornece um acervo de precedentes que podem ser usados para resolver problemas correntes. Mas os precedentes só oferecem *boas* soluções a problemas atuais se o presente for muito semelhante ao passado. Do contrário, uma pessoa que "só repete aquilo que ouviu, aprende aquilo que já se sabe e imita aquilo que já existe" (p. 123) não será capaz de resolver nenhum desses problemas. A história fornece um modelo a partir do qual podemos situar e "dimensionar" os problemas contemporâneos. Mas o modelo pode revelar-se uma camisa de força. O uso de analogias históricas (como na expressão "outra Munique") é cheio de armadilhas[7]. Daí a

---

6. "A história a serviço da vida não pode nunca ser história científica." Werner Dannhauser, "Introduction to 'History in the Service and Disservice of Life'", em Friedrich Nietzsche, *Unmodern Observations*, pp. 73, 79 (1990).

7. Um exemplo ao mesmo tempo mais recente e menos conhecido que pode ser citado é como o "modelo" da Batalha do Bulge contribuiu para que o

máxima de que a única lição que a história dá é a de que a história não tem lições a dar.

Não devemos esperar que as críticas de Nietzsche sejam totalmente aplicáveis à história tal como o direito a utiliza. A preocupação de Nietzsche era com o conceito de gênio[8], e suas críticas da abordagem histórica parecem motivadas sobretudo por uma percepção de incompatibilidade do gênio com certo tipo de conhecimento ou visão da história. O ensaio, porém, levanta dois pontos que são importantes para o direito. Primeiramente, coloca a questão de saber se a sensibilidade histórica é uma legítima bênção (nesse caso pode-se perguntar, por exemplo, se o aforismo de Santayana segundo o qual aqueles que se esquecem da história estão condenados a repeti-la é de fato o truísmo que comumente se imagina ser) e transforma aquilo que se dava por certo em um problema a ser resolvido. Em segundo lugar, convida-nos a pensar a pesquisa e a sensibilidade históricas como instrumentos, em vez de como empreendimentos dotados de valor intrínseco e exclusivamente voltados para a verdade. A verdade é um bem, mas existem outros bens que o esquecimento, ou mesmo a falsificação dos registros históricos, poderiam promover. Como afirma Nietzsche em outra obra, "Existem erros muito salutares e produtivos"[9]. Esta é uma observação admirável e incomum, de efeito muito estimulante. Mas é também irresponsável. A defesa de uma abordagem puramente instrumental da

---

comando militar norte-americano no Vietnã deixasse de tomar as medidas adequadas para se preparar para a ofensiva do Tet em 1968. O comando acreditava que o inimigo estava acuado e poderia, como os alemães em 1944, lançar uma ofensiva desesperada. Porém, o fato de que a ofensiva alemã falhara e de que os alemães foram totalmente derrotados dentro de meses deixou os norte-americanos descrentes quanto ao possível sucesso de semelhante ofensiva por parte dos vietnamitas do norte. James J. Wirtz, *The Tet Offensive: Intelligence Failure in War*, pp. 129-32 (1991).

8. A ideia de que, no século XIX, "gênio" era uma carreira – e uma carreira à qual Nietzsche aspirava – é defendida em Carl Pletsch, *Young Nietzsche: Becoming a Genius* (1991).

9. Friedrich Nietzsche, "David Strauss, the Confessor and Writer", em *Untimely Meditations,* nota 1 acima, p. 3.

história pode ser vista como um convite à falsificação: o tipo de coisa que a União Soviética fez e que Orwell parodiou em *1984*. Porém, mesmo os excessos de Nietzsche em seu ensaio sobre a história são úteis para a compreensão do direito, pois elucidam uma concepção análoga de historiografia que os juízes, entre outros profissionais do direito, costumam adotar. Os juízes reescrevem a história, como o faziam os comissários soviéticos*.

Versões radicais da tendência a fazer (ou pelo menos a fingir fazer) com que o passado governe o presente no campo do direito podem ser encontradas em Blackstone. Para este, o objetivo do *common law* inglês deveria ser o de ressuscitar o direito consuetudinário da Inglaterra anglo-saxã[10], ou seja, o direito de um regime que já estava extinto há sete séculos. Também encontramos essa tendência em Savigny, que foi o fundador da escola histórica do direito. Esta, como veremos no Capítulo 6, vê no estudo do direito romano a chave para o aperfeiçoamento do direito moderno. Mas a versão de Blackstone (ou a de Savigny) é apenas isso: um radicalismo. Ela não difere *fundamentalmente* da crença sustentada nos Estados Unidos por muitos advogados, juízes e professores de direito, para quem as respostas às questões modernas de direito constitucional podem ser encontradas no texto da Constituição ou em arcabouço teórico, um palimpsesto de documentos redigidos, em sua maior parte, há mais de dois séculos.

Uma breve reflexão, porém, sugerirá outra possibilidade, a saber, a de que o amplo uso da história, seja por Blackstone, por Savigny ou pelos juízes da Suprema Corte dos Estados Unidos, não é sinal de uma atitude de servidão diante da história, mas o oposto disso; ou seja, é sinal de uma

---

* No original, *commissar* (na ex-União Soviética, membro do Partido Comunista que, além de encarregar-se do ensino e da difusão dos princípios partidários, cuidava do controle da opinião pública e de sua expressão). (N. do T.)

10. Ver, por exemplo, William Blackstone, *Commentaries on the Laws of England*, vol. 4, p. 413 (1769); Thomas A. Green, "Introduction", em *id.* vol. 4, pp. iii, xii.

atitude de pôr a história a serviço da vida, à maneira de Nietzsche. Nem Blackstone nem nenhum juiz de hoje (ou nenhum professor de direito que se comporte como uma espécie de arremedo de juiz) sente-se confortável em dizer: "É assim que o direito deve ser hoje, como quer que este tenha sido no passado, porque temos novos problemas e precisamos de novas soluções."[11] Isso é o tipo de coisa que um político poderia dizer. A frase, porém, não soa como algo que um profissional do direito diria, uma vez que não tem nada de hermético ou esotérico. O profissional gostaria de dizer: "Posso empregar minhas habilidades especiais para encontrar, em sentenças proferidas séculos atrás, a solução já existente para esse problema novo (ou aparentemente novo)."[12] Essa pretensão é pura ilusão, como gostam de observar os realistas jurídicos e os críticos da história do direito tal como a escrevem os juristas[13].

Pensemos nos casos de privacidade sexual, que culminaram em *Roe vs. Wade*. O primeiro deles, *Griswold vs. Connectitcut*[14], foi decidido em 1965, um século depois da ado-

---

11. Cf. Carl E. Schorske, *Thinking with History: Explorations in the Passage to Modernism*, p. 88 (1998): "(...) quando os homens produzem mudanças revolucionárias, eles se protegem de suas próprias inovações aterrorizantes vestindo-se com a roupagem de um passado a ser restaurado".

12. Este é, em grande medida, o espírito da oposição de Savigny à codificação do direito. Ele descrevia o direito de antes da codificação, sobretudo o direito romano, como "o elemento científico – o termo é bastante apropriado – por meio do qual nossa vocação adquire caráter de ciência". Friedrich Carl von Savigny, *Of the Vocation of Our Age for Legislation and Jurisprudence*, p. 163 (traduzido para o inglês por Abraham Hayward, 1831). Ver Capítulo 6.

13. Ver, por exemplo, Alfred H. Kelly, "Clio and the Court: An Illicit Love Affair", 1965 *Supreme Court Review* 119; Martin S. Flaherty, "History 'Lite' in Modern American Constitutionalism", 95 *Columbia Law Review* 523 (1995); Laura Kalman, "Border Patrol: Reflections on the Turn to History in Legal Scholarship", 66 *Fordham Law Review* 87 (1997); Barry Friedman e Scott B. Smith, "The Sedimentary Constitution", 147 *University of Pennsylvania Law Review* 1 (1998). Para um estudo recente que lança grandes dúvidas sobre um elemento essencial da história do direito constitucional tal como a contam os juristas ortodoxos, a saber, o impacto da teoria constitucional de Madison sobre a redação e a ratificação da Constituição, ver Larry D. Kramer, "Madison's Audiences", 112 *Harvard Law Review* 611 (1999).

14. 381 U.S. 479 (1965).

ção da Décima Quarta Emenda, que foi a principal fonte de justificação para a decisão do caso. Antes da década de 1950, mal existia um direito constitucional à liberdade de expressão sólido e aplicável. Não obstante, supõe-se que esse direito tenha sido promulgado em 1789, quando da ratificação da Primeira Emenda. Boa parte daquilo que passa por direito constitucional são interpretações modernas que, no entanto, são defendidas por referência a textos antigos (segundo os padrões norte-americanos de mensuração do tempo histórico) com os quais só guardam uma tênue relação, muitas vezes de mera conveniência. Porém, ainda que a antiguidade dessas interpretações seja uma ilusão, Nietzsche nos ensina que as ilusões históricas podem ser fortalecedoras, pois podem nos libertar dos grilhões do passado. O uso da história pelos profissionais do direito é um disfarce que lhes permite inovar sem desobedecer à etiqueta jurídica. Essa etiqueta consiste em deplorar tanto a novidade quanto o reconhecimento franco do poder discricionário dos juízes e, além disso, em fingir que é possível legitimar as sentenças proferidas pelos juízes não eleitos demonstrando-se que essas sentenças têm raízes democráticas em alguma lei ou cláusula constitucional antiga. Uma vez que as formas mais convincentes de enganação são aquelas que têm raízes no autoengano (porque assim aquele que engana não corre o risco de se entregar), não é de surpreender que muitos advogados e juízes vejam o direito como a aplicação, ao presente, das lições do passado refletidas nas leis e nas sentenças judiciais, entre outras prescrições imperativas criadas no passado para governar o futuro. Mas a verdade é que esses instrumentos criados no passado para resolver os desacordos de então circunscrevem e limitam o leque de possibilidades de decisão dos casos atuais, mas não ditam a sentença.

    O uso retórico da história pelo direito, que aqui descrevo, vem interligado à idolatria do passado, que é uma característica evidente do pensamento jurídico convencional. Essa postura de guiar-se pelo passado convida-nos a adotar uma atitude crítica e afirmar que os mortos não devem governar os vivos. Para refutar tal crítica, pode-se dizer que nossos antepassados tinham uma capacidade para vislumbrar ideias novas, bem como um poder de raciocínio, que nós modernos não temos. Eles são melhores que nós, e não devemos lamentar essa relação "servil" que com eles mantemos.

É extraordinário ver como uma concepção essencialmente enganosa da relação do direito com o passado pode ser mantida ano após ano, década após década, século após século. A maioria dos norte-americanos continua encontrando sentido na crença de que as decisões constitucionais da Suprema Corte, inclusive no campo da liberdade sexual e reprodutiva, têm raízes na própria Constituição. É provável que até mesmo a maioria dos profissionais do direito acredite nisso, ainda que sua crença talvez assuma aquela forma moralmente dúbia de quase crença que Sartre chamava de "má-fé". Na retórica do direito constitucional, é forte a influência da concepção nietzschiana da historiografia como ilusionismo. Os juízes invocam a autoridade dos textos antigos, veneram os autores da Constituição (os gigantes que se evocam mutuamente nos intervalos desertos do tempo) e, em suma, criam uma história fictícia a serviço de um projeto contemporâneo e pragmático. A maioria dos professores de direito constitucional, inclusive "teóricos" como Ronald Dworkin, estimula-nos, ainda que às vezes oponha a própria história fictícia àquela dos juízes. A máscara está tão bem colocada que até mesmo os críticos imparciais da sensibilidade histórica da Suprema Corte são mais propensos a exigir uma história melhor, em vez de história nenhuma. O resultado é que suas críticas ficam marginalizadas, pois parecem um argumento a mais numa discussão técnica em torno de detalhes historiográficos.

Dworkin não é nenhum "originalista", pois não pode ser definido como alguém que acredita que as questões constitucionais modernas devam ser decididas tomando-se como referência os significados que as palavras da Constituição tinham no século XVIII, ou os horizontes intelectuais de seus criadores. O mesmo se aplica a Frank Michelman ou Cass Sunstein. Porém, como assinala Laura Kalman, esses três autores consideram importante construir um *pedigree* histórico para as interpretações constitucionais que desejam fazer. Para eles, é preciso "imbuir o passado de autoridade prescritiva"[15]. Contudo, argumenta Kalman, trata-se de um passado criado a partir de interpretações e não de um passado descoberto tal como era. "Os revivalistas republicanos [Michelman e Sunstein] apropriaram-se dos historiadores a fim de defender uma causa, permitindo que o presente sobrepuje o passado."[16] Eles empregam "a retórica do originalismo"[17]. Kalman vê essa retórica como condição indispensável para a inovação judicial, tendo em vista nossa cultura jurídica. Pode ser que isso seja verdade (ainda que mais adiante eu demonstre meu ceticismo quanto a essa questão). Talvez os acadêmicos não estejam enganando a si próprios, fingindo acreditar que estão produzindo trabalhos de história, mas apenas tentando usar uma linguagem que os juízes entendam. Sejamos claros, porém: o que eles fazem é, de fato, retórica e não historiografia. Mais adiante argumentarei que, por mais paradoxal que isso possa parecer, os verdadeiros originalistas são *menos* historicistas do que muitos antioriginalistas. O originalismo é uma *reação* ao historicismo.

Para Kalman, os estudiosos de teoria constitucional "não se deixam enganar" pelo próprio historicismo. Se o fazem ou não, esta é uma questão de pouca importância. Preocupa-me mais que alguns juízes de fato se deixem enganar pela ideia de que a história realmente oferece as soluções até mesmo para as questões jurídicas mais importantes. Isso os faz pensar que podem sempre se esquivar da questão verdadeiramente complicada: a integridade das

---
15. Kalman, nota 13 acima, p. 103.
16. *Id.* p. 107.
17. *Id.* p. 124.

soluções apresentadas para as questões de interesse público. Acredito que pelo menos alguns dos juízes da Suprema Corte hesitariam em aumentar os direitos dos estados em nome da Constituição, se se dessem conta de que a história constitucional não oferece nenhum tipo de orientação para a resolução de questões como, por exemplo, a de saber se a Décima Primeira Emenda (que apenas proíbe que um cidadão de um estado processe outro estado em um tribunal federal) caracteriza-se como a codificação de uma doutrina abrangente da imunidade soberana dos estados até mesmo a ações judiciais apoiadas em leis federais.

Embora o direito não esteja subordinado à história no que se refere à doutrina constitucional ou às sentenças judiciais que envolvem questões constitucionais, ele o está em vários outros aspectos, e isso não é mera questão de psicologia judicial. Essa constatação pode ser elucidada com a ajuda de um conceito extraído da economia. O conceito de dependência do percurso (*path dependence*) significa que o ponto de chegada depende do ponto de partida, ainda que, não fosse pelo ponto de partida escolhido, um ponto de chegada diferente fosse melhor. O exemplo mais conhecido na bibliografia econômica, ainda que possivelmente espúrio, é o do teclado da máquina de datilografar. De acordo com o historiador da economia Paul David, o teclado foi projetado a fim de limitar a velocidade da digitação e evitar, desse modo, o emperramento constante das teclas. Esse problema desapareceu com o advento das máquinas de escrever elétricas e dos computadores, mas continuamos presos ao antigo teclado por serem proibitivos os custos do estabelecimento de um acordo entre os fabricantes a respeito de um novo teclado e da "reequipagem" dos milhões de usuários treinados para trabalhar com o teclado antigo e a ele habituados[18]. É de esperar, portanto, que o fenômeno

---

18. Ver Paul A. David, "Clio and the Economics of QWERTY", 75 *American Economic Review Papers and Proceedings* 332 (maio de 1985). Para uma análise geral da teoria econômica da dependência do percurso, ver Stanley M.

da dependência do percurso seja observável sempre que os custos de transição forem altos relativamente aos benefícios da mudança. Esses custos tendem a ser altos quando a transição requer um alto grau de coordenação. Em outras palavras, ainda que determinada mudança traga inúmeros benefícios concretos, estes podem ver-se superados pelos custos da alteração do *status quo* se uma das exigências dessa alteração for a de que um número muito grande de pessoas ou instituições mude seu comportamento mais ou menos ao mesmo tempo. Consideremos os fatores envolvidos na mudança da língua oficial de um país, por exemplo, do espanhol para o inglês; na alteração da largura das vias férreas; ou na instituição da mão inglesa em um país onde os motoristas trafegam pelo lado direito das vias.

A premissa menor de David, de que o teclado convencional é ineficiente, sofreu críticas severas como parte de um questionamento mais amplo da importância empírica do conceito de dependência do percurso[19]. Não desejo entrar no mérito dessas questões. Seja qual for a situação nos mercados competitivos, onde houver incentivos fortes à eficiência, é praticamente certo que a dependência do percurso será um fenômeno importante no direito[20]. Prova disso

---

Besen e Joseph Farrell, "Choosing How to Compete: Strategies and Tactics in Standardization", *Journal of Economic Perspectives*, primavera de 1994, p. 117.

19. Ver S. J. Liebowitz e Stephen E. Margolis, "The Fable of the Keys", 22 *Journal of Law and Economics* 1 (1990); Liebowitz e Margolis, "Path Dependence, Lock-In, and History", 11 *Journal of Law, Economics, and Organization* 205 (1995). Liebowitz e Margolis adotam uma postura radical e negam a existência da dependência do percurso nos mercados de *software* (apesar do valor da compatibilidade entre os computadores e o custo da migração de um sistema de computadores para outro) em seu recente livro *Winners, Losers and Microsoft* (1999). Para uma discussão econômica mais aprofundada do fenômeno da dependência do percurso, ver Lucian Arye Bebchuk e Mark J. Roe, "A Theory of Path Dependence in Corporate Ownership and Governance", 52 *Stanford Law Review* 127 (1999).

20. Cf. Larry Kramer, "Fidelity to History – and through It", 65 *Fordham Law Review* 1627, 1640-1641 (1997), onde se defende um argumento semelhante. Kramer, porém, atribui-lhe importância normativa, coisa que eu não faço. Para mais informações sobre dependência do percurso, ver Capítulo 9.

é, em certa medida, o fato de que a convergência dos sistemas jurídicos é muito mais lenta do que a convergência das tecnologias e das instituições econômicas. Por exemplo, as diferenças entre os diversos estados norte-americanos no que concerne às leis e às instituições jurídicas são maiores que as diferenças entre esses mesmos estados no tocante a suas práticas e instituições econômicas. Quando comparamos países, as diferenças são ainda maiores e mais misteriosas, mesmo que restrinjamos a comparação a países cujo sistema econômico e político, bem como o nível educacional e de renda, é semelhante àquele dos Estados Unidos. É difícil acreditar que o uso intenso do júri civil nos Estados Unidos não guarde relação com as diferenças entre a administração pública inglesa e a continental, que remontam à Idade Média[21]. É improvável que, se estivéssemos partindo do zero, fizéssemos o direito a julgamento pelo júri depender de se o demandante busca indenização por perdas e danos ou imposição de obrigação de fazer, uma distinção cujas raízes estão na contingência histórica de que a Inglaterra desenvolveu dois sistemas judiciários distintos para esses dois tipos de remédio judicial. Também é improvável que a lei de prescrição variasse muito entre os estados como ocorre hoje[22], que o nível de detalhamento no direito norte-americano fosse tão grande quanto é ou que houvesse tantas diferenças processuais entre as ações por responsabilidade civil e as ações por quebra de contrato (uma vez que, em muitos casos, a reparação por um dano pode ser pleiteada nos termos de qualquer uma dessas categorias; além

---

21. Ver, por exemplo, James Bradley Thayer, *A Preliminary Treatise on Evidence at the Common Law: Development of Trial by Jury*, pp. 2-3 (1896). Embora o júri civil possa ser uma instituição mais eficiente do que creem seus críticos, como defenderei no Capítulo 11, a generalização de seu uso atualmente talvez se deva muito a fatores que nada têm a ver com a eficiência. Um deles é a Sétima Emenda à Constituição dos Estados Unidos, que assegura o direito de julgamento pelo júri nos processos em que o valor da causa exceder vinte dólares – sem correção da inflação acumulada desde 1789!

22. Ver *National Survey of State Laws*, pp. 94-104, 392-404 (Richard A. Leiter [org.], 2. ed. 1997).

do que, *analiticamente*, os conceitos de ilícito civil e de contrato são intercambiáveis)[23]. O direito moderno está cheio de vestígios do direito antigo. Se começássemos do zero, seríamos capazes de conceber e (mesmo que consideremos as pressões políticas) adotar um sistema mais eficiente. Isso implica que deve haver obstáculos formidáveis à realização de mudanças no sistema vigente.

Portanto, a deferência do direito em relação ao passado à custa do presente e do futuro não precisa ser atribuída a uma veneração mística, talvez quase religiosa, dos métodos dos antigos. Ela poderia ser apenas reflexo dos custos de transição, embora aqui esses custos não decorram de um problema de coordenação como no exemplo do teclado da máquina de escrever, mas de problemas de informação. Talvez os juízes e os profissionais do direito em geral sejam tão pouco munidos de boas fontes de informação para decidir casos novos ou reformar as instituições do direito a fim de adaptá-las às transformações sociais, que seu método mais eficiente de decidir casos e resolver questões de natureza institucional consista em seguir ou, pelo menos, sujeitar-se fortemente à jurisprudência, como fica claro na analogia dworkiniana entre o *common law* e a redação de um romance coletivo[24]. Quanto mais os juízes dependerem da jurisprudência, mais provável será que a doutrina atual seja determinada pela história e não pelas necessidades contemporâneas. Os legisladores não estão formalmente sujeitos às restrições da jurisprudência, mas sua capacidade de inovar é reduzida pela inércia inerente ao processo legislativo, sobretudo no nível federal, no caso dos Estados Unidos. Ao criar um poder legislativo essencialmente tripartite (o Senado, a Câmara e o presidente, com seu poder de veto), a Constituição dificulta a promulgação de leis. Pelo mesmo motivo, uma vez que uma lei é promulgada, tam-

---

23. Ver, por exemplo, Richard A. Posner, *Economic Analysis of Law*, cap. 8 (5. ed. 1998).
24. Ver Ronald Dworkin, *Law's Empire*, pp. 228-38 (1986) [trad. bras. *O império do direito*. São Paulo: Martins Fontes, 2007].

bém é difícil introduzir mudanças nela, pois os procedimentos legislativos de acréscimo de emendas a leis existentes são os mesmos que se aplicam à promulgação de leis totalmente novas. Por ser difícil de fazer-lhe emendas, a Constituição é uma grande fonte de dependência do percurso no que concerne às cláusulas que não se prestam à "atualização" por meio da interpretação.

A dependência do percurso é um problema menos sério no nível doutrinal do que no nível institucional do direito. Ao rejeitarem a norma estrita do *stare decisis*, os juízes norte-americanos deram a si mesmos o poder de alterar uma doutrina para manter-se em dia com as transformações sociais. Em decorrência disso, a estrutura da doutrina do *common law* (compreendida em sentido geral, isto é, como uma doutrina forjada no processo de decisão de casos, independentemente de esses casos serem ou não de "*common law*" no sentido técnico-jurídico) parece ser, em termos gerais, muito eficiente[25]. A forma genérica de certas cláusulas das leis, das constituições e dos contratos dá aos juízes a oportunidade de adaptar essas cláusulas aos valores e às necessidades atuais. Guido Calabresi propôs que se desse ao judiciário o poder de "anular" leis arcaicas como se fossem precedentes obsoletos[26]. Pode-se até dizer que o judiciário já exerce esse poder, mas dá a ele o nome de "interpretação". O direito também combate a herança do passado diretamente, recusando-se a aplicar algumas das limitações que os testadores tentam impor a seus legados e através de uma doutrina afim, a doutrina *cy pres*. Graças a essa doutrina as instituições de caridade conseguem contornar algumas das condições previstas no instrumento de constituição da instituição. Isso permitiu, por exemplo, que a March of Dimes Foundation* realocasse seus recursos, transferin-

---

25. Ver Posner, nota 23 acima, sobretudo a segunda parte ("The Common Law").

26. Ver Guido Calabresi, *A Common Law for the Age of Statutes* (1982).

* Organização sem fins lucrativos, fundada nos Estados Unidos em 1938, que se dedica a promover a saúde e a recolher e disponibilizar informações

do-os da poliomielite para as doenças pulmonares, depois que a vacina contra aquela doença praticamente a erradicou. Mas mesmo no nível institucional o sistema jurídico mostrou-se hábil em tentar livrar-se das heranças inconvenientes do passado. A Sétima Emenda é intocável. No entanto, através da redução do tamanho do júri civil (que passou a ser composto de seis jurados, em vez de doze), bem como da ampliação do uso do julgamento antecipado da lide, para retirar os casos das mãos do júri, e de leves pressões no sentido de substituir o julgamento pelo júri pelo julgamento pelo juiz, o judiciário federal restringiu e moderou a aplicação originalmente concebida da emenda.

A dependência do percurso no campo jurídico assemelha-se a outro conceito importante, aquele da autonomia do direito. Na medida em que uma prática ou uma área do conhecimento, seja a música, a matemática ou o direito, for autônoma e desenvolver-se de acordo com suas leis internas, seu "programa" – seu "DNA" ou estado atual – guardará uma relação orgânica com seus estados anteriores. Muitos juristas pretenderam fazer do direito uma disciplina autônoma nesse sentido. Trata-se de uma aspiração questionável, e meu ponto de vista é o de que o direito pode ser mais bem compreendido como um servo da necessidade social[27]. Essa concepção rompe com qualquer dependência intrínseca do direito em relação a seu passado.

É natural recorrermos ao passado, seja por carecermos de informações satisfatórias sobre como lidar com o presente e o futuro, seja porque a inovação jurídica implica altos custos de transição (o problema da dependência do percurso, há pouco discutido). Há, contudo, uma grande diferença entre agir assim e tratar o passado como se este fosse normativo. Esta última é a postura adotada por Paul Kahn

---

sobre a saúde infantil pediátrica, sobretudo no que diz respeito a deficiências de nascimento. (N. do T.)

27. Ver, por exemplo, Richard A. Posner, *The Problematics of Moral and Legal Theory* (1999).

(de quem trataremos no capítulo seguinte) quando este afirma que os argumentos jurídicos "partem de um compromisso com o passado"[28] e que "o Estado de direito é para nós o meio através do qual o caráter imperativo do passado se manifesta"[29]; ou por Anthony Kronman quando este diz que, "para advogados e juízes, o passado é um repositório não apenas de informações, mas de valores, e tem o poder de conferir legitimidade às ações do presente", e que "o passado merece ser respeitado simplesmente por ser o passado"[30]; ou por Ronald Dworkin quando este defende que, "ao contrário do que querem os pragmatistas, deve ser concedido ao passado um poder singular sobre o judiciário"[31]. Por que *deve ser*? Uma resposta possível é que a justiça exige que os casos semelhantes recebam tratamento semelhante, e que a eventualidade de determinado caso ter sido decidido muito tempo atrás e outro semelhante ser um caso atual não anula a semelhança. Muito bem; segundo esse ponto de vista, porém, não é ao passado que se deve conceder um poder singular, mas sim à semelhança. A única importância do passado como variável está em advertir-nos de que o mero fato de um caso ter sido decidido há um ano ou há um século não dá ao juiz o direito de ignorá-lo como precedente quando for julgar um caso semelhante. Ele deve ter uma razão para ignorá-lo, assim como deve ter uma razão para ignorar qualquer aspecto possivelmente dotado de potencial elucidativo para a solução do caso em juízo.

Outra resposta possível à questão do "dever ser" é que os eventos do passado podem criar compromissos para o futuro. Os contratos cujo cumprimento deve ocorrer ao lon-

---

28. Paul W. Kahn, *The Cultural Study of Law: Reconstructing Legal Scholarship*, p. 43 (1999).
29. *Id*. p. 44. "Podemos imaginar uma ciência do interesse público que seja totalmente desvencilhada do passado, mas não se trata do Estado de direito." *Id*. p. 45 (nota de rodapé omitida).
30. Anthony T. Kronman, "Precedent and Tradition", 99 *Yale Law Journal* 1029, 1032, 1039 (1990).
31. Dworkin, nota 24 acima, p. 167.

go do tempo constituem os exemplos mais óbvios. As Constituições e as leis podem ser vistas, de certa forma, como contratos. Além disso, a norma que um juiz formula para decidir um caso pode ser considerada uma promessa à comunidade de que os casos futuros serão decididos em conformidade com ela. Na melhor das hipóteses, porém, esses raciocínios são analógicos. O sentido em que se pode dizer que os norte-americanos de hoje "consentiram" com as cláusulas da Constituição e das leis é extremamente impreciso em comparação com o sentido de consentimento que acompanha a assinatura de um contrato. Ademais, a rejeição da aplicação rigorosa do princípio do *stare decisis* torna ab-rogáveis as normas que os juízes formulam para decidir os casos e diminui assim a confiança que essas normas inspiram e recebem. Os interesses associados à confiança em um ponto de apoio são, contudo, um exemplo do compromisso que as práticas ou as decisões judiciais do passado podem criar. Para além da necessidade específica de um ponto de apoio, o tipo de inércia social ou política que exclui do debate público certos problemas (como, por exemplo, a questão de saber quantos senadores um estado deve ter) possui seu valor. Muitas vezes é mais importante chegar a um acordo sobre determinado assunto do que garantir que esse acordo seja justo. Rejeitar a devoção à história não significa endossar uma atitude de experimentação incansável com as instituições políticas e jurídicas; significa apenas rejeitar o excesso de zelo. Em direito, este não é um feito banal.

Um exame da história muitas vezes traz à luz informações importantes que nos ajudam a lidar com o presente e o futuro. Quando isso acontece, porém, é a informação em si que deve orientar nossa reação aos problemas correntes e não o passado como tal, pois este é apenas uma fonte de dados. Se a única razão que se puder apresentar para determinada decisão for o fato de esta já ter sido adotada no passado, trata-se de uma razão frágil, ainda que boa o bastante se não houver nada que justifique mudanças. A concepção da história como banco de dados encontra-se hoje razoavelmente bem compreendida como um recurso associado ao uso que os juízes fazem da "história legislativa", que é o pano de fundo do qual emerge uma lei ou uma cláusula constitucional. Aquilo que um membro influente ou uma comissão do poder legislativo afirmou sobre o significado de um projeto de lei que mais tarde foi promulgado ou mesmo os eventos históricos que ensejaram o surgimento de tal projeto, estes são dados que podem ser úteis para a determinação do significado da lei promulgada. A história, nesse sentido, não é fonte de norma, mas apenas um corpo conveniente de dados relevantes.

O compromisso, a confiança, a informação e até mesmo a inércia são razões para nos mantermos leais a decisões tomadas no passado. É mistificação, porém, chamar de normativo o passado em si. Esta poderia ser uma mistificação indispensável se o público em geral acreditasse nela, porque então a legitimidade das sentenças judiciais poderia depender do fato de os juízes aceitarem o cabresto da história. Apesar de acreditarem em algo *semelhante* a isso, ou seja, que as sentenças devem ser "fundadas" nas prescrições imperativas das fontes de direito, as pessoas em geral mostram-se muito pouco preocupadas em definir quais são essas fontes. Pouco interessado e mal informado que é sobre a história, o povo tende a não exigir que os casos modernos sejam decididos de forma coerente com os textos e precedentes antigos. De outro modo, Robert Bork teria sido confirmado como juiz da Suprema Corte.

O próprio Dworkin não tem pretensão de ser considerado um historiador. Embora não se declare um adepto da postura nietzschiana, na prática ele trata o passado exatamente da maneira oportunista recomendada por Nietzsche. Assim, quando busca padrões de referência para avaliar sentenças contemporâneas, seu olhar sobre o passado raramente vai além da época em que a Suprema Corte era presidida pelo juiz Warren[32]. Esses padrões de referência

---

32. O fato de que o discurso de Dworkin sobre a fidelidade ao passado não desempenha função nenhuma em sua teoria do direito constitucional é

são arbitrários. São um subproduto da escolha de determinado período histórico que deve ser considerado normativo, escolha essa que é determinada pela teoria política de Dworkin. A história da Suprema Corte é marcada pela ciclicidade, não pelo progresso. Nela se percebem ciclos de inovação e retrocesso, de impulso liberal e imobilismo conservador, bem como de impulso conservador e imobilismo liberal. Uma historiografia judicial imparcial legitimaria a lição do cinismo que Nietzsche considerava tão debilitante. Talvez seja por isso que carecemos tanto desse tipo de historiografia.

Outra má razão para adotar uma teoria do direito de orientação histórica é a crença de que a competência dos indivíduos que fazem o direito, principalmente juízes e legisladores, diminuiu. Esta é a típica falácia fundada na ideia de uma "Idade de Ouro" (o tipo de historiografia monumentalista que menospreza o presente, conforme a crítica de Nietzsche), segundo a qual o mundo está indo para o buraco. Essa ideia é tão recorrente quanto ingênua. Ela é reflexo do processo de envelhecimento, que lança um brilho dourado sobre nossa juventude (a falácia da nostalgia, como poderíamos chamá-la); da tendenciosidade seletiva, que nos leva a comparar o melhor do passado com o que há de mediano no presente, porque o tempo ainda não separou o joio do trigo no presente; de uma tendência a cultuar os heróis (relacionada aos dois fatores anteriores) que requer um herói distante no tempo para que o culto se torne uma atitude minimamente plausível; e, nos últimos tempos, do aumento da especialização, que faz com que nos sintamos inferiores a nossos antepassados. Se buscarmos corrigir o fatores que alimentam essa nossa sensibilidade que distorce o passado e faz pouco do presente, perceberemos que os idealizadores da Constituição, bem como juízes importantes, como John Marshall, Holmes, Brandeis, Car-

---

discutido em Michael W. McConnell, "The Importance of Humility in Judicial Review: A Comment on Ronald Dworkin's 'Moral Reading' of the Constitution", 65 *Fordham Law Review* 1269 (1997).

dozo, Jackson e Hand, foram (com exceção de Holmes, um homem dotado de grande talento filosófico e literário, e de Madison, que tinha intuições políticas de grande profundidade) apenas juristas muito competentes. (Quanto a alguns candidatos recentes ao endeusamento, como Earl Warren, William Brennan e Harry Blackmun, não há um reconhecimento homogêneo de que eles sequer chegaram a ser juristas competentes.) Hoje temos muitos advogados igualmente capazes. Se os Estados Unidos decidissem criar uma nova Constituição, não faltariam pessoas qualificadas para redigi-la. Ainda que os advogados e juízes desse passado lendário fossem mais capazes do que a safra atual, seu conhecimento sobre as questões contemporâneas era tão menor que o nosso, que é absurdo atribuir-lhes um poder místico sobre o presente. Uma visão mais plausível é a de que eles não eram mais competentes, mas sim se mostraram à altura das oportunidades apresentada pelas circunstâncias incomuns em que viviam. Uma crise faz com que as pessoas manifestem aquilo que elas têm de melhor (ou de pior). Harry Truman e mesmo Abraham Lincoln talvez tivessem sido presidentes comuns se as circunstâncias em que viveram fossem semelhantes às de hoje.

Portanto, qualquer pessoa que defenda que os casos constitucionais modernos devem ser decididos em conformidade com a "intenção original" dos autores ou homologadores da Constituição dos Estados Unidos estará cometendo um erro se sua justificativa para tanto for que a juventude dos Estados Unidos representa a Idade de Ouro do pensamento jurídico. A única boa razão para se defender o originalismo é pragmática e tem a ver com o desejo de restringir o poder discricionário dos juízes e, desse modo, transferir o poder político destes para os legisladores, incluindo-se aqueles que criaram ou ratificaram as cláusulas e emendas constitucionais. (A má razão, posto que incorre em petição de princípio, é de que as decisões judiciais carecem de legitimidade se forem produto do exercício do poder discricionário. O princípio sujeito a petição é a validade da concepção de legitimidade da qual decorre essa conclusão.) Esta pode não ser uma razão *muito* boa, pois existem outros métodos para limitar o poder discricionário dos juízes que não o de amarrá-los a um intervalo de tempo. O que quero enfatizar no entanto é que aqueles que criticam o originalismo por este ser um método histórico falho não o compreendem bem. A questão é refrear o poder discricionário mediante a adoção de um método de interpretação mecânico, essencialmente lexicográfico e algorítmico, em vez de historicista.

Sugeri que uma política de adesão geral à jurisprudência, isto é, decidir os casos da mesma maneira que casos semelhantes foram decididos no passado, representa uma economia de tempo para juízes e advogados, ao mesmo tempo que permite que os casos decididos sirvam de referência para as pessoas que desejam evitar sofrer processo. Tal política não precisa ter nada a ver com a veneração do passado, a menos que a levemos a um ponto em que os juízes, como criadores de diretrizes de política externa preocupados com analogias históricas (uma forma de precedente), prefiram as analogias forçadas ao reconhecimento da necessidade de lidar com novas questões sem recorrer à muleta do precedente. Praticamente qualquer pessoa concordaria com a afirmação de que uma analogia histórica não pode ser usada como uma "forma de biscoito" que dará de mão beijada a resposta a uma questão de interesse público contemporânea. Isso é fácil de perceber, pois a história nunca se repete exatamente da mesma maneira. Na melhor das hipóteses, a analogia histórica oferece uma lição que pode ser aplicada a um problema atual. No caso do precedente jurídico, o método da forma de biscoito às vezes funcionará. Alguns casos são inegavelmente idênticos a casos decididos no passado, em todos os aspectos relevantes que possamos imaginar. Quando, no entanto, a relação é apenas de "analogia", não existe um padrão de medida de semelhança capaz de viabilizar a solução de um caso presente a partir de um caso anterior, assim como nenhum padrão de medida de semelhança teria dado a Lyndon Johnson meios de descobrir se o ato de abandonar o Vietnã do Sul ao próprio destino teria sido "outro Munique".

As analogias históricas são causais. O Acordo de Munique, por exemplo, é usado para mostrar que, se agirmos de determinada maneira, o mesmo resultado horrível irá seguir-se. O precedente jurídico, por sua vez, é normativo: um caso deve ser decidido do mesmo modo que outro anterior porque a semelhança entre os dois é considerável. As armadilhas, porém, são as mesmas. Os aspectos envolvidos na noção de semelhança são vagos. O emprego de qualquer um dos tipos de analogia, a histórica ou a jurídica, é válido quando extrai um princípio (ou uma reflexão) que possa então ser usado para elucidar um evento ou caso subsequente. Em nenhum dos casos, portanto, a história é normativa. Trata-se apenas de uma fonte de dados potencialmente úteis.

No caso da história, os argumentos concebidos por analogia são contaminados pela dificuldade de avaliar as afirmações historiográficas de tipo contrafatual[33]. Examinamos de relance essa dificuldade na Introdução, ao questionarmos quais foram as consequências do exercício do poder do controle judicial de constitucionalidade das leis pela Suprema Corte, bem como no Capítulo 1, quando refletimos sobre como Bentham influenciou a teoria econômica do direito. Não podemos rebobinar a história e reproduzi-la sem o Acordo de Munique (ou o controle judicial de constitucionalidade, ou Bentham) para ver o que teria acontecido. Para avaliar uma afirmação historiográfica do tipo "o que teria acontecido se", precisamos de uma lei histórica[34], como aquela de que a conciliação convida a mais agressão. Se tivermos confiança na integridade das

---

33. Esse problema é reconhecido pelos historiadores profissionais. Ver, por exemplo, Peter Novick, *That Noble Dream: The "Objectivity Question" and the American Historical Profession* (1988).

34. Fred Wilson, *Laws and Other Worlds: A Humean Account of Laws and Counterfactuals*, pp. 72-89 (1986). Para um exemplo de como a teoria econômica pode ser usada como critério de avaliação de uma afirmação historiográ-

normas jurídicas (uma confiança que, no entanto, dificilmente perpassará a investigação histórica), podemos prever as consequências de um ato de conciliação como o Acordo de Munique. Do contrário, isso será impossível. Da mesma maneira, defender uma norma jurídica a partir da analogia é um ato que exige que o analista jurídico extraia, dos casos anteriores, um princípio que abranja o caso atual[35]. Os casos anteriores não são normativos *a priori*, tanto quanto a história não o é.

A decisão segundo a jurisprudência tem implicações para a idade ideal dos juízes[36]. Quanto mais velho se fica, mais no passado se vive. Uma pessoa muito jovem tem pouco a extrair de seu passado em matéria de recursos para lidar com o presente, mas sua capacidade de imaginação e raciocínio encontra-se em seu ponto mais alto. Uma pessoa de idade, por sua vez, tem uma capacidade de imaginação e raciocínio que está em declínio, mas tem também um vasto repositório de lembranças que lhe podem servir de modelos – de "precedentes", quase em sentido literal – para resolver novos problemas por comparação com os mais antigos. É claro que o jovem pode ler sobre o passado. Mas aquilo que uma pessoa extrai de suas leituras depende essencialmente de sua postura diante daquilo que lê. O passado é menos vivo para quem lê sobre ele do que para quem o presenciou.

Provavelmente não é por acaso que a idade média dos juízes é menor nos sistemas de *civil law* do que nos siste-

---

fica do tipo "o que teria acontecido se", ver Raymond Dacey, "The Role of Economic Theory in Supporting Counterfactual Arguments", 35 *Philosophy and Phenomenological Research* 402 (1975). Para um exemplo concebido a partir da teoria dos jogos, ver Bruce Bueno de Mesquita, "Counterfactuals and International Affairs: Some Insights from Game Theory", em *Counterfactual Thought Experiments in World Politics: Logical, Methodological, and Psychological Perspectives*, p. 211 (Philip E. Tetlock e Aaron Belkin [orgs.], 1996). Não nego a existência ou a possibilidade da descoberta de leis históricas genuínas. Apenas enfatizo a dificuldade e a incerteza da empreitada.

35. Richard A. Posner, *The Problems of Jurisprudence*, pp. 86-100 (1990).
36. Richard A. Posner, *Aging and Old Age*, cap. 8 (1995).

mas de *common law*. A causa imediata da diferença é que nos sistemas de *civil law* os cargos do judiciário são de carreira, ou seja, as pessoas entram para o judiciário logo depois de graduarem-se em direito. Ao passo que, nos sistemas de *common law*, os juízes geralmente ingressam por via "lateral" a partir da prática da advocacia ou do magistério. No *civil law*, o julgamento de causas é mais formalista, mais "lógico" do que nos sistemas anglo-americanos. Concomitantemente, é menor a ênfase na jurisprudência e a observância desta. Tendo em vista que a lógica é uma ferramenta de solução de problemas mais usada pelos jovens, enquanto o precedente é mais usado pelas pessoas de idade, não devemos ficar surpresos se encontrarmos juízes mais jovens num sistema jurídico que enfatiza a lógica e juízes mais velhos num sistema que privilegia a jurisprudência. Reconheço, porém, a possibilidade de que a relação de causalidade seja a inversa, ou seja, de que é a natureza da carreira judicial anglo-americana que determina o caráter menos formalista do julgamento de causas nesse sistema.

O juiz de orientação histórica que venho descrevendo, esse sujeito que já não é jovem e quer decidir seus casos a fim de pôr à mostra o *pedigree* destes, isto é, sua continuidade com casos, leis ou cláusulas constitucionais anteriores, talvez pareça estar a uma distância infinita do juiz pragmático, cujo desejo é decidir seus casos da maneira que melhor promova, dentro das limitações do papel do juiz, os objetivos da sociedade. O juiz pragmático usa a história como um recurso, mas não venera o passado nem acredita que este deva exercer um "poder singular" sobre o presente. Segundo observou Holmes em uma frase memorável, "É revoltante não ter nenhuma justificativa melhor para uma norma jurídica do que o fato de que assim se estabeleceu na época de Henrique IV"[37]. Todavia, esse dois tipos de juiz talvez não sejam tão diferentes quanto parecem. Afir-

---

37. Holmes, "The Path of the Law", em *The Essential Holmes*, nota 5 acima, pp. 160, 170.

mei há pouco que a história fornece um útil disfarce para decisões tomadas com base em outras justificativas. Acrescento aqui que isso que ela fornece é quase sempre uma máscara devido ao caráter de indeterminação da maioria das investigações historiográficas supostamente envolvidas no processo jurídico de tomada de decisões. Por trás desse disfarce, porém, pode esconder-se um pragmatista.

Não pretendo dizer, com tudo isso, que os fatos históricos estejam além de nosso alcance e que o juiz que se debruça sobre a história em busca de orientação seja, portanto, uma impossibilidade. Ainda que não consigamos (a não ser no campo da astronomia) observar eventos ocorridos no passado, podemos ter uma enorme confiança em muitas informações concernentes a esses eventos; como, por exemplo, que George Washington foi o primeiro presidente dos Estados Unidos, ou que a França foi derrotada na Guerra Franco-Prussiana[38]. Estas, todavia, não são informações às quais os juízes e professores recorrem quando estão defendendo a interpretação e aplicação de cláusulas constitucionais, dispositivos de leis e sentenças judiciais do passado. A história estritamente compreendida como aquilo que já aconteceu não produz significado algum. Talvez ela possa nos dizer o que certas palavras da Constituição dos Estados Unidos significavam na década de 1780, ou qual é a procedência de algumas cláusulas constitucionais, ou ainda o que alguém disse sobre seu significado na época. Mas existe um abismo intransponível entre, por um lado, os dados históricos não interpretados e, por outro, as teses sobre o significado dos dispositivos constitucionais concebidas pelos juízes quando estes julgam um caso atual. Os tipos de afirmação que os juízes e os professores de direito gostam de fazer sobre a história simplesmente não são verificáveis, pois dependem não de fatos, mas de divergências sobre o processo interpretativo em si. Sabemos, por exemplo, que

---

38. Estes são exemplos da força do "testemunho" (no sentido filosófico) como fonte de conhecimento, que é tema do Capítulo 10 deste livro.

os autores e a maioria dos homologadores da Décima Quarta Emenda não viam os negros como pessoas em pé de igualdade social e intelectual com os brancos. Não sabemos, entretanto, o que fazer com esse fragmento de conhecimento histórico quando o que está em jogo é determinar se a cláusula de igual proteção das leis que compõe essa emenda proíbe a segregação nas escolas públicas.

Temos aqui dois problemas, não apenas um. O primeiro é a intangibilidade da Verdade histórica. Não me refiro à veracidade dos fatos que compõem uma narrativa ou cronologia simples, ou mesmo a inferências estatísticas feitas a partir de dados históricos. Refiro-me à veracidade das afirmações causais e valorativas feitas acerca da história. O segundo problema, que se coloca quando a questão é o significado de algum evento ou documento histórico e caracteriza-se portanto como uma questão interpretativa, é o caráter de indeterminação que marca a escolha de uma abordagem interpretativa. Quando um professor de direito diz que a cláusula de igual proteção das leis garante a igualdade política básica dos negros e outro diz que o objetivo dela é criar um conceito de igualdade que evolui e gera novos significados ao longo do tempo, a divergência entre eles diz respeito à teoria interpretativa e não pode ser resolvida por um estudo aprimorado ou mais profundo da história. A história pode revelar os pressupostos interpretativos dos redatores ou ratificadores de uma lei ou de uma cláusula constitucional, mas não revela a importância que um intérprete moderno deve dar a esses pressupostos.

Sem dúvida, há situações em que o conhecimento da história, e não apenas da história de uma doutrina, é importante para que um juiz tome sua decisão. Ao interpretar a expressão "delitos ou crimes graves" do Artigo II da Constituição dos Estados Unidos, por exemplo, talvez não queiramos parar no significado que a expressão tinha no século XVIII e na discussão realizada em torno de seu significado durante a Assembleia Constituinte, mas provavelmente queiramos começar a partir dela. De outro modo, podemos ter problemas com a palavra "delito" (*misdemeanor*), que atualmente significa um crime de menor gravidade, mas que na época tinha um significado muito mais abrangente[39]. Menos problemático ainda é o tipo de aplicação da história que mais atraía Holmes, isto é, aquela que consiste em mostrar que uma doutrina moderna é apenas um vestígio histórico, devendo, portanto, ser descartada; ou então o uso da história para pôr abaixo o historicismo ignorante que marca um número excessivo de decisões judiciais[40]. Estes são exemplos de historiografia como terapia, o que corresponde ao uso terapêutico da filosofia analítica – o uso desta como meio de rebater as invocações falaciosas da filosofia, em contraposição a seu uso "interpretativo", que é o sonho de muitos filósofos.

Até mesmo as aplicações jurídicas limitadas do estudo da história que venho descrevendo dependem da existência de um consenso entre os historiadores profissionais ou, pelo menos, de uma falta de controvérsia entre estes (pois há questões historiográfico-jurídicas que nunca atraíram o interesse dos historiadores profissionais, talvez pelo fato de as respostas serem óbvias). Quando os historiadores profissionais divergem racionalmente acerca da resposta a uma questão de história envolvida em um caso jurídico, os juízes devem encontrar outro método, que não o histórico, para

---

39. Por exemplo, o dicionário de Johnson define-a como "agressão; má conduta; [ou] algo menos grave que um crime atroz". Samuel Johnson, *A Dictionary of the English Language* (1775). Ver Richard A. Posner, *An Affair of State: The Investigation, Impeachment, and Trial of President Clinton*, cap. 3 (1999).

40. Para um exemplo escolhido quase a esmo, considere-se o caso *Estados Unidos vs. Curtiss-Wright Export Corp.*, 299 U.S. 304, 316-318 (1936), em que a Suprema Corte decidiu que o poder do Congresso de declarar guerra difere do poder de regular o comércio pelo fato de que não estava entre os poderes soberanos dos estados antes da promulgação da Constituição. Charles A. Lofgren, historiador profissional, em seu artigo "United States *vs.* Curtiss-Wright Export Corporation: An Historical Reassessment", 83 *Yale Law Journal* 1, 32 (1973), declarou a discussão historiográfica no caso *Curtiss-Wright* "espantosamente imprecisa". Não creio que a avaliação dele tenha sido questionada. Ver, a título de visão geral, Jack L. Goldsmith, "Federal Courts, Foreign Affairs, and Federalism", 83 *Virginia Law Review* 1617, 1660 e nota 184 (1997).

resolver o caso, posto que não compete a eles arbitrar disputas historiográficas. Ademais, justamente por não terem essa competência, é inevitável que eles escolham aquele lado da disputa historiográfica que coincida com suas preferências, ainda que por motivos totalmente diversos, se estiverem determinados a formular sua decisão a partir de argumentos históricos.

Os originalistas mais sofisticados têm consciência de tudo isso. Seu desejo não é substituir os debates profissionais, mas inconclusivos, em torno de questões de administração pública ou de valores por debates entre amadores em torno de questões históricas. O que eles querem, ou ao menos devem querer (pois não raro cedem à tentação de praticar aquilo a que os historiadores do direito se referem, de modo acertadamente jocoso, como "história de escritório de advocacia")[41], é uma investigação de escopo restrito sobre questões precisas e respondíveis acerca do significado histórico de palavras e frases específicas, aliada a uma lista de "cânones de interpretação" que viabilizarão a aplicação desses significados históricos às questões contemporâneas.

Os originalistas de hoje, como o juiz Scalia, vêm reagindo ao modo desregrado com que os juízes exercem seu poder discricionário na época em que Earl Warren presidia a Suprema Corte e, em grau ligeiramente menor, na época de seu sucessor Warren Burger. Na prática, nem sempre esses originalistas se portam assim. Refiro-me apenas àquilo que eles pregam. Seu desejo (ao menos aquele que eles professam) é minimizar o poder discricionário dos juízes. Para tanto, criaram um tipo de mecanismo algorítmico. Os historicistas do direito, por sua vez, não aspiram a nada disso. Querem essencialmente criar um *pedigree* histórico para as posições que defendem, a fim de refutar as acusações de

---

41. Para exemplos de digressões extremamente discutíveis de juízes originalistas, ver *Plout vs. Spendthrift Farms, Inc.*, 514 U.S. 211, 219-225 (1995); *Michael H. vs. Gerald D.*, 491 U.S. 110, 128 nota 6 (1989) (voto concorrente majoritário); *Estados Unidos vs. Lopez*, 514 U.S. 549, 584 (1995) (voto concorrente).

criatividade judicial. Richard Fallon inverte as coisas ao sugerir que a retórica dissimulada é inerente ao método pragmático de julgamento de causas[42]. Porém, a adoção de uma retórica historicista é um claro sinal de que o juiz não está revelando as verdadeiras fontes de sua decisão.

Portanto, num sentido excêntrico, mas que considero válido, o pragmatismo é uma reação à dificuldade de resolver questões históricas polêmicas e não uma escola de teoria histórica do direito. Contudo, aqueles que não se sentem muito atraídos pelo originalismo (e precisam buscar algum outro método de resolução de casos que não a história) estão sujeitos à crítica de que a dificuldade de interpretar corretamente a história só será um fator importante se a outra opção for *simples*. Se a segunda opção for a análise das políticas de administração pública, como alguns pragmatistas se sentiriam inclinados a afirmar, sua adoção pode parecer um salto da frigideira para o fogo, ou seja, a substituição de uma investigação vaga por outra igualmente vaga. Porém,

---

42. Richard H. Fallon Jr., "How to Choose a Constitutional Theory", 87 *California Law Review* 535, 574 (1999). Fallon afirma que, "por predispor os juízes a guiarem-se por suas concepções pessoais sobre o que tornaria o futuro melhor, o pragmatismo legitimaria um comportamento judicial que agride tanto o princípio do Estado de direito quanto os valores democráticos". Mas o pragmatismo não legitima decisões tomadas a partir de pontos de vista *pessoais*. Isso seria mero capricho. Seu efeito, em vez disso, é o de chamar o juiz a concentrar-se nas consequências sociais de suas decisões. Fallon reconhece que o pragmatista pode desejar que os juízes levem em consideração o Estado de direito e os valores democráticos, mas disso deduz que "os juízes pragmatistas podem, portanto, seguir as regras estabelecidas exceto nos casos em que não for muito oneroso fazê-lo. Além disso, podem redigir pareceres insinceros para justificar suas decisões, professando aceitar as prescrições imperativas de decisões passadas mesmo quando estiverem tomando novos rumos que lhes pareçam melhores para o futuro". Mas por que os juízes se sentiriam obrigados a redigir pareceres insinceros para justificar seus votos? Por que não poderiam dizer, como muitas vezes o fazem, que uma regra existente deve ser alterada para adaptar-se a circunstâncias novas ou excepcionais? As referências bibliográficas da discussão de Fallon sobre o critério pragmático de julgamento de causas indicam que sua concepção desse critério não vem de nada que os pragmatistas tenham escrito, mas sim das caracterizações tendenciosas de Ronald Dworkin.

ao atracar-se com questões de interesse público o juiz ao menos está lidando com alguma coisa que tem importância e pode ter a esperança de fazer progressos e reduzir a quantidade de erros cometidos. Ao deixar de se esconder por trás do suposto domínio de uma metodologia hermética impenetrável aos "meros" criadores de políticas e a outros não iniciados, esse juiz também estará facilitando a correção dos erros. Ademais, a perfeição na investigação da história, ainda que alcançável, responderia a uma das objeções enfrentadas por esse tipo de investigação, mas deixaria sem resposta uma pergunta mais básica: por que o passado deve, necessariamente, governar o presente?

5. O historicismo entre os estudiosos do direito: Ackerman e Kahn

Discuti até aqui os riscos do historicismo para a atividade judicial. Mas o historicismo também impõe riscos aos estudiosos do direito, conforme mostrarei a partir da análise de um dos mais ambiciosos empreendimentos historicistas do saber jurídico contemporâneo, qual seja, o esforço de Bruce Ackerman por provar que o Artigo V da Constituição dos Estados Unidos não é a única fonte de metodologia para a confecção de emendas à Constituição[1]. Nesse contexto, também é importante o esforço de seu colega Paul Kahn por fomentar uma modalidade "cultural" fortemente historicista de estudo do direito. Apesar de minhas próprias dúvidas, sugerirei que Nietzsche poderia ter visto com aprovação o método de Ackerman, e mencionarei a dívida de Kahn para com a abordagem "genealógica" da história concebida por Nietzsche.

O Artigo V estabelece um processo, ou melhor, dois processos de criação de emendas à Constituição. O primeiro requer que ambas as câmaras do Congresso aprovem uma proposta de emenda por dois terços dos votos, e que três quartos dos estados a ratifiquem. O segundo exige que o

---

1. Esse é um dos objetivos principais da trilogia de Bruce Ackerman, *We the People*, da qual dois volumes já foram publicados. Ver Ackerman, *We the People*, vol. 1: *Foundations* (1991), vol. 2: *Transformations* (1998). Concentro-me aqui no segundo volume.

Congresso, a pedido das assembleias legislativas de três quartos dos estados, convoque uma convenção constitucional. Qualquer emenda proposta pela convenção deve, assim como previsto no primeiro procedimento, ser ratificada por três quartos dos estados. O segundo processo nunca foi usado. A Constituição original foi promulgada por uma convenção e em seguida ratificada pelos estados, mas obviamente não se tratou de uma convenção convocada nos termos do Artigo V, posto que este ainda não existia.

Como prova de que é possível criar emendas à Constituição sem observância do Artigo V, Ackerman cita as emendas adotadas depois da Guerra de Secessão, ou seja, a Décima Terceira, a Décima Quarta e a Décima Quinta. Segundo o autor, a adoção dessas emendas violou o Artigo V de várias maneiras. Mas seu argumento é essencialmente o de que o Norte vitorioso obrigou um Sul relutante a engolir as emendas. Sem essa coerção, as emendas não teriam sido ratificadas, pelo menos não tão rapidamente, pelos três quartos necessários dos estados. Ackerman também argumenta que a Constituição recebeu emendas em total inobservância do Artigo V durante o *New Deal*. Durante esse período, no entanto, não se criou nenhuma emenda formal, a não ser aquelas (que não se aplicam a sua tese) que aboliam a Lei Seca e antecipavam a data da posse do presidente, depois de eleito, de março para janeiro. As "emendas" do *New Deal* a que Ackerman se refere são as decisões da Suprema Corte que aumentaram o poder do governo federal sobre a economia e alteraram a ênfase da liberdade constitucional, que passou da esfera econômica para as esferas política e pessoal. Para ele, a ausência de um texto constitucional formal não representa uma diferença decisiva entre as emendas da Reconstrução e aquelas do *New Deal*. A importância das emendas da época da Restauração não está naquilo que nelas se afirmava, isto é, não se encontra no texto promulgado, mas naquilo que simbolizavam: uma transferência fundamental de poder dos estados para o governo federal.

Segundo Ackerman, o precedente que legitimou os processos de criação de emendas aparentemente usurpadores das épocas da Reconstrução e do *New Deal* foi a adoção da Constituição original. Os autores da Constituição ampliaram o âmbito de suas atribuições a partir do Congresso Continental, que havia autorizado a convocação de uma convenção constitucional para emendar os Artigos da Confederação. Esses artigos exigiam que as emendas fossem aprovadas por unanimidade. Apesar disso a convenção, sobrepondo-se aos Artigos da Confederação (e portanto "emendando-os" radicalmente), determinou que a nova Constituição entraria em vigor mediante ratificação por nove dos treze estados (embora tivesse força de obrigatoriedade apenas sobre os estados que a ratificassem). Ackerman acredita que, nos três exemplos, a observância das exigências previstas na lei para o processo de criação de emendas teria tornado o processo muito demorado. Sua conclusão é que, como consequência das emendas informais, os Estados Unidos têm não um, mas três regimes constitucionais. Os cidadãos desse país não vivem sob as normas da Constituição de 1787, do modo como esta foi emendada e interpretada, mas sob as normas da Constituição de 1787, mais aquelas de uma Constituição da Reconstrução e de uma Constituição do *New Deal*, todas elas irregularmente promulgadas, mas ainda assim válidas.

Ackerman não é o único a acreditar que a "Constituição" de hoje guarda apenas uma leve semelhança com o documento redigido mais de dois séculos atrás. Ao contrário de outros autores, porém, ele não vê essa situação como o resultado de interpretações equivocadas, de uma obstinação da parte dos juízes e de um sentimento de que é necessário adaptar a letra da Constituição às transformações sociais mediante um processo (mais especificamente, o da interpretação judicial) menos moroso do que aquele previsto no Artigo V. Ele vê a divergência entre a "Constituição" original e a atual como consequência daquilo que chama de natureza dualista da política norte-americana. Durante a maior parte do tempo, os norte-americanos se mostram apáticos em relação à política. Vivemos na era da "política ordinária", uma atividade sórdida ou na melhor das hipóteses insípida, dominada por grupos de interesse e marcada pela troca de favores, pelo lobismo, pelo suborno indireto, pela falsidade ideológica e pelo egoísmo em geral. Em tempo de crise, no entanto, as pessoas se tornam conscientes e interessadas. As políticas que surgem nesses períodos em que o povo presta mais atenção às questões de interesse público constituem uma ordem superior de legislação à qual o judiciário e os demais poderes e órgãos do Estado são obrigados a submeter-se até que a próxima convulsão social ou política dê origem a uma nova e igualmente autêntica expressão da vontade popular. Portanto, seria *inconstitucionalidade* a Suprema Corte revogar as principais decisões da era do *New Deal*, ainda que tais decisões tenham sido interpretações equivocadas, quer da Constituição original, quer das emendas da Reconstrução. Essas decisões são emendas constitucionais.

Ackerman procura reabilitar, ainda que não ressuscitar, um grande número de decisões da Suprema Corte que a maioria dos constitucionalistas considerava equivocadas ou, no mínimo, questionáveis. Estas incluem os casos *Lochner*[2] (que revogou uma lei estadual que determinava a jornada máxima de trabalho), *Adkins*[3] (que revogou uma lei federal que regulava o trabalho infantil), *Radford*[4] (que revogou uma lei federal que regulava o perdão de dívidas), *Griswold*[5] (que revogava uma lei federal que proibia o uso de contraceptivos por mulheres casadas) e *Roe*[6]. Para Ackerman, as três primeiras decisões honraram devidamente as premissas libertárias das emendas da Reconstrução. Isso porque, em sua opinião, essas emendas foram feitas para proteger o

---

2. *Lochner vs. Nova York*, 198 U.S. 45 (1905).
3. *Adkins vs. Children's Hospital*, 261 U.S. 525 (1923).
4. *Louisville Joint Stock Land Bank vs. Radford*, 295 U.S. 555 (1935).
5. *Griswold vs. Connecticut*, 381 U.S. 479 (1965).
6. *Roe vs. Wade*, 410 U.S. 113 (1973).

"trabalho livre" não apenas mediante a abolição da escravidão, mas também proibindo a interferência do Estado nos contratos de trabalho. Por sua vez, as duas últimas decisões, *Griswold* e *Roe*, honraram (no entender do autor) as premissas libertário-pessoais das "emendas" do *New Deal*. Assim, ele contesta a história convencional do direito constitucional, que nega que a Constituição tenha sido emendada tão extensamente quanto ele acredita, ao mesmo tempo que caracteriza as sentenças reformadas, como *Plessy*[7] e *Lochner*, como fruto de preconceito, erro ou de um viés de classe social (e não da observância das normas previstas nas emendas constitucionais), e honra os autores dos votos divergentes nesses casos (como o primeiro juiz Harlan e os juízes Holmes e Brandeis), em detrimento dos autores dos votos vencedores.

Ackerman acredita que Ronald Reagan e, mais recentemente, Newt Gingrich tentaram pôr em prática um processo extratextual de criação de emendas com o objetivo de revogar as "emendas" do *New Deal*, mas que Reagan se viu frustrado quando sua indicação de Robert Bork para a Suprema Corte não foi confirmada pelo Senado, o mesmo tendo ocorrido com Gingrich quando Clinton foi reeleito presidente.

O que descrevi até o momento é o equivalente acadêmico do tipo de historicismo normativo descrito no capítulo anterior, no qual os juízes se envolvem quando tentam arregimentar a história em benefício de sua causa. Ackerman tenta fabricar um *pedigree* historiográfico para uma concepção normativa, no caso dele uma concepção acerca da maneira legítima de emendar a Constituição. Os processos especificados no Artigo V se destinam, obviamente, a dificultar o processo de criação de emendas. Essa finalidade não seria atingida se o Congresso ou a Suprema Corte pudessem empregar métodos menos exigentes para chegar ao mesmo resultado. Mesmo que não fossem menos exi-

---

7. *Plessy vs. Ferguson*, 163 U.S. 537 (1896).

gentes, mas apenas diferentes, esses processos alternativos seriam problemáticos, pois introduziriam um alto grau de incerteza na política constitucional. Os partidários e os adversários dos projetos de lei ou das interpretações judiciais propostas pela Suprema Corte nunca saberiam com certeza com o que estariam lidando: se com leis ou interpretações judiciais "pura e simplesmente", ou se com emendas à Constituição. O Congresso, por sua vez, não saberia dizer quando estaria habilitado a legislar da maneira normal, e quando deveria usar o Artigo V, ou mesmo de que modo deveria proceder se quisesse emendar a Constituição sem recorrer a esse Artigo. Se o Congresso tentasse invalidar uma decisão da Suprema Corte mediante a criação de uma lei, a Corte poderia frustrar o Congresso ao declarar que a decisão tem *status* constitucional. Portanto, a abordagem de Ackerman alteraria o equilíbrio de poderes entre o Congresso e o judiciário, e os resultados são imprevisíveis. Há, porém, uma objeção mais básica. Uma ordem como essa comprometeria totalmente um dos objetivos centrais do projeto constitucional: instituir um processo de criação de emendas que fosse claro, exclusivo e raramente utilizado.

Outra objeção que se pode fazer a essa abordagem é que ela exclui os estados do processo de criação de emendas. Enquanto o Artigo V atribui um papel central aos estados, posto que determina que um quarto mais um destes têm o poder de vetar qualquer emenda, Ackerman propõe que a Constituição possa receber emendas sem participação alguma dos estados no processo.

A objeção mais profunda, no entanto, é a de que uma abordagem que trata como opcionais as características estruturais da Constituição não pode, de um ponto de vista lógico, limitar-se ao Artigo V. Assim, essa abordagem deixa subentendido que o Congresso ou o presidente (ou talvez o judiciário) poderiam criar em âmbito federal uma terceira casa: um ditador que daria ordens ao presidente, um tribunal com o poder de reapreciar as decisões dos tribunais estaduais acerca de questões jurídicas de âmbito estadual, ou um processo específico de *impeachment* e deposição do presidente, pois a Constituição não proíbe expressamente nenhuma dessas medidas. Se o Artigo V não é uma limitação do poder do Congresso, por que se deveria tratar como tal qualquer dos outros dispositivos que estabelecem a estrutura do governo federal?

A abordagem de Ackerman *torna* o Artigo V deficiente, em vez de revelar e sanar suas deficiências. Se os juízes não promulgassem emendas extratextuais – se, por exemplo, não tivessem considerado grande parte da legislação dos primeiros tempos do *New Deal* inconstitucional por infringir (segundo a interpretação de Ackerman daquilo que a Suprema Corte fez, e fez acertadamente) as emendas extratextuais da Reconstrução –, haveria pouca necessidade de recorrer ao Artigo V e, portanto, pouca pressão no sentido de contorná-lo. Desse modo, a legislação do *New Deal* teria sido preservada (em sua maior parte, pelo menos) e Roosevelt não teria de tentar coagir a Suprema Corte como o fez ao propor seu "plano de aparelhamento da Suprema Corte"*. Ackerman multiplica as emendas constitucionais. Sua Constituição é mais extensa que a de qualquer outra pessoa; e, quanto mais cláusulas tiver uma Constituição, mais facilitado deverá ser o processo de criação de emendas para evitar, assim, a morosidade do Estado.

A observância estrita do Artigo V como única fonte que determina o processo de criação de emendas à Constituição não exigiria, como diz Ackerman, que a Suprema Corte revogasse as emendas da Reconstrução. A Corte poderia ter adotado (na verdade, adotou) a posição de que o Congresso é que tem a última palavra sobre quando se considerará que uma emenda foi adotada e está em vigor[8].

---

* O autor se refere ao *"Court-packing plan"* de 1937, com o qual Roosevelt tentou alterar o perfil do judiciário e sobretudo a composição da Suprema Corte, depois de inúmeras decisões que consideraram inconstitucional boa parte da legislação que pretendia consolidar a recuperação econômica em seguida ao desastre da Bolsa de Nova York. (N. do T.)

8. *Coleman vs. Miller*, 307 U.S. 433 (1939).

A Corte baseou essa decisão na doutrina da "questão política", que ela inventou e às vezes aplica, quando julga necessário, para evitar intrusões em massa de um dos poderes do Estado no funcionamento dos outros. Os formalistas jurídicos podem condenar esse tipo de abstenção movida pela prudência. Mas Ackerman não é um formalista e, de resto, nunca deixa claro por que considera essa solução um meio insatisfatório de legitimar as emendas da Reconstrução, ainda que ele pudesse argumentar que a doutrina evita, em vez de resolver, a questão da legalidade.

Na verdade, não está claro se as emendas da Reconstrução foram produto de "coerção" no sentido pejorativo do termo. A Guerra de Secessão começou com um ataque da Carolina do Sul ao Forte Summer, ataque esse que não foi fruto de provocação. O governo nacional tinha o direito de defender-se. A ocupação dos territórios de um inimigo é um resultado legítimo de uma guerra legítima. Logo, os governos militares instituídos pelo governo nacional no final da Guerra de Secessão eram legítimos e poderiam ter exigido que a delegação congressional de cada um dos estados ocupados votasse a favor das emendas propostas. Feito isso, poderiam então, quando o Congresso as adotou pela supermaioria necessária e as remeteu aos estados, ter forçado a população a votar pela ratificação delas. Portanto, não está claro de modo algum que as emendas da Reconstrução tenham violado o Artigo V. Tampouco a Constituição original seria capaz de violá-lo. Assim, dois dos três pilares da análise historiográfica de Ackerman caem por terra. O terceiro, isto é, a ideia de que algumas sentenças judiciais da época do *New Deal* têm *status* constitucional, é ainda menos plausível, dada a ausência de qualquer "ponto de apoio" textual que corresponda à Constituição original ou às emendas da Reconstrução.

A concepção de Ackerman acerca de como a Constituição norte-americana é e de como ela deve ser emendada é falha do ponto de vista da administração pública, ao mesmo tempo que não tem um *pedigree* historiográfico real (ainda que isso não me incomode). Mas também gostaria de enfatizar quanto sua concepção de história se acha distante da concepção de história como compilação de dados, e quanto essa distância é prejudicial ao seu projeto de usar a história como paradigma para o direito. Em seu abstracionismo e sua ambição interpretativa, essa teoria historicista da criação de emendas constitucionais imporia ao judiciário o ônus cruciante da identificação de "momentos" constitucionais e da determinação de quais medidas tomadas durante esses momentos deveriam ser consideradas constitucionalmente válidas. O ônus também recairia sobre os críticos das decisões do judiciário. A conformidade de uma decisão judicial com a letra, o pano de fundo ou o propósito de cláusulas constitucionais específicas, ou com decisões passadas que interpretam essas cláusulas, ou com políticas públicas sensatas, ou com quaisquer outros valores, seria irrelevante para uma avaliação da integridade da decisão. A única conformidade pertinente seria aquela verificada com relação a certo *zeitgeist* do passado.

As dificuldades enfrentadas por esse estilo de historiografia ficam evidenciadas pela própria tentativa de Ackerman no sentido de pô-lo em prática. O jogo é em seu próprio campo, mas ainda assim ele joga mal. Algumas decisões cruciais da Suprema Corte refutam sua tese. Em casos como *Plessy vs. Ferguson*, a Suprema Corte recusou-se a reconhecer a liberdade de celebrar contratos. Isso contraria a argumentação de Ackerman, pois sugere que a Corte não aplicava nenhuma emenda extratextual da Reconstrução que protegesse tal liberdade contra o cerceamento dos estados. A Suprema Corte deixou as leis Jim Crow* dos estados sulistas (as quais eram uma afronta ao poder federal) totalmente intocadas durante todo o período da "Consti-

---

* As leis Jim Crow, declaradas inconstitucionais pela Suprema Corte em 1954, foram a partir de 1880 a base legal de uma pesadíssima discriminação contra os negros nos estados do Sul. Acredita-se que o termo "Jim Crow" derive de um tipo de espetáculo teatral de variedades em que os personagens se caracterizavam como negros. (N. do T. e do R. da T.)

tuição da Reconstrução". Mesmo assim, na opinião de Ackerman, esta fortaleceu decisivamente o poder da União sobre os estados.

Sentenças como as de *Brown vs. Board of Education*[9] e *Griswold vs. Connecticut* não podem ser atribuídas às "emendas" do *New Deal*; tampouco o ensino público ou a liberdade sexual eram questões de interesse do *New Deal*. Quanto à interpretação de Ackerman de que a indicação de Bork para a Suprema Corte foi uma tentativa de repelir as "emendas" do *New Deal*, ela também carece de fundamentos. Se Reagan tivesse conseguido encher a Suprema Corte de Borks e Scalias, o resultado poderia ser a reforma da sentença em *Roe vs. Wade*, a declaração de inconstitucionalidade da ação afirmativa, a permissão da prece nas escolas públicas, um cerceamento ainda maior dos direitos constitucionais dos réus de ações penais e a redução do poder do governo federal sobre os estados. Somente o último item dessa relação – pelo qual, no momento em que escrevo este livro, a Suprema Corte, mesmo sendo menos conservadora que antes, vem lutando vigorosamente – teria entrado em choque com a legislação do *New Deal*, mesmo assim apenas levemente. Na verdade, o efeito geral das revogações de uma Corte composta de Borks e Scalias consistiria em fazer o direito constitucional retroceder ao ponto em que este estava quando Franklin Delano Roosevelt morreu! Nem Bork nem Scalia acreditam que *Lochner*, *Adkins* ou qualquer uma das decisões que criaram a Constituição da Reconstrução tenham sido corretamente tomadas. Nenhum deles acredita na constitucionalização dos direitos econômicos à Richard Epstein, para quem *Lochner* foi corretamente decidido e boa parte do *New Deal* era inconstitucional.

Um dos principais desejos de Ackerman é fixar uma relação de semelhança entre os três momentos constitucionais por ele identificados, bem como sua dessemelhança com o quarto momento, este malsucedido, de Reagan e

---

9. 347 U.S. 483 (1954).

Gingrich. Esse exercício prático de analogia historiográfica leva Ackerman a mergulhar nas fontes. O conjunto das fontes históricas primárias e secundárias cujo estudo se mostra aconselhável para a compreensão dos três períodos históricos que Ackerman estuda é vasto. Somente um historiador é capaz de avaliar a triagem que ele realiza e a interpretação que faz das fontes selecionadas nessa triagem[10]. Mas Ackerman não é um historiador. A pesquisa histórica é só uma parte de sua obra acadêmica; e a história, como a maioria dos campos acadêmicos, vem se especializando cada vez mais. Assim, parece pesar contra ele o fato de que, quanto mais especializado um campo se torna, maior a desvantagem do não especialista, e mais perigoso e digno de reprovação se torna o "amadorismo"[11].

Ninguém negará a engenhosidade dos paralelos históricos traçados por Ackerman. Ele compara a Lei da Reconstrução de 1867 (a qual trata como uma emenda ao Artigo V da Constituição, porque ela condicionava a readmissão dos senadores e deputados dos estados do Sul ao voto desses estados para ratificar a Décima Quarta Emenda) ao Artigo VII da Constituição, que atenuara a exigência de unanimidade dos Artigos da Confederação; compara os republicanos radicais que controlaram o Congresso durante a Reconstrução a Franklin Roosevelt; e compara Andrew John-

---

10. Para apreciações (tanto críticas quanto favoráveis) do projeto de Ackerman realizadas por historiadores profissionais e outros estudiosos, ver "Symposium: Moments of Change: Transformations in American Constitutionalism", 108 *Yale Law Journal* 1917 (1999); Collin Gordon, resenha de livro, "Rethinking the New Deal", 98 *Columbia Law Review* 2029 (1998); Larry Kramer, "What's a Constitution for Anyway? Of History and Theory, Bruce Ackerman and the New Deal", 46 *Case Western Reserve Law Review* 885 (1996); Michael J. Klarman, "Constitutional Fact/Constitutional Fiction: A Critique of Bruce Ackerman's Theory of Constitutional Moments", 44 *Stanford Law Review* 759 (1992).

11. Essas constatações, entretanto, podem ser interpretadas da maneira inversa, como demonstra o fato de os historiadores profissionais não terem dado nenhuma contribuição construtiva ao debate sobre o *impeachment* do presidente Clinton. Ver Richard A. Posner, *An Affair of State: The Investigation, Impeachment, and Trial of President Clinton*, pp. 234-7 (1999).

son, o alfaiate do Tennessee que foi o sucessor de Lincoln na presidência e que se opunha aos republicanos radicais, aos juízes da Suprema Corte que tentaram (de início, com algum sucesso) frustrar o *New Deal*. Para Ackerman, o fato de essas poderosas tentativas de impedir a "promulgação" das emendas irregulares (obtida por meios coercitivos no caso das emendas da Reconstrução e por meios não textuais no caso das emendas do *New Deal*) terem fracassado, isto é, o fato de o movimento reformista ter conseguido superar tal resistência, é uma comprovação da força da vontade popular e, portanto, uma constatação da existência de momentos verdadeiramente constitucionais. Mais ainda, demonstra que a promulgação irregular de emendas durante o *New Deal* e a Reconstrução eram um detalhe trivial, comparável a um erro de ortografia nos documentos produzidos por uma comissão judicial. Se o presidente Johnson não tivesse reagido durante o julgamento de seu *impeachment*, teria sido condenado, afastado e substituído por um radical. Se o secretário de Estado Seward tivesse se recusado a proclamar a adoção da Décima Quarta Emenda, o Congresso a teria adotado assim mesmo. Se, por fim, em 1937 a Suprema Corte não tivesse abandonado sua oposição ao *New Deal*, o "plano de aparelhamento da Suprema Corte" de Roosevelt teria sido aprovado.

Não sei se essas ou quaisquer das outras teses de história virtual ou "histórias alternativas" com que Ackerman enche seu livro são verdadeiras. (Aquela que envolve Johnson é a mais plausível.) Isso cabe aos professores de história dizer, se forem capazes. Meu palpite é que estes dirão ser impossível tecer qualquer especulação responsável sobre certas hipóteses históricas apresentadas por Ackerman: e se Lincoln tivesse sobrevivido a seu segundo mandato? Ou Roosevelt não tivesse sobrevivido ao seu primeiro e, em decorrência disso, John Nance Garner tivesse se tornado presidente e desempenhado o papel de Andrew Johnson na resistência a um Congresso radical? Nenhuma "lei" da história prevê os resultados dessas hipóteses.

Ainda que houvesse respostas para todas as perguntas do tipo "e se?", não se seguiria daí, como acredita Ackerman, que os juízes devessem abrir mão das formalidades do processo de promulgação para se dedicar a responder a questões contrafactuais sobre controvérsias recentes ou contemporâneas. A lógica de sua abordagem pode ser assim descrita: se um juiz tiver confiança de que determinada lei teria sido aprovada pelo Congresso e assinada pelo presidente, mas, por algum motivo irrelevante (talvez por um simples descuido dos assessores de uma das casas do Congresso ou devido à obstrução dos trabalhos legislativos por um discurso prolongado sobre alguma questão irrelevante), não foi promulgada, esse juiz poderia seguir em frente e aplicá-la como se a promulgação tivesse ocorrido. Os formalistas que lerem Ackerman podem sair com sua fé fortalecida, enquanto os pragmatistas podem ser forçados a reconhecer que o formalismo tem um papel pragmático legítimo a desempenhar no campo do direito. A lei na qual Seward fundou sua decisão, qual seja, aquela que exigia que o secretário de Estado atestasse a validade de uma emenda constitucional quando esta houvesse sido ratificada pelo número necessário de estados, começa a revelar-se uma formalidade um tanto atraente. Ackerman chama a atestação de "pedaço de papel legalista"[12].

O esforço de Ackerman por identificar três "momentos" constitucionais – três pontos culminantes na história dos Estados Unidos – e relegar ao esquecimento o resto da história norte-americana é excessivamente esquemático. Ele ignora outros momentos nos quais provavelmente a atenção do povo às questões políticas também foi intensa, como, por exemplo, a Guerra de Independência, que produziu a Declaração de Independência (a qual Lincoln sempre tratou como um dos documentos fundadores da "Constituição" norte-americana)[13], e os Artigos da Confederação; as

---
12. Ackerman, *Transformations*, nota 1 acima, p. 154.
13. Rever, na Introdução, a discussão da "Constituição enxuta".

primeiras décadas da atual Constituição, marcadas pela disputa entre os federalistas (inclusive John Marshall) e os republicanos jeffersonianos sobre a questão de o governo nacional ser ou não eficaz; a presidência de Andrew Jackson, que inaugurou a democracia populista; e, por fim, a era progressista, que compreendeu as presidências de Theodore Roosevelt, Taft e Wilson e nos deu a defesa e execução das leis antitruste, o *Federal Reserve Act*, o sistema nacional de parques e o funcionalismo público independente.

O segundo volume da trilogia de Ackerman termina com uma proposta radical de emenda ao Artigo V, mediante um processo extraconstitucional, é claro. A proposta consiste em dar ao presidente reeleito o poder de propor emendas constitucionais que seriam colocadas nas cédulas eleitorais nas duas eleições presidenciais seguintes. Se elas fossem aprovadas, tornar-se-iam emendas formais à Constituição. Em outras palavras, um presidente popular o bastante para ser reeleito teria o poder de propor dois referendos separados por um intervalo de quatro anos. A coincidência dos resultados dos referendos converteria as propostas em parte integrante da Constituição. A proposta seria incorporada a uma lei que condicionaria sua vigência desde que ela fosse apresentada por um presidente no seu segundo mandato, aprovada por maioria de dois terços no Congresso e em seguida apoiada pelos eleitores nas duas eleições presidenciais seguintes. Em outras palavras, assim como a Constituição original, essa lei determinaria o próprio processo de promulgação de dispositivos com força de emenda constitucional.

O motivo que está por trás dessa proposta é obscuro, uma vez que ela não remete aos eventos históricos que, segundo Ackerman, comprovam sua necessidade. Ela não se aplica à fundação da nação; e, no que diz respeito à Reconstrução, uma proposta para a criação de emendas constitucionais que seguisse o modelo de processo defendido por Ackerman não poderia ter sido feita antes de 1872, quando Grant foi reeleito, nem adotada antes de 1880, quando a

Reconstrução já chegara ao fim e nenhuma emenda sua poderia ser aprovada. As emendas do *New Deal*, por sua vez, não poderiam ter sido feitas antes de 1936, quando Roosevelt foi reeleito, nem adotadas antes de 1944, quando a Segunda Guerra Mundial estava no auge e o *New Deal* praticamente já caíra no esquecimento. Essa proposta, por fim, aborda problemas que nunca surgiram e talvez jamais surjam, ao mesmo tempo que deixa de abordar os problemas que lhe dão origem.

A disjunção entre a história que Ackerman narra (ou cria) e a proposta de mudança administrativa na qual culmina sua historiografia é mais uma indicação de que ele não vê a história como uma fonte de dados que possam alertar-nos para os problemas atuais ou que possam elucidar esses problemas de algum modo – da maneira como, por exemplo, a crise econômica entre a eleição e a posse de Franklin Roosevelt sugeriu a necessidade de reduzir o período que separa a vitória eleitoral de um novo presidente e sua posse efetiva. As crises que Ackerman descreve foram superadas *mais* satisfatoriamente do que teriam sido se sua proposta estivesse em vigor, porque essa proposta requer um período mais longo para a implementação de reformas do que teria sido viável. Para Ackerman, a história no sentido interpretativo, não no factual, é que constitui o método apropriado de legitimação de uma proposta radical: a proposta é boa porque algo semelhante a ela já foi usado no passado. O reformador social pragmático não ficará feliz com tal abordagem, posto que está menos interessado em saber se uma proposta radical tem um *pedigree*, ainda mais se for um *pedigree* inventado, do que em saber se seus benefícios superam seus custos. Ele preferiria que Ackerman se concentrasse nessa questão, cuja resposta é mais dúbia do que este pressupõe, em vez de ficar construindo castelos de areia historiográficos.

Ackerman não acredita que o passado seja normativo nem quer nos remeter à maneira como originalmente se compreendia o processo de criação de emendas constitucionais. Seu objetivo é fazer com que sua proposta radical pareça natural diante das analogias históricas que ele lhe associa, bem como desejável diante das crises históricas que poderiam ter sido evitadas se algo como essa proposta estivesse em vigor na época em que essas crises ocorreram. Mas este é apenas outro exemplo (embora diferente daqueles de Blackstone, Savigny e de seus inúmeros sucessores) do mesmo fenômeno: a historiografia praticada pelos juristas não raro assume feições retóricas em vez de científicas. Esse fenômeno é marcado por características que a crítica nietzschiana do estudo da história pode ajudar-nos a compreender e talvez a perdoar. Nietzsche, estamos lembrados, louvava o uso da história pelo "homem de realizações e poder, (...) por aquele que luta o bom combate e que precisa de modelos, mestres e consoladores, mas não consegue encontrá-los entre seus contemporâneos". Poderíamos pensar em Ackerman como alguém que se volta para os grandes homens do passado em busca de modelos e mestres para seu trabalho de superação das limitações do Artigo V. Se a Constituição foi emendada de modo extratextual no passado e se a nação estaria hoje em melhor situação se isso tivesse sido reconhecido, talvez a Constituição possa e deva ser emendada da mesma forma no futuro. A história revela possibilidades e, ao fazê-lo, nos encoraja a talvez introduzir mudanças em nossos métodos correntes. Por ser um exercício de lembrança seletiva e esquecimento seletivo, o projeto de Ackerman, se comparado àqueles de outros historicistas jurídicos, talvez esteja mais próximo de satisfazer aos critérios nietzschianos de engajamento construtivo na história. Essa conclusão, porém, pode apenas reforçar as dúvidas que lancei, no capítulo anterior, sobre a importância normativa do aspecto interpretativo do ensaio de Nietzsche.

Consideremos o tipo de história que o próprio Nietzsche praticou, particularmente na *Genealogia da moral*. Ainda que se pretenda uma história da moralidade, a *Genealogia* é diferente de qualquer coisa que um historiador profissional escreveria, pelo menos antes da descoberta recente da profissão, descoberta essa que segue o espírito de Nietzsche, de que "a história pode ser redescrita como um discurso que é fundamentalmente retórico, e que a representação do passado se dá através da criação de imagens poderosas e convincentes, mais bem compreendidas como objetos criados, modelos, metáforas ou propostas sobre a realidade"[14]. O que encontramos na *Genealogia* é história edificante, não história científica. É um argumento que se apresenta na forma de narrativa histórica para parecer mais vivo e não para tentar "reproduzir fielmente" os fatos históricos. É historicismo a serviço da vida. Desse mesmo modo é que poderíamos dizer que a trilogia de Ackerman está a serviço da vida, ou pelo menos pretende estar.

Olhar para trás, porém, é uma atitude estranha para aqueles que acreditam que devemos ter os olhos voltados para o futuro. Nietzsche diria – ou Holmes, ou talvez Ackerman – que certo tipo de olhar para o passado, um olhar cético e desmistificador, pode fazer com que deixemos de ser escravos da tradição e, desse modo, preparar o terreno para uma abordagem voltada para o futuro. Creio ter sido este o caso com Holmes, mas não com Nietzsche, Ackerman ou nosso principal filósofo contemporâneo do pragmatismo, Richard Rorty. Nietzsche é nostálgico do mundo dos filósofos e dramaturgos pré-socráticos, enquanto Ackerman é nostálgico do *New Deal*. Já Rorty, outro nostálgico do *New Deal*, também enxerga com nostalgia as violentas lutas sindicalistas que culminaram na Lei Wagner*[15].

---

14. Hans Kellner, "Introduction: Describing Redescriptions", em *A New Philosophy of History*, pp. 1-2 (Frank Ankersmit e Hans Kellner [orgs.], 1995). Ver, a título de estudo geral, Hayden White, *Metahistory: The Historical Imagination in Nineteenth-Century Europe* (1973).

* Lei federal de 1935 que disciplinou e estabeleceu os direitos de sindicalização dos empregados, reafirmou a liberdade sindical e a negociação coletiva, instituiu a representação oficial dos trabalhadores pelos sindicatos e introduziu o conceito de prática desleal por parte dos empregadores. (N. do T.)

15. Este é o tema mais marcante dos últimos capítulos de seu livro *Philosophy and Social Hope* (1999). Ver *id*. partes 4 e 5.

Trata-se de posturas reacionárias que exaltam movimentos e perspectivas que não têm valor algum para nós, independentemente daquele que tiveram em sua época.

Paul Kahn, que também é professor de direito em Yale, escreveu um manifesto a favor do que afirma ser uma nova (na verdade, recém-inventada por ele) e melhor modalidade de estudo do direito, a saber, o estudo *cultural* do direito[16]. Sua pretensão é a de que os professores de direito parem de fazer o que estão fazendo e adotem esse novo gênero. Os estudos culturais estão hoje no auge da moda no meio acadêmico. Logo, era inevitável, nesta época de interdisciplinaridade nos estudos jurídicos, que alguém tentasse trazer o direito para seu campo de domínio. Kahn não é o primeiro a tentar fazê-lo[17], mas é quem o faz de modo mais aprofundado. Sua versão particular dos estudos culturais é fortemente historicista e guarda uma grande dívida para com Nietzsche. Em ambos os aspectos, ainda que tenha mais afinidades com a antropologia que com a história, seu trabalho se insere no campo de interesses desta parte do livro.

---

16. Paul W. Kahn, *The Cultural Study of Law: Reconstructing Legal Scholarship* (1999). As referências às páginas deste livro aparecem no corpo do texto.

17. Há fortes razões para que um de seus colegas de Yale, Jack Balkin, junto com James Boyd White, da Universidade de Michigan, sejam reconhecidos como fundadores do estudo cultural do direito. Mas nenhum dos dois é reconhecido e somente Balkin é citado, mesmo assim apenas numa nota de rodapé sobre um assunto secundário. Kahn menciona os estudos jurídicos críticos, mas apenas como uma tentativa falha de reforma jurídica. Isso é verdade, mas o movimento também é uma tentativa de enxergar o Estado de direito a partir de uma visão externa, como "mito" – um mito nocivo, ao contrário do que pensa Kahn, mas isso é apenas um detalhe. Tampouco é nova a ideia de que os juízes interiorizam o Estado de direito porque a adesão a ele é uma regra do "jogo", isto é, do jogo de julgar do qual eles decidiram participar. Kahn não discute obras anteriores de antropologia cultural do direito, realizadas por juristas e antropólogos como Karl Llewellyn, Simon Roberts e John Comaroff, nem a bibliografia antropológica e sociológica produzida pelos adeptos da teoria social do direito. Também não discute os inflamados ataques lançados pelos professores de direito Pierre Schlag e Paul Campos contra o caráter normativo da pesquisa acadêmica de direito.

Para Kahn, os estudiosos do direito são obcecados por projetos de reforma jurídica, além de serem, definitivamente, normativistas inveterados, o que os torna participantes do sistema jurídico e não observadores deste. Até mesmo a teoria jurídica, Kahn a chama de "autoteorização", isto é, teorização segundo as próprias regras estabelecidas pelo direito. Na visão dele, precisamos de estudiosos que abordem o sistema jurídico a partir de uma visão externa, sem compromisso algum com a validade dos pressupostos do sistema, do mesmo modo como um antropólogo cultural estuda o sistema de crenças de uma tribo primitiva sem compromissos normativos. As crenças é que são o elemento central do direito, não as instituições, os processos, os profissionais nem quaisquer normas específicas. Essas crenças encontram-se sintetizadas no conceito de "Estado de direito", que é o princípio e a aspiração centrais da ideologia jurídica norte-americana.

Nesse contexto, o indivíduo que estuda o direito sob uma perspectiva cultural deve primeiramente decompor o conceito de Estado de direito em suas crenças constitutivas e, em seguida, submeter cada uma destas às metodologias que Kahn chama de "arquitetura" e "genealogia" (no sentido nietzschiano ou foucaultiano) – daí a importância de certo tipo de historicismo para seu projeto. A genealogia diz respeito às origens históricas e à evolução da crença, enquanto a arquitetura remete às relações desta com as outras crenças. Ambas devem guiar-se por pressupostos projetados para expurgar o estudo do direito de toda e qualquer consideração normativa. O que esses pressupostos afirmam especificamente é que o direito não é uma tentativa falha ou incompleta de alcançar alguma outra coisa (isto é, o direito deve ser visto como autônomo, não como instrumental); que ele não é produto dos desígnios da razão; que não deve ser avaliado por referência a nenhuma ideia de progresso; e que o legal é inseparável do ilegal (o criminoso é produto do Estado de direito tanto quanto o são o juiz e, consequentemente, a decisão judicial denunciada como "injurídica" em um voto divergente).

Kahn é convincente em muitas de suas afirmações, por exemplo, quando diz que "a teoria [jurídica], em grande medida, foi incapaz de separar-se da prática" (p. 7) e que até mesmo os teóricos mais especulativos, cujas propostas de reforma jurídica carecem totalmente de aplicação prática, pressupõem que "a reforma é o fim apropriado do saber [deles]" (*id.*). "Os estudiosos do direito não estudam o direito; eles são a fonte deste" (p. 27). Essa não é apenas uma contingência decorrente do tipo de instrução que os juristas recebem e do critério segundo o qual os professores de direito são selecionados. É algo inerente à própria ideologia jurídica, que situa o direito na zona de intersecção entre a razão e a vontade (por "vontade" ele entende, numa sociedade democrática, o consentimento popular). Tendo em vista que a razão é, portanto, "um valor fundamental e intrínseco à ordem jurídica (...), o estudo do direito se torna, inevitavelmente, um programa de reforma do direito" (p. 18). A esta altura, começo a divergir dele.

Não é a ideologia jurídica que leva a teoria a subverter-se em prática, mas sim o fato de que a educação jurídica, que é a educação básica que os professores de direito recebem, é basicamente normativa. Os juristas são treinados para produzir argumentos destinados a influenciar os juízes.

Kahn junta duas distinções muito diferentes: aquela que existe entre a análise positiva e a análise normativa (a primeira explicativa e a segunda reformista) e aquela que existe entre a consideração de uma prática a partir de uma perspectiva interna e de uma perspectiva externa (a concepção de direito do jurista *versus* a concepção de direito do antropólogo). Um jurista é capaz de tentar compreender o direito sem buscar aperfeiçoá-lo, enquanto uma pessoa de outra profissão pode insistir em introduzir-lhe mudanças.

A ideia de "reforma" concebida como alteração, quer do ambiente físico, quer do ambiente social, é um projeto central da maior parte das ciências sociais e naturais. Não se trata de uma disformidade peculiar da pesquisa acadêmica de direito.

Kahn superdimensiona a ênfase normativa dessa pesquisa, embora ela seja forte. O estudo normativo do direito, que emprega os mesmos métodos e as mesmas categorias empregadas pelos juízes e legisladores, é a forma predominante de estudo do direito hoje, e sempre foi. Na influente teoria do direito de Ronald Dworkin, como bem observa Kahn, "a reforma do direito através de sua elaboração raciocinativa é parte daquilo que *o direito já é*" (p. 21; itálico no original). Dworkin é um devoto do direito natural. Para ele, direito de má qualidade não é direito. Kahn, porém, ignora um grande número de estudiosos de economia, sociologia e ciência política, muitos dos quais lecionam em faculdades de direito e são professores de direito, que enxergam a ciência jurídica a partir de uma perspectiva externa. (Este é, na verdade, o objetivo deste livro.) Muitos desses estudiosos adotam uma perspectiva normativa, mas não todos. Muitos deles procuram compreender o direito, em vez de modificá-lo. Procuram compreendê-lo, por exemplo, como um instrumento para promover a eficiência, a justiça corretiva ou a paz social, sem se preocuparem em saber se ele poderia ser um instrumento melhor para quaisquer fins a que se proponha. Poucos dentre os trabalhos desses estudiosos têm densidade descritiva da antropologia cultural. Sua contribuição, no entanto, é de caráter genuinamente positivo e tem a ver com o projeto de Kahn de fazer com que os estudiosos do direito deixem de enfatizar a análise normativa e passem a enfatizar a análise positiva.

Kahn deve ter alguma consciência desse ponto porque, em seu capítulo de conclusão, sem retirar nada do que havia dito antes, ele invoca uma bibliografia de ciência política (à qual pertence o livro *The Hollow Hope* [A esperança vazia], de Gerald Rosenberg, que citei na Introdução) que demonstrou a frequente ineficácia das intervenções jurídicas em problemas sociais, como no caso da discriminação racial nas escolas. ("As sentenças judiciais não são o que parecem. Suas pretensões são quase sempre extremamente desproporcionais a seus efeitos" [p. 128].) Kahn observa, de forma pertinente, que "os juízes são capazes de chamar nossa atenção para o aberrante, isto é, para traços remanescentes de práticas sociais que já abandonamos. São incapazes, entretanto, de nos tornar diferentes daquilo que somos. Mas ele parece não se dar conta de que a bibliografia que mostra isso é uma espécie de crítica externa positiva (em vez de normativa) que ainda não é o estudo cultural do direito. Devido a esse equívoco, o autor aceita uma falsa antítese: crítica desde um ponto de vista interno, à maneira de Dworkin, *versus* estudo cultural do direito.

Kahn poderia escapar dessa crítica se redefinisse seu tema como o estudo (tanto externo quanto positivo) do Estado de direito e não do direito. O "Estado de direito" é um complexo de crenças sobre a natureza da legalidade. Tanto os profissionais do direito quanto os cidadãos comuns o adotam, aqueles explicitamente e estes implicitamente. Embora esse complexo de crenças tenha sido estudado a partir de perspectivas externas que nada devem à antropologia cultural, ele chama a atenção do antropólogo cultural, assim como acontece com qualquer outro conjunto de mitos. Chamar *nossa* ideologia de "mito" (até mesmo chamá-la de "ideologia") ou, como Kahn faz às vezes, de "ficção" (sem querer dizer que ela é necessariamente falsa) é uma atitude que irritará alguns leitores. Mas ele está certo ao afirmar que é possível estudar um corpo de crenças sem avaliar se estas são verdadeiras ou não. É possível, por exemplo, estudar a crença asteca na eficácia do sacrifício humano ou a crença católica na eucaristia sem levantar a questão de se essas crenças, esses "mitos", fundam-se na verdade. É difícil fazer isso quando as crenças em análise são as nossas, como a crença no Estado de direito como fundamento de uma sociedade liberal, mas não é impossível. "Uma abordagem cultural enxerga todos os textos jurídicos como obras de ficção. Cada uma dessas obras sustenta um mundo imaginário, ao representá-lo como o nosso mundo" (p. 126). Uma dessas ficções é a eficácia do direito como ferramenta de realização de transformações sociais. As decisões recentes da Suprema Corte que parecem diminuir o poder do governo federal em relação aos estados são um mero episódio do velho "caso de amor" dos norte-americanos com o regional (p. 131).

Uma questão que é de suma importância é saber quanto se deve investir no estudo dessas "ficções". Para Kahn, os estudiosos do direito têm de abandonar em peso seus interesses, para se dedicarem ao estudo cultural do Estado de direito. Mas suas estimativas quanto ao retorno desse investimento não são claras. Mesmo seu livro não é propriamente um estudo cultural do direito, mas apenas uma introdução, ainda que seja apimentado com teses específicas das quais apresento a seguir alguns exemplos.

Nosso conceito de Estado de direito contém vestígios de um conceito presente no Velho Testamento, a saber, o da "história linear da nação de Israel" (p. 46; nota de rodapé omitida), que estabelecia "a autoridade da origem" (*id.*). O direito "adota e rearticula [essa] concepção religiosa da história" (p. 48). Na rearticulação, "a revolução toma o lugar da revelação" (*id.*). Portanto, "a origem no direito caracteriza-se por uma alteridade radical" (p. 49), a saber, a Revolução Americana tal como codificada na Constituição. O direito norte-americano começa com a Revolução e a promulgação da Constituição e deve constantemente retornar a esses acontecimentos em busca de força. Esta é a principal afirmação historicista de Kahn. Essa tese repete o historicismo de Ackerman, que descreve seu projeto de história constitucional como uma "tentativa de situar a experiência revolucionária do povo norte-americano no centro do pensamento constitucional"[18].

De um ponto de vista cultural, o conceito de Estado de direito tem, segundo Kahn, um forte componente territorial. Este está ligado ao elemento de "vontade" presente no direito (lembremo-nos de que, para Kahn, o direito é a in-

---

18. Bruce Ackerman, "Revolution on a Human Scale", 108 *Yale Law Journal* 2279, 2280 (1999).

tersecção da vontade com a razão). A jurisdição, que tanto estabelece quanto delimita a autoridade legal, sendo na verdade a condição de tal autoridade, é um elemento vital do Estado de direito e um conceito fundamentalmente territorial, como a propriedade, à qual se assemelha. Segundo Kahn, porém, a jurisdição não desempenha papel algum na teoria liberal, que em consequência disso "parece mover-se inexoravelmente rumo ao governo mundial" (p. 58). Para Kahn, isso demonstra a tensão entre a ideia de um direito global fundado no governo mundial e o conceito de Estado de direito. A primeira não se desenvolve facilmente a partir do segundo, posto que não tem fronteiras.

O Estado de direito, prossegue Kahn, é um argumento e não um fato. Antes de decidir-se um caso, um advogado pode acusar seu oponente de defender um resultado "injurídico", um resultado que não encontra justificação no âmbito do direito. Um juiz que emita um voto divergente pode justificá-lo com base nesse mesmo motivo. Uma vez proferida a sentença, no entanto, esta se transforma num precedente em relação ao qual os juízes cujo voto não foi vencedor possuem o mesmo dever de obediência que teriam para com uma decisão com a qual estivessem de acordo. "Depois de proferida a sentença, deixar de seguir esse precedente passa a ser uma atitude que revela o primado dos homens" e não o primado do direito (p. 68).

O direito dá pouco valor à ação, o que está ligado ao fato de que seus olhos se voltam para o passado. "Um evento é *legal* quando ele se manifesta como um exemplo de uma norma já estabelecida" (p. 71; itálico no original). "À percepção jurídica, o que importa não é aquilo que se faz, mas sim o fato de que existia um poder legalmente constituído para fazê-lo" (p. 75). Isso gera o seguinte paradoxo. Embora a Constituição pareça ser o fundamento do poder do juiz para invalidar leis, na verdade é a afirmação desse poder por parte dos juízes que criou "a Constituição permanente" (p. 77). Devido a esse poder, somos constantemente forçados a retornar a um texto escrito em 1787 e a ter de reconhecer sua validade permanente como fonte de direito. Passamos a ser regidos pelo passado. Esta é mais uma ilustração da natureza historicista da abordagem de Kahn.

Proibir os criminosos de votar é uma atitude que afirma nosso compromisso "com o primado do direito como nossa cultura política" (p. 82), visto que ela priva o criminoso de sua voz política. Esta é a mesma afirmação que os juízes fazem quando (como acontece com alguns) se recusam a exercer seu direito ao voto para que isso não os marque como seres políticos, o que obscureceria a linha divisória entre direito e política.

No século XIX falava-se muito sobre uma "ciência do direito", mas o descrédito do darwinismo social, uma "ciência" que havia influenciado a Suprema Corte em uma época em que esta apresentava uma composição conservadora, bem como a ascensão das ciências do interesse público e da instância administrativa concebida como um órgão "científico" do Estado, levaram a uma migração da aspiração científica do judiciário para os órgãos político-administrativos. "A relutância dos juristas norte-americanos em aceitar as afirmações de uma ciência do direito é um traço remanescente dessa genealogia" (p. 117).

A "política da vitimização" (p. 85), mais comumente chamada de "política da identidade", abala o Estado de direito porque apresenta as pessoas como vítimas de leis impostas por estranhos e não como criadores de suas próprias leis. Isso as põe em posição de reivindicar direitos especiais que funcionam para separá-las ainda mais da comunidade.

Há uma parcela de verdade em todas essas teses, mas esta não é tão grande quanto crê Kahn. Seu argumento geral é muito exagerado. Ele tenta associar quase todos os fenômenos jurídicos ao conceito e às práticas que sustentam o Estado de direito, e chega a argumentar que o fato de a população carcerária dos Estados Unidos ser proporcionalmente maior que a de qualquer outra nação civilizada demonstra a necessidade do povo norte-americano de expressar seu compromisso para com o Estado de direito. No entanto as outras nações civilizadas consideram os Estados Unidos uma terra sem lei, onde se confere um excessivo poder discricionário aos promotores públicos para que estes sejam lenientes com os criminosos. Segundo Kahn, o Norte lutou a Guerra de Secessão não para salvar a União, mas para preservar o Estado de direito, embora a escravidão fosse legal e a sentença do caso *Dred Scott*, que determinava que o governo federal não podia impedir a expansão da escravidão para os territórios, fosse uma declaração imperativa da mais alta corte do país, enquanto a suspensão do *habeas corpus* por Lincoln era inconstitucional. A reabilitação, segundo Kahn, deixou de ser o objetivo da prisão não porque tenha se mostrado inalcançável, mas porque de certo modo transforma o direito num instrumento a serviço da terapia. A vingança, por sua vez, é proibida não por ser um método ineficiente e destrutivo de preservação da ordem, mas "a fim de tornar possível a afirmação dos significados jurídicos (...). A existência de uma vítima deixa de ser fonte de significado do ato criminoso e se converte em ocasião para a afirmação do significado da norma" (p. 97). Na verdade, a reciprocidade, tanto a positiva quanto a negativa, ainda é um método importante de obtenção de obediência às normas jurídicas e às normas sociais em geral, como veremos no Capítulo 9.

Kahn especula que a criação de uma norma jurídica que proíbe o genocídio pode ter aumentado, e não diminuído ou deixado nos mesmos patamares, como seria de esperar, a incidência do fenômeno. O anúncio de uma proibição estimula o interesse pela conduta proibida. Para ele, a estratégia militar da "destruição mútua garantida" (isto é, a posse de armas nucleares e plataformas seguras de lançamento em número suficiente para garantir a retaliação em massa após um primeiro ataque em massa) não é uma estratégia dissuasiva, mas sim um traço remanescente "do corpo místico do Estado no imaginário contemporâneo. O corpo do rei tinha uma espécie de valor infinito ou incomparável. O mesmo continua sendo válido para o corpo do Estado sob o primado do direito (...). Em vez de perder a identidade política, o Estado anuncia sua disposição para destruir-se completamente" (pp. 61-2).

Estes são exemplos de uma indisposição um tanto perversa para buscar explicações funcionais para as práticas sociais. O que Kahn deixa subentendido é que todas essas práticas são produto do mito (o que é estranho numa cultura na qual as ciências sociais florescem e o pragmatismo é a ideologia dominante) e não de um projeto racional. (Poderiam ser ambas as coisas, no sentido de que têm o mito em sua origem, mas sobrevivem porque se descobre que servem a importantes necessidades sociais.) Ele superdimensiona a capacidade explicativa de um estudo exclusivamente cultural do Estado de direito e também não consegue criar um programa de pesquisas que sirva de referência para um estudo desse tipo. O que é que ainda falta fazer e de que modo se deve fazê-lo? Ele não convencerá muitos professores de direito a se reequiparem com as ferramentas dos antropólogos culturais se não indicar de quais ferramentas eles necessitam, em que materiais devem utilizá-las e o que tenderão a produzir. O mergulho em uma sociedade tribal por vários anos é um estágio fundamental na formação de um antropólogo iniciante. No estudo cultural do direito, o paralelo óbvio seria uma dose de prática jurídica. Mesmo essa dose (sobretudo quando assume a forma de um estágio de direito na Suprema Corte, algo que definitivamente já desvirtuou muitas carreiras acadêmicas) tende a tornar mais difícil, para o estudante, fugir à perspectiva interna. As observações de Kahn sobre o Estado de direito não parecem ter sido muito influenciadas por nenhuma teoria ou metodologia empírica específicas. Além disso, ele jamais indica o que poderia refutá-las. Tampouco nos diz por que as faculdades de direito, instituições profissionais que cobram anuidades caras, devem fomentar um tipo de estudo que ele mesmo admite ser de pouco valor para os juristas. Será que esse tema não seria mais apropriado para os antropólogos culturais, que andam atribulados à procura de novos sistemas de crença agora que as culturas ainda não contaminadas pela influência ocidental desapareceram?

A característica mais curiosa do livro de Kahn, que ilustra a dificuldade que os estudiosos do direito enfrentam para adotar uma perspectiva externa, é sua convicção de que o Estado de direito é um fenômeno exclusivamente norte-americano, oriundo do fato de os Estados Unidos terem sido criados por uma revolução, sucedida por uma Constituição escrita que se destinava a celebrar essa revolução. "Os norte-americanos acreditam ter criado a si próprios primeiramente através de uma ruptura violenta e revolucionária com uma ordem monárquica herdada e injusta, e depois através de um ato jurídico-legislativo popular [a Constituição]" (p. 9). Isso, porém, é falso, porque os "norte-americanos" já se chamavam e eram chamados de "norte-americanos" antes da Revolução e, o que é mais importante, porque os norte-americanos hodiernos, quando refletem sobre o direito, não atribuem à Revolução e à Constituição a importância que Kahn lhes atribui. Nós comemoramos o Dia da Independência, não o dia em que a Constituição foi ratificada. Kahn descreve o próprio sistema de crenças, não aquele do povo norte-americano. O mesmo acontece quando ele diz que "o Estado de direito tem início quando o homem adentra o espaço anteriormente ocupado por Deus" (p. 16; nota de rodapé omitida) e que para os norte-americanos isso aconteceu quando do nascimento da nação.

Certa dose de esquecimento não faria mal a Kahn. A Revolução Americana e a revolução em geral não lhe saem do pensamento. Ele chama a revolução de "a origem e verdade por trás do direito" (p. 121); "sem a revolução, não se cria o direito" (p. 69). Isso é absurdo. O conceito de Estado de direito, aproximadamente da forma como se o conhece hoje nos Estados Unidos, foi claramente exposto por Aristóteles (que, ao contrário de Platão e Sócrates, não é mencionado no livro de Kahn). Sua essência consiste em tratar de maneira semelhante os casos semelhantes e desconsiderar as qualidades pessoais das partes de um litígio (a justiça como deusa cega). Às vezes, Kahn discute o Estado de direito a partir dessa definição – quando diz, por exemplo, que "o cidadão virtuoso não têm o direito de ganhar uma ação judicial exclusivamente com base em seu caráter" (p. 79). A seu ver, porém, o Estado de direito é uma espécie de peculiaridade norte-americana. Na verdade, trata-se de uma instituição presente em todas as sociedades ocidentais (e, hoje, também em muitas sociedades não ocidentais), dentre as quais se destaca a Inglaterra, que não possui uma Constituição escrita, uma peculiaridade que também caracterizava a Atenas do século IV a.C. (época em que Aristóteles escreveu sua obra).

Para Kahn, as sabatinas a que os indicados ao cargo de juiz federal são submetidos no Senado são um importante "rito de transformação" do cidadão privado em "uma representação do direito" (pp. 84-5). Mas os juízes ingleses não são confirmados, muito menos através de sabatinas. Kahn vê o túmulo do soldado desconhecido como substituto de um monumento ao rei. Nos Estados Unidos, "todo o mundo é rei", de modo que "cada cidadão pode tornar-se um ponto focal que irradia o Estado em sua totalidade" (p. 62). Todavia, o túmulo do soldado desconhecido é (acredito) uma invenção inglesa, motivada pelo número de mortos não identificados na Primeira Guerra Mundial, uma invenção que os Estados Unidos copiaram. Além disso, a Inglaterra era e é uma monarquia. Os norte-americanos realmente dão mais ênfase aos direitos legais que os outros povos. Mas isso pode ser apenas um reflexo do fato de os Estados Unidos serem uma sociedade tão heterogênea, que nela o direito tem de realizar o trabalho que, em outras sociedades, é realizado por normas informais aplicadas por comunidades locais estáticas e homogêneas, bem como por famílias estreitamente ligadas entre si.

Kahn comete um erro muito elucidativo quando afirma que a Suprema Corte dos Estados Unidos "tem a autoridade definitiva para afirmar o que é o direito" (p. 50) e que é portanto a ponte entre as origens e as leis da nação, as quais, para Kahn, devem estar sempre amarradas à Revolução e à Constituição. A Suprema Corte não tem a autoridade final para afirmar o que é o direito. Ela só tem autoridade para dizer o que é o direito em âmbito *federal*, e mesmo isso é contestado por alguns. Em sua maior parte, o direito norte-americano ainda é direito estadual. Nesse contexto, a autoridade máxima a pronunciar-se é a Suprema Corte de cada estado. Essas cortes não foram instituídas pela Constituição e não devem sua autoridade a esta. Assim, apesar de defender o estudo do direito a partir de uma perspectiva externa, Kahn não consegue abandonar sua perspectiva interna de jurista constitucional. Seu livro é igualmente limitado em outros aspectos. Por exemplo, ao argumentar que a teoria liberal leva inexoravelmente ao governo mundial, Kahn ignora o que foi dito pelos filósofos liberais, de Kant a Rawls, sobre a importância do Estado-nação para o liberalismo.

O direito é uma atividade em que os textos são abundantes; os mitos e as ficções, por sua vez, são a especialidade dos críticos literários; e, por fim, existe uma escola interdisciplinar cada vez mais forte (não mencionada por Kahn) que é conhecida como "teoria literária do direito". Diante desses três fatos, seria de esperar que Kahn examinasse o Estado de direito da ótica da literatura ou da retórica. Mas ele não o faz, embora haja passagens do livro em que pareça estar prestes a fazê-lo, como quando descreve a declaração de nulidade de uma lei mediante a interpretação judicial da Constituição como uma espécie de "ironia", porque nesses casos a decisão converte a legislação em uma forma de não direito, "um mero simulacro irônico de direito" (p. 76). Outra dessas passagens é aquela em que ele diz que os juízes, quando invalidam leis por motivo de inconstitucionalidade, "sobrepõem a vontade permanente do povo soberano, expressa no ato de ratificação da Constituição, à mera vontade popular de uma maioria legislativa temporária" (p. 13), e desse modo falam em nome do "povo" (p. 79).

A postura de Kahn em seus breves embates com a retórica do direito não é tão confiante. Por exemplo, ele se refere ao juiz Holmes como alguém que "revestiu[-se] da imagem paradigmática do juiz norte-americano" (p. 101). Holmes notabilizou-se por escrever num estilo que chamei (seguindo Robert Penn Warren) de "impuro", aquele estilo de "conversa franca" que evita o tom impessoal, a linguagem rebuscada e as exageradas ficções político-teóricas que Kahn considera inerentes à cultura do Estado de direito[19]. Embora o autor esteja certo quando afirma que alguns juízes usam "a primeira pessoa do plural para estabelecer uma relação de identidade com a Suprema Corte do passado", como quando dizem "Em tal e tal caso, *consideramos* (...)" (p. 113; itálico no original), e talvez com uma época em que ainda nem eram nascidos, outros juízes abominam tal uso. O "nós" judicial *nem sempre* se refere "a um eu único, comunal e transgeracional" (*id.*).

Kahn não investiga se a retórica tradicional do Estado de direito, que de fato impregna o discurso jurídico, é um aspecto inerente a esse discurso ou se, como desconfio, não passa de um elemento acidental e supérfluo da ideologia jurídica norte-americana. A rede de crenças que, para Kahn, é um elemento constitutivo do Estado de direito pode ser uma roupagem retórica que poderíamos descartar sem prejuízo do direito. Em seus momentos de reflexão, a maioria dos norte-americanos e definitivamente a maioria dos profissionais do direito compreendem que o direito desempenha um papel essencialmente pragmático na administração do social. Esses indivíduos compreendem que o sucesso do direito nesse papel depende, em certa medida, da adesão a certas virtudes do Estado de direito, como a imparcialidade, a impessoalidade, a publicidade (*publicity*) e a previsibilidade. Mas eles não enxergam seu compromisso com o Estado de direito como algo que os "define" como norte-america-

---

19. Richard A. Posner, *Law and Literature*, pp. 288-93 (ed. revista e ampliada, 1998).

nos. Não consideram a Revolução, a Constituição ou a Suprema Corte coisas cruciais para suas vidas. Essas pessoas achariam ininteligível a afirmação de três juízes da Suprema Corte (muito semelhante àquelas de Kahn) de que o fato de os norte-americanos "verem a si próprios" como "pessoas que aspiram a viver de acordo com o Estado de direito" não pode "ser facilmente separado de sua compreensão da Suprema Corte"[20]. A identidade dos norte-americanos não é constituída pela ideologia do Estado de direito nos mesmos moldes em que a identidade de uma pessoa profundamente religiosa pode ser constituída por sua crença. O direito não é nossa religião cívica. Esse papel fica a cargo da liberdade, do trabalho, da riqueza e da religião. No livro de Kahn, a tradicional grandiloquência da retórica dos juízes é aliada a um exagero dos aspectos simbólicos e psicológicos das leis e ao desprezo dos aspectos funcionais destas. O Estado de direito é, ao mesmo tempo, mais e menos do que um mito.

---

20. *Planned Parenthood of Southeastern Pennsylvania vs. Casey*, 505 U.S. 833, 868 (1992).

6. Savigny, Holmes e a posse na teoria econômica do direito

Friedrich Carl von Savigny (1779-1862), autor que mencionei de passagem no Capítulo 4, foi o fundador da escola histórica do direito, e como tal é digno de atenção numa discussão da abordagem histórica do direito. Durante muito tempo, ele foi visto como uma das figuras mais importantes da história do pensamento jurídico e, ao longo do século XIX, desfrutou de um enorme prestígio internacional. Hoje, pelo menos nos Estados Unidos, é quase um desconhecido[1]. Apesar das críticas que faço ao historicismo jurídico nos capítulos anteriores, acredito sinceramente que perdemos algo quando nos esquecemos tão completamente dos intelectuais do passado. Para tentar demonstrar isso, apresentarei uma abordagem de Savigny desde a perspectiva adotada em *The Common Law*, de Oliver Wendell Holmes, obra que critica a influente teoria da posse exposta por Savigny no livro *Das Recht des Besitzes*, de 1803, e, ao fazê-lo, prepara o caminho para uma análise econômica moderna da posse. Dentre os muitos campos do direito discutidos por Savigny, minha atenção se concentra sobre sua teoria da posse, porque se trata da única parte de sua obra que Holmes analisa com certa profundidade. A divergência en-

---

1. Até novembro de 1999, o Índice de Citações de Ciências Sociais [*Social Sciences Citation Index*] só registrava 180 citações de Savigny desde 1972, o que dá uma média de cerca de seis por ano.

tre esses dois grandes pensadores do direito no que concerne às normas jurídicas que regem a posse também traz à luz a questão do método de Savigny. Esse método é historicista por excelência, e a contribuição de Savigny para seu desenvolvimento é famosa (ou, mais exatamente, *era* famosa). Savigny e Holmes não defendiam apenas, ou principalmente, teorias diferentes acerca da posse. Eles tinham concepções diferentes de teoria do direito, ou de como se devem criar as normas jurídicas e, sobretudo, do papel adequado que a história deve desempenhar em relação ao direito.

Afirmei que o prestígio de Savigny no século XIX era internacional e imenso. Gostaria de acrescentar que isso era verdadeiro tanto no universo jurídico anglo-americano quanto em qualquer outra parte. A razão tanto de sua notoriedade passada quanto de sua atual obscuridade tem a ver com a "compreensão" do direito que ele nos apresenta. Esta pode ser sintetizada nas proposições a seguir e se caracteriza como o pano de fundo das divergências de Holmes para com ele[2]:

1. É um erro tentar codificar as leis de uma nação. A codificação das leis retarda e distorce o desenvolvimento do direito. Mais tolice ainda é tomar emprestadas as leis escri-

---

2. Para boas análises, em inglês, da abordagem savigniana do direito, ver John P. Dawson, *The Oracles of the Law*, pp. 450-8 (1968); William Ewald, "Comparative Jurisprudence (I): What Was It Like to Try a Rat?", 143 *University of Pennsylvania Law Review* 1889, 2012-2043 (1995); Susan Gaylord Gale, "A Very German Legal Science: Savigny and the Historical School", 18 *Stanford Journal of International Law* 123 (1982); Hermann Kantorowicz, "Savigny and the Historical School of Law", 1937 *Law Quarterly Review* 326; Edwin W. Patterson, "Historical and Evolutionary Theories of Law", 51 *Columbia Law Review* 681, 686-690 (1951); Mathias Reimann, "Nineteenth Century German Legal Science", 31 *Boston College Law Review* 837, 851-858 (1990); James Q. Whitman, *The Legacy of Roman Law in the German Romantic Era: Historical Vision and Legal Change* (1990); "Savigny in Modern Comparative Perspective" (Congresso), 37 *American Journal of Comparative Law* 1 (1989). Para uma biografia breve, ver James E. G. de Montmorency, "Friedrich Carl von Savigny", em *Great Jurists of the World*, p. 561 (John Macdonell e Edward Manson [orgs.], 1914).

tas de outro país, por exemplo, um estado alemão tomar de empréstimo o Código Napoleônico[3].

2. O direito autêntico de cada nação, incluindo a Alemanha da época de Savigny, uma entidade mais cultural que política, é aquele que se desenvolveu a partir do "espírito do povo" (*Volksgeist*) nativo de uma nação ou da "consciência comum do povo" (*der allgemeine Volksbewusstsein*), mais ou menos do mesmo modo que a língua de um país é algo que se desenvolve organicamente a partir de uma origem remota e não o produto de um projeto racional ou de um "código"[4].

3. Portanto, a investigação do direito autêntico é algo que requer estudo histórico. E o foco desse estudo deve ser o direito romano. Este é como se fosse o *common law* da Europa (no sentido de direito não legislado)[5]. Seus princípios compõem, portanto, o direito originário* da Alemanha. A tarefa da teoria jurídica consiste em reconstituir esses princípios e descartar os acréscimos posteriores que não se fazem necessários às condições atuais. Em sua maior parte, esses acréscimos são como parasitas inúteis.

4. Uma vez apreendidos os princípios romanos originais em toda sua pureza, a resolução das disputas jurídicas deve proceder por dedução. A análise jurídica propriamente dita é dedutiva ("formalista") e não indutiva, casuística,

---

3. Ver Friedrich Carl von Savigny, *On the Vocation of Our Age for Legislation and Jurisprudence* (trad. inglesa de Abraham Hayward, 1831).

4. *Id.* cap. 2; Friedrich Carl von Savigny, *System of the Modern Roman Law*, vol. 1, pp. 12-7 (trad. para o inglês de William Holloway, 1867). Uma linguagem de computador é um exemplo de linguagem que se criou pela aplicação de princípios racionais, em vez de se desenvolver organicamente. O esperanto, por sua vez, é um exemplo intermediário. A concepção organicista do direito de Savigny encontra antecedentes em Montesquieu e Burke, como se argumenta em Peter Stein, *Legal Evolution: The Story of an Idea*, pp. 57-9 (1980).

5. Savigny, nota 4 acima, vol. 1, p. 3. Porém, salvo indicação em contrário, empregarei o termo "*common law*" para referir-me ao *common law* anglo-americano.

* *Ur law* no original em inglês. Em alemão, *Ur* indica origem, antiguidade, formação, anterioridade. (N. do T.)

sociocientífica ou política. Admitindo-se que os juristas do período criativo do direito romano eram casuístas, os princípios que guiavam o trabalho deles devem agora ser deduzidos e transformados na base de um sistema lógico de doutrina jurídica[6]. Na analogia do próprio Savigny entre direito e língua, o formalismo está presente de modo implícito. A língua é um sistema de regras que não se pode violar impunemente mediante a invocação de motivos relacionados ao interesse público.

5. O papel principal na formulação das normas jurídicas deve ser desempenhado não pelos legisladores ou pelos juízes, mas pelos professores de direito[7]. Somente estes têm o tempo, a formação e as aptidões necessárias à redescoberta dos princípios autênticos do direito e à adaptação desses princípios às necessidades modernas. As universidades são a Suprema Corte do direito privado alemão.

É fácil enxergar por que somente a primeira dessas proposições poderia encontrar eco junto a advogados e juristas norte-americanos do século XIX e por que nenhuma delas encontraria apoio nos dias de hoje. Coloca-se, portanto, uma primeira pergunta: por que Savigny era tido em tão alta conta pelos pensadores jurídicos norte-americanos no século XIX? Uma parte da explicação está na admiração que os norte-americanos cultos então sentiam pe-

---

6. "Os romanistas alemães [inclusive Savigny] não estavam interessados em investigar de que forma o direito romano foi adaptado para servir aos interesses da sociedade moderna (...). Seu desejo era descobrir a estrutura teórica inerente que estava implícita nos textos [romanos]." Peter Stein, *Roman Law in European History*, p. 119 (1999).

7. Ver Savigny, nota 4 acima, vol. 1, pp. 35-40; Savigny, nota 3 acima, pp. 149-51. O próprio Savigny era professor de direito, primeiro em Marburgo, onde escreveu seu tratado sobre a posse (foi sua tese de doutorado), e depois em Berlim, onde até a Revolução de 1848 ele ocupou altos postos no governo prussiano, tanto no judiciário quanto em outras esferas, ao mesmo tempo que continuava atuando como professor. Por causa de seu conservadorismo político, ele foi afastado de seus cargos no governo quando, na esteira da revolução fracassada, porém assustadora, o rei da Prússia decidiu imprimir a seu governo uma aparência mais liberal.

las universidades alemãs, que eram as melhores do mundo. Outra parte está no caráter nacionalista da concepção de direito de Savigny (um nacionalismo obscurecido, contudo, pelo caráter transnacional do direito romano). No século XIX, principalmente na segunda metade deste, testemunhou-se o rápido crescimento do nacionalismo em ambos os países. Seu atrativo para os juristas norte-americanos também pode ter advindo do fato de ele ter impingido um caráter acadêmico ou "científico" ao direito[8]. Numa época em que o estudo acadêmico do direito nos Estados Unidos ainda estava em seus primórdios, era inevitável que essa iniciativa de Savigny fosse bem acolhida pelos professores de direito e pelos pensadores jurídicos em geral, independentemente da aplicabilidade de seus métodos e resultados específicos ao direito norte-americano. Savigny situou na linha de frente da reforma jurídica a necessidade de alcançar um entendimento acadêmico ou teórico do direito através da pesquisa histórica, uma missão mais compatível com os estudiosos de teoria do direito do que com os advogados. Ele propôs um ambicioso programa de pesquisas destinado a manter equipes e mais equipes de professores ocupadas por muitos anos. Porém, quando o programa foi concluído e o direito romano estava bem compreendido, a escola histórica, como veio a ser conhecida a abordagem de Savigny e seus seguidores, esvaneceu. Esta então já não oferecia um programa de pesquisas, que é condição *sine qua non* para o sucesso de uma escola de pensamento acadêmica.

Hoje as universidades norte-americanas já não ficam atrás das europeias. Além disso, o direito garantiu seu lugar na universidade, tanto no ensino quanto na pesquisa. Diante disso, o projeto de Savigny de fazer do direito uma disci-

---

8. Esse motivo, para a admiração devotada a Savigny, é explicitado em Joseph H. Beale Jr., "The Development of Jurisprudence during the Past Century", 18 *Harvard Law Review* 271, 283 (1905).

plina acadêmica respeitável – na verdade, de reformulá-lo para transformá-lo em "ciência do direito" (*Rechtswissenschaft*) – perdeu o sentido para a comunidade jurídica norte-americana. Isso nos deixa apenas com as cinco proposições que listei há pouco, nenhuma das quais tendo muito a ver com o contexto norte-americano contemporâneo. A codificação nem chega a ser uma questão para o direito moderno norte-americano. O direito norte-americano é demasiado extenso e variado em seu conteúdo, e o domínio do sistema baseado na jurisprudência é demasiado forte para que esse direito se submeta a um único código, ou mesmo a um punhado de códigos semelhantes. Assim, a codificação avança da única maneira possível, isto é, pouco a pouco. Temos um código penal federal, normas federais de processo civil e penal e de direito probatório, o Código de Falências e o Código Comercial Uniforme, que rege as vendas, os títulos mobiliários, as transações garantidas e outros temas comerciais, além de muitos outros tipos de código. Não se vê nenhuma necessidade de criar códigos que regulamentem os temas centrais do *common law*, como o da responsabilidade civil, o dos contratos (embora o Código Comercial Uniforme codifique uma parte do campo do direito contratual) e o do direito que rege a representação e a propriedade (com exceção da propriedade intelectual). A oposição de Savigny à codificação não tem importância hoje nem mesmo na Alemanha, onde, desafiando-se os seguidores de Savigny, adotou-se um código abrangente em 1900. Esse código, a propósito, representou o abandono de muitas das ideias dele sobre a posse.

Quanto ao *Volksgeist*, um conceito como esse pode ter pouca importância para uma nação como os Estados Unidos, composta de imigrantes de muitos países diferentes. Os fundadores da nação romperam os laços que a ligavam ao direito originário (*Ur law*) – o qual era inglês – ao se separarem da Grã-Bretanha, que era a "matriz" da colônia. Seja como for, para os norte-americanos o direito originário nunca foi o direito romano. A Inglaterra começou a se afastar do direito romano logo nos primórdios de sua história pós-romana[9]. Há vestígios do direito romano no pensamento jurídico norte-americano[10], sobretudo nas normas jurídicas que regem a posse, mas eles caíram no esquecimento. O tema do direito romano praticamente não é estudado nas faculdades de direito dos Estados Unidos. Assim, o projeto de Savigny, de redescobrir os princípios jurídicos que estão verdadeiramente em sintonia com o *Volksgeist* através do estudo da história do direito romano, é incompreensível para a maioria dos pensadores jurídicos norte-americanos da contemporaneidade[11]. Essa incompreensão, além do mais, faz parte de uma orientação "presentista" mais geral, tipicamente norte-americana, que marginaliza a pesquisa histórica como método de auxílio à solução dos problemas contemporâneos e como fonte de orientação para o futuro. Para a maioria dos juristas e juízes dos Estados Unidos, nada que seja anterior à Constituição tem valor prescritivo. Já vimos que, quando os juristas, os juízes e inclusive os professores norte-americanos invocam a história, em geral o fazem em busca de algum efeito retórico.

Quanto à tentativa de deduzir soluções jurídicas de princípios fundamentais, a maioria dos advogados e juristas norte-americanos ridiculariza a ideia, por ser "formalismo". Nós, juristas norte-americanos, somos casuístas e pragmatistas. No julgamento de casos reais e na formulação de nossas generalizações jurídicas, procedemos "de baixo para

---

9. Embora já se tenha observado que "o direito romano em si é mais próximo do *common law* do que qualquer sistema moderno codificado que tenha por base aquele sistema". Peter Stein, "Roman Law and English Jurisprudence Yesterday and Today", em Stein, *The Character and Influence of the Roman Civil Law: Historical Essays*, pp. 151, 165 (1988).

10. Ver, por exemplo, "The Attraction of the Civil Law in Post-Revolutionary America", em Stein, nota 9 acima, p. 411.

11. Dentre os autores influentes que escrevem sobre o direito norte-americano hoje, somente Richard Epstein se volta regularmente para o direito romano em busca de ideias. Ver, por exemplo, Richard A. Epstein, *Principles for a Free Society: Reconciling Individual Liberty with the Common Good*, pp. 258-9 (1998).

cima" e não "de cima para baixo". Isto é, partimos dos fatos envolvidos em litígios específicos e de políticas de administração pública específicas (muitas vezes de pendor utilitarista), não de princípios gerais derivados da investigação histórica ou de qualquer outra ciência. O sistema de direito dos Estados Unidos continua sendo baseado na jurisprudência, ou seja, é um sistema administrado por juízes que atribuem maior importância ao precedente e às próprias intuições no que concerne ao interesse público do que aos tratados dos professores de direito. Com efeito, nos últimos anos, esses professores, sobretudo nas universidades de maior prestígio, vêm se distanciando cada vez mais do lado prático da profissão. A ideia de corroborar uma decisão judicial com as ideias de uma escola jurídica, prática que era corrente na época de Savigny, é impensável em nosso sistema.

A rejeição dos Estados Unidos a Savigny foi anunciada em 1881 por Oliver Wendell Holmes Jr. Os dois capítulos de *The Common Law* que tratam do tema da posse[12] são aqueles nos quais Holmes discute as "teorias alemãs" do direito, e eu não encontrei uma discussão prolongada da teoria jurídica alemã em nenhuma outra parte da obra de Holmes. O teórico alemão que Holmes mais discute nesses textos é Savigny. Holmes situa-o ao lado de outros pensadores alemães, inclusive Kant e Hegel, para quem, aos olhos do direito, a posse só se configura quando o indivíduo pretende deter a propriedade da coisa, em vez de admitir, como superior ao seu, o direito de propriedade de outra pessoa sobre essa coisa. Assim, ao conceder remédio judicial vinculado a direito de posse a locatários, depositários e outros indivíduos desprovidos de tal intenção, o direito moderno sacrifica o princípio, em prol da conveniência. Holmes reage afirmando:

---

12. Preleção V ("The Bailee at Common Law") e Preleção VI ("Possession and Ownership").

(...) não consigo enxergar nada de proveitoso em um princípio que se declara abertamente incompatível com a conveniência e o verdadeiro rumo tomado pela legislação. A primeira exigência de uma teoria do direito é que ela se ajuste aos fatos. Ela deve, partindo da observação, explicar a trajetória seguida pela legislação. Não há dúvida de que os homens criarão leis que lhes pareçam convenientes, sem preocupar-se muito com os princípios que porventura se choquem com sua legislação. Portanto, um princípio que não leve em conta a conveniência provavelmente esperará algum tempo antes de se ver permanentemente reconhecido.[13]

Ainda assim, *The Common Law* poderia ser visto, e de fato o foi, como um projeto muito semelhante ao de Savigny, que pretendia "derivar do estudo do passado princípios fundamentais que sejam fonte de orientação para o presente"[14]. Uma das críticas de Holmes aos teóricos alemães, com Savigny encabeçando a lista, é a de que eles "não conheceram nenhum outro sistema além do romano"[15]. Holmes então se dedica a provar que o direito anglo-americano, no que se refere às normas jurídicas que regem a posse, não provém do direito romano, mas sim do direito germânico pré-romano. Portanto, assim como Savigny e os outros juristas da escola histórica, Holmes usa a pesquisa histórica para redescobrir e depurar os princípios jurídicos. O foco da pesquisa é diferente (o direito romano, no caso de Savigny, e o germânico, ironicamente, no caso de Holmes), e os princípios redescobertos pela pesquisa histórica também são diferentes, como logo veremos. Tudo isso, porém, parece mero detalhe. O próprio desafio de Holmes à "autoridade universal" da teoria da posse de Savigny[16] poderia ser visto como uma aceitação tácita do conceito de *Volksgeist*: é de

---

13. Oliver Wendell Holmes Jr., *The Common Law*, p. 211 (1881); ver também *id.* pp. 207, 218-9 (1881).
14. G. Edward White, *Justice Oliver Wendell Holmes: Law and the Inner Self*, p. 193 (1993).
15. Holmes, nota 13 acima, p. 168.
16. *Id.* p. 206.

esperar que um povo (*Volk*) diferente tenha um espírito (*Geist*) diferente. Isso significa que Holmes compartilhava com Savigny uma rejeição ao direito natural. Para ambos, o direito não pode ser inventado a partir de um código moral universal. Ademais, a erudição de *The Common Law*, que é muito mais uma obra acadêmica do que um manual para advogados, distingue-a como uma contribuição à *Rechtswissenschaft*[17]. Já se chamou atenção para a influência de Savigny sobre Henry Maine[18]. Por sua vez, a obra *Ancient Law* [O direito antigo] (1861), de Maine, influenciou Holmes. Este, portanto, tinha uma dívida (tipicamente inconfessa) para com Savigny[19].

Porém, as diferenças entre as abordagens dos dois autores são profundas. Embora o livro de Savigny tenha por título "Tratado da posse", seu verdadeiro tema, exceto pela breve parte final dedicada sobretudo ao direito eclesiástico, são as normas jurídicas que regem a posse no direito *romano*, especificamente. Só depois de uma terça parte do tratado é que o autor admite a possibilidade de uma discrepância entre o direito romano e o moderno e a consequente necessidade de modificar o primeiro com vistas a torná-lo apropriado aos tempos modernos[20]. Ainda assim, as modificações discutidas são pequenas. Esse fato, aliás, é impressionante. Os escritos de Savigny datam do século XIX, enquanto Justiniano vivera no século VI, e as regras jurídicas compiladas sob seus auspícios eram, em sua maior parte, muito mais antigas. Mas Savigny acreditava que os princípios do direito antigo funcionavam no contexto mo-

---

17. A obra *The Common Law* valeu a Holmes a nomeação para professor da Faculdade de Direito de Harvard.

18. Stein, nota 4 acima, pp. 89-90.

19. White, nota 14 acima, p. 149.

20. "Se uma teoria da posse pretende ter alguma utilidade prática, ela deve acrescentar às ideias dos advogados romanos aquelas modificações que concedem às ideias supramencionadas uma validade prática aplicável ao nosso contexto contemporâneo." *Von Savigny's Treatise on Possession, Sixth Edition*, p. 134 (Erskine Perry [org.], 1848).

derno, de modo que sua obra viu-se praticamente concluída quando ele descobriu esses princípios. Já Holmes estava interessado no processo de mudança em si, isto é, em como os princípios antigos foram se alterando ao longo do tempo para dar origem a esse sistema imensamente diferente que é o direito moderno. O motor dessa evolução foi a conveniência ou o interesse público. "A substância do direito em dado período praticamente corresponde, além disso, àquilo que na época se considera conveniente; mas sua forma e sua estrutura, e até que ponto ele é capaz de produzir os resultados desejados, estas são coisas que dependem muito de seu passado (...). A forma antiga recebe um novo conteúdo e, com o tempo, até mesmo a forma se modifica para ajustar-se ao significado que lhe foi atribuído."[21] Holmes, um homem de visão pragmática e voltada para o futuro, satisfazia-se com esse processo. Não era um desejo seu ver o direito retornar a um período anterior de seu desenvolvimento.

A diferença entre Savigny e Holmes no tocante à história vê-se obscurecida pelo fato de que o conceito de posse já existia no direito antigo sob uma forma um tanto semelhante àquela que ele veio a tomar no direito moderno. Não se trata, portanto, de um produto da modernidade. Sem dúvida, o conceito de posse é a forma precursora ou mais primitiva do conceito de propriedade, o qual é também uma noção antiga. O "problema" da posse, isto é, a fonte de seu permanente fascínio tanto para os romanos quanto para Savigny, Holmes, ou para nós próprios, é precisamente sua relação com a propriedade. Por um lado, a posse parece ser uma decorrência da propriedade. Por outro lado, muitas vezes vemos situações em que o proprietário de uma faixa de terra ou de algum outro bem de valor é privado de sua posse, enquanto um não proprietário "se apossa" da terra ou do bem em questão. Além disso, assim como acontece atualmente, também no tempo de Roma o

---

21. Holmes, nota 13 acima, pp. 1-2, 5.

direito assegurava remédio judicial não só ao proprietário, mas também ao possuidor. Às vezes o remédio judicial beneficiava o possuidor em detrimento do proprietário (como nos casos de aquisição de título de propriedade por usucapião ou prescrição aquisitiva, isto é, pela passagem do tempo), enquanto outras vezes ocorria o inverso. As ações possessórias eram frequentemente mais simples do que os remédios judiciais disponíveis aos verdadeiros proprietários. Isso se aplica tanto aos interditos romanos quanto à *action in ejectment* prevista no direito inglês (uma ação de caráter formalmente possessório, mas comumente usada para provar o título de propriedade sobre bens imóveis) ou à *action in trover*, que equivale ao *ejectment* mas visa a reintegração de posse de coisa móvel*. Por isso, até mesmo os proprietários podiam preferir as ações possessórias às reivindicatórias. Distinguir essas relações umas das outras era e continua sendo um exercício intelectual desafiador.

Para Savigny, a posse é a conjunção de dois fatos: a supremacia material sobre a coisa e a noção subjetiva de ser dono dela, não no sentido jurídico, mas no sentido factual – a noção de que se pode usá-la exclusivamente em benefício próprio sem nenhuma limitação de tempo (*animus domini*). O indivíduo que tiver essa supremacia e essa noção terá também a posse. (Desse modo, um ladrão pode obter posse.) Isso asseguraria a esse indivíduo remédio judicial por qualquer tipo de interferência em sua posse, a menos que o autor dessa interferência tivesse um direito de posse que a lei considerasse superior, o qual o proprietário poderia ou não ter (se o possuidor não fosse o proprietário).

Muita coisa se segue dessa definição. Considere-se o primeiro elemento, isto é, a supremacia material. Se uma pessoa comprar bens que se encontrem num depósito fechado a chave, ela só terá a posse no sentido proposto por Savigny quando tiver as chaves. Para citar outro exemplo,

---

* *Ejectment* é ação de reintegração de posse de bem imóvel, e *trover*, ação de reintegração (não reivindicação) de posse de bem móvel. (N. do R. da T.)

um indivíduo possui seus animais de estimação porque tem supremacia física sobre eles. No que concerne a animais selvagens, porém, ele só possuirá algum se apanhá-lo em uma armadilha ou matá-lo, a menos que o animal tenha *animus revertendi*, isto é, o hábito de voltar, o que o torna semelhante a um animal de estimação (o *common law* faz a mesma distinção); é como se o animal estivesse preso por uma longa corrente.

A implicação do componente da supremacia presente na definição de Savigny é que a posse, diferentemente do uso, jamais é passível de partilha. Se, a propósito de determinada coisa, uma pessoa só é capaz de agir com o consentimento de outra pessoa, segue-se que ela não possui supremacia material. Outra implicação é que não é possível possuir separadamente partes distintas de um todo, como a casa e o terreno sobre o qual esta foi construída, o braço e a cabeça de uma estátua, um carro e sua roda ou dois pavimentos da mesma casa. No caso de terras, porém, por serem estas divisíveis sem que se destrua sua unidade orgânica (os limites são arbitrários), Savigny se predispõe a admitir a posse compartilhada. Ter uma participação de um terço num lote de terra é algo bastante semelhante a possuir um lote menor, retirado do maior. Essa relação pode, portanto, ser tratada da mesma forma, uma vez que, se a terra fosse ser dividida em três lotes distintos, cada proprietário teria o controle exclusivo de seu lote. Da mesma maneira, um tesouro escondido é separável da terra que o cobre porque pode ser removido sem *necessariamente* perturbá-la – o caso mais evidente seria a descoberta de um tesouro por um empreiteiro que tivesse sido contratado pelo proprietário de um terreno para cavar um poço. O tesouro enterrado e a terra não constituem uma unidade orgânica como as diferentes partes de uma estátua ou a casa e a terra sobre a qual esta foi construída. Como Savigny não viveu na época dos *trailers*, é evidente que não lhe ocorreria a ideia de mudar uma casa de posição.

A ideia de supremacia material como condição da posse é problemática no caso da terra. Não se toma posse de uma terra no mesmo sentido em que se pode tomar posse de um maço de dinheiro, de um veículo de transporte ou mesmo de uma casa, a menos que se cerque a terra, o que Savigny não impõe como condição para a posse. Tudo o que ele exige é a *presença* na terra (junto, é claro, com o *animus domini*). Porém, como a presença é um sinal ambíguo de controle, o candidato a possuidor deve dar conhecimento de sua intenção de posse (de seu "usucapião", como diríamos) caso outra pessoa já possua a terra.

Uma vez obtida a posse, o exercício da supremacia material que foi necessário a sua obtenção muitas vezes cessará. Uma pessoa não permanece em suas terras o tempo todo. Na verdade, ela até pode tê-las arrendado a outra pessoa, o que significa que nunca estará lá. Para citar outro exemplo, é comum deixarmos o carro na rua, onde este fica fora de nosso controle. Savigny não trata esses exemplos como casos de abandono, que privariam o proprietário de seus direitos de posse e lhe impediriam de mover ação possessória. Contudo, para que a posse continue, ele exige que "deve sempre haver uma possibilidade de *reproduzir* a condição imediata que foi descrita como o fundamento da aquisição"[22]. Como já observei, ele abre uma exceção no caso da terra, em que o atual possuidor não pode perder a posse enquanto não for notificado de que alguém está buscando tomá-la dele. Mas alguém que perde um bem deixa de possuí-lo. Aquele que encontra esse bem, por sua vez, obtém a posse, desde que pretenda mantê-lo para o próprio uso, em vez de devolvê-lo ao proprietário ou ao possuidor anterior.

O segundo elemento da definição de posse de Savigny, isto é, a exigência do *animus domini*, também tem implicações importantes e, às vezes, surpreendentes. Duas delas são particularmente dignas de nota. A primeira é que um depositário, um inquilino ou qualquer outro detentor ou

---

22. *Von Savigny's Treatise on Possession*, nota 20 acima, p. 265 (itálico no original).

ocupante que não tenha, como em geral ocorre no caso desse tipo de possuidor, nenhuma intenção de tornar-se proprietário não pode ser considerado possuidor da coisa que ele detém ou do bem imóvel que ocupa. A segunda implicação é que não podemos possuir uma coisa sobre a qual exerçamos um controle inconsciente, porque nesse caso o *animus domini* estará ausente.

A ideia de que um inquilino não possui o imóvel alugado parece ser, ao mesmo tempo, estranha e pouco prática. Savigny explica que o inquilino pode recorrer ao locador para fazer valer seus direitos. Mas isso parece tergiversação[23] e, além disso, é um argumento incoerente com outra ideia de Savigny, a saber, o reconhecimento de que o "alugador" (alguém que detém o uso de uma coisa em virtude de um contrato estabelecido com o proprietário), o credor de um empréstimo com garantias (um emprestador que mantém a propriedade do devedor como uma espécie de refém para assegurar-se da restituição) e um "usufruidor" (alguém que tem direito aos frutos ou a qualquer tipo de rendimento de um pedaço de terra ou de um bem), todas essas figuras possuem um direito de posse se este lhes for assegurado pelo proprietário.

Através desse ato, assegura-se aquilo que Savigny chama de posse derivada. Ele considera anômalo esse tipo de caso (pois nele o possuidor por derivação carece de *animus domini*), mas se mostra disposto a aceitar "uma anomalia fundada em razões práticas"[24], sendo o exemplo mais claro

---

23. O locador poderia não se importar, por exemplo, se o locatário fosse destituído de sua posse, mesmo que injustamente, por um credor que prometera continuar pagando o aluguel. O locatário então teria de processar o locador pelo custo dessa destituição; e este, por sua vez, provavelmente processaria o credor por ter sido ele o primeiro infrator. Este é um método tortuoso de lidar com a destituição ilícita de posse – a não ser que o locatário ainda não tenha tomado a posse. No âmbito da chamada regra inglesa, quando o período de locação se inicia, o locador tem o dever de desalojar o locatário anterior, caso este ainda se encontre de posse do bem imóvel.

24. *Von Savigny's Treatise on Possession*, nota 20 acima, p. 95. Ver também *id.* p. 91.

disso o caso do credor pignoratício: se o devedor pudesse desapossar o credor, o objetivo da caução seria anulado. No caso do locatário ou do usufrutuário, Savigny argumenta que, depois de estabelecer tal relação, o proprietário poderia vender a terra para alguém que não estivesse interessado em vir em auxílio do possuidor. Nesse caso, seria inútil exigir que essa pessoa – o locatário ou usufrutuário – recorresse ao proprietário em busca de ajuda. Portanto, oferecem-se remédios jurídicos a esse tipo de detentor. O raciocínio é bem fundado, mas parece igualmente aplicável ao locatário de um imóvel residencial. Ainda assim, revela um Savigny disposto a admitir, pelo menos até certo ponto, que a necessidade prática sobreponha-se à *elegantia juris*, ou mesmo à fidelidade aos princípios jurídicos romanos. Ele reconhece explicitamente que "as considerações meramente teóricas devem ceder lugar às necessidades concretas do cotidiano"[25].

Com sua ênfase na aquisição de direitos por prescrição, Savigny pretendia, aparentemente, estimular a extinção gradual dos direitos feudais. A seu modo, portanto, ele era um defensor da reforma agrária[26]. A própria ênfase na posse como fundamento dos direitos de propriedade – insistentemente reforçada por Savigny – inegavelmente contém matizes antifeudais, pois os direitos tipicamente feudais (relativos à servidão e ao auxílio) não são possessórios. Ademais, uma vez que a posse, sobretudo na concepção de Savigny, é ativa, ou seja, dependente de seu efetivo exercício, essa ênfase nela poderia ser tomada como uma crítica implícita a uma economia de rentistas baseada na riqueza herdada. Mas a reforma da sociedade não é um tema pre-

---

25. *Id.* p. 404.
26. Whitman, nota 2 acima, pp. 183-6; Stein, nota 6 acima, pp. 119-20. A aquisição de direitos pela passagem do tempo implica a possível extinção desses mesmos direitos com a passagem do tempo. Quando Savigny escreveu *Das Recht des Besitzes*, muitas obrigações feudais já haviam caído em desuso, sobretudo na esteira das incursões francesas na Alemanha que se seguiram à Revolução Francesa. Ver *id.* cap. 5.

sente no tratado de Savigny. Este reluta em deixar que considerações pragmáticas anteponham-se à fidelidade ao princípio jurídico, pois "até mesmo este último interesse prático [isto é, as necessidades concretas do cotidiano] sem dúvida nada têm a ganhar com um procedimento (...) [que] torna incertos todos os princípios estabelecidos"[27].

Ao debruçarmo-nos sobre os capítulos que tratam da posse em *The Common Law*, podemos, de início, achar que as diferenças entre Holmes e Savigny são em grande parte técnicas. Isso nos levaria a estranhar a hostilidade de Holmes para com a escola alemã. Holmes concorda com Savigny que a posse requer supremacia material sobre o objeto possuído (e mais supremacia para obter a posse do que para continuar a tê-la), junto com certa noção de que se é dono da coisa. Só que, para Holmes, a noção requerida é apenas aquela que se traduz na oposição à interferência alheia (exceto a do proprietário, a não ser que este tenha transferido a posse) no uso da coisa. Isso explica, no âmbito do *common law*, o fato de o depositário ter o direito de mover ação possessória contra alguém que o prive ilegalmente do bem oferecido como garantia. Holmes discute um caso em que o demandante entregara um cofre ao réu, para que este o vendesse para ele. O réu encontrou no cofre algumas cédulas, sem dúvida pertencentes ao demandante. Este, por sua vez, exigiu a devolução do dinheiro. Holmes afirma que ele tinha o direito de exigir as cédulas de volta. Ao contrário do que afirmaria Savigny, o demandante não abandonara as notas; ainda que, por não ter consciência da existência destas (ou, pelo menos, de sua presença no cofre), não se possa afirmar que ele tivesse *animus domini* sobre elas. Em suma, Holmes separa a posse da propriedade. A posse, junto com os direitos que a acompanham, não precisa ter nada a ver com nenhuma pretensão de propriedade.

Existem outras diferenças entre a teoria da posse defendida por Holmes, de um lado, e aquela defendida por

---

27. *Von Savigny's Treatise on Possession*, nota 20 acima, p. 404.

Savigny e seus seguidores, de outro. Essas diferenças, aliás, são maiores que aquelas verificadas entre as normas jurídicas que regem a posse nos sistemas alemão e anglo-americano no século XIX e sobretudo na atualidade[28]. É interessante observar que Holmes rejeita a afirmação de Savigny de que a possibilidade de reproduzir a supremacia material usada para a obtenção da posse é uma condição para sua conservação. Ele cita o exemplo de uma pessoa que deixou uma bolsa cheia de ouro em sua casa de campo e está, no momento, a centenas de quilômetros de distância, na prisão. "A única pessoa situada num raio de cinquenta quilômetros [da casa] é um assaltante muito bem preparado que, parado diante da porta de entrada, viu a bolsa pela janela e pretende entrar imediatamente para pegá-la."[29] Holmes acha estranho considerar que o dono da bolsa perde sua posse para o assaltante antes mesmo que este consiga pegá-la. Para ele, porém, este é o resultado decorrente da teoria de Savigny, porque o proprietário perdeu a capacidade de reproduzir o exercício da supremacia material que o levou a ter a bolsa (Holmes pressupõe que ele a tenha encontrado em algum lugar), e o assaltante adquiriu a capacidade de exercer o controle exclusivo sobre ela.

A definição de posse de Holmes gera anomalias, o que também ocorre com a de Savigny. Por exemplo, no *common law*, que significa para Holmes o mesmo que o direito romano significa para Savigny, isto é, um corpo de princípios que deve ser recuperado, clarificado, depurado e exposto, um empregado que roube os bens de seu empregador é um ladrão. Em outras palavras, ele é tratado como alguém que subtraiu os bens em posse do empregador. Não obstante, de acordo com a definição de posse de Holmes, o empregado tem a posse desses bens, uma vez que exerce supremacia material sobre eles, junto com uma noção subjetiva de ser

---

28. Ver James Gordley e Ugo Mattei, "Protecting Possession", 44 *American Journal of Comparative Law* 293 (1996).
29. Holmes, nota 13 acima, p. 237.

dono deles que se traduz na intenção de excluir todos os outros indivíduos. (Outro exemplo semelhante que ele analisa é aquele do cliente de um restaurante que rouba o prato no qual lhe serviram a comida.) Para Holmes, essa norma nada mais é que um resquício histórico que reflete o fato de que os escravos – os antecedentes históricos dos empregados – não tinham capacidade jurídica e por isso não podiam ser vistos como possuidores.

Até aqui, não há nada que sugira uma divergência metodológica entre Savigny e Holmes. A divergência entre os dois não se manifesta em normas ou conclusões relativas a questões específicas, mas numa diferença de atitude diante da teoria e da história. Holmes não contesta a interpretação do direito alemão articulada por Savigny, entre outros juristas alemães. Mas tampouco enxerga o direito romano como a verdadeira fonte da teoria jurídica alemã, ou, mais especificamente, da teoria da posse de Savigny. Em sua opinião, essa fonte está na filosofia, particularmente na filosofia de Kant e Hegel (ainda que, na verdade, Savigny fosse hostil à teoria jurídica de Hegel)[30]. De acordo com essa filosofia, observa Holmes, "a posse deve ser protegida porque quando um homem toma posse de um objeto ele o traz para a esfera de sua vontade (...). A posse é a percepção objetiva do livre-arbítrio"[31]. Portanto, na visão de Holmes, a ideia de que o *animus domini* é um dos elementos que se agregam na posse (ideia essa que distingue fundamentalmente sua teoria da posse daquela de Savigny no nível funcional) tem sua origem não no direito romano (ainda que Holmes a considerasse coerente com esse direito) e não no interesse público ou nas "necessidades concretas do cotidiano", mas sim na filosofia ética alemã[32].

---

30. A identificação de Savigny com Kant assenta-se sobre bases mais sólidas. Ver Ewald, nota 2, pp. 1935-8.
31. Holmes, nota 13, p. 207.
32. "O direito romano surge para fortalecer o princípio com o precedente." *Id*. p. 209.

Para Holmes, essa origem era um estigma. Relativamente a questões morais, ele era um cético. Desprezava a filosofia ética e acreditava que um entendimento claro do direito exigia uma nítida separação entre dever legal e moral, bem como entre a terminologia moral e a jurídica. Mas é possível que ele tenha compreendido mal Savigny. Na medida em que o conceito de *Volksgeist* (que, entretanto, não aparece no tratado sobre a posse) exprime uma concepção histórica, e não racionalista, do direito, Holmes deveria ter enxergado aí um sinal de afinidade. Em vez disso, porém, ele denuncia reiteradamente Savigny e seus seguidores por suas pretensões "universalistas"[33]. Contudo, as atitudes dos dois autores diante da história são, de fato, essencialmente diferentes; ou melhor, quase opostas. A atitude de Savigny é reverencial: a história do direito tem "um dever mais sagrado a cumprir", algo que vai além de simplesmente "proteger nossa mente contra a influência centralizadora do presente". Isso significa que um indivíduo deve manter "uma ligação viva com o estado primitivo de seu povo (...). A perda dessa ligação inevitavelmente destitui cada pessoa do que há de melhor em sua vida espiritual"[34]. Já a atitude de Holmes perante a história, como a de Nietzsche, é crítica. Para Savigny, os melhores pensadores do direito foram os juristas romanos, e a tarefa do direito moderno consiste em reconstituir os princípios que animavam o pensamento jurídico romano. Para Holmes, o pensamento jurídico moderno é superior, porque somente um pensador moderno pode haver-se com os problemas modernos. A história oferece um repertório de conceitos e procedimentos ao qual podemos recorrer em busca de orientação para lidar com os problemas modernos. Nesse sentido, trata-se de um recurso e de uma ajuda. Mas é também um empecilho, devido ao conservadorismo metodológico da profissão jurídica, que, ao postular um dever de continuida-

---

33. *Id.* pp. 167-8, 206.
34. Savigny, nota 3 acima, p. 136.

de com o passado, retarda a adaptação às necessidades do presente. Assim, o fato de Holmes rejeitar como resquício histórico a norma que determina que um empregado não "possui" os bens entregues a seus cuidados por seu empregador é uma solução jurídica característica para ele. Sua postura é a de um paleontólogo jurídico, que identifica doutrinas e práticas que existem no direito moderno não porque sejam funcionais, mas porque a luta pela sobrevivência que move a evolução deixou, de algum modo, de eliminá-las.

Se, além disso, como enfatiza Holmes, "o fundamento imediato do direito deve ser empírico", isto é, se "o direito, sendo uma coisa prática, deve repousar sobre forças concretas"[35], provavelmente encontraremos, nas normas jurídicas, variações que não se podem reportar a nenhum princípio geral. Para ilustrar isso, Holmes cita as diferentes normas que regem a posse legal das baleias. De acordo com uma dessas normas, se o primeiro baleeiro a golpear a baleia com seu arpão não conseguir mantê-la presa, este não terá direito a ela caso esta venha a ser morta por outro baleeiro. Já segundo outra norma, o baleeiro tem direito a metade da baleia. Por fim, uma terceira norma estipula que ele tem direito à totalidade da baleia, desde que a ponta de seu arpão permaneça nesta, mesmo que o cordame tenha sido cortado. Observe-se que estas duas últimas normas são exceções ao princípio do *common law*, que é semelhante ao princípio do direito romano exposto por Savigny, segundo o qual para obter a posse de um animal selvagem é preciso, de fato, tê-lo capturado.

Embora Holmes deixe clara sua convicção de que o direito deve adaptar-se às necessidades práticas do presente, ele não dá o próximo passo, isto é, não avalia normas e decisões específicas a partir desse critério. À semelhança de Savigny, ele se concentra na lógica interna das normas jurídicas que regem a posse e não na conformidade destas com

---

35. Holmes, nota 13 acima, p. 213.

as necessidades da sociedade. A única justificativa que ele apresenta para rejeitar o *animus domini* e substituí-lo pela exigência de uma noção de posse traduzida na simples intenção de excluir (rejeição essa que é crucial no âmbito de sua teoria) é a de que os deveres legais precedem os direitos legais. As normas jurídicas relativas à posse criam o dever de não se interferir na exclusividade de uso que o possuidor tem em relação à coisa possuída. A esse dever, por sua vez, corresponde um direito de impedir essa interferência, judicialmente ou de alguma outra maneira, ou de obter reparação por ela. Logo, a única noção exigida de um possuidor é aquela que se manifesta através da intenção de combater essa interferência[36]. O "logo" não se segue, pois não há nada de ilógico em restringir as ações possessórias àquelas pessoas que pretendam conservar a posse contra a interferência de todo o mundo, e pouco importa se isso é ou não sensato e compatível com o direito anglo-americano.

O que falta a Holmes é uma teoria social que substitua o tipo de teoria jurídica "interna" que ele condenava nos teóricos alemães. Hoje temos essa teoria, e seu nome é economia.

A menos que aos recursos valiosos se aplique um direito de exclusividade no que concerne à sua utilização, ao controle que se tem sobre eles e aos benefícios provenientes de sua exploração, os incentivos ao investimento na produção de bens valiosos não serão os maiores possíveis. Por exemplo, o proprietário de uma fazenda produtiva não terá garantia alguma de que poderá realizar a colheita daquilo que plantar[37]. Além disso, alguns recursos serão utilizados em excesso, como, por exemplo, uma pastagem cuja propriedade seja compartilhada. Nenhum dos fazendeiros cujas cabeças de gado tenham pastado ali vai levar em conta o custo que a sua parcela de utilização do pasto impõe a cada um

---

36. Ver *id*. pp. 219-20.
37. Esta não é uma constatação hodierna. Hobbes e Blackstone, entre muitos outros, tinham plena consciência dela.

dos outros por reduzir a quantidade de forragem. A eficiência depende dos direitos de propriedade[38].

Podem-se imaginar dois sistemas opostos de direitos de propriedade: a propriedade apenas de acordo com um sistema de títulos de proprietário e a propriedade apenas por posse material. Cada um deles apresentaria sérias deficiências. Um sistema universal de títulos de proprietário pressupõe que tudo já está possuído por alguém[39] e só permite transferências formais de propriedade (por exemplo, a transferência de uma escritura de imóvel). Um sistema desse tipo seria impotente para lidar com problemas de aquisição de bens que ainda não tenham dono, seja porque nunca o tiveram, seja por terem sido abandonados. Tal sistema também deixaria indefinida a condição dos não proprietários que, não obstante, detêm o uso exclusivo da propriedade, como os locatários. Por fim, também seria inútil no tratamento dos inevitáveis erros que acabariam sendo cometidos num sistema em que os direitos fossem garantidos apenas por documentos lavrados. No regime antípoda, aquele em que os direitos de uso exclusivo da propriedade dependem do controle material sobre ela, subentende-se a realização de pesados investimentos para a preservação de tal controle. Um sistema assim também não trabalha com direitos de uso futuro, que diferem daqueles que regulam o uso presente. Um exemplo disso é o sistema de direitos de propriedade sobre a água que vigora nos estados do oeste dos Estados Unidos, no qual o direito à água é adquirido por posse, isto é, pelo uso (na irrigação, por exemplo). Esse sistema estimula o desperdício de água no presente como método de afirmação do direito ao uso da água no futuro.

---

38. Richard A. Posner, *Economic Analysis of Law*, pp. 36-7 (5. ed. 1998). Sobre a economia da posse em termos gerais, ver Richard A. Epstein, "Possession", em *The New Palgrave Dictionary of Economics and the Law*, vol. 3, p. 62 (Peter Newman [org.], 1998); ver também Dean Lueck, "First Possession", em *id.* vol. 2, p. 132.

39. Uma exceção a isso – a aquisição de título de propriedade por outorga – é discutida mais adiante.

Desde o ponto de vista do possuidor, o uso futuro pode ser suficientemente valioso para que o desperdício atual lhe pareça vantajoso, ainda que um sistema de direitos de papel passado possa ser mais eficiente do ponto de vista da sociedade em geral.

Portanto, para que um regime jurídico de direitos de propriedade seja eficiente, este provavelmente deverá ter um caráter misto, ou seja, deverá ser uma mescla de direitos garantidos por titularidade e direitos garantidos por posse efetiva. Nesse contexto, é preciso especificar a mescla eficiente e compará-la com a mescla efetivamente encontrada em dado sistema jurídico. Para começar, podemos perguntar se os bens *sem dono* devem ser obteníveis apenas por apossamento ou se também podem ser obtidos por algum outro método desvinculado da posse. A resposta, em geral, é: somente pelo apossamento. Suponhamos que se descobrisse um novo continente (desabitado, para simplificar nossa análise). Seria uma atitude eficiente dar ao descobridor o título de proprietário do continente inteiro antes que ele tivesse tomado posse deste no sentido de ocupá-lo por inteiro ou, ao menos, em sua maior parte? Provavelmente não. Uma recompensa dessa magnitude estimularia um investimento excessivo na exploração, pois o explorador que descobrisse o continente apenas um dia antes de seus rivais ficaria com a totalidade de seu valor. A perspectiva de obter um bem tão valioso contribuindo tão pouco para a criação de seu valor induziria o explorador, bem como seus rivais, a investir na conquista mais do que o valor que esse investimento teria para a sociedade[40]. Um caso ainda

---

40. Suponhamos que o prêmio (o direito exclusivo de explorar o continente descoberto) seja $X e que, se houvesse apenas um descobridor em potencial, este gastaria $0,1X para descobri-lo e ele levaria t anos para consegui-lo. Na verdade, porém, há dez descobridores em potencial, e, se cada um desses indivíduos tiver a mesma chance de ser o primeiro descobridor, ele (presumindo-se que não seja avesso ao risco) gastará até $0,1X na disputa pelo primeiro lugar. A soma dos gastos de todos os concorrentes será de dez vezes o valor gasto por cada um deles. Suponhamos que, em decorrência da disputa, o continente seja descoberto um ano antes. Como tempo vale dinheiro,

mais extremo, que era comum no período inicial do colonialismo europeu, era o empenho dos monarcas (inclusive dos papas) no sentido de criar, por outorga, o direito de propriedade sobre terras ainda não descobertas.

Vimos que a propriedade sobre bens anteriormente sem dono pode ser obtida por descoberta ou por outorga. Outra opção consiste em fundá-la na posse, no sentido de ocupação física[41]. Com essa solução, reduz-se a recompensa que *efetivamente* se recebe por chegar primeiro e atenua-se, assim, o problema do investimento excessivo, pois força-se o candidato a proprietário a incorrer em custos de ocupação. Em um contexto assim, os recursos também tendem a se distribuir entre as pessoas mais capazes de utilizá-los de forma produtiva, pois são essas pessoas que mais provavelmente se mostrarão dispostas a incorrer nos custos que a posse acarreta. Um indivíduo que, para obter o título de propriedade sobre todo um continente por ele descoberto, precisasse apenas declarar ou registrar sua descoberta, não hesitaria em liquidar imediatamente a maior parte das terras, quando não a totalidade delas, porque não seria ele a pessoa mais eficiente para cuidar de todo o seu desenvolvimento. Quando se vai conceder o direito de propriedade sobre uma faixa de terra, é mais eficiente dar prioridade às pessoas que realmente vão possuir essa terra.

---

isso aumentaria o valor da descoberta para, digamos, $1,1X. Esse aumento ($0,1X), entretanto, ficaria aquém do custo total ($0,9X). Logo, do ponto de vista social, a disputa seria um desperdício. Lueck, nota 38 acima, assinala, porém, que pode não haver disputa se os custos para um dos concorrentes forem muito menores do que são para os outros; de modo que fique evidente desde o início que, se houver uma competição (e os concorrentes tiverem igual acesso ao mercado de capitais para financiarem os gastos da competição), este último será o vencedor. Nesse caso, os outros irão abster-se de competir.

41. Para uma analogia com o direito das marcas, ver William M. Landes e Richard A. Posner, "Trademark Law: An Economic Perspective", 30 *Journal of Law and Economics* 265, 281-282 (1987). Os princípios econômicos da posse aplicam-se de muitas maneiras à propriedade intelectual. O tema, entretanto, foge aos objetivos deste livro.

Consideremos o caso das baleias discutido por Holmes. Se o direito à baleia fosse concedido ao primeiro baleeiro a enfiar seu arpão no cetáceo, ainda que o arpão caísse ao mar (ou que o cordame se rompesse) e não detivesse a baleia, o oceano provavelmente estaria cheio de amadores com habilidade para lançar seu arpão, mas incompetentes para realmente matar baleias. Este seria um exemplo de uma disputa socialmente improfícua para ser o primeiro "descobridor" de um bem valioso. Mas se, em vez disso, a lei der o direito de propriedade sobre a baleia ao baleeiro que matá-la, isso pode desestimular a atividade cooperativa. No caso da pesca da baleia, a cooperação é essencial, o que não ocorre com a maioria das atividades de caça, nas quais predomina a regra de que a propriedade só pode ser obtida pela posse. A solução da "meia baleia" discutida por Holmes pode ser entendida como uma resposta ao problema do desestímulo à cooperação. Essa solução não é exatamente aquela que se adotaria em um sistema puro de direitos garantidos por posse efetiva; encaixa-se melhor no contexto de um sistema de direitos concedidos por reivindicação ou perspectiva de posse[42]. Por outro lado, está muito distante daquilo que se vê num sistema em que os direitos exclusivos de propriedade sobre as baleias (ou sobre um continente recém-descoberto, exemplo que é economicamente análogo àquele de uma baleia que se acabou de avistar) são concedidos por outorga à primeira pessoa que descobrir o valor comercial da pesca da baleia. Enfim, essa solução mostra que um regime ideal de direitos de propriedade provavelmente será aquele que combine direitos garantidos pela posse efetiva com direitos desvinculados da posse.

A questão dos direitos garantidos pela posse também pode ser ilustrada pelo já mencionado caso das cédulas esquecidas no cofre. No *common law*, o agente que guarda o

---

42. Para uma análise muito mais rica das normas de caça às baleias que vigoravam no século XIX, do ponto de vista econômico, ver Robert C. Ellickson, *Order without Law: How Neighbors Settle Disputes*, pp. 196-206 (1991).

cofre para seu proprietário não adquire a posse do dinheiro, enquanto no direito romano, de acordo com Savigny, ele a adquire. Do ponto de vista econômico, encontrar bens perdidos é um serviço valioso que se deve estimular. Porém, assim como ocorre no caso da descoberta de um novo continente, se o descobridor do bem tiver direito ao valor total deste, as pessoas poderiam ser levadas a investir exageradamente na exploração. Ademais, há ainda outro problema, que não tem equivalente no caso da descoberta de um continente: num contexto em que o valor total de um bem perdido é dado àquele que o encontrar, os indivíduos podem ser levados a investir exageradamente na proteção de seus bens. Melhor do que dar ao descobridor de um bem o direito de propriedade sobre este é dar-lhe uma recompensa por tê-lo encontrado, o que se insere no âmbito do direito de restituição[43]. Isso também é melhor do que dividir o bem encontrado entre o proprietário original e o descobridor. A menos que a propriedade seja facilmente divisível, uma divisão irá diminuir seu valor total (esse, porém, não é um problema no caso das cédulas). Nesse caso, as partes teriam de despender recursos para negociar a transferência da cota de uma parte para a outra, ou de ambas as partes para uma terceira, com o objetivo de manter a integridade da propriedade.

Até aqui trabalhei com o pressuposto de que o dono do cofre era o proprietário do dinheiro nele encontrado.

---

43. Ver *Nadalin vs. Automobile Recovery Bureau, Inc.*, 169 F.3d 1084 (7th Cir. 1999), bem como os casos ali citados; William M. Landes e Richard A. Posner, "Salvors, Finders, Good Samaritans, and Other Rescuers: An Economic Study of Law and Altruism", 7 *Journal of Legal Studies* 83 (1978); Saul Levmore, "Explaining Restitution", 71 *Virginia Law Review* 65 (1985). Num caso semelhante ao do cofre, e também discutido por Holmes, "a maré faz uma tábua de madeira vir parar nas terras de um homem" (presumivelmente, sem que ele o saiba). "Ele adquire, desse modo, um 'direito de posse' contra um indivíduo que efetivamente encontra a tábua e adentra as terras dele para levá-la." Holmes, nota 13 acima, p. 223 (nota de rodapé omitida). A solução ideal para o caso talvez consista em dar ao descobridor uma recompensa e conceder o direito de propriedade ao proprietário das terras, pressupondo-se que a tábua já não pertencesse a ninguém antes de vir parar na praia.

Mas suponhamos que ele não o fosse. Imaginemos um exemplo mais claro: alguém esquece sua carteira com dinheiro no caixa de um supermercado e um cliente a encontra. O proprietário, por sua vez, jamais volta para procurá-la. O direito à posse da carteira e do dinheiro deve ser do cliente que a encontrou ou do supermercado (que é o *"locus in quo"*, como se diz na linguagem jurídica)? O argumento em defesa do cliente que encontrou a carteira é que, tendo sido ele quem a achou, merece uma recompensa, pois o supermercado não fez nada. Mas se o cliente resolver levar a carteira embora por saber que poderá ficar com ela se o dono não aparecer, a probabilidade de que ela seja devolvida ao dono será menor do que seria se um funcionário do supermercado a tivesse encontrado, pois, quando o dono da carteira se der conta de que a perdeu, ele a procurará nos lugares em que esteve naquele dia, e a busca o levará rapidamente de volta ao supermercado.

É com base nessa conclusão, que independe totalmente dessas meticulosas análises em torno da "posse", que o direito norte-americano tradicionalmente faz distinção entre objetos perdidos (*lost*) e objetos esquecidos por descuido (*mislaid*). "Perdido", nesse contexto, significa que o proprietário não se dá conta de que o bem sumiu. Como este não deu pela falta do bem, é improvável que ele o procure. Desse modo, o direito concede a posse legítima de um bem perdido ao descobridor e não, como no caso de um bem esquecido em algum lugar por descuido, ao dono do local em que este foi encontrado. Essa distinção é fraca e muito criticada[44]. Por que não se poderia conceder a posse da carteira esquecida ao cliente que a encontrou, com a condição de que este deixe seu nome e endereço no supermercado, de modo que o proprietário tenha como encontrá-lo? O que desejo enfatizar, contudo, é que a análise não gira em torno do conceito de posse quando se adota uma perspectiva eco-

---

44. Ver, por exemplo, R. H. Helmholz, "Equitable Division and the Law of Finders", 52 *Fordham Law Review* 313 (1983).

nômica da questão. Nesse caso, a concessão da posse segue o critério da maior eficiência distributiva dos direitos garantidos por posse efetiva.

Outra objeção que se pode fazer a essa norma que concede ao cliente e descobridor o direito de ficar com o bem perdido ou esquecido por descuido quando o dono não aparece mais é que sua recompensa pode exceder em muito o custo em que incorreu. Vimos que a concessão de recompensas excessivamente altas por coisas descobertas tende a atrair um excesso de recursos para as atividades que geram tais recompensas. É verdade que não é *ex post* que o cliente-descobridor obtém sua recompensa; isto é, ele a obtém somente se o proprietário não voltar em busca de seu bem. Isso significa que a *expectativa* de recompensa do descobridor pode ser baixa, uma vez que a maioria das pessoas que perdem coisas de valor se empenha em recuperá-las. Porém, uma vez que é bem provável que algum funcionário do supermercado acabe encontrando a carteira se nenhum cliente a encontrar, pode ser pouco vantajoso que um cliente descubra a carteira. Na verdade, isso pode representar até uma desvantagem, pois, para o proprietário, seria mais fácil buscar a carteira no supermercado do que ir atrás de um cliente para reavê-la, ainda que este deixe seu nome e endereço no supermercado.

Suponhamos, portanto, que a norma determine que o supermercado tem a posse legítima, mas que o cliente e descobridor não conheça a lei, ou não esteja nem aí para ela, e leve a carteira consigo. Suponhamos ainda que ele a esqueça em outro supermercado. Desta vez, um empregado do supermercado a encontra e o cliente volta ao supermercado para reavê-la. Devem os direitos dele, o possuidor ilegítimo, predominar sobre aqueles do então descobridor legítimo, o supermercado[45]? Provavelmente não. Privá-lo da posse é a única sanção viável para seu ato ilícito inicial, e a

---

45. Ver Jesse Dukeminier e James E. Krier, *Property*, pp. 100-3 (4. ed. 1988).

perspectiva de tal privação pode ser o único meio de dissuasão viável contra as apropriações ilícitas.

O caso do cofre ajuda a elucidar a questão de se a supremacia material, quer completa, quer na forma atenuada especificada por Savigny (o poder de meramente reproduzir essa supremacia), deve ser uma condição necessária tanto à conservação quanto à aquisição da posse. A resposta dada pela economia é, em geral, não. Essa exigência levaria a gastos inúteis, além do que desestimularia a especialização. Imaginemos que um locatário fosse considerado dono do imóvel alugado porque o locador, em virtude da locação, perde a supremacia material sobre sua propriedade, isto é, este, durante o período de vigência da locação, não pode entrar no imóvel sem pedir permissão. Para contornar esse problema, Savigny nega que o locatário tenha a posse em algum momento. Mas já vimos que esta é uma solução insatisfatória. Muito mais sensato, apesar de isso ser uma heresia no contexto do sistema de Savigny, seria reconhecer a posse conjunta de locador e locatário e dividir proporcionalmente entre os dois, de acordo com a vantagem comparativa em circunstâncias específicas, o direito de recorrer à justiça para proteger quaisquer interesses relativos à posse.

Mencionei o caso em que o locatário ainda não tomou a posse. Pois bem, a esse caso podem-se acrescentar aqueles nos quais o desapossamento por parte de um intruso ocorre tão ao final do período de vigência do contrato que o locatário se sente pouco estimulado a acionar a justiça. Além disso, há os casos em que a infração é mais lesiva ao locador do que ao locatário (por exemplo, se o locatário for desapossado por um traficante de drogas que passe a assustar também os outros locatários), bem como os casos em que o locatário simplesmente não tem recursos para processar o infrator.

Mas Savigny está certo em preocupar-se com a posse conjunta, ainda que não por esta ser incoerente com a *definição* de posse, uma questão puramente formal. Os custos de transação são maiores quando as normas jurídicas, em vez de atribuírem o direito de uso do bem a uma única pessoa, exigem que duas ou mais pessoas decidam entre si de que modo o bem será usado. O *common law*, para lidar com esse problema, permite que cada possuidor insista na divisão física do bem possuído em conjunto, de modo que este passe a constituir-se de parcelas distintas, cada qual controlada por uma pessoa apenas. Sem dúvida, isso não será permitido se a divisão reduzir muito o valor do bem, como num dos casos citados por Savigny, a saber, aquele em que o braço e a cabeça de uma estátua possuem donos diferentes. Nesses casos, a eficiência requer o pressuposto de que o objeto inteiro constitui a coisa possuída.

Savigny reconhece o caráter problemático da exigência de exercício da supremacia material como condição para a conservação do direito de posse, e faz isso ao exigir notificação prévia como condição para se desapossar o dono de um pedaço de terra. Suponhamos que um terreno não tenha dono e esteja desocupado. Suponhamos ainda que ninguém tenha reivindicado sua posse e que ninguém detenha título de propriedade sobre ele. O primeiro possuidor é, portanto, o proprietário. O que fazer, porém, se este não residir no terreno? Se outro indivíduo vier a ocupá-lo, será *este último* o possuidor? A resposta de Savigny, que é negativa, está obviamente correta, pois uma resposta inversa levaria os proprietários a desperdiçarem recursos para cercar e patrulhar a terra. Uma coisa é condicionar a aquisição do direito de propriedade sobre bens recém-descobertos à posse, como já afirmei. Porém, uma vez adquirido o direito por essa via, deve ser suficiente, para sua conservação, registrá-lo num cartório de registro de títulos e documentos, a fim de desencorajar eventuais invasores da propriedade alheia. Trata-se de um método de notificação mais barato que a complicada colocação de avisos e cercas, para não mencionar a utilização efetiva e intensa que atualmente é considerada critério razoável para a obtenção de título de propriedade sobre terra incógnita. Este é mais um exemplo de por que um sistema de direitos de propriedade puramente vinculados à posse não seria economicamente vantajoso.

Documentos, porém, não são infalíveis; tampouco costumam registrar o abandono de um bem. Se um indivíduo ocupa um terreno que pertence formalmente a outra pessoa, mas deixa claro que está reivindicando a posse da terra, e o proprietário permanece muitos anos sem fazer nada para contestar a reivindicação, por lei a propriedade da terra passa para o novo ocupante, de quem se diz que adquiriu a propriedade por "usucapião". A exigência de usucapião (implícita na afirmação de que o novo ocupante "está reivindicando" a terra) é essencial. De outro modo, um indivíduo que permanecesse como locatário de um imóvel por um período igual àquele necessário para a obtenção da posse por prescrição (isto é, pela passagem do tempo) tornar-se-ia, ao término desse período, o proprietário do imóvel alugado.

A posse do locatário não é "semelhante àquela do dono", como ocorre com a posse do usucapiente. A diferença essencial está na intenção do possuidor, a qual muitas vezes pode ser deduzida de indícios "objetivos", como a existência de um contrato de arrendamento, o comportamento do dono (se este se comporta "como dono") e o comportamento do possuidor – por exemplo, se este faz benfeitorias permanentes na propriedade, o que implica que ele vê a si próprio como proprietário. Vemos que, no fim das contas, Savigny estava certo ao associar os direitos garantidos por posse efetiva à intenção "de ser proprietário", mas estava errado ao pressupor que essa intenção deva estar *necessariamente* presente para que se gerem esses direitos.

A melhor maneira de entender o raciocínio econômico que está por trás do usucapião, definido como um método de transferência de propriedade sem o benefício da negociação ou de documentos que registrem o ato, é a partir da seguinte pergunta: Quando se deve considerar que um bem foi abandonado e que, portanto, passou a pertencer ao conjunto dos recursos sem dono disponível à apropriação por qualquer pessoa que os encontre? Para o economista, tal coisa deve acontecer quando isso significar uma probabilidade de promoção do uso eficiente de recursos valiosos. Posto que, na maior parte das vezes, é indesejável que os bens permaneçam sem dono, o caso mais evidente de abandono ocorre quando um possuidor "joga fora" um bem deliberadamente, isto é, devolve-o, por vontade própria, ao conjunto dos bens sem dono. Seu gesto significa que a propriedade não tem valor em suas mãos. Nesse caso, o direito considera a propriedade abandonada e, portanto, disponível para que outra pessoa dela se aproprie. Desse modo estimula-se uma realocação por meio da qual o bem passará a ser mais bem aproveitado, sem se onerar o sistema com custos de negociação. Da mesma maneira, o proprietário que, durante vários anos, permanece indiferente à utilização de sua propriedade por outrem está indicando que não a valoriza significativamente. Este é o significado prático e econômico do abandono. Um caso menos claro de abandono, que já analisei aqui, ocorre quando o proprietário perde seu bem e não se esforça por reavê-lo, ou desiste de procurá-lo. Quando se trata de faixas de terra, porém, é improvável que isso ocorra.

Quando um indivíduo realmente joga fora um bem seu, isso indica que ele lhe atribui um valor monetário nulo ou inferior a zero. Portanto, qualquer descobridor que se dê ao trabalho de tomar o bem será com certeza alguém que o valoriza mais. Num caso desses, não é preciso haver negociação para que se garanta que a apropriação do bem pelo descobridor seja, de fato, uma transação maximizadora de valor. Por conseguinte, as despesas com a negociação seriam um custo social inútil, ou seja, um desperdício. O usucapião, no entanto, é quase sempre de terras, algo que raramente jogamos fora, perdemos ou esquecemos por descuido. Quando os custos de transação são baixos, as transações de mercado, se comparadas às transações compulsórias, constituem um método mais eficiente de direcionamento dos bens a seu uso socialmente mais valioso. Mas os custos de transação podem ser altos mesmo quando lidamos com lotes de terra. O proprietário pode ser desconhecido e, mais comumente, os limites exatos de sua propriedade são desconhecidos, de modo que muitas vezes o usucapiente não sabe que está invadindo as terras de alguém ou o proprietário não sabe que sua propriedade está sendo invadida. Quando o proprietário se dá conta e exige seus direitos, as provas podem ter desaparecido e o usucapiente pode ter se fundado numa convicção justificada de que é ele o verdadeiro proprietário. Ademais, por considerar que a propriedade lhe pertence, ele pode ter realizado nela um investimento que terá sido em vão se ele vier a perdê-la para o proprietário original; para quem a propriedade pode ser inútil, como indica o fato de ele ter negligenciado os próprios direitos. Quando há uma grande disparidade no valor atribuído a um bem pelos únicos indivíduos que competem por este, os custos de transação tendem a ser altos, uma vez que cada competidor anseia pela maior parte possível desse valor[46]. O usucapião é um método de correção dos títulos de propriedade em cenários nos quais os custos das transações de mercado são elevados[47]. Longe de desafiar o sistema de direitos de propriedade, essa instituição o aperfeiçoa.

Outro ponto interessante é a sugestão de Savigny de que a intenção de abandonar uma propriedade às vezes pode ser inferida da negligência no uso que se faz dela[48]. Mais objetivamente, podemos dizer que com sua conduta o possuidor negligente tanto deixa subentendido que a pro-

---

46. Suponhamos que uma faixa de terra valha $1 milhão para o usucapiente (talvez porque este saiba da existência de reservas minerais em seu subsolo) e apenas $10 mil para o proprietário original. Nesse caso, por qualquer preço entre $10 mil e $1 milhão, ambas as partes sairão beneficiadas após uma transação de venda. Porém, ambas também ansiarão por açambarcar o máximo possível da diferença, e isso pode dificultar a obtenção de um acordo em torno do preço sem o entabulamento de uma longa e custosa negociação.

47. Thomas W. Merrill, "Property Rules, Liability Rules, and Adverse Possession", 79 *Northwestern University Law Review* 1122 (1985).

48. *Von Savigny's Treatise on Possession*, nota 20 acima, pp. 270-1.

priedade não tem muito valor para ele quanto passa a impressão, para os descobridores em potencial, de que a propriedade na verdade já foi abandonada e está, portanto, a seu dispor. Nessas circunstâncias, a suposição de que a propriedade foi abandonada torna-se um método de redução dos custos de transação e de aumento da probabilidade de que ela venha a ser utilizada de forma mais proveitosa.

A análise econômica também implica que o direito de usucapião deve restringir-se aos casos em que o usucapiente esteja agindo de boa-fé, ou seja, aos casos em que este realmente acredite que a propriedade lhe pertence. De outro modo, a doutrina estimularia transferências coercitivas de propriedade em cenários de baixos custos de transação. Se limitada aos casos em que o verdadeiro proprietário não pode ser facilmente identificado ou encontrado, ou parece ter claramente abandonado a propriedade, a doutrina desempenha uma tradicional função econômica do direito, qual seja, a de emular o mercado nos casos em que os altos custos de transação impedem que este distribua os recursos de modo eficiente ou, ainda, quando esses custos forem puro desperdício, como no caso do abandono.

A esta altura, podemos ver a íntima relação (assim como a interdependência) que existe entre a posse efetiva e os títulos de propriedade de papel passado como métodos de definição de direitos de propriedade, bem como a antecedência histórica da primeira. Assim como uma escritura registrada num cartório, a posse é, desde que "pública e notória", como se diz nos casos de usucapião, uma maneira de informar ao mundo a existência de um direito[49]. Nos estágios mais primitivos da sociedade, esta provavelmente é a única maneira viável de fazer isso. A cerca antecede a escritura como método de proclamação do direito de propriedade. Desde que se compreenda que sua função é de notificação, uma norma que exija o exercício da supremacia

---

49. Essa função da posse é enfatizada em Carol M. Rose, "Possession as the Origin of Property", 52 *University of Chicago Law Review* 73 (1985).

material como condição para a obtenção ou conservação de um direito garantido por posse efetiva pode ser vista como um equilíbrio entre os custos de determinados atos físicos que comunicam a existência de um direito e os benefícios da comunicação clara. Quanto mais sofisticados forem os atos necessários, mais inequívoca será a comunicação (mais esses atos se assemelharão a uma cerca). Isso é bom porque a definição clara dos direitos de propriedade na esfera pública reduz os custos de transação e tende a otimizar os investimentos. Ocorre, porém, que essa sofisticação também torna mais onerosa essa forma de notificação. Os custos dos atos mais elaborados de notificação por posse – os atos de ocupação completa, permanente e visível – muitas vezes superarão os benefícios. É por isso que o grau de posse efetiva necessário para a conservação de um direito de propriedade é menor que aquele necessário para sua aquisição.

Considere-se o velho e interessante caso *Haslem vs. Lockwood*[50]. O demandante juntara, nas vias públicas, montes de esterco de cavalo que pretendia transportar no dia seguinte, porque antes disso ele não tinha como conseguir um meio de transporte. O réu, porém, adiantou-se a ele e recolheu o esterco. O demandante processou-o exigindo a devolução do esterco e ganhou a causa. Esta é a sentença economicamente correta. Os proprietários originais do esterco, que eram os donos dos cavalos, abandonaram-no. O demandante então o encontrou, apossou-se dele quando o juntou em montes, e os montes eram uma forma adequada de notificar outras pessoas, como o réu, de que o esterco não estava (mais) abandonado. Se o demandante, a fim de proteger seu direito de propriedade, tivesse de ir além do ato de juntar o esterco em montes (se tivesse de cercar os montes e ficar o tempo todo de guarda ou se tivesse de conseguir uma carroça que levasse dali o esterco imediatamente), os custos dessa "transação" que transformara em matéria-prima um esterco que não tinha valor algum para

---

50. 37 Conn. 500 (1871).

o dono original se tornariam mais altos, sem que isso gerasse benefícios compensatórios.

Quando um bem é roubado, não se considera que esteja abandonado. Portanto, aquele que o compra do ladrão, ainda que ignore totalmente a origem escusa de sua posse, não tem direito algum perante o proprietário original. Em defesa dessa norma, pode-se observar que ela reduz a rentabilidade e, consequentemente, a probabilidade de incidência do roubo. Mas uma análise econômica bem fundamentada é capaz de ir mais fundo, como nos mostra a debatida questão dos direitos de propriedade sobre obras de arte roubadas[51]. Muitas obras de arte foram roubadas durante a Segunda Guerra Mundial, a qual terminou há mais de meio século. Pode-se defender que, se o proprietário original de uma dessas obras nada fez para tentar recuperá-la durante todo esse tempo, seu título de propriedade deve ser considerado extinto, para que o atual proprietário não mais relute em expor a peça por medo de alertar seu omisso predecessor. Deve-se considerar, portanto, que a obra foi abandonada. Se a norma vigente fosse essa, o primeiro proprietário de uma obra de arte se sentiria incentivado a tomar mais precauções para impedir seu roubo. A criação de tal incentivo, porém, não é um benefício inquestionável, como pode parecer. Os custos dessas precauções, que podem incluir a recusa em permitir que a obra de arte seja exposta ao grande público, devem ser contrapostos aos custos em que o comprador incorrerá para impedir a descoberta da peça, assim como aos custos adicionais com que o proprietário original terá de arcar para descobrir sua obra de arte roubada, caso tenha o direito de reavê-la, ainda que de uma pessoa que a tenha comprado de boa-fé do ladrão. Suponhamos que os custos de ocultação em que incorrerá o comprador e os custos de busca em que incorrerá o pro-

---

51. Ver William M. Landes e Richard A. Posner, "The Economics of Legal Disputes over the Ownership of Works of Art and Other Collectibles", em *Essays in the Economics of the Arts*, p. 177 (Victor A. Ginsburgh e Pierre-Michel Menger [orgs.], 1996).

prietário original num sistema em que prevaleça o direito deste não excedam em muito os custos de precaução incidentes sobre o proprietário num sistema em que prevaleça o direito do indivíduo que compre de boa-fé a obra junto ao ladrão. Nesse caso, a balança pode pesar contra a norma que determina a aquisição do título de proprietário por parte do comprador, já que a facilidade de comercialização de bens roubados não é um fenômeno de disseminação desejável.

O problema é geral, e nos leva de volta aos cofres e às carteiras. Se os descobridores de bens perdidos ou esquecidos por descuido puderem adquirir com excessiva facilidade um direito de propriedade garantido pela posse efetiva sobre esses bens, isso estimulará os proprietários a tomarem precauções adicionais para impedir que seus bens sejam perdidos ou esquecidos por descuido. Essas precauções, por sua vez, envolvem custos reais. Precisamos de normas que tornem esses custos menores. No caso da perda de obras de arte ou outros tipos de bens de valor considerável, a solução ideal talvez seja devolver a obra ao proprietário original, mas dar a quem a encontrou uma recompensa boa o bastante para estimular a procura por obras de arte perdidas, porém não tão boa a ponto de tornar os proprietários excessivamente cautelosos perante o risco de perda de seus bens.

Como vimos, considerar que um empregado não tem a posse de um bem que seu empregador lhe confiou representava para Holmes uma anomalia. Economicamente, porém, a regra faz sentido. O objeto é confiado ao detentor sob condições rigidamente determinadas (como no caso do prato que é servido ao cliente do restaurante), com pouco espaço para que ele exerça seu poder discricionário. Portanto, se essas condições forem deliberadamente violadas, facilmente se inferirá a ocorrência de ato danoso merecedor de punição severa. Do ponto de vista econômico, não há diferença entre o cliente que furta o prato e um indivíduo que entre no restaurante e furte um prato sem pedir que lhe sirvam nada (sem ser, portanto, um cliente); ou entre o motorista de carro-forte que foge com o veículo blindado e cheio de dinheiro de seu patrão e o estranho que o incentiva a praticar o crime.

Ao descrever o pensamento jurídico sobre a posse, observei que este passou por três etapas nos dois últimos séculos. A primeira é representada pela teoria jurídica de Savigny, a segunda pela teoria jurídica de Holmes e a terceira pela teoria econômica. Com isso, arrisco-me a ser mal compreendido, como se estivesse sugerindo que Savigny perdeu o bonde da história, isto é, que ele errou duas vezes: perdeu a oportunidade de usar tanto a abordagem funcionalista de Holmes quanto a abordagem econômica que a pôs em prática nos dias de hoje. Mas não é esta a minha intenção. É um erro supor que todas as ideias ou abordagens modernas estiveram sempre disponíveis e que, portanto, o fato de não terem sido descobertas ou aplicadas até recentemente deve ser atribuído à estupidez de nossos antepassados, se comparados a nós próprios. Épocas diferentes têm necessidades diversas. Savigny, lembremo-nos disso, tinha consciência da importância das "necessidades concretas do cotidiano" no processo de construção das normas jurídicas. Contudo, a necessidade concreta do cotidiano que ele enfatizava, aquela que era própria do tempo e do lugar em que ele viveu, era a formulação de normas claras e uniformes. Em 1803, a Alemanha dividia-se em centenas de estados independentes, e suas instituições jurídicas eram demasiado frágeis e fragmentárias para conferir clareza e uniformidade ao direito[52]. Sobretudo na parte ocidental da Alemanha (onde está Marburgo, lugar em que Savigny escreveu seu tratado sobre a posse), a Revolução Francesa e suas sequelas haviam desestabilizado, quando não desnorteado, o pensamento alemão. Como sabemos com base em suas críticas à codificação das leis, Savigny não acreditava

---

52. "As terras de língua alemã formavam uma extraordinária colcha de retalhos jurídica." Witman, nota 2 acima, p. 102.

que a cultura jurídica alemã estivesse pronta para o projeto benthamista de começar do zero e empreender uma clara e concisa codificação de normas e princípios jurídicos derivados de experiências práticas. A solução então era usar os recursos intelectuais do meio acadêmico para extrair do direito romano (um sistema jurídico extremamente sofisticado) um conjunto de princípios claros que formaria o *common law* da Alemanha.

Acerca de questões jurídicas específicas, costuma-se dizer que é mais importante o direito aplicável estar pacificado do que estar correto. Esta é uma versão aforística da tese segundo a qual as normas são preferíveis aos padrões como fatores orientadores da decisão judicial. Conceber uma norma consiste em extrair alguns fatos pertinentes da miríade de circunstâncias envolvidas em cada caso concreto e então conferir a esses fatos selecionados o caráter de imperatividade jurídica. A consequência disso é um ajuste imperfeito entre norma e circunstâncias, o que gera algumas sentenças que são equivocadas do ponto de vista do princípio substantivo que dá sustentação à norma. Trata-se de um custo. Este, no entanto, é o preço que se deve pagar em troca do benefício gerado pela norma, a saber, o da redução do custo dos litígios e da incerteza jurídica. Esta, aliás, é onerosa em si mesma e, além disso, pode estimular a corrupção dos juízes, seja esta financeira, seja política. Isso porque, quando há incerteza, os não iniciados têm mais dificuldade para determinar se uma decisão judicial está de acordo com as normas jurídicas. Se for verdade que é particularmente urgente, em determinada etapa do desenvolvimento jurídico de uma sociedade, que haja normas jurídicas claras, então a abordagem adotada por Savigny em relação às normas jurídicas que regem a posse pode ser a melhor – do ponto de vista econômico, entenda-se bem (foi o que pretendi sugerir com minha discussão dos custos e benefícios das normas em comparação com aqueles dos critérios de julgamento).

Savigny oferece uma definição clara de posse e a partir dela deduz um conjunto de regras específicas. A estrutura é até certo ponto arbitrária, mas sua clareza é um grande ponto positivo. Conceber essa estrutura pode ter sido mais importante do que tentar deduzir normas ou critérios a partir da consideração de questões de interesse da sociedade; não apenas porque o direito alemão da época de Savigny necessitava urgentemente de sistematização[53], mas também porque a desunião alemã criava uma necessidade política que o direito romano podia satisfazer. Este fornecia uma *lingua franca* que, por pertencer a uma civilização e a uma época remotas, era politicamente neutra se comparada a um sistema de direito que fosse confessadamente fundado nas necessidades correntes da sociedade, necessidades essas que nos difeririam de vários estados alemães e que inevitavelmente assumiriam feições políticas. Na mesma linha da convicção de Max Weber de que o direito deve conquistar "racionalidade formal" a fim de prover a estrutura clara, definida e politicamente neutra que o progresso econômico exige, o direito romano pode ter contribuído para a ascensão da sociedade comercial na Europa[54] – um papel para o qual Savigny o preparou. A tendência individualista e (como já sugeri) "antifeudal" do direito romano fez de sua revivescência, paradoxalmente, uma importante medida de modernização.

Savigny também foi um precursor ao reconhecer a importância das universidades como fator de peso na conquista de uma unidade intelectual diante da desunião política alemã. As universidades, que eram frequentadas por estudantes provenientes de todas as partes da Alemanha e concentravam-se no ensino e na pesquisa de um mesmo corpo de princípios jurídicos, a saber, os romanos, acaba-

---

53. A situação de desorganização em que se encontrava o direito alemão à época pode ser ilustrada pela obra de Moser, um influente jurista alemão do século XVIII. Ver Mack Walker, *Johann Jakob Moser and the Holy Roman Empire of the German Nation*, pp. 130-5 (1981).

54. Ver, por exemplo, James Q. Whitman, "The Moral Menace of Roman Law and the Making of Commerce: Some Dutch Evidence", 105 *Yale Law Journal* 1841 (1996).

ram servindo de substitutas para um sistema judiciário uniforme.

Holmes encontrava-se em situação totalmente diversa daquela de Savigny. O sistema jurídico dos Estados Unidos do pós-Guerra de Secessão era maduro, estável e totalmente profissionalizado. A nação estava unida depois do trauma da Guerra de Secessão e, embora o sistema continuasse sendo federal e os estados detivessem considerável autonomia em questões de direito, sobretudo no campo da propriedade, havia uma considerável homogeneidade no que concerne às abordagens. O sistema jurídico norte-americano (e pode-se falar, sem erro, em um sistema jurídico norte-americano propriamente dito, apesar dos sistemas de direito dos diferentes estados) contava com um grau de maleabilidade e de confiança popular suficiente para que fosse capaz de adaptar os princípios jurídicos às necessidades sociais correntes sem grande perigo de sacrifício da legitimidade ou de geração de incertezas debilitantes. Nesse contexto, o formalismo de Savigny e seus seguidores era tido como uma força mais restritiva que libertadora.

Porém, embora Holmes fosse um entusiasta da ideia de se livrar dos grilhões do passado e colocar o direito a serviço das necessidades sociais correntes, ele não foi capaz de especificar quais seriam essas necessidades. No livro *The Common Law*, ele tende a tratá-las como preferências inescrutáveis ou arbitrárias, quando não como instintos. A certa altura Holmes diz, de modo característico, que "é suficiente (...), para o direito, que o homem, por meio de um instinto que compartilha com o cão doméstico, (...) não deixe que o destituam, pela força ou por fraude, da posse das coisas que lhe pertencem, sem tentar reavê-las"[55]. Isso explica, talvez, por que os direitos garantidos por posse efetiva existem; mas nada nos diz sobre seus contornos. (Lembremo-nos de como ele apenas formulou as três normas para a obtenção de direitos por posse efetiva sobre as ba-

---

55. Holmes, nota 13 acima, p. 213 (nota de rodapé omitida).

leias, sem indicar qual delas era a melhor e de que modo a economia pode vislumbrar as diferenças entre elas.) A especificação desses contornos, isto é, o acabamento do quadro, foi uma tarefa que demorou mais de um século para ser empreendida, pois só então as ferramentas da economia chegariam ao nível de refinamento necessário à elucidação das normas jurídicas que regem a posse.

III. Psicologia

7. A emoção no direito

Como vimos de relance no Capítulo 1, existem duas concepções básicas de economia. Uma delas concentra-se sobre o conteúdo e considera a economia como o estudo dos mercados, enquanto a outra se concentra sobre o método e vê a economia como a aplicação do modelo do agente racional ao comportamento humano. Os adeptos da segunda concepção talvez pareçam estar em rota de colisão com a psicologia, cujo enfoque incide sobre os componentes não racionais e irracionais do comportamento humano. Os psicólogos defendem a tese bastante plausível de que o comportamento humano é *caracteristicamente* não racional e afirmam que o "homem racional" da economia raramente é encontrado no mundo real, mesmo nas economias de mercado e, sem dúvida, muito raramente fora destas. Nesta parte do livro (e, até certo ponto, também na próxima), examino tal afirmação como parte de um interesse mais vasto acerca daquilo que a psicologia pode ter a oferecer para a compreensão e o aperfeiçoamento do direito. Em minha opinião, ela tem muito a oferecer, e essa contribuição é, em grande medida, coerente com o modelo racional.

É natural iniciar uma investigação como esta por uma análise da emoção, que é a antítese convencional da faculdade racional e, claramente, uma questão com a qual o direito deve conciliar-se. Muitos dos tipos de comportamento regulamentado pelo direito são intensamente emocionais.

Pensemos, por exemplo, no assassinato de um cônjuge adúltero, no sequestro de um filho pelo cônjuge ao qual se negou a custódia da criança ou no ativista dos direitos dos animais que joga uma lata de tinta num casaco de pele. Outros tipos de comportamento são espantosamente destituídos de emoção (o assassinato "a sangue-frio"). Outros, por sua vez, despertam as emoções das pessoas que ouvem falar do incidente ou leem sobre este – geralmente sentimentos de solidariedade para com a vítima de um crime ou de um ilícito civil e de indignação com o agressor, mas às vezes de solidariedade para com o agressor, como nos casos de assassinatos cometidos por mulheres "fisicamente agredidas" pelo marido. O direito em si costuma ser visto como uma fortaleza da "razão", concebida como antítese da emoção. O direito é compreendido como uma entidade cuja função é neutralizar a emotividade que as disputas jurídicas despertam nas partes envolvidas e nos observadores leigos. No entanto, qualquer pessoa que já se tenha envolvido em litígios na condição de litigante, advogado, juiz, jurado ou testemunha sabe que esse método, isto é, o método de resolução de disputas jurídicas por excelência, é um processo intensamente emocional e bastante semelhante aos violentos métodos de resolução de disputas que ele substitui.

O caráter emocional dos atos regulados pelo direito e os modos como o direito reage a essa emotividade levantam uma série de questões no que concerne ao sistema jurídico. Neste capítulo, abordarei cinco dessas questões. Primeiramente, como o fato de um ato ilícito ser precipitado por uma emoção deve afetar a apreciação jurídica de tal ato? O fator emocional deve levar o direito a ser mais severo ou mais brando com o transgressor? Discuto essa questão particularmente em relação às leis que regem os "crimes motivados pelo ódio"[1] e à provocação como fator ate-

---

1. Os "crimes motivados pelo ódio" devem ser distinguidos das "formas de expressão motivadas pelo ódio" que discuti no Capítulo 2. Os crimes motivados pelo ódio são crimes comuns, como o homicídio, cuja motivação é o ódio pelo grupo (negros ou homossexuais, por exemplo) ao qual pertence a vítima.

nuante da pena. A segunda questão consiste em saber se e como o direito deve usar a emoção. Já a terceira consiste em saber qual deve ser o estado emocional das pessoas envolvidas na prática judicial, sejam elas juízes, jurados, promotores ou policiais. Essas pessoas devem ser frias como computadores? Em caso negativo, de que modo exatamente a emoção deve integrar seus julgamentos? Em quarto lugar, que critérios de seleção devem ser empregados para assegurar que os indivíduos envolvidos na prática judicial conservem-se no devido estado emocional (seja o que for, exatamente, que tal coisa signifique) quando no desempenho de seus deveres? Em quinto lugar, de que forma o direito pode impedir que o fator emocional presente nos litígios judiciais frustre os esforços para que as partes entrem em acordo antes de o processo chegar ao fim?

Para responder a essas questões, podemos buscar auxílio na teoria cognitiva da emoção, que começou com Aristóteles e, nos últimos anos, foi aprofundada por filósofos e psicólogos[2]. Em desafio àquilo que, a despeito de Aristóteles, tornara-se (não apenas no campo do direito) uma antítese profundamente convencional entre racionalidade e emoção, esses teóricos modernos afirmam que a emoção é uma forma de cognição, e isso não apenas no sentido óbvio

---

2. Ver, por exemplo, John Deigh, "Cognitivism in the Theory of Emotions", 104 *Ethics* 824 (1994); John Elster, *Alchemies of the Mind: Rationality and the Emotions* (1999), sobretudo pp. 283-331; Susan James, *Passion and Action: The Emotions in Seventeenth-Century Philosophy*, pp. 20-2 (1997); William E. Lyons, *Emotion* (1980); Martha C. Nussbaum, *Upheavals of Thought: A Theory of the Emotions* (Cambridge University Press, no prelo), sobretudo caps. 1 e 3; Keith Oatley, *Best Laid Schemes: The Psychology of Emotions* (1992); Ronald de Sousa, *The Rationality of Emotion* (1987); Robert C. Solomon, *The Passions* (1976); Michael Stocker e Elizabeth Hegeman, *Valuing Emotions* (1996); R. B. Zajonc, "Feeling and Thinking: Preferences Need No Inferences", 35 *American Psychologist* 151 (1980). Até hoje não houve muitas tentativas de aplicar ao direito as teorias da emoção, sejam estas cognitivas, sejam de qualquer outra natureza. Ver, porém, a recente antologia *The Passions of Law* (Susan A. Bandes [org.], 1999), que contém uma versão anterior do presente capítulo; e também "Symposium on Law, Psychology, and the Emotions", 74 *Chicago-Kent Law Review* 1423 (2000).

de que as reações emocionais geralmente são deflagradas por informações, mas também no sentido de que um sentimento expressa uma avaliação da informação, o que lhe permite funcionar como substituto do raciocínio, no sentido usual desse termo. Por exemplo, quando reagimos com raiva ao tomarmos conhecimento de algum escândalo, a reação exprime desaprovação, uma avaliação à qual poderíamos ter chegado através de um processo gradual de raciocínio. A função avaliadora da emoção implica que o fato de não se reagir a uma situação específica mediante um sentimento específico pode demonstrar não uma capacidade superior de raciocinar, mas sim uma falha de compreensão ou, no caso de sentimentos morais como a compaixão e a indignação, uma rejeição do código moral da sociedade. Assim, reações emocionais específicas em situações específicas podem muitas vezes ser elogiadas por serem apropriadas à situação ou criticadas por serem impróprias, quer por serem suscitadas pela desinformação, quer por se basearem numa avaliação perversa da situação.

Outra objeção ao estabelecimento de uma dicotomia entre razão e emoção é a de que essa prática pressupõe, equivocadamente, a existência de uma luta entre os elementos motivacionais e não motivacionais da personalidade. A razão não é (com o devido respeito a Kant) motivacional. Para que se pratique uma ação, dois fatores têm de se unir: a consciência de qual é a coisa certa a fazer e o desejo de fazê-la. Quando dizemos que uma pessoa não se deixou levar pela emoção (por exemplo, quando ela resistiu ao impulso de comer uma barra de chocolate), queremos dizer que uma emoção de aversão ("autocontrole", ou seja, a aversão a não ter força de vontade) foi mais forte do que a emoção de atração[3].

Não obstante, seria um erro pensar que a abordagem cognitiva da emoção suprima as preocupações tradicionais

---

3. Esta é, em essência, a concepção de Hobbes. Ver a excelente discussão de Hobbes e seus críticos em James, nota 2 acima, pp. 269-88.

com a emotividade. Por mais enganadora que seja, a dicotomia entre razão e emoção capta uma verdade importante. Todos nós já passamos pela experiência de cometer erros por orgulho, raiva ou outras emoções. A emoção, embora seja um método eficiente de cognição em alguns casos, é ineficiente em outros. Ela passa por cima da razão, concebida como um processo consciente e articulado de deliberação, cálculo, análise ou reflexão. Às vezes, isso é bastante positivo, pois a emoção aumenta a concentração, clarifica a avaliação e nos leva a agir em circunstâncias nas quais a reflexão seria interminável, inconsistente e inconclusiva[4]. Porém, nas situações em que tomar uma decisão inteligente requer análise ou reflexão criteriosa e sequencial, a emoção pode sobrepor-se a esse processo e levar a uma decisão de qualidade inferior. O amor é particularmente famoso por levar a juízos equivocados, assim como acontece com o medo e a raiva. Esta última estimula um pensamento egocêntrico e polarizado que obscurece aspectos pertinentes da situação que a provocou[5].

Todavia, seria mais preciso dizer que o excesso de emoção ou o tipo errado de emoção pode levar a uma decisão inferior. Pois, como argumentarei mais adiante ao tratar da influência do fator emocional nas decisões dos juízes, a emoção é necessária para tornar mais ágil *qualquer* decisão que não seja meramente a conclusão de um raciocínio silogístico ou puramente formal, ou seja, do tipo de raciocínio que um computador é capaz de realizar melhor que um ser humano. A decisão é uma forma de ação, e não existe ação sem emoção.

---

4. Cf. Elster, nota 2 acima, pp. 291-3, onde são analisados alguns estudos que mostram que as pessoas que perdem a faculdade emotiva devido a alguma lesão cerebral têm dificuldade de tomar decisões. Discutindo os mesmos estudos, Arthur J. Robson, "The Biological Basis of Economic Behavior", pp. 11-3 (a ser publicado em *Journal of Economic Literature*), oferece uma explicação econômica explícita: a escolha conduzida pela emoção funciona como um método de decisão que, diante da complexidade, é racional, prático e, além disso, conserva as informações.

5. Bem descritos em Aaron T. Beck, *Prisoners of Hate: The Cognitive Basis of Anger, Hostility, and Violence*, primeira parte (1999).

Na prática, quando afirmamos que uma pessoa é "emotiva" ou que o julgamento de uma pessoa é deturpado pelo "sentimentalismo", queremos dizer que ela deu uma ênfase indevida a uma das características de uma situação e ao estímulo emocional a esta associado, negligenciando outras características importantes. Assim, podemos chamar de "emotivo" um juiz que, de tão influenciado pelos terríveis danos infligidos ao demandante de um caso de responsabilidade civil, torne-se incapaz de enxergar outros aspectos juridicamente pertinentes do caso. É de esperar que os juízes dos tribunais recursais sejam menos emotivos, nesse sentido, que os juízes de primeira instância, pois estão mais distantes dos elementos emocionais mais evidentes dos casos. Eles não lidam pessoalmente com as partes e as testemunhas, mas somente com os advogados, com os autos do processo em primeira instância e outros documentos (e às vezes com fotos)[6]. Portanto, a forma do processo de recurso pode ser vista como uma reação ao perigo do emocionalismo, entendido como a atribuição de importância excessiva a um aspecto mais saliente de uma situação complexa. Na vida cotidiana, reagimos a esse perigo através de várias estratégias pessoais, por exemplo, a tentativa de "controlar" nossa raiva de modo que ela não nos leve a cometer atos apressados e irrefletidos dos quais nos arrependeríamos rapidamente.

A ideia da emoção como um atalho cognitivo explica por que os jurados, assim como as crianças, tendem a fazer julgamentos mais emocionais do que aqueles dos juízes. Quanto menos experiência uma pessoa tiver em resolver seus problemas por meio do raciocínio, mais ela tenderá a "reagir emocionalmente", isto é, a recorrer a uma estratégia mais primitiva para chegar a uma conclusão, qual seja, a emocional. Essa estratégia, ademais, é primitiva em um sentido bastante literal. As emoções, como o sexo, são uma

---

6. Ver, a título de estudo geral, John C. Shepherd e Jordan B. Cherrick, "Advocacy and Emotion", 138 *Federal Rules Decisions* 619 (1991).

característica que temos em comum com os outros animais. Estes, por terem o córtex menor que o dos seres humanos, recorrem mais intensamente que nós às emoções para orientarem-se em suas ações. Além disso, o fato de as emoções serem discerníveis nas crianças mais novas é mais um indício de que estamos lidando com uma característica inata. Assim como outras partes de nosso patrimônio "animal" ou "natural", por oposição ao cultural, o conjunto de emoções de que somos dotados provavelmente era bem adaptado às condições de nosso ambiente ancestral. Esse termo é usado pelos biólogos evolucionistas para descrever o período pré-histórico durante o qual os seres humanos evoluíram até chegar a uma configuração biológica essencialmente similar à atual. Mas nosso repertório emocional pode não ser bem adaptado às condições em que vivemos hoje. Esta é uma razão para nos preocuparmos com o fato de que, às vezes, as emoções podem nos tirar do bom caminho. Isso ocorre, por exemplo, quando tomamos precipitadamente uma decisão que, devido à complexidade do problema em pauta (complexidade essa que talvez não fosse uma característica comum de nosso ambiente ancestral), seria mais bem tomada se raciocinássemos mais cuidadosamente e tivéssemos mais paciência.

Não quero dar a impressão, como posso ter feito ao descrever a emoção como um atalho cognitivo, de que toda reação emocional "correta" possa traduzir-se em um juízo analítico. Esta seria uma perspectiva excessivamente racionalista. Muitas das reações emocionais que a sociedade aprova incondicionalmente são anteriores a qualquer reconstituição racional, a qual, nesses casos, é mera racionalização. Tente apresentar uma boa "razão" para o fato de nos irritarmos ao ver alguém maltratando um animal. Retomarei essa questão mais adiante.

A esta altura já deve estar evidente que, no âmbito de um sistema jurídico, uma política uniforme de tratamento é impossível tanto em relação ao fator "emocional" quanto em relação, por exemplo, à informação ou à crença. Em vez disso, a importância do componente emocional de determinado tipo de comportamento regulamentado pelo direito está fadada a depender do propósito da modalidade de direito que o rege. Tomemos o direito penal. Presumamos que seu propósito básico seja o de limitar as atividades perigosas. Nesse caso, para sabermos como se deve tratar a emoção no âmbito dessa esfera do direito, devemos relacionar a emoção à periculosidade. Obviamente, essa relação varia tanto de um crime para outro quanto no âmbito de cada crime. No caso do homicídio, a presença de emoções fortes tende a atenuar a periculosidade do criminoso, enquanto a ausência destas tende a agravá-la. A pessoa que comete um assassinato "a sangue-frio" (um indivíduo psicopata ou insensível), como um assassino de aluguel, por exemplo, é particularmente perigosa. Sua propensão ao assassínio não se restringe àquelas raras situações em que a aversão natural a matar desaparece, como no caso da maioria dos crimes passionais. Além disso, graças a sua frieza, será mais fácil para ele armar estratégias que lhe permitam evitar a prisão.

Pode parecer que, quanto mais "emocional" for o crime, mais (e não menos) severa deve ser a pena, uma vez que pode ser necessária uma ameaça maior de punição para dissuadir os candidatos a criminosos em tais circunstâncias. Mas isso não está correto, e não o está por dois motivos. Em primeiro lugar, o fato de que é mais fácil apanhar um criminoso que é movido pela emoção, bem como o fato de que é menos arriscado que esse tipo de criminoso repita o crime (já que este é específico de dada situação cuja recorrência é improvável), tende a compensar a necessidade de intensificar a pena para assegurar-se a dissuasão e a neutralização do criminoso. Em segundo lugar, a maioria dos crimes passionais contém um elemento de provocação por parte da vítima, o que pode servir de motivo para uma pena mais branda[7]. É verdade que penas mais brandas au-

---

7. Ver Alon Harel, "Efficiency and Fairness in Criminal Law: The Case for a Criminal Law Principle of Comparative Fault", 82 *California Law Review* 1181 (1994).

mentarão a probabilidade de ocorrência de crimes contra os provocadores, posto que reduzirão a estimativa de custo da pena no caso de tais crimes. Mas também reduzirão essa probabilidade, ao aumentarem o custo estimado da provocação. A probabilidade de o provocador ser atacado será maior se o custo esperado da pena para o agressor for menor; e, ao saberem disso, as pessoas tenderão a provocar menos. Se este último efeito (a redução do índice de criminalidade mediante o desestímulo à provocação) predominar, uma redução da severidade da pena nos casos de provocação deveria causar uma diminuição da quantidade de crimes.

Nem todos os assassinos se encaixam nas categorias que descrevi, a saber, o "crime a sangue-frio" e o "crime passional". O assassino "serial", junto com certos tipos de criminosos que praticam crimes sexuais (e muitos assassinos seriais de fato praticam crimes sexuais), é particularmente perigoso porque poderosas emoções o levam a cometer o mesmo crime várias vezes. A emotividade o torna mais, e não menos, perigoso; motivo pelo qual a pena para esse tipo de crime é mais pesada. Em suma, o direito reconhece que a emotividade é uma dimensão do comportamento humano, mas sua reação a esse fato é moldada pelos objetivos de normas jurídicas específicas aplicadas a situações específicas e não por uma posição geral que qualifique a emoção como algo bom ou ruim[8]. Tanto os menos quanto os mais emocionais dentre os criminosos podem ser, como no caso do homicídio, os mais perigosos e, portanto, os mais merecedores de uma pena severa. Admito que essa conclusão pressupõe que o propósito do direito penal seja

---

8. Portanto, não concordo com a afirmação de que o direito penal adota "uma postura ambivalente em relação às emoções". Dan M. Kahan e Martha C. Nussbaum, "Two Conceptions of Emotion in Criminal Law", 96 *Columbia Law Review* 269, 325 (1996). Essa afirmação subentende que o direito deve decidir-se quanto a adotar uma postura favorável ou contrária às emoções. O mais adequado é que se busque uma postura matizada e não uma postura fundada no "ou isto ou aquilo".

impedir a ocorrência de crimes, quer pela dissuasão, quer por qualquer outro meio. Nem todos aceitarão que seja esse o objetivo do direito penal. Mas minha ideia geral ainda assim se sustenta: não se pode esperar que o direito seja categoricamente a favor ou categoricamente contra a emoção ou a emocionalidade.

Sou levado a questionar se deveria haver uma categoria específica de "crimes motivados pelo ódio" que fossem punidos mais duramente que seus equivalentes não motivados pelo ódio[9]. Como acontece com a maioria das emoções, o ódio é moralmente neutro. Sua valência moral depende de seu objeto. A menos que se seja o tipo de rigorista cristão que leva o Sermão da Montanha ao pé da letra, isto é, como fonte de orientação para a vida neste mundo e não (conforme era sua intenção) como uma forma de preparação para a vida num outro reino cuja vinda se considere iminente, a ninguém ocorrerá que seja imoral odiar Hitler ou Stalin. Eu acrescentaria, tão longe estou de ser um rigorista moral, que não considero imoral odiar criminosos, fornicadores, fanfarrões ou mesmo indigentes (estes, hoje em dia, pelo menos nos países mais ricos, em geral não passam de vigaristas), embora eu considere errado os representantes do poder público, sobretudo os juízes, quando no exercício de sua função, odiarem quem quer que seja. Os crimes passionais muitas vezes são motivados pelo ódio à vítima, e ainda assim a emocionalidade do ato é adequadamente vista como um fator atenuante quando indica que é improvável que o ato se repita, por ter sido este deflagrado por uma confluência de circunstâncias que dificilmente voltará a ocorrer.

Com o termo "crimes motivados pelo ódio" pretendo definir algo bastante específico – que o objeto do ódio do criminoso é (1) um grupo, não um indivíduo, (2) cujos membros *não* são foras da lei, porque, se o fossem, não seria cri-

---

9. Para uma excelente discussão, ver James B. Jacobs e Kimberly Potter, *Hate Crimes: Criminal Law and Identity Politics* (1998).

me vitimá-los. Pode ser válido aumentar a severidade da pena nessas circunstâncias, ainda que a matéria do direito penal seja unicamente a periculosidade. Em primeiro lugar, algumas vezes o criminoso cujo alvo é um grupo e não um indivíduo pode ser mais perigoso que o criminoso comum pelo fato de ter mais pessoas em vista, por assim dizer. Esse argumento é dúbio porque não faz distinção entre o indivíduo que pratica um crime motivado pelo ódio e, digamos, o sujeito que arromba casas, para quem qualquer proprietário ou ocupante de uma residência ou de um estabelecimento comercial é uma vítima em potencial. Um argumento melhor é o seguinte. Se os membros de determinados grupos (como os negros do Sul dos Estados Unidos durante a época em que eram correntes as práticas discriminatórias em relação aos negros) tendem menos do que outras vítimas a denunciar os crimes praticados contra eles ou a receber proteção efetiva da polícia e dos outros agentes de imposição da lei, os criminosos (qualquer que seja o estado emocional destes) enxergarão no ato de vitimá-los uma perspectiva maior de auferir benefícios, o que justifica uma pena mais severa[10]. Em terceiro lugar, justificam-se penas mais severas quando o dano psicológico infligido à vítima aumenta com a consciência de que o crime praticado foi, parcial ou totalmente, motivado pelo ódio ao grupo ao qual ela pertence; ou então se o crime impõe um custo emocional maior do que aquele que um crime de motivação diferente, mas semelhante sob outros aspectos, imporia às pessoas temerosas de tornarem-se vítimas de crimes; ou, ainda, se o perpetrador extrai um benefício adicional da prática do crime, a saber, mais prestígio junto a seus companheiros de intolerância. Em quarto lugar, o ódio difere da raiva por ser muitas vezes marcado pela "frieza" e não pelo "ardor"[11]. A impulsividade de um crime motivado pela raiva muitas

---

10. Ver Lu-in Wang, "The Transforming Power of 'Hate': Social Cognition Theory and the Harms of Bias-Related Crime", 71 *Southern California Law Review* 47, 57-58 (1997).

11. Para uma boa discussão, ver Elster, nota 2 acima, pp. 62-7.

vezes facilita a captura do criminoso e transforma-se, assim, numa justificativa para penas mais leves. O criminoso "frio", com sua maior presença de espírito, tende a adotar estratégias mais eficientes para não ser descoberto. Sem dúvida a raiva muitas vezes acompanha o ódio (e vice-versa), mas nem sempre.

A distinção entre raiva e ódio nos ajudará a distinguir entre três tipos de perpetradores de crimes motivados pelo ódio: os fanáticos com sangue-frio, os menores impulsivos, que na verdade são responsáveis pela maioria dos crimes desse tipo[12], e o criminoso profundamente emocional, simbolizado pelo "homófobo" que, patologicamente angustiado com sua própria identidade sexual, mata um homossexual que lhe passa uma cantada. A última dessas categorias confunde-se com o crime passional e levanta a questão de saber se a provocação não deveria justificar penas *mais leves* para muitos dos crimes motivados pelo ódio. O assassinato homofóbico é um crime passional e, como tal, é circunstancial. Mas também se assemelha ao assassinato de prostitutas por não se restringir a pessoas com quem o assassino tem relação direta, como ocorreria no caso de um cônjuge adúltero. Em contrapartida, os menores impulsivos podem ser mais passíveis de dissuasão do que o homófobo, pois seu envolvimento emocional é menos profundo ou, ao contrário, eles podem ser menos passíveis de dissuasão devido à emocionalidade da juventude.

Embora os crimes motivados pelo ódio possam ser, em geral, mais perigosos que outros crimes semelhantes mas não motivados pelo ódio a um grupo, aqueles que defendem penas mais rígidas para esses crimes não insistem em vinculá-las a uma periculosidade maior. O exemplo clássico de crime motivado pelo ódio é o assassinato de prostitutas, como no caso de Jack, o Estripador, e seus inúmeros imitadores. A ideia de punir esses assassinatos com mais severidade que os assassinatos normais pode ser defendida, en-

---

12. Jacobs e Potter, nota 9 acima, p. 89.

tão, tomando-se como referência a periculosidade relativa. Todavia, não é isso que os defensores de penas mais duras para os "crimes motivados pelo ódio" têm em mente quando usam o termo. O significado que esses indivíduos lhe atribuem é o de crimes contra membros de grupos para com os quais eles têm especial solicitude, como negros, judeus e homossexuais[13]. "As leis relativas aos crimes motivados pelo ódio (...) demonstram o impacto da política da identidade sobre o direito penal."[14] Ao definirem os crimes motivados pelo ódio tomando-se como referência grupos privilegiados, esses indivíduos desfazem a relação entre os crimes motivados pelo ódio a determinados grupos e a periculosidade. Desse modo, misturam política e direito penal, numa atitude bastante semelhante àquela adotada pelos soviéticos quando criaram o conceito de "inimigos de classe". Se, para preservar a neutralidade política do direito penal, considerar-se que o critério apropriado de classificação das penas é a periculosidade, então a presença e o objeto do ódio só serão fatores pertinentes na medida em que pesarem sobre a periculosidade do criminoso. Um indivíduo que mate homossexuais por odiá-los é mais perigoso que outro que mate o amante de sua esposa adúltera. Não é, porém, mais perigoso do que alguém que mate prostitutas porque as odeia. Caso a importância do objeto do crime para a periculosidade do criminoso seja levada totalmente em conta quando da imposição de sentença condenatória, a atenção às preocupações não políticas que motivam a existência dos "crimes motivados pelo ódio" como categoria de classificação estará automaticamente garantida, o que exclui a necessidade da classificação.

Num caso desses o uso da classificação para alterar a pena, além de ser desnecessário, é incoerente com a liberdade de pensamento. Se dois crimes não diferem absoluta-

---

13. Ver, por exemplo, Kahan e Nussbaum, nota 8 acima, pp. 269, 313-4, 350-5 (1996).

14. Jacobs e Potter, nota 9 acima, p. 77.

mente em periculosidade, mas apenas pelo fato de que um deles é motivado por uma crença que as autoridades judiciais desaprovam (por exemplo, a de que os homossexuais são um mal para a sociedade), isso significa que punir esse crime com maior severidade equivale a punir uma crença e não um ato. Comparemos duas pessoas que pratiquem a extorsão de homossexuais. Suponhamos que a única diferença entre os dois seja que um deles age exclusivamente por dinheiro, enquanto o outro age, em parte, por ódio aos homossexuais[15]. A extorsão exercida pelo primeiro extorsionário não se encaixa na definição de crime motivado pelo ódio, enquanto aquela exercida pelo segundo se encaixa. Punir o segundo com mais severidade significa punir (com um grau de intensidade medido pela diferença de severidade entre a sua pena e a pena do primeiro chantagista) uma *opinião* sobre a homossexualidade. As opiniões desencadeiam emoções que podem incitar à ação. Conforme indica a teoria cognitiva da emoção, quando um criminoso é punido mais severamente devido ao estado emocional em que se encontrava quando cometeu o crime, na verdade pode-se estar punindo a cognição e, portanto, a opinião ou a crença, e não apenas a emoção pura e simples.

A Suprema Corte rejeitou essa abordagem por considerar que os crimes de ódio causam mais danos que os outros crimes porque são "mais passíveis de provocar crimes de retaliação, infligir danos emocionais claros a suas vítimas e incitar a instabilidade social"[16]. Mas do primeiro argumento, ou seja, aquele sobre a retaliação, subentende-se que, quanto mais fraco for o grupo visado, menos provável será a retaliação. Portanto, segundo a análise da Corte, *menos* danosos serão os crimes contra tal grupo[17]. Já o argu-

---

15. Pressuponho que a vítima não tenha consciência dos motivos deles, uma vez que qualquer manifestação de homofobia por parte do segundo chantagista poderia agravar o dano psicológico a sua vítima; ainda que seja extremamente difícil afirmar isso com certeza, como veremos a seguir.
16. *Wisconsin vs. Mitchell*, 508 U.S. 476, 487-88 (1993).
17. Ver Jacobs e Potter, nota 9 acima, p. 88.

mento relativo à instabilidade social, admitindo-se que não se trate apenas do primeiro ou do segundo argumentos enunciados de outra forma, ele pode ser válido, mas provavelmente apenas em relação aos crimes de negros contra brancos e vice-versa, os quais possuem, de fato, o potencial de exacerbar as tensões raciais existentes nos Estados Unidos, que já são bastante intensas. A questão levantada pela Corte sobre os "danos emocionais claros" também pode ter alguma validade[18], mas provavelmente não tem nenhuma[19]. De qualquer modo, trata-se de uma justificativa vaga e grosseira para a punição de opiniões, do tipo que a Corte normalmente rejeita. Será realmente mais penoso para uma pessoa sofrer uma agressão por ser membro de um grupo que seu agressor odeia do que por ser odiada como indivíduo? Por exemplo, o que é pior para um negro: saber que um branco tentou matá-lo porque odeia negros ou que seu filho tentou matá-lo para herdar seu dinheiro? As respostas variarão conforme o caso, e isso lança dúvidas sobre a capacidade que as categorias de crimes motivados pelo ódio teriam para identificar os crimes mais graves, mesmo sem levar em conta a arbitrariedade dessas categorias e o fato de não constituírem uma necessidade urgente. A questão do dano relativo pode ser facilmente tratada caso a caso, ou então por meio de uma norma ou de um padrão que se funde em um critério não ideológico, como uma das diretrizes federais para o pronunciamento de sentenças judiciais, que prevê penas mais severas para os crimes praticados contra "vítimas vulneráveis"[20].

---

18. Como se argumenta no artigo de Wang, nota 10 acima.
19. Jacobs e Potter, nota 9 acima, pp. 83-4.
20. Ver, por exemplo, *Estados Unidos vs. Lallemand*, 989 F.2d 936 (7th Cir. 1993), em que se confirma a pena mais severa para um indivíduo que chantageara um homossexual. A confirmação, no entanto, não se baseou no ódio do réu a homossexuais (parece que sua motivação era exclusivamente financeira), mas no fato de que o homossexual era profundamente "enrustido" e, consequentemente, era pouco provável que este viesse a apresentar queixa, o que reduzia o custo esperado da pena para o chantagista.

Note, ainda, o paradoxo de que penas mais duras para crimes motivados por ódio fazem menos sentido quando o crime é de homicídio, pois a vítima frequentemente desconhecerá os motivos do criminoso. Na verdade, esta muitas vezes não terá nenhum conhecimento prévio das intenções do assassino, motivo pelo qual não incorrerá em sofrimento emocional algum (ainda que isso possa acontecer com outros membros de seu grupo). As leis que regulam os crimes motivados pelo ódio não reconhecem esse paradoxo.

Em resumo, a objeção não é quanto a variar a severidade da pena de acordo com o dano sofrido pela vítima ou a possibilidade de dissuasão do criminoso, mas sim quanto a variar essa severidade por motivos de afirmação política ou ideológica, ou, o que frequentemente dá no mesmo, para conciliar as pressões de grupos politicamente influentes. A ideologia e a política de grupos de interesse não têm lugar em um sistema de justiça penal. Ao rejeitarem esse preceito, os defensores da existência de leis que preveem crimes motivados por ódio estão brincando com fogo. Não faz muito tempo que uma concepção política ou ideológica do papel do direito penal teria justificado menos, e não mais, proteção a negros, homossexuais e outras minorias. Os proponentes desse tipo de lei podem responder que, naqueles tristes dias, a aplicação do direito penal em defesa desses grupos costumava ser conduzida sem entusiasmo algum. Isso é verdade. Mas há uma diferença entre não proteger devidamente os indivíduos contra a hostilidade de outros indivíduos e transformar essa hostilidade em justificativa para penas mais severas. A primeira prática é errada, enquanto a segunda, além de ser errada, abre um perigoso precedente.

Isso não significa, em absoluto, que o ódio e as demais emoções do gênero, como a aversão e a repulsa, não devam ter lugar no direito penal. Não devemos confundir o ódio à vítima por parte do criminoso com o ódio (ou a aversão) ao criminoso por parte da sociedade. Este último tipo de ódio é um elemento ineliminável da justiça penal em pelo menos três aspectos. Primeiramente, a aversão está por trás da criminalizacão das condutas "imorais" que, até onde se pode provar, não causam danos concretos aos seres humanos, como o entabulamento de relações sexuais com animais ou a prática de maus-tratos a estes, a profanação de cadáveres e a nudez pública. Em segundo lugar, sob o regime de imposição da pena capital criado pela Suprema Corte, um regime que essencialmente não prescreve padrão nenhum, o ódio é um dos elementos que determinam a decisão de impor a pena de morte. Em terceiro lugar, mesmo quando as diretrizes para o pronunciamento de sentenças judiciais são usadas para cercear o poder discricionário dos juízes mediante a eliminação de uma série de fatores "emocionais", tanto os autores das diretrizes quanto os juízes em sua restrita área de discricionariedade estão fadados a atentar para fatores emocionais como o remorso, que aumenta ou diminui a odiosidade do criminoso.

A aversão, quando suficientemente disseminada, constitui uma base tão sólida para a regulamentação jurídica quanto o dano tangível. Negar isso – ou seja, sustentar que o único fundamento adequado para o direito penal (ou quiçá qualquer esfera do direito) é o utilitarismo ou alguma outra teoria moral – significa superestimar tanto o papel apropriado quanto o papel efetivo do raciocínio moral nos códigos moral e penal. Não é quando lhe falta uma base "racional" que a moral como princípio regulador torna-se política ou ideológica num sentido desonroso, mas sim quando não há consenso que a sustente. Foi somente a desintegração do consenso moral sobre o caráter pernicioso da homossexualidade que fez das leis contra a sodomia um componente tão questionável da justiça penal norte-americana atual.

A defesa desse argumento é um gesto de solidariedade de minha parte para com a teoria expressiva da moralidade. Um juízo moral é expressão de uma forte atração ou repulsa em relação ao comportamento avaliado. A causa do furor emocional não precisa ter relação com nenhum "motivo" que algum moralista possa oferecer. Sempre se podem oferecer motivos, mas estes nunca deixam de ter um quê de racionalização. Defender com argumentos o fato de que os pais devem ser proibidos de matar os filhos é compreender mal a questão. Isso seria como dizer a alguém que considere o sexo uma prática repulsiva que não existem justificativas para sua repulsa. Erigir todo o código penal sobre bases "racionais" significaria destruir totalmente nosso código moral[21].

Em nome da cláusula constitucional das penas cruéis ou incomuns, a Suprema Corte proíbe que se faça da pena capital a punição automática, ou mesmo presuntiva, para classes específicas de atos. O legislativo pode especificar as classes de atos que fazem do réu um "candidato" à pena capital, mas o júri deve ter o direito de levar em conta o caráter desse réu ao tomar a decisão de impor ou não a pena. A consequência disso é que, nas audiências para determinar se a pena capital será imposta, a discussão tende a girar em torno de quão odioso é o réu. O advogado do réu tenta apresentá-lo como uma pessoa doente, despossuída ou arrependida, enquanto o promotor tenta retratá-lo como alguém perverso e sem remorsos. Uma vez que a categoria moral da perversidade, a categoria médica da loucura e a categoria sociopsicológica da destituição se sobrepõem parcialmente umas às outras, e como muitos assassinos situam-se nessa área de sobreposição, muitas vezes o júri dispõe apenas dos próprios recursos quando lhe cabe decidir se decreta ou não a pena de morte.

Os juízes e os jurados desejam que os réus demonstrem remorso[22], isto é, que reconheçam que cometeram um

---

21. Para uma defesa mais completa dessa forma de compreensão da moralidade, ver Richard A. Posner, *The Problematics of Moral and Legal Theory*, cap. 1 (1999); e também Simon Blackburn, *Ruling Passions: A Theory of Practical Reasoning*, cap. 3 (1998).

22. Ver, por exemplo, Todd E. Hogue e Jason Peebles, "The Influence of Remorse, Intent and Attitudes toward Sex Offenders on Judgments of a Rapist", 3 *Psychology, Crime and Law* 249 (1997).

delito e se arrependam do mal causado e de suas consequências para as vítimas. Mas o remorso é um estado mental tão subjetivo que o sistema judiciário nunca consegue determinar com certeza se o réu está de fato com remorso ou se é apenas um indivíduo dotado de talento forense. Além disso, quanto mais ele admite a responsabilidade por seu ato, demonstrando, assim, estar com remorso, mais perversidade ele parece impingir ao ato e, consequentemente, ao agente (ele próprio), posto que retrata aquilo que fez como produto da própria vontade corrompida e não da influência de companheiros perversos, de uma infância destituída, de um vício ou de uma doença psiquiátrica[23]. Em um caso de pena capital, com suas complicadas audiências de sentenciamento, às vezes se adotará uma estratégia de mão dupla: o réu assumirá total responsabilidade pelo crime no próprio testemunho, ao mesmo tempo que o "especialista em atenuação" responsável por sua defesa apresentará provas de que ele está sendo demasiado duro consigo mesmo e que na verdade seu crime foi produto das circunstâncias, não de uma vontade depravada. Para aqueles que não acreditam no livre-arbítrio como realidade metafísica, a única importância de o réu declarar-se arrependido está em mostrar que a postura dele não é de rebeldia franca contra o sistema jurídico, algo que o tornaria mais perigoso tanto por transformá-lo em um exemplo a ser seguido quanto por ser um sinal de que ele muito provavelmente voltaria a cometer crimes quando saísse da prisão (caso saísse).

Ao discutir os crimes motivados pelo ódio, esforcei-me por defender que o direito penal se fundamente em um programa de ação cujo objetivo seja dissuadir ou (normalmente pelo encarceramento) impedir a imposição injustificada de dano material. Posicionei-me portanto contra o uso do

---

23. Este é um problema sério quando da aplicação do fator de redução da pena por "admissão de responsabilidade" previsto nas diretrizes federais para o pronunciamento de sentenças judiciais. Ver *Estados Unidos vs. Beserra*, 967 F.2d 254 (7th Cir. 1992).

direito como meio de imposição de ideias correntes acerca do comportamento politicamente correto ou como uma forma de tornar aleatória a imposição da pena capital. Vê-se, contudo, que é impossível levar longe demais essa concepção do devido alcance do direito penal, dada a falta de justificativas práticas para algumas de nossas mais profundas ideias morais, as quais desejamos incorporar ao direito.

* * *

O interesse recente pelo uso das penas de envergonhamento (quase sempre na forma de diferentes modalidades de exposição pública, como a exigência de que um condenado por agressão sexual coloque na frente de sua casa uma placa que o identifique como tal ou que pregue em seu carro um adesivo no qual se leia "Fui condenado por agressão sexual", ou a exigência de que indivíduos condenados por vandalismo limpem as calçadas usando roupas de presidiário) põe em foco outra questão sobre a postura do direito diante da emoção: em que casos o direito deve tentar induzir um estado emocional como componente da pena, se é que o deve? As penas de humilhação evocam uma longa história de punições públicas destinadas a humilhar e degradar o condenado, bem como a amedrontar ou aterrorizar os espectadores. Essa história parecia ter praticamente chegado ao fim com o surgimento das prisões no século XIX, fenômeno em decorrência do qual hoje em dia as penas em geral são aplicadas, se não em segredo total, pelo menos longe do olhar do público[24]. O encarceramento, entretanto, tornou-se tão dispendioso que ressurgiu o interesse pelas penas alternativas, entre as quais se inclui a humilhação pública[25]. Uma vez que é possível levar as pessoas

---

24. A história é contada com grande eloquência em Michael Foucault, *Discipline and Punishment: The Birth of the Prison* (1997).
25. Ver, por exemplo, Dan M. Kahan, "What Do Alternative Sanctions Mean?", 63 *University of Chicago Law Review* 591 (1996); Kahan, "Social Mean-

a experimentarem "sofrimento emocional" (cuja imposição intencional – a não ser por parte do Estado, quando este pune criminosos! – é um ilícito civil), as penas de envergonhamento constituem um meio de infligir desutilidade aos criminosos condenados. Em vez de privá-los da liberdade, o Estado submete-os à humilhação. Tal medida pode infligir a mesma desutilidade e, assim, obter o mesmo efeito dissuasivo do aprisionamento, porém a um custo inferior.

A expressão "penas de envergonhamento" é relativamente imprópria. Em geral, essas penas destinam-se a humilhar, não a envergonhar. Uma pessoa sente vergonha quando seu grupo, aquele que ela respeita e com o qual tem interesses comuns (muitas vezes apenas seus parentes mais próximos), descobre que ela se engajou numa conduta contrária às normas dele. Como a exposição já gera vergonha, não é preciso pôr orelhas de burro na pessoa. O objetivo das orelhas de burro é humilhar, isto é, transformar a pessoa em objeto de ridicularização e execração pública. Quando pressionado, porém, o partidário hodierno do envergonhamento tende a recuar e defender os métodos de exposição pública, como o adesivo e a placa na frente da casa, como suas formas preferidas de "penas de envergonhamento". Ora, quanto mais a pena envolver apenas a exposição, mais apropriado será o termo "envergonhamento". A humilhação também é um dos fatores envolvidos nesse processo, mas não o exagero representado pelas orelhas de burro.

Vale observar que há outra interpretação das penas de exposição pública, segundo a qual o envergonhamento e a humilhação não são os objetivos desse tipo de punição. A proteção legal à privacidade compromete a regulação por meio de normas sociais, porque essa regulação depende de

---

ing and the Economic Analysis of Crime", 27 *Journal of Legal Studies* 609 (1998); e, a título de apreciação crítica, ver Toni M. Massaro, "The Meanings of Shame: Implications for Legal Reform", 3 *Psychology, Public Policy, and Law* 645 (1997); James Q. Whitman, "What Is Wrong with Inflicting Shame Sanctions?", 107 *Yale Law Journal* 1055 (1998).

as violações dessas normas serem detectáveis pelos cidadãos comuns, que são aqueles que excluem de seu grupo os cidadãos violadores (aqueles que impõem a aplicação das normas). A supressão da privacidade é, pois, um método lógico quando se procura aumentar a eficácia das normas no controle comportamental. Contudo, entre as consequências dessa supressão estão a vergonha e a humilhação, mesmo quando estas não são intencionais[26].

Apesar do custo ínfimo das penas de envergonhamento, de humilhação ou de exposição pura e simples, existem muitas objeções a sua aplicação. Uma delas é a de que, numa sociedade em que mais da metade dos crimes (pelo menos dos crimes cujos perpetradores foram descobertos) é cometida por negros e hispânicos, e na qual, não obstante, o sistema de justiça penal é predominantemente branco e anglo-saxão, uma política de imposição de penas de *humilhação* aos criminosos tende a exacerbar tensões raciais e étnicas já muito graves. Outra questão é a da insensibilidade paradoxal dos defensores das penas de envergonhamento à função expressiva, ou de sinalização, da pena. Um dos importantes sinais que a pena tem por função emitir em nossa cultura é o respeito das autoridades públicas pela dignidade, inclusive pela dignidade dos mais baixos dentre os mais baixos, isto é, os criminosos odiosos. É por isso que a injeção letal não consiste numa injeção de veneno para ratos. Na sociedade norte-americana, os criminosos não são, como na sinistra expressão de Carl Schmitt, "o inimigo interno" que deve ser tratado com toda a consideração que concedemos aos inimigos estrangeiros. Eles são membros desencaminhados da comunidade. Tratá-los como menos que isso – como crianças ou animais – significa introduzir na sociedade o tipo de pensamento "antagonizante" que, como sugere a história[27], pode levar a condições carcerárias bárba-

---

26. Tanto a vergonha quanto as normas sociais são discutidas em profundidade no Capítulo 9.
27. Não esqueçamos, porém, quão perigoso é confiar demasiadamente nas analogias históricas. Ver Capítulo 4.

ras, à justiça sumária e a punições cruéis. Não há nada de mal em os cidadãos privados odiarem os criminosos. Mas aqueles que trabalham no sistema de justiça penal não devem odiá-los, ou, pelo menos, não devem expressar ódio a eles.

Outra objeção que se pode fazer às penas de envergonhamento é a de que, enquanto a ameaça de aprisionamento desestimula o crime, o aprisionamento em si só impede o crime na medida em que o transgressor permaneça na prisão. Esse efeito preventivo se perde quando todo o período de encarceramento, ou parte dele, é substituído pela humilhação pública. Se não houver substituição, ou seja, se a pena de envergonhamento for acrescida ao período de prisão para aumentar o rigor da condenação, não haverá economia de custos, ainda que possa haver um ganho em termos de dissuasão.

Quanto ao efeito preventivo, este talvez não se perca totalmente. A placa diante da casa do agressor sexual serve não apenas para humilhá-lo. Também funciona como uma advertência para que vítimas em potencial fiquem longe dele. Mas o efeito preventivo será menor que o da prisão, a menos que o período obrigatório de exposição da advertência seja consideravelmente maior que o período de encarceramento do qual este é um substituto, pois nem todas as vítimas em potencial ficarão sabendo da existência da placa ou tomarão as devidas precauções em decorrência da advertência. Isso implica que a pena de envergonhamento mais eficiente é aquela que se acrescenta ao final do período normal de encarceramento. Porém, repetindo, nesse caso não se faz economia alguma dos custos carcerários, exceto na medida em que o efeito de exposição pública da pena de envergonhamento reduza a reincidência por alertar as vítimas em potencial, ou aumente a dissuasão – isto é, exceto na medida em que, tornando as penas mais severas, a pena de envergonhamento reduza a criminalidade e, desse modo, também o custo total do encarceramento de criminosos. O aumento do período de encarceramento pode ter o mesmo efeito, pois é um erro imaginar que o maior alongamento desses períodos aumente a população carcerária. Imaginar isso é ignorar o efeito dissuasivo da simples *ameaça* de prisão.

Se, por exemplo, um aumento de 1% na duração das sentenças de prisão levasse a um decréscimo de 2% na incidência de crimes, então, se nada mais mudasse, a população carcerária diminuiria em mais ou menos 1%. Suponhamos que numa época e, antes do aumento das condenações à prisão, o número de criminosos seja 200, que metade deles (100) seja presa e condenada, e que o período médio de encarceramento seja de 100 meses, de modo que o total de meses de permanência de prisioneiros na prisão que deve ser previsto no orçamento do sistema carcerário seja de 10 mil. Se, no período $e + 1$, devido ao efeito dissuasivo das sentenças de prisão mais longas, existem somente 196 criminosos (2% a menos), dos quais, novamente, metade (98) é presa e condenada, e cada um cumpre 101 meses, o total de meses de prisão cairá de 10 mil para 9.898.

A última objeção apresentável às penas de envergonhamento é a de que, se houver maior variação (de indivíduo para indivíduo) na desutilidade derivada das penas humilhantes do que na desutilidade derivada da perda da liberdade, será mais difícil ajustar com precisão o cronograma de penas de humilhação. É ainda mais provável que isso aconteça se esse tipo de pena assumir mais de uma forma de aplicação.

A terceira questão que me comprometi a abordar neste capítulo diz respeito ao estado emocional apropriado da autoridade judiciária, seja esta o juiz, seja o jurado. Em que medida deve ela envolver suas emoções no julgamento do caso, se é que o deve? Um formalista, isto é, uma pessoa que pensa a análise jurídica segundo um modelo de solução de enigmas lógicos ou problemas matemáticos, talvez respondesse: "Em medida nenhuma." Isso, porém, não estaria muito correto, mesmo a partir da premissa formalista. A resolução dos problemas lógicos e matemáticos mais complexos, ou seja, aqueles do tipo que os computadores ainda não são capazes de resolver, pode exigir a participação de emoções como a fascinação, o prazer e o orgulho. Lembremo-nos daquilo que afirmei anteriormente sobre o caráter indispensável da emoção para a tomada de decisões. Não obstante, algumas das mais fortes emoções, como a raiva, a repulsa, a indignação e o amor, não teriam lugar nesse caso. Elas não somente interfeririam no processo de solução de problemas (em vez de representarem atalhos eficientes) como também introduziriam distorções substanciais no direito ao privarem as pessoas de remédios judiciais aos quais estas teriam direito por uma questão jurídica. O amor por um dos litigantes de um caso pode impedir que o juiz designado para julgá-lo reflita corretamente sobre os problemas em pauta; ou então pode levá-lo, por mais lúcido que seja, a tomar uma decisão injusta.

    Os casos que apresentam questões jurídicas de difícil resolução (não por serem complexas do ponto de vista analítico, mas por serem indeterminadas da perspectiva racional) não podem, obviamente, ser decididos sem o concurso dos sentimentos morais e das preferências políticas. Nesses casos, parece que a presença de uma gama de emoções mais rica seria apropriada ou, pelo menos, inevitável. Até certo ponto isso é verdade, sobretudo para alguém como eu, que defende uma concepção essencialmente emocional da moral. Mas não se pode negar o perigo do excesso de emocionalidade na decisão de um caso difícil. Quanto mais incerta for a tarefa decisória, mais fraca será a resistência que os fatores "objetivos" (no sentido de "inafetivos") oferecerão à emoção inadequada. A maioria das pessoas consegue somar dois e dois corretamente, seja qual for seu estado emocional. Mas quando o desafio intelectual é maior, também aumenta o perigo de que a emoção "sugestione" a reação. Este é um dos motivos que levaram à criação das normas destinadas a limitar o envolvimento emocional do juiz nos casos que julga, como aquela que o proíbe de participar de um caso no qual um parente seu também participe como uma das partes ou como advogado ou no qual ele tenha algum interesse financeiro.

Mesmo nos casos fáceis, o juiz ou jurado, para tomar uma decisão bem fundamentada, pode ter de recorrer a um número de emoções maior que aquele necessário ao desempenho de qualquer tarefa não algorítmica. Mais especificamente, podem ser necessárias a indignação e a empatia. A indignação é a reação normal do indivíduo a uma violação do código moral da sociedade em que ele vive; e, o que é mais importante ainda, ela é muitas vezes o modo pelo qual se identifica uma violação. Como sugeri ao discutir os fundamentos emocionais das agressões morais, geralmente é difícil apresentar uma definição *racional* convincente de uma regra moral, inclusive de uma regra moral à qual o direito tenha vinculado uma sanção por sua violação. A veracidade dessa constatação independe de se a regra é contra urinar, ficar nu ou masturbar-se em público, contra a pederastia, contra a poligamia, contra o infanticídio, a favor ou contra o aborto, contra a eutanásia involuntária, contra o entabulamento de relações sexuais com animais ou cadáveres, contra os maus-tratos de animais, contra a gladiatura, contra o incesto entre adultos sem finalidade de procriação, contra a prostituição e a obscenidade, contra os jogos de azar, contra a autoescravização, contra as execuções públicas, contra a mutilação como forma de pena, contra a venda ou o consumo de algumas substâncias que alteram o estado mental da pessoa (mas não outras), ou contra algumas formas de discriminação (mas não outras). Nós só "sabemos" que urinar em público é incorreto porque nos repugna a ideia de tal ato. Muitas de nossas outras convicções morais resistem igualmente à reflexão e ao reexame porque são expressão de emoções pertinazes e indefiníveis. Além disso, muitas dessas convicções não racionais estão incorporadas ao direito e são impostas a pessoas que não compartilham delas ou que, mais comumente, não agem em conformidade com elas porque derivam utilidade da conduta proibida pela norma jurídica.

Portanto, levo tão a sério a importância da emoção como fator cognitivo, que reluto em atribuir à razão o papel de um tribunal que passa em revista as emoções e decide quais delas o direito deve encorajar (a tolerância, talvez, mas não a repulsa). A pedra angular de muitas de nossas regras morais é a emoção e não uma razão avaliadora de emoções. Suponhamos que se contestasse, diante de um juiz totalmente racional, uma regra moral que tenha por objetivo – como é o caso de muitas delas – vincular sanções à violação de um regra moral cuja vigência não encontre nenhuma justificativa do ponto de vista do funcionamento da sociedade. Esse juiz teria dificuldade para rejeitar a contestação, pois não conseguiria apresentar nem granjear motivos convincentes para a existência da regra do ponto de vista racional. Para ele, a regra (digamos, contra o infanticídio cometido pela mãe) pareceria arbitrária, ao passo que uma pessoa dotada de atributos emocionais normais rejeitaria a contestação de imediato, pois suas emoções a fariam agir dessa forma. Esta é a reação correta para quem (como eu) considerar que não faz parte do papel dos juízes demolir o código moral de sua sociedade ou, o que seria quase a mesma coisa, insistir na concepção de justificativas convincentes para esse código.

Outra emoção que é importante que o juiz sinta quando este se vir diante de um caso impossível de ser decidido mediante um raciocínio puramente formalista é a empatia ou o sentimento de solidariedade. A empatia é um dos melhores exemplos do caráter cognitivo da emoção. O elemento cognitivo da empatia consiste na reconstituição imaginativa da situação de outra pessoa, enquanto seu elemento afetivo, que a caracteriza como uma emoção e não apenas uma dimensão da racionalidade, consiste em *sentir* o estado emocional engendrado nessa pessoa pela situação em que esta se insere. O que defendo não é que o juiz deva ser parcial com aquela parte do litígio que faça seu coração bater mais forte. Meu argumento é praticamente o oposto. A importância da empatia para o desempenho da função de julgar está em chamar a atenção do juiz para os interesses das partes ausentes, ou, em outras palavras (as palavras da psicologia cognitiva, que é tema do próximo capítulo), combater a "heurística da disponibilidade". Esta pode ser definida como a tendência – já vista de relance no início da discussão sobre a "emocionalidade" – a atribuir excessiva importância às impressões vívidas e imediatas (como àquilo que se vê em detrimento daquilo que se narra) e, desse modo, dar atenção demasiada aos sentimentos, aos interesses e à qualidade humana das partes presentes no tribunal e muito pouca às pessoas ausentes suscetíveis de serem afetadas pela decisão.

A heurística da disponibilidade é apenas uma das distorções do raciocínio (há uma longa lista delas) identificadas pelos psicólogos cognitivos. Nem todas elas envolvem as emoções. A aparência retorcida de um graveto reto quando na água é um exemplo de uma distorção perceptiva que nada tem a ver com a emoção ou a emocionalidade. A heurística da disponibilidade transpõe a linha que separa o emocional do "puramente" cognitivo e é responsável por vários truques da memória que nada devem à emocionalidade dos eventos lembrados ou esquecidos. Contudo, quando ela é desencadeada pela carga emocional de uma das características de determinada situação, é adequado enxergá-la como exemplo de um choque entre a emoção e a razão. Seu modo de funcionamento é ilustrado pelo debate sobre o aborto. Antes que a ultrassonografia dos fetos em fase inicial de formação se tornasse comum, a heurística favorecia os defensores do direito de aborto, pois estes podiam contar histórias impressionantes e até mostrar fotos de mulheres mortas em decorrência de abortos ilegais malfeitos, enquanto a "vítima" do aborto, isto é, o feto, permanecia fora de vista. Ao tornar o feto visível, a ultrassonografia pôs fim à vantagem retórica de que os defensores do direito de aborto desfrutavam em virtude da heurística da disponibilidade.

A heurística da disponibilidade leva à miopia na atividade judicial, seja na forma de uma leniência excessiva para com o assassino que faça um pedido eloquente de clemência, quando a vítima encontra-se impossibilitada de contra-argumentar, por estar morta; seja na forma de um excessivo pendor em favor dos direitos dos inquilinos, esquecendo-se os juízes do efeito disso sobre o valor do aluguel que outros inquilinos terão de pagar quando os locadores repassarem a eles, na forma de aluguéis mais caros, uma fração (provavelmente alta) da elevação dos custos de locação gerada pelas decisões do judiciário; seja, ainda, na forma de uma concessão de isenção fiscal a uma empresa em dificuldades, ignorando o fato de que outras empresas pagarão impostos mais altos em decorrência disso e repassarão uma parte desse custo adicional aos consumidores. Não é preciso ter muita empatia para se deixar levar pelos argumentos de um litigante quando seu advogado é competente e está ali, discorrendo na sua frente. O desafio para a imaginação empática do juiz está em comover-se ao pensar ou ler sobre as consequências do litígio para os indivíduos que dele não participam (estes em geral são totalmente desconhecidos ou nem sequer nasceram ainda) e que serão afetados por sua decisão. A abordagem econômica do direito é empática porque, embora nela não se exponham abertamente sentimentos e emoções (na verdade, *justamente* por causa disso), ela insere no processo decisório os interesses distantes (porém importantes somatório total) de pessoas que não se acham presentes no tribunal, como, por exemplo, as futuras vítimas dos assassinos, os futuros candidatos a inquilino, os futuros contribuintes e os futuros consumidores. Como afirma Ângelo (que faz o papel de juiz) na peça *Medida por medida*, de Shakespeare, em resposta ao pedido de Isabela para que ele tenha piedade de seu irmão: "É o que faço acima de tudo ao dar mostras de justiça;/ Pois então sou piedoso com aqueles que não conheço,/ E que por certo sofreriam por um crime não punido.*"[28]

---

* "*I show it most of all when I show justice; / For then I pity those I do not know, / Which a dismissed offense would after gall.*"
28. *Medida por medida*, Segundo Ato, Cena 3, versos 127-129.

Não é preciso haver tensão entre a imparcialidade e a empatia do juiz. Imparcialidade não é "frieza" quando envolve a criação de um distanciamento emocional entre o juiz e as partes (ou as testemunhas, além de outros em sua presença) a fim de abrir espaço a uma reconstituição imaginativa dos sentimentos e interesses das pessoas ausentes potencialmente afetadas pela decisão do juiz. O nome dado a esse distanciamento empático no sistema jurídico é "índole judicial". Quando um juiz fica tão emocionalmente envolvido nas circunstâncias diretas do caso a ponto de não conseguir enxergar os interesses das partes ausentes, dele se diz que carece de índole judicial. Dentre os exemplos recentes, o mais famoso é o do falecido juiz Harry Blackmun, da Suprema Corte. Não há um nome oficial para o juiz que demonstre o tipo oposto de emocionalismo, isto é, um estranho orgulho por manter uma indiferença total e desumana para com as partes do litígio. Mas, de qualquer modo, ninguém admira esse tipo de juiz.

Portanto, seria um equívoco dizer que os bons juízes são menos "emocionais" que as outras pessoas. Ocorre apenas que, em seu trabalho, eles empregam um conjunto de emoções diferente daquele que se considera apropriado empregar na vida pessoal e em outros contextos vocacionais. O autodomínio não apenas é uma emoção, como é uma emoção forte, uma vez que funciona como uma forma de controlar as emoções exageradas.

* * *

Antecipando parte da discussão que introduzirei no Capítulo 12, gostaria de questionar de que forma as normas probatórias devem-se configurar para ajudar o juiz ou o jurado a atingir o estado emocional apropriado que esbocei na seção anterior. Pode-se abordar essa questão a partir do problema das declarações acerca do "impacto sobre a vítima" nos casos de morte. A questão surgiu depois de a Suprema Corte decidir que, nesse tipo de caso, os réus podem apresentar provas subjetivas que apelem ao sentimento de clemência do júri. Se a Corte tivesse parado por aí e proibido que provas semelhantes fossem apresentadas pela família e pelos amigos da vítima (provas destinadas a produzir pela vítima o mesmo sentimento de simpatia que o réu tentara despertar por ele), isso seria uma deturpação do processo de análise empática. O réu, então, ao suplicar humildemente por sua vida, apresentar-se-ia diante do juiz e do júri em toda a sua condição humana palpável, ao passo que a vítima, ausente porquanto morta, não seria uma presença visível. Lembremo-nos de Antônio, em *Júlio César*, exibindo o corpo de César no funeral deste e pedindo que os ferimentos de César discorressem em seu favor. Este é um exemplo antigo e ficcional de uma declaração concernente ao impacto do crime sobre a vítima, mas ilustra bem meu argumento: os vivos ofuscam os mortos e os ausentes com sua presença. O relato acerca do impacto do crime sobre a vítima ou sobre a família desta procura reequilibrar as coisas. O caso assemelha-se ao meu exemplo anterior da ultrassonografia do feto. Quem quer que esteja preocupado com o efeito deturpador que a heurística da disponibilidade exerce sobre o julgamento, e não meramente com a redução do número de execuções, aprovaria a decisão da Corte de permitir a apresentação de declarações acerca do impacto do crime sobre a vítima[29].

Todavia, argumenta-se que, como o júri terá obtido muitas informações sobre a vítima durante as audiências para determinar se o réu é culpado, as provas subjetivas sobre ela serão redundantes na fase de determinação da sentença[30]. Isso, porém, também vale para o assassino, que o

---

29. *Payne vs. Tennessee*, 501 U.S. 808 (1991).
30. Estes e outros argumentos contra as declarações acerca do impacto sobre a vítima acham-se resumidos em Note, "Thou Shall Not Kill Any Nice People: The Problem of Victim Impact Statements in Capital Sentencing", 35 *American Criminal Law Review* 93 (1997). Ver também Susan Bandes, "Empathy, Narrative, and Victim Impact Statements", 63 *University of Chicago Law Review* 361 (1996); Martha C. Nussbaum, "Equity and Mercy", 22 *Philosophy and Public Affairs* 83 (1993).

advogado de defesa terá tentado retratar sob uma luz favorável durante a fase de condenação. Além disso, boa parte das provas subjetivas do impacto do crime sobre a vítima diz respeito ao efeito da morte desta sobre os sobreviventes, e esse tipo de prova não é apresentado na fase de condenação. Na medida em que a prova subjetiva for *realmente* redundante, sua força emocional, que é o ponto central da objeção, ver-se-á enfraquecida.

Outro argumento pouco convincente é aquele de que a vítima, em comparação com o assassino, é mais passível de pertencer à mesma classe social dos jurados. O júri, então, precisaria de mais ajuda para compreender as circunstâncias potencialmente atenuantes de pobreza, privação ou discriminação que podem ter levado o assassino a cometer o crime. Se levado ao extremo, o argumento sugere que, quando a vítima do assassinato for rica e os jurados e o assassino forem pessoas de renda média, deve-se permitir a apresentação de provas subjetivas do impacto do crime sobre a vítima e sobre a família desta, mas não de provas subjetivas atenuantes. Em termos mais gerais, uma de suas implicações é tornar mais complicado o processo litigioso, no qual entrariam considerações de classe que são estranhas à ideologia norte-americana. De qualquer modo, na maioria dos casos o assassino e a vítima pertencem à mesma classe social, mais especificamente àquela que se costumava chamar de classe "baixa". A maioria das vítimas de assassinato tem o mesmo histórico de privações que os assassinos, de modo que a proibição das declarações acerca do impacto do crime sobre a vítima serviria, na verdade, para penalizar os pobres que cumprem as leis. A verdade é que permitir a apresentação de declarações acerca do impacto do crime sobre a vítima e seus familiares é "discriminar" as vítimas de assassinato que não têm parentes a elas afeiçoados. Pode-se pensar portanto que tal permissão desvaloriza a vida dos pobres destituídos de amigos e aumenta a influência da classe social sobre a pena. Isso, porém, não constitui um argumento em favor da exclusão das declarações acerca do impacto do crime sobre a vítima, mas sim da nomeação de um representante para a vítima destituída de amigos, o qual faça o papel de Antônio para o Júlio César do assassino e peça que seus ferimentos silenciosos falem pela vítima. A exclusão desse tipo de declaração pode poupar alguns assassinos de ricos e famosos, mas desvalorizará ainda mais a vida dos pobres e dos marginais, pois reduzirá a probabilidade de seus assassinos serem executados.

Outro argumento que tampouco constitui uma boa objeção à apresentação dessas declarações no julgamento é o de que esse procedimento apela ao sentimento de vingança do júri, em vez de apelar à emoção "mais nobre" que é a clemência. Esta só é mais nobre que a vingança no sentido de ser menos natural[31] e menos prática. Em ambos os sentidos, ela é mais atraente para os rigoristas modernos (muitos deles pertencentes ao meio acadêmico), os quais, como os cristãos primitivos, procuram apartar-se do rebanho para levar uma vida (ou, como é mais comum hoje em dia, simplesmente defendê-la: "pense à esquerda, viva de forma direita", como se diz) que é inaceitável para a maioria das pessoas e que, se adotada com rigidez por gente o bastante, faria a sociedade parar de funcionar. A vingança é algo problemático, mas não é irracional[32]. A cultura da vingança –

---

31. Não *anti*natural. Ela está intimamente ligada ao altruísmo, e sabemos que certas situações necessariamente geram impulsos altruístas até em relação a estranhos. A palavra "misericórdia", entretanto, muitas vezes é usada para denotar o extremo do altruísmo, associado aos ensinamentos éticos cristãos.

32. Ver Robert L. Trivers, "The Evolution of Reciprocal Altruism", 46 *Quarterly Review of Biology* 35, 49 (1971); J. Hirshleifer, "Natural Economy *vs.* Political Economy", 1 *Journal of Social and Biological Structures* 319, 332, 334 (1978); Richard A. Posner, *The Economics of Justice*, cap. 8 (1981) ("Retribution and Related Concepts of Punishment"); Posner, *Law and Literature*, cap. 2 (ed. rev. e ampliada, 1998); Robert M. Axelrod, *The Evolution of Cooperation* (1984); Christopher Boehm, *Blood Revenge: The Enactment and Management of Conflict in Montenegro and Other Tribal Societies* (1984); Robert H. Frank, *Passions within Reason: The Strategic Role of the Emotions*, pp. 1-70 passim (1988); Stephen Wilson, *Feuding, Conflict and Banditry in Nineteenth-Century Corsica* (1988); William Ian Miller, *Bloodtaking and Peacemaking: Feud, Law, and Society in Saga*

que estimula, exagerada e perigosamente (para nós), a ênfase na honra – é algo racional em épocas ou lugares em que o direito é frágil ou inexistente, embora sua racionalidade dependa da emoção para criar os compromissos necessários ao funcionamento de um sistema descentralizado de aplicação puramente informal da lei. O fato de esse sistema subsistir até hoje[33] no Sul dos Estados Unidos (ainda que de forma bastante atenuada) pode parecer enigmático. Poder-se-ia pensar que o Sul, por ser muito mais violento que o Norte, ficaria em melhor situação se os vestígios do código de honra do velho Sul[34] pudessem ser eliminados. Não necessariamente. Para afirmarmos isso, teríamos de saber qual seria esse nível se não houvesse código de honra algum. Talvez a demanda pelo crime seja tão grande relativamente aos recursos do sistema de justiça penal nos Estados do Sul que o código de honra continue a desempenhar uma função dissuasiva fundamental.

É interessante notar que o código de honra é levado mais a sério pelos sulistas pertencentes a famílias muito unidas do que por aqueles que não desfrutam desse mesmo contexto familiar[35]. Esse padrão faz bastante sentido do ponto de vista econômico. A bibliografia sobre a vingança enfatiza a importância da família na atribuição de credibilidade às ameaças de retaliação. Uma pessoa assassinada que não tem família não possui ninguém para vingá-la, o que torna muito alto, no contexto de uma cultura da vingança, o custo do não pertencimento a uma família. É provável que os sulistas que se desliguem de suas famílias tenham outros meios de proteger-se que não o código de honra.

Iceland (1990); David J. Cohen, *Law, Violence, and Community in Classical Athens* (1995); Dov Cohen e Joe Vandello, "Meanings of Violence", 27 *Journal of Legal Studies* 567 (1998); Steffen Huck e Jörg Oechssler, "The Indirect Evolutionary Approach to Explaining Fair Allocations", 28 *Games and Economic Behavior* 13 (1999).

33. Ver, por exemplo, Cohen e Vandello, nota 32 acima.

34. Ver, a propósito, Jack K. Williams, *Dueling in the Old South: Vignettes of Social History* (1980).

35. Ver Cohen e Vandello, nota 32 acima, p. 582.

A despeito de quaisquer condições que possam explicar a persistência do código de honra no Sul, certo grau de emoção vingativa continua sendo indispensável para o controle e a dissuasão do comportamento criminoso, entre outros tipos de comportamento antissocial. Sem essa emoção, apenas um número relativamente baixo de crimes seria registrado e a dissuasão, portanto, muitas vezes falharia como método de controle social. Do ponto de vista social, o excesso de clemência pode ser tão destrutivo quanto o excesso de espírito vingativo. A ética do "dar a outra face" ensinada no Sermão da Montanha não é uma fórmula prática de vida. A presença da clemência na determinação das sentenças penais significa penas mais leves. Isso, por sua vez, leva ao aumento da criminalidade, aumento esse que significa mais vítimas. Logo, clemência para com as vítimas implica severidade para com os criminosos, enquanto clemência em relação aos criminosos significa multiplicação das vítimas de crimes. A clemência está nos dois lados da balança. Porém, em um desses lados está também a justiça, enquanto no outro está justamente a heurística da disponibilidade, que exerce pressão pela adoção de práticas penais unilaterais, míopes e sentimentais.

Não estou propondo que o direito deva abrir totalmente as portas aos apelos emocionais nos litígios. Poder-se-ia defender a eliminação *tanto* das declarações acerca do impacto do crime sobre a vítima *quanto* dos pedidos de clemência por parte dos réus, a fim de minimizar a influência do ódio no processo de sentenciamento sem se perturbar o equilíbrio entre vítima e assassino e, ao mesmo tempo, reduzir a duração e o custo dos processos penais. Sem dúvida, há apelos emocionais que mais prejudicam do que ajudam o processo cognitivo; como, por exemplo, fotos repulsivas de uma vítima de assassinato, que a acusação apresenta como prova não para determinar o impacto do crime sobre a vítima, mas para determinar a culpa, uma questão a propósito da qual as fotos frequentemente não têm nada a dizer. Os estudiosos da teoria cognitiva da emoção, conquanto estejam certos em reclamar da excessiva dicotomização entre razão e emoção, deveriam ser os primeiros a admitir que a emoção pode intrometer-se nos processos racionais e levar a erros que poderiam ser evitados.

No processo de evolução da sociedade, o direito assume o lugar da vingança como principal método de dissuasão e reparação de violações graves das normas de cooperação social. A partir dessa perspectiva, os processos judiciais são simplesmente um substituto de baixo custo dos duelos, das rixas, das brigas e das guerras. O direito controla, civiliza e reprime, mas não elimina a raiva e a indignação que as pessoas sentem quando creem que seus direitos foram violados ou que seus interesses encontram-se ameaçados por alguém que as acusa de ter infringido seus direitos. Porém, num sistema jurídico como o norte-americano, no qual o número de litígios é muito alto em comparação com os recursos que o sistema está preparado para dedicar a sua solução, a maior parte desses litígios deve, de alguma forma, ser resolvida antes do término de todas as etapas do processo litigioso, que vão desde a queixa até o julgamento exaustivo de todos os remédios judiciais aplicáveis em segunda instância. Felizmente, são fortes os incentivos a que se resolva um caso na primeira oportunidade que surja. O litígio judicial é muito mais dispendioso que a decisão por acordo entre as partes. Ademais, a maioria das pessoas é avessa ao risco e, portanto, prefere a certeza de uma compensação por equivalência a arriscar-se no campo da incerteza. Mesmo sem a aversão ao risco (pressupondo-se, porém, uma atitude de neutralidade em relação ao risco e não de preferência por este, isto é, de gosto pelo ato de apostar), praticamente todos os casos seriam decididos por acordo entre as partes se estas concordassem quanto ao provável resultado do julgamento. Suponhamos que elas concordassem que o demandante teria uma chance de 50 por cento de ganhar $100.000 se o caso fosse a julgamento, que o custo de dar continuidade ao litígio fosse de $10.000

para cada parte e que o custo de um acordo fosse de apenas $2.000 para cada uma. Dando-se prosseguimento ao processo, a estimativa de benefício do demandante seria então de $42.000 ($1.000.000 x 0,5 − $10.000 + $2.000)[36], e a estimativa de custo para o réu seria de $58.000 ($100.000 x 0,5 + $10.000 − $2.000). Desse modo, para qualquer preço entre $42.000 e $58.000, a decisão por acordo seria melhor para ambas as partes; e estas provavelmente conseguiriam, por negociação, chegar a um valor intermediário dentro desse intervalo tão generoso.

O perigo principal, porém, é que elas não cheguem à mesma estimativa acerca da sentença provável se o caso for levado a julgamento. O perigo, mais especificamente, é que cada uma das partes superestime a probabilidade de que ela ganhe a causa, uma vez que é justamente essa condição de "otimismo mútuo" que irá diminuir, ou mesmo eliminar, as possibilidades de acordo. Nem sempre é fácil prever a reação dos juízes. Ademais, tendo em vista o valor do elemento-surpresa nos julgamentos, as partes geralmente terão motivos estratégicos para sonegar informações que possuem e que poderiam ajudar seu oponente a fazer um cálculo mais exato do resultado provável do litígio judicial. Por fim, cada uma das partes pode relutar em ser a primeira a sugerir um acordo, temendo que a sugestão seja vista como um sinal de fraqueza e leve a outra parte a endurecer suas condições de acordo. Tanto a convergência das estimativas das partes quanto, se houver convergência, a negociação de um acordo mutuamente satisfatório dentro de um leque comum de possibilidades de acordo são fatos cuja ocorrência será menos provável se a mente das partes estiver ofuscada pela emoção e, mais especificamente, pelos tipos de emoção que normalmente surgem nos processos mais sérios. A raiva gera a integridade, e a percepção de integridade tende a aumentar a confiança do indivíduo em que o judiciário, na condição de depositário da justiça, sen-

---

36. Porque o custo do acordo é economizado se não houver acordo.

tenciará a seu favor. Essa percepção também poderá fazer com que fique difícil enxergar os méritos do argumento da parte oponente. Em ambos os casos, a raiva tende a aumentar o otimismo mútuo quanto ao resultado do litígio e, desse modo, a reduzir a probabilidade de chegar a um acordo.

Um dos mecanismos por meio dos quais o sistema jurídico vem tentando, com frequência cada vez maior, lidar com as questões informacionais, estratégicas e emocionais que desestimulam a decisão por acordo entre as partes é o uso de um mediador nas negociações de acordos. O mediador é uma terceira parte neutra que, ao contrário do árbitro (um juiz privado), não tem poder de decisão. Ele pode parecer, por isso, impotente para fazer as partes entrarem em acordo. Na verdade, porém, a mediação ataca os três problemas que identifiquei. O mediador geralmente se reúne com as partes em separado e mantém com elas conversas confidenciais, o que tende a torná-las mais sinceras com ele do que seriam uma com a outra. Ele tem condições, então, de formar uma impressão mais exata das verdadeiras forças e fraquezas delas. Além disso, como ele pode fazer propostas de acordo, as partes não precisam saber se uma proposta provém delas ou do mediador (nem, portanto, qual parte fez a primeira proposta de acordo, sinalizando, assim, uma posição de fraqueza). Desse modo, elas se sentem mais incentivadas a fazer-lhe uma proposta que ele possa transmitir (veladamente) à outra parte, proposta essa que as partes teriam dificuldade de fazer diretamente, uma à outra. Por último, e este talvez seja o fator mais importante, o mediador não é objeto de raiva das partes. Sua presença é tranquilizadora e estimula cada parte a fazer uma avaliação realista de quais serão suas possibilidades se se der continuidade ao processo. Quando o mediador negocia separadamente com cada parte, mascara, assim, a raiva que uma sente pela outra. Estas podem, então, negociar um acordo sem que jamais precisem estar juntas num mesmo local.

8. A economia comportamentalista do direito

No artigo que constitui a principal (ainda que não a única) fonte de discussão para este capítulo, Christine Jolls (economista e jurista), Cass Sunstein (jurista) e Richard Thaler (economista) tentam usar as ideias do comportamentalismo econômico – que é a aplicação da psicologia à economia – para aperfeiçoar a análise econômica do direito, a qual eles julgam limitada por seu compromisso com o pressuposto de que as pessoas são racionais[1]. Uma vez que J., S. e T. (Jolls, Sunstein e Thaler) reclamam, não sem razão, que os economistas e os juristas de inclinação economicista nem sempre deixam claro o que querem dizer com "racio-

---

1. Ver Christine Jolls, Cass R. Sunstein e Richard Thaler, "A Behavioral Approach to Law and Economics", 50 *Stanford Law Review* 1471 (1998) (doravante "J., S. e T."), reimpresso em *Behavioral Law and Economics*, p. 13 (Cass R. Sunstein [org.], 2000); bem como os outros ensaios deste livro; Jolls, Sunstein e Thaler, "Theories and Tropes: A Reply to Posner and Kelman", 50 *Stanford Law Review* 1593 (1998); e Sunstein, "Behavioral Law and Economics: A Progress Report", 1 *American Law and Economics Review* 115 (1999); Jon D. Hanson e Douglas A. Kysar, "Taking Behavioralism Seriously: The Problem of Market Manipulation", 74 *New York University Law Review* 630 (1999); Russell B. Korobkin e Thomas S. Ulen, "Law and Behavioral Science: Removing the Rationality Assumption from Law and Economics", 88 *California Law Review* 1051 (2000). Para uma discussão mais antiga das implicações da economia comportamental para a análise econômica do direito, ver Thomas S. Ulen, "Cognitive Imperfections and the Economic Analysis of Law", 12 *Hamline Law Review* 385 (1989).

nalidade", devo esclarecer já de início o que entendo por essa palavra: uma pessoa age racionalmente quando escolhe o melhor meio disponível para alcançar os fins por ela almejados. Por exemplo, uma pessoa racional que deseje se manter aquecida vai comparar, quanto ao custo, ao conforto, entre outras dimensões de utilidade e desutilidade, as diversas opções de meios que conheça para manter-se aquecida. A partir desse conjunto, então, escolherá os meios que lhe proporcionem o aquecimento pretendido com a maior margem de benefício sobre o custo, definidos de modo geral. A escolha racional não precisa ser consciente nem é algo que exige um córtex grande. Os ratos são pelo menos tão racionais quanto os seres humanos quando se define racionalidade como o alcance dos fins almejados (sobrevivência e reprodução, no caso dos ratos) a um custo mínimo. É particularmente importante enfatizar que racionalidade não implica nem conhecimento de todas as informações, nem raciocínio livre de erros a partir das informações disponíveis. Informação é uma coisa custosa de obter (sobretudo em termos de tempo). Processá-la, por sua vez, é caro em termos de tempo e concentração. De modo que uma pessoa não estará necessariamente sendo irracional se, às vezes, agir com base em informações incompletas ou apelar para atalhos de raciocínio, como quando a emoção leva um indivíduo a contornar a razão, mecanismo que examinamos no capítulo anterior e que pode produzir resultados inexatos. Essas questões podem dificultar, como veremos, a distinção entre as interpretações comportamentais e não comportamentais da conduta econômica ou jurídica.

O comportamentalismo econômico não é a única fonte de contestação do modelo racional de comportamento humano, embora seja a mais sofisticada. A ideia de que o modelo racional é simplesmente "frio" demais é muito difundida e poderosa, embora tenhamos visto no Capítulo 7 que ao comportamento "emocional" pode-se às vezes dar uma interpretação racional. Além disso, confundir um modelo com uma descrição e condenar o primeiro por ele não ser a segunda é um erro elementar. Assim, pretendo começar por algo um pouco distante do artigo de J., S. e T. Examinarei muito brevemente dois exemplos de irracionalidade aparente que nada devem às distorções cognitivas enfatizadas pelos comportamentalistas. Um deles é o fenômeno do ódio étnico, tão dramaticamente presente nos Bálcãs e em partes da África e da Ásia em tempos recentes. Esse fenômeno aparentemente desafia qualquer tipo de explicação racional. Na verdade, porém, um modelo de sinalização (e a sinalização desempenhará um importante papel mais adiante neste capítulo) pode ser um ponto de partida para tal explicação. Como explica Timur Kuran, a trajetória dos efeitos derivados do "instinto de boiada" que levaram a uma rápida escalada de violência étnica numa Iugoslávia anteriormente pacífica pode ter sido racional em cada um de seus pontos, ainda que as consequências tenham sido catastróficas para a maioria das pessoas envolvidas[2]. Tito morreu, e os benefícios da solidariedade étnica aumentaram devido à incerteza quanto à estabilidade do governo central, enquanto os custos dessa solidariedade caíram porque ela deixara de ser punida. Em alguns iugoslavos, as questões étnicas despertavam fortes paixões (e talvez eles tivessem motivos para senti-las, ainda que motivos de natureza totalmente egoísta). E essas pessoas agora estavam livres para expressar seus sentimentos. Em tais circunstâncias, diminuiu o custo total – digamos, para os sérvios, que na verdade eram indiferentes às questões étnicas – da sinalização de lealdade ao grupo com o qual eles tinham suas mais valiosas interações, um grupo que continha a minoria sérvia apaixonada por essas questões. À medida que mais e mais sérvios manifestavam seu compromisso com a causa sérvia, aumentou a pressão sobre os sérvios remanescentes

---

2. Timur Kuran, "Ethnic Norms and Their Transformation through Reputational Cascades", 27 *Journal of Legal Studies* 623 (1998). Ver também Eric A. Posner, "Symbols, Signals, and Social Norms in Politics and the Law", 27 *Journal of Legal Studies* 765 (1998).

para que sinalizassem tal compromisso, pois, quanto menos renitentes houvesse, mais facilmente estes seriam identificados e rejeitados como não conformistas. Através desse processo, como demonstra Kuran, mesmo uma perturbação relativamente leve naquela situação de equilíbrio fundada numa solidariedade étnica inexplícita poderia rapidamente abrir caminho a um equilíbrio de antagonismos étnicos letais.

Meu segundo exemplo envolve a afirmação da filósofa Elizabeth Anderson de que os economistas da escola econômica da escolha racional estão comprometidos com o pressuposto, fatalmente irrealista, de que toda pessoa é uma "personalidade de tipo A" que "não se dobra às convenções sociais, à tradição nem mesmo à moral", que em vez disso é "autônoma, autossuficiente, coerente e friamente calculista"[3]. Essa concepção da teoria da escolha racional, que implica excluir da ciência econômica um grupo de importantes economistas, como Gary Becker, que rejeita explicitamente o modelo do tipo A em favor de um modelo de escolha humana que enfatize o altruísmo, a escassez de informações, o hábito e a emoção[4], leva Anderson a afirmar que uma pessoa que aceite a autoridade da Igreja católica é irracional, pois um tipo A não aceita ordens de ninguém. Anderson também poderia afirmar que é irracional de sua parte aceitar a autoridade da física de altas energias ou, da parte de um estudante de piano, aceitar a autoridade de seu professor.

Boa parte do artigo de Anderson a que me refiro é dedicada à crítica de um livro de Kristin Luker sobre os moti-

---

3. Elizabeth Anderson, "Should Feminists Reject Rational Choice Theory?" (preleção proferida na *Conference on Social Norms, Social Meaning, and the Economic Analysis of Law*, na Faculdade de Direito da Universidade de Chicago, 19-20 de abril de 1997).

4. Gostaria de acrescentar que uma personalidade de tipo A não é friamente racional, mas sim intensamente emocional e até autodestrutiva. Contudo, mesmo os tipos A – ou, o que talvez seja um exemplo melhor, os trabalhadores compulsivos – podem ser proveitosamente transformados em modelos econômicos: um tipo A é apenas uma pessoa para quem o custo de oportunidade do lazer é extraordinariamente alto.

vos que levam as mulheres a decidir abortar[5]. Luker, embora não seja economista, formula a hipótese de que a decisão de uma mulher de abortar é racional e tenta identificar os benefícios e os custos que poderiam, contra todas as probabilidades, por assim dizer, confirmar a hipótese. À primeira vista, o livro não é um exemplo promissor de uso da teoria da escolha racional. Diante disso, poder-se-ia dizer que a iniciativa de Anderson de escolhê-lo como veículo para avaliação não é nada generosa para com essa teoria. A amostra de Luker consiste em mulheres que se submeteram ao aborto numa clínica de abortos da Califórnia no início da década de 1970. Isso significa que se tratava de mulheres pobres que se revelaram desafortunadas numa época em que o aborto praticado legalmente era uma novidade. Mesmo assim, a pesquisa de Luker, conduzida pela hipótese da racionalidade, é elucidativa, pois mostra que, embora a decisão de abortar implique que o custo da gravidez excede os benefícios, esse custo é meramente uma *estimativa* e pode ser superado pelos benefícios do sexo sem proteção. Um desses benefícios é o de evitar a violação de uma norma religiosa contra a contracepção. Os outros são o aumento da probabilidade de casamento de um indivíduo com seu parceiro sexual, mediante a ocultação de experiências sexuais; a obtenção de um compromisso da parte desse parceiro[6]; e o simples atendimento de seu desejo através da dispensa do preservativo, que diminui o prazer sexual masculino. O primeiro benefício, ou seja, o de contornar uma proibição religiosa, Anderson o considera irracional porque o catolicismo condena o aborto mais ainda do que a contracepção.

---

5. Kristin Luker, *Taking Chances: Abortion and the Decision Not to Contracept* (1975).

6. Conforme a paráfrase que Anderson faz de Luker, "Se ela engravidar, ele terá de demonstrar a seriedade de suas intenções para com ela. Deverá concordar em casar ou então pôr fim à relação. Quanto a ela, ganha um marido ou então a consciência de que não vale a pena continuar investindo na relação, mais a liberdade de procurar um parceiro com o qual valha a pena casar-se". Anderson, nota 3 acima.

Essa afirmação, entretanto, ignora o fato de que a gravidez é uma consequência probabilística, e não necessária, do sexo sem proteção; e a escolha do aborto é, em si mesma, apenas uma probabilidade (não uma certeza) quando se toma a decisão de fazer sexo sem proteção. Anderson enfatiza os equívocos em que muitas mulheres incorrem quanto à probabilidade de engravidar em decorrência de determinada conduta sexual. Mas ser mal informado não é o mesmo que ser irracional.

Nem tudo no estudo de Luker é coerente com a teoria da escolha racional. Percebe-se certo grau de autoengano e confusão nas mulheres que compõem sua amostra. Mas há racionalidade suficiente para que um economista possa utilizar o estudo para aventar a hipótese de uma função de utilidade para as mulheres que se veem diante do risco de um aborto. Para testar essa hipótese, pode-se confrontá-la com dados que registrem as transformações verificadas, em matéria de custo e eficácia, nos métodos contraceptivos, no risco das doenças sexualmente transmissíveis, na disponibilidade do aborto, no nível de benefícios assistenciais do governo para as solteiras e nas oportunidades de trabalho para as mulheres. Se as previsões geradas pela função de utilidade sobreviverem ao confronto com os dados, teremos alguma base para concluir que realmente o comportamento em face do risco de aborto é, muitas vezes, racional[7].

Debrucemo-nos agora sobre o comportamentalismo econômico. Gostaria de deixar claro, logo de início, que não ponho em dúvida o fato de que esta é uma fonte valiosa de ideias para o direito[8]. Fiz uso da heurística da disponibilida-

---

7. Conforme afirmado em Tomas J. Philipson e Richard A. Posner, "Sexual Behavior, Disease, and Fertility Risk", 1 *Risk Decision and Policy* 91 (1996).

8. Para uma boa análise da economia comportamental que se diferencia daquela de J., S. e T. por não enfatizar as aplicações jurídicas dessa teoria, ver Matthew Rabin, "Psychology and Economics", 36 *Journal of Economic Literature* 11 (1998). Há ainda uma abordagem mais ampla, de autoria de um dos líderes do campo: Richard H. Thaler, *Quasi Rational Economics* (1991). Para uma breve análise crítica, ver Jennifer Arlen, "The Future of Behavioral Economic

de no capítulo anterior e voltarei a utilizá-la agora, junto com outras idiossincrasias cognitivas que Jolls, Sunstein e Thaler enfatizam nos capítulos sobre a prova subjetiva. Todavia, J., S. e T. cometem exageros na defesa de seu argumento. Algumas das questões que eles colocam são maneiras novas de descrever velhas contestações ao modelo econômico do comportamento humano que, até onde vejo, nada devem aos economistas comportamentais. Refiro-me aos tipos de contestação que discuti até aqui. Outras podem ser explicadas mais satisfatoriamente por alusão a considerações evolucionárias que não desempenham papel algum no comportamentalismo econômico. Outras, ainda, não encontram senão uma frágil sustentação.

Muitas das ideias que J., S. e T. atribuem ao comportamentalismo econômico já fazem parte da análise econômica do direito. Esta, sem abandonar seu compromisso com o modelo racional do comportamento humano, abandonou o modelo que J., S. e T. parecem vincular-lhe em algumas passagens. Esse modelo apresenta-nos um ser humano hiper--racional, insensível, antissocial, supremamente egoísta, onisciente, profundamente interesseiro e alheio a estratégias, que atua em condições de aquisição e processamento de informações em que não há custos[9]. Só para citar um exemplo inicial, a heurística da disponibilidade é coerente com a

---

Analysis of Law", 51 *Vanderbilt Law Review* 1765 (1998). Além disso, podem-se encontrar análises interessantes dos princípios e das descobertas da psicologia cognitiva que se aplicam à economia comportamental em Detlof von Winterfeldt e Ward Edwards, *Decision Analysis and Behavioral Research*, cap. 13 (1986); Albert J. Moore, "Trial by Schema: Cognitive Filters in the Courtroom", 37 *UCLA Law Review* 273 (1989); e sobretudo Richard Nisbett e Lee Ross, *Human Inference: Strategies and Shortcomings of Social Judgment* (1980).

9. Vale notar que o professor Coase, que J., S. e T. consideram, acertadamente, o principal fundador da teoria econômica não comportamental do direito (da qual, como vimos na Introdução, o Teorema de Coase é um dos pilares), rejeita o modelo econômico tradicional que vê o homem como um maximizador racional da própria satisfação. Ver Ronald H. Coase, *The Firm, the Market, and the Law: Essays on the Institutional Structure of Production*, p. 4 (1988); Coase, "The New Institutional Economics", 140 *Journal of Institutional and Theoretical Economics* 229, 231 (1984).

racionalidade uma vez que se admita que a reconstituição imaginativa requer mais "esforço" (isto é, custo) que a percepção imediata. Lembremo-nos da questão das declarações acerca do "impacto do crime sobre a vítima" que discutimos no capítulo anterior. Defender que essas declarações possam ser usadas como provas subjetivas significa exatamente afirmar que sem elas os jurados ou o juiz terão de exercer um esforço extra para reconstituir imaginativamente o sofrimento da vítima, a fim de contrapor-lhe o impacto da percepção imediata do réu sofredor que implora por sua vida. A heurística da disponibilidade só seria prova de irracionalidade se as pessoas nunca lhe introduzissem ajustes. Vimos, porém, que o sistema jurídico se ajusta a ela quando se decide admitir que as declarações de impacto do crime sobre a vítima sejam usadas como prova subjetiva. Além disso, apresentarei outros exemplos nos Capítulos 11 e 12.

Segundo J., S. e T., o comportamentalismo econômico rejeita o pressuposto de que as pessoas são maximizadoras racionais de sua satisfação, em favor de pressupostos de "racionalidade limitada", "força de vontade limitada" e "interesse pessoal limitado". Examinemos esses três pressupostos.

A *racionalidade limitada* refere-se ao fato de que as pessoas têm idiossincrasias cognitivas que as impedem de processar racionalmente as informações. Essas idiossincrasias incluem, além da heurística da disponibilidade, o excesso de otimismo, a falácia do custo irrecuperável, a aversão à perda e o efeito de enquadramento. Há muitos indícios da existência dessas idiossincrasias. Contudo, como a maioria desses indícios consiste em experiências com estudantes ou em respostas a pesquisas de campo, não está claro em que medida as idiossincrasias se devem à presença de obstáculos sérios e intransponíveis ao agir racional ou meramente ao emprego de atalhos mentais em contextos nos quais a quantidade ideal de investimento no ato de pensar é pequena porque não há nada que estimule muito a reflexão sobre o problema proposto pela experiência ou pela pesquisa.

J., S. e T. superestimam esses indícios ao não distinguirem entre os impedimentos ao raciocínio instrumental claro e as preferências que, para observadores esclarecidos, podem parecer tolas. Consideremos o seguinte caso. Uma pessoa aceita de bom grado comer uma lagosta desde que não a veja quando ainda viva. Se lhe pedem, no entanto, que a retire do viveiro antes da refeição, a pessoa perde imediatamente o apetite. J., S. e T. diriam que a mente dessa pessoa foi obnubilada pela heurística da disponibilidade. Outra interpretação possível é que ela tem preferências diferentes diante de duas mercadorias diferentes. Uma delas é uma lagosta vista somente depois de preparada, enquanto a outra é uma lagosta vista antes, quando ainda viva, assim como depois. Trata-se de mercadorias diferentes, no mesmo sentido em que um produto que recebemos num belo papel de presente é diferente de outro que chegue a nós embrulhado em papel pardo. Não há justificativa alguma para se qualificar de irracional uma diferença de preferências a propósito desses pares de produtos (ainda que críticas éticas sejam cabíveis, como nos lembram os defensores dos direitos dos animais), ou para desconsiderar-se a diferença como produto da "emoção". Quando as pessoas reagem com medo a um filme de terror, poderíamos nos sentir tentados a dizer que elas estão sendo irracionais porque o filme não passa de ficção. Porém, as preferências não podem ser apartadas da emoção nem esta de seus estímulos. Desse modo, não se pode considerar o raciocínio instrumental como algo impregnado de irracionalidade simplesmente porque muitas vezes o objetivo desse tipo de raciocínio é uma preferência que não teríamos se não fôssemos seres emocionais. Para distinguir uma idiossincrasia cognitiva real de uma preferência regida pela emoção devemos nos perguntar se, caso mostrássemos a uma pessoa a "irracionalidade" de sua ação, essa pessoa agiria de outra forma ou pelo menos admitiria estar agindo de modo irracional. Sem dúvida, de nada adiantaria mostrar, a uma pessoa que goste de filmes de terror, que estes não passam de ficção. As pessoas que assistem a esses filmes sabem muito bem disso.

Além do mais, o fato de que os seres humanos nem sempre agem racionalmente – muito embora alguns o façam durante a maior parte do tempo – não representa, *por si só*, uma contestação da economia da escolha racional. Muitas pessoas têm um medo irracional de viajar de avião. A prova de que este é um medo irracional e não apenas uma aversão da qual podemos não compartilhar está no fato de as pessoas que o sentem reconhecerem que ele é irracional. Elas sabem que as alternativas de transporte terrestre são mais perigosas e querem, sobretudo, evitar a morte, mas ainda assim optam pelos meios mais perigosos. O pesar, o constrangimento e a contrariedade que essas pessoas sentem consigo mesmas diferenciam seu caso daquele das pessoas que gostam de filmes de terror. Mas sua irracionalidade não invalida a análise econômica do transporte, ainda que possa mostrar por que os custos financeiros e de tempo, bem como os índices de acidentes, podem não explicar toda a diferença entre a demanda por transporte aéreo e a demanda por seus substitutos. A maioria das previsões mais comuns que os economistas fazem sobre o comportamento humano costuma se concretizar: uma queda no preço do transporte aéreo resulta num aumento da demanda, e o mesmo acontece quando há aumento no preço de outro meio de transporte que possa substituí-lo ou queda no preço de um meio de transporte que lhe sirva de complemento. Uma preferência pode ser tomada como um dado, e a análise econômica pode prosseguir normalmente, ainda que essa preferência seja irracional.

O ato de votar, que é um dos exemplos de comportamento irracional fornecidos por J., S. e T., pode ser analisado da mesma maneira. Quando visto como um ato instrumental, o voto numa eleição política é irracional porque implica certo custo (sobretudo em forma de tempo) e, no entanto, não traz nenhum benefício compensador para o eleitor individual, uma vez que praticamente nenhuma eleição é decidida por um voto. Porém, ao tratar o desejo de votar como um dado, semelhante a outras formas de comportamento expressivo (por exemplo, aplaudir em um concerto ou outro tipo de espetáculo público), o economista é capaz de responder a importantes perguntas sobre o comportamento dos eleitores. Essas questões incluem por que os velhos votam mais que os jovens, por que os aposentados votam mais que os desempregados (ainda que, para ambos os grupos, o custo do tempo pareça ser baixo) e por que o comparecimento dos eleitores é maior numa eleição acirrada[10]. O comparecimento é maior numa eleição muito disputada não porque o voto de uma pessoa possa fazer alguma diferença (nem mesmo as eleições apertadas são decididas por um voto), mas porque o custo da informação é menor quanto maior a publicidade gerada por uma disputa eleitoral; e as eleições apertadas geram mais publicidade do que aquelas em que apenas um dos candidatos tem possibilidades reais de vencer[11].

Força de vontade limitada é o mesmo que "falta de força de vontade". Quase todos nós já vivemos a sensação de que estamos divididos entre dois eus (um eu "bom", que tem nosso bem-estar a longo prazo em mente, e um eu "mau", de visão canhestra) e que o eu "mau" acaba vencendo, a menos que nos esforcemos imensamente para combatê-lo. Diz-se que o desconto hiperbólico é um exemplo de como a falta de força de vontade opera, ainda que este também possa ser compreendido em razão do custo da informação. Um descontador hiperbólico aumenta sua taxa de desconto à medida que os custos ou os benefícios que ele está des-

---

10. Ver Richard A. Posner, *Aging and Old Age*, pp. 148-52 (1995).
11. Outra explicação possível enfatiza o incentivo que os partidos políticos têm para investir mais em campanhas eleitorais em que provavelmente haverá maior equilíbrio entre os candidatos e pode ser encontrada em Ron Schachar e Barry Nalebuff, "Follow the Leader: Theory and Evidence on Political Participation", 89 *American Economic Review* 525 (1999).

contando se tornam mais iminentes. Por exemplo, se alguém me perguntar se eu preferiria ter $1.000 no ano 2011 ou $800 no ano 2010, é quase certo que eu diria $1.000 em 2011. Contudo, se me perguntassem se eu preferiria ter $800 hoje ou $1.000 daqui a um ano, é perfeitamente possível que eu dissesse $800 hoje. Isso me caracterizaria como um descontador hiperbólico. Mas o motivo dessas diferentes reações pode ser simplesmente o fato de eu não ter uma concepção clara de minhas necessidades de consumo daqui a uma década. Em outras palavras, o motivo pode ser o custo da imaginação que mencionei há pouco. Não sou capaz de imaginar o que efetivamente poderia me levar a pagar uma enorme taxa de juros para realocar meu consumo de 2011 para 2010. O fato de que o conhecimento e a imaginação são "limitados" mostra exatamente que o custo da informação é positivo, o que nenhum economista da escolha racional poria em dúvida.

Ninguém, entretanto, duvidaria da existência de algo como a falta de força de vontade, ainda que o desconto hiperbólico não seja um bom exemplo desse fenômeno. Porém, ao contrário das idiossincrasias cognitivas ("racionalidade limitada"), a falta de força de vontade pode ser analisada dentro do contexto da teoria da escolha racional[12]. Essa análise pode ser feita com facilidade quando estamos divididos entre diferentes cursos de ação devido à incerteza, e com menos facilidade quando não há incerteza, como no caso de alguém que se recusa a ter chocolate em casa por duvidar da própria capacidade de resistir à tentação de comê-lo. Para explicar o segundo tipo de comportamento em razão da escolha racional pode ser necessário abandonar o pressuposto (adotado tacitamente na maioria das análises econômicas) de que o eu é uma unidade, e substituí-lo por uma concepção da pessoa como um *locus* habitado por diferentes eus. Todos esses eus são racionais, mas eles têm preferências incoerentes entre si do ponto de vista

---

12. Conforme se reconhece em Rabin, nota 8 acima, p. 40.

da racionalidade. Eis alguns exemplos disso: um eu jovem *versus* um eu velho, sendo o primeiro relutante em poupar dinheiro para que o segundo possa desfrutar de um nível elevado de consumo; um eu pré-acidente que reluta em gastar muito com seguro contra acidentes *versus* um eu pós-acidente que gostaria que o eu pré-acidente tivesse gastado muito com seguro contra acidentes; e, no caso do chocolate, um eu voltado para o presente, que vive em função do momento, e um eu voltado para o futuro[13]. (O último exemplo tem a ver com o primeiro.) A ideia de um eu unitário não é inerente ao conceito econômico de racionalidade, é simplesmente um pressuposto conveniente na maioria das situações que os economistas analisam.

Como acontece neste exemplo, os economistas comportamentalistas tendem a desistir muito cedo da economia da escolha racional. Para Matthew Rabin, "um aumento nominal de salário de 5 por cento num período em que a inflação foi de 12 por cento agride menos o sentimento de justiça das pessoas que uma redução de 7 por cento num período em que não houve inflação"[14]. As pessoas sabem que nem todos os salários vão aumentar de acordo com o índice de inflação, pois inflação é sinônimo de turbulência econômica. Somente num cenário de perfeita indexação é que os salários reais não seriam afetados por ela. Portanto, o fato de o salário de uma pessoa não acompanhar a inflação não implica necessariamente que seu patrão seja crítico em relação ao trabalho dela. Em contrapartida, um grande e inesperado corte de salário é frequentemente visto como sinal de insatisfação do empregador com o trabalho do empregado, o que provoca angústia e ressentimento.

J., S. e T. observam que, conforme demonstra Gary Becker, a realização de escolhas aleatórias numa situação

---

13. Ver, por exemplo, Thomas C. Schelling, "Self-Command in Practice, in Policy, and in a Theory of Rational Choice", 74 *American Economic Review Papers and Proceedings* 1 (maio de 1984); Richard A. Posner, "Are We One Self or Multiple Selves? Implications for Law and Public Policy", 3 *Legal Theory* 23 (1997).

14. Rabin, nota 8 acima, p. 36.

de escassez gerará uma curva de demanda descendente[15]. A partir disso, o autores concluem que uma curva de demanda descendente não constitui um dado empírico que sustente o modelo racional do comportamento humano. O argumento de Becker é que os consumidores têm um orçamento limitado. Logo, em geral, mesmo que suas decisões de compra sejam tomadas aleatoriamente, eles comprarão menos de um produto mais caro, já que, com a mesma quantia, eles não conseguirão comprar tantas unidades desse produto. Becker não sugere, entretanto, que a maioria dos consumidores seja realmente irracional nem que outros fenômenos econômicos bem reconhecidos, além daquele da curva descendente de demanda de mercado (como, por exemplo, a tendência dos preços de um mesmo produto a nivelar-se), poderiam ser explicados sem o pressuposto da racionalidade. Na verdade, os compradores não efetuam suas escolhas ao acaso. A racionalidade é a única explicação razoável para o modo como eles reagem às mudanças nos preços relativos.

A verdadeira importância da aleatoriedade no contexto da economia da escolha racional está em explicar por que essa teoria é capaz de comportar uma boa dose de comportamento irracional sem perder fatalmente seu poder de vaticínio. A maioria das perguntas que os economistas fazem diz respeito ao comportamento coletivo e não ao individual; como, por exemplo, o efeito que um aumento do imposto que incide especificamente sobre o cigarro teria sobre a quantidade comprada de cigarros e não o efeito desse aumento sobre o sr. Fumante A ou a sra. Fumante B. Suponhamos que o imposto sobre o cigarro aumente em 2 por cento e que a reação dos fumantes racionais seja reduzir suas compras de cigarros numa média de 1 por cento, enquanto a dos fumantes irracionais seja aleatória (alguns reduzem

---

15. Gary Becker, "Irrational Behavior and Economic Theory", 70 *Journal of Political Economy* 1 (1962), reimpresso em Becker, *The Economic Approach to Human Behavior*, cap. 5 (1976).

suas compras em 50 por cento, enquanto outros na verdade aumentam suas compras, e assim por diante). Se a distribuição desses comportamentos aleatórios revelar uma média igual àquela da reação dos fumantes racionais ao imposto, o efeito deste sobre a quantidade demandada de cigarros será idêntico ao que seria se todos os consumidores de cigarros fossem racionais. Essa constatação é válida seja qual for a parcela que os fumantes irracionais representem na totalidade dos fumantes.

Para J., S. e T., aquilo que os analistas econômicos do comportamento autodestrutivo (são exemplos deste a toxicomania e o sexo inseguro) chamam de racionalidade não passa de um disfarce da afirmação tautológica de que as pessoas escolhem aquilo que preferem. Mas não é bem assim. Os analistas econômicos aos quais J., S. e T. se referem pressupõem que as pessoas *não* queiram viciar em drogas nem contrair Aids. A partir daí, exploram as condições sob as quais os custos de tal comportamento, exorbitantes como são, ainda assim acabam superados pelos benefícios percebidos. A partir da teoria da escolha racional, esses analistas deduzem hipóteses não intuitivas sobre esses comportamentos nada convencionais e em seguida testam-nas empiricamente. Uma dessas hipóteses é a de que a elasticidade dos preços das drogas no longo prazo é alta, não baixa, como se costuma pensar, porque o viciado racional espera que seu consumo desse produto aumente com o tempo. Desse modo, o efeito que um aumento no preço dessa mercadoria terá sobre os gastos dele no longo prazo (caso a expectativa seja que ele se dê no longo prazo) será maior do que o efeito que igual aumento no preço de um produto não associado ao vício teria sobre esses gastos[16]. Outra hipótese é a de que a epidemia de Aids provocará um aumento do índice de gestações indesejadas,

---

16. Ver Gary Becker, Michael Grossman e Kevin M. Murphy, "Rational Addiction and the Effect of Price on Consumption", 81 *American Economic Review Papers and Proceedings* 237 (maio de 1991), reimpresso em Becker, *Accounting for Tastes*, p. 77 (1986).

pois levará a uma substituição racional da pílula, que é um excelente contraceptivo, mas não previne contra a doença, pelos preservativos, que protegem bem contra a doença mas são contraceptivos medíocres[17].

O vício, seja em *crack*, seja em sexo sem proteção, é a falta de força de vontade por excelência. Não obstante, os economistas são capazes de interpretá-lo segundo o modelo da escolha racional. A existência das irracionalidades enfatizadas pela economia comportamentalista não é necessariamente um obstáculo à economia da escolha racional.

Passemos ao *interesse pessoal limitado*. Esse conceito refere-se ao fato de que, às vezes, os motivos que levam as pessoas a agir de determinada forma (motivos esses que, segundo J., S. e T., visam essencialmente a obter "justiça") não parecem explicáveis a partir do interesse pessoal, nem mesmo que tomemos este termo no sentido hoje convencional na economia da escolha racional, segundo o qual um ato altruísta é um ato de defesa de interesses pessoais. Se um aumento da utilidade de A aumenta a utilidade de B, isso significa que B é altruísta em relação a A, e que, portanto, pode ser do interesse pessoal de B transferir recursos para A. J., S. e T. não se interessam pelo altruísmo, seja este positivo ou negativo[18], no sentido de algo que expressa utilidades interdependentes. Seu interesse recai sobre os casos em que uma pessoa fará alguma coisa por outras pessoas – ou contra outras pessoas – por achar que esta é a coisa certa a fazer.

O fato de J., S. e T. colocarem no mesmo saco a justiça, as idiossincrasias cognitivas e a falta de força de vontade sugere que a economia comportamentalista é simplesmente a face negativa da economia da escolha racional, isto é, lida com o resíduo dos fenômenos sociais que esta teoria é

---

17. Ver Philipson e Posner, nota 7 acima.
18. A inveja é um exemplo de altruísmo negativo, isto é, de uma situação na qual a diminuição da utilidade de A provocará uma elevação na utilidade de B.

incapaz de explicar. J., S. e T. afirmam que a "justiça" (a qual definem como um princípio norteador: retribuir o bem com o bem e o mal com o mal) é importante para algumas pessoas, em certos momentos. Entretanto, não vinculam essa afirmação a sua constatação de que as pessoas têm dificuldade de processar alguns tipos de informação e de subordinar os interesses de curto prazo aos de longo prazo. Trata-se de inaptidões ou insuficiências, enquanto agir de acordo com noções de justiça constitui uma força. As idiossincrasias cognitivas pertencem à psicologia cognitiva. A falta de força de vontade, por sua vez, é tema da psicologia das neuroses e outras anomalias. Quanto à justiça, cabe à filosofia moral ou à psicologia moral analisá-la.

A imagem que J., S. e T. apresentam com suas três "limitações" extraídas de diferentes domínios da teoria psicológica é a de uma pessoa com problemas para pensar com clareza ou cuidar de seu futuro, mas que, ao mesmo tempo, é movida pela preocupação de ser justa com outras pessoas, inclusive com aquelas que lhe são totalmente desconhecidas. Esta pode ser uma imagem realista da pessoa comum[19], além de atender à famosa reclamação de que o "homem econômico" é irreconhecível na vida real. Do ponto de vista metodológico, porém, ela apresenta problemas. Na elaboração de teorias, a precisão descritiva é obtida à custa do sacrifício do poder de previsão. Para o economista da escolha racional, a questão é saber o que o "homem racional" faria em dada situação[20]. A resposta geralmente é

---

19. A mentalidade liberal e moderna traz implícita essa concepção da pessoa comum. Boa, porém inepta, essa pessoa (por ambas as razões) não é muito sensível a incentivos, embora possa ser bastante flexível. Para o conservador, por outro lado, a concepção implícita da pessoa comum é a de um indivíduo competente, porém mau; razão pela qual os conservadores enfatizam os incentivos e as restrições.

20. Conforme já mencionado, ele só precisa ser racional no que diz respeito à escolha específica com que depara. Presume-se que as pessoas que têm um medo mórbido de viajar de avião responderão racionalmente a alterações nos preços das passagens aéreas, ainda que seja difícil oferecer uma explicação racional de seus medos.

muito clara e pode ser confrontada com o comportamento real, caso queiramos verificar se a previsão se confirma. Às vezes, a previsão não se confirma, e então temos a economia comportamentalista. Porém, o que o "homem do comportamentalismo" faria em qualquer situação dada é algo profundamente obscuro. Por ser misto de aptidões e impulsos racionais e não racionais, ele poderia fazer qualquer coisa. O comportamentalismo não apresenta nem uma definição causal do homem, nem um modelo de sua estrutura decisória. E essas lacunas dão origem a muitas perguntas: As idiossincrasias cognitivas diminuem conforme aumentam os custos da sujeição a elas? Se assim for, por que isso acontece? A falta de força de vontade varia de pessoa para pessoa? E, novamente, caso isso realmente aconteça, por que acontece? Além disso, J., S. e T. acreditam que sua própria análise seja desfigurada pelas idiossincrasias cognitivas ou pela falta de força de vontade, ou que seja movida por um sentimento de justiça ou de ressentimento diante de um tratamento injusto?[21] Em caso negativo, por que não acreditam? Essas idiossincrasias, por sua vez, serão passíveis de cura? É possível curar a falta de força de vontade?[22]

Essas questões se tornam ao mesmo tempo prementes e misteriosas devido ao caráter pouco teórico da economia comportamentalista. Essa carência de fundamentos teóricos advém de seu caráter residual e, por conseguinte, puramente empírico. A economia comportamental não se de-

---

21. Mais adiante, apresento o exemplo de uma passagem em que J., S. e T. parecem ter sucumbido à falácia da percepção tardia, que é uma das idiossincrasias cognitivas. Rabin, nota 8 acima, p. 27, nota 21, afirma que os economistas estão sujeitos à "polarização do mesmo dado empírico", uma das idiossincrasias cognitivas. Bem, Rabin é um economista, assim como Jolls e Thaler.

22. Em caso negativo, esses problemas podem ser contornados, como no meu exemplo do chocolate. Mas será possível solucioná-los, de modo que as pessoas não se sintam mais atormentadas por idiossincrasias cognitivas e falta de força de vontade? J., S. e T. são curiosamente fatalistas quanto às idiossincrasias e à falta de força de vontade. Isso talvez ocorra por eles não terem teoria alguma sobre a procedência dessas coisas. Retomarei essa questão ao fim do capítulo.

fine por um método, mas sim por seu tema, e este é simplesmente o conjunto de fenômenos que os modelos da escolha racional (ou, pelo menos, os mais simples dentre eles) não explicam. Não seria nenhuma surpresa se muitos desses fenômenos não revelassem relação alguma entre si, como no caso do conjunto das coisas que não são comestíveis pelo homem, que inclui pedras, cogumelos venenosos, trovões e o teorema de Pitágoras. A descrição, a especificação e a classificação das falhas empíricas de uma teoria são práticas acadêmicas válidas e importantes, mas que não constituem uma nova teoria.

Não se deve confundir explicação com previsão. É fácil formular uma teoria que explique, no sentido de conter, todas as observações de determinado campo, por mais anômalas que sejam a partir de outra perspectiva teórica. O truque consiste em flexibilizar quaisquer pressupostos que, na outra teoria, tenham tornado anômalas algumas das observações. A rotação das luas de Júpiter era anômala para a cosmologia medieval porque se acreditava que cada planeta (com exceção da Terra, que não era considerada um planeta, mas sim o centro em torno do qual os outros planetas giravam) estivesse preso a uma esfera cristalina contra a qual as luas se teriam chocado em seu movimento de rotação. A anomalia podia ser eliminada pela pressuposição de que a esfera era permeável, ou (como fez o cardeal Belarmino em sua famosa disputa com Galileu) de que as observações telescópicas que haviam revelado a rotação das luas de Júpiter eram um artifício do demônio. Qualquer que fosse o caminho tomado, a teoria modificada não produziria previsão alguma sobre os satélites planetários. Preveria somente que aquilo que tivesse de ser, seria. Da mesma maneira, se a teoria da escolha racional deparar com algum exemplo de comportamento irracional, pode ser ajustada a fim de levar em consideração o comportamento irracional. Em outras palavras, pode-se substituir a racionalidade pelo comportamentalismo. Todavia, em termos de poder de previsão, o ganho é o mesmo do exemplo cosmológico. Na verdade, em ambos os casos verifica-se uma perda. Se uma teoria é tão vaga ou elástica que não pode ser desmentida, nem ela nem suas previsões podem ser validadas. Tudo aquilo que acontece é, por definição, compatível com a teoria. Quando as pessoas agem racionalmente, os comportamentalistas não acham que isso entra em contradição com o pressuposto da força de vontade limitada. Quando as pessoas resistem às tentações e demonstram, assim, que possuem força de vontade, tal fato tampouco é tratado como em contradição com o pressuposto da força de vontade limitada. Por fim, quando elas agem de maneira egoísta, não se considera que tal postura entre em contradição com o pressuposto do interesse pessoal limitado. Se as pessoas se tornassem mais racionais, isso seria atribuído ao fato de elas terem aprendido as lições da economia comportamental, o que então funcionaria para confirmá-la e não para refutá-la. Surge, então, a pergunta: e se qualquer observação desmentisse a teoria? Se nenhuma delas o fizesse, não haveria teoria, mas apenas um conjunto de contestações a seus criadores, os quais, nos exemplos pertinentes, são economistas da escolha racional e biólogos evolutivos.

"Justiça" é uma das palavras mais vagas que existem e também o mais claro exemplo da falta de ambição teórica da economia comportamental. Mas é possível dar-lhe precisão, explicá-la e inseri-la no âmbito de uma concepção ampla de racionalidade, tudo isso com o auxílio da biologia evolutiva aplicável ao altruísmo positivo e negativo. A biologia evolutiva explica o altruísmo como uma característica que promove a aptidão inclusiva, a qual se define como a maximização do número de cópias dos genes de um indivíduo através da maximização do número de criaturas que deles são portadoras, ponderada pela proximidade da relação de parentesco[23]. A aptidão inclusiva de um animal so-

---

23. Assim, sendo iguais todas as outras variáveis, se um indivíduo tiver três sobrinhos (cada um dos quais carrega 25 por cento de seus genes), isso contribuirá mais para a aptidão inclusiva dele do que ter um filho (o qual carrega

cial como o homem é extremamente potencializada pela tendência que este tem a ajudar os parentes, o que nos permite imaginar que essa tendência evoluiu como um mecanismo de adaptação[24]. No período pré-histórico em que nossas preferências instintivas se formaram, as pessoas viviam em bandos pequenos e isolados. A maioria dos membros de uma comunidade provavelmente eram parentes entre si. Se não o fossem, guardavam laços afetivos muito grandes uns com os outros (como entre o cônjuge de alguém e a família dele) ou, pelo menos, mantinham contato direto – na verdade, praticamente contínuo. Em tais circunstâncias, não era essencial possuir uma capacidade inata para diferenciar os parentes e demais indivíduos de convívio íntimo daqueles indivíduos que podemos chamar de "estranhos", isto é, com os quais não se interagia direta e constantemente[25].

Hoje, as condições são diferentes. Costumamos interagir muito com estranhos. Nossos instintos, porém, enganam-se facilmente quando nos vemos diante de condições às quais os seres humanos nunca tiveram a oportunidade de se adaptar biologicamente. É por isso que um filme pornográfico pode excitar sexualmente uma pessoa, que um filme violento pode assustar aqueles que o assistem, que as pessoas podem amar um filho adotivo tanto quanto ama-

---

50 por cento de seus genes). A ressalva ("sendo iguais todas as outras variáveis") é vital. Se a probabilidade de sobrevivência até a idade reprodutiva for muito menor para os três sobrinhos que para o filho único, aqueles contribuirão menos que este para a aptidão inclusiva do indivíduo em questão, pelo menos segundo as estimativas.

24. Ver, por exemplo, Susan M. Essock-Vitale e Michael T. McGuire, "Predictions Derived from the Theories of Kin Selection and Reciprocation Assessed by Anthropological Data", 1 *Ethology and Sociobiology* 233 (1980).

25. Cf. Charles J. Morgan, "Natural Selection for Altruism in Structured Populations", 6 *Ethology and Sociobiology* 211 (1985); Morgan, "Eskimo Hunting Groups, Social Kinship, and the Possibility of Kin Selection in Humans", 1 *Ethology and Sociobiology* 83 (1979). Essa análise, porém, é questionada em Allan Gibbard, *Wise Choices, Apt Feelings: A Theory of Normative Judgment*, p. 258, n. 2 (1990).

riam seu filho biológico, que as pessoas têm mais medo de aranhas que de carros e mais medo de aviões que de outros meios de transporte terrestre muitíssimo mais perigosos e que os homens não vivem clamando pelo direito de fazer doações a bancos de esperma. Votar, fazer doações a obras de caridade e evitar fazer sujeira ou bagunça, em circunstâncias nas quais não se anteveem nem recompensas por esse comportamento cooperativo, nem sanções por sua inobservância, são atos que talvez ilustrem uma generalização instintiva e, por assim dizer, biologicamente equivocada da cooperação. Esta, inicialmente presente apenas em interações de pequenos grupos (nos quais o altruísmo é recompensado – e, portanto, é recíproco – e a falta de retribuição é punida), passa a permear também as interações de grandes grupos, nos quais as perspectivas de punição são tão insignificantes que ela deixa de ser racional[26].

São exemplos de altruísmo negativo não apenas a inveja (ver Capítulo 3), mas também a indignação que sentimos quando alguém infringe nossos direitos. O extremo da indignação é a obsessão pela vingança. Esta pode parecer a própria antítese do pensamento racional, já que se opõe abertamente ao mandamento do economista de ignorar os custos irrecuperáveis, ou seja, esquecer o que passou. Não que seja irracional *ameaçar* retaliação a fim de evitar-se uma agressão. Porém, se a ameaça não for suficiente para dissuadir o agressor, levá-la às últimas consequências pode ser irracional. Por mais danos que causemos ao agressor em resposta a algum mal que este nos tenha feito, o dano do qual fomos vítimas não será anulado. Quaisquer perigos que corramos ou ônus em que incorramos a fim de condu-

---

26. Ver Cristina Bicchieri, "Learning to Cooperate", em *The Dynamics of Norms*, pp. 17, 39 (Cristina Bicchieri, Richard Jeffrey e Brian Skyrms [orgs.], 1997); Oded Stark, *Altruism and Beyond: An Economic Analysis of Transfers and Exchanges within Families and Groups*, p. 132 (1995). A generalização (ou, para usar uma expressão menos grandiosa, o reconhecimento de padrões) parece ser uma aptidão inata e muito valiosa do animal humano, embora obviamente esteja sujeita a falhas.

zir a retaliação servirão apenas para elevar o custo da agressão inicial para nós. Contudo, se a retaliação for algo sem propósito para o homem racional, isso aumentará ainda mais a probabilidade de o agressor atacar não o homem médio, mas sim justamente o homem racional. O agressor saberá que o homem racional costuma pôr uma pedra sobre o passado (ou, como dizem os economistas, ignorar os custos irrecuperáveis), o que o torna menos tendente à retaliação do que uma pessoa menos racional. Esse cálculo, por sua vez, reduzirá os custos estimados do ato de agressão.

    O elemento de que dependia a dissuasão e, portanto, a sobrevivência numa sociedade humana antes da existência de instituições jurídicas ou políticas formais, isto é, antes que fosse possível estabelecer um compromisso de retaliação exigível judicialmente, era o compromisso *instintivo* de retaliar. As pessoas dotadas de um instinto de retaliação provavelmente tinham mais chances de sucesso na luta pela sobrevivência. Às vezes, a retaliação termina em tragédia. Mas a incapacidade de fazer uma ameaça de retaliação que tenha credibilidade torna uma pessoa praticamente indefesa numa sociedade pré-jurídica e pré-política. O desejo de vingar-se de danos reais ou imaginados (sem cálculo dos benefícios totais da vingança quando de sua execução, porque tal cálculo reduziria, como sugeri, a credibilidade da ameaça de retaliação e portanto estimularia a agressão, o que, por sua vez, reduziria a aptidão inclusiva de uma pessoa) pode, portanto, ter se tornado parte da constituição genética humana.

    Estabeleci uma relação de oposição entre o homem racional e o vingativo, mas essa oposição é superficial. A verdadeira contraposição se dá entre a racionalidade *ex post* e a racionalidade *ex ante*. Um compromisso inabalável de retaliação pode ser uma atitude racional *ex ante*, pois através dela o indivíduo reduz o risco de tornar-se vítima de agressão, ainda que, se o risco se concretizar, honrar o compromisso tornar-se-á então (isto é, *ex post*) uma atitude irracional. Dito de outra forma, certa emocionalidade pode ser um dos componentes da racionalidade, a qual já de início defini como a adequação dos meios aos fins e não como uma forma específica de raciocínio.

Podemos ver, nesse exemplo, de que modo a introdução da biologia evolutiva nesse quadro – uma estratégia diferente daquela adotada por J., S. e T. – permite-nos ampliar o conceito de racionalidade para fazê-lo abarcar fenômenos que J., S. e T. classificam como irracionais (não somente a justiça, mas pelo menos uma das idiossincrasias cognitivas: a falácia do custo irrecuperável). É preciso, porém, que avancemos mais um passo se quisermos definir com precisão o conceito de justiça tal como empregado por J., S. e T. Precisamos refletir sobre por que uma pessoa pode indignar-se não somente quando seus direitos são infringidos, mas também quando isso acontece com os direitos de outra pessoa. A chave para a compreensão desse fenômeno é o altruísmo (o altruísmo positivo, portanto, está na base do altruísmo negativo). Este é um sentimento fácil de compreender no caso em que a pessoa cujos direitos foram infringidos é um parente ou amigo íntimo do indignado. O conceito, porém, também se aplica quando se trata de um estranho. Porque, nesse caso, o fenômeno de "burlar os instintos" está em jogo, e os sentimentos altruístas (atenuados, mas ainda assim positivos) que temos inclusive para com pessoas que nos são absolutamente estranhas produzem uma indignação diante da violação dos direitos do estranho.

Essa análise pode explicar uma questão que há muito intriga os filósofos morais: por que nos indignamos mais com um motorista que atropele uma criança por negligência do que com um motorista ainda mais negligente que, por pura sorte, não atinja a criança?[27] O instinto altruísta é despertado no primeiro caso, mas não no segundo. No pri-

---

27. Ver, por exemplo, Bernard Williams, "Moral Luck", em seu livro *Moral Luck: Philosophical Papers 1973-1980*, p. 20 (1981); e também Williams, "Moral Luck: A Postscript", em seu livro *Making Sense of Humanity, and Other Philosophical Papers 1982-1993*, p. 241 (1995).

meiro caso, sofremos com a perda da criança, mesmo que não sejamos os pais, enquanto no segundo caso não há perda.

O principal exemplo de J., S. e T. acerca de como a justiça pode triunfar sobre a racionalidade é extraído do "jogo do ultimato", cujo funcionamento explicarei a seguir. *A* recebe uma quantia e pode oferecer quanto quiser desse dinheiro a *B*. Se *B* aceitar a oferta, *A* fica com o restante. Se *B* recusá-la, nenhum dos dois ganha nada. Poderíamos pensar que, por maior que fosse a recompensa, *A* ofereceria apenas um centavo, pois seria de esperar que *B* aceitasse a oferta e não que saísse de mãos abanando. Na verdade, porém, nesse jogo *A* invariavelmente oferece a *B* uma parte substancial da quantia em jogo. A explicação que J., S. e T. dão a esse desfecho é que o proponente (*A*) e o receptor da proposta (*B*) compartilham de um conceito de justiça. Com isso, porém, os autores apenas dão um nome ao desfecho do jogo. O processo que o engendra permanece misterioso na análise deles.

Para avançarmos no entendimento dessa questão, faz-se útil observar esse jogo sob a ótica do altruísmo negativo. Para ganhar qualquer coisa nesse jogo, o proponente tem de fazer uma oferta suficientemente generosa para induzir o receptor da proposta a aceitá-la. Como essa necessidade existe a despeito de o proponente ter ou não algum senso de justiça, não haverá absolutamente nada de irracional – e portanto nada que precise ser explicado por um conceito de justiça – em sua conduta se ele oferecer mais que um centavo ao outro jogador. Portanto, podemos abandonar o proponente e nos concentrar no receptor da proposta. Façamos então a seguinte pergunta: Por que motivo este não aceitará o centavo? Ora, pelo mesmo motivo que eu não beijaria os pés de J., S. e T., ainda que eles me pagassem $1.000 para fazê-lo. A oferta de um centavo sinalizaria a crença do proponente de que o receptor da proposta guarda uma estimativa pouco elevada do próprio valor, ou seja, que se satisfaz com migalhas, que aceita ser maltratado e que não tem orgulho nem autoestima[28]. Essa criatura de espírito fraco é exatamente o tipo de indivíduo que, num contexto pré-político baseado na vingança, teria sido estigmatizado por seus vizinhos agressivos e, privado assim de grande parte de seus recursos, deixaria poucos descendentes. Seus vizinhos teriam passado por cima de seus direitos, por saberem que uma pessoa assim nem tem noção de que os possui, ou, ainda que tenha, é demasiado tímida para lutar por eles. É desses vizinhos agressivos que quase todos nós, modernos, somos descendentes; e esse orgulho que herdamos geneticamente, nós o revelamos em uma grande diversidade de contextos –, um dos quais é o jogo do ultimato. O próprio jogo mostra que essa herança continua sendo racional em muitas circunstâncias. É graças a ela que os receptores da proposta no jogo do ultimato, bem como seus equivalentes em situações análogas do mundo real, evitam a derrota total. O espírito de vingança constituía a base do fator de dissuasão que foi a bomba nuclear, a qual talvez tenha contribuído de modo decisivo para evitar uma guerra mundial durante meio século. Como enfatizei no Capítulo 7, esse espírito também motiva a maior parte das denúncias de crimes naquelas situações comuns em que nem a vítima do crime nem nenhum denunciante ou testemunha potencial deste espera ganhar alguma coisa com a denúncia[29].

---

28. Em confirmação dessa visão, um estudo experimental descobriu que "os proponentes [no jogo do ultimato] não querem ser justos, mas sim parecer justos, a fim de impedir que o outro jogador rejeite a oferta". Werner Güth e Eric van Damme, "Information, Strategic Behavior, and Fairness in Ultimatum Bargaining: An Experimental Study", 42 *Journal of Mathematical Psychology* 227, 242 (1998).

29. Seria interessante realizar uma série de experimentos baseados no jogo do ultimato, nos quais os proponentes fariam a mesma oferta aos receptores, os quais difeririam tanto entre si quanto em relação aos proponentes em idade, sexo, renda e educação. Os receptores da oferta seriam vistos como símbolos das diferenças de condição, autoestima, entre outros equivalentes plausíveis do sentimento de orgulho que, no jogo, fazem com que eles rejeitem ofertas mesquinhas. Poderíamos descobrir, dessa forma, quão estreita é a correspondência entre o jogo do ultimato e as lutas por prestígio entre os chimpanzés e outros macacos que se assemelham a nossos ancestrais proto-humanos.

Referi-me à sinalização, mas não para sugerir que o receptor da oferta no jogo do ultimato esteja em busca de uma reputação de durão por esperar que o jogo poderá repetir-se com o mesmo proponente. Este seria um caso fácil para a análise da escolha racional. O caso difícil ocorre quando não há perspectiva de repetição do jogo – na verdade, ausência absoluta de observação das jogadas dos participantes. Nesse caso, a reação de recusa a uma oferta insultuosamente baixa é, em sentido estrito, emocional e não racional. Em sentido mais amplo, porém, ela é racional porque a emoção que a produz faz parte de um complexo cognitivo-emocional que possibilita o estabelecimento de compromissos que são racionais *ex ante*.

O teste decisivo da racionalidade dos jogadores no jogo do ultimato ocorreria se a oferta, apesar de representar uma fração minúscula da quantia em jogo, fosse grande em números absolutos[30]. Suponhamos que a recompensa seja de $1 milhão e a oferta, de $1.000. Embora a oferta seja modesta em termos relativos (apenas um por cento da quantia em jogo), seria surpreendente se muitos receptores a recusassem. A demanda de um indivíduo racional por "mercadorias" como o orgulho, a autoestima e a vingança não é perfeitamente inelástica, de modo que, quando o preço desses produtos sobe de $10 (digamos) para $10.000, pode-se esperar que a quantidade demandada diminua e que, consequentemente, mais ofertas sejam aceitas.

Outro fenômeno estudado pela economia comportamental e que está vagamente relacionado à justiça por representar um tipo de consciência primitiva da posse de direitos é o "efeito de apropriação", isto é, a tendência do indivíduo a valorizar uma coisa simplesmente pelo fato de ele a ter, ainda que ele a tenha adquirido há pouco tempo. Há uma experiência que consiste em dar a alguns estudantes uma caneca de café, a qual eles têm a liberdade de vender a

---

30. L. G. Telser, "The Ultimatum Game and the Law of Demand", 105 *Economic Journal* 1519 (1995).

outros estudantes. Nessa experiência, verifica-se que poucas vendas acontecem porque, misteriosamente, os "proprietários" das canecas pedem por estas um preço mais alto que aquele que os outros estudantes estão dispostos a pagar. Na verdade, porém, o fenômeno não é tão misterioso; isso sem mencionar a questão levantada no Capítulo 6, a saber, a de que na sociedade pré-histórica os únicos "direitos" eram os direitos garantidos por posse efetiva, de modo que as pessoas que não se aferrassem àquilo que tinham ficariam em situação de desvantagem. Talvez o resultado da experiência da caneca de café seja um resquício da adaptação racional a uma situação que não existe mais.

Em qualquer situação de negociação, o vendedor em potencial (um estudante a quem se deu uma caneca) tende a pedir primeiramente um preço mais alto do que aquele que o comprador em potencial está disposto a pagar. A negociação então prossegue até que demanda e oferta confluam, ou até que as partes desistam. Quando o produto em questão tem um valor muito baixo, é comum que o processo de negociação seja abandonado antes de sua consumação. É por isso que, na vida real, ao contrário do que acontece nos cenários experimentais, produtos de baixo valor são geralmente vendidos a um preço fixo, do tipo "pegar ou largar", em vez de passarem por um processo de negociação.

O caso mais comum em que se observa o efeito de apropriação é aquele em que o bem do qual o indivíduo deve se desfazer já lhe pertence há muito tempo. Nesse caso, a relutância em desfazer-se do bem pode ser compreendida perfeitamente em razão da escolha racional[31]. Qualquer indivíduo racional que possua um bem, com exceção do proprietário marginal, valoriza-o acima de seu preço de mercado (do contrário, ele o venderia). Isso implica que a classe dos proprietários do bem valorizam este mais do que a classe dos não proprietários o valorizam.

---

31. A análise que se segue foi extraída de Richard A. Posner, *Economic Analysis of Law*, pp. 20, 95-6 (5. ed. 1998).

Outra explicação possível funda-se na ideia de preferência adaptativa racional: nós nos adaptamos racionalmente àquilo que temos e incorreríamos em novos custos para nos adaptarmos a alguma coisa nova. Uma pessoa que fica cega em um acidente deve incorrer em custos para adaptar-se ao fato de não enxergar mais. Em contrapartida, um cego já está adaptado a não enxergar. Se, portanto, ele não consegue recuperar a visão devido a um erro médico, sua perda da possibilidade de enxergar impõe-lhe um custo menor do que aquele que a perda da visão impõe a alguém que nunca foi cego.

Pode-se objetar que o recurso ao conceito de preferências adaptativas, assim como àquele de múltiplos "eus", infringe o pressuposto da estabilidade das preferências normalmente adotado pelos economistas da escolha racional. É óbvio, porém, que as preferências das pessoas mudam. O único sentido que esse pressuposto pode ter é o de que, em geral, é demasiado fácil e desinteressante explicar uma mudança de comportamento (por exemplo, uma queda na demanda por algum bem em resultado de um aumento de seu preço relativo) mediante a afirmação de que as preferências das pessoas mudaram. Isso é o mesmo que "explicar" o comportamento irracional dizendo que as pessoas não são sempre racionais, uma afirmação verdadeira mas inútil. A rejeição do apelo fácil às mudanças de preferência não exclui da esfera econômica a explicação de por que certas mudanças de preferência incontestes realmente ocorrem[32].

Pesquisas sobre as atitudes das pessoas em relação aos parques nacionais e outros espaços recreativos públicos revelam a ocorrência do efeito de apropriação em níveis extraordinários. Quando se pergunta às pessoas quanto dinheiro elas pediriam para vender seu direito de usar esses locais, as cifras apresentadas são muito mais altas do que aquelas que elas apresentam quando se lhes pergunta quan-

---

32. Sobre a economia de formação de preferências, ver, a título de estudo geral, Gary S. Becker, *Accounting for Tastes* (1996).

to ofereceriam para comprar esse direito. Essa disparidade não é necessariamente irracional. Pode ser reflexo do distanciamento entre essa transação hipotética e nossa experiência com o mercado (questão essa que é levantada por Sen, como observei no Capítulo 3), ou simplesmente da falta de substitutos imediatos para o acesso aos parques nacionais[33]. A falta de um substituto imediato implica que um bem não poderia ser facilmente substituído em caso de perda. Assim sendo, o proprietário pede um alto preço para desfazer-se dele. A pessoa que, no entanto, não possui um bem como esse pode relutar em pagar muito por ele porque não sabe o que está perdendo. Supostamente, nada que ela possua é muito semelhante a ele.

Em comparação com experiências em sala de aula, esses exemplos podem ser mais elucidativos quanto ao comportamento humano normal. Em uma economia moderna, a venda de bens e serviços (exceto mão de obra) é consideravelmente profissionalizada. Quase todos os indivíduos, inclusive a grande maioria dos estudantes universitários (que são os principais objetos de experiências da economia comportamental, a qual depende muito mais de experiências do que a economia comum), são compradores, mas não vendedores. Além do mais, são compradores de lojas e outras instituições e não de indivíduos, a não ser por raras exceções. Quando temos alguma coisa a vender, geralmente a vendemos através de intermediários, como os corretores de imóveis, e não diretamente ao consumidor final. Situações experimentais em que se pede aos participantes que negociem entre si são artificiais, assim como o são as pesquisas que nos pedem para avaliar parques nacionais segundo critérios financeiros. Desse modo, não se pode confiar muito na possibilidade de que as conclusões dessas pesquisas se apliquem aos mercados reais.

---

33. Ver Daniel S. Leavy e David Friedman, "The Revenge of the Redwoods? Reconsidering Property Rights and the Economic Allocation of Natural Resources", 61 *University of Chicago Law Review* 493 (1994).

Outro exemplo da importância da diferença entre situações hipotéticas e reais é o seguinte. Quando se pergunta a pessoas casadas sobre a probabilidade de que venham a se divorciar, elas fornecem números muito baixos, em geral algo em torno de 5 por cento, embora o índice atual de divórcios seja de 50 por cento ou mais. Isso mostra que as pessoas são irracionalmente otimistas? Não necessariamente. As pessoas não se comportam como se *realmente* acreditassem que é baixa a probabilidade de elas se divorciarem. A quantidade cada vez maior de acordos pré-nupciais e pós-nupciais, a idade mais avançada com que as pessoas têm chegado ao primeiro casamento, o fato de que as mulheres cada vez mais se garantem contra o risco de divórcio firmando-se no mercado antes do casamento, os baixos índices de natalidade, o crescente número de pessoas que vivem juntas antes do casamento (uma espécie de casamento "experimental") e o baixo índice de casamentos, todos esses fenômenos são reações (pelo menos em parte) a uma "intuição" de que o risco de divórcio é na verdade muito alto. Os sociólogos que se valiam das estimativas do número de divórcios obtidas pelos comportamentalistas tanto para prever o índice de divórcios quanto para descartar o casamento como uma instituição irracional não compreenderiam o casamento moderno tão bem quanto aqueles seus colegas de profissão que interpretam os candidatos a cônjuges como agentes racionais.

Se, desde a perspectiva da escolha racional, o efeito de apropriação faz sentido em diversos cenários do mundo real, pode ser que os resultados da experiência com a caneca de café não ilustrem nada de mais misterioso do que o funcionamento do hábito, que não é irracional. O comportamento guiado pelo hábito ocorre quando o custo e o benefício vinculam-se ao tempo, sendo o custo inversamente proporcional e o benefício, diretamente proporcional ao tempo[34]. Es-

---

34. Gary S. Becker, "Habits, Addictions, and Traditions", 45 *Kyklos* 327, 336 (1992), reimpresso em Becker, nota 32 acima, p. 118; Marcel Boyer, "Ra-

covar os dentes, por exemplo, ficou mais barato depois que essa prática se tornou habitual. Além disso, porém, há o fato de que parar de escovar os dentes (suponhamos, devido à descoberta de provas convincentes de que, na verdade, isso faz mal aos dentes) faria as pessoas sentirem desconforto. Perder um hábito, do mesmo modo que abandonar um vício em drogas (um exemplo extremo de hábito), provoca sintomas físicos e psíquicos durante a desabituação, ainda que, no caso de um simples hábito, em geral esses sintomas sejam leves e efêmeros. A formação de hábitos é um dos processos nos quais o "aprender fazendo" funciona. As tarefas são desempenhadas mais rapidamente e com menos esforço quando se tornam habituais. Se agir de acordo com o efeito de apropriação é algo racionalmente habitual devido aos exemplos do mundo real antes apresentados (como aquele da preferência adaptativa racional), isso pode explicar o resultado da experiência da caneca de café, ainda que o resultado seja irracional se ignorarmos o fator do hábito.

Mas há um problema ainda mais sério com as experiências. Algumas linhas atrás, apresentei a sinalização como uma explicação possível para os resultados do jogo do ultimato, mas abandonei a sugestão por pressupor que o jogo é anônimo. Entretanto, mesmo que esse pressuposto esteja correto, não se segue necessariamente que a sinalização seja incapaz de explicar o resultado do jogo. Isso porque, se o tipo de comportamento que é o tema das experiências for, via de regra, observado por outras pessoas em vez de ser anônimo, o comportamento experimental poderá ser semelhante por questões de hábito ou inércia. Outro ponto, ainda mais interessante, é o de que o pressuposto do anonimato talvez não seja correto. A maioria dos

---

tional Demand and Expenditures Pattern under Habit Formation", 31 *Journal of Economic Theory* 27 (1983). O caso oposto, ou seja, aquele em que o custo é diretamente proporcional e o benefício, inversamente proporcional ao tempo, é o do tédio.

comportamentalistas não menciona, nas descrições de suas experiências, o que ocorreria se se buscasse proteger do anonimato as pessoas que participam dessas experiências. Ora, se o comportamento de um jogador é observado pelo professor e pelos estudantes, a experiência será uma ocasião para que seus participantes sinalizem a posse de atributos – como, por exemplo, a generosidade no jogo do ultimato e a riqueza na experiência com a caneca de café (a pessoa que recebe a caneca sinaliza, com sua recusa em vendê-la, que não precisa de dinheiro) –, que podem melhorar sua reputação junto ao professor ou aos estudantes. Se os indivíduos observados se sentirem incentivados a recorrer a essa sinalização, isso deturpará os resultados da experiência[35].

De acordo com os pesquisadores que realizaram o experimento da caneca de café[36], os custos de transação verificados foram desprezíveis, mas ainda assim observou-se um efeito de apropriação: os estudantes que receberam as canecas logo no início da experiência pediram um preço aproximadamente duas vezes mais alto do que aquele que os outros estavam dispostos a pagar. Desse modo, houve muito pouca negociação, ainda que a distribuição inicial tenha sido aleatória e não baseada no valor que os estudantes atribuíam às canecas. Em contrapartida, não houve relutância por parte dos mesmos estudantes em negociar moedas que depois poderiam ser trocadas por dinheiro. Este poderia ser apenas um caso de relutância do indivíduo em vender um bem de consumo em decorrência de um pequeno aumento de preço, pois a disposição para vender sinalizaria uma elasticidade de demanda que, por sua vez, seria também uma indicação de que esse indivíduo não é rico.

---

35. A discussão que se segue foi extraída de Gertrud M. Fremling e Richard A. Posner, "Market Signaling of Personal Characteristics" (inédito, novembro de 2000).

36. Daniel Kahneman, Jack L. Knetsch e Richard Thaler, "Experimental Tests of the Endowment Effect and the Coase Theorem", 98 *Journal of Political Economy* 1325 (1990).

Loewenstein e Issacharoff introduziram a seguinte variação em sua versão da experiência da caneca de café: só recebiam a caneca aqueles que tirassem determinada nota em uma pequena prova aplicada no início da experiência[37]. Quando as pessoas que recebiam a caneca eram aquelas que tiraram notas ruins, elas não as valorizavam mais do que as pessoas que tiraram notas altas e ainda assim ficaram sem a caneca. Porém, quando acontecia o inverso e as canecas ficavam com aqueles que tiraram notas altas, esses indivíduos as valorizavam muito mais do que aqueles que ficaram sem elas, nesse caso aqueles que tiraram notas piores. A interpretação desses resultados à luz da ideia de sinalização pode ser assim resumida: quando recebidas por quem tirara nota baixa, as canecas tinham um caráter de prêmio de consolação, e isso reduzia o valor delas porque sua posse transmitia um sinal negativo e estigmatizava seu possuidor como alguém que havia feito menos pontos na prova. Essas pessoas ficavam ávidas para livrar-se desse símbolo de seu mau desempenho na prova.

Richard Thaler (o "T" de "J., S. e T.") apresenta, em um famoso trabalho, vários casos que segundo ele desmentem as previsões da economia da escolha racional, embora se possa considerar que todos eles envolvam a sinalização. O primeiro caso é o do sr. R, que "comprou uma caixa de vinho de boa qualidade no final da década de 1950, por cerca de $5 a garrafa. Alguns anos depois, o comerciante de vinhos que lhe vendera a caixa fez-lhe uma proposta de recomprá-la por $100 a garrafa. Ele não aceitou, muito embora nunca tenha pagado mais de $36 por uma garrafa de vinho"[38]. Para Thaler, a reação de R decorre do efeito de apropriação (p. 44). A explicação mais plausível, no entanto, é que R deseja que os outros o vejam como uma pessoa abas-

---

37. George Loewenstein e Samuel Issacharoff, "Source Dependence in the Valuation of Objects", 7 *Journal of Behavioral Decision Making* 157 (1994).

38. Richard Thaler, "Toward a Positive Theory of Consumer Choice", 1 *Journal of Economic Behavior and Organization* 39, 43 (1980). Doravante, as referências a páginas desse artigo aparecem no corpo do texto deste capítulo.

tada, para quem o custo de oportunidade do tempo é alto. Um comerciante de vinhos profissional ficaria orgulhoso de obter um grande lucro com a venda do vinho a um alto preço. Mas R é um consumidor e, ao recusar a excelente oferta de $100 a garrafa, ele sinaliza que tem condições de consumir o vinho ainda que o custo (de oportunidade) desse ato lhe seja muito elevado. Além disso, sinaliza também que é ocupado demais para que o aborreçam com uma questão tão trivial quanto a de vender de volta uma garrafa de vinho ao comerciante para ganhar $100. Ao mesmo tempo, sua indisposição para pagar mais de $35 por garrafa sinaliza não uma condição de pobreza, mas sim o desdém pelo consumo hedonista. Ao sinalizar riqueza, falta de tempo e parcimônia, ele se torna mais atraente como parceiro comercial em potencial, seja no contexto dos mercados, seja naquele das interações pessoais.

O segundo exemplo de Thaler, também apresentado com o objetivo de demonstrar a ação do efeito de apropriação, é aquele do sr. *H*, que "corta sua própria grama. O filho do vizinho a cortaria por $8. Nem por $20 ele (o sr. *H*) cortaria o gramado do vizinho, que é do mesmo tamanho que o seu" (p. 43). Na verdade, são pouquíssimas as pessoas a quem ocorreria pedir a um vizinho ou colega para cortar sua grama ou fazer faxina em sua casa em troca de dinheiro. A razão disso, porém, pode estar no fato de que o pedido sinalizaria a convicção de que o vizinho ou colega está tão necessitado, ou talvez tenha tão pouca autoestima (ou é tão ganancioso), que estaria disposto a sujeitar-se a um tipo de trabalho considerado inferior. Em outras palavras, a oferta sinaliza a atribuição de qualidades negativas ao seu receptor. Ela é insultuosa e como tal será recebida. Portanto, só será feita se o oferecedor quiser insultar o receptor.

O contexto é de suma importância aqui. Como muitos adolescentes cortam grama por dinheiro, não seria rude perguntar se algum adolescente da vizinhança estaria disposto a fazer esse tipo de trabalho. Poucos adolescentes, inclusive aqueles que desfrutam de uma condição social superior à média de sua classe, conseguem encontrar trabalhos de meio expediente, bem remunerados e de prestígio. Além disso, mesmo que seus pais sejam ricos, é bem possível que o adolescente trabalhe para aprender a assumir responsabilidades ou ganhar um dinheiro extra para comprar coisas que seus pais se recusam a comprar para ele. Como todo o mundo pressupõe que o adolescente não é um trabalhador de categoria elevada, propor-lhe trabalhos de jardinagem não constitui uma contestação de sua condição social e não é, portanto, algo ofensivo. Essa mesma constatação vale, obviamente, para quando a proposta é feita a uma pessoa conhecida por ganhar a vida com trabalhos desse tipo. Também é diferente pedir ao vizinho ou colega que faça algo a título de "favor", pois nesse caso o sinal emitido é o de que ele é altruísta, não que é pobre ou desesperado, ou que não se dá valor.

Thaler apresenta, ainda, um terceiro exemplo daquilo que entende por comportamento irracional:

> Estas são duas questões típicas de pesquisas de campo: (a) Imagine que você tenha sido exposto ao agente contaminador de uma doença que, se contraída, leva a uma morte rápida e indolor no prazo de uma semana. A probabilidade de que você tenha a doença é de 0,001. Qual é o máximo que você estaria disposto a pagar pela cura? (b) Imagine que se esteja precisando de voluntários para pesquisar sobre essa doença. Tudo o que se pediria é que você se expusesse a uma probabilidade de 0,001 de contraí-la. Que pagamento mínimo você pediria para oferecer-se voluntariamente para trabalhar nesse programa? (Não se permitiria que você comprasse a cura.) (pp. 43-4).

A resposta típica à pergunta (a) costuma ser "somente $200". No caso da pergunta (b), a quantia sobe para $10.000, e Thaler novamente atribui a diferença ao efeito de apropriação. Utilizando estudantes como objetos de experiência, pode muito bem haver um efeito de liquidez que explicaria a diferença. Contudo, uma interpretação mais interessante é que o ato de expor-se deliberadamente a uma doença (b) é degradante, pois essa situação remete a experiências com animais de laboratório, prisioneiros de guerra, presidiários e pacientes de sanatórios, todos eles "indivíduos" de condição inferior. Essa conotação, ou qualquer outra semelhante, não está presente no ato de recusar-se a comprar uma cura dispendiosa. Desse modo, enquanto a probabilidade de morte é a mesma em (a) e (b), esta última situação implica um custo adicional, qual seja, aquele da emissão de um sinal negativo sobre a própria condição.

Thaler fornece um exemplo de como o desapontamento pode induzir a reações irracionais. "O sr. A encontra-se na fila do cinema. Ao chegar à bilheteria, ele recebe a informação de que, por ser o centésimo milésimo cliente daquele cinema, acaba de ganhar $100. Enquanto isso, o sr. B está na fila de outro cinema e o homem à sua frente ganha $1.000 por ser o milionésimo cliente do cinema, enquanto o sr. B ganha $150. Quem você preferiria ser? O sr. A ou o sr. B?" (p. 52). Segundo Thaler, algumas pessoas escolhem ser o sr. A, e a explicação dada é que "o conhecimento de que ele simplesmente deixou de ganhar deixa o sr. B desapontado" (*id.*). Uma vez mais, a sinalização nos oferece outra explicação. O sr. A é um vencedor, enquanto o sr. B é um perdedor que recebeu um grande prêmio de consolação. Embora não haja nenhuma honraria envolvida nesse exemplo particular, a condição de vencedor chama atenção para um indivíduo e pode trazer-lhe a reputação de sortudo. Um exemplo ainda mais claro é o de uma competição que envolva uma habilidade ou aptidão. O corredor mais veloz adquire mais prestígio por chegar em primeiro lugar do que por ser mais veloz, por determinado número de segundos, que o corredor que fica em segundo lugar. A ordem de chegada, por oferecer a informação *essencial* de maneira tão eficiente (razão pela qual muitos empregadores potenciais preferirão conhecer o desempenho de um candidato relativamente a seus colegas de classe, em vez de suas notas médias), pode ter em si mesma um valor que uma pequena soma de dinheiro não consegue igualar.

A sinalização, por definição, dirige-se a alguém. Portanto, em cenários experimentais, onde a reação do professor e dos outros estudantes a quaisquer sinais transmitidos pela reação dos participantes da pesquisa pode ser importante, o *grau* de anonimato pode afetar o resultado. A maior parte das experiências só é "anônima" no sentido de que as respostas dadas pelos participantes às perguntas que se lhes fazem não vão a público. Em sua maioria, elas ocorrem durante uma única aula, ao longo da qual são discutidas entre os estudantes e o professor, e nessas discussões o que estava oculto termina por revelar-se. Tendo em vista que os itens negociados ou não negociados nessas experiências raramente valem mais que alguns poucos dólares, enquanto a opinião do professor e dos estudantes tende a ser de grande importância para cada estudante, é plausível que os estudantes demonstrem certo grau de altivez em suas respostas, o que nos permite dizer que estas tendem a conter um componente de sinalização. A perspectiva de futuras discussões em sala de aula ou de bate-papos informais entre os estudantes depois da experiência pode afetar as respostas que eles dão, ainda que estas sejam totalmente anônimas no momento em que são feitas. Por exemplo, se alguém afirmasse ter respondido a uma pergunta de determinada maneira, mas a discussão em sala de aula acabasse revelando que todas as respostas dadas eram de outra natureza, a mentira seria desmascarada.

Em uma variação da experiência sobre o efeito de apropriação realizada com bilhetes de loteria em vez de canecas de café[39], os pesquisadores descobriram, para sua surpresa, que os bilhetes eram geralmente negociados por preços muito mais altos do que aqueles que se esperavam obter. Contudo, uma pesquisa de acompanhamento revelou que os estudantes mostraram-se ansiosos por participar da lo-

---

39. Jack L. Knetsch e J. A. Sinden, "Willingness to Pay and Compensation Demanded: Experimental Evidence of an Unexpected Disparity in Measures of Value", 99 *Quarterly Journal of Economics* 507 (1984).

teria porque "o prazer social de participar da loteria com o grupo superava o valor do prêmio"[40]. Se a influência da sociedade exerce um efeito tão grande sobre o valor daquilo que está em jogo, é possível que a sinalização, que é uma forma de interação social, explique parcial ou quase completamente o comportamento aparentemente irracional dos participantes da pesquisa de campo. Um dos estudantes que participaram da experiência perguntou se se tratava do programa de televisão *Candid Camera*, enquanto outro, que participava de um estudo muito semelhante ao das canecas, mas que usava canetas em vez de canecas, disse que se sentia como um tolo esperando para trocar uma caneta por outra por apenas um *shekel* [pequena unidade monetária israelense], mas que isso parecia ser a "coisa certa a fazer"[41]. É "tolice" perder tempo enquanto se espera para fazer uma transação porque isso sinaliza que o indivíduo enxerga um custo de oportunidade baixo na variável tempo.

Como vimos, o jogo do ultimato testa a influência do altruísmo e das concepções de justiça sobre o comportamento daqueles que participam da experiência; e o mesmo acontece no "jogo do ditador", em que se pede aos participantes que dividam uma quantia com outra pessoa, dizendo, por exemplo: "Se você ganhasse $10, como repartiria essa quantia com um participante desta pesquisa pertencente a outra sala de aula?" Grande parte dos "ditadores" oferece quantias relativamente altas, e no jogo do ultimato as quantias são ainda mais altas. Os comportamentalistas atribuem a diferença à preocupação do oferente com a possibilidade de o ofertado rejeitar uma partilha extremamente desfavorável por considerá-la "injusta" ou "insultuosa". Há, contudo, outra explicação. Um indivíduo que dá alguma coisa *voluntariamente*, como no jogo do ditador, si-

---

40. *Id*. p. 513, n. 8.
41. Maya Bar-Hillel e Efrat Neter, "Why Are People Reluctant to Exchange Lottery Tickets?", 70 *Journal of Personality and Social Psychology* 17, 23--24 (1996).

naliza que ele é um altruísta ou, pelo menos, que lhe interessa saber se o outro *pensa* que ele é altruísta[42]. No jogo do ultimato, uma oferta pequena não significa apenas falta de altruísmo (ou de preocupação com o fato de que alguém nos considere ou não altruístas), é também um desafio ofensivo à condição social do receptor da oferta (meu exemplo anterior, em que afirmei não estar disposto a beijar os pés de J., de S. e de T. por $1.000). Por saber que a aceitação da oferta de um centavo emitirá um sinal muito negativo a respeito da condição de seu receptor, o oferente, por temer a rejeição, sentir-se-á estimulado, a despeito de seus próprios motivos para emitir a sinalização, a fazer uma oferta bem mais generosa. Ao recusar a oferta pouco generosa, o outro participante sinaliza também o fato de não precisar de dinheiro. O preço de sinalizar orgulho, autoestima ou outras características pessoais afins por meio de tal recusa é abrir mão do dinheiro oferecido.

O grau de anonimato afeta o resultado do jogo do ditador[43]. Quanto mais anônimo for o jogo, menor será a doação do "ditador". Essa constatação sustenta a hipótese fundada na sinalização, assim como a sustenta a descoberta acidental, realizada no mesmo estudo, de que, numa experiência na qual se considerava assegurado um alto grau de anonimato mediante a exigência de que cada "ditador" colocasse sua doação num envelope lacrado, muitos estudantes não agiram dessa forma, além do que sua escolha não foi aleatória. "Verificou-se uma forte tendência a lacrar o envelope no caso daqueles que não deixaram dinheiro algum, e a não lacrá-lo no caso daqueles que deixaram quantias

---

42. Outra possibilidade é o comportamento habitual. O jogo do ditador é parecido com o ato de dar gorjeta, ver Bradley Ruffle, "More is Better, But Fair is Fair: Tipping in Dictator and Ultimatum Games", *Games and Economic Behavior*, pp. 247, 258 (1998), que é uma norma social "imposta" pelo olhar fuzilante que um garçom lançará a todos aqueles que, recusando-se a seguir o costume, não lhe derem gorjeta.

43. Elizabeth Hoffman, Kevin McCabe e Vernon L. Smith, "Social Distance and Other-Regarding Behavior in Dictator Games", 86 *American Economic Review* 653 (1996).

significativas."⁴⁴ Nessa mesma linha, constatou-se que "se a justiça é uma norma social que guia o comportamento de distribuição, ela necessita de monitoração, isto é, a justiça só é capaz de predominar em ambientes nos quais o comportamento é passível de observação"[45]. Além disso, outro estudo descobriu que o anonimato aumenta a disposição daqueles que recebem as ofertas, no jogo do ultimato, para aceitar o "ultimato" dos oferentes[46].

Não pretendo, com tudo isso, negar que o altruísmo, e não apenas o desejo de ser considerado altruísta, seja uma força presente nos jogos do ditador e do ultimato. Sobretudo quando os jogadores estudam na mesma sala, se conhecem e são, pelo menos até certo ponto, amigos, ou quando os candidatos a receptores das ofertas são, tradicionalmente, beneficiários de atos de caridade[47], seria de esperar a presença de um comportamento altruísta em certo grau, mesmo que nenhum dos jogadores se guiasse, como postulam os comportamentalistas, por um conceito de "justiça". Mas também é de esperar que a tendência do indivíduo a adotar esse comportamento seja potencializada pelos benefícios que a aparência de generosidade e confiabilidade traz à sua reputação[48].

---

44. *Id.* p. 656.
45. Güth e van Damme, nota 28 acima, p. 243.
46. Gary E. Bolton e Rami Zwick, "Anonimity versus Punishment in Ultimatum Bargaining", 10 *Games and Economic Behavior* 95 (1995). Ver também Iris Bohnet e Bruno S. Frey, "Social Distance and Other-Regarding Behavior in Dictator Games: Comment", 89 *American Economic Review* 335 (1999); Bohnet e Frey, "The Sound of Silence in Prisoner's Dilemma and Dictator's Game", 38 *Journal of Economic Behavior and Organization* 43 (1999); Catherine C. Eckel e Philip J. Grossman, "Are Women Less Selfish than Men? Evidence from Dictator Experiments", 108 *Economic Journal* 726 (1998); Duncan K. H. Fong e Gary E. Bolton, "Analyzing Ultimatum Bargaining: A Bayesian Approach to the Comparison of Two Potency Curves under Shape Constraints", 15 *Journal of Business and Economic Statistics* 335 (1997).
47. Ver Catherine C. Eckel e Philip J. Grossman, "Altruism in Anonymous Dictator Games", 16 *Games and Economic Behavior* 181 (1996).
48. Para dados empíricos que comprovam essa tese, a qual também serve de sustentação a uma interpretação dos resultados dos experimentos com-

Já se afirmou que "os resultados dos jogos do ultimato e do ditador, bem como de outros jogos de negociação, têm mais a ver com boas maneiras do que com altruísmo", uma vez que, ao recusarem as ofertas pouco generosas, os receptores destas no jogo do ultimato mostram que não são altruístas com o oferente[49]. Está certo que o altruísmo não explica completamente esses resultados: só os santos são altruístas para com aqueles que os insultam ou maltratam de alguma forma. Não surpreende, portanto, que os receptores de ofertas no jogo do ultimato não recusem uma oferta pouco generosa quando sabem que esta foi feita por um computador[50], uma vez que não há razões de vingança nem de sinalização para que eles recusem esse tipo de oferta. É importante ressaltar também que o indivíduo que, por "vingança", rejeite uma oferta de pouco valor a fim de manter a "honestidade" dos oferentes é um tipo de altruísta. Seu comportamento de autossacrifício contribui para a preservação de uma ordem social eficiente. Nada disso tem a ver com "boas maneiras", um termo que conota reflexos involuntários decorrentes de uma formação e de uma "cultura" previamente adquiridas e que passa longe de considerações de interesse pessoal.

Outro motivo para que tenhamos cautela ao interpretar as descobertas empíricas da economia comportamental são os efeitos de seleção, os quais sugerem que os ambientes experimentais sempre diferirão daqueles do mundo real. Os participantes de experiências são escolhidos mais ou menos aleatoriamente, mas as pessoas não são escolhidas aleatoriamente para seus empregos e suas outras atividades[51]. As

---

portamentais fundada na sinalização, ver Kevin A. McCabe, Stephen J. Rassenti e Vernon L. Smith, "Reciprocity, Trust, and Payoff Privacy in Extensive Form Bargaining", 24 *Games and Economic Behavior* 10 (1998).

49. Colin Camerer e Richard H. Thaler, "Anomalies: Ultimatums, Dictators and Manners", *Journal of Economic Perspectives*, primavera de 1995, pp. 209, 216.

50. *Id.* p. 215.

51. Com a exceção parcial da atuação como jurado, o que concede maior credibilidade aos resultados de estudos que simulam a atuação de júris, conforme assinalo no Capítulo 12.

pessoas incapazes de realizar cálculos de probabilidade evitarão os jogos de azar quando tiverem consciência de sua insuficiência cognitiva. Quando não tiverem essa consciência, serão logo eliminadas e, desse modo, obrigadas a abandonar o jogo. As pessoas mais "justas" que o normal evitarão as atividades mais competitivas (ou, novamente, serão forçadas a evitá-las), aí incluídas as atividades comerciais altamente competitivas, a advocacia criminal e a carreira acadêmica, enquanto os descontadores hiperbólicos evitarão o setor financeiro. Esses efeitos de seleção não funcionarão perfeitamente, mas abrirão um abismo entre as consequências da irracionalidade no universo experimental e no mundo real. Logo, seria interessante comparar a trajetória profissional e o salário dos estudantes que, no quesito racionalidade, se saem bem nas experiências conduzidas pelos economistas comportamentais com a trajetória profissional e o salário daqueles que não se saem bem nesses contextos.

Até aqui enfatizei resultados de experiências. Estes, no entanto, não esgotam os dados empíricos contra a economia não comportamental reunidos pelos comportamentalistas. Por exemplo, J., S. e T. chamam a atenção para o fenômeno do desconto das penas futuras por parte dos criminosos, argumentam que esse desconto é hiperbólico e concluem que isso significa a refutação da abordagem da escolha racional do crime e da pena. Já expliquei por que não considero o desconto hiperbólico necessariamente incoerente com a racionalidade. Mesmo assim, ainda que o seja, a análise de J., S. e T. é pouco convincente.

Uma das peculiaridades da pena, quando esta assume a forma do encarceramento (que é de fato a forma mais comumente assumida nos Estados Unidos), é a dificuldade de compensar a redução de sua probabilidade mediante o aumento de sua severidade. O único modo de aumentar a severidade é prorrogar o tempo de prisão do condenado. Se a condenação já for longa, quaisquer aumentos em sua duração vão influir pouco nos cálculos do criminoso, simplesmente devido ao desconto normal, não ao desconto hiperbólico. Por exemplo, o prolongamento do tempo de prisão de um criminoso de vinte para vinte e cinco anos aumentará sua desutilidade (em "valores atuais", isto é, computados pelo réu quando este está decidindo se vai ou não praticar um ato criminoso que o exporia a tal punição) em muito menos do que vinte e cinco por cento. A uma taxa de desconto de dez por cento, o aumento será de apenas seis por cento.

Estou disposto a admitir, porém, que muitos criminosos são descontadores hiperbólicos e não meros descontadores normais. Na verdade, considero isso provável, pois é preciso considerar o efeito de seleção em um sistema baseado na pena. Se o objetivo desse sistema for dissuadir, então os criminosos, isto é, aqueles que integram a parcela da população que *não* se deixa dissuadir, não comporão uma amostra aleatória da população. É de esperar que os indivíduos não passíveis de dissuasão tenham características peculiares, entre as quais está, num sistema em que a punição assume a forma de encarceramento, uma atitude anormal de indiferença perante as consequências futuras. Os criminosos, em sua maior parte, não são muito inteligentes. Isso pode fazer com que lhes seja difícil imaginar sofrimentos futuros. Esse fato, porém, não demonstra que um sistema de justiça penal deva ser concebido a partir do pressuposto de que a população dos criminosos *em potencial*, ou seja, os indivíduos que consideramos possível dissuadir da prática de crimes, seja dominada por descontadores hiperbólicos.

A verdade é que qualquer taxa de desconto *pessoal*[52] maior do que a necessária à adaptação do indivíduo ao risco de morte é suspeita do ponto de vista estritamente fun-

---

52. Este é o termo que emprego para distinguir as taxas de juros (que são função não apenas das preferências relativas a tempo, risco de inadimplência e custos administrativos, como também da oferta de capital) das taxas de desconto não monetárias. As taxas de juros poderiam ser altas não pelo fato de as pessoas terem uma forte preferência pelo consumo presente em detrimento do consumo futuro, mas devido à escassez de capital por razões não afins a estas.

dado na escolha racional, pois implica uma preferência arbitrária pelo consumo presente em detrimento do consumo futuro. Porém, é útil analisar essa orientação para o presente à luz da escolha racional, conforme já sugeri, seja através do conceito de múltiplos eus (o eu atual detém o controle das ações atuais de uma pessoa e desvaloriza o bem-estar de seus futuros eus), seja devido aos custos informacionais que dificultam que imaginemos nosso estado mental no futuro[53].

Os efeitos de seleção também explicam, pelo menos em parte, o fenômeno do excesso de otimismo (a "maldição do vencedor"). As pessoas são mais propensas a engajar-se numa atividade se acharem que seu desempenho será bom. Mas a concorrência entre essas pessoas reduzirá a probabilidade de sucesso, de modo que, vistas *ex post*, suas expectativas iniciais parecerão superestimadas.

O exemplo mais interessante de abandono da racionalidade que J., S. e T. oferecem (e que, do ponto de vista do direito e do interesse público, é também o mais importante) é o do seguro de saúde compulsório para despesas de parto, que além do mais é um fenômeno alentadoramente concreto do mundo real. O fato de que os salários, no estudo por eles citado[54], caíram quando se impôs o custo total da cobertura implica que os trabalhadores enxergaram na cobertura do plano um valor igual à totalidade de seu custo[55], ainda que, antes de sua imposição, eles não lhe atribuíssem uma avaliação tão alta. Se atribuíssem, o empregador a teria fornecido voluntariamente. A implicação que J., S. e T. retiram disso é que a cobertura do plano mudou as preferências das mulheres. Alguma coisa da qual estas não gostavam an-

---

53. Ver Becker, nota 32 acima, pp. 11-2; Becker e Casey B. Mulligan, "On the Endogenous Determination of Time Preference", 112 *Quarterly Journal of Economics* 729 (1997).

54. Jonathan Gruber, "The Incidence of Mandated Maternity Benefits", 84 *American Economic Review* 622 (1994).

55. Se não o fizessem, o empregador seria forçado a "engolir" parte do custo adicional do programa.

tes passou a ser apreciada assim que elas obtiveram a cobertura, exatamente como no caso das canecas de café.

Não obstante, a interpretação do estudo apresentada por J., S. e T. é, na melhor das hipóteses, sugestiva. Pois estamos novamente diante de um problema de seleção, ou melhor, diante de dois problemas desse tipo. As mulheres que pretendam ter filhos sentir-se-ão atraídas por empregos que ofereçam seguro para despesas de parto[56] e, desse modo, contribuirão para a redução dos salários. A existência do seguro, por sua vez, aumentará a probabilidade de elas terem filhos, o que as tornará menos produtivas e reduzirá seus salários. O autor do estudo especula que o seguro pode ter levado a um número excessivo de cesarianas[57], o que indicaria uma reação totalmente racional, por parte das mulheres e dos médicos, à disponibilidade de uma nova fonte de financiamento de procedimentos obstetrícios.

Embora o estudo em si não o sugira, observa-se, na análise que J., S. e T. fazem dele, uma combinação arbitrária das premissas da economia comportamental com aquelas da economia da escolha racional. J., S. e T. pressupõem que, em seu comportamento profissional, os empregados são guiados pelo efeito de apropriação. Mas também pressupõem o seguinte. Se, antes de a lei tornar a cobertura do seguro obrigatória, as trabalhadoras enxergassem nessa cobertura um valor correspondente ou superior ao seu custo, os empregadores a teriam oferecido sem nenhuma pressão do Estado. Para J., S. e T., o fato de que eles não o fizeram implica que essas mulheres não percebiam no seguro todo o valor de seu custo. Mas isso significa presumir que, antes da aprovação da lei, tanto empregadores quanto empregados eram totalmente racionais. É verdade que antes da apro-

---

56. O artigo de Gruber não deixa claro se, nas leis estaduais, que constituem o tema principal de seu estudo, há exceções no que concerne à cobertura desses planos. Mesmo assim, ainda que todas as pessoas empregadas possuíssem cobertura completa, as leis tenderiam a atrair, para o trabalho assalariado, donas de casa em idade e com intenções de ter filhos.

57. Gruber, nota 54 acima, p. 640.

vação da lei o efeito de apropriação não existia. Mas esse efeito é apenas um dentre as várias irracionalidades que, para J., S. e T., impregnam o mercado de trabalho. Os autores não explicam por que nenhuma delas se manifestava antes da obrigatoriedade do seguro de parto.

Para mostrar que as partes não fazem novo acordo depois que o demandante obtém decisão judicial em seu favor, o que é apresentado como prova de que o Teorema de Coase é falso[58], os autores recorrem a um estudo de Ward Farnsworth[59] cujo número de amostras (vinte) é pequeno demais para ter importância estatística. Ademais, se o judiciário, nos casos abrangidos pelo estudo, "fez a coisa certa", isto é, só concedeu imposição da obrigação de fazer nos casos em que o demandante tinha mais a ganhar com esta do que o réu tinha a perder, não haveria oportunidade para uma transação corretiva entre as partes do processo. Mesmo assim, a partir do estudo de Farnsworth, J., S. e T. tiram a conclusão geral de que, uma vez dada a sentença, o demandante não se mostrará disposto a negociar com a outra parte. Na verdade, não é incomum que as partes decidam um caso por acordo após a decisão em primeira instância, em vez de arriscar-se a entrar com recurso[60]. A intenção de

---

58. Não creio que J., S. e T. realmente queiram dizer que o teorema é falso. Em minha opinião, é apenas uma figura de linguagem. O teorema é uma tautologia. O que eles provavelmente querem dizer é que, se o teorema for enunciado como a hipótese de que a atribuição de direitos de propriedade perderá o sentido se os custos de transação forem inferiores aos benefícios da reatribuição dos direitos, a hipótese será falsa.

59. Ward Farnsworth, "Do Parties to Nuisance Cases Bargain after Judgment? A Glimpse inside the Cathedral", 66 *University of Chicago Law Review* 373 (1999), reimpresso em *Behavioral Law and Economics*, nota 1 acima, p. 302.

60. Cerca de um quarto de todos os casos que chegam aos tribunais recursais federais é resolvido antes de decorridas todas as audiências e antes que o juízo tenha ocasião de se manifestar. Calculado com base em Richard A. Posner, *The Federal Courts: Challenge and Reform*, p. 72 (1996) (quadro 3.6). Uma porcentagem desconhecida (mas considerável) desses casos é decidida por acordo entre as partes, bem com uma porcentagem muito pequena de casos em que todas as razões já foram apresentadas mas que ainda não foram decididos.

J., S. e T. talvez tenha sido a de limitar sua observação aos casos em que um julgamento se tornou conclusivo depois do esgotamento dos remédios judiciais aplicáveis em segunda instância. Se assim for, isso enfraquece enormemente a conclusão que eles pretendem tirar do estudo de Farnsworth, isto é, a de que o efeito de apropriação impede transferências vantajosas posteriores ao julgamento. Se um caso que se tornou conclusivo pelo esgotamento dos remédios judiciais aplicáveis em segunda instância pudesse ter sido decidido por acordo entre as partes porque o remédio judicial exigido pelo demandante teria um custo para o réu maior do que o benefício proporcionado ao demandante, o caso se teria decidido mais cedo (no mais tardar depois do julgamento no tribunal de primeira instância e antes do recurso). Isso sugere que as descobertas de Farnsworth confirmam a racionalidade, não que a contestam. Se as partes esperassem o esgotamento de todos os direitos de recurso antes de pôr em prática a solução maximizadora de valor para o litígio (se os julgamentos conclusivos se revelassem como uma fase preliminar das negociações que os invalidaram), tal fato significaria que as partes foram irracionais e falharam na tarefa de economizar nos gastos com o processo judicial.

Em defesa de uma proposta radical de suavização da responsabilidade civil mediante a exigência de que os demandantes arquem com um ônus mais elevado para provar a culpa do réu, J., S. e T. citam o fato meramente aparente de que o júri é demasiado favorável ao demandante. Esse favorecimento, eles o atribuem à tendência à percepção tardia. Ignoram, portanto, a possibilidade de que ele poderia ser deflagrado por considerações de "justiça", talvez de natureza distributiva – a percepção de que os réus ou suas companhias seguradoras têm dinheiro "a rodo" para pagar pelos danos infligidos aos demandantes. Os apelos à justiça são onipresentes nos casos de responsabilidade civil[61]. Mi-

---

61. Ver, por exemplo, James A. Henderson, "Judicial Reliance on Public Policy: An Empirical Analysis of Products Liability Decisions", 59 *George Washington Law Review* 1570 (1991).

nha crítica central, porém, é ao ato de se fundamentar uma proposta tão radical em dados empíricos tão limitados. Veremos, no Capítulo 11, que há indícios de que os júris, nos casos de responsabilidade civil, favorecem mais os réus do que os demandantes.

Para justificar seu argumento de que a heurística da disponibilidade deu origem à "legislação por narração", J., S. e T. oferecem sua própria história sobre como a sucessão intensamente divulgada de doenças que acometeram as pessoas que viviam perto de Love Canal* deu origem à Lei de Emendas e Reautorização do Superfundo**: "A interpretação comportamentalista da *Lei do Superfundo* é que a disponibilidade de *Love Canal* como símbolo do problema do abandono de dejetos químicos perigosos intensificou enormemente a preocupação do público, a ponto de tornar quase inevitável uma reação do legislativo, a despeito dos fatos reais."[62] Não está claro o que essa narrativa, por mais plausível que seja, tem a ver com a economia comportamental ou com qualquer outro corpo organizado de ideias.

J., S. e T. citam um estudo no qual se aventa a hipótese de que, nas negociações coletivas da categoria docente, cada um dos lados, na tentativa de defender sua posição nas negociações mediante a apresentação de dados sobre os salários dos professores em comunidades semelhantes, "adotaria avaliações egoístas sobre quais comunidades são 'comparáveis' à sua, e a consequência dessas avaliações pode ser o impasse"[63]. Isso não é mais surpreendente do que o fato de que cada uma das partes de um processo judicial, ao avaliar

---

* O autor se refere a um caso de contaminação química em Love Canal, nas imediações das cataratas do Niágara, no estado de Nova York, onde em 1978 os moradores de um conjunto habitacional descobriram que suas casas haviam sido construídas junto a um canal que fora aterrado com dejetos químicos bélicos e industriais. (N. do T.)

** Lei que trata da limpeza da poluição e do controle de sua emissão no meio ambiente. (N. do T.)

62. Jolls, Sunstein e Thaler, nota 1 acima, p. 1521.
63. *Id.* p. 1502.

quais casos oferecem as analogias mais próximas com o caso em litígio ou quais fatos são mais cabíveis como prova, tecerá julgamentos que tendem a favorecer seus próprios interesses. Segundo J., S. e T., o incentivo estratégico à realização de juízos que favoreçam o interesse próprio foi eliminado do estudo sobre as negociações coletivas pelo fato de que o único público a tomar conhecimento das respostas eram os próprios autores do estudo. Mas esta é uma conclusão ingênua. É improvável que os negociadores abram mão de sua predisposição (racional) à tendenciosidade ao conversarem com os professores, sobretudo porque podem não ter confiança em que suas revelações permanecerão confidenciais. J., S. e T. estão certos ao enfatizar a existência do fenômeno da imparcialidade vinculada ao papel que se desempenha numa experiência. Estão corretos também ao observar que esse fenômeno é comum entre juristas e negociadores e que pode ser um fator capaz de explicar por que nem todos os casos são decididos por acordo entre as partes, ainda que a maioria o seja. O estudo, porém, nada acrescenta ao entendimento da questão.

Para demonstrar o poder da economia comportamental para explicar leis que confundem os economistas convencionais, J., S. e T. misturam leis relativas à usura, que nada têm a ver com escassez; o ato de evitar a extorsão nos preços, que não é uma imposição legal, mas um método supostamente compensatório de proteção contra os riscos com os quais os clientes deparam; e as leis contra a venda de ingressos no câmbio negro, que vigoram em menos da metade dos estados norte-americanos e coexistem misteriosamente com leis que permitem que os cambistas comprem grandes quantidades de ingressos e os revendam "pelo olho da cara".

A ausência de relação entre as leis relativas à usura e esses dois outros tipos de lei é demonstrada pelo fato de que não há uma taxa de juros de "referência" e, portanto, nenhum nível a partir do qual se deflagre o sentimento de indignação que é o componente mais importante do conceito de justiça de J., S. e T. Em geral, os fornecedores de crédito não se recusam a emprestar a tomadores de crédito de risco, desde que a taxas superiores àquelas praticadas pelo mercado, seja qual for o significado da palavra "mercado" nesse contexto. Os bancos oferecem a seus melhores clientes uma taxa preferencial, não necessariamente a mesma taxa para todos eles, e cobram mais de todos os outros, isto é, dos tomadores de maior risco. ("Taxa preferencial" significa apenas a melhor taxa de juros de um banco.) Os fornecedores de empréstimo com garantia hipotecária taxam um número variável de pontos. As obrigações, uma forma de empréstimo, são qualificadas de acordo com o risco, e as menos qualificadas pagam taxas de juros mais altas sem que ninguém grite "usura!". Os juros dos cartões de crédito, por sua vez, são muito mais altos do que aqueles dos empréstimos bancários. As taxas de juros de longo prazo geralmente diferem daquelas de curto prazo; e as taxas de juros sobre empréstimos garantidos são menores do que aquelas que incidem sobre os empréstimos não garantidos. As taxas de juros variam conforme a inflação e, sem dúvida, conforme a demanda e a oferta de capital. Mesmo nas transações que envolvem crédito ao consumidor, que são o foco das leis relativas à usura, não há uniformidade alguma nas taxas de juros, como o demonstram muitos de meus exemplos. Ademais, será que essas leis podem ter algum tipo de efeito hoje, quando se considera que as taxas de juros dos cartões de crédito e dos crediários frequentemente chegam a quase 20 por cento e ainda assim são legais?

O que pode ter induzido J., S. e T. ao erro é o fato de que, se um tomador de crédito apresentar um risco excessivamente alto de inadimplência, pode não haver nenhuma taxa de juros que torne o empréstimo vantajoso, seja para o fornecedor, seja para o tomador. Isso é provável sobretudo porque quanto mais alta for a taxa de juros, maior será o risco de inadimplência, tendo em vista que uma taxa de juros representa um custo fixo, e não um custo variável, para o tomador de crédito. É por isso que os empréstimos de mais alto risco e as consequentes taxas de juros astronômicas pertencem ao domínio do agiota, alguém que, diante de um risco extremamente alto de inadimplência, emprega a ameaça de uso da força, em vez dos remédios mais suaves aos quais se restringe o fornecedor de crédito que age dentro da legalidade.

J., S. e T. sugerem que o mesmo conceito de justiça que explica as leis contra a usura, contra a prática de preços extorsivos e contra a venda de bilhetes de espetáculos no câmbio negro também explica as leis que proíbem a prostituição e as leis que anulam a execução de contratos de maternidade substituta. Esse mesmo conceito também explicaria as leis que proíbem a venda de partes do corpo e de votos, bem como aquelas que invalidam a execução de contratos que desrespeitem alguma lei contra a discriminação racial e sexual. Trata-se de um conjunto heterogêneo de leis. Remetê-las a "juízos de valor gerais sobre a justiça"[64] não é o mesmo que explicá-las. J., S. e T. deveriam explicar o que todas essas leis têm em comum, dar forma e conteúdo a sua ideia de "justiça", bem como considerar a possibilidade de outros tipos de explicação para essas leis; como, por exemplo, que elas servem aos interesses de certos grupos poderosos do ponto de vista político ou que são produto de equívocos que não guardam relação com a "racionalidade limitada", a "força de vontade limitada" ou o "interesse pessoal limitado". (Os eleitores têm pouco incentivo para informar-se sobre políticas públicas, sobretudo porque eles votam nos representantes e não nos projetos políticos propriamente ditos.) Por exemplo, a imposição de limites aos preços de adoção existe devido à pressão das agências de adoção sem fins lucrativos – para as quais a concorrência das agências de adoção com fins lucrativos é uma preocupação – e devido à ignorância do povo quanto às consequências da imposição de um teto a esses preços.

---

64. *Id.* p. 1516.

Até aqui, concentrei-me na importância da economia comportamental para a análise positiva. Mas desejo agora fazer um breve exame de suas possíveis implicações normativas. Por um lado, a imagem de ser humano concebida por J., S. e T. é aquela de um indivíduo instável em matéria de preferências e infinitamente manipulável (características que se revelam relacionadas). Se dermos cobertura de parto a uma trabalhadora, ela vai apreciá-la (efeito de apropriação). Se não dermos, porém, ela vai depreciá-la (para ser mais preciso, ela não vai querer ganhar um salário menor em troca dessa cobertura). Se a forçarmos a fazer um teste de HIV, ela vai nos agradecer depois de tê-lo feito, mesmo que de início tenha reagido aos gritos e pontapés por não querer fazê-lo. Se descrevermos a uma mulher a ameaça de câncer de mama de determinada maneira, ela vai querer fazer uma mamografia; mas, se fizermos uma descrição diferente, apesar de igual do ponto de vista lógico, ela se recusará a fazer o exame. Parece, então, que o grupo politicamente isolado de especialistas que J., S. e T. privilegiam seria incumbido de determinar as preferências autênticas do povo, o que soa totalitário. Por outro lado, nada na análise de J., S. e T. torna esses "especialistas" imunes às idiossincrasias cognitivas, à falta de força de vontade ou às preocupações com a justiça. O especialista é também um indivíduo analisável segundo o comportamentalismo. O homem do comportamentalismo se porta de maneiras imprevisíveis. Não seria uma ousadia responsabilizar os irracionais pela cura da irracionalidade? Estaremos, então, diante de um impasse?

Poder-se-ia pensar que a economia comportamental teria pelo menos uma implicação normativa clara: a de que se deveriam despender esforços, por meio da educação e, talvez, da psiquiatria, no sentido de curar as idiossincrasias cognitivas e a falta de força de vontade que impedem as pessoas de agir racionalmente na ausência de compensações. Mesmo que, como acredito, a falácia do custo irrecuperável tenha raízes biológicas, não deve ser impossível educar as pessoas a fim de libertá-las desse traço de sua personalidade. Graças à terapia comportamental, muitas pessoas superaram o medo de avião, o qual, imagino eu, tem raízes biológicas mais profundas. J., S. e T. tratam as irracionalidades que constituem o tema da economia comportamental como constituintes inalteráveis da personalidade humana. Todas as sugestões que esses autores apresentam no sentido de alterar as normas jurídicas consistem em métodos que nos permitem contornar nossas tendências irracionais, nunca em mecanismos através dos quais possamos nos livrar delas.

9. As normas sociais
(com uma nota sobre religião)

Uma norma social (ou, para simplificar, apenas "norma") é uma regra que não é nem promulgada por uma fonte oficial, como um juiz ou um parlamento, nem imposta mediante a ameaça de sanções legais, mas que é regularmente obedecida (do contrário, não seria uma regra)[1]. São exemplos de normas as regras de etiqueta, entre elas as normas de vestimenta e de boas maneiras à mesa, as regras gramaticais, as práticas comerciais correntes e o direito consuetudinário nas sociedades pré-políticas e nas associações privadas. As normas poderiam dar a impressão de pertencerem mais à sociologia do que à psicologia. Meu enfoque, porém, incidirá sobre a aplicação das normas. Nesse caso, as chaves são a psicologia, inclusive a psicologia da emoção[2], e a economia.

O conhecimento pleno do direito requer um exame criterioso das normas. O comportamento dos juízes, por exemplo, é fundamentalmente regido por normas e não por leis. Ademais, o direito é mais antigo que a sociedade política, o que significa que este, originalmente, consistia num conjun-

---

1. Minha definição não exige, porém, a interiorização sob a forma de preferência, como na definição de norma usada por Gary S. Becker em *Accounting for Tastes*, cap. 11 (1996).

2. Ver John Elster, *Strong Feelings: Emotion, Addiction, and Human Behavior*, pp. 98-102 (1999).

to de normas (no caso do direito público internacional, o que em grande parte ainda se vê é um conjunto de normas não passíveis de aplicação legal devido à ausência de um governo mundial). Mesmo nas sociedades que têm um Estado forte, as normas são tanto fonte de direito quanto, muitas vezes, um substituto barato e eficaz deste (embora às vezes se choquem com ele). Existem normas contra roubar e mentir, mas também leis contra esses comportamentos. Esses dois tipos de regra diferem quanto ao modo como são criadas, à definição do delito, ao procedimento para se aplicar a pena e às penas propriamente ditas. As leis são promulgadas por instituições públicas, como os parlamentos, os órgãos reguladores e o judiciário, com base em procedimentos deliberativos bem definidos, e são aplicadas pelo poder de polícia do Estado, o que significa, em última análise, pela ameaça de violência. As normas, por sua vez, não são necessariamente promulgadas. Se o são, não é pelo Estado, pois nesse caso seriam leis. Muitas vezes uma norma resultará do surgimento gradual de um consenso (e se cristalizará a partir disso). As normas são aplicadas mediante a interiorização de valores, a recusa a interagir com o agressor, a desaprovação dos atos deste e, às vezes, a violência privada.

As normas são um método tentador de controle social devido à suposta legitimidade da esfera privada em nossa cultura, bem como porque a formulação e a promulgação de uma regra, ainda que essa regra seja desejável, podem ser um projeto demasiado custoso para o Estado (com sua agenda apertada e seus procedimentos morosos) em face dos benefícios que trará. Uma regra contra a falta de etiqueta à mesa, por exemplo, é totalmente inadequada para converter-se em lei. Mas as normas também têm várias desvantagem em comparação com as leis. Uma norma tem ainda mais características de um bem público do que uma lei, uma vez que nenhuma pessoa ou partido político pode reivindicar o crédito pela sua criação. Além disso, o custo da aplicação de penalidades pela violação de uma norma não pode ser financiado por tributação obrigatória e portanto quem deve arcar voluntariamente com tal custo são aqueles que a aplicam. Por causa desses atributos, poderia parecer óbvio que as normas fossem produzidas e aplicadas em quantidade reduzida do ponto de vista social. As coisas, porém, não se passam necessariamente desse modo. As normas, como as leis, podem ser ruins. Nesse caso, a existência de obstáculos à sua criação e aplicação pode, na verdade, favorecer o bem-estar social. Outra questão análoga, porém mais sutil, é a seguinte. Como as normas, quando criadas, são de difícil extinção, o conjunto delas pode ser grande mesmo que o ritmo de criação seja pequeno.

Os trabalhos acadêmicos que estudam as normas costumam concentrar-se sobre a importância destas e sobre sua eficácia ou ineficácia[3]. Neste capítulo pretendo concentrar-me, em vez disso, no funcionamento das normas e, portanto, na diversidade de sanções pelas quais elas se aplicam, no grau de subaplicação associado a cada tipo de sanção e nos diversos tipos de dificuldades envolvidas na criação das normas aplicadas por tipo de sanção[4].

Às vezes a sanção está embutida na violação, como, por exemplo, quando um motorista dirige do lado errado da estrada, arriscando-se a bater em outro carro e ferir a si próprio e a outras pessoas. Nesses casos, no entanto, a sanção pode não ser adequada, inclusive no caso de alguém

---

3. Entre as contribuições recentes mais representativas, destacam-se Lisa Bernstein, "Opting Out of the Legal System: Extralegal Contractual Relations in the Diamond Industry", 21 *Journal of Legal Studies* 115 (1992); Avner Greif, Paul Milgrom e Barry R. Weingast, "Coordination, Commitment, and Enforcement: The Case of the Merchant Guild", 102 *Journal of Political Economy* 745 (1994); Robert D. Cooter, "Decentralized Law for a Complex Economy: The Structural Approach to Adjudicating the New Law Merchant", 144 *University of Pennsylvania Law Review* 1643 (1996); e os artigos reunidos em *Reputation: Studies in the Voluntary Elicitation of Good Conduct* (Daniel B. Klein [org.], 1997).

4. A discussão que se segue foi extraída de Richard A. Posner e Eric B. Rasmusen, "Creating and Enforcing Norms, with Special Reference to Sanctions", 19 *International Review of Law and Economics* 369 (1999). Ver também Eric A. Posner, *Law and Social Norms* (2000).

que dirige do lado errado da estrada, porque o transgressor pode considerar somente o custo da violação para si próprio, deixando de incluir os demais envolvidos. As normas mais eficientes do ponto de vista da autoaplicabilidade são aquelas que integram transações vantajosas. Quem não fala uma língua não consegue fazer-se entender nela. Quem não jogar xadrez conforme as regras na verdade nem estará jogando xadrez. De modo que, se uma pessoa for apreciadora desse jogo, ela não trapaceará, a menos que o lucro total esperado seja muito alto.

Esse ponto pode explicar a eficácia das normas que regem o comportamento dos juízes. Refiro-me não às normas garantidas por lei, como aquela que proíbe a aceitação de suborno, mas às normas mais sutis e informais que exortam um juiz a abrir mão de suas preferências pessoais ou partidárias, a desconsiderar a aprovação ou reprovação públicas, a controlar suas emoções e a seguir a jurisprudência e não seus próprios valores – em suma, a aderir às virtudes tradicionais do Estado de direito. O respeito a essas normas está longe de ser uniforme, porque existem incentivos ao desrespeito, e os custos deste são pequenos. A questão, porém, é saber por que às vezes elas são respeitadas. Para responder a isso é preciso reconhecer, por um lado, que os custos privados da observância dessas normas são baixos porque as regras de comportamento judicial garantidas por lei (o juiz deve não apenas recusar subornos, como também não pode atuar em casos nos quais ele ou qualquer parente seu possa extrair alguma vantagem financeira da decisão) tornam difícil, para o juiz, beneficiar-se da parcialidade; e, por outro lado, que os benefícios privados da observância são substanciais. Esses benefícios são substanciais porque as normas do Estado de direito são as regras constitutivas do ofício de julgar. Se um indivíduo as desobedecer, não estará participando do "jogo" judicial. As faculdades de direito e o judiciário ensinam o jogo aos novos juristas, enquanto, através dos processos de seleção, escolhem-se pessoas que *querem* participar do jogo judicial e não de outro jogo qualquer, como a política partidária. Isso é verdade mesmo quando os juízes são eleitos e não nomeados, ou quando as nomeações são fruto de apadrinhamento ou ideologia, em vez de se darem por mérito. Quanto à autosseleção, ela está presente na decisão de que se quer obter um cargo de juiz, seja por eleição, seja por indicação.

O infrator de uma norma, no entanto, pode sentir-se mal com a violação devido à sua educação e criação, independentemente de qualquer perda de benefícios ou de quaisquer consequências externas. As pessoas, em sua maioria, sentiriam pelo menos uma pontinha de culpa se roubassem alguma coisa, ainda que estivessem seguras de não serem apanhadas. A vergonha é diferente da culpa como sanção para a violação de uma norma. O infrator pode achar que seu ato o rebaixou a seus próprios olhos (uma situação de "múltiplos eus" – ver Capítulo 8 – na qual o indivíduo é ao mesmo tempo praticante e observador de seus atos) ou então que o rebaixou aos olhos de outras pessoas. Uma pessoa pode sentir vergonha mesmo na ausência de qualquer elemento de transgressão ou violação de um código moral. Podemos nos sentir envergonhados por fazer alguma tolice que não cause dano a ninguém simplesmente pelo fato de que se comportar de forma estúpida significa não estar à altura da imagem que temos de nós mesmos. Também podemos nos sentir envergonhados – ainda que "humilhados" fosse uma palavra melhor (ver Capítulo 7) – por adotarmos condutas que infrinjam um código moral diferente do nosso, de modo que a questão da culpa não se coloque. As pessoas que saíram às ruas usando orelhas de burro durante a Revolução Cultural chinesa sentiram-se humilhadas, ainda que desaprovassem o regime e, portanto, não sentissem nenhuma culpa por terem violado as normas deste.

A culpa é particularmente propensa a ser vista como um tipo de sanção automática ou autoaplicável, uma vez que o infrator que a sente percebe a infração como um custo para si próprio, à semelhança do risco de ferir-se quando se dirige do lado errado da estrada. A diferença é que ela exige um investimento que a crie. As pessoas devem escolher um nível de esforço a ser exercido para infundir o potencial de sentir culpa em outras pessoas (às vezes, inclusive em si próprias), bem como a quantidade de culpa que se vai tentar infundir. O sentimento de culpa pode ser inato, mas desenvolve mais precisão e foco a partir da educação formal, da influência moral intencional dos pais e parentes, bem como (o que talvez seja mais importante ainda) dos *exemplos* oferecidos tanto pelos adultos quanto por seus pares.

O interesse dos pais em infundir um sentimento de culpa nos filhos é ao mesmo tempo egoísta e altruísta. (Portanto, do ponto de vista do interesse pessoal da criança no longo prazo, pode ser que eles infundam culpa em excesso por comportamentos agressivos como a grosseria ou a ingratidão para com os mais velhos.) Uma criança com sentimento de culpa é mais passível de ajustar-se às normas; e o fato de outras pessoas saberem disso vai ajudá-la mais tarde, em sua vida, porque fará dela um parceiro comercial confiável. Contudo, se forem racionais, os pais não desejarão criar sentimentos de culpa tão intensos a ponto de bloquear até mesmo uma violação eficiente da norma. Muitas vezes é vantajoso violar uma norma, sobretudo quando os outros se mantêm fiéis a ela. Os pais que agem racionalmente também tentarão manter uma dissuasão marginal da violação de normas: eles não vão querer que uma criança se sinta tão culpada por não escovar os dentes quanto se sentiria por praticar furtos em lojas.

Consideremos o seguinte exemplo, que envolve a decisão dos pais de infundir ou não, na filha, o sentimento de culpa por roubar. Quando ela crescer, um empregador vai decidir se a contrata ou não e, se for contratada, ela terá de decidir se roubará coisas de seu patrão. Suponhamos que o valor do emprego para a filha (salário) seja 40, que o benefício extraído de seu trabalho pelo empregador seja 50, que o valor tanto do ganho para ela quanto da perda para o empregador seja 30 e que não haja como descobrir o roubo.

O lucro financeiro total da filha por ser contratada e roubar é então 70 (40 + 30), enquanto, para o empregador, o retorno por contratar a jovem é –20 (50 – 40 – 30). Presumamos que ela vá sentir certa dose de culpa que subtrairá C de sua função de utilidade se ela roubar, desde que seus pais lhe tenham infundido um sentimento de culpa. Presumamos também que os pais e a filha tenham os mesmos interesses e que o empregador possa determinar (talvez com base no histórico escolar da jovem, bem como em suas referências e no seu comportamento pessoal) se ela tem, de fato, um sentimento de culpa.

Se C for inferior a 30, os pais não se sentirão estimulados a infundir um sentimento de culpa na filha, pois, independentemente de o fazerem, sua filha roubará se for contratada, já que a consequência do roubo para ela (ou seja, 70 – C) é superior a 40, que é o valor do seu emprego (sem roubo). Por saber de tudo isso, o empregador não vai contratá-la, uma vez que sua expectativa de lucro total seria negativa. Porém, se C for superior a 30, os pais infundirão um sentimento de culpa na filha. Nesse caso, o empregador vai contratá-la, pois o retorno do trabalho honesto para ela (40) será superior ao ganho com o trabalho desonesto, o que trará ao empregador um benefício total de 10 (50 – 40) por tê-la contratado.

Esse exemplo levanta uma importante questão, a saber, a de que os custos privados e os custos sociais da violação de uma norma podem divergir. O infrator pode ganhar mais do que perde e, por saberem disso, os pais podem infundir-lhe um sentimento de culpa menos intenso e menos noção de vergonha do que seria desejável para o conjunto da sociedade. Isso sugere que as forças que controlam a sociedade relutarão em delegar toda a instrução moral aos pais, sobretudo se a sociedade apoiar-se mais em normas do que em leis para reprimir os comportamentos indesejáveis. Além disso, a divergência entre os custos privados e os custos sociais da violação de normas sugere que os pais podem sentir-se mais estimulados a infundir vergonha do que culpa nos filhos. Do ponto de vista egoístico da criança (que pode ser o ponto de vista altruístico dos pais), a estratégia ideal consiste em violar normas sem ser apanhada. Na medida em que representa uma sanção externa e, desse modo, depende da informação, a vergonha pode ser o incentivo certo (do ponto de vista do indivíduo, e não da sociedade) para a conduta ilícita em níveis ideais, pois pune o infrator somente quando se descobre a violação.

No caso em que C é superior a 30, os pais, por terem reduzido a percepção de retorno da filha no que concerne ao roubo no trabalho, beneficiaram-na devido ao modo como um terceiro, o empregador, reagirá aos atos dela. Note ainda que, embora a jovem não pudesse ter conseguido o emprego se não tivesse o potencial para sentir-se culpada, ela não padecerá efetivamente de nenhuma sensação de culpa, pois é honesta. Dizer que "ela é honesta", isto é, chamar a atenção a uma propensão que se tornou inconsciente, equivale a sugerir que a norma da honestidade tornou-se um hábito que a filha relutará em abandonar, mesmo depois de ter chegado à idade adulta e mesmo diante de um estímulo contrário de "interesse pessoal"[5]. No capítulo anterior afirmei que, tanto nos hábitos quanto nos vícios, o custo, que pode ser puramente psicológico, é inversamente proporcional ao tempo e diretamente proporcional aos benefícios. A partir do momento em que uma prática se torna habitual, a relação de custo-benefício da obediência a ela torna-se fortemente positiva, de modo que uma interrupção é sentida como um custo real mesmo quando o dano efetivo da interrupção é ínfimo.

A interiorização das normas por meio do hábito pode parecer muito eficiente porque diminui o custo de sua observância. Sem dúvida, porém, as normas podem ser ruins. Ainda que tendam a ser eficientes dentro do grupo pelo qual são percebidas como obrigatórias, elas podem ser dis-

---

5. Ver Assar Lindbeck, "Welfare State Disincentives with Endogenous Habits and Norms", 97 *Scandinavian Journal of Economics* 477, 479 (1995).

funcionais para o conjunto da sociedade. Como exemplo disso, pode-se citar uma norma contra o ato de delatar um coconspirador.

Além disso, a interiorização das normas tem outro aspecto negativo, muito embora essa conclusão dependa de pressupostos éticos controversos. Ela diminui a liberdade humana, quando esta é definida funcionalmente, isto é, como reflexo de uma variedade de opções de escolha, e não formalmente, como ausência de impedimentos legais. Quando as normas se fazem cumprir mediante sanções externas, o indivíduo avalia os benefícios da violação em relação aos custos. Por outro lado, quando estas são internalizadas, ele não faz uma escolha. Alguém já a fez por ele – seja esse alguém seus pais, professores ou amigos[6]. Se valorizarmos a escolha, seja do ponto de vista instrumental, seja do ético, pode nos parecer desejável reduzir a esfera da sujeição irrefletida às normas (a esfera do "impensável", isto é, da obediência *incondicional*). No mundo de pesadelo do romance *1984*, de George Orwell, não existe direito formal. Os governantes conseguiram extrair uma obediência cega da quase totalidade da população, impingindo-lhe normas sociais por meio da lavagem cerebral.

Portanto, contrariamente à crença "conservadora" de que a tendência a mais regulação pelo direito e menos por normas sociais equivale a uma perda de liberdade, o aumento do recurso ao direito como elemento controlador da conduta antissocial pode significar um fortalecimento da escolha humana refletida e consciente. Entretanto, a ressalva introduzida pela palavra "pode" é importante. Colocar a questão em termos de obediência incondicional *versus* escolha humana consciente é excesso de rigidez. A tentação de desobedecer pode ser coibida por um escrúpulo de consciência que imponha um custo à desobediência sem elimi-

---

6. A menos que se resolva deliberadamente tornar um ato (como aquele de escovar os dentes após as refeições) habitual, a fim de reduzir-se o custo desse ato.

nar totalmente a capacidade de escolha, como o direito poderia fazer.

Mesmo quando separada da culpa, a vergonha pode, como ela, funcionar como uma sanção sem que as pessoas tomem nenhuma atitude contra o transgressor. Se um professor for preso por pagar pelos serviços de uma prostituta e essa prisão tornar-se pública, ele se sentirá envergonhado perante seus colegas de profissão mesmo que nenhum deles mencione a prisão em sua presença, ou talvez justamente por isso, pois nesse caso o silêncio deles, uma reação constrangedora ao ato desonroso, será a prova de que o ato foi realmente digno de vergonha e não pode, portanto, ser apenas tema de chacota.

Embora a eficácia do sentimento de vergonha não dependa da revelação de informações sobre o caráter do transgressor, este é quase sempre um componente da situação: a pessoa que é presa por dirigir bêbada está revelando que provavelmente têm o hábito de beber demais regularmente, e sua consciência da reação das pessoas a essa revelação pode ser aquilo que, acima de qualquer outra coisa, a faz sentir-se envergonhada. A revelação a si mesmo também pode ser um dos fatores: alguém que se excite ao ver pela primeira vez uma cena de pornografia pesada pode sentir-se envergonhado por descobrir, em si mesmo, inclinações que nunca imaginou ter.

A vergonha é quase sempre um subproduto da imposição de uma sanção bilateral ou multilateral. Quando as pessoas criticam o infrator de uma norma, elas estão tentando impor uma sanção multilateral. Porém, a *desutilidade* que as críticas trarão ao infrator e, portanto, a eficácia da sanção podem ser fatores totalmente dependentes da vergonha. Se o indivíduo ignorar as críticas por vê-las como produto de ignorância, malícia ou inveja, e além disso não enxergar na disseminação delas nenhuma possível consequência ruim para si próprio, essas críticas fracassarão em seu papel de sanção.

As sanções que discuti até aqui têm em comum o fato de sua imposição não implicar custo algum. Na verdade, quando o violador da norma revela informações valiosas sobre si mesmo com seu ato (em geral, involuntariamente), o custo da imposição pode ser até negativo. Um estudante que usa roupas informais ao apresentar-se para uma entrevista de emprego sinaliza involuntariamente que não lhe interessa muito conseguir ou não a vaga. Consequentemente, ele acaba não sendo contratado e o empregador sai beneficiado. A "violação" do código de vestuário dos candidatos a empregos faz com que o estudante seja punido com a não obtenção da vaga[7]. A pena é leve porque supostamente o estudante não está muito preocupado em conseguir o emprego. Para aquele que pune, porém (isto é, o empregador), o custo da punição é na verdade negativo porque, ao descartar o violador, ele evita o estabelecimento de uma relação indesejável. O mesmo acontece quando um homem espanca uma mulher e sua pena é não conseguir encontrar nenhuma outra que esteja disposta a ligar-se a ele. Nesse caso, o custo da pena para o violador é pesado, mas o custo da imposição da norma é baixo (ou mesmo negativo), pois o violador mostrou, por meio de suas ações, que o entabulamento de relações com ele tem pouco ou nenhum valor (muitas vezes, valor negativo). O ostracismo pode ser barato para aqueles que o impõem.

As características pessoais ou comerciais reveladas pela violação de uma norma podem estar apenas remotamente associadas à violação e ainda assim passarem informações valiosas. Vejamos o seguinte exemplo. A natureza determina que 90 por cento dos trabalhadores são "estáveis", com produtividade $p = x$, enquanto 10 por cento são "instáveis" e sua produtividade é $p = x - y$. Um trabalhador decide se vai

---

7. Ver Eric A. Posner, "Symbols, Signals, and Social Norms in Politics and the Law", 27 *Journal of Legal Studies* 765 (1998); Eric Rasmusen, "Stigma and Self-Fulfilling Expectations of Criminality", 39 *Journal of Law and Economics* 519 (1996); Rajiv Sethi e E. Somanathan, "The Evolution of Social Norms in Common Property Resource Use", 86 *American Economic Review* 766 (1996); Niloufer Qasim Mahdi, "Pukhtunwali: Ostracism and Honor among the Pathan Hill Tribes", 7 *Ethology and Sociobiology* 295 (1986).

ou não se casar. O casamento acrescenta uma quantia m de utilidade para um trabalhador estável e $-z$ para o instável. O empregador, ao observar se o trabalhador é casado ou solteiro, mas não se é instável ou estável, oferece-lhe um salário de wm ou wu, dependendo de ele ser ou não casado. O empregador não tem nenhuma razão intrínseca para preocupar-se com o fato de o empregado ser ou não casado. Os trabalhadores instáveis são menos produtivos, mas o fato de serem ou não casados não exerce nenhuma influência sobre sua produtividade. Portanto, o empregador só atribui importância ao casamento porque este é sinal de estabilidade. Quanto ao retorno obtido, será de pw para o empregador se este conseguir contratar o trabalhador e de wu para o trabalhador empregado e casado; w para um trabalhador empregado e solteiro; u para um trabalhador desempregado e casado; e 0 para um empregador que não contrate um trabalhador e para um trabalhador solteiro que não seja contratado. Se z exceder y, o empregador pagará salários de $wu = x - y$ e $wm = x$, o trabalhador estável se casará e o trabalhador instável continuará solteiro.

Não há risco de que os trabalhadores solteiros casem-se a fim de enganar o empregador, fazendo-o pagar-lhes um salário maior, porque, por definição, esses são os trabalhadores para quem o prêmio representado pelo salário é menor que a desutilidade representada pelo casamento (decorrente da "instabilidade" deles). Sua relutância poderia ser combatida com um subsídio ao casamento. Nesse caso, porém, o subsídio reduziria a produtividade da mão de obra, por privar os empregadores de informações úteis sobre o produto marginal de seus trabalhadores. Mas o mesmo se pode dizer da tributação do casamento. A função de sinalização desempenhada pelo casamento seria destruída se este fosse tributado simplesmente por existir. O mesmo aconteceria se o governo proibisse os empregadores de levar em conta o estado civil na hora de decidir contratar alguém. Essas questões ilustram quanto é perigoso o Estado ficar brincando de criar normas.

As sanções informacionais pela violação de normas podem parecer desprovidas de proporcionalidade. Mesmo a violação de uma norma trivial pode precipitar o ostracismo e impor ao violador um custo que exceda aquele da infração cometida. Para tanto, basta que esta sinalize a provável inconfiabilidade do transgressor como amigo ou parceiro comercial. Mas isso não significa necessariamente que a pena seja excessiva, pois esta corrige uma assimetria informacional e, ao fazê-lo, confere um benefício social que se distingue de seu efeito dissuasivo.

Tratemos, a seguir, da distinção entre dois tipos de sanções dispendiosas pela violação de normas: a bilateral e a multilateral. Às vezes o transgressor de uma norma se expõe a uma punição dispendiosa que será aplicada por apenas outra pessoa, cuja identidade é especificada pela norma. O marido ciumento que mata a tiros o amante da mulher ou que simplesmente se divorcia dela (a quem ama) depois de descobrir o adultério incorre em custos substanciais para punir a violação de uma norma. Para que se criem incentivos adequados à aplicação de uma pena dispendiosa para o punidor, pode ser necessário o estabelecimento de normas de segunda ordem. São exemplos destas as normas relativas à vingança que somam às sanções bilaterais dispendiosas outros tipos de sanção, de natureza multilateral, como aquelas que condenam ao ostracismo qualquer pessoa que não esteja disposta a cumprir com o dever de vingar um ato danoso[8]. Nesse exemplo, a execução da pena é facilitada pela redução de seu custo efetivo, que é a diferença entre o custo de punir e o de não punir. O custo da pena também pode ser reduzido se eximirmos o punidor das sanções comumente aplicadas (formais ou informais) ao comportamento punitivo. Em geral, uma pessoa que insulte alguém em público é severamente criticada. Se, contudo, o insulto for um castigo pela viola-

---

8. Jon Elster, *The Cement of Society*, p. 127 (1989).

ção de uma norma por parte da outra pessoa, tende-se a desculpá-la.

Mencionei a vingança como forma de chamar a atenção para a importância das emoções como instrumentos de imposição das normas[9], uma questão que também é vital para se entender o *surgimento* do direito. O código de honra do velho Sul norte-americano, que mencionei no Capítulo 7, era resquício de um sistema jurídico baseado na vingança, ou, mais exatamente, de um sistema pré-jurídico baseado na vingança. Antes do advento do Estado, o que hoje chamamos de direito era um sistema de normas sociais que eram respeitadas em parte pelo medo do ostracismo e em parte pelo medo da vingança. O impulso de lançar-se em "fúria cega" contra um agressor a despeito da ponderação de custos e benefícios que se coloca quando a vítima deve decidir se vai ou não retaliar é a reação instintiva de uma pessoa à violação de seus "direitos", concebidos como as condições fundamentais para a sua sobrevivência e reprodução.

Por último, o violador de uma norma pode ser punido pela ação dispendiosa de diversas pessoas. Por exemplo, depois de divorciar-se, um homem qualquer pode acabar não sendo mais convidado para jantares em sua comunidade, apesar de ser conhecido como a "alma da festa"[10]. A aplicação de penas multilaterais requer mais informações que as

---

9. Ver também Jack Hirshleifer, "On the Emotions as Guarantors of Threats and Promises", em *The Latest and the Best*, p. 307 (John Dupre [org.], 1987); Robert H. Frank, *Passions within Reason: The Strategic Role of the Emotions* (1988).

10. Na terminologia de Robert Ellickson, as categorias da culpa e da vergonha correspondem às sanções da "primeira parte", enquanto as sanções bilaterais onerosas correspondem a suas sanções da "segunda parte" e as sanções multilaterais onerosas, àquelas dos "terceiros". Robert C. Ellickson, *Order without Law: How Neighbors Settle Disputes*, pp. 130-1 (1991). O autor não inclui as sanções automáticas e as informacionais em sua taxonomia, pois, no contexto de sua definição de norma, estas não são métodos de imposição de normas. Outras questões de definição podem ser encontradas em Richard H. McAdams, "The Origin, Development, and Regulation of Norms", 96 *Michigan Law Review* 338 (1997).

bilaterais. O problema do "efeito dos caronas" intensifica-se porque há mais pessoas envolvidas. Em compensação, o custo da punição para cada punidor pode ser menor, sem que haja perda do efeito de dissuasão total.

Examinemos a prática dos *amish* de rejeitar aqueles que transgridam as regras de sua igreja. Como outros menonitas, os *amish* possuem normas tanto contra a violência quanto contra o recurso a um tribunal de julgamento. A excomunhão e o consequente ostracismo constituem, portanto, a pena máxima[11]. Essa pena, contudo, é eficaz porque os *amish* são uma cultura isolada no interior de outra cultura. Logo, e esse é o aspecto mais importante, é muito dispendioso afastar-se dela. A ressalva é fundamental. O ostracismo só constitui uma sanção eficaz se, no cômputo geral, a permanência no grupo trouxer benefícios. A criação desses benefícios, no entanto, pode ser excessivamente dispendiosa. Os *amish* não permitem que seus filhos frequentem a escola para além do ensino básico. Isso dificulta a inserção na cultura maior que os circunscreve e, assim, eleva o custo do afastamento. Isso, porém, custa-lhes a limitação de sua renda em potencial.

A distância que separa o membro de uma subcultura isolada da cultura maior que o cerca depende de como essa cultura maior lida com a diferença e de quão diferente é a tal subcultura. Quanto mais tolerante for a cultura maior, mais fácil será, para o membro de uma subcultura, passar para o meio que lhe é estranho a um custo não elevado. Uma cultura da intolerância pode estimular o bom comportamento mediante o estímulo à regulamentação normativa por parte de grupos no interior da sociedade. Um grupo pode florescer em decorrência do fato de ser discriminado. Seus membros, porém, podem ficar em uma situação melhor ou

---

11. Ver John Howard Yoder, "Caesar and the Meidung", 23 *Mennonite Quarterly Review* 76 (1949). Para uma discussão teórica do ostracismo oneroso no contexto de um jogo realizado repetidas vezes, ver David Hirshleifer e Eric Rasmusen, "Cooperation in a Repeated Prisoner's Dilemma with Ostracism", 12 *Journal of Economic Behavior and Organization* 87 (1989).

pior do que aquela em que ficariam se pudessem assimilar-se facilmente à sociedade em geral[12].

Mesmo que o grau de adaptação cultural de determinado grupo seja baixíssimo e que a intolerância do grupo social mais amplo com essa inadaptação seja alta, o ostracismo só será uma sanção viável se trouxer benefícios para aqueles que a impuserem. Uma vez que os ostracistas não são pagos para fazer cumprir a norma em questão, a presença do problema dos caronas apresenta-se como uma possibilidade, pois cada um desses indivíduos se sentirá incentivado a não avançar na tomada de medidas dispendiosas, esperando que os outros se adiantem a ele. A emoção desempenha certa influência na superação dessa tendência, e o mesmo acontece, como já assinalei anteriormente, com o interesse pessoal no sentido mais convencional dessa expressão. Vimos que, para aqueles que impõem o ostracismo, o custo deste será por vezes negativo. Este é um dos motivos pelos quais as normas tendem a ser mais eficientes quanto menor for o grupo a elas sujeito. A realização recorrente de transações entre os mesmos indivíduos, que é mais frequente em grupos pequenos do que em grupos grandes[13], reduz o custo do ostracismo para os indivíduos que o impõem (tudo que eles precisam fazer é deixar de realizar transações com o infrator, o que pode ser vantajoso tanto do ponto de vista privado quanto do social), ao mesmo tempo que facilita a identificação dos transgressores de normas.

Tendo em vista que uma das características notáveis da sociedade norte-americana é o pluralismo religioso, devemos examinar de que modo isso está relacionado à eficácia das normas sociais como método de administração da sociedade, em vista da importância histórica da religião, tanto como fonte quanto como agente de imposição de tais nor-

---

12. Ver Eric A. Posner, "The Regulation of Groups: The Influence of Legal and Nonlegal Sanctions on Collective Action", 63 *University of Chicago Law Review* 133 (1996).

13. Conforme se enfatiza em Ellickson, nota 10 acima, pp. 177-80.

mas. Por um lado, o pluralismo religioso cria um mercado de normas em que o indivíduo conseguirá escolher uma seita que não reprima suas atividades, ou então que as reprima de uma forma que lhe seja desejável. O pertencimento a uma igreja que puna desvios de comportamento pode ser tão útil ao bem-estar de uma pessoa no longo prazo (do ponto de vista bastante material) quanto a presença de pais que lhe infundam um sentimento de culpa. Por outro lado, o pluralismo pode promover o cumprimento de normas, pois facilita o surgimento de muitas *pequenas* seitas. Como vimos, a regulação por meio de normas é mais eficaz em grupos pequenos que em grupos grandes. O que se faz cumprir, porém, são as normas da própria comunidade e não aquelas do grupo social mais amplo; e pode haver divergência entre os dois conjuntos de normas.

A ocorrência das condições que levam à aplicação eficiente das normas (a existência de grupos pequenos e o alto custo do ostracismo para quem o sofre) é mais provável em comunidades isoladas e primitivas. Isso explica como puderam surgir sistemas de normas sociais semelhantes aos sistemas jurídicos antes que existisse qualquer autoridade central com condições de aplicá-los. Um dos fatores que contribuíram para isso foi que a regulação por normas sociais é mais exequível se a sociedade for estática, como as sociedades primitivas tendem a ser. É difícil organizar grandes transformações normativas sem a presença de uma autoridade central, pois o custo dessas transformações é alto e, além disso, há a tentação de "pegar carona" gerada por esse custo elevado. A evolução, por ser um processo que gera transformações sutis, graduais e, portanto, geralmente baratas, é capaz de superar esse obstáculo à criação de normas, embora ela seja lenta. Assim, se uma sociedade está mudando rapidamente, é improvável que a regulação por normas atenda a suas necessidades regulatórias.

* * *

Examinemos agora a criação, extinção e alteração das normas. Uma norma é um "bem público" no sentido mais forte desse termo: seu custo não aumenta se mais pessoas a usarem e seus benefícios não podem ser negados às pessoas que não contribuam para seu cumprimento. Por razões óbvias, qualquer bem com tais características corre o risco de ser produzido em pequena escala, e isso provavelmente vale para as normas. Mas é justamente por isso que, uma vez criada uma norma, é difícil mudá-la. A criação de uma norma requer sua promulgação e a determinação de sanções por sua violação. A extinção de uma norma também requer promulgação, bem como a destruição das expectativas e das preferências que fundamentam as sanções impostas em caso de violação. Este é, portanto, um processo de mudança de preferências que pode ser tão oneroso quanto o foi a criação destas. *Mudar* uma norma, que é algo que requer elementos tanto de destruição quanto de criação, pode ser o mais complicado dos processos.

Na verdade, porém, nem sempre é assim. Se dar "adeus" se tornasse uma forma ineficaz de despedida, as pessoas poderiam adotar a expressão "cuide-se" sem incorrer em custo algum. Os indivíduos que adotassem a mudança continuariam capazes de comunicar o mesmo sentido de antes e ninguém os criticaria por isso. Muitos autores deixaram de usar o pronome masculino "eles" como forma de se referir à humanidade em geral e passaram a usar o feminino "elas", ou então "eles ou elas". O sentido pretendido continua evidente, como no caso da mudança de "adeus" para "cuide-se"; mas, no caso de *eles/elas*, a violação da norma gramatical distrai o leitor e torna a comunicação mais lenta, o que leva alguns autores a empregar complexos circunlóquios para evitar o uso do pronome. Não obstante, a rapidez com que a norma mudou decorre da importância que muitas pessoas atribuem à necessidade de sinalizar uma crença nos objetivos feministas. A norma, entretanto, não mudou completamente, porque alguns autores desejam sinalizar sua rejeição àquilo que lhes parece ser uma ideologia feminista radical ou simplesmente porque, para esses autores, é mais importante escrever bem do que ser politicamente correto.

Nos dois exemplos, a alteração de uma norma existente é viável por tratar-se de algo que pode ser feito gradualmente e, portanto, sem uma direção centralizada. Imagine, porém, se tentássemos inverter o significado dos sinais de trânsito de modo que o vermelho passasse a significar "siga" e o verde, "pare"; ou mudar as regras relativas ao sentido em que os veículos devem trafegar, passando-se da circulação pela direita à circulação pela esquerda. Uma mudança normativa desse porte, ao contrário de pequenas mudanças semânticas, precisaria ser adotada por todos ao mesmo tempo, a fim de evitar enormes custos de transição. Além disso, o caráter habitual da obediência a tais normas elevaria ainda mais esse custo.

A tentativa de substituição de uma língua por outra, ao contrário da implementação de mudanças semânticas dentro de uma única língua, imporia um problema semelhante, só que em maior escala[14]. As línguas nacionais de fato mudam, mas normalmente esse processo passa por uma etapa intermediária de bilinguismo. O mais comum são as reformas linguísticas, como no caso da simplificação dos caracteres chineses no século XX[15], da substituição do alfabeto gótico na Alemanha depois da Segunda Guerra Mundial[16] e da sucessiva substituição, na escrita coreana, dos caracteres chineses pelo "alfabeto silabário" coreano, altamente fonético[17]. Contudo, nos casos da China e da Coreia, a mudan-

---

14. Ver Richard Adelstein, "Language Orders", 7 *Constitutional Political Economy* 221 (1996).

15. Ver, por exemplo, Insup Taylor e M. Martin Taylor, *Writing and Literacy in Chinese, Korean and Japanese,* cap. 8 (1995); *Language Reform in China: Documents and Commentary* (Peter J. Seybolt e Gregory Kuei-ke Chiang [orgs.], 1979).

16. Kenneth Katzner, *The Languages of the World,* p. 71 (nova ed. 1995).

17. Ver Taylor e Taylor, nota 15 acima, segunda parte. O alfabeto coreano, introduzido pelo governo no início do século XV, mostra que a reforma da escrita não é uma invenção recente. As tentativas fracassadas de mudar a lín-

ça foi introduzida pelo governo, assim como no caso da alteração do sentido de circulação dos veículos (que passou a ser pela direita) que a Suécia introduziu da noite para o dia[18].

Essa questão das transições, a qual nada mais é que nossa velha conhecida (já desde o Capítulo 4) dependência do percurso, pode ajudar a explicar por que razão é muitas vezes desejável que as normas mudem aos poucos, mesmo quando a mudança aponta para a adoção de uma norma claramente superior. Como a implementação da nova norma pode levar tempo, poderia haver uma lacuna no tecido da ordem social se a norma mais antiga desaparecesse antes de completar-se a transição. O gradativo declínio da vingança como sistema normativo extrajurídico de dissuasão e punição do crime acompanhou a crescente eficácia dos métodos de prevenção do crime no âmbito do direito. Se as normas baseadas na vingança se extinguissem repentinamente, o resultado seria a anarquia, pois os métodos judiciais de controle do crime (que envolvem polícia, juízes, advogados etc.) ainda não estariam suficientemente desenvolvidos.

O exacerbado sentimento de honra dos homens do velho Sul dos Estados Unidos, os atuais valores machistas dos negros jovens e pobres das cidades norte-americanas e a incrível resistência da imagem de descontração e irreverência do hábito de fumar constituem exemplos de normas que aparentemente são disfuncionais nas circunstâncias atuais, mas que mesmo assim não desapareceram. Eles ilustram aquilo que já afirmei aqui, a saber, que a criação de normas é um bem público, de modo que é possível o fluxo de normas ser muito pequeno e o conjunto delas ser, ainda assim,

---

gua de um país são abundantes. Veja, por exemplo, a tentativa da Irlanda de expandir o uso do gaélico ou a tentativa do Canadá de difundir o uso do francês. Houve grandes êxitos, mas a maioria destes foi resultado de conquistas. O ressurgimento do hebraico (cujo uso ficara em grande medida restrito a ocasiões litúrgicas) como língua nacional de Israel é certamente uma exceção.

18. Ver "Sweden Tells Traffic to Keep to the Right", *Business Week*, 2 de setembro de 1967, p. 26.

muito amplo. Ademais, as normas cujo cumprimento depende da culpa e da vergonha são particularmente difíceis de criar ou mudar, uma vez que são bastante influenciadas pelo condicionamento social mediado pela família, uma instituição extremamente resistente ao empenho do Estado por mudar suas crenças e práticas.

Quando a mudança frequente é, ela própria, uma norma, como no caso da moda feminina, a impressão de frequência e facilidade de transformação das normas pode ser enganosa. A surpresa ocorreria se a própria "norma da mudança" mudasse repentinamente, isto é, se em determinado ano a moda feminina fosse idêntica àquela do ano anterior. Timur Kuran mostrou como as normas que parecem ser muito fortes podem evaporar-se de repente, por se fazerem cumprir somente a partir da crença das pessoas em que os outros continuarão garantindo seu cumprimento[19].

Compreender o modo como as normas mudam pode ajudar-nos a entender como elas são criadas. Quando a mudança gradual é viável, até mesmo normas complexas podem desenvolver-se a partir de um começo acanhado, bastando apenas que se lhes dê tempo suficiente. Se compararmos a cena representada no escudo de Aquiles, no Livro XX da *Ilíada*, com as normas modernas que regem o comportamento dos juízes, teremos uma ideia de como essas normas puderam, num período de 2.500 anos, evoluir a partir de procedimentos rudimentares. No escudo, retrata-se uma cena de arbitragem informal e voluntária diante de um tribunal leigo. Isso é algo muito distante do litígio judicial moderno (embora não esteja tão distante da arbitragem moderna). Mesmo assim é fácil traçar uma linha evolutiva gradual que vai das práticas antigas às práticas modernas de solução de disputas.

É preciso considerar ainda o lugar ocupado pelas normas num sistema geral de controle social e, consequente-

---

19. Timur Kuran, *Private Truths, Public Lies: The Social Consequences of Preference Falsifications* (1997).

mente, o papel do direito em relação às normas. Nesse contexto, apresento cinco pontos distintos. O primeiro diz respeito ao papel do direito como mecanismo suplementar de imposição das normas. As normas são um método de controle social mais eficaz que o direito quando as violações individuais são muito triviais ou quando a dificuldade de comprovar a culpa é grande demais para justificar o gasto com julgamentos, polícia e prisões. Muitas vezes, porém, as sanções pela violação das normas são demasiado fracas para dissuadir as pessoas da prática de delitos, e ademais a criação de normas segue um curso demasiado lento para prover todas as regras necessárias à administração da sociedade. Portanto, as leis também têm seu lugar. Além de criar novas normas em forma de lei, o Estado pode prescrever penas adicionais para a violação de normas sociais existentes se a sanção informal para essa violação for inadequada. É o que o Estado faz, por exemplo, no caso do roubo. As sanções legais à violação de normas são particularmente importantes quando há, na sociedade, muitas pessoas imunes às sanções informais. Essas pessoas podem carecer de sentimento de culpa e de vergonha, podem não se preocupar com o ostracismo (por não gozarem de oportunidades transacionais valiosas a despeito de sua obediência às normas) e não ter uma reputação pela qual zelar. Ainda assim, elas continuam vulneráveis às sanções concretas da lei.

Em segundo lugar, o direito tem um papel a desempenhar tanto na regulamentação quanto na proteção das sanções privadas à violação das normas. O processo jurídico foi projetado para minimizar a probabilidade da imposição equivocada de sanções legais formais. Na maioria dos casos em que a conduta é regulada por normas e não pelas leis, não são necessários mecanismos complexos de proteção dos inocentes, pois nesses casos as sanções não são severas. Todavia, quando as violações são punidas por sanções extrajurídicas particularmente severas, pode ser necessária a realização de uma audiência pública para corrigir a imposição equivocada da sanção. Este é o raciocínio econômico que está por trás da concessão de remédios judiciais por difamação, que é uma sanção informacional pela violação de determinadas normas. Sua atuação se dá pela destruição da reputação, o que desestimula os outros a relacionarem-se com a pessoa que foi difamada. No entanto, como a difamação é uma importante sanção pela violação de normas, o direito não deve puni-la acriticamente ou com excessivo rigor, e sobretudo não deve punir a difamação *justificada*. Isso atingiria o coração do sistema de sanções informacionais para a violação de normas sociais. Observe-se que, se a pena por difamação oral (por oposição à difamação escrita, que é regida pelas próprias normas jurídicas) for severa demais, as pessoas pensarão duas vezes antes de fofocar, por medo de não estarem contando a história com fidelidade. A fofoca é um importante facilitador das sanções por violação de normas[20].

Para dar um exemplo mais radical (e, na verdade, arcaico), para que as sanções bilaterais, como os casamentos forçados, funcionem, o direito talvez tenha de relaxar seu monopólio da força. Alguns afirmam que a mudança ocorrida na década de 1960 no campo das normas que regem a questão dos filhos ilegítimos se deveu à ascensão do controle de natalidade e do aborto, o que reduziu os benefícios dos casamentos forçados[21].

Em terceiro lugar, o Estado pode oferecer incentivos à aplicação de sanções privadas pela violação de uma norma. Considere-se o cumprimento de contratos que preveem a arbitragem de disputas suscitadas por eles. Um contrato é um conjunto de normas elaboradas pelas partes contratan-

---

20. Ver Sally Engle Merry, "Rethinking Gossip and Scandal", em *Toward a General Theory of Social Control*, vol. 1, p. 271 (Donald Black [org.], 1984).

21. George A. Akerlof, Janet L. Yellen e Michael L. Katz, "An Analysis of Out-of-Wedlock Childbearing in the United States", 111 *Quarterly Journal of Economics* 277 (1996). Em sua maior parte, sem dúvida, esses casamentos não foram literalmente forçados por ameaça de violência. Tampouco sugiro que os custos sociais do nascimento de filhos ilegítimos, por mais substanciais que sejam, justificariam a descriminalização de tais ameaças.

tes. Se o direito garante o cumprimento das decisões arbitrais (como de fato o faz), dá amparo legal à formação e à tutela privada das normas. Os contratos criam normas adaptadas a atividades extremamente específicas, e até idiossincráticas, que uma autoridade jurídica centralizada não teria informações suficientes para regular. (Ao mesmo tempo, o direito se recusa a fazer cumprir contratos que contrariem o interesse público, isto é, que criem normas de má qualidade.) A execução judicial dos contratos confirma (complementa), em vez de criar, normas que de outra forma não existiriam ou não seriam obedecidas, porque muitos contratos são assinados, apesar da ausência de meios cabíveis de execução judicial, devido a considerações de reciprocidade.

Em quarto lugar, o Estado pode fomentar a criação de normas. No caso das normas de coordenação, o Estado pode promulgar a nova norma, como nos exemplos antes apresentados. Já quando as sanções são a culpa e a vergonha, o governo pode ajudar a infundi-las tanto nas crianças quantos nos adultos. Entretanto, uma vez que a educação moral e a educação intelectual podem não coincidir entre si quanto aos propósitos, um aumento dos recursos dedicados à educação não é um meio confiável de promoção do controle social amparado em normas. O ensino moderno tipicamente enfatiza a aquisição de conhecimento e de habilidades intelectuais; portanto, estimula o estudante a pensar por si próprio. Ao longo do processo, esse ensino fornece-lhe ferramentas intelectuais que lhe permitem contornar as normas morais. São exemplos dessas ferramentas a justificação *a posteriori*, o raciocínio casuístico, a descoberta de incoerências latentes entre normas morais, o pluralismo, o ceticismo moral (os valores não são algo objetivo, mas sim questões de opinião) e até mesmo o niilismo[22]. O desconhecimento das diferentes opções é uma poderosa forma de

---

22. Ver Richard A. Posner, *The Problematics of Moral and Legal Theory*, pp. 70-5 (1999); Matthew Rabin, "Moral Preferences, Moral Constraints, and Self-Serving Biases" (relatório de trabalho n.º 95-241, Dept. de Econ., Univ. da Cal. em Berkeley, agosto de 1995).

constrangimento da liberdade de escolha. A exposição dos estudantes a diferentes opções de normas estimula o surgimento de uma postura mercadológica em relação às normas, o que poderá levá-los a rejeitar restrições morais impertinentes quando eles se tornarem adultos. As diferenças morais entre as cidades e as áreas rurais, um tema muito bem documentado[23], ilustram a importância desse fenômeno que é a atitude mercadológica com relação às normas, embora também se deva levar em conta outro fator, a saber, que o ostracismo é menos eficaz num contexto em que a maioria das interações se dá com estranhos.

Em suma, a educação "liberal" é a educação para a liberdade. E entre os diversos tipos de liberdade está aquela que diz respeito às normas. O grau de *eficácia* da educação neste ou em qualquer outro quesito é justamente o que aflige os professores de todos os níveis. Não obstante, parece haver um movimento de longo prazo no sentido de abandonar-se a regulamentação por normas e adotar-se a regulamentação pela lei. Esse movimento talvez seja reflexo de uma proporção inversa entre o nível de instrução de uma sociedade e a eficácia da regulamentação normativa.

Mas há ainda outra maneira pela qual a educação pode comprometer a administração da sociedade por meio das normas. Em geral, dentro de limites aparentemente ainda não alcançados, quanto mais instruída for a população de um país, mais rico este será. O custo do ostracismo como sanção pela violação de uma norma é inversamente proporcional ao nível de renda de uma sociedade. Numa sociedade rica, o indivíduo é menos dependente da boa vontade da comunidade à qual pertence, seja porque ele próprio é rico, seja porque pode contar com uma série de benefícios sociais, seja ainda porque possui aptidões vocacionais e so-

---

23. Ver, por exemplo, Edward L. Glaeser e Bruce Sacerdote, "Why Is There More Crime in Cities?", 107 *Journal of Political Economy* S225 (1999); Robert J. Sampson, "The Effects of Urbanization and Neighborhood Characteristics on Criminal Victimization", em *Metropolitan Crime Patterns*, cap. 1 (Robert M. Figlio, Simon Hakim e George F. Rengert [orgs.], 1986).

ciais que lhe dão grande mobilidade. Essas considerações fazem da regulação normativa aquilo que os economistas chamam de um bem inferior, isto é, um bem cuja demanda cai com o aumento da renda. Vale lembrar ainda que a privacidade é um bem superior e portanto mais abundante numa sociedade rica. Ademais, a privacidade reduz a eficácia das normas, pois priva os vizinhos, os conhecidos, os fofoqueiros e as publicações sensacionalistas das informações em que se baseiam as sanções fundadas na vergonha, bem como as sanções informacionais e multilaterais[24]. Quanto mais o direito protege a privacidade, mais aumenta a demanda por leis e normas jurídicas como substituto da regulação por meio de normas morais. Isso me leva a questionar se há algum realismo em imaginar, como o fazem alguns adeptos do comunitarismo e alguns conservadores, que a sociedade norte-americana está pronta para uma revolução moral que reerguerá a administração da sociedade por meio de normas ao posto que ela outrora ocupou.

Por último, o Estado tem certo papel a desempenhar no combate às normas de má qualidade. Para tanto, este pode debruçar-se sobre os empreendedores dessas normas, como nas campanhas bem-sucedidas para reduzir a criminalidade em Nova York, entre outras cidades. Ao retirar da rua mendigos agressivos, vândalos, bêbados, drogados, prostitutas, membros de gangues, vagabundos e outras pessoas cujo comportamento é claramente antissocial, a polícia remove das ruas exemplos de comportamento desviante que, se pudessem florescer sem ser molestados, poderiam estabelecer normas que seriam adotadas pelos membros mais acanhados da comunidade[25]. Através do direito também é possível reduzir os benefícios da obediência às normas maléficas: podem-se criar remédios judiciais eficientes para

---

24. Yuval Tal, *Privacy and Social Norms: Social Control by Reputational Costs* (tese não publicada, Faculdade de Direito da Universidade de Chicago, 1997).

25. Ver Dan M. Kahan, "Social Influences, Social Meaning, and Deterrence", 83 *Virginia Law Review* 349 (1997).

danos deliberadamente infligidos. Esses remédios judiciais reduzirão o benefício da aplicação de uma norma de vingança baseada na honra pessoal. Pode-se também aumentar o custo da obediência à norma, simplesmente afixando-se legalmente uma pena, como, por exemplo, mediante a criminalização do duelo. No entanto, como a essência de um sistema de vingança baseado na honra é a disposição para agir sem consideração do equilíbrio entre custos e benefícios, obter uma elevação do custo da obediência a uma norma de má qualidade não é algo tão simples quanto pode parecer[26]. Uma vez estabelecida uma pena, a obediência à norma pode ser uma sinalização ainda mais eficaz da honra do duelista. A honra, porém, implica indiferença apenas a *certos* custos, à semelhança do modo como a indigência pode tornar alguém indiferente a multas, mas não à prisão. A "moeda corrente" apropriada para a punição do duelo é torná-lo desonroso, como, por exemplo, proibindo-se o duelista de ocupar os cargos públicos aos quais um homem honrado pode aspirar[27].

Para os juristas, o direito não é apenas um instrumento através do qual se fazem cumprir as normas, mas também um agente orientador de sua concepção, a exemplo do que ocorre com a educação. Não há muitos dados que comprovem essa hipótese, conforme assinalei na Introdução ao tratar do direito constitucional. Já em contrário podem-se citar dados que indicam que os subgrupos frequentemente seguem seu próprio caminho, aderindo a normas que atendem a suas necessidades específicas porém infringindo as normas jurídicas aplicáveis, que podem ter sido criadas sem consideração dessas necessidades[28]. A divergência pode manifestar-se sob a forma do puro (e racional) desconhecimen-

---

26. No presente contexto, trato a norma do duelo como secundária em relação ao código de honra (o que considero uma atitude realista), ou seja, como norma de imposição da "lei" e não como norma substantiva.

27. Lawrence Lessig, "The Regulation of Social Meaning", 62 *University of Chicago Law Review* 943, 971-972 (1995).

28. Este é um dos temas principais de Ellickson, nota 10 acima.

to das leis. Esse desconhecimento tende a ser encontrado sobretudo onde o conteúdo delas é pouco intuitivo e, por isso mesmo, mais difícil de entender, visto ser incompatível com as normas da comunidade à qual a pessoa pertence. O direito é capaz de destruir tanto as normas não salutares quanto as salutares, pois desestimula os integrantes de um grupo a submeterem-se às normas desse grupo, apresentando-lhes a oportunidade de buscar proteção fora dele, isto é, no sistema jurídico[29].

* * *

Nenhuma discussão sobre as normas sociais, ou – por que não? – do papel da emoção na regulação do comportamento humano, pode estar completa sem um exame do papel da religião. Adam Smith nos ensina que as seitas religiosas devem ser pequenas a fim de superar-se o problema do carona entre seus membros e, assim, moldar-se com eficiência seu comportamento moral. Sua discussão, portanto, encontra-se bastante inserida no espírito da moderna análise econômica das normas sociais. David Hume, por sua vez, enfatiza que a oficialização de uma religião tende a mitigar o fervor religioso ao reduzir a concorrência entre as religiões, o que vem a ser outro argumento econômico interessante. O estado atual das crenças religiosas na Europa Ocidental corrobora a suposição de Hume[30]. Nos países dessa parte do mundo há religiões oficiais. Porém, com exceção da Irlanda, o nível de religiosidade da população é muito baixo em comparação com o dos Estados Unidos[31], onde se proíbe o estabelecimento de uma religião oficial.

As análises de Smith e Hume diferem não apenas no valor que os dois autores atribuem à religião, mas também

---

29. Ver Posner, nota 12 acima.

30. Dados empíricos podem ser encontrados em Laurence R. Iannaconne, "The Consequences of Religious Market Structure: Adam Smith and the Economics of Religion", 3 *Rationality and Society* 156, 169 (1991).

31. Ver, por exemplo, *Gallup Report No. 236*, maio de 1985, pp. 50, 53.

nas implicações enxergadas por cada um no que concerne às políticas públicas voltadas para a religião. Na opinião de Smith a religião, de forma geral, é útil para moldar os valores morais. Já Hume acreditava que, no cômputo geral, ela é destrutiva porque fomenta a guerra, a discórdia civil, a superstição e a perseguição. Atualmente, nos Estados Unidos, são exemplos do potencial destrutivo da religião os ataques de inspiração religiosa a médicos e clínicas que praticam o aborto, bem como os esforços no sentido de desestimular o ensino da teoria da evolução. Em alguns outros países, pode-se citar a intensa e persistente violência sectária. É preciso confrontar os benefícios normativos do estímulo à formação de pequenas seitas, enfatizados por Smith (o que deixa implícita a inexistência de uma religião oficial), com o ponto enfatizado por Hume, a saber, os custos da opressão e das lutas religiosas – consequências da religião que, na opinião dele, são um argumento a favor do estabelecimento de uma Igreja oficial, subentendendo-se uma consequente redução do número de seitas. No limite, uma Igreja estabelecida poderia ter total monopólio religioso. Nesse caso, o objetivo de Smith se veria totalmente frustrado, enquanto o de Hume triunfaria.

A moderna bibliografia econômica sobre a religião[32] enfatiza duas das atividades dos grupos religiosos. Ambas estão relacionadas às normas, ainda que a primeira o esteja mais diretamente. A primeira é o esforço desses grupos por aumentar os custos da defecção ou do abandono, inculcando-se em seus membros características desviantes de com-

---

32. Ver, por exemplo, Laurence R. Iannaconne, "Household Production, Human Capital, and the Economics of Religion", em *The New Economics of Human Behavior*, p. 172 (Mariano Tommasi e Kathryn Ierulli [orgs.], 1995); Iannaconne, "Progress in the Economics of Religion", 150 *Journal of Institutional and Theoretical Economics* 737 (1994); Iannaconne, "Sacrifice and Stigma: Reducing Free-Riding in Cults, Communes, and Other Collectives", 103 *Journal of Political Economy* 271 (1992); Edward L. Glaeser e Spencer Glendon, "The Demand for Religion" (inédito, Departamento de Economia da Universidade de Harvard, 23 de outubro de 1997); Glaeser e Glendon, "Incentives, Predestination and Free Will", 36 *Economic Inquiry* 429 (1998).

portamento e aparência, uma espécie de marca registrada do grupo. Já mencionei, aqui, o grupo dos *amish*. Um dos melhores exemplos, porém, é de natureza secular. Refiro-me à decisão dos sionistas, que eram descrentes em matéria de religião, de tornar o hebraico, em detrimento do alemão e do inglês, a língua oficial do que era então a Palestina. Uma das consequências disso foi tornar mais difícil, para as futuras gerações de judeus na Palestina, a emigração.

Ainda não se chegou a uma conclusão quanto a se, nas condições que predominam numa sociedade moderna, a religião contribui decisivamente para fazer cumprir as normas sociais. O exemplo dos *amish* é muito isolado. Ademais, isso não é mero acaso. Se presumirmos que os valores e costumes de determinada sociedade são, em certo sentido, os mais eficientes (e por que outro motivo seriam estes, e não outros, os valores dessa sociedade?), o preço que um grupo paga por cultivar valores e costumes divergentes é muito alto para seus membros.

Considere um exemplo semelhante: o dos judeus ortodoxos. Brandindo uma ameaça concreta de ostracismo, estes foram capazes de alcançar uma posição de grande influência no comércio internacional de diamantes sem a necessidade de recorrer ao direito para garantir o cumprimento das normas de sua atividade comercial[33]. Os judeus ortodoxos, no entanto, constituem apenas uma pequena parcela da população judaica. Embora os judeus como um todo tenham níveis muito altos de renda e educação, a maioria deles não segue à risca os princípios religiosos, ou segue-os apenas superficialmente. O incrível sucesso econômico e profissional dos judeus nos Estados Unidos caminhou de mãos dadas com sua assimilação cultural, conforme se depreende, por exemplo, do índice de casamentos deles com pessoas de outros grupos étnicos, raciais e religiosos, que atualmente é de 50 por cento. Assim, não chega a ser uma surpresa a constatação de que a vantagem dos judeus em

---

33. Ver Bernstein, nota 3 acima.

termos de renda é inversamente proporcional à ortodoxia: em geral, a renda dos judeus ortodoxos é menor que a dos judeus conservadores. Estes, por sua vez, em geral possuem renda menor que a dos judeus reformistas[34]. Pelo menos para os judeus, e talvez para todo o mundo nas condições que predominam na sociedade moderna, o aumento de eficácia da regulação normativa provocado pelo cultivo de disposições e práticas de diferenciação é mais que anulado pela perda de oportunidades de transação decorrente de tais práticas e disposições. Essa constatação, por sinal, aplica-se à questão mais geral das tentativas de substituir a regulação pelo direito pela regulação por normas sociais.

A segunda atividade religiosa enfatizada pela bibliografia moderna é a tentativa de um grupo religioso de moldar os valores e as preferências de seus membros através de diversas formas de doutrinação que, vistas de fora, não passam de métodos de lavagem cerebral. Nesse caso, a analogia secular é o totalitarismo. De resto, é evidente que os fascistas e os comunistas tomaram de empréstimo várias técnicas da Igreja católica em sua tentativa (que terminou fracassada, ou apenas parcialmente exitosa) de lavagem cerebral das massas[35].

Outro fator de considerável interesse é a competição entre o Estado e a religião na tentativa de inculcar normas. Ao insistir, em nome da Constituição, que as escolas públicas devem ser totalmente seculares, o judiciário faz aumentar a demanda pelos serviços de instituições religiosas (privadas) e, ao fazê-lo, fortalece a religião[36]. Aquilo que os con-

---

34. Esther I. Wilder e William H. Walters, "Ethnic and Religious Components of the Jewish Income Advantage, 1969 and 1989", 68 *Sociological Inquiry* 426 (1998). Ver também Esther I. Wilder, "Socioeconomic Attainment and Expressions of Jewish Identification, 1970 and 1990", 35 *Journal for the Scientific Study of Religion* 109, 123 (1996); Barry A. Kosmin e Seymour P. Lachman, *One Nation under God: Religion in Contemporary American Society*, p. 266 (1993).

35. Desenvolvo esse tema em meu artigo "Orwell *vs.* Huxley: Economics, Technology, Privacy, and Satire", 24 *Philosophy and Literature* 1 (2000).

36. Richard A. Posner, "The Law and Economics Movement", 77 *American Economic Review Papers & Proceedings* 1, 11 (maio de 1987). Ver também

servadores denunciam como o caráter antirreligioso das sentenças proferidas pela Suprema Corte em matéria de religião pode ser, na verdade, um dos motivos pelos quais os norte-americanos são mais religiosos que a população da maioria das outras nações modernas.

Mas a bibliografia econômica sobre religião, ainda que se ocupe do papel desempenhado pela religião justamente em relação ao tema deste capítulo, carece de muitos dos elementos que gostaríamos de ver em uma teoria da religião. Não se deve permitir que um fascínio pelas normas mascare as outras funções da religião. Uma das mais notáveis omissões da bibliografia econômica é a total ausência de análises do *conteúdo* das doutrinas religiosas. Para fins de desestímulo à defecção mediante o aumento de seus custos, a racionalidade da doutrina ou do ritual religioso pode ser totalmente desimportante. Mas explicar essas doutrinas e rituais, em vez de tratá-los como arbitrários, deveria ser também uma das preocupações de uma teoria da religião, e talvez não esteja totalmente fora do alcance da economia contribuir com tal explicação. Certas práticas religiosas que talvez descartemos de imediato como produtos de mera superstição podem, após um exame mais detalhado, revelar propriedades economizadoras. Veja, por exemplo, aquilo que ridicularizamos como "mutilação genital" feminina (o que se costumava chamar, menos pejorativamente mas de modo equivocado, de "circuncisão feminina", mas que pode ser descrito de modo mais preciso e neutro como clitoridectomia e infibulação). Seus principais praticantes, os muçulmanos africanos, são políginos (o Islã permite a poliginia), e uma das possíveis funções dessa intervenção é reduzir o prazer sexual da mulher e, consequentemente, as tentações do adultério feminino numa sociedade polígina[37]. Essas tentações são grandes porque, nessas sociedades, as esposas

---

Michael W. McConnell e Richard A. Posner, "An Economic Approach to Issues of Religious Freedom", 56 *University of Chicago Law Review* 1 (1989).

37. Ver Richard A. Posner, *Sex and Reason*, pp. 256-7 (1992).

de um homem vivem em casas separadas, entre as quais este circula; e o contato sexual dele com cada uma de suas mulheres é limitado, assim como são limitadas suas possibilidades de vigiar o comportamento delas.

Admito que o funcionalismo é uma solução explicativa perigosa. Normalmente é fácil (demasiado fácil) imaginar uma função para qualquer prática social, por mais estranha que seja. É difícil, entretanto, determinar a relação causal entre sua funcionalidade e sua adoção e sobrevivência. Contudo, a explicação sugerida para a mutilação genital feminina é suficientemente plausível para que se justifiquem ulteriores investigações antes de se decidir que a prática é irracional e não apenas desagradável e repugnante para nós.

Mas vou ainda mais além e afirmo que a religião não pode ser entendida *fundamentalmente* como um sistema projetado para inculcar valores nas pessoas, assim como a economia não pode ser entendida fundamentalmente como tal, muito embora uma das funções da educação econômica formal consista em inculcar determinados valores profissionais no indivíduo, como a honestidade no uso de dados e a correta atribuição de crédito às contribuições de outros estudiosos. A religião é um sistema semelhante à ciência e, na verdade, com ela concorre no sentido de compreender e controlar o meio social e físico em que vivemos, tanto que, nas culturas antigas e primitivas, ela completa a ciência ou até mesmo se confunde com esta. A religião oferece respostas a questões importantes, como, por exemplo, como surgiram o mundo e a vida humana e o que acontece conosco quando morremos. Além disso, ela oferece técnicas (a prece, a profecia e o sacrifício) que nos permitem controlar a natureza, vencer na guerra e assim por diante.

A religião dos antigos gregos era naturalista, pragmática e protocientífica. Seus deuses eram personificações plausíveis das diversas forças naturais e disposições humanas; e os esforços no sentido de ganhar o favor divino, principalmente por meio do sacrifício, eram tentativas plausíveis, ainda que equivocadas, de controlar a natureza – o mesmo objetivo, portanto, que a ciência e a tecnologia modernas perseguem com maior êxito. A concorrência entre as diferentes religiões e entre a religião de forma geral e as ideologias seculares que se apresentam como alternativas a ela (como o marxismo e a ciência) sempre foi, pelo menos em parte, uma concorrência entre teorias. Um dos motivos do sucesso do protestantismo, sobretudo do protestantismo calvinista, pode estar no fato de a doutrina da graça estar mais próxima do modo científico de pensar o comportamento humano do que a doutrina católica. A ideia de que Deus determina *antes de nascermos* quem será salvo e quem será condenado é uma teoria determinista do comportamento, exatamente como o é a perspectiva científica sobre o comportamento. (Em outras palavras, onde se diz graça leia-se gene.) Lembremos, ainda, que uma das causas do sucesso do cristianismo parece ter sido o exemplo dos mártires, cuja impassibilidade diante da morte indicava uma crença sincera nos princípios de sua religião. Mais tarde, tanto o cristianismo quanto o Islã conseguiram converter muitas pessoas graças ao argumento de que suas conquistas militares mostravam que Deus estava do seu lado. Em suma, as religiões frequentemente triunfam mediante apelos racionais.

A referência aos mártires e às conquistas traz à tona as dificuldades epistemológicas enfrentadas pela religião. A versão mais convincente do método científico implica a proposição de hipóteses que podem ser desmentidas com base em dados empíricos (gerados ou não por experimentos) cuja interpretação independe dos valores pessoais ou da perspectiva individual dos cientistas que observam esses dados. Em alguns casos, como no da teoria da evolução, a veracidade da hipótese central da teoria não pode ser testada com base em dados. Por exemplo, a evolução do homem e dos outros primatas a partir de um ancestral comum é inobservável. Muitas vezes, porém (como no próprio caso da teoria da evolução), a hipótese pode ter sua validade testada, indiretamente mas ainda assim de modo confiável, seja através de experiências de laboratório com a criação de moscas-das-frutas e de outros animais (ou plantas) que se reproduzem muito rapidamente, seja através do estudo de populações animais geograficamente isoladas ou de fósseis, ou ainda mediante comparações de DNA entre populações animais aparentadas, seja através de simulações de computador. Não há uma abordagem única que explique definitivamente os fenômenos não observáveis. Todavia, a concordância entre um grande número de abordagens diferentes, combinada com a ausência de uma hipótese alternativa plausível, pode justificar a aceitação da explicação, ainda que apenas em caráter provisório.

As teorias religiosas geralmente não têm sua validade testada de modo semelhante, embora haja exceções: quando uma religião prevê que o mundo vai acabar em determinado dia, e esse dia chega mas nada acontece, muitos enxergam nisso uma prova da falsidade dos princípios do culto em questão. A maioria das religiões evita fazer previsões passíveis de ser desmentidas, preferindo as que não podem ser desmentidas, como as que dizem respeito à vida após a morte, ou então aquelas que o podem mas com muita dificuldade. Nessa última categoria se encaixam as previsões relacionadas à eficácia da prece, pois todos sabem que muitas coisas podem impedir que uma prece alcance o resultado desejado além do fato de não haver nenhum deus para ouvi-la. É comum as religiões apelarem para o testemunho (como, por exemplo, no caso dos relatos das supostas testemunhas dos milagres de Cristo) ou procurarem aumentar a credibilidade das afirmações por meio dos sinais, como nos exemplos que apresentei mais acima[38]. (Os inconvenientes do testemunho como alicerce de uma crença fundamentada em justificativas concretas serão discutidos no próximo capítulo.)

---

38. Rodney Stark, *The Rise of Christianity: A Sociologist Reconsiders History*, p. 173 (1996). No livro de Stark, enfatizam-se os mecanismos de que as religiões se valem para aumentar a credibilidade de suas afirmações. Ver sobretudo *id*. cap. 8.

Muitas religiões empenharam-se em criar um monopólio da crença, uma vez que a diversidade religiosa pode levar ao ceticismo. Por exemplo, a famosa aposta de Pascal (ainda que a probabilidade de Deus existir seja ínfima, estima-se que o ganho advindo da "aposta" em sua existência seja positivo, já que, se Deus de fato existir, o benefício auferido por se acreditar nele – isto é, a vida eterna – é algo infinito) é inviável em um cenário de concorrência entre diversas religiões. Em um cenário assim, esta não é mais uma aposta segura, pois se apostarmos no Deus "errado" (um Deus que, na verdade, não exista) poderemos ser punidos pelo Deus verdadeiro[39]. A vitalidade da religião nos Estados Unidos, a despeito do pluralismo religioso norte-americano, aparentemente refuta a afirmação de que o pluralismo estimula o ceticismo. Como veremos, porém, a crença religiosa de boa parte dos norte-americanos pode ser apenas nocional.

Com a teoria da evolução descartou-se o mais forte dentre os argumentos *científicos* (o adjetivo é importante) em favor da religião, a saber, aquele segundo o qual algo tão complexo como o organismo humano deve necessariamente ser reflexo de um ato consciente de criação, o que implica a existência de um Criador espantosamente poderoso – pois o que mais poderia explicá-lo? Darwin forneceu uma resposta a essa pergunta retórica, e desde então só uma minoria dentre as pessoas instruídas continua procurando a religião como fonte de verdades científicas, isto é, como uma alternativa à teoria científica.

Ao longo da história, a ciência e a religião sempre competiram como tecnologias (métodos de controle do meio ambiente) e não apenas como teorias sobre a estrutura do mundo. Tradicionalmente, a religião sempre teve um grande componente de magia, enquanto a ciência foi a maior fonte de "mágica" do homem moderno. A partir do momento

---

39. A aposta ainda será válida se o agnosticismo for punido tão severamente como a crença "errada". Mas pode ser que isso não aconteça.

em que a magia científica se mostra mais eficaz que a religiosa, a religião começa a evitar a concorrência direta. Em vez disso, ela se torna cada vez mais metafísica e psicológica. Para atenuar nosso desconforto diante da incerteza, a religião oferece respostas a perguntas que a ciência ainda não é capaz de responder e, para fazer frente ao medo da morte, apresenta-nos a promessa da vida após a morte[40]. Na filosofia, que é outra antiga concorrente da ciência, também ocorreu algo semelhante. A filosofia delegou quase completamente à ciência a tarefa de explicar o mundo natural[41]. Há uma analogia entre isso e a ascensão do abstracionismo na arte, quando a fotografia substituiu a arte como principal meio de retratar realisticamente a figura humana ou o que quer que fosse. A situação de concorrência com uma nova tecnologia levou os artistas a procurar novos mercados. Da mesma maneira, a ascensão da tecnologia científica afastou a religião da magia e a aproximou da metafísica e da psicologia, bem como das funções sociais enfatizadas na bibliografia econômica.

Como as pessoas intelectualmente mais sofisticadas descobrem com mais rapidez as impropriedades intelectuais das religiões existentes, é principalmente nessas pessoas que as novas religiões vão buscar seus devotos, e não, como se poderia imaginar, nos crédulos[42]. Isso implica um intenso processo competitivo no "mercado" religioso, bem

---

40. Ver Ignacio Palacios-Huerta e Jesús J. Santos, "An Essay on the Competitive Formation of Preferences" (inédito, Faculdade Amos Tuck de Dartmouth College e Faculdade de Pós-Graduação em Administração da Universidade de Chicago, 26 de novembro de 1995).

41. A analogia, porém, será ainda mais próxima se considerarmos que a religião cedeu lugar à ciência como sistema de explicação dos fenômenos naturais. Poucas pessoas, mesmo entre os cristãos, ainda consideram a narrativa do Gênesis sobre a expulsão de Adão e Eva do Jardim do Éden uma explicação plausível do porquê de as serpentes não terem membros ou de como os seres humanos do sexo feminino foram criados. Não obstante, durante séculos a história do Gênesis foi a explicação mais amplamente aceita desses fenômenos.

42. Stark, nota 38 acima, cap. 2.

como uma rápida adaptação das religiões aos avanços de seus concorrentes científicos e tecnológicos.

Numa época em que a religião era a principal fonte de conhecimento científico e de tecnologia prática (como o controle do clima, entre outras coisas do gênero), não era necessário oferecer o conforto psicológico de uma vida feliz após a morte. A religião grega é famosa por não tê-lo feito. Conforme a religião recuava do fronte científico, entretanto, suas funções sociais e psicológicas passavam para o primeiro plano. Nesse plano ela também enfrentou (e enfrenta) a concorrência da ciência, não apenas da psiquiatria e da farmacologia, como também dos avanços médicos que aumentam a longevidade e aliviam a dor e reduzem, desse modo, a demanda por confortos espirituais.

Na medida em que a religião, ao menos nas nações prósperas e tecnologicamente avançadas, cada vez mais deixa a teoria e a magia a cargo da ciência e assume funções sociais e terapêuticas, seu domínio sobre o comportamento perde força. Sua capacidade de provocar perplexidade e temor diminui. Esse declínio (que Nietzsche chamou de "a morte de Deus"), os norte-americanos não o percebem porque uma parcela significativa da população dos Estados Unidos, talvez um décimo dela, ainda acredita na infalibilidade bíblica, o que a leva a rejeitar boa parte da ciência moderna. Contudo, a importância comportamental dessa crença é questionável. É preciso distinguir entre dois tipos de crença, a crença nocional e aquela que impele à ação. A distinção corresponde àquela que se verifica entre a conversa fiada e o compromisso de confiança (honrar com atos nossas palavras) na teoria do comportamento estratégico (teoria dos jogos). É importante relembrar que uma das consequências do pluralismo religioso pode ser a possibilidade de procurarmos um nicho religioso em que nosso comportamento preferido seja aceito ou até mesmo aplaudido. Se optarmos por escolher nossos próprios limites a partir de um vasto conjunto de opções, podemos terminar impondo-nos limites muito flexíveis. Embora haja, ainda assim, uma forte proporção inversa entre religiosidade e criminalidade nos Estados Unidos[43], o que leva a isso é o pertencimento a uma igreja e a participação nas atividades desta, ou seja, a dimensão social da religião, e não as crenças (no inferno, por exemplo)[44]. Isso confirma a tese de Adam Smith de que a importância da religião para o comportamento está em facilitar a administração da sociedade através de normas sociais, embora sua sugestão de que o efeito é inversamente proporcional ao tamanho do grupo não se tenha sustentado[45]. É interessante observar que há um grande fervor religioso, sobretudo islâmico, nas prisões dos Estados Unidos; mas tal fato não parece afetar o índice de reincidência. Pelo contrário, é concebível que possa aumentá-lo, uma vez que o grupo social em questão é composto de criminosos, e suas normas provavelmente são aquelas compatíveis com a criminalidade.

Entretanto, pode-se questionar a magnitude do efeito identificado por Smith, pelo menos no contexto do mundo moderno. Ademais a religião é, como sempre foi, uma fonte comum de violência. Esta era a preocupação de Hume. A exemplo do nacionalismo, a religião reduz a expectativa de custo dos atos de violência. Se um indivíduo acredita que na verdade ele não passa de uma das células que compõem

---

43. Ver Lee Ellis e James Peterson, "Crime and Religion: An International Comparison among Thirteen Industrial Nations", 20 *Personality and Individual Differences* 761 (1996); T. David Evans *et al.*, "Religion and Crime Reexamined: The Impact of Religion, Secular Controls, and Social Ecology on Adult Criminality", 33 *Criminology* 195 (1995); Jody Lipford, Robert E. McCormick e Robert D. Tollison, "Preaching Matters", 21 *Journal of Economic Behavior and Organization* 235, 244 (1993); Brooks B. Hull e Frederick Bold, "Preaching Matters: Replication and Extension", 27 *Journal of Economic Behavior and Organization* 143 (1995); William Sims Bainbridge, "The Religious Ecology of Deviance", 54 *American Sociological Review* 288 (1989); Rodney Stark, Lori Kent e Daniel P. Doyle, "Religion and Delinquency: The Ecology of a 'Lost' Relationship", 19 *Journal of Research in Crime and Delinquency* 4 (1982); Lee Ellis, "Religiosity and Criminality: Evidence and Explanations of Complex Relationships", 28 *Sociological Perspectives* 501 (1985).

44. Ver Ellis e Peterson, nota 43 acima, pp. 765-6; Evans *et al.*, nota 43 acima, p. 210.

45. Ver Hull e Bold, nota 43 acima.

um grande organismo chamado Turquia, Polônia ou Alemanha, de modo que sua morte é tão insignificante quanto a morte de uma célula do corpo humano, ou se acha que sua alma é imortal e seu corpo vai renascer, então, para esse indivíduo, parecerá menos custoso ser morto na busca ou na defesa de algum objetivo étnico ou religioso. Uma coisa é uma religião inculcar em seus adeptos crenças que aumentem a utilidade destes, como a crença na vida eterna. Outra coisa bem diferente é essa religião induzir as pessoas a agirem eticamente, o que implica a subordinação dos interesses pessoais a outros valores. Conforme enfatizei, há uma tensão entre os efeitos benéficos da religião (como o estímulo à administração da sociedade por meio de normas sociais) – efeitos esses que Adam Smith enfatizava e que dependem da dimensão social da religião e não de sua dimensão epistemológica, e os efeitos destrutivos que preocupavam Hume – efeitos esses que se fundam na pretensão à verdade e, portanto, na dimensão epistemológica da religião.

IV. Epistemologia

10. O testemunho

Uma das coisas mais importantes que um sistema jurídico faz é resolver disputas em torno de fatos. A maioria dos litígios judiciais se transformam em divergências, reais ou não, em torno daquilo que aconteceu no incidente que deu origem à disputa e não em torno de qual norma deve reger a decisão judicial. Mesmo quando os fatos não são questionados, muitas vezes há divergência quanto a saber se estes "redundam" na violação de algum dever legal. Essas divergências (saber se, por exemplo, a conduta confessa do réu indica responsabilidade civil culposa) geralmente podem, como veremos no capítulo seguinte, ser reduzidas a disputas meramente factuais.

Boa parte da insatisfação com o sistema jurídico norte-americano deriva de uma crença de que esse sistema não funciona muito bem para a resolução de disputas em torno de fatos. Esse ceticismo vem de uma ilustre linhagem filosófica[1]. Muitos filósofos questionam o valor do "testemunho" como fonte da verdade. No contexto filosófico, o termo é empregado num sentido abrangente que inclui o tipo de prova subjetiva admissível num julgamento mas que não se restringe a ela. No sentido mais abrangente, testemunho é qualquer afirmação, oral ou escrita, usada para tentar convencer uma pessoa de algum fato. Minha certidão de

---

1. Ver C. A. J. Coady, *Testimony: A Philosophical Study* (1992).

nascimento é um "testemunho" de minha idade e de minha ascendência, bem como de meu nome e local de nascimento. Nesse caso, o testemunho é imperfeito, como acontece com tantos testemunhos, porque na certidão meu nome é "Allen Richard Posner", embora o nome pelo qual sou conhecido é "Richard A. [de Allen] Posner". Conforme esse exemplo demonstra, o ceticismo diante do testemunho está muito ligado ao ceticismo em relação ao conhecimento histórico, uma vez que ambos remetem a fatos passados que não podem ser diretamente observados.

Uma determinação factual fundada no testemunho, como aquela que é feita por um juiz ou um júri num julgamento, se baseia forçosamente não num conhecimento em primeira mão que o tribunal possa ter, mas naquilo que outras pessoas disseram ou escreveram. Como fonte de conhecimento, portanto (se é que se lhe pode atribuir essa propriedade), o testemunho difere da percepção, da memória (uma espécie de percepção de segunda ordem) e da inferência (raciocínio lógico ou indutivo que provém do conhecimento obtido por meio da percepção e da memória). Mesmo quando o testemunho não é de segunda mão, ou seja, quando não é aquilo que o direito chama de "testemunho indireto" (*hearsay evidence*), termo que discuto no Capítulo 12, a determinação factual que se baseia nele é de segunda mão. O indivíduo, ou corpo de indivíduos, responsável pela apuração dos fatos (o juiz ou o júri) não tem como comprovar a veracidade do testemunho indireto a partir do conhecimento daquilo que realmente aconteceu, pois as únicas vias de acesso a tal conhecimento são as testemunhas. Às vezes, depois do julgamento, a verdade sobre aquilo que aconteceu torna-se clara e indubitável. Mas isso é raro. Por esse motivo, na maioria dos casos não há como provar a veracidade das descobertas realizadas com base em um julgamento. Nesse sentido, o veredicto depende totalmente do testemunho. Aqueles que veem o testemunho com ceticismo estão condenados, portanto, a ver com ceticismo a exatidão factual dos veredictos.

Como qualquer crença fundada no testemunho, a descoberta de um fato realizada por um juiz ou um júri assemelha-se à formação de uma crença exclusivamente com base na autoridade de um suposto especialista sobre um assunto que não somos capazes de investigar por conta própria, ou talvez nem mesmo de compreender. A reverência à autoridade de especialistas é, de fato, um dos exemplos mais tradicionais da fundamentação de uma crença no testemunho e não na percepção, na memória ou na inferência[2]. A maior parte de nossas crenças se baseia no testemunho de autoridades. Assim, para um indivíduo voltado à práxis, as dúvidas dos filósofos quanto a podermos ou não chamar de conhecimento as crenças baseadas em testemunhos não passam de um preciosismo terminológico. Na verdade, por razões que foram demonstradas por Wittgenstein, é provável que essas dúvidas nem mesmo possam ser chamadas de filosofia[3]. Devido às limitações do tempo e do intelecto, somos forçados a basear a maioria de nossas crenças em testemunhos, como aquele dos cientistas a propósito de fenômenos cosmológicos e microscópicos. A maioria dessas crenças é tão confiável quanto aquelas que formamos com base na percepção, na memória ou na inferência, e muitas delas são até mais confiáveis que estas. Isso permanece válido ainda que, em grande parte, julguemos a confiabilidade dos testemunhos com base em outros testemunhos (acredito que minha certidão de nascimento contenha a data exata de meu nascimento devido, em parte, àquilo que ouvi dizer sobre o registro público das estatísticas vitais e devido também àquilo que meus pais me disseram sobre o dia em que nasci) e embora possamos ser enganados por tais testemunhos. De fato, boa parte deles é falsa. Muitas vezes, porém, também somos traídos pela per-

---

2. Ver, por exemplo, Douglas N. Walton, *Appeal to Expert Opinion: Arguments from Authority* (1997), onde se aplica esse ponto ao depoimento de especialistas na qualidade de testemunhas, tema que retomarei no Capítulo 12.

3. Ludwig Wittgenstein, *On Certainty* (1969), sobretudo §§ 144, 240, 282, 288, 604.

cepção e pela memória e seguimos procedimentos inferenciais falhos ou erramos na aplicação destes.

Mesmo Hume, que era famoso por seu ceticismo acerca do testemunho (particularmente o testemunho daqueles que supostamente presenciaram a ressurreição de Cristo)[4], considerava-o confiável *de modo geral*. Para ele, entretanto, só era possível confiar num testemunho depois de verificar, em primeira mão, a credibilidade da testemunha, o que raramente é possível. A maioria dos juízos de credibilidade tem por base testemunhos cuja veracidade não podemos constatar ou que, pelo menos, não constatamos. "O fato de que os bebês nascem das mulheres é algo que, de certa forma, todos sabemos. Este é um fato decorrente da observação, mas muitos de nós jamais presenciamos um único nascimento"[5] e poucos dentre nós já interrogaram os observadores ou procuraram, de alguma outra forma, determinar a credibilidade destes. O testemunho é, conforme demonstra o exemplo do parto, uma fonte de conhecimento fundamental e não derivativa, que guarda afinidades epistemológicas com a percepção, a memória e a inferência[6].

Além disso, uma vez que o julgamento com base no testemunho é sem dúvida extremamente falível[7], ainda que

---

4. David Hume, *An Inquiry concerning Human Understanding*, §10, Primeira Parte (1748).

5. Coady, nota 1 acima, p. 81.

6. Este é o tema do importante livro de Coady. Para uma enunciação clara de seu argumento, ver *id.*, pp. 143-51. Ver também Wittgenstein, nota 3 acima; Alvin I. Goldman, *Knowledge in a Social World*, cap. 4 (1999).

7. Este é um dos temas do grande romance de Orwell, *1984*. Ao reescrever os documentos, isto é, o testemunho, nos quais se baseia o conhecimento do passado, o Partido controla o passado. "A mutabilidade do passado é o princípio central do Ingsoc. Os fatos passados, argumenta-se, não têm existência objetiva. Sobrevivem apenas nos registros escritos e nas lembranças dos seres humanos. O passado é qualquer coisa com a qual os registros e as lembranças estejam de acordo. Assim, uma vez que o Partido detém o controle total da mente de seus membros [bem como de todos os registros], segue-se que o passado é aquilo em que o Partido deseja transformá-lo" (p. 176 da edição de 1961 da New American Library). Note aqui a unificação de testemunho e memória. Desnecessário dizer que o próprio Orwell não era pós-modernista. O fato de os totalitaristas serem pós-modernistas é uma surpreendente implicação de seu romance.

essa característica não lhe seja peculiar, abre-se um grande espaço para o questionamento da precisão dos julgamentos de causas e para a busca do aperfeiçoamento dos próprios procedimentos de apuração dos fatos no contexto judicial. No capítulo seguinte, busco criar, com ajuda da teoria econômica, um aparato conceitual para avaliar a apuração dos fatos no âmbito jurídico. Este é o domínio do direito probatório. Chamo atenção para o fato de que o direito não busca (nem deve buscar) a perfeição na determinação dos fatos. Sem dúvida, portanto, certo ceticismo diante da confiabilidade do testemunho legal é justificável. Mas o excesso de ceticismo também pode existir, e reflete uma concepção heroica – de origem platônica – do poder e dever do indivíduo de fundamentar suas crenças na razão individual, em vez de submeter-se ao testemunho do outros (embora, em Platão, a concepção só se aplique ao indivíduo excepcional). O ceticismo acerca do testemunho é uma faca de dois gumes e pode facilmente provocar uma falta de confiança injustificável na precisão do sistema jurídico. Esse fenômeno pode ser visto em um caso originalmente obscuro, mas que alcançou certa notoriedade em resultado da atenção jornalística profundamente equivocada que despertou.

Em 1990, um júri federal condenou Sheila McGough, uma advogada criminalista de Alexandria, Virginia, por fraude, perjúrio, intimidação de testemunhas e outros crimes correlatos, sentenciando-a a três anos de prisão. A condenação e a pena foram confirmadas, e um recurso posterior que pedia um novo julgamento com base em provas recém-descobertas foi indeferido, indeferimento esse que também foi confirmado. Depois de solta, a advogada escreveu à célebre jornalista Janet Malcolm. Na carta, ela afirmava ter sido vítima de uma armação, porque seus pertinazes esforços para defender seus clientes irritaram os promotores e juízes federais. Malcolm investigou o assunto e concluiu que McGough fora, de fato, condenada injustamente. "Parece pouco provável que alguém neste país possa ir para a prisão simplesmente por irritar, mas, pelo que entendi, foi exatamente isso o que aconteceu com Sheila McGough."[8] Malcolm, entretanto, não acredita que os juízes e promotores envolvidos no processo contra McGough tenham "armado" contra ela, no sentido de fabricar deliberadamente uma acusação contra alguém que acreditassem ser inocente.

O livro de Malcolm está entre dois gêneros, ambos alimentados pela tradição do ceticismo quanto aos testemunhos. O primeiro é o da história revisionista do direito, em que o historiador ou jornalista investigativo procura mostrar que um julgamento, seja o de um Dreyfus, um Sacco e Vanzetti ou um Alger Hiss, resultou num erro judicial. O segundo, exemplificado por obras como *Billy Budd*, de Melville, e *O estrangeiro*, de Camus, usa um processo judiciário real – ou, nesses dois exemplos, fictício – para levantar profundos questionamentos quanto à capacidade do direito de encontrar a verdade e fazer justiça. Janet Malcolm pretende mostrar que o sistema jurídico deixou de fazer justiça no caso de Sheila McGough, mas é também sua intenção sugerir que esse sistema é incapaz de fazer justiça em todo e qualquer caso, devido a sua cabal insuficiência epistemológica e ética.

Em geral os revisionistas escolhem casos conhecidos, e portanto existem arquivos públicos que podem ser consultados para avaliar seus argumentos. Malcolm, no entanto, escolheu um caso obscuro; e, embora exista um arquivo público no sentido técnico (autos do processo em primeira instância, petições e outros documentos disponíveis para consulta pública num arquivo do Estado), esse arquivo não é publicado e não está prontamente disponível senão a membros do judiciário federal. (Os pareceres dos juízes de primeira e segunda instância referentes aos processos que ela escolheu também não foram publicados.) Para a maioria de seus leitores, portanto, será impossível avaliar os argumentos da jornalista. Eles permanecerão convenientemen-

---

8. Janet Malcolm, *The Crime of Sheila McGough*, p. 6 (1999). As referências subsequentes às páginas de seu livro aparecem no texto deste capítulo.

te desavisados de que seu uso do arquivo foi seletivo e enganador. A seguir, resumirei as provas apresentadas no julgamento de McGough e em seguida discutirei como Malcolm busca isentar sua "requintada heroína" (p. 161) – que é como ela chama McGough – das responsabilidades morais e jurídicas a ela atribuídas.

Em 1986, um golpista chamado Bob Bailes (esse era apenas um dos nomes que ele usava, na verdade) contratou McGough para defendê-lo numa ação federal por fraude bancária e por uso de documentos de identidade falsos para fins de ludibriar. McGough sabia da multiplicidade de nomes e sabia também que Bailes tinha uma longa ficha criminal. Sabia até mesmo que ele estava sendo investigado pelo FBI por vender licenças de corretor de seguros fraudulentas. Por saber dessas coisas, ela deveria manter-se alerta, isto é, deveria saber com que tipo de pessoa estava lidando. Bailes alegava aos possíveis investidores algo implausível: que as licenças de corretor forjadas por ele autorizavam o comprador a operar no ramo de seguros em qualquer parte dos Estados Unidos, sem ter de cumprir nenhuma das incômodas restrições estaduais vigentes. Posteriormente, ele acabou sendo acusado também por essa fraude e condenado a 25 anos de prisão, acumulando, portanto, um histórico criminal extremamente longo. Hoje é falecido.

Enquanto McGough preparava a defesa de Bailes no processo por fraude bancária, este usava o escritório dela para conduzir o golpe do seguro. Em resposta a um anúncio das licenças publicado por ele no *Wall Street Journal*, dois homens, Manfredi e Boccagna, representados por um advogado de nome Morris, começaram a negociar com Bailes a compra de duas licenças. Bailes exigiu um depósito de 75 mil dólares, o qual Morris e seus clientes insistiram que fosse feito numa conta fiduciária de McGough e reembolsado a eles se o acordo não fosse fechado. Os três testemunharam que McGough lhes assegurou repetidas vezes que o depósito permaneceria em sua conta fiduciária até o fechamento do contrato. Assim que foi feito o depósito, porém, ela sacou todo o dinheiro, menos 5 mil dólares, e o entregou a Bailes, que lhe disse para ficar com o resto do dinheiro, o que ela fez. Pouco depois, ela recebeu uma carta de Morris na qual este lhe pedia que confirmasse que o dinheiro do depósito permaneceria em sua conta fiduciária. Ela não respondeu à carta e não restituiu os 75 mil dólares à conta.

O dinheiro fora fornecido por um banqueiro de investimentos chamado MacDonald (os clientes de Morris haviam, na verdade, intermediado o contrato). Quando este começou a examinar as licenças que concordara em comprar, ficou desconfiado. Seu advogado, Blazzard, perguntou a McGough se os 75 mil dólares ainda estavam em sua conta fiduciária, e ela lhe respondeu que sim, embora o tivesse sacado e dividido entre si e Bailes quase duas semanas antes. Ela disse a MacDonald que algumas das seguradoras autorizadas pelas licenças já estavam operando, mas nenhuma estava.

MacDonald logo percebeu que fora enganado e exigiu que McGough lhe devolvesse os 75 mil dólares. Como ela se recusou a fazê-lo, ele a processou para obter o dinheiro de volta. No depoimento que prestou nesse processo, a advogada negou ter representado Bailes na venda das licenças de corretagem. Foi uma mentira, feita sob juramento, e dizia respeito diretamente à matéria da ação movida por MacDonald.

Na véspera do julgamento do caso *MacDonald vs. McGough*, o advogado de McGough apresentou ao tribunal dois documentos, intitulados "Contratos Supervenientes", supostamente assinados por Manfredi (que, só para relembrar, era um dos clientes de Morris). Os documentos eram supostos contratos entre Bailes e Manfredi que substituíam os contratos originais de compra e venda das licenças de Bailes a Boccagna e Manfredi. Ao contrário dos contratos originais, os "Contratos Supervenientes" determinavam que o depósito de 75 mil dólares feito pelos compradores não era reembolsável, o que desmentiria o fundamento do processo de MacDonald. Mas a assinatura de Manfredi nos "Contratos Supervenientes" fora falsificada – quase certamente por Bailes, que fornecera os documentos a McGough para uso no processo. Esta tentou, sem sucesso, fazer com que a falsa assinatura de Manfredi fosse autenticada por um amigo de Baines chamado Cain. Um dia depois de ele se recusar a fazê-lo, ela desistiu e fez um acordo com MacDonald, devolvendo-lhe o total de 75 mil dólares que ele exigia. A conclusão natural é a de que ela recuou diante da perspectiva de ser processada por falsificação.

Em 1986, durante as negociações com os clientes de Morris, surgiu outro comprador potencial das licenças falsas. Esse homem, Johnson, reuniu-se com Bailes e McGough no escritório de McGough. Bailes exigiu um depósito não reembolsável de 25 mil dólares. Johnson insistiu que o depósito fosse reembolsável e que fosse mantido na conta fiduciária de McGough até o fechamento do contrato. Bailes e McGough aceitaram as condições e o dinheiro foi devidamente transferido para a conta. Ela então o repassou imediatamente a Bailes, menos 7.200 dólares, que embolsou. Em seguida, Johnson transferiu mais 12.500 dólares para a conta, e esse valor foi também dividido entre Bailes e McGough. O contrato de Johnson, ao contrário daquele de MacDonald, foi efetivamente fechado, com McGough assinando em nome de Bailes, porque este estava na prisão. As partes concordaram em dar a Johnson documentos que demonstravam que a licença comprada era realmente válida em todos os cinquenta estados. Esses documentos não foram enviados e, quando Johnson reclamou com McGough, esta disse que a razão para o atraso era que Bailes estava "em viagem" (na verdade ele estava preso).

Posteriormente, houve uma terceira transação, envolvendo uma dupla de parceiros chamados Irwin e Sali. McGough negou ter recebido o depósito de 25 mil dólares feito por eles, embora tenha ficado provado que Irwin transferira o dinheiro para a conta fiduciária dela e que ela o repassara prontamente a Bailes. Quando Sali (após a morte de Irwin) exigiu o depósito de volta, ela ameaçou processá-lo e fazer com que fosse preso.

McGough estava profundamente envolvida no golpe do seguro e deve ter percebido em algum momento que estava participando de uma fraude. Mas isso foi apenas o começo. Bailes inventou mais um plano mirabolante, dessa vez para sair da prisão sob a custódia de McGough. A implementação do plano começou com ela protocolando pedidos de falência em nome de empresas insolventes de propriedade de Bailes. Em seguida, ela protocolava, em nome de outras empresas de fachada de Bailes, ações de execução contra as empresas falidas, ao mesmo tempo que pedia que Bailes fosse solto sob sua custódia, sob a alegação de que, se estivesse fora da prisão, ele poderia tomar as providências necessárias para que os credores das empresas falidas fossem pagos. Devedores inexistentes tentavam livrar-se de dívidas inexistentes com credores inexistentes. McGough não apenas preparou inúmeras petições e alegações nesses processos fraudulentos como também contratou e pagou advogados para representar os falsos credores.

A essa altura um júri de pronúncia já estava investigando McGough. Pouco depois de ela inteirar-se da identidade de três pessoas que o Estado estava pensando em convocar para depor como testemunhas perante o júri de pronúncia, Bailes decidiu entrar com um processo de 50 milhões de dólares contra cada uma delas. McGough levou as petições ao tribunal federal, mas se recusou a pagar a taxa de registro dos autos. Como resultado, a petição não foi autuada, embora os réus tenham recebido uma cópia.

Havia outros indícios de fraude, intimidação de testemunhas e outros crimes correlatos de autoria de McGough, mas ela não depôs em defesa própria.

O caso que descrevi foi visto pelo juiz, pelo júri e pelos juízes de apelação como claro e incontestável. O único enigma era a motivação de McGough. Não parece ter sido financeira. As quantias da conta fiduciária de que ela se apropriou eram pequenas em relação ao tempo que passou representando Bailes. Durante a maior parte do tempo, ela não recebeu dele remuneração alguma e mesmo assim abandonou todos os outros clientes para se dedicar às causas de Bailes em tempo integral. É possível que McGough tivesse um envolvimento amoroso com ele (na época em que o representava, ela estava com mais de 40 anos e nunca se casara). O mais provável, porém, é que tenha sido simplesmente "iludida" por ele. Todos os testemunhos dizem que ele era encantador e persuasivo, um verdadeiro *mestre do golpe*. Ela acreditou nele e não media forças para promover seus interesses e salvá-lo das garras da lei.

Vejamos como Malcolm tenta refutar a acusação contra McGough. Um de seus métodos consiste em implicar com os detalhes das provas. Quase todo processo é cheio de vazios, discrepâncias, incoerências, testemunhas questionáveis e provas que não se encaixam nas outras ou as contradizem. O advogado de defesa geralmente procura usar essas impurezas para inculcar dúvidas na mente dos jurados, os quais muitas vezes podem ter uma concepção idealizada de como se prova a culpa. Manfredi testemunhou que estivera presente quando o advogado Morris leu para McGough, por telefone, a carta que Morris estava para lhe enviar instruindo-lhe que mantivesse o depósito de 75 mil dólares de seus clientes na conta fiduciária. Mas os registros da companhia telefônica revelaram que a ligação durou apenas um minuto. Provavelmente esse tempo era curto demais para que ele lesse a carta inteira em voz alta, embora esta tivesse apenas uma página. Morris travara várias conversas com McGough no mesmo período. Ao testemunhar, quatro anos depois, Manfredi pode tê-las misturado na memória. É certo que os depósitos foram feitos na conta fiduciária de McGough (não apenas o depósito que os clientes de Morris fizeram em nome de MacDonald, como também os depósitos de Johnson e de Irwin e Sali). Talvez o único objetivo disso tenha sido o de garantir que as quantias não fossem sacadas antes do fechamento dos contratos, de modo que, se estes não fossem fechados, os depositantes teriam a garantia de devolução do dinheiro. A alegação de McGough de que cada acordo era "um acordo sem período de rescisão livre e de que ela não era nenhum agente fiduciário" (p. 72), embora pareça convincente a Malcolm, é, na verdade, indigna de crédito. Se fosse essa a natureza do acordo, o depósito teria sido feito na conta bancária de Bailes, e este de fato tinha uma conta, ao contrário do que McGough disse a Malcolm. Em outras palavras, McGough não tinha nenhuma razão pessoal para querer que o dinheiro fosse depositado em sua conta fiduciária. A ideia foi necessariamente dos depositantes, e a finalidade só pode ter sido a de manter o dinheiro fora do alcance de Bailes até o fechamento do contrato.

A alegação de McGough de que aqueles eram acordos que não previam determinado período de "rescisão livre" foi desmentida também pelo fato de ela não ter respondido à carta de Morris, a qual tornava explícito que se tratava de um acordo com previsão de determinado período de rescisão livre e que McGough deveria manter o dinheiro na conta fiduciária até o fechamento do negócio. Se essa interpretação estivesse incorreta, McGough provavelmente teria dito isso a Morris, para não ser acusada de desviar o dinheiro depositado em sua conta fiduciária.

Um testemunho não vem com um rótulo de "verdadeiro" ou "falso". É preciso avaliá-lo tendo-se em vista a motivação e a competência da testemunha em relação às testemunhas que depõem em sentido contrário, bem como a coerência interna do testemunho e sua coerência com os demais testemunhos do processo, a plausibilidade do testemunho segundo o senso comum e assim por diante. Esse procedimento de filtragem, ponderação e comparação de testemunhos muitas vezes dissipa ou reduz as dúvidas quanto à confiabilidade do testemunho para as quais a tradição filosófica chama a atenção. No caso de McGough, isso nos dá considerável segurança para atribuir o erro de Manfredi em seu testemunho a uma falha de memória, bem como para dar crédito à essência de seu testemunho e rejeitar, como falsa, a negação de McGough.

Malcolm dá muita importância ao fato de que Morris teve sua licença de advogado cassada e posteriormente foi preso, embora esses eventos tenham ocorrido depois do julgamento de McGough e não tivessem relação com este. A jornalista também enfatiza que Manfredi e Boccagna eram pessoas de má reputação (como também Zinke, outro participante da intermediação da venda das licenças) – provavelmente também eram golpistas. Mas nem MacDonald nem seu advogado, Blazzard, foram acusados de qualquer delito. E o fato de uma testemunha de acusação ter antecedentes criminais, embora deva levantar suspeitas, não invalida seu testemunho. Os advogados de defesa criticam (com boas razões, como veremos no Capítulo 12) o uso dos antecedentes criminais do acusado para destruir-lhe a credibilidade. Mas aquilo que vale para um lado vale também para o outro. O caráter duvidoso dos clientes de Morris não é incoerente com o desejo deles de que o depósito ficasse retido na conta fiduciária até o fechamento do negócio com Bailes. Pessoas de caráter duvidoso podem perfeitamente ser mais, e não menos, desconfiadas do que a média das pessoas com quem fazem negócios. Por isso podem mostrar-se particularmente desejosas de contar com a proteção que uma conta fiduciária proporciona contra o caráter duvidoso dos outros, ainda que, no final, Boccagna e Manfredi não tenham entrado com dinheiro algum, pois todo o montante foi depositado por MacDonald.

Em relação aos esforços de McGough para que os "Contratos Supervenientes" forjados que apresentou no processo de MacDonald contra ela fossem autenticados, Malcolm argumenta que, como "as cópias dos contratos já estavam nos autos do processo [pois o advogado de McGough já os protocolara], estava fora de questão" que McGough pedisse a Cain para autenticar as assinaturas naqueles contratos (p. 67). De modo algum: uma assinatura autenticada tenderia a contradizer a conclusão pela falsificação a que o júri se inclinaria se o caso fosse a julgamento. É verdade que o próprio Cain era uma pessoa de caráter duvidoso e que o advogado de McGough no caso MacDonald dera, em seu julgamento criminal, um testemunho que contradizia parte do testemunho de Cain. O advogado, no entanto, admitiu que não estivera presente na reunião no quarto de hotel de Cain, na qual, de acordo com o testemunho deste, McGough pedira-lhe que autenticasse o documento. Sendo amigo de Bailes, Cain não teria razão para prestar falso testemunho contra uma cúmplice de Bailes.

Malcolm argumenta que o advogado de Johnson mentiu ao testemunhar que McGough dissera que Bailes estava "em viagem" quando Johnson fechou o contrato de venda das licenças. O advogado, de fato, errou. Aquela afirmação foi feita depois, quando Johnson impacientou-se com a demora da documentação de que precisava para dar início às operações de uma seguradora em todos os cinquenta estados. Mas a confusão de datas não tem relação com o caráter fraudulento da afirmação. Este é mais um exemplo dos buracos encontrados em qualquer processo judicial e põe em dúvida também uma corrente da tradição filosófica que concebe a memória como um alicerce mais autêntico para o conhecimento do que o testemunho.

O mais ingênuo dos argumentos apresentados por Malcolm em defesa de McGough consiste simplesmente em dar crédito a suas negações. Mas essas negações não foram feitas sob juramento – lembremo-nos de que McGough não testemunhou em um julgamento, onde um falso testemunho a teria exposto a um agravamento de pena por perjúrio[9] (o qual não se deve confundir com o perjúrio que ela cometera antes, em seu depoimento no processo que MacDonald moveu contra ela). Foram feitas para Malcolm, anos depois do julgamento. Ao dar crédito a essas negativas implausíveis e que não foram pronunciadas sob juramento, Malcolm ingenuamente se esquece da possibilidade de ser enganada pela advogada de um enganador. Talvez ela acredite ser possível saber se alguém está dizendo a verdade

---

9. Ver U.S. Sentencing Guidelines § 3C1.1 e Application Note 4.

pela sinceridade dos gestos da pessoa. Essa crença, que diversas pesquisas já provaram ser uma falácia[10], é a premissa mesma do golpismo bem-sucedido, para o qual McGough, como cúmplice de Bailes, talvez tivesse algum talento. Diante do fato de que a conduta de uma testemunha pode ser tão enganadora, não me sinto em desvantagem por avaliar a confiabilidade de McGough sem ter-me "aventurado além dos autos do processo em primeira instância" e sem ter, portanto, entrevistado a advogada e as demais testemunhas do caso, como fez Malcolm durante a preparação de seu livro[11].

A jornalista tem uma atitude condescendente para com McGough, que a faz lembrar "uma executiva casada de Scarsdale, passando pela cidade para assistir à matinê" (p. 11). Não lhe ocorre que McGough pudesse enganar *a ela*. E assim, ao dar crédito à declaração de ingenuidade de McGough quanto aos negócios de Bailes, Malcolm deixa de registrar a importância de uma afirmação que McGough lhe fez, a saber, a de que, em sua carreira como executiva de uma fundação, antes de entrar na faculdade de direito e com pouco menos de quarenta anos, ela tinha "tido a responsabilidade de negociar contratos para" seu empregador (p. 160). Malcolm deixa também de enfatizar a incoerência de McGough ao admitir para ela que Bailes forjara um documento e ao mesmo tempo alegar que o governo o perseguia. A autora exibe uma credulidade quase cômica quando, ao flagrar McGough – cuja "devoção à verdade", diz Malcolm, "era uma certeza inspiradora" (p. 130) – mentindo, observa: "Ao confessar a mim que mentira para Quarles, ela

---

10. É muito comum juízes e júris serem enganados por bons mentirosos. Michael Saks, "Enhancing and Restraining Accuracy in Adjudication", 51 *Law and Contemporary Problems*, outono de 1988, pp. 243, 263-4. Deveríamos atribuir menos credulidade aos jornalistas? Note que, se Malcolm não acreditasse em McGough, provavelmente não faria sentido ela escrever um livro. Era de seu interesse profissional e pecuniário (pelo menos no curto prazo) ser crédula.

11. Carta de Janet Malcolm ao Editor, *New Republic*, 31 de maio de 1999, p. 4.

apenas provava mais uma vez sua honestidade. McGough poderia ter usado de evasivas ou sido ambígua, mas optou por contar a embaraçosa verdade sobre si mesma" (*id.*). Como é? Ao confessar que mentiu, uma pessoa prova que diz a verdade?

De qualquer maneira, ela usou, sim, de evasivas. Quarles, que respondera ao anúncio no *Wall Street Journal* mas prudentemente decidira não comprar nenhuma das licenças, testemunhou que, em resposta à sua "[pergunta] direta que visava a saber se algo acontecera com Bob Bailes nas duas semanas anteriores" (p. 129), McGough não lhe revelara que Bailes havia sido condenado por fraude bancária. McGough admitiu para Malcolm que mentiu para Quarles ao dizer a este que "nada era definitivo, que as coisas estavam pendentes de recurso" (*id.*). Mas não foi isso que Quarles testemunhou, e ele era testemunha da defesa. Ele testemunhou que a advogada não lhe dissera nada sobre a condenação e que só ficou sabendo anos depois. Se ela tivesse dito que "as coisas estavam pendentes de recurso", Quarles certamente teria reagido perguntando quais eram as "coisas" pendentes de recurso. A versão de McGough para o diálogo não é crível.

O meio eticamente mais duvidoso, embora retoricamente mais eficaz, de que se vale Malcolm para tentar fazer com que o leitor duvide da culpa de McGough é a postura de ignorar boa parte das provas comprometedoras apresentadas no processo contra McGough. Dada a inacessibilidade dos autos do processo para a maior parte dos leitores de Malcolm, essa tática de supressão assemelha-se à fraude da qual a jornalista procura exonerar sua "requintada heroína". Malcolm não menciona que McGough embolsou o depósito de 25 mil dólares feito por Johnson. Também não diz nada sobre os negócios de McGough com Irwin e Sali, os quais incluíam não apenas a apropriação de outro depósito de 25 mil dólares como também uma ameaça de levar Sali para a cadeia. Tampouco menciona os processos multimilionários contra as testemunhas do júri de pronúncia.

Não é crível que Bailes tenha pensado nesses processos sozinho e que McGough agisse apenas como sua mensageira ao levar os papéis para o tribunal. Os réus nesses processos – as pessoas que se buscava intimidar e, com isso, dissuadir de testemunhar diante do júri de pronúncia – eram testemunhas contra ela, não contra ele.

Malcolm até menciona a acusação de que McGough participou das falências simuladas das empresas de fachada de Bailes. Porém, como a jornalista não comenta se a acusação era verdadeira ou falsa, ela faz parecer que não há relação entre esta e o processo contra McGough; e dá a entender, na verdade, que sua única importância foi a de preparar o palco para mais uma acusação (a qual ela refuta com base numa carta que McGough lhe escreveu), a saber, a de que McGough induzira um juiz federal ao erro quanto à custódia de Bailes. McGough realmente induziu o juiz ao erro, ocultando dele o fato de que outro juiz já havia indeferido a soltura de Bailes. Mas essa mentira era menos culpável do que os incontáveis atos de fraude que ela cometeu em relação às falências fraudulentas. Além disso, Malcolm deixa de atentar para o ponto mais importante da carta de McGough: a afirmação de que esta pedira a soltura de Bailes "para que ele pudesse trabalhar com seus advogados num processo de falência" (p. 117). Esse processo era uma fraude, mais especificamente uma das falências fraudulentas que McGough pedira em nome de Bailes. Ela *necessariamente* sabia disso e portanto mentiu para Malcolm, que deveria ter percebido.

Malcolm não menciona o testemunho, não impugnado, do advogado Blazzard sobre suas conversas com McGough; seu nome não aparece no livro. Tampouco menciona que a "quase preternaturalmente honesta" McGough (a descrição é de Malcolm, p. 6) cometeu perjúrio em seu depoimento no processo movido contra ela por MacDonald, quando alegou não ter representado Bailes nas negociações das licenças. Esse perjúrio foi um dos catorze delitos pelos quais McGough foi condenada.

Todas as provas ignoradas por Malcolm dão amparo às acusações contra McGough. Essas provas, em seu conjunto, não deixam dúvida de que as acusações eram verdadeiras, algo que poucos leitores do livro de Malcolm que não viram pessoalmente os autos do processo de McGough perceberão.

Malcolm também recorre a outros métodos para abalar a confiança na culpa de McGough, como o de mudar de assunto. Ela incita o leitor a pensar na possibilidade de motivações maléficas por parte dos promotores federais e juízes federais, que estariam irritados com os esforços de McGough em prol de seus clientes antes de esta conhecer Bailes. Essa possibilidade desaparece diante do fato de que McGough não advogava no sistema federal antes de se envolver com Bailes: a acusação contra este por fraude bancária foi seu primeiro processo federal.

Mas Malcolm incita o leitor a pensar em uma possibilidade ainda mais alarmante: a de que o sistema jurídico norte-americano é incapaz de determinar com precisão a culpa e a inocência dos réus. É aqui, sobretudo, que se percebe um eco distorcido e amplificado da tradição filosófica de não confiar no testemunho. A jornalista afirma que "em certo sentido, qualquer pessoa levada a julgamento, criminal ou civil, é vítima de uma armação", porque "as cartas estão marcadas contra o acusado" (p. 14). Além disso, "para o promotor que acusa uma pessoa inocente ou para o advogado que defende um cliente culpado, a tarefa é, na verdade, ainda mais fácil" (p. 26). A justificativa para essa desvairada afirmação é que, como "a verdade é confusa, incoerente, desinteressada, tediosa e absurda", ela só poderá prevalecer num julgamento se for "cuidadosamente transformada numa espécie de paródia de si mesma" (*id.*). Portanto, McGough foi condenada *porque* era incapaz de mentir ("quase preternaturalmente honesta"). Seu hábito de dizer compulsivamente a verdade a condenara ao descrédito.

"As histórias do mundo jurídico", explica Malcolm, "são histórias vazias. Levam o leitor a um mundo inteiramente construído de argumentos tendenciosos e absolutamente alheio à verdade do mundo real, onde as coisas têm a permissão de ser como são" (pp. 78-9). Que "mundo real" é esse a que Malcolm se refere? Estaria ela falando sério ao sugerir que o direito não é *nada* além de argumentos tendenciosos e que é *absolutamente* alheio à verdade? Ao sugerir isso, ela desmente sua própria pretensão de ter provado a inocência de McGough. Se o processo jurídico é incapaz de descobrir a verdade, qual é a probabilidade de o jornalismo ser capaz de fazê-lo? Se um testemunho num processo é absolutamente indigno de confiança, qual seria a probabilidade de um testemunho informal a uma repórter ser digno de confiança?

Na tentativa de ganhar os leitores convencidos da culpa de McGough, Malcolm busca atrair simpatia por sua heroína minimizando a gravidade dos crimes de Bailes, e o faz de duas maneiras: romantizando a figura do golpista e ridicularizando suas vítimas. Os golpistas, explica ela, têm "qualidades em comum com os artistas", como o "amor pela liberdade" (p. 8). Isso pode ser dito da maioria dos criminosos: eles se aborrecem com as restrições que a lei tenta impor a sua liberdade de ação. O que é verdade sobre os golpistas – sua marca característica, na verdade – é que eles encantam. Isso lhes permite lucrar com a propensão da cultura norte-americana a admirar o banditismo romântico[12] (o mesmo se pode dizer da cultura inglesa mais antiga, que produziu obras como *Moll Flanders* e *A ópera do mendigo*). Malcolm encaixa-se em uma longa tradição de escritores que depreciam o vigarista a ponto de admirá-lo[13].

---

12. Sobre esse assunto, ver Martha Grace Duncan, *Romantic Outlaws, Beloved Prisons: The Unconscious Meanings of Crime and Punishment*, Segunda Parte (1996).

13. "O vigarista só prospera devido à desonestidade fundamental de sua vítima (...). Os vigaristas não são criminosos no sentido habitual do termo, pois sua prosperidade advém de um admirável conhecimento da natureza humana. Eles são diferentes daqueles que usam o revólver, o porrete ou o maçarico de acetileno. Seus métodos diferem mais em grau do que em espécie daqueles empregados por formas mais legítimas de atividade comercial." David W. Maurer, *The Big Con: The Story of the Confidence Man and the Confidence Game*, p. 16 (1940).

O que nos atrai no golpista é, em parte, o fato de que ele geralmente se aproveita de pessoas gananciosas, crédulas e às vezes desonestas (na melhor das hipóteses, "otários de nascença" e, na pior, colegas de golpismo, o que é uma possível descrição de Morris e seus clientes). Mas Bailes não era *apenas* um golpista: a fraude bancária de que foi acusado no primeiro processo em que McGough o defendeu foi um caso claro de obtenção de um empréstimo bancário por meio de declarações falsas (substanciadas por documentos falsificados) quanto ao patrimônio do tomador do empréstimo. Não é verdade que sua carreira criminosa consistisse apenas de "diversos pequenos trambiques que fazia para comer e pagar o gás" (p. 42). No decurso de sua longa carreira criminosa, ele não apenas roubou várias centenas de milhares – provavelmente milhões – de dólares (o golpe do seguro lhe rendeu, sozinho, pelo menos 250 mil dólares) como também impôs enormes custos ao sistema judiciário e aos auxiliares de justiça, com seus incessantes registros de documentos forjados ou falsificados e de petições, processos e pedidos de falência de caráter leviano. Os custos impostos por criminosos como Bailes ao sistema judiciário e administrativo não são triviais. Malcolm os ridiculariza dizendo que "a confusão criada por Bailes no cartório judiciário não foi o crime do qual se o acusou, mas foi o crime pelo qual ele foi condenado" (p. 42). Ela menospreza a reclamação do escrivão de ter passado mais de cem horas "tentando dar ordem ao tumulto causado pelo sr. Bailes", definindo-a como "mais uma dentre as diversas lamentações e queixas que ecoam pelas crônicas da passagem de Bailes pelo judiciário" (*id.*). O que ela deveria ter dito é que as vítimas de Bailes incluem não somente as pessoas e instituições fraudadas por ele, mas também os contribuintes que pagam pelos custos dos serviços judiciários e administrativos dos quais ele abusou.

Além disso, nem todas as vítimas dos golpistas merecem ser fraudadas. Muitas delas são simplesmente ignorantes em matéria de finanças. Que pessoas assim sejam levadas à ruína por golpistas não é algo venerável. É preciso ser um darwinista social radical para acreditar que o golpismo deveria ser tolerado como meio de livrar o rebanho dos comerciantes e consumidores de seus membros mais fracos. Não está claro se alguma das pessoas que Bailes enganou durante sua longa carreira cabe nessa descrição. Mas Malcolm erra ao sugerir que *todas* essas vítimas eram seus "colegas espirituais" (p. 9). Os bancos que Bailes fraudou não eram. Ademais, MacDonald parece ter sido uma vítima inocente. Malcolm tem suas dúvidas a respeito disso, mas sua principal crítica a MacDonald é a de que ele era um "otário sem inclinação filosófica para sê-lo"; que, em vez de "cambalear lamentavelmente em direção ao desastre seguinte", que é como Malcolm acredita que a vítima de um golpe deve reagir quando descobre ter sido lograda (belo toque de darwinismo, aliás), tentou obter o dinheiro de volta e processar McGough, agindo como "um homem duro e punitivo" (p. 16). Ao criticar MacDonald, Malcolm culpa duplamente a vítima: não apenas por ter sido, antes de mais nada, lograda, como também por tentar punir o algoz. Há nesse raciocínio um eco do pensamento de Nietzsche, para quem era um sinal de fraqueza, da parte da vítima de uma injustiça, buscar compensação em vez de esquecer o assunto[14].

A observação de Malcolm de que Bailes fora condenado por congestionar a burocracia judiciária e não pelo crime real de que foi acusado traz à mente a sugestão, que vemos em *O estrangeiro*, de que Meursault, acusado de homicídio, foi na verdade condenado por não ter chorado no enterro da própria mãe. Ou seja, ele foi condenado por ser um inconformista num sufocante ambiente burguês. Malcolm acredita que Bailes foi punido severamente por fraude bancária porque, quando foi preso, ele estava morando em

---

14. Ver, por exemplo, Friedrich Nietzsche, *Thus Spoke Zarathustra: A Book for All and None*, Segunda Parte, p. 95 (traduzido para o inglês por Walter Kaufmann, 1966) [trad. bras. *Assim falava Zaratustra: um livro para todos e para ninguém*. Petrópolis: Vozes, 2008].

um carro cheio de roupas e pratos sujos. "Roupas e pratos sujos não constituem crime federal, mas os juízes federais, tanto quanto os jurados, formam suas impressões e agem de acordo com elas" (p. 41). Outro toque camusiano é a afirmação de Malcolm de que o júri deliberou durante apenas seis horas antes de condenar McGough porque era véspera do Dia de Ação de Graças, e os jurados "evidentemente precisavam da tarde livre para fazer compras" (p. 6). Não há fundamento para esse insulto contra a virtude dos jurados.

Mais um ponto embaraçoso para Malcolm é que sua mártir da verdade, sua sincera compulsiva, exerceu o direito constitucional de não depor no próprio julgamento[15]. Malcolm aceita a explicação de McGough segundo a qual esta teve medo de que, se depusesse, seria obrigada a dizer coisas que prejudicariam Bailes. Se McGough depusesse, acredita Malcolm, ela seria absolvida. Sua decisão de sacrificar-se pelo cliente eleva McGough, aos olhos de Malcolm, a uma envergadura heroica. A "recusa" de McGough a "rotulá-lo [Bailes] de golpista e comprometê-lo" representa "algo de certo modo magnífico (...), um idealismo revigorante" (p. 43).

Qualquer pessoa acusada de um crime tem direito à lealdade de seu advogado, porém dentro de certos limites. O advogado não deve cometer crimes em favor do cliente. Nenhum sistema jurídico toleraria esse comportamento. Desobedecer à lei para livrar um cliente é um ato que pode justificar-se *moralmente* quando o sistema jurídico é fundamentalmente injusto, ou mesmo, no quadro de um sistema essencialmente justo, quando o acusado é realmente vítima de uma "armação" e não há modo lícito de salvá-lo. Mas Bailes era apenas um trapaceiro, como reconhece Malcolm em seus momentos mais lúcidos (ela até adverte McGough disso). A ideia de que ele teria sido absolvido da acusação

---

15. No capítulo seguinte, questiono a legitimidade desse direito. Legítima ou não, porém, esta é uma característica do processo legal que não protege a verdade.

de fraude bancária ou de seus outros crimes, ou que nem sequer teria sido acusado, se não tivesse causado trabalho extra para os escriturários do governo, é uma fantasia. McGough não estava cumprindo "as obrigações de uma advogada perante seu cliente (...) ao pé da letra" (p. 44). Essas obrigações não incluem perjúrio, fraude falimentar, violação de obrigação fiduciária, indução ao perjúrio e outros crimes que ela cometeu.

O livro de Malcolm presta um desserviço ao público ao menosprezar a gravidade de crimes que envolvem "mera" atividade fraudulenta, e não violência ou tráfico de drogas, e abala a confiança no sistema de justiça criminal. Bailes, um criminoso de carreira e quase uma onda de crimes em forma de homem, é transformado por Malcolm em um adorável inconformista, um Huck Finn de nossos dias. A justiça criminal, por sua vez, é redefinida como uma máquina de opressão. Ao final do livro Bailes já se transformou em Robin Hood, e McGough, em Joana d'Arc.

11. Os princípios do direito probatório e a crítica do sistema de confrontação das partes

O direito probatório é o conjunto de regras que determina quais informações podem ser apresentadas a um tribunal ao qual se pede para resolver um litígio factual, e como se deve apresentá-las. A importância de uma resolução precisa desses litígios para um sistema jurídico economicamente eficiente já foi discutida em detalhe[1], embora a bibliografia econômica que trata das regras propriamente ditas seja escassa em relação ao raio de abrangência e à importância do direito probatório[2]. Espero, neste capítulo e no seguinte, demonstrar que a economia – com a ajuda de uma bibliografia empírica sobre o julgamento e a prova subjetiva que é de orientação em grande parte psicológica, assim como do teorema de Bayes, de outros aspectos da teoria da

---

1. Ver, por exemplo, Richard A. Posner, "An Economic Approach to Legal Procedure and Judicial Administration", 2 *Journal of Legal Studies* 399 (1973); Louis Kaplow, "Accuracy in Adjudication", em *The New Palgrave Dictionary of Economics and the Law*, vol. 1, p. 1 (Peter Newman [org.], 1998); Kaplow, "The Value of Accuracy in Adjudication: An Economic Analysis", 23 *Journal of Legal Studies* 307 (1994).

2. Bibliografia que cito bastante neste capítulo e no próximo. Referências bibliográficas úteis podem ser encontradas em Jeffrey S. Parker e Bruce H. Kobayashi, "Evidence" (a ser publicado em *Bibliography of Law and Economics*). Há uma bibliografia mais vasta que trata dos aspectos econômicos da revelação obrigatória dos elementos de prova e dos procedimentos anteriores ao julgamento considerados em geral, e que, de uma forma ou de outra, coincide com as questões discutidas neste capítulo. Ver Richard A. Posner, *Economic Analysis of Law*, cap. 21 (5. ed. 1998), e a bibliografia citada nessa obra.

decisão e de princípios de inferência estatística – pode lançar luz sobre uma vasta gama de temas relativos à precisão e à legitimidade dos métodos do direito para resolver disputas em torno de fatos.

Se lhes perguntássemos, muitos professores de direito probatório e até mesmo alguns juízes[3] responderiam que o sistema norte-americano de apuração de fatos num processo é *evidentemente* ineficiente, ao ponto do ridículo; e que a única coisa que o redime, se tanto, são os valores não econômicos por ele protegidos. Essa avaliação, no entanto, funda-se numa análise incompleta e num casuísmo enganador[4] que é, em si mesmo, subproduto de uma característica positiva do sistema norte-americano: o alto grau de vigilância pública que esse sistema promove e permite. O sistema de confrontação das partes norte-americano – nem econômico, nem muito preciso – é radicalmente imperfeito do ponto de vista utópico que tantas vezes se emprega, embora erroneamente, para avaliar as instituições sociais. Esse sistema talvez não seja inferior aos outros existentes, incluindo-se o sistema inquisitorial do *civil law*, tão admirado em certos rincões do meio acadêmico norte-americano.

O estudo da prova sob a ótica da economia pode ser conduzido de muitas maneiras. A mais simples delas seria isolar cada uma das normas do direito probatório e examinar suas propriedades economizadoras. Outra seria deduzir um sistema ideal de resolução de litígios a partir da teoria econômica e compará-lo com os sistemas efetivamente

---

3. Uma afirmação clássica dessa visão encontra-se em Marvin E. Frankel, "The Search for Truth: An Umpireal View", 123 *University of Pennsylvania Law Review* 1031 (1975).

4. Conforme afirmado em Marc Galanter, "An Oil Strike in Hell: Contemporary Legends about the Civil Justice System", 40 *Arizona Law Review* 717 (1998), e em dois excelentes estudos recentes sobre as decisões do júri no processo judicial contencioso: Deborah Jones Merritt e Kathryn Ann Barry, "Is the Tort System in Crisis? New Empirical Evidence", 60 *Ohio State Law Journal* 315 (1999); Neil Vidmar, Felicia Gross e Mary Rose, "Jury Awards for Medical Malpractice and Post-Verdict Adjustments of Those Awards", 48 *DePaul Law Review* 265 (1998).

em uso nos Estados Unidos e em outros países. Uma terceira possibilidade seria partir da bibliografia epistemológica e psicológica sobre a investigação racional[5]. Uma quarta maneira seria partir do que é hoje uma extensa bibliografia empírica sobre o funcionamento efetivo dos diversos métodos de determinação dos fatos num julgamento (sobretudo o júri, que constitui o foco dessa bibliografia)[6]. Uma quinta forma seria investigar como se resolvem disputas no setor privado, uma vez que os agentes de resolução de disputas privados têm incentivos mais fortes para maximizar os benefícios totais desse processo do que seus equivalentes públicos. Uma sexta abordagem seria examinar todos os possíveis objetivos do direito probatório e procurar estabelecer o peso que se deveria dar aos objetivos econômicos.

A título de primeiro passo, o método mais fácil é o segundo, que envolve perguntar como planejaríamos uma investigação se estivéssemos começando do zero e tentando criar um sistema de solução de disputas factuais em litígio que fosse economicamente eficiente no sentido mais amplo da palavra. Para tanto, proponho dois caminhos equivalentes. O primeiro consiste em definir a apuração dos fa-

---

5. Um bom tratado recente sobre a tomada racional de decisões é David A. Schum, *The Evidential Foundations of Probabilistic Reasoning* (1994). Para uma visão especificamente associada aos prós e contras de uma abordagem bayesiana do direito probatório, ver *Probability and Inference in the Law of Evidence: The Uses and Limits of Bayesianism* (Peter Tillers e Eric D. Green [orgs.], 1988). Discuti algumas das questões epistemológicas envolvidas no emprego do processo judicial como forma de determinar os fatos em meu livro *The Problems of Jurisprudence*, pp. 203-19 (1990), mas não concordo mais com tudo que ali afirmei, sobretudo com minhas críticas ao sistema de julgamento pelo júri.
6. São bons exemplos dessa bibliografia Roselle L. Wissler, Alan J. Hart e Michael J. Saks, "Decisionmaking about General Damages: A Comparison of Jurors, Judges, and Lawyers", 98 *Michigan Law Review* 751 (1999); Michael J. Saks, "What Do Jury Experiments Tell Us about How Juries (Should) Make Decisions?", 6 *Southern California Interdisciplinary Law Journal* 1 (1997); Richard Lempert, "Civil Juries and Complex Cases: Taking Stock after Twelve Years", em *Verdict: Assessing the Civil Jury System*, p. 181 (Robert E. Litan [org.], 1993); e Donald Witman, "Lay Juries *vs*. Professional Arbitrators and the Arbitrator Selection Hypothesis" (Universidade da Califórnia em Santa Cruz, Departamento de Economia, inédito, 11 de julho de 2000).

tos como um problema de prospecção, análogo à pesquisa de preços de um bem de consumo durável[7]. Nesse contexto, a resposta correta à questão de saber se, digamos, X atirou em Y corresponde a uma escolha entre duas marcas de lava-louças que fosse maximizadora de utilidade[8]. A obtenção, seleção, organização, apresentação e (para o julgador do fato) ponderação das provas é um processo que traz benefícios e impõe custos. (É preciso distinguir os benefícios e custos sociais dos benefícios e custos privados, mas faremos isso mais tarde.) Os benefícios são uma função positiva da probabilidade (p) de que, se as provas forem consideradas pelo julgador do fato, o caso será decidido corretamente. São também uma função positiva dos riscos (R) presentes no caso. Suponhamos, para simplificar, que os benefícios sejam simplesmente o produto dos dois termos, daí pR, em que p é uma função positiva do volume de provas (x). Assim, a expressão completa dos benefícios da investigação é $p(x)R$. Se as provas forem suficientes, p pode ser igual a 1, o que significa que o processo certamente vai produzir a decisão correta. Os custos do processo (c) são também uma função positiva do volume de provas.

Partindo desses pressupostos, os benefícios líquidos ($B(x)$) da busca de provas num processo são dados por

(1) $B(x) = p(x)R - c(x).$

A quantidade ideal de busca, isto é, aquela que maximiza os benefícios totais, é portanto a quantidade que satisfaz a

(2) $p_x R = c_x,$

---

7. Ver, por exemplo, Sridhar Moorthy, Brian T. Ratchford e Debabrata Talukdar, "Consumer Information Search Revisited: Theory and Empirical Analysis", 23 *Journal of Consumer Research* 263 (1997); Asher Wolinsky, "Competition in a Market for Informed Experts' Services", 24 *RAND Journal of Economics* 380 (1993).

8. A título de simplificação, pressupõe-se uma escolha dicotômica tanto no exemplo jurídico quanto no mercadológico. Não há nada de analiticamente importante que dependa desse pressuposto.

em que os subscritos denotam derivativas. Traduzindo a equação em palavras, a busca deve perdurar até o ponto em que o custo marginal e o benefício marginal se igualem. A quantidade de provas no ponto ideal será maior quanto maiores forem os riscos envolvidos no processo, quanto menor for o custo da obtenção de provas e quanto maior for o efeito das provas sobre o aumento da probabilidade de que a decisão seja precisa.

Para que esse ponto ideal exista, basta que $p(x)$ aumente a uma taxa decrescente ($p_{xx} < 0$) e que c_x não seja decrescente ($c_{xx} \geq 0$)[9]. Essas condições são plausíveis. A primeira implica que o efeito das provas adicionais sobre a decisão do processo diminui à medida que mais e mais provas são obtidas, sobretudo se o buscador iniciar a procura pela prova mais importante – procedimento esse que é o mais racional, a menos que o custo da obtenção dessa prova seja particularmente alto.

Para tornar a análise um pouco mais sofisticada, suponhamos que existam n fontes de prova possíveis e que essas fontes sejam independentes entre si (ou seja, descobrir provas válidas através de uma delas não ajuda o buscador a

---

9. A segunda condição implica que não há economias de escala na busca por provas. Uma versão simples da equação (1) que satisfaz ambas as condições é

(1a) $\qquad B(x) = (x/(x + 1))R - cx$,

em que p assume o valor específico de $x/(x + 1)$, enquanto $c(x)$ assume o valor específico de cx (custos constantes). A quantidade ideal de provas (x^*) é, então,

(2b) $\qquad x^* = (R/c)^{1/2} - 1$

e é maior quanto maior for o índice que expressa a quantidade de fatores de risco em jogo no caso proporcionalmente ao custo de cada unidade de prova. Observe-se, porém, que essa quantidade se eleva a uma taxa decrescente à medida que tal índice aumenta.

A condição de que c_x não seja decrescente não é estritamente necessária. Será suficiente se a variável decrescer menos rapidamente que os benefícios da pesquisa, de modo que $p_{xx}R < c_{xx}$.

encontrar provas válidas através de nenhuma das outras). Suponhamos ainda que cada fonte tenha uma probabilidade conhecida (p) de produzir provas válidas, que o valor dessas provas, se for possível obtê-las através dessa fonte, seja conhecido (V) e que também o seja o custo (c) de exploração da fonte para saber se ela produzirá essas provas. Então, para cada fonte, a estimativa de ganho total com a busca será de $pV - c$. Se estivermos buscando a melhor das fontes (por exemplo, o melhor perito para o nosso caso, a testemunha de melhor caráter ou, de modo geral, determinada testemunha ou prova documental entre várias disponíveis) e não o acúmulo de provas, pode-se demonstrar que devemos continuar a busca até encontrarmos uma fonte que produza provas com um valor maior que $(pV - c)/p$ para todas as fontes não buscadas[10]. Como $(pV - c)/p$ equivale a $V - c/p$ e $V > c/p$ para qualquer $c > 0$, isso significa parar na primeira descoberta exitosa se cada um delas tiver o mesmo valor probatório. Em caso de fracasso, devemos, em seguida, explorar a fonte com o maior p (supondo-se V e c constantes), o menor c ou o maior V.

Se o buscador não puder determinar antecipadamente qual das provas tem a maior probabilidade de ser proveitosa, seu processo de busca se assemelhará à construção de uma amostragem aleatória. Na medida em que crescer o tamanho da amostra, o valor das amostras adicionais para a obtenção de um resultado mais preciso vai crescer a uma taxa decrescente. (*Grosso modo*, o aumento da precisão é igual à raiz quadrada do tamanho da amostragem.) Assim, mais uma vez, a busca terá uma utilidade marginal decrescente. Na verdade, como veremos, a partir de certo ponto essa utilidade marginal pode tornar-se negativa. Ao mesmo tempo, não é provável que o custo do prosseguimento da busca se reduza conforme se expanda essa busca. Esse custo, na verdade, pode começar a crescer quando se esgota-

---

10. Ver Martin L. Weitzman, "Optimal Search for the Best Alternative", 47 *Econometrica* 641, 646-648 (1979).

rem as pistas iniciais. Os motivos da ressalva ("não é provável") são dois: um grande investimento inicial na reunião de provas pode gerar pistas que, durante algum tempo, forneçam ao buscador provas adicionais a um custo baixo. Além disso, o custo da busca por provas – se considerarmos seu somatório total, isto é, em todos os processos – pode cair com o aumento da quantidade de provas obtidas, porque uma apuração mais precisa dos fatos intensifica o desestímulo à conduta ilícita. Isso, por sua vez, reduz o número de processos e, consequentemente, o somatório dos custos do processo judiciário.

Para ver qual é a relação entre a precisão na apuração dos fatos e a dissuasão, observemos, em primeiro lugar, que a estimativa de custo da punição (CE) é na verdade a diferença entre a estimativa de custo da punição para quem comete um crime ($CEc = pcP$, em que pc é a probabilidade de punição se o acusado é culpado e P é a pena) e a estimativa de custo da punição para quem não comete um crime ($CEi = piP$, em que pi é a probabilidade de punição se o acusado é inocente e P é como antes). Portanto, $CE = pcP - piP$. Do mesmo modo, $CE = (pc - pi)S$, o que torna claro que, se a punição fosse imposta aleatoriamente, de modo que a probabilidade de punição fosse a mesma independentemente da culpa (ou seja, $pc = pi$), o custo de punição esperado por cometer o crime seria zero. Quanto mais preciso for o processo de determinação da culpa, menos aleatória será a punição e maior o efeito dissuasório da lei[11]. Em outras palavras, uma maior precisão na determinação da culpa aumenta a recompensa por ser inocente.

Esse argumento não se limita ao direito penal. Aplica-se a todas as áreas do direito nas quais o desestímulo ao comportamento ilícito é um dos objetivos visados. Ademais, ele mostra quanto gastar com provas pode ser um bom investimento. Mas corremos o risco de exagerar se não distinguirmos entre uma punição realmente aleatória e uma

---

11. Posner, nota 1 acima, p. 412.

punição em que haja apenas um componente aleatório. Suponhamos que seja grande a probabilidade de uma pessoa com antecedentes criminais vir a ser condenada por qualquer crime posterior do qual seja acusada, mesmo aqueles que ela não tenha cometido. Isso reduzirá o sucesso do direito penal em dissuadi-la de cometer mais crimes. Ao mesmo tempo, porém, essa pessoa se sentirá menos estimulada a praticar o primeiro crime, pois a estimativa de punição será maior (no longo prazo), além do que as pessoas com antecedentes criminais se manterão longe de atividades pelas quais possam ser presas e acusadas falsamente. Portanto, a imprecisão pode tanto aumentar quanto diminuir a dissuasão[12], embora eu suponha que este último efeito predomine na maioria dos casos, mesmo naqueles em que pessoas com antecedentes criminais sejam injustamente condenadas por crimes adicionais que elas não cometeram. Se os indivíduos que garantem o cumprimento das leis concentrarem seus limitados recursos nesses criminosos por eles serem mais fáceis de condenar, independente de serem ou não culpados, a estimativa de punição dos criminosos sem antecedentes vai diminuir, porque se dedicarão menos recursos a processá-los.

A dissuasão desempenha um papel de destaque na análise econômica da prova, porque estabelece um vínculo entre a preocupação com a precisão, que está no cerne do processo probatório, e a concepção econômica do direito como sistema de criação de incentivos à conduta eficiente. Como a determinação precisa dos fatos num julgamento é importante para a eficácia do direito na transmissão de incentivos eficientes, a precisão nos julgamentos de causas é, além de um valor moral e político, um valor econômico.

Outro método possível de conceber a busca das provas, e que deriva de conhecidos modelos econômicos do direito

---

12. Para outros exemplos de como a imprecisão nos julgamentos de causas pode, na verdade, aumentar o bem-estar social, ver Michael L. Davis, "The Value of Truth and Optimal Standards of Proof in Legal Disputes", 10 *Journal of Law, Economics, and Organization* 343 (1994).

processual e da responsabilidade civil culposa[13], é como um processo de minimização de custos. Seja p, desta vez, a probabilidade de ocorrência de uma decisão errada (em vez de correta) e pR, o custo do erro (a probabilidade de erro ponderada segundo os riscos). Suponhamos que $p = 0,1$, o que implica que, em média, um em cada dez casos será decidido incorretamente. Se os riscos médios desses casos forem de 100 mil dólares, a estimativa de custo do erro será de 10 mil dólares. A hipótese específica de que pR equivale ao custo social do erro é arbitrária. Mas é razoável supor que o custo social de uma decisão errada aumente, de modo geral, com o equivalente em dinheiro dos riscos do caso. Mais adiante apresentarei fundamentos e ressalvas para essa hipótese.

O objetivo social do processo probatório é minimizar a soma do custo do erro e do custo de evitar os erros, isto é, minimizar

(3) $\qquad C(x) = p(x)R + c(x).$

Formalmente, isso é feito obtendo-se a derivada de $C(x)$ em relação a x e igualando-se o resultado a zero, o que produzirá

(4) $\qquad -p_x R = c_x.$

Isto é, a busca de provas deve ser levada até o ponto em que a última prova obtida produza uma redução dos custos do erro igual ao custo de obtenção dessa prova. Para que esse ponto ideal exista, basta que o aumento de x tenha um efeito redutor sobre o decréscimo de pR e que, como antes, c_x não seja decrescente.

Os "custos", tão enfatizados nesse modelo de definição, podem parecer um conceito estrito demais para servir

---

13. Ver Posner, nota 1 acima, p. 401 (direito processual); William M. Landes e Richard A. Posner, *The Economic Structure of Tort Law*, pp. 58-60 (1987) (responsabilidade civil culposa).

de critério para a escolha entre diferentes normas probatórias. Mas isso depende de como se define "custos". Os custos da busca por provas, numa análise econômica adequada, não devem se limitar ao tempo e a outros custos diretos. Devem incluir também os custos indiretos resultantes dos efeitos do processo de busca no que diz respeito a incentivos. Considere a norma que limita o uso de provas de que, depois do acidente que deu origem ao processo movido pelo autor, o réu reparou o defeito que causou o acidente. A preocupação é a de que permitir o uso dessas provas desestimularia a reparação de defeitos, aumentando-se o risco de futuros acidentes e, portanto, a estimativa de custo dos acidentes.

Muitos professores de direito preferem, como forma de levar em conta os custos e benefícios indiretos das normas probatórias, atribuir ao direito probatório vários objetivos[14], em vez de simplesmente o da precisão na apuração dos fatos. Um economista concordará que a precisão (p, nas equações de (1) a (4)) não é o único objetivo. Na verdade, é mais correto definir a precisão não como um objetivo, mas como um dos fatores que determinam os benefícios totais da busca de provas. Quanto aos outros objetivos discutidos na bibliografia sobre a prova – como proporcionar um meio de catarse às partes, resolver disputas de maneira aceitável para a comunidade, proteger interesses de liberdade pessoal e outros valores (como no exemplo do conserto posterior ao acidente) –, é, do mesmo modo, mais correto descrevê-los não como objetivos separados, mas como fatores que influenciam determinados elementos dos modelos básicos de definição. Além de ser possível, desse modo, incluir as preocupações não econômicas no quadro da análise econômica, verifica-se que a ideia básica da análise econômica do direito probatório, isto é, o custo dos processos,

---

14. Ver, por exemplo, Michael L. Seigel, "A Pragmatic Critique of Modern Evidence Scholarship", 88 *Northwestern University Law Review* 995 (1994), e bibliografia ali citada, inclusive os influentes artigos de Laurence Tribe e Charles Nesson.

é um tema familiar e até ortodoxo nos trabalhos não econômicos sobre esse campo do direito[15]. A função da abordagem econômica é mais a de sofisticar e ampliar as intuições do profissional do direito do que a de desafiá-las.

Posso ser um pouco mais preciso sobre como a descoberta de mais provas conduz a investigação dos fatos a uma conclusão precisa. Na versão mais intuitiva do teorema de Bayes, a probabilidade posterior (a probabilidade depois de considerada uma nova prova, x) de que determinada hipótese (digamos, a de que X atirou em Y) esteja correta é obtida multiplicando a probabilidade anterior pela razão entre (1) a probabilidade de que a prova seria observada se a hipótese fosse verdadeira e (2) a probabilidade de que a prova seria observada mesmo que a hipótese não fosse verdadeira. Assim,

(5) $\qquad \Omega(H|x) = T \times \Omega(H)$,

em que Ω é a probabilidade[16], H é a hipótese e T ("taxa de probabilidade") é $p(x|H)/p(x|\tilde{}H)$. Suponhamos que a nova prova seja um testemunho de um transeunte, Z, dizendo que viu X atirando em Y. Suponhamos ainda que a probabilidade anterior ($\Omega(H)$) seja de 1 para 2 de que X atirou em Y, enquanto a probabilidade de Z testemunhar que viu X atirando em Y, se X realmente o tiver feito, seja de 0,8, e que a probabilidade de ele testemunhar que viu X atirando em Y, se X não o tiver feito, seja de 0,1, de modo que a taxa

---

15. Ver, por exemplo, Jon O. Newman, "Rethinking Fairness: Perspectives on the Litigation Process", 94 *Yale Law Journal* 1643, 1647-1650 (1985).

16. $\Omega(H|x) = p(H|x)/p(\tilde{}H|x)$ e $(H) = p(H)/p(\tilde{}H)$. O til (˜) significa "não". Portanto, se, no exemplo em questão, dado que X tenha atirado em Y, a probabilidade de que Z declare, na qualidade de testemunha, ter presenciado o tiro for de 0,4 e a probabilidade de que, dado que X não tenha atirado em Y, Z ainda assim declare que o viu atirar é de 0,1, então as chances de que X tenha atirado em Y são de 4 para 1 (o que equivale a dizer 4). Se (antes do testemunho de Z) a probabilidade de X ter atirado em Y fosse de 0,1 e a probabilidade de não ter atirado fosse de 0,2, então as chances de X ter atirado em Y (a probabilidade anterior) seriam de 1 para 2 (ou 0,5).

de probabilidade seja 8. As chances posteriores de X ter atirado em Y serão, portanto, de 4 para 1.

Diversas ressalvas precisam ser feitas. Uma delas é a de que os fatores de risco que estão em jogo num caso são uma medida imperfeita dos benefícios sociais da reunião de provas adicionais. Imagine uma ação civil movida com base numa lei que foi revogada depois da abertura do processo, mas que, não tendo sido revogada retroativamente, rege o litígio. Se houver muito dinheiro envolvido, a quantidade ideal de investimento privado na reunião de provas pode ser muito grande, porque a vitória conferirá ou preservará uma renda econômica substancial. Entretanto, os benefícios sociais de uma decisão correta podem ser nulos. (Ou não: a expectativa de que qualquer litígio surgido sob aquela lei fosse resolvido por métodos precisos, seja qual fosse o resultado, pode ter induzido os indivíduos a um comportamento eficiente quando a lei estava em vigor; e fazer jus àquela expectativa pode ser necessário para induzir as pessoas a um comportamento eficiente na observância das leis em vigor atualmente.) O argumento geral é o de que, em alguns casos, as partes podem investir muito pouco na busca de provas, porque a precisão nos julgamentos de causas confere benefícios a terceiros mediante o aumento da eficácia do direito como agente de dissuasão, enquanto, em outros casos, as partes podem investir muito, por razões de lucro. Mas, de modo geral, quanto mais estiver em jogo, mais importante, do ponto de vista social e também do ponto de vista privado, que a causa seja decidida corretamente. Quanto maior for a causa, maiores serão os custos sociais impostos por aquele tipo de imprecisão que reduz a dissuasão e, portanto, o cumprimento da lei. Se uma conduta que indica responsabilidade civil culposa é causa de um vazamento de petróleo bilionário e de outro, milionário, é mais importante conter o primeiro do que o segundo.

Uma segunda ressalva é a de que a alteração da probabilidade posterior pode ter pouco ou nenhum valor social, mesmo quando a taxa de probabilidade da nova prova for alta, como em nosso exemplo dos tiros, no qual esta era igual a 8. O valor dependerá da probabilidade anterior e da norma a reger a decisão judicial. Suponhamos que as chances anteriores (como consequência das provas apresentadas anteriormente) de X ter atirado em Y não sejam de 1 para 2, mas de 1 para 10, e que, para que X seja responsabilizado pelo tiro, o julgador do fato deva considerar que as chances de ele ter atirado sejam de pelo menos 1,01 para 1 (o critério da preponderância). Nesse caso, a nova prova, por não elevar a probabilidade posterior acima do patamar (multiplicar a probabilidade anterior por uma taxa de probabilidade de 8 gera uma probabilidade posterior de apenas 1 para 1,25), não teria valor. Isso também ocorreria se, com a probabilidade anterior (de 1 para 2) inalterada, o julgador do fato reconhecesse a probabilidade como no mínimo de 9 para 1 (uma das possíveis interpretações do critério de prova superior a toda dúvida razoável) para decidir contra X, pois a probabilidade posterior seria de apenas 4 para 1.

Uma última ressalva é a de que o investimento na busca de provas pode produzir benefícios que vão além da alteração da decisão de determinados casos. Imaginemos um caso simples, em que o desfecho de um processo dependa exclusivamente da taxa de investimento de cada uma das partes. A, digamos, superará B se gastar o dobro de B. Do contrário, B vencerá. Nesse caso, uma redução proporcional dos gastos de cada uma das partes não alterará o resultado. Essa redução, entretanto, pode muito bem fazer aumentar a quantidade de informações geradas para exame pelo tribunal e, com isso, também o desvio da decisão real em relação à decisão esperada, bem como a probabilidade de recurso, através da redução da confiança na precisão da decisão do processo.

* * *

Desejo examinar agora uma série de críticas que se ouvem com frequência cada vez maior: as críticas ao sistema processual norte-americano, baseado na confrontação das partes. Os benefícios e custos da busca de provas, e portanto o caráter e a intensidade ideais dessa busca, variam conforme o tipo de buscador; e é sobretudo a diferença entre quem busca as provas que distingue o sistema de confrontação das partes, que prevalece na maior parte do mundo de língua inglesa, do sistema inquisitorial, que prevalece na maioria dos outros países, notadamente os da Europa continental e o Japão.

Comecemos com o caso em que o único buscador é um juiz profissional. Trata-se de uma imitação grotesca do sistema inquisitorial. Embora o papel dos advogados no desenvolvimento das provas seja menor no sistema inquisitorial do que o é no sistema de confrontação das partes, não é um papel desprezível. Ademais, ele varia de país para país. Mas como minha intenção é contrastar os dois sistemas da maneira mais evidente possível, tratarei as tendências como se fossem extremamente fortes[17]. Logo, não apenas ignorarei o papel do advogado como buscador de provas nesse sistema inquisitorial como também tratarei o julgamento pelo júri como a única forma de julgamento no sistema de confrontação das partes.

---

17. O mais simples dos exemplos de investigação de fatos seria o de um pai (ou mãe) que investigasse uma disputa entre dois de seus filhos. Bentham parece ter encontrado aí o modelo ideal para o sistema probatório judicial, ainda que este modelo não deva ser seguido incondicionalmente. Ver Jeremy Bentham, *Rationale of Judicial Evidence*, vol. 1, pp. 6-8 (J. S. Mill [org.], 1827). Ver, a título de visão geral, Laird C. Kirkpatrick, "Scholarly and Institutional Challenges to the Law of Evidence: From Bentham to the ADR Movement", 25 *Loyola of Los Angeles Law Review* 837 (1992). Para análises das diferenças metodológicas no tratamento dos problemas relativos à prova entre o sistema de confrontação das partes e o sistema inquisitorial, ver Mirjan R. Damaska, *Evidence Law Adrift* (1997); John H. Langbein, "The German Advantage in Civil Procedure", 52 *University of Chicago Law Review* 823 (1985); David Luban, *Lawyers and Justice: An Ethical Study*, pp. 93-103 (1988).

Teoricamente, o juiz deveria ser um buscador extremamente eficiente, por sua seleção, formação e experiência[18]. Mas talvez não o seja. É difícil avaliar a apuração jurídica de fatos e, portanto, criticar um juiz por ter feito apurações erradas ou elogiá-lo por boas apurações. Isso faz com que o juiz tenha menos incentivos para buscar a realização de um bom trabalho. Se ele for bem pago, além disso, o custo da busca pode ser significativo. Além disso, a intensidade das buscas conduzidas depende da quantidade de juízes e auxiliares judiciários, quantidade essa que pode ser determinada sem que as autoridades responsáveis prestem muita atenção à quantidade socialmente ideal de busca. Ademais, o público pode não confiar nas buscas realizadas pelos juízes e nas conclusões que eles tiram destas, porque o processo de investigação judicial num sistema inquisitorial, como os procedimentos do júri de pronúncia nos Estados Unidos, é conduzido, em sua maior parte, a portas fechadas. Por fim, há também o risco de que o juiz se decida pelo resultado mais "popular" num caso, independentemente de este ser o mais justo.

No contexto do sistema de confrontação das partes, exemplificado pelo julgamento pelo júri nos Estados Unidos de hoje[19], a busca de provas é conduzida separadamente pelos advogados das duas partes em litígio e apresentada a um tribunal colegiado, não especializado e constituído *ad hoc*. Como os advogados são remunerados direta ou indiretamente com base em seu sucesso nas causas, estes se sentem altamente incentivados a desenvolver provas favoráveis a seus clientes e encontrar falhas nas provas do

---

18. É comum observar-se, como se a questão fosse óbvia, que a abordagem inquisitorial é "mais eficiente" do que aquela baseada na confrontação das partes. Por exemplo, Craig M. Bradley, "The Convergence of the Continental and the Common Law Model of Criminal Procedure", 7 *Criminal Law Forum* 471 (1997).

19. Poucas ações civis efetivamente vão a julgamento. A grande maioria se decide por acordo entre as partes. Contudo, os termos do acordo são guiados pelas expectativas quanto à duração, ao custo e, acima de tudo, à decisão judicial se o caso fosse a julgamento.

oponente. Quando o caso envolve grandes somas em dinheiro então, seus recursos para obter e contestar provas serão abundantes. Se a intensidade dos riscos envolvidos der uma boa medida dos custos sociais de uma decisão imprecisa, haverá um alinhamento ao menos aproximado entre a intensidade real e a intensidade socialmente ideal da busca por provas.

A quantidade de esforço dedicado à busca de provas é motivada não somente pelos riscos mas também pelo efeito provável da prova marginal sobre o resultado. Vimos na equação (2) que o benefício marginal de uma prova é dado por p_xR, em que px é o impacto da prova sobre a probabilidade de a decisão do processo ser a mais correta (seja de um ponto de vista social, seja de um ponto de vista privado, como aqui, onde estamos considerando os incentivos dos advogados e não aqueles dos juízes). Isso implica que, sendo iguais todas as outras variáveis, mais provas serão obtidas quanto mais disputado for o processo[20]. Quanto mais disputado for o processo, maior deverá ser o efeito das provas adicionais sobre a decisão e, portanto, maior será a probabilidade de essas provas serem produzidas e apresentadas ao julgador do fato. Se uma das partes do litígio tiver muito mais chances de vencer que a outra, as provas adicionais, mesmo que sejam muito importantes consideradas em si mesmas, podem não ter efeito sobre o resultado.

O incentivo à apresentação de mais provas quanto mais disputado for o caso tende a promover a eficiência. Mas não se pode afirmar nada além disso. É fácil imaginar processos em que as provas adicionais induzidas pelo caráter disputado do caso não produzem nenhum benefício para a sociedade. Suponhamos que a parte A possa aumentar em 1 por cento a probabilidade de uma decisão favorável se acrescentar mais uma prova a um custo x. Suponhamos também que seu oponente B possa anular esse aumento de 1 por cento

---

20. Ver também Avery Katz, "Judicial Decisionmaking and Litigation Expenditure", 8 *International Review of Law and Economics* 127 (1988).

em favor de A se acrescentar mais uma prova, favorável a B, a um custo também de x. Se cada uma das partes apresentar sua prova adicional, incorrer-se-á num custo de 2x sem que haja nenhuma mudança na decisão esperada. Esse exemplo, porém, não é muito realista. Se A puder prever a reação de B, não terá incentivo para acrescentar a prova adicional. A e B se beneficiarão conjuntamente se concordarem em manter essas provas fora do processo, e normalmente se imporá um acordo entre as parte para limitar a produção de provas. Se os advogados fossem perfeitos representantes de seus clientes, estipulações como essa seriam mais comuns do que realmente são.

O caráter competitivo do processo de busca e o fato de que o resultado desse processo é apresentado a um corpo de juízes amadores (os jurados) que não participa pessoalmente da reunião de provas dificultam a comparação entre o sistema de confrontação das partes e o sistema inquisitorial. O modelo de referência deste é a investigação policial, mas o daquele é o debate. As ferramentas do debatedor são aquelas da retórica, definida como o conjunto de técnicas para induzir à certeza em assuntos que envolvem uma incerteza irremediável, a qual muitas vezes se deve à falta de sofisticação dos ouvintes mas também, mais essencialmente, à frequentemente observável falibilidade do "testemunho", no sentido geral discutido no Capítulo 10. Conforme enfatizam os teóricos da retórica desde Aristóteles (que era mais compassivo com o raciocínio inexato do que Platão), um dos objetivos importantes de uma retórica eficaz (chamado de "apelo ético") é fazer com que o falante e o discurso seja críveis. A economia aplicada ao processo de busca de produtos pelo consumidor proporciona, mais uma vez, uma analogia útil[21]. Alguns bens de consumo são o que se chama, em economia, de "bens de crença". Um bem é de crença quando o consumidor não pode determinar de

---

21. Para uma discussão mais ampla, ver Richard A. Posner, *Overcoming Law*, cap. 24 (1995).

imediato sua qualidade pela inspeção ou mesmo pelo uso, de modo que ele é obrigado a acreditar "de boa-fé" em sua qualidade.

A importância da credibilidade num sistema retórico de justiça e os incentivos dos advogados para intensificar a credibilidade de suas testemunhas à revelia da verdade são fatores que explicam a ênfase dada pelo sistema de confrontação das partes ao contrainterrogatório e à réplica, bem como a correspondente desconfiança em relação ao testemunho indireto, que, definido funcionalmente, é simplesmente um testemunho não submetido ao contrainterrogatório. A testemunha é passível de contrainterrogatório, mas não o declarante cujo "testemunho" prestado fora do tribunal a testemunha reproduz.

A importância do contrainterrogatório muitas vezes é mal interpretada e seu valor social, consequentemente, é subestimado devido à não consideração do efeito de dissuasão do direito ao contrainterrogatório. Como o contrainterrogatório é efetivamente capaz de destruir a credibilidade da testemunha, ela raramente o faz na prática, e por isso é não raro equivocadamente denegrida. A testemunha cuja credibilidade seria destruída pelo contrainterrogatório não será sequer convocada, ou então tentará antecipar-se ao realizador do contrainterrogatório reconhecendo, por exame direto, os fatos sobre os quais o investigador provavelmente se debruçaria.

No sistema de confrontação das partes os litigantes têm dificuldade para sinalizar a força de seu argumento. Assim como os jogadores de pôquer precisam blefar de vez em quando para não revelar a força do jogo que têm nas mãos e perder, assim, a vantagem estratégica do segredo, o advogado cujos argumentos são fracos precisa fingir que estes são fortes, para evitar revelar suas cartas. Seria de esperar que alguns advogados se especializassem em causas nas quais seus clientes tenham muitas chances de vencer, de modo que o fato de o advogado ter sido mantido no caso assinalaria que os argumentos de seu cliente são fortes e assim induziria a um acordo favorável. Este seria um método barato e confiável de sinalização, mas não parece muito disseminado.

O sistema de confrontação das partes pode parecer menos eficiente do que o inquisitorial simplesmente por envolver dois ou mais buscadores (os advogados das partes em conflito), em vez de apenas um (o juiz). Há uma duplicação dos papéis e, portanto, um acréscimo de custos. Além disso, como esses buscadores não são desinteressados, o sistema precisa de procedimentos para evitar ocultação e distorção de provas. Quando autorizados, como no sistema jurídico norte-americano, os advogados ajudam suas testemunhas a dar credibilidade aos seus relatos. Os advogados compreendem a importância do apelo ético para uma retórica eficaz. Mas esse auxílio não é algo inteiramente negativo. O advogado pode ajudar a testemunha a se lembrar de fatos verdadeiros dos quais se esquecera, a estruturar suas lembranças para torná-las inteligíveis e a mostrar-lhe como testemunhar na observância das normas probatórias.

Como os benefícios privados da busca de provas podem ser maiores ou menores que os sociais, privatizar essa busca (como no sistema de confrontação das partes) pode resultar em excesso ou em escassez de provas do ponto de vista social, como vimos. Ao mesmo tempo, no sistema inquisitorial o juiz pode, em princípio (o que é uma enorme ressalva, obviamente), continuar sua busca por provas até atingir o ponto de interseção entre o custo marginal e o benefício marginal e então parar nesse ponto. Ainda assim, no sistema de confrontação das partes, o juiz pode pelo menos limitar a quantidade de busca conduzida pelos advogados, não somente restringindo os procedimentos anteriores ao julgamento, fixando uma data precoce para o julgamento e limitando a duração deste (medidas que os juízes no sistema norte-americano estão autorizados a adotar), como também excluindo provas do processo com base na Norma 403 das Normas Probatórias Federais (*Federal Rules of Evidence*).

Como veremos no próximo capítulo, essa norma autoriza a exclusão de uma prova apresentada quando o valor probatório desta for claramente sobrepujado por outros efeitos que sua inclusão exerceria sobre o processo, como o de prolongá-lo ou pô-lo em desordem. É verdade que, no momento em que um requerimento com base na Norma 403 for feito, as provas já terão sido reunidas. Mas é pouco provável que as partes reúnam provas se acharem que o juiz as excluirá do julgamento. Uma das funções das normas probatórias é, portanto, limitar os custos externos gerados pelo sistema de confrontação das partes. Esta é uma das razões pelas quais essas normas são menos importantes num sistema inquisitorial[22].

As normas não podem forçar as partes a dedicar à busca de provas esforços não condizentes com o valor da causa para elas só porque a busca adicional traria benefícios para a sociedade. Mas podem incitá-las um pouco nessa direção, como veremos quando tratarmos das regras que regem o ônus da produção de provas em juízo.

Como o júri é um tribunal constituído *ad hoc*, gasta-se um tempo significativo, no início do processo, com a seleção de seus membros. Ademais, por não ter experiência, o júri precisa da orientação de um juiz profissional, e o andamento do processo é atrasado pela necessidade de instruir os jurados quanto às noções elementares de sua função. Os julgamentos civis por júri nos tribunais federais são, em geral, mais de duas vezes mais demorados do que os julga-

---

22. Ver Gordon Tullock, *Trials on Trial: The Pure Theory of Legal Procedure*, pp. 151-7 (1980); Franklin Steir, "What Can the American Adversary System Learn from an Inquisitorial System of Justice?", 76 *Judicature* 109 (1992); Konstantinos D. Kerameus, "A Civilian Lawyer Looks at Common Law Procedure", 47 *Louisiana Law Review* 497, 500 (1987). Outra abordagem possível seria a imposição de um imposto regulamentador ("pigouviano") sobre a prova. Nessa hipótese, porém, teria de haver um subsídio para os casos em que o investimento das partes na produção de provas fosse demasiado pequeno do ponto de vista social. Infelizmente, a implementação de um esquema de imposto e subsídio como esse exigiria que o Estado possuísse muito mais informações do que este teria condições de obter.

mentos singulares (ou seja, por juízes)[23]. Isso significa que não se economiza tempo do juiz quando se emprega um júri – muito pelo contrário, embora exista certa compensação, porque o juiz não é obrigado a decidir efetivamente a causa ou redigir um parecer. As normas probatórias, como não raro se argumenta, seriam em grande medida desnecessárias se não houvesse júris. Sua finalidade principal consiste em evitar que indivíduos leigos cometam erros cognitivos por inexperiência. Assim, a formulação e a aplicação dessas normas são mais um custo do julgamento pelo júri.

O julgamento pelo júri também amplia as diferenças de competência entre os advogados das partes. Como deve evitar qualquer tipo de interferência na decisão do júri, não é fácil para o juiz, nesse tipo de julgamento, restabelecer o equilíbrio questionando ele próprio as testemunhas ou sugerindo linhas de argumentação, como poderia fazer caso ele mesmo decidisse a causa. Isso não é de todo mal. Uma das consequências desse fato é que no julgamento pelo júri penalizam-se os advogados incompetentes mais do que quando a causa é decidida pelo juiz. Com isso pode-se produzir, de modo darwiniano, advogados de qualidade superior à daqueles das causas decididas pelo juiz, em que este pode tentar compensar as impropriedades do advogado mais fraco. Mas "qualidade" nesse contexto inclui o uso inescrupuloso e habilidoso de truques retóricos enganosos, o que mostra que os processos darwinianos não são necessariamente normativos.

Por fim, e este aparentemente é o fato mais impressionante, pode parecer óbvio que a inexperiência e a ingenuidade dos jurados reduzem a probabilidade de se chegar a uma decisão que corresponda aos verdadeiros fatos envolvidos no processo. Além de o custo da informação ser mais alto para os jurados do que para os juízes profissionais, os jurados também podem estar mais sujeitos a ilusões cogni-

---

23. Richard A. Posner, *The Federal Courts: Challenge and Reform*, p. 193, n. 1 (1996).

tivas e ao emocionalismo do que um juiz profissional que "já viu de tudo". Mas esta é uma visão parcial. O caráter competitivo do processo de confrontação das partes estimula os buscadores (os advogados) a procurar arduamente por provas, o que não acontece tanto em um sistema em que o juiz é o principal ou o único buscador[24]. A competição sempre envolve duplicação de esforços, embora quase sempre produza benefícios mais do que compensadores. Isso também pode acontecer no caso de um julgamento. Em outras palavras, o sistema de confrontação das partes se baseia muito mais no mercado do que o sistema inquisitorial, e a constatação de que o mercado é um produtor mais eficiente que o Estado aplica-se à maioria das mercadorias.

O professor Langbein, eminente defensor da abordagem inquisitorial, reconhece que o sistema de confrontação das partes tem a vantagem de "harmonizar responsabilidade e incentivo", além de ser "uma salvaguarda indubitável contra a indolência estatal". Langbein oferece uma resposta "direta" para essa preocupação: "A carreira de juiz deve ser estruturada a fim de criar incentivos à diligência e à excelência."[25] Isso é mais de afirmar do que de fazer, e talvez seja, na verdade, irrealizável no âmbito da cultura política norte-americana[26]. Como prova disso, pode-se citar a insatisfação generalizada com os órgãos estatais norte-americanos, que empregam métodos e procedimentos que lembram aqueles dos sistemas inquisitoriais (juízes especializados, ausência de jurados, normas probatórias flexíveis e maior controle do tribunal sobre a reunião de provas).

Não devemos nos contentar com uma preferência dogmática pela alocação de recursos pelo mercado, mas sim refletir sobre como, concretamente, a concorrência pode levar

---

24. Ver Mathias Dewatripont e Jean Tirole, "Advocates", 107 *Journal of Political Economy* 1 (1999).

25. Langbein, nota 17 acima, p. 848.

26. Conforme se argumenta em John C. Reitz, "Why We Probably Cannot Adopt the German Advantage in Civil Procedure", 75 *Iowa Law Review* 987 (1990).

a um patamar ideal de reunião de provas. Isso pode ser feito não somente induzindo ambos os lados a dedicar mais esforços à descoberta de provas do que um juiz num sistema inquisitorial dedicaria, mas também induzindo cada parte a dedicar mais esforços à descoberta de falhas nas provas da parte contrária[27]. Essa dedicação maior de esforços, no entanto, não deve ocorrer em todos os casos. Os esforços devem ser maiores quanto mais interesses estiverem em jogo e quanto mais disputado for o caso. Logo, devem ser maiores nos casos em que análise, organização e avaliação mais completas e cuidadosas das provas tendam a trazer mais benefícios para a sociedade. Além disso, de modo geral, a parte com os argumentos objetivamente mais fortes será capaz de obter provas favoráveis a si a um custo inferior àquele que a parte contrária teria para obter provas favoráveis a si[28]. Portanto, o sistema competitivo de reunião de provas tenderá a favorecer a parte que venceria num mundo isento de erros[29].

O sistema de confrontação das partes favorece também a realização de inferências confiáveis a partir de lacunas probatórias[30]. Se uma das partes deve ser capaz de obter provas favoráveis a si a um custo baixo, sua incapacidade de apresentar essas provas permite ao julgador do fato in-

---

27. Este último ponto é enfatizado em Giuliana Palumbo, "Optimal 'Excessive' Litigation in Adversarial Systems" (Relatório de trabalho N.º 98-01, Ecare, Universidade Livre de Bruxelas, junho de 1998).

28. O ideal é que o custo da produção de provas favoráveis a si fosse infinito para a parte que mereça perder. Se o fosse, o fato de as partes terem incentivos para mentir num regime de reunião de provas competitivo não levaria a decisões judiciais erradas. Ver Chris William Sanchirico, "Games, Information, and Evidence Production: with Application to English Legal History", 2 *American Law and Economics Review* 342 (2000).

29. Luke M. Froeb e Bruce H. Kobayashi, "Naive, Biased, Yet Bayesian: Can Juries Interpret Selectively Produced Evidence?", 12 *Journal of Law, Economics, and Organization* 257 (1996). Ver também Paul Milgrom e John Roberts, "Relying on the Information of Interested Parties", 17 *Rand Journal of Economics* 18 (1987).

30. Ver Hyung Song Shin, "Adversarial and Inquisitorial Procedures in Arbitration", 29 *RAND Journal of Economics* 378, 404 (1998).

ferir que elas não existem e que a parte deve, portanto, perder. O silêncio se torna um sinal.

Embora os jurados em geral talvez sejam menos perspicazes e certamente menos experientes em julgar do que os juízes, "duas cabeças pensam melhor do que uma" – e seis, oito ou doze cabeças inexperientes podem pensar melhor do que uma cabeça experiente quando unem suas memórias e deliberam em busca de uma decisão. O juiz, além disso, não preside apenas. Ele pode tirar o poder de decisão daquele júri, convocando um novo julgamento; se as provas foram apresentadas de modo completamente parcial, pode dar instruções ao júri quando da deliberação para o veredicto; pode ainda desconsiderar o veredicto do júri em sua decisão, caso lhe pareça que o júri cometeu erro grave. As doze cabeças são, na verdade, treze. Ademais, dependendo do tipo de causa, os jurados podem ser mais parecidos com as testemunhas e com as partes do que o juiz, em matéria de procedência social, profissão, formação, experiência de vida, raça, costumes e visão de mundo. Por isso, entender e determinar a credibilidade da testemunha pode ser mais fácil para eles do que para o juiz. A probabilidade de isso acontecer é maior nas ações de responsabilidade civil que envolvem dano à pessoa e nas ações penais. No entanto, essas duas categorias juntas compõem a maioria dos julgamentos por júri[31].

Se os juízes, como os jurados, estão sujeitos a cometer erros cognitivos do tipo discutido no Capítulo 8 ou a ser

---

31. No ano mais recente para o qual há estatísticas disponíveis (1996 para os casos em âmbito estadual e 1997 para os casos em âmbito federal), 74% de todos os julgamentos por júri nos Estados Unidos foram ou ações de responsabilidade civil envolvendo dano à pessoa, ou ações penais. Calculado a partir de Brian J. Ostrom e Neal B. Kauder, *Examining the Work of State Courts, 1996: A National Perspective from the Court Statistics Project*, p. 25, 28 (1997); *Judicial Business of the United States Courts: 1997 Report of the Director of the Administrative Office of the United States Courts*, pp. 152-4, 359-61 (1997) (tabelas C-4, T-1). Entretanto, a cifra estadual em que se baseia essa estimativa é apenas uma aproximação, uma vez que não existe uma categoria abrangente de "dano à pessoa", da qual então fiz uma aproximação somando os ilícitos civis "de trânsito" àqueles "de imperícia médica".

dominados pela emoção (ver Capítulo 7), a decisão de uma causa pelo júri pode ser mais precisa do que sua decisão pelo juiz, pois neste último caso não há barreira que proteja o julgador do fato contra provas enganosas ou excessivamente lesivas. A questão não é tanto a necessidade de termos normas probatórias por termos júris, mas, acima de tudo, o fato de não termos mecanismos para impor normas probatórias aos juízes. Seria necessário haver um juiz de instrução que impedisse a chegada de provas inadmissíveis às mãos do juiz de primeira instância, mas este se sentiria humilhado por ser considerado incapaz de evitar que provas das quais ele tomou conhecimento influenciem sua decisão. Apesar disso, ele provavelmente seria, de fato, incapaz de evitar que essas provas o influenciassem. Na verdade não há certeza nem sequer de que os juízes sejam menos propensos a ilusões cognitivas do que os jurados (embora eu observe, mais adiante, alguns indícios de que são). A bibliografia sobre essas ilusões dá certo amparo à ideia de que o ambiente de mercado tende a dissipá-las ou pelo menos a reduzi-las[32]. Não dá, contudo, nenhum amparo à ideia de que os processos estatais produzem efeitos semelhantes[33].

O controle é uma das maneiras de combater as ilusões cognitivas. Outra maneira é o próprio sistema de confrontação das partes. Se o advogado de uma das partes constrói seu interrogatório de modo que se influencie o depoimento de uma testemunha, o outro advogado pode, ao contrainterrogá-la, reconstruir a questão para contrabalançar o efeito obtido pelo adversário. Esse é outro aspecto sob o qual o sistema de confrontação das partes (com júri) pode ser

---

32. Ver, por exemplo, Vernon L. Smith, "Rational Choice: The Contrast between Economics and Psychology", 99 *Journal of Political Economy* 877, 884-888 (1991); Colin Camerer, "Individual Decision Making", em *The Handbook of Experimental Economics*, pp. 587, 674-5 (John H. Kagel e Alvin E. Roth [orgs.], 1995).

33. Ver Christine Jolls, Cass R. Sunstein e Richard Thaler, "A Behavioral Approach to Law and Economics", 50 *Stanford Law Review* 1471, 1543-1545 (1998).

considerado melhor no tratamento de ilusões cognitivas do que o sistema inquisitorial.

Os jurados têm, além disso, certo frescor que pode faltar aos juízes. O juiz pode encontrar-se endurecido por todos os casos que já julgou, e por isso talvez preste menos atenção às peculiaridades de um caso novo. Suponhamos que, por já ter presidido vários casos parecidos, o juiz perceba, no início de um novo processo, que as chances de o acusado ser culpado são de 100 para 1. Ele então se sentirá pouco incentivado a considerar com atenção as provas apresentadas em juízo, porque as provas que pesem contra o réu não alterarão sua opinião, ao passo que as provas que favoreçam o réu, a menos que sejam contundentes, não levarão o cálculo de probabilidade do juiz a um patamar que o faça absolver o acusado. Num caso, por exemplo, em que as chances anteriormente estipuladas pelo juiz sejam de 100 para 1 de que o réu seja culpado e as provas criem uma taxa de probabilidade de 8 para 1 de que este seja inocente, as chances posteriormente estipuladas pelo juiz de que o réu seja culpado ainda serão de 12,5 para 1.

Tudo isso é perfeitamente racional. Mas, quando se compreende o padrão, os litigantes não têm mais incentivo para produzir muitas provas. (Para enxergar isso, imagine um caso extremo em que o juiz já se tenha decidido irrevogavelmente quanto à decisão correta do processo antes de apresentada qualquer prova.) Com o tempo, a precisão do processo litigioso terminará seriamente comprometida, na medida em que o julgamento prévio do juiz, formado com base em processos nos quais as partes efetivamente apresentaram uma grande quantidade de provas, torna-se cada vez menos preciso. O problema se agrava pelo viés confirmador, que é a tendência a interpretar as provas do modo mais coerente com nosso julgamento prévio[34]. O fato de o juiz, cujo cargo é vitalício e cujo salário é fixo, não sofrer pe-

---

34. Ver Matthew Rabin, "Psychology and Economics", 36 *Journal of Economic Literature* 11, 26-28 (1998), e bibliografia ali citada.

CRÍTICA DO SISTEMA DE CONFRONTAÇÃO DAS PARTES

nalidades por sucumbir a esse viés compromete sua resistência a ele. Esses perigos derivados de fortes convicções prévias são menores quando a causa é decidida pelo júri.

Um ponto relacionado a esse é o de que os juízes podem, em virtude de sua experiência, pular etapas no processo de decisão, enquanto os jurados, por serem novos no processo, podem examinar as provas mais detidamente. A decisão-relâmpago do juiz pode ser tão boa quanto a decisão mais refletida do júri, mas pode não ser melhor.

Por ser baseado na confrontação das partes e na necessidade de apresentação de todas as provas de uma vez (o júri não pode ser mantido indefinidamente, enquanto o juiz pode julgar um processo por fases durante um período indefinido e retardar a divulgação de sua decisão até muito tempo depois de encerrado o julgamento)[35], o julgamento por júri que é regra nos Estados Unidos pode ser mais facilmente monitorado pelo público do que um processo inquisitorial cuja estrutura se espelha naquela de uma investigação policial. Isso é importante numa cultura que desconfia dos funcionários públicos. Igualmente importante é a delegação de grande parte da função judicial a pessoas desvinculadas do Estado (os jurados) e aos advogados (embora, quando representam o Estado em juízo, estes normalmente sejam funcionários públicos). Com uma parte tão grande da função judicial privatizada, o número de juízes profissionais necessário para equipar o judiciário é bem menor que nos sistemas inquisitoriais[36]. Esse padrão responde à des-

---

35. Damaska, nota 17 acima, cap. 3, enfatiza o caráter condensado do julgamento num sistema de confrontação das partes quando comparado a um sistema inquisitorial. Ele atribui tal característica ao júri. Nos Estados Unidos, como na Europa, as causas julgadas pelo juiz tendem a durar mais desde o começo até o fim (embora seja menor a quantidade de tempo realmente dedicada ao julgamento) porque, não tendo de manter constituído o júri, o juiz pode interromper o julgamento para cuidar de outras questões.

36. Por exemplo, a proporção entre advogados e juízes é de 54,59 para 1 nos Estados Unidos, em comparação com 6,07 para 1 na França; 6,86 para 1 na Alemanha e 2,86 para 1 na Suíça. Richard A. Posner, *Law and Legal Theory in England and America*, p. 28 (1996) (quadro 1.1).

confiança por parte do público em relação aos servidores públicos.

Outra forma de entender esse padrão é constatando-se que a opção por um número reduzido de juízes eleva o custo da busca feita por eles, de modo que a função de busca é delegada a outros: advogados e jurados, os quais poderiam ser considerados buscadores de custo excessivamente alto (em relação aos benefícios) se houvesse juízes suficientes e sua busca fosse, portanto, barata. O fato de os norte-americanos desconfiarem dos servidores públicos mais do que a população da maioria dos outros países que no entanto são semelhantes aos Estados Unidos em quase todos os outros aspectos pode ser, portanto, o principal motivo da preservação do sistema de confrontação das partes nesse país. A Inglaterra pode parecer um exemplo em contrário. Lá também se preservou o sistema de confrontação das partes, embora a população inglesa seja famosa por seu respeito aos servidores públicos (embora este esteja diminuindo). Na prática, porém, o sistema jurídico inglês está mais próximo dos sistemas jurídicos do *civil law* que do norte-americano[37].

Também devido à desconfiança dos norte-americanos em relação aos servidores públicos, a maioria dos juízes, nos Estados Unidos, é eleita em vez de nomeada e os salários dos juízes mantêm-se bem abaixo dos custos de oportunidade dos advogados mais talentosos. Ambos esses fatores geram dúvidas quanto à qualidade dos juízes[38] e produzem, assim,

---

37. *Id.* pp. 30-6.
38. Ainda que a realização de uma inferência desfavorável a partir da variação salarial seja um procedimento complicado por dois fatores. Primeiramente, se os salários dos juízes fossem mais altos, os políticos poderiam se sentir mais incentivados a enxergar o cargo de juiz como uma grande fonte de assistencialismo. A magistratura valeria mais para o amigo ou financiador do político e, portanto, também para o político. Em segundo lugar, o salário de juiz, a exemplo daquele dos militares, desvaloriza-se devido ao monopsônio. Existe apenas um empregador dos juízes federais nos Estados Unidos, assim como só existe um empregador dos militares. Portanto, se um indivíduo pretende ser juiz federal ou soldado, ele não contará com o amparo da concorrência entre os empregadores futuros para obter um salário comparável àquele que lhe seria pago em um outro emprego.

um círculo vicioso (embora apenas para quem não gosta de júris). Como são alvo de desconfiança, os juízes norte-americanos são na verdade menos dignos de crédito do que os juízes de uma cultura de maior respeito pelos servidores públicos. Isso, por sua vez, faz diminuir o hiato de competência entre juízes e jurados, o que reduz os custos do erro nas causas decididas pelo júri em comparação com as causas decididas pelo juiz. O hiato é reduzido também pelo fato de que, quando os juízes são eleitos, os litigantes frequentes, como as seguradoras, e os advogados especializados em audiências judiciais, como aqueles que representam os autores de ações civis, têm fortes incentivos para canalizar as contribuições de campanha para juízes que favoreçam seus interesses. Reduzem-se os incentivos, bem como o efeito maléfico sobre a justiça, quando a responsabilidade pela decisão é dividida com os jurados. Um sistema de julgamento pelo júri neutraliza a tendenciosidade dos juízes e reduz o incentivo ao suborno destes[39]. Neutraliza também o viés político, que é um fator potencialmente importante, sobretudo num sistema em que os juízes são eleitos. O juiz que julga sem um júri não pode "culpar" os outros pelo resultado, mas pode diluir a responsabilidade quando julga em conjunto com um júri. Ademais os jurados, ao contrário dos juízes, não têm a perspectiva da carreira como incentivo para pronunciar veredictos que sejam populares junto a quem quer que controle as carreiras dos juízes.

As dúvidas quanto à competência dos jurados são influenciadas pelo pressuposto de que estes são escolhidos a partir de uma amostra aleatória da população leiga. Mas esse pressuposto é falso. Tanto no sistema judiciário federal quanto nos estaduais, os nomes dos jurados em potencial são obtidos sobretudo das listas de registro de eleitores ou das listas de eleitores que efetivamente votaram, de modo que, na prática, as pessoas cujo senso de responsabilidade cívica é insuficiente para motivá-las a registrar-se para vo-

---

39. Dewatripont e Tirole, nota 24 acima, p. 30.

tar não preenchem os requisitos para servir como jurados. (Os estados, porém, muitas vezes acrescentam às listas de eleitores outras fontes de nomes, como as listas de motoristas habilitados e de contribuintes, que podem representar seleções insatisfatórias no quesito da responsabilidade cívica.) As pessoas escolhidas recebem uma convocação para servir no júri. As mais irresponsáveis, no entanto, ignoram essa convocação e raramente há alguma consequência. Em seguida, quando os colaboradores são arguidos pelo juiz como parte do processo de seleção do júri para cada caso, aqueles que não querem servir inventam desculpas e geralmente são dispensados. Em seguida, as impugnações motivadas excluem os jurados que possam tender a ser parciais em favor de uma das partes e as impugnações peremptórias dão aos advogados a oportunidade de tentar, por palpite subjetivo, eliminar alguns dos candidatos a jurados restantes. Os candidatos que passam por essa peneira não são uma amostra aleatória dos habitantes daquele distrito judiciário federal. São pessoas que, de modo geral, estão acima da média em competência, espírito cívico e senso de responsabilidade, a não ser pelo fato de que as impugnações peremptórias são usadas, às vezes, para excluir os candidatos a jurados mais capazes (aqueles que têm maior chance de enxergar a verdade por trás dos argumentos apresentados pelo advogado que opõe a impugnação). Ao contrário do que reza a lenda, os aposentados são minoria, e não maioria, dentre os jurados[40]. Também o são, no entanto, as pessoas mais ocupadas, e algumas delas seriam jurados do mais alto nível.

Mesmo supondo que os jurados sejam, na média, tão competentes para resolver disputas em torno de fatos quanto os juízes (norte-americanos), podemos nos preocupar com a possibilidade de eles não terem incentivos para se esforçar. Eles estão menos sujeitos do que os juízes a serem criticados publicamente por tomarem a decisão "errada" (em-

---

40. Richard A. Posner, *Aging and Old Age*, p. 152 (1995).

bora isso possa ser, como vimos, tanto algo bom quanto algo ruim). Além disso, sua carreira profissional não está em jogo quando eles exercem sua função de jurados e seu incentivo financeiro para conduzir uma busca meticulosa por provas é nulo. Mesmo assim, quase todos os juízes que presidem a tribunais do júri se impressionam com a escrupulosidade do júri, concordem eles ou não com seu veredicto. Parte da explicação está na filtragem por escrupulosidade que mencionei. O mais importante, no entanto, é aquilo que se pode chamar de teatralidade do julgamento por júri. Os sistemas judiciais norte-americanos procuram criar, aparentemente com algum sucesso, uma atmosfera na qual os jurados, capturados pelo drama do processo de tomada de decisões, deem o melhor de si para apresentar um veredicto satisfatório. Isso não é mais (nem menos) surpreendente, do ponto de vista da escolha racional, do que o fato de que uma plateia pode se assustar com um filme de terror mesmo quando todos sabem que a coisa não passa de ficção.

Alguns exemplos muito divulgados de julgamentos por júri marcados pela insanidade (julgamentos intermináveis, incivilizados ou ilícitos, veredictos bizarros, entre outros graves erros judiciais, ou tudo isso ao mesmo tempo) convenceram alguns observadores de que o sistema norte-americano é brutalmente ineficiente[41]. Mas é perigoso nos basearmos em histórias de casos para soluções que satisfaçam o interesse público num país tão vasto e dominado pela mídia quanto os Estados Unidos. O próprio fato de que o sistema norte-americano de julgamento por júri facilita o exame público – de quem é mais difícil esconder os erros do sistema – faz com que ele pareça menos eficiente do que um sistema no qual os procedimentos se conduzam a portas fechadas.

Por razões de clareza, comparei sistemas opostos de reunião e avaliação de provas em juízo: um sistema inquisi-

---

41. Essa posição é defendida do ponto de vista econômico em Gordon Tullock, "Defending the Napoleonic Code over the Common Law", 2 *Research in Law and Policy Studies* 2 (1988), bem como em Tullock, nota 22 acima, cap. 6.

torial sem nenhuma participação dos advogados no processo probatório e um sistema de julgamento por júri baseado na confrontação das partes. No mundo real, os sistemas são mistos (os advogados desempenham certo papel no processo probatório nos sistemas jurídicos do *civil law* e somente uma pequena parcela dos casos são decididos por júris nos Estados Unidos) e seria possível combinar as melhores características de cada um deles. Poder-se-ia, em princípio, abolir o júri sem se descartar o sistema de confrontação das partes. A Inglaterra aboliu, em grande medida, o júri em julgamentos civis; mas o sistema inglês está longe de ser – também sob outros aspectos – um sistema de confrontação das partes no sentido norte-americano. Além disso, um número maior de litígios poderia ser resolvido por arbitragem, processo no qual normalmente se empregam juízes leigos, mas que, ao contrário dos jurados, são especializados. Uma série de reformas sugeridas para o sistema de confrontação das partes, algumas das quais já foram implementadas, bem como reformas correspondentes para o sistema inquisitorial[42], é promissora no quesito do aumento da eficiência. Eis algumas cujo objetivo é tornar mais preciso o julgamento por júri[43]:

1. Restaurar a quantidade de jurados do júri civil ao tradicional número de doze (em vez de seis ou oito, como no atual sistema federal), como forma de obter uma maior di-

---

42. Ver, por exemplo, Palumbo, nota 27 acima, pp. 2, 19-20. Sobre a convergência cada vez maior entre os sistemas europeus do *civil law* (inquisitoriais) e o sistema anglo-americano (de confrontação das partes), ver, por exemplo, *Criminal Justice in Europe: A Comparative Study* (Phil Fennell *et al.* [orgs.], 1995); John D. Jackson, "Playing the Culture Card in Resisting Cross-Jurisdictional Transplants: A Comment on 'Legal Processes and National Culture'", 5 *Cardozo Journal of International and Comparative Law* 51 (1997); Kerameus, nota 22 acima.

43. Muitas delas são discutidas em Saks, nota 6 acima, e em Lempert, nota 6 acima, pp. 220-31, e encontram-se resumidas em American Bar Association, Section on Litigation, "Civil Trial Practice Standards" (fevereiro de 1998). Ver também Michael Honig, "Jury Trial Innovations", *New York Law Journal*, 9 de novembro de 1998, p. 3.

versidade de experiências (esta é importante porque a determinação das probabilidades concernentes aos tipos de incerteza presentes nos julgamentos é uma tarefa que se funda acima de tudo no bom-senso do julgador, o qual por sua vez deriva da experiência das pessoas); de explorar o teorema do júri de Condorcet sobre a superioridade do julgamento coletivo sobre o individual[44]; e de reduzir a discrepância entre as decisões, ao adotar-se como base uma amostra maior, embora ainda pequena, da comunidade[45].

2. Exigir certas qualificações educacionais dos jurados que forem participar de litígios de alta complexidade.

3. Estimular os jurados a adotar um papel mais ativo no processo de busca, permitindo-lhes tomar notas, fazer perguntas aos advogados, às testemunhas e ao juiz, ler as atas do dia e, o que é mais discutível, convocar testemunhas.

---

44. Ver, por exemplo, Bernard Grofman e Guillermo Owen, "Condorcet Models, Avenues for Future Research", em *Information Pooling and Group Decision Making*, pp. 93, 94 (Bernard Grofman e Guillermo Owen [orgs.], 1986). O teorema requer que cada jurado faça um juízo independente, que a cada um corresponda uma probabilidade superior a 0,5 de que seu julgamento esteja correto e, o que é fundamental, que o júri chegue a sua decisão por voto majoritário. Suponhamos que a cada membro de um júri de doze pessoas corresponda uma probabilidade de 0,6 de ele estar correto. Nesse caso, o júri só chegará a uma decisão incorreta se sete membros estiverem errados, e a probabilidade de isso acontecer é de 0,47, ou seja, menos de 1 por cento. Se a regra fosse a unanimidade, a probabilidade de erro seria de 40 por cento. Porém, dado que os júris deliberam, não há dúvida de que uma maioria articulada muitas vezes é capaz de convencer os dissidentes e obter uma decisão unânime.

45. Para provas de que júris maiores aumentam a precisão e reduzem a discrepância, ver Saks, nota 6 acima, pp. 14-5, 42-3; Michael J. Saks e Mollie Weighner Marti, "A Meta-Analysis of the Effects of Jury Size", 21 *Law and Human Behavior* 451 (1997). Alguns casos são tão complexos que um único júri, mesmo com doze membros, é pequeno demais para assegurar uma precisão à altura do que está em jogo. Esse problema está presente nas ações civis coletivas, em que se podem agrupar demandas que envolvem interesses totais de literalmente bilhões de dólares para serem julgadas por um único júri. A solução é submeter uma amostra do caso a julgamento por júris separados. Ver Michael J. Saks e Peter David Blanck, "Justice Improved: The Unrecognized Benefits of Aggregation and Sampling in the Trial of Mass Torts", 44 *Stanford Law Review* 815, 841-851 (1992); *In re* Rhone-Poulenc Rorer, Inc., 51F.3d 1293 (7th Cir. 1995).

4. Dar instruções ao júri sobre questões jurídicas antes, durante e ao fim do julgamento.

5. Explicar aos jurados as normas probatórias básicas, para que não tirem conclusões negativas equivocadas quando souberem que certas provas não foram apresentadas. A ignorância das normas probatórias por parte dos jurados pode levá-los a alimentar suspeitas infundadas quanto à honestidade dos advogados e das testemunhas, bem como a tirar conclusões errôneas sobre as "provas faltantes"[46].

6. Evitar o jargão jurídico nas instruções ao júri, um problema tão generalizado que alguns estudos empíricos já constataram que "os jurados que recebem instruções do juiz não têm uma compreensão do direito melhor que aquela dos que não recebem"[47]!

7. Mudar as normas probatórias para combater alguns dos desvios cognitivos a que estão sujeitos os tomadores de decisões.

8. Abreviar os julgamentos tanto quanto possível, para que os jurados não sofram com a sobrecarga de informações.

A precisão é apenas um de dois fatores a considerar numa análise econômica da prova; o outro é o custo. Mas a maioria das reformas sugeridas não implica, na prática, nenhum custo. Algumas, como a abreviação dos julgamentos, podem até mesmo reduzir custos. A reforma aparentemente mais custosa seria a de aumentar o tamanho do júri.

---

46. Para uma análise e alguns exemplos disso, ver Bruce A. Green, "'The Whole Truth?': How Rules of Evidence Make Lawyers Deceitful", 25 *Loyola of Los Angeles Law Review* 699 (1992).

47. Saks, nota 6 acima, p. 35; ver também Reid Hastie, David Schkade e John Payne, "A Study of Juror and Jury Judgments in Civil Cases: Deciding Liability for Punitive Damages", 22 *Law and Human Behavior* 287, 304 (1998). Contudo, isso pode entrar para a categoria dos problemas que são irremediáveis mas não sérios. As instruções são dadas antes das alegações finais dos advogados perante o júri, e não se permite que estes discutam com o júri posições jurídicas incompatíveis com as instruções. Na verdade, então, os advogados instruem o júri, mas o fazem de modo compatível com as normas jurídicas estabelecidas pelo juiz.

Quanto maior for o júri, maior será o custo de oportunidade de tirar os jurados de suas atividades normais. Seriam necessários mais jurados, e os julgamentos seriam mais longos porque a seleção dos jurados e as deliberações do júri seriam mais demoradas. Aumentaria também o número de júris que não conseguem chegar a uma decisão e, com isso, o número de segundos julgamentos. Os custos adicionais, no entanto, podem perfeitamente ser compensados pelo fato de que uma apuração mais precisa dos eventos sucedidos (aquilo que um júri maior, dentro de certos limites, promove) provavelmente produzirá mais dissuasão, o que resultará, como observei anteriormente, em menos atos ilícito e, consequentemente, em menos julgamentos. Além disso, quanto mais previsível for o resultado do processo, maior será a taxa de decisões por acordo entre as partes.

Não quero exagerar na defesa de um júri maior. A arbitragem – que, como método de julgamento criado e financiado pela iniciativa privada, é um referencial valioso, embora não infalível, para a avaliação da eficiência dos sistemas públicos de julgamento – raramente envolve mais de três árbitros, e em geral há apenas um. A conclusão é que os custos de um colegiado maior excederiam os benefícios acima enfatizados. Essa conclusão, no entanto, é comprometida pelo fato de que as causas selecionadas para arbitragem diferem sistematicamente das causas julgadas pelo judiciário. Quase todas são casos contratuais em que as partes concordam, no próprio contrato, em resolver por arbitragem as disputas dele originadas; e talvez na maioria deles as partes não previram disputas que pudessem envolver riscos grandes o bastante para justificar algo mais do que um processo breve e informal de resolução. É verdade que muitos contratos multimilionários preveem a resolução de disputas por arbitragem e raramente, ou nunca, determinem para esta um grupo de mais de três árbitros. Mesmo assim, a maioria dos casos contratuais, mesmo quando há muita coisa em jogo, é decidida com base na letra do contrato. As disputas factuais confusas, do tipo que um grupo maior de apuradores de fatos pode ser mais capaz de resolver, são evitadas. Logo, os benefícios do acréscimo de árbitros podem ser pequenos, mesmo em causas de grande porte.

Outra variável do modelo de julgamento por júri é a norma de votação. A norma tradicional é a da unanimidade, mas alguns estados a flexibilizaram. É difícil dizer se essa ideia é boa, a não ser por seu efeito sobre o número de casos em que o júri não consegue chegar a uma decisão; por outro lado, talvez este número seja pequeno se a exigência de unanimidade for substituída por uma exigência de maioria qualificada (condenação ou absolvição por 10 votos a 2, por exemplo)[48]. Por um lado, a deliberação tende a ser mais perfunctória quando não se exige unanimidade. Por outro, as concessões pouco éticas, que podem ser necessárias para se garantir a unanimidade, são também menos prováveis.

Os opositores do sistema de julgamento pelo júri podem apontar dois tipos de prova empírica genuína para sustentar sua oposição. Em primeiro lugar, dados empíricos experimentais (limitados, porém, a um único estudo) indicam que os juízes estão menos sujeitos ao fenômeno da percepção tardia do que os jurados[49]. Em segundo lugar, a taxa de condenação é menor nas causas decididas pelo juiz do que naquelas julgadas pelo júri. A importância disso está no fato de que, na maioria dos estados, decidir se o julgamento será feito por um juiz ou por um júri cabe inteiramente ao réu. Se os júris determinam a culpa com menor precisão que os juízes, os réus inocentes preferirão ser julgados por juízes a correr o risco de que um júri erre. Por outro lado, os réus culpados preferirão ser julgados por um

---

48. Ver Alvin K. Klevorick e Michael Rothschild, "A Model of the Jury Decision Process", 8 *Journal of Legal Studies* 141, 155 (1979); Edward P. Schwartz e Warren F. Schwartz, "Decisionmaking by Juries under Unanimity and Supermajority Voting Rules", 80 *Georgetown Law Journal* 775, 787 (1992).

49. Ver W. Kip Viscusi, "How Do Judges Think about Risk?", 1 *American Law and Economics Review* 26 (1999).

júri, justamente na *esperança* de que se cometa um erro. Portanto, é de esperar que a taxa de absolvição seja maior nas causas decididas pelo juiz, o que de fato acontece[50]. Kevin Clermont e Theodore Eisenberg apresentam alguns dados empíricos análogos para as ações civis: nos casos de responsabilidade do fabricante por defeito do produto e de imperícia médica, a decisão da causa pelo juiz favorece grandemente o autor, enquanto a decisão pelo júri favorece grandemente o réu[51]. A opção do autor pelo juiz como figura que decide a causa, quando aquele tem muitas chances de vencer, é explicável pelos mesmos motivos que levam o réu a fazer o mesmo quando *este* tem muitas chances de vencer. O enigma está em por que o réu de uma ação civil não opta por que o júri decida a causa quando tem poucas chances de vitória e precisa, portanto, de um erro do julgador do fato para vencer. Para os autores do estudo, o advogado do réu sempre cai no mito popular de que os júris são defensores inveterados dos demandantes. Outra possibilidade está relacionada à suposta maior precisão dos juízes. Dizer que os júris são menos precisos do que os juízes equivale a dizer que há maior discrepância entre os desfechos das causas decididas pelo júri, em comparação com o que ocorre nas demais causas. Um réu com argumentos fracos demais para alimentar qualquer esperança realista de não ser responsabilizado perante o autor pode ser prejudicado por essa discrepância. Suponhamos que, para um juiz, a gama de possibilidades de valor para as indenizações por ele concedidas seja de 10 mil a 100 mil dólares (média de 55 mil), mas que para um júri, no mesmo caso, esta seja de 0 a 110 mil (mesma média). Nesse caso, um réu que não tenha chance de persuadir o juiz a estipular uma indenização igual a zero tem mais a perder se sua

---

50. Gerald D. Gay *et al.*, "Noisy Juries and the Choice of Trial Mode in a Sequential Signalling Game: Theory and Evidence", 20 *RAND Journal of Economics* 196 (1989).

51. Kevin M. Clermont e Theodore Eisenberg, "Trial by Jury or Judge: Transcending Empiricism", 77 *Cornell Law Review* 1124, 1162-1166 (1992).

causa for decidida por um júri do que se esta for decidida por um juiz. Uma vez que numa ação civil é o júri quem determina a sanção, mas numa ação penal é o juiz quem o faz, a imprecisão do júri tende a trabalhar contra o réu culpado na ação civil e a favor dele (como observamos no parágrafo anterior) na ação penal.

Os réus cujos argumentos de defesa sejam fracos tendem, porém, a preferir que a causa seja decidida pelo júri quando se pede que este tome uma decisão binária (como culpado ou inocente, responsável ou não responsável), porque, nesses casos, a discrepância só pode trabalhar a seu favor reduzindo a punição esperada. Suponha que todos os juízes sejam medíocres e que um juiz medíocre condenará determinado réu. Suponha ainda que um júri medíocre também o condenará, mas um em cada dez júris o absolverá. É melhor para ele, portanto, optar para que a causa seja decidida pelo júri.

O que chamo de "imprecisão do júri" não reflete necessariamente uma diferença de competência. Pode refletir simplesmente uma diferença de discrepância resultante do fato de que existem muito mais jurados do que juízes, e os jurados são mais diversos porque lhes falta a uniformidade de perspectiva e de experiência que os juízes tendem a ter em virtude de sua formação e vocação em comum. Mesmo assim, os jurados têm, sem dúvida, uma postura um tanto mais injurídica que os juízes, porque não internalizam os valores de obediência à lei tão intensamente quanto a maioria destes. É por isso que há normas que proíbem que se revele ao júri, numa ação civil, que o réu tem seguro de terceiros. Mas esse ponto está um tanto à margem da questão da competência na apuração dos fatos; são necessários mais estudos antes que se possa concluir, com alguma segurança, que o júri norte-americano apura os fatos com menor precisão do que o juiz norte-americano ou mesmo que o juiz europeu. Mas se esse júri é menos preciso, provavelmente também é menos eficiente, ao menos em ações civis. O custo direto das causas decididas pelo júri supera claramente aquele das causas decididas por um juiz. Somente se atribuirmos muita importância ao argumento de John Stuart Mill em prol do júri (o de que seu emprego é uma forma de "educação para a cidadania") ou a algum outro valor político do julgamento por júri, é que haverá probabilidade significativa de os custos adicionais serem compensados por benefícios maiores – exceto em ações penais. A desconfiança em relação aos servidores do Estado é grande demais nos Estados Unidos para que as pessoas se disponham a confiar sua liberdade exclusivamente a juízes profissionais.

A última preocupação em relação ao júri, e que lança dúvidas sobre as propostas de fazer o tamanho do júri voltar ao tradicional número de doze jurados, vem da bibliografia psicológica sobre polarização grupal. Segundo esses trabalhos, e em choque com as ideias que a maioria das pessoas tem em relação aos júris e às comissões, as deliberações grupais tendem a gerar decisões mais extremadas que as individuais, ou seja, as deliberações em grupo tendem a ser polarizantes[52]. Já se apresentou uma série de explicações para isso, mas nenhuma delas inspira concordância total. O mais intrigante é que nenhuma das explicações (uma das mais comuns é a de que pessoas que adotam posições extremadas argumentam com maior convicção, o que influencia as moderadas) sugere que a decisão polarizada seja mais racional que a decisão à qual chegaria um membro do grupo, se este decidisse sozinho, sem deliberação. A conclusão é a de que doze cabeças, afinal, talvez não pensem melhor do que uma – podem, na verdade, pensar pior; por exemplo, se se considerar indesejável uma discrepância nos

---

52. Ver, por exemplo, David G. Myers e Helmut Lamm, "The Group Polarization Phenomenon", 83 *Psychological Bulletin* 602 (1976); Markus Brauer, Charles M. Judd e Melissa D. Ginter, "The Effects of Repeated Expressions on Attitude Polarization during Group Discussions", 68 *Journal of Personality and Social Psychology* 1014 (1995); David Schklade, Cass R. Sunstein e Daniel Kahnemann, "Deliberating about Dollars: The Severity Shift", 100 *Columbia Law Review* 1134 (2000); cf. Rabin, nota 34 acima, pp. 26-8, sobre a tendência à confirmação, que Rabin também chama de "polarização da mesma prova".

veredictos proferidos pelos júris, devido à aversão ao risco, entre outros fatores.

* * *

Quero agora passar a outros assuntos relativos ao direito probatório que não os méritos do sistema de confrontação das partes em comparação com o inquisitorial, a começar pelo ônus da prova.

O ônus da prova tem dois aspectos. O primeiro é importante apenas no sistema de confrontação das partes, no qual o tribunal não participa da busca por provas. Trata-se do ônus (dever) que o indivíduo tem de apresentar provas ao tribunal, o qual difere do ônus que ele tem de persuadir o tribunal de que deve ganhar a causa. Os dois ônus se mesclam, primeiro porque o ônus de persuadir geralmente determina quem tem o ônus de produzir. O ônus do autor numa ação civil comum é mostrar que a probabilidade de sua posição estar correta é maior que a de não estar. Em outras palavras, se no fim do processo o júri pensar que o réu deve vencer ou não souber qual das partes deve vencer (as provas parecem se equilibrar), o autor estará perdendo. Dessa situação surge um autor que não apresenta nenhuma prova com muitas chances de perder; portanto faz sentido, como forma de economizar o tempo do tribunal (e também de reduzir o número de litígios por perturbação da paz), exigir do autor, como pré-requisito para que sua causa vá a julgamento, que apresente provas que, se críveis, provavelmente conquistarão o júri, antes de se exigir do réu a apresentação de qualquer prova[53]. Isso parte do pressuposto de que, para o autor, o custo de obtenção dessas provas não é desproporcionalmente maior do que o custo no qual o réu precisa incorrer para obter as provas em contrário (se houver alguma). Mas o pressuposto é razoável. Atualmente, os procedimentos anteriores ao julgamento que devem

---

53. Ver Bruce L. Hay, "Allocating the Burden of Proof", 72 *Indiana Law Journal* 651 (1997).

ser conduzidos para descobrir provas em poder da parte contrária tornam os custos da busca de provas praticamente simétricos.

O ônus da persuasão cabe ao autor no que concerne à alegação principal, mas ao réu no que concerne às defesas afirmativas, como aquelas em que se invoca consentimento, prescrição, decadência, acordo de rescisão contratual, incapacidade, preclusão e coisa julgada; e os ônus relativos à produção de provas se distribuem do mesmo modo. Seria particularmente ineficiente exigir que o autor previsse e produzisse provas contraditando o número indefinido de defesas que o réu pode alegar em determinado caso. Essa exigência, além disso, obrigaria o autor a fazer a pesquisa jurídica do réu no lugar deste. O autor teria de identificar e contraditar argumentos de defesa em que o réu talvez não tenha pensado, assim como outros que o réu pode ter boas razões táticas ou probatórias para não alegar, ou que este pode preferir não alegar simplesmente por já ter um argumento de defesa claramente dispositivo, motivo pelo qual não precisa perder tempo com outros. Se, por exemplo, a prescrição proporcionar uma defesa plausível em apenas 5 por cento dos casos, fazer com que o autor alegue e prove que seu processo foi iniciado dentro do prazo imporia custos sem benefícios correspondentes em 95 por cento dos casos. Isso sugere que a norma do século XIX segundo a qual o autor, num caso de responsabilidade civil dependente de culpa, deveria provar que não contribuiu para o ocorrido (além de ter de provar a responsabilidade civil culposa do réu) seria legítima do ponto de vista econômico somente (1) se a alegação de que o autor contribuiu para o ocorrido fosse uma defesa provável na grande maioria dessas causas ou (2) se a revelação recíproca dos elementos de prova antes do julgamento fosse muito limitada, o que tornaria muito mais caro para o réu do que para o autor determinar se o autor foi negligente.

Os fundamentos econômicos das normas que regem o ônus da produção de provas são exemplificados também pela norma *McDonnell Douglas*[54]. Esta norma, aplicada sobretudo em casos de discriminação no trabalho, permite que o autor (num caso de discriminação racial no processo de seleção para uma vaga de emprego, por exemplo), a fim de estabelecer a plausibilidade inicial de seus argumentos e poder assim resistir a um pedido de extinção da causa sem julgamento do mérito, limite-se a provar que era qualificado para a vaga mas foi preterido em favor de uma pessoa de outra raça. Mas a norma faz mais do que isso: o respeito ao ônus de produção de provas que acabamos de descrever cria uma presunção de discriminação. Isso significa que, se o réu não apresentar provas, o autor tem direito a pedir a extinção da causa sem julgamento do mérito. A probabilidade de o autor ter perdido a oportunidade de emprego *precisamente porque* foi alvo de discriminação pode não parecer muito alta se as únicas provas forem aquelas antes mencionadas. Essa sugestão, entretanto, não leva em conta a relevância probatória das provas faltantes. Se o réu – que, afinal, tomou a decisão de dar a vaga a outra pessoa que não o autor – mantiver total silêncio quanto ao motivo de seu ato, será tentador deduzir que o motivo foi, de fato, discriminação. Se o motivo fosse outro, ele seria capaz, sem grande dificuldade, de produzir alguma prova do fato.

Já se o réu quebrar o silêncio e apresentar um motivo não discriminatório para seu ato e o autor for incapaz de apresentar provas que lancem dúvidas sobre esse motivo, o autor perderá, novamente sem julgamento. Se, no entanto, o autor for capaz de lançar dúvidas quanto à legitimidade do motivo apresentado pelo réu, a causa vai a júri e a norma *McDonnell Douglas* deixa de se aplicar. Um júri que não acredite no motivo apresentado pelo réu pode inferir que o autor foi, de fato, discriminado, mas não o fará necessariamente[55]: sua conclusão pode ser a de que o réu sente ver-

---

54. Ver *McDonnell Douglas Corp. vs. Green*, 411 U.S. 792 (1973); ver também *Furnco Construction Corp. vs. Waters*, 438 U.S. 567 (1978).

55. Ver a abrangente discussão dessa questão em *Fisher vs. Vassar College*, 114 F.3d 1332 (2th Cir. 1997) (en banc).

gonha da razão que motivou seu ato e por isso a oculta, embora ela não seja discriminatória.

Para alguns, a aplicação da norma *McDonnell Douglas* é movida por um desejo dos juízes "progressistas" de facilitar a vitória do demandante num processo por discriminação. Minha análise sugere que a regra é justificável do ponto de vista imparcial da minimização de custos, especificamente a minimização do custo de um julgamento nos casos em que as partes podem ser induzidas a revelar tudo antes do julgamento. É verdade que a expressividade dedutível do silêncio do réu antes do julgamento – silêncio esse que determina uma decisão em favor do autor capaz de apresentar a breve alegação inicial requerida – é um subproduto da própria norma *McDonnell Douglas*. Na ausência de uma presunção que obrigue à produção de provas, a conclusão naturalmente dedutível da recusa do réu a apresentar voluntariamente uma explicação para seu ato seria a de que ele não quer fazer o trabalho do autor por este; cabe ao autor se utilizar dos procedimentos probatórios prévios para identificar o que pode estar por trás do ato do réu do qual o autor se queixa. Ainda assim, como é mais fácil para o réu explicar e produzir provas relativas a seu processo de tomada de decisões, a presunção pode ser justificada como uma redistribuição dos ônus de produção de provas segundo um critério neutro de vantagem de custo comparativo.

Tratemos agora do ônus da persuasão. No julgamento de uma ação civil típica, não há fundamento para pressupor que erros do tipo I (falsos positivos, como condenar um inocente) imponham, em média, custos superiores àqueles impostos pelos erros do tipo II (falsos negativos, como absolvições errôneas). Portanto, para justificar um veredicto em favor do autor, é suficiente que a probabilidade de sua pretensão ser bem fundada exceda, ainda que pouco, a probabilidade de que não o seja. Porém, como o custo de uma punição para um réu inocente pode perfeitamente superar o benefício social que uma condenação representa no sentido de que preserva a dissuasão e impede que a pessoa cometa crimes durante certo período de tempo (a saber, durante o período de encarceramento posterior à sua condenação), os erros do tipo I são mais graves que os erros do tipo II nas ações penais e portanto se dá mais importância àqueles nesse tipo de ação, mediante a imposição de um pesado ônus de persuasão sobre a acusação[56].

A ponderação de erros do tipo I em comparação com erros do tipo II é uma característica onipresente do direito probatório. Imaginemos um litígio movido para determinar se dada sessão de reconhecimento policial é ou não indevidamente "sugestiva". Se as outras pessoas presentes na sessão de reconhecimento se parecerem muito com o acusado, a chance de ocorrência de um erro do tipo I (identificação errônea do acusado como o autor do crime) será minimizada, porque o acusado não se "destacará". Mas a chance de ocorrência de um erro do tipo II (não identificação errônea do acusado como autor do crime) aumentará, porque será mais fácil confundir o acusado com as outras pessoas da fila.

Outra maneira de entender a diferença entre o ônus criminal e o ônus civil é tomando como referência as vantagens intrínsecas da acusação no processo penal em comparação com aquelas do autor privado num sistema de confrontação das partes, isto é, num sistema de busca por provas baseado na competição. O Estado possui enormes recursos de acusação[57], que podem ser distribuídos entre os casos da maneira mais conveniente. Admissões formais de culpa podem ser obtidas através da ameaça do poder público de concentrar seus recursos contra qualquer acusado que se re-

---

56. Posner, nota 1 acima, pp. 408-15.
57. Em cidades de um milhão de habitantes ou mais, o orçamento médio da promotoria pública local é superior a 25 milhões de dólares. Carol J. DeFrances e Greg W. Steadman, "Prosecutors in State Courts, 1996", 1 (U.S. Dept. of Justice, Bureau of Justice Statistics, NCJ 170092, julho de 1998). A verba anual destinada à Procuradoria da República, responsável pela maioria das ações penais em âmbito federal, chega a cerca de 1 bilhão de dólares. *Budget of the United States Government, Fiscal Year 1999, Appendix*, p. 594 (1998).

cuse a apresentá-las. Dessa forma, o Estado preserva seus recursos de acusação e pode usá-los para esmagar um ou outro acusado que invoque seu direito a um julgamento. Essa questão é como aquela do acesso desigual ao mercado de capitais, que torna o preço predatório uma estratégia racional[58]. A analogia torna-se ainda mais exata quando, como é o caso mais comum, o réu não pode pagar um advogado e depende então de um advogado nomeado pelo tribunal, o qual, exceto em casos de pena capital, é mantido sob fortes restrições financeiras. Mesmo aquele raro acusado capaz de pagar um advogado normalmente é incapaz de fazer frente aos recursos que o Estado pode ameaçar empregar num processo. O ônus da prova superior a toda dúvida razoável compensa parcialmente a desigualdade entre os recursos das partes para reunir e apresentar as provas (outro exemplo é a oferta subsidiada de advogados para réus indigentes). Num sistema inquisitorial, em que a busca é conduzida por um juiz supostamente desinteressado, atenua-se a necessidade de que o ônus da prova seja mais pesado no âmbito penal que no civil.

Um fator complicador é que os promotores, em ambos os sistemas, podem também agir com desinteresse, uma vez que, ao contrário dos advogados privados, sua renda não está ligada diretamente ao sucesso nos litígios. Mas a teoria econômica, assim como o senso comum e a observação, sugere que o desejo de vencer, ponderado pelos fatores em jogo no processo (grosso modo, a pena, se o acusado for condenado), é o argumento mais importante na função de utilidade da promotoria e, assim, os promotores têm incentivos semelhantes àqueles dos advogados privados. Ser promotor raramente é um emprego para toda a vida; é uma etapa da carreira. Os futuros empregadores avaliarão o promotor por seu sucesso nos litígios, o que será visto como uma função de sua taxa de vitórias ponde-

---

58. Ver, por exemplo, Douglas G. Baird, Robert H. Gertner e Randal C. Picker, *Game Theory and the Law*, pp. 183-4 (1994).

rada pelos obstáculos que teve de transpor para vencer. Esses obstáculos normalmente serão maiores quanto mais grave for a acusação.

Quando lhes pedimos que expressem a prova superior a toda dúvida razoável em termos de probabilidade de culpa, os juízes geralmente escolhem um número entre 0,75 e 0,95 (dependendo do juiz); os cálculos feitos pelos júris são semelhantes[59]. Esses números podem parecer escandalosamente baixos, pois implicam que até um quarto das pessoas condenadas por crimes é inocente. Mas isso não é verdade. Quanto maior é o índice de criminalidade proporcionalmente aos recursos da promotoria, maior será o empenho dos promotores no sentido de selecionar casos fáceis de vencer; e esses casos provavelmente se situarão naquele extremo do espectro de suspeitos onde se encontram os indivíduos que mais probabilidade têm de serem de fato culpados. O pesado ônus da persuasão e as outras vantagens processuais dos réus de ações penais são um incentivo a que os promotores procurem os indivíduos mais claramente culpados, pois dificultam a condenação de um acusado, apesar de toda a disparidade de recursos que existe entre a promotoria pública e o réu (exceto os mais ricos), a não ser quando todas as provas estão contra este. Se a triagem da promotoria fizer com que apenas 1 por cento das pessoas processadas seja inocente, então, mesmo que *todos* os acusados sejam condenados, somente 1 por cento das pessoas condenadas será inocente. Isso é um exagero. Nem todas as pessoas acusadas são condenadas, e normalmente o réu inocente (com o devido respeito a Janet Malcolm) tem muito mais facilidade que o réu culpado para suscitar no julgador do fato dúvidas que o induzam a uma absolvição.

A triagem rigorosa implica não apenas que pessoas culpadas não sejam processadas, como também que a maior

---

59. Ver National Research Council, *The Evolving Role of Statistical Assessments as Evidence in the Courts*, pp. 201-4 (Stephen E. Fienberg [org.], 1989); Joseph L. Gastwirth, *Statistical Reasoning in Law and Public*, vol. 2: *Tort Law, Evidence, and Health*, pp. 700-2 (1988).

parte das pessoas processadas e absolvidas será, na verdade, culpada. No exemplo anterior, se presumirmos que o índice de absolvições seja de 10 por cento, então 99 por cento dos réus absolvidos provavelmente seriam culpados se a probabilidade de absolvição fosse aleatória no que tange à inocência ou culpa, probabilidade essa que passaria a ser de 90 por cento se todos os réus inocentes fossem absolvidos[60].

Isso implica que, se a criminalidade aumentasse mais aceleradamente que os recursos das promotorias públicas, tornando-se necessária uma triagem ainda mais rigorosa dos casos a serem julgados, o judiciário ou o legislativo teria de reduzir as vantagens processuais dos réus, sob pena de não se conseguir preservar na sociedade o equilíbrio entre a probabilidade de condenação dos inocentes e a de absolvição dos culpados. Essa constatação sugere um fundamento não ideológico para a investida da Suprema Corte contra os direitos dos réus de ações penais nas décadas de 1970 e 1980. Se esses direitos tivessem ficado intactos, o aumento dos índices de criminalidade naquela época (que excediam com folga o aumento do número de processos abertos)[61] teria tido

---

60. De 10 mil réus, portanto, presume-se que cem (1%) sejam inocentes. Se mil desses réus forem absolvidos (10%) e a probabilidade de absolvição for a mesma a despeito de o réu ser inocente, então, nesse grupo de mil, 1 por cento será inocente e, portanto, 99 por cento serão culpados. Se todos os cem inocentes forem absolvidos, então novecentos dos réus absolvidos devem ser culpados (90%). "Os júris não são particularmente bons para avaliar o testemunho ocular (...). Se são poucas as suas condenações injustas, isso se deve ao fato de eles terem poucas oportunidades de julgar réus inocentes." Samuel R. Gross, "Loss of Innocence: Eyewitness Identification and Proof of Guilt", 16 *Journal of Legal Studies* 395, 432 (1987).

61. Entre 1960 e 1996, o "índice de crimes" compilado pelo FBI e documentado nos *Uniform Crime Reports* anuais do FBI aumentou quase sete vezes. Durante o mesmo período, o número de processos penais abertos aumentaram quase um terço (ver os relatórios anuais do diretor dos serviços cartoriais dos tribunais federais norte-americanos). Para os processos penais em âmbito estadual só existem dados a partir de 1977. Entre esse ano e 1994, o número de acusações na verdade diminuiu ligeiramente (conforme avaliação do Programa de Estatísticas do Poder Judiciário do National Center for State Courts). Durante esse mesmo período, o índice de crimes aumentou em cerca de um terço.

o paradoxal efeito de facilitar o trabalho de defesa dos réus culpados. Isso, por sua vez, teria reduzido a estimativa de custos da punição, o que faria a criminalidade aumentar ainda mais, a não ser que se compensasse esse efeito com um aumento da severidade da pena para os criminosos que fossem pegos e condenados (cujo número era cada vez menor).

Esse cenário no qual os índices de criminalidade aumentam mais rapidamente que os recursos das promotorias públicas sugere outra reação possível ao aumento da criminalidade, que não a investida contra os direitos processuais dos réus: a elevação do orçamento das promotorias públicas. Para tanto, o judiciário poderia pressionar o legislativo de duas maneiras, a saber, tornando os processos mais rigorosos e invalidando (sob a justificativa de serem cruéis e não habituais) quaisquer leis que promovam um aumento exagerado da severidade das penas. O legislativo então seria forçado a escolher entre o aumento das verbas destinadas às promotorias públicas e a elevação dos índices de criminalidade, a qual induziria o judiciário a flexibilizar ainda mais as garantias processuais. Conforme observei na Introdução, o judiciário optou por não jogar esse jogo de gato e rato com o legislativo em âmbito federal e estadual.

Embora o ônus da persuasão seja bem mais leve em ações civis e a maioria dos demandantes não sofra restrições em matéria de recursos (graças aos honorários *ad exitum*), não há por que supor que a parcela de ações decididas incorretamente seja maior na esfera civil que na criminal. O ônus da persuasão tem menos a ver com o número de erros do que com a distribuição dos erros entre as partes. O número de demandantes vencedores é menor que o número de promotores vencedores, mas a quantidade de réus vencedores é menor nas ações civis que nas penais. O que aumenta a probabilidade de a maioria das ações – civis ou penais – ser decidida corretamente é simplesmente o fato de que em geral é mais fácil obter provas persuasivas para a parte que está com a verdade. Entretanto, um efeito de seleção torna difícil a observação da precisão do sistema como um todo. O sistema processual como um todo é mais preciso que o julgamento, que é um de seus componentes. Mas este último é mais visível. Os casos em que a balança pende mais para uma das partes do litígio têm mais chances de serem resolvidos por acordo entre as partes (e geralmente sem muita exposição na mídia) do que os casos muito disputados[62]. Estes, portanto, são muito mais comuns nas salas de audiência e, consequentemente, nos meios de comunicação. Portanto, um sistema de justiça penal que desfavoreça as negociações de acordos (como o alemão) sempre parecerá mais preciso que o norte-americano. Quanto mais se desencorajarem as negociações de acordos, mais numerosas serão, entre as causas que vão a julgamento, aquelas em que uma das partes do litígio tem muito mais chances de vencer que a outra.

Atualmente é consenso que, como toda prova é probabilística (não há certeza metafísica), não se pode excluir uma prova porque seu grau de precisão pode ser expresso explicitamente sob a forma de uma probabilidade, como no caso das impressões digitais e do teste de DNA[63]. Mas os juízes hesitam em dar o passo seguinte e estabelecer que, dado o caráter leve do ônus da persuasão nas ações civis, a probabilidade explícita de as provas essenciais apresentadas pelo demandante serem verdadeiras só precisa ultrapassar 50 por cento, ainda que apenas ligeiramente. Suponhamos que o demandante tenha sido atropelado por um ônibus e seja sabido que 51 por cento dos ônibus que passam pela via onde houve o atropelamento sejam de propriedade da empresa de transporte *A*, enquanto 49 por cento são da empresa *B*. O demandante então processa *A* e pleiteia uma decisão com base unicamente nessa estatística; não apresenta nenhuma outra prova. Se o réu também não apresentar nenhu-

---

62. Ver George L. Priest e Benjamin Klein, "The Selection of Disputes for Litigation", 13 *Journal of Legal Studies* 1 (1984).
63. Ver, por exemplo, *Estados Unidos vs. Hannigan*, 27 F.3d 890, 893, n. 3 (3th Cir. 1994).

ma prova, seria correto que um júri decidisse o caso em favor do demandante?[64] A resposta do direito é "não"[65], e tem tanto apelo intuitivo que faz do exemplo a prova número 1 contra o uso do teorema de Bayes, ou da probabilidade matemática de modo geral (ou talvez de qualquer teoria probabilística), como paradigma ou chave interpretativa para a averiguação dos fatos em juízo. Podemos vincular o ônus da persuasão no direito civil à exigência de que haja uma probabilidade posterior ligeiramente acima de 1 em favor do autor (por exemplo, 1,048, que equivale a 51/49), porque o empate favorece o réu. Se presumirmos que as chances anteriores são de 1 para 1, partindo do princípio de que o júri começa a examinar as provas (em nosso caso hipotético, a única prova examinada é aquela que diz respeito à porcentagem de ônibus de cada companhia na rota em questão) sem ter nenhuma ideia de quem tem os melhores argumentos, então as chances posteriores são iguais à taxa de probabilidade. Isto dá 1,048 e, como o valor é maior que 1, o autor deve vencer – embora nenhum profissional do direito acredite nisso.

A causa dessa descrença, porém, não está (ou ao menos não deveria estar) em quaisquer dúvidas sobre proba-

---

64. A discussão mais completa dessa famosa anedota da moderna teoria acadêmica do direito probatório está em Gary L. Wells, "Naked Statistical Evidence of Liability: Is Subjective Probability Enough?", 62 *Journal of Personality and Social Psychology* 739 (1992).

65. Ver Richard W. Wright, "Causation, Responsibility, Risk, Probability, Naked Statistics, and Proof: Pruning the Bramble Bush by Clarifying the Concepts", 73 *Iowa Law Review* 1001, 1050-1051 (1988), e os casos ali citados. O caso hipotético que apresentei antes é uma variante de *Smith vs. Rapid Transit, Inc.*, 58 N.E.2d 754 (Mass. 1945), no qual a corte decidiu que "não é suficiente (...) que, matematicamente, as chances de alguma maneira favoreçam a afirmação de que um dos ônibus do réu provocou o acidente". *Id.* fl. 755. *Kaminsky vs. Hertz Corp.*, 288 N.W.2d 426 (Mich. App. 1979), é às vezes citado como exemplo de decisão contrária a *Smith*, mas não se trata de uma interpretação exata. Independentemente do fato de que as porcentagens correspondentes eram 90 por cento e 10 por cento, havia, além das provas estatísticas, também provas não estatísticas que levavam a crer que o ônibus que provocara o acidente pertencia ao réu.

CRÍTICA DO SISTEMA DE CONFRONTAÇÃO DAS PARTES 489

bilidade matemática, mas antes na pressuposição tácita de que a estatística relativa à propriedade dos ônibus é a única prova que o autor é capaz de obter[66]. É o caráter implausível dessa pressuposição que está por trás da ideia de que o autor deve perder. Se a estatística for a única prova do autor, a dedução a ser feita não é que há uma probabilidade de 51 por cento de ter sido um ônibus de A que atropelou o autor, mas sim que o autor ou investigou e descobriu que foi na verdade um ônibus de B (e digamos que B seja à prova de julgamentos e portanto não valha a pena processá-lo), ou que ele simplesmente não se deu ao trabalho de investigar. Se a primeira hipótese for verdadeira, obviamente ele deve perder; e, como ela pode ser verdadeira, a possibilidade de o autor ter sido atropelado por um ônibus de A é menor que 51 por cento.

Mas o autor deveria perder ainda que a segunda hipótese (a que ele não se deu o trabalho de investigar) seja a verdadeira. Não se pode exigir que o tribunal gaste seus parcos recursos de tempo e trabalho em um caso, até que o autor tenha realizado investigações suficientes que indiquem que um gasto de recursos públicos tem uma boa chance de trazer benefícios significativos para a sociedade. Isso está implícito na decisão, anteriormente discutida, de fazer o ônus da produção de provas recair sobre o autor e não sobre o réu. Suponhamos que mesmo o julgamento do mais simples dos casos custasse 10 mil dólares. Esse gasto de nada valeria para a prevenção de acidentes se acontecesse de o ônibus ser de propriedade de B. Faz sentido o tribunal exigir alguma investigação prévia por parte do autor para aumentar a probabilidade de a alocação de recursos do judiciário valer a pena. O mesmo vale se houver algum bene-

---

66. Outro problema – que no entanto ignorarei (ainda que seja interessante para mostrar a artificialidade do exemplo) – é que o demandante deve provar mais do que a propriedade do ônibus para conseguir um julgamento. Mais especificamente, ele deve provar que o acidente ocorreu devido à negligência da empresa à qual pertencia o ônibus.

fício externo em descobrir qual empresa de ônibus é responsável pelo dano infligido ao autor, pois, para aumentar a probabilidade de essa descoberta acontecer, o autor pode ser juridicamente obrigado a fazer uma investigação mais profunda do que aquela ditada por seu interesse particular.

Se, no entanto, a proporção de ônibus de propriedade de A em comparação com aqueles de propriedade de B na rota em questão for muito maior do que 51 para 49, isso enfraquecerá o argumento contra o uso de provas puramente estatísticas na condução do processo de produção de provas do autor. O direito reconhece isso não apenas nos casos óbvios em que se podem usar impressões digitais e testes de DNA como provas, mas também ao trabalhar com certas pressuposições, como a de que uma carta corretamente endereçada e selada chegará ao destinatário. Esta é uma pressuposição puramente estatística, pois é aplicada sem consideração das particularidades de cada caso (além daquelas exigidas para satisfazer as condições da pressuposição) e no entanto pode determinar a decisão[67]. Mas suponhamos que a proporção seja realmente de 51 por cento para 49 por cento. Nesse caso, a existência de alguma outra prova contra A será um argumento para admitir-se a prova estatística, já que a prova adicional, ainda que fraca, afetará (e justificadamente, segundo o Teorema de Bayes) as chances posteriores de quem realiza a averiguação dos fatos[68].

Suponhamos que ambas as partes realizem uma extensa investigação, mas não consigam produzir nenhuma prova adicional concernente à propriedade do ônibus. Nesse caso não haverá mais nenhuma justificativa para suspeitar de que o autor realmente acredite que um ônibus de propriedade da empresa B o tenha atropelado nem para puni-lo por não ter investigado mais. Mas ainda haverá razões

---

67. Ver Richard D. Friedman, "Generalized Inferences, Individual Merits, and Jury Discretion", 66 *Boston University Law Review* 509, 515 (1986).

68. Ver Steven C. Salop, "Evaluating Uncertain Evidence with Sir Thomas Bayes: A Note for Teachers", *Journal of Economic Perspectives*, verão de 1987, p. 155.

para a extinção da causa sem julgamento do mérito. Os custos de julgar casos assim provavelmente são maiores do que os benefícios sociais. Se mil casos desse tipo forem julgados, podemos esperar 510 decisões corretas (isto é, 510 decisões em que o réu de fato causou o dano) e 490 incorretas, ao passo que a extinção das causas resultaria em 490 decisões corretas e 510 decisões incorretas. O benefício das vinte decisões corretas adicionais que o julgamento dos mil casos produziria para a sociedade (o qual envolve a prevenção mais efetiva de acidentes causados por responsabilidade civil culposa) provavelmente não compensaria o custo dos mil julgamentos. Pior ainda, os benefícios sociais poderiam ser negativos. Se as normas jurídicas estabelecerem que a fatia de mercado da empresa A é suficiente para que ela tenha de assumir a responsabilidade e não houver outras provas disponíveis, então o incentivo da empresa B para ser cuidadosa diminuirá radicalmente, porque esta saberá que A será responsável por qualquer acidente causado por B[69]. B terá conseguido externalizar seus custos com acidentes.

Outro problema ligado à prova estatística é o de determinar se o resultado de uma investigação estatística deve ter algum peso num julgamento, a não ser quando esse resultado for estatisticamente significante ao nível de 5 por cento[70],

---

[69]. Ver Eric B. Rasmusen, "Predictable and Unpredictable Error in Tort Awards: The Effect of Plaintiff Self-Selection and Signaling", 15 *International Review of Law and Economics* 323 (1995).

[70]. Esta é uma interpretação comum de *Hazelwood School District vs. Estados Unidos*, 433 U.S. 299, 311, n. 17 (1977) e *Castaneda vs. Partida*, 430 U.S. 482, 496, n. 17 (1977), conforme se observa, mas não se aprova, em Thomas R. Ireland *et al.*, *Expert Economic Testimony: Reference Guides for Judges and Attorneys*, p. 237 (1998). Ver também *Alpo Petfood Inc. vs. Ralston Purina Co.*, 913 F.2d, 958, 962, n. 4 (D.C. Cir. 1990); *Ottaviani vs. Universidade do Estado de Nova York*, 875 F.2d 365, 372 (2th Cir. 1989); *Ford vs. Seabold*, 841 F.2d 677, 684 (6th Cir. 1988). Contudo, a interpretação é incorreta, como se observa em Orley Ashenfelter e Ronald Oaxaca, "The Economics of Discrimination: Economists Enter the Courtroom", 77 *American Economic Review Papers and Proceedings* 321, 323 (maio de 1987). Para uma crítica sobre o uso do nível de relevância como critério de admissibilidade, ver Richard Lempert, "Statistics in

isto é, quando a probabilidade de que a investigação gerasse esse resultado ainda que a hipótese que buscava testar fosse falsa não exceder 5 por cento. O teste de 5 por cento é uma convenção empregada pelos pesquisadores acadêmicos (como fiz no Capítulo 11 e no 13), mas sua observância na comunidade acadêmica não é rigorosa. Cientistas sociais frequentemente relatam resultados que só são significantes ao nível de 10 por cento, ao passo que, se os resultados forem significantes ao nível de 2 por cento ou 1 por cento, o pesquisador observará que estes resultados são mais robustos do que aqueles que são significantes somente ao nível de 5 por cento; são "altamente significantes", em vez de apenas "significantes". Logo, não há mágica no critério dos 5 por cento; e caso se pretendesse excluir de um julgamento as provas estatísticas que não atinjam um nível de significância de 5 por cento, seria lógico excluir também todos os testemunhos oculares que tenham mais de 5 por cento de probabilidade de serem proferidos mesmo que o fato que buscam comprovar não tenha ocorrido.

Um nível de significância baixo pode, é verdade, refletir um método ruim de estimativa estatística, uma especificação incorreta da hipótese em teste ou a omissão de variáveis importantes que, se incluídas, fariam com que a hipótese fosse rejeitada. Quando algum desses fatores estiver presente, o mesmo tipo de suspeita do caso do ônibus surgirá. Mas se o estudo foi conduzido responsavelmente e aguentou os ataques do especialista do lado adversário, ainda que a significância não tenha chegado ao nível convencional de 5 por cento, o fato de que um cientista social estaria violando as normas de sua disciplina ao reportar resultados que não atingem o nível convencional não seria uma boa razão para excluir a prova. De qualquer modo, ele não as estaria violando; a convenção do nível de 5 por cento não é tão es-

---

the Courtroom: Building on Rubinfeld", 85 *Columbia Law Review* 1098, 1099--1103 (1985). Ver ainda, a título de visão geral, David L. Faigman *et al.*, *Modern Scientific Evidence: The Law and Science of Expert Testimony*, vol. 1, pp. 118-21 (1997).

tritamente observada. Outro fato ainda mais importante é que a convenção se baseia em considerações que não guardam relação direta com o processo litigioso, como a falta de espaço nas páginas das revistas científicas[71]. Quanto ao temor de que os jurados fiquem deslumbrados com provas que incluem probabilidades estatísticas explícitas e deem a elas mais peso do que um bom bayesiano daria, ele parece infundado; os jurados, na verdade, parecem dar a essas provas menos peso do que deveriam[72].

Mas não se deve desprezar o custo das provas estatísticas fracas. Quanto menos robustos forem os resultados de um estudo estatístico oferecido como prova, mais tempo terá que ser gasto no julgamento com a análise do modelo usado no estudo. Dada a dificuldade que juízes e jurados têm para ponderar sobre provas estatísticas, temos aqui um argumento (semelhante àquele contra o uso do testemunho indireto) em favor da exclusão de provas estatísticas que os profissionais do correspondente campo, por quaisquer razões, considerem fracas.

Outra característica da teoria matemática da probabilidade que já foi alvo de muitas críticas é a regra do produto: a probabilidade de dois ou mais eventos independentes

---

71. Uma questão semelhante é levantada pela nova bibliografia econômica sobre os ensaios clínicos, entre outros experimentos sociais: é preciso haver uma ponderação dos benefícios decorrentes da observância de convenções estatísticas (casualização, tamanho das amostragens, significância etc.) em comparação com os custos. Ver, por exemplo, Tomas Philipson, "The Evaluation of New Health Care Technology: The Labor Economics of Statistics", 76 *Journal of Econometrics* 375 (1997).

72. Ver Brian C. Smith *et al.*, "Jurors' Use of Probabilistic Evidence", 20 *Law and Human Behavior* 49 (1996). Wells, nota 64 acima, atribui esse fato a uma idiossincrasia cognitiva e sugere que se poderia compensá-lo com uma redescrição das provas estatísticas. Ver *id.* pp. 748-50. Referindo-se a uma ação judicial em torno da paternidade de uma criança em que testes de sangue mostravam uma probabilidade de 99,8% de que o réu era, de fato, o pai, Wells afirma: "suspeito que o demandante teria ganhado a ação se o especialista tivesse reformulado seu depoimento a fim de dizer que 'com base num teste de sangue 99,8% exato, concluo que o réu é o pai', em vez de 'com base no teste de sangue, há uma probabilidade de 99,8% de que o réu seja o pai'". *Id.* p. 749.

serem verdadeiros é o produto das probabilidades de que cada um deles seja verdadeiro. Por exemplo, a probabilidade de tirar cara em três lances consecutivos de uma moeda é 0,125 (0,5 x 0,5 x 0,5). Isto leva ao paradoxo de que as instruções convencionais sobre o ônus da prova que um júri recebe num processo civil, ao menos se forem interpretadas literalmente, muitas vezes sugerirão que o júri deve decidir em favor do autor ainda que a probabilidade de a alegação deste proceder seja menor do que 0,5[73], pois o júri receberá instruções para decidir em favor do autor se achar que este conseguiu provar cada um dos elementos de sua alegação por uma preponderância de provas ainda que os elementos sejam independentes, isto é, que suas probabilidades não guardem nenhuma relação de proporcionalidade. É como se fosse dito ao júri que, assim que este julgar que um elemento foi provado por uma preponderância de provas, deverá considerar que esse elemento foi provado com total certeza. Em outras palavras, instruem-se os jurados a serem maus matemáticos! Imaginemos o caso elementar em que o autor, para provar seu argumento (C), deve provar apenas dois elementos (A e B), e o ônus da persuasão consiste em provar por uma preponderância de provas, e além disso os elementos são ambos independentes e igualmente prováveis, de modo que $p(C) = p(A) \times p(B)$ e $p(A) = p(B)$; então, para o autor efetivamente arcar com o ônus da persuasão ($p(C) > 0,5$), o júri teria de decidir que $p(A) = p(B) > 0,707$, isto é, que a probabilidade de cada elemento é maior que 0,707; não, como lhes será instruído, 0,5. Se a hipótese arbitrária da igualdade de probabilidade for descartada, então o júri terá de encontrar uma probabilidade ainda mais elevada de um ou outro elemento. Por exemplo, se o júri entendesse que $p(A)$ era 0,6, teria de chegar a um $p(B) \geq 0,834$ para concluir que o autor arcou com o ônus da persuasão.

---

73. Ver Ronald J. Allen, "A Reconceptualization of Civil Trials", 66 *Boston University Law Review* 401 (1986), e Allen, "The Nature of Juridical Proof", 13 *Cardozo Law Review* 373, 409-420 (1991).

Mas talvez a verdadeira função das instruções ao júri seja outra: indicar aos jurados que uma cadeia dedutiva nunca é mais forte que seu elo mais fraco. Mesmo que o autor tenha provado a responsabilidade civil culposa do réu com absoluta certeza, se a probabilidade de a negligência do réu ter causado o dano de que reclama o autor for 0,5 ou menor, ainda assim o autor deve perder, porque a causa próxima é um elemento essencial da responsabilidade civil culposa. Como acontece nesse exemplo, ademais, o número de elementos da tese de um demandante, exceto por exigências puramente formais, raramente é maior do que dois, e esses dois raramente são independentes um do outro.

O mais importante porém é que o padrão de medida verdadeiramente realista para a avaliação do argumento do autor não é a hipótese nula, mas o argumento do réu. Suponhamos que a defesa do autor tenha dois elementos argumentativos: que uma pessoa o agrediu e que essa pessoa era empregada do réu (esses elementos são independentes um do outro). Suponhamos que o júri estabeleça que a probabilidade do primeiro elemento é de 0,6 e a do segundo, 0,7, chegando a uma probabilidade conjunta de 0,42. Isso ainda nos deixa com a seguinte questão. O que efetivamente aconteceu? Será que o autor forjou sua tese? Será que ele foi agredido, mas por outra pessoa? Se o agressor não foi um dos empregados do réu, qual era sua condição? Depois de ponderar sobre essas questões o júri pode concluir racionalmente que a história contada pelo autor, ainda que tenha traços duvidosos, é mais plausível que a outra história, ou seja, aquela contada pelo réu (talvez o réu não tenha contado nenhuma história), e que portanto o autor deve vencer. Este era o cerne do argumento de Hume contra os milagres. Sem dúvida era improvável que as leis da natureza fossem capazes de explicar os fenômenos chamados miraculosos. Mas era ainda menos provável que essas leis tivessem sido suspensas nesses casos; dito de outro modo, era mais provável que as testemunhas dos supostos milagres estivessem erradas ou mentindo[74]. Pode-se dizer que os naturalistas provaram seu argumento por uma preponderância de provas.

No caso de Hume havia apenas duas possibilidades: ou os supostos milagres eram mesmo milagres ou não eram. Num processo judicial, o autor pode contar uma história (a história que, se for verdadeira, mostra que ele deve ganhar a causa), o réu pode contar outra história, menos provável, e ainda pode haver outras histórias possíveis. Se a história do autor tiver uma probabilidade de 0,42 de ser verdadeira e a história do réu tiver uma probabilidade de 0,30 de ser verdadeira, e a probabilidade de outra história ou histórias serem verdadeiras for 0,28, então o autor deve perder porque não conseguiu provar que sua história tem mais probabilidade de ser verdadeira do que de ser falsa.

O essencial, no entanto, é que nada na teoria da probabilidade proíbe que se trabalhe de trás para a frente, isto é, partindo de uma probabilidade conjunta rumo às probabilidades individuais. Depois de considerar todas as outras possibilidades, os jurados podem ter bastante certeza de que foi um empregado do réu que agrediu o autor. Suponha que o júri tenha estimado a probabilidade conjunta em 0,7. Se alguém observasse aos jurados que eles não poderiam ter chegado a essa conclusão de modo consistente se estimassem as probabilidades individuais em 0,7 e 0,6, eles rapidamente recalculariam essas probabilidades. Eles então

---

74. A importância da desconfiança de Hume em relação ao testemunho (ver Capítulo 10) está no fato de que, se o testemunho fosse sempre digno de confiança, seu argumento fracassaria. Mas não é preciso apelarmos para dúvidas filosóficas sobre a validade do testemunho (muito provavelmente equivocadas, pelas razões apresentadas no livro de Coady que citei na nota 1 daquele capítulo) para percebermos que as testemunhas muitas vezes se equivocam. Assim, William Kruskal, "Miracles and Statistics: The Casual Assumption of Independence", 83 *Journal of the American Statistical Association* 929 (1988), enfatiza que, para avaliar-se devidamente a tese de Hume, é importante saber se os testemunhos das várias pessoas que presenciaram milagres eram independentes. Nesse caso a credibilidade do testemunho ver-se-ia fortalecida.

diriam algo como: "Só depois de termos considerado o caso como um todo é que percebemos o quão mais provável era que o autor tivesse sido mesmo agredido e que a pessoa que o agrediu fosse de fato o empregado do réu."

Essa discussão também se aplica à crítica de que o Teorema de Bayes não leva em consideração o fato de o peso e a suficiência das provas de uma hipótese, e não apenas as chances que temos de ela estar certa (como numa aposta), serem fatores importantes nos juízos que as pessoas fazem dos fatos[75]. Provas fracas e provas faltantes de fato afetam as chances de uma hipótese ser julgada correta por uma pessoa. No caso do ônibus, por exemplo, seria imprudente atribuir chances de 51 para 49 de que o autor tenha sido atropelado por um ônibus da empresa A, se não houvesse outra prova além da estatística. Pois a incapacidade do autor de apresentar qualquer outra prova abriria espaço à inferência de que foi na verdade o ônibus de B que o atropelou, que ele sabe disso e que ele processou A apenas porque seria impossível levar B a julgamento. Tampouco é preciso sermos jogadores para pensarmos em função de probabilidades. Um não jogador que deparasse com a decisão de fazer ou não uma cirurgia desejaria saber quais são as probabilidades de sucesso da operação. Talvez o que esse exemplo mostre, na verdade, é que em certo sentido somos todos jogadores.

A importância do teorema de Bayes para o direito probatório está principalmente em advertir-nos de que a estimativa das probabilidades é uma maneira útil e racional de lidar com a incerteza, que essas estimativas devem ser atualizadas quando aparecerem novas informações e que o impacto das informações novas sobre as conclusões definitivas depende da estimativa inicial, isto é, da probabilidade estimada antes da consideração das provas. Este último ponto sugere uma forma possível de pensar a "tendencio-

---

[75]. Ver, por exemplo, L. Jonathan Cohen, "The Role of Evidential Weight in Criminal Proof", em *Probability and Inference in the Law of Evidence: The Uses and Limits of Bayesianism*, nota 5 acima, p. 113.

sidade" como justificativa para dispensar um candidato a jurado ou recusar um juiz. De preferência, deseja-se que o julgador dos fatos trabalhe com chances de 1 para 1 de a pretensão do demandante ou do promotor público[76] ser bem fundada. Um distanciamento significativo em relação a essa posição, em qualquer direção, marcará o julgador do fato como tendencioso. Disso decorrem os efeitos negativos que discuti anteriormente a respeito do juiz dotado de fortes convicções prévias em um sistema no qual os juízes, mais do que os jurados, tomam as decisões. O caso mais claro de tendenciosidade é aquele em que o juiz ou júri não apenas tem convicções prévias a respeito da decisão adequada para o caso como as mantém inabalavelmente, isto é, recusa-se a atualizá-las em razão das provas. Mesmo assim, para eliminar o problema da tendenciosidade, não basta que o juiz ou júri tenha uma "mente aberta" e, portanto, esteja disposto a ajustar sua estimativa de probabilidades à luz das provas apresentadas no julgamento. Qualquer indivíduo racional fará isso. (O que eu chamei de "caso mais claro" de tendenciosidade é, portanto, um caso de tendenciosidade irracional.) As estimativas probabilísticas prévias do juiz, ainda que ele seja um bayesiano, exercerão influência sobre suas estimativas posteriores e, consequentemente (ao menos em um caso muito disputado, uma ressalva que é importante por razões que já expliquei), em sua decisão.

Uma das implicações desta discussão é que a preocupação com a tendenciosidade será menor num sistema inquisitorial do que num sistema de confrontação das partes. Se a busca de provas couber sobretudo ao juiz, o problema de que suas estimativas prévias (ainda que precisas) desencorajarão os advogados a buscar provas e acabarão tornan-

---

76. Não acho que a "presunção de inocência" exija que o juiz ou o júri de um processo penal favoreça o réu na estimativa de probabilidades anterior ao exame das provas. A importância da presunção de inocência está em exigir que o promotor arque com um pesado ônus de persuasão, isto é, em estabelecer um patamar elevado para a probabilidade posterior.

do as estimativas dele menos precisas (por reduzir-se a quantidade de informações importantes que fluem em sua direção) será menos sério, porque o papel dos advogados no processo de busca será menor.

É preciso distinguir entre as convicções prévias quanto à decisão adequada do caso e aquelas convicções prévias que os juízes e jurados inevitável e acertadamente trazem para o processo de averiguação dos fatos – convicções que constituem o "senso comum", como a ideia de que a testemunha tende a deturpar as provas para transmitir uma imagem melhor de si mesma. O inquiridor ideal não é uma tábua rasa; ele simplesmente deixa em suspenso o juízo a respeito de quem deve vencer determinado caso, se o autor ou o réu. Mas mesmo que a imparcialidade signifique apenas a ausência de uma convicção prévia (isto é, anterior ao conhecimento das provas do caso) quanto à decisão do processo, ela ainda assim tem um ponto negativo: a ignorância e a experiência. O problema é particularmente sério no caso das causas decididas pelo júri. A força do sistema de julgamento pelo júri – e que constitui uma contrapartida ao menos parcial para a falta de especialização dos jurados na atividade judicial – está em reunir pessoas com experiências e perspectivas diversas. Quando os advogados de ambas as partes possuem liberdade (como de fato possuem) para usar a impugnação peremptória a fim de excluir jurados que pareçam predispostos em favor da parte adversária, a diversidade epistêmica do júri sai prejudicada[77]. Poder-se-ia estimular a deliberação se o sistema, em vez de concentrar-se na busca por jurados cujas estimativas prévias determinem uma chance de 1 para 1 de vitória às partes, criasse duas turmas de jurados cujas estimativas prévias tivessem a mesma intensidade, mas tendências opostas. Uma das turmas seria previamente contra e a outra seria previa-

---

77. Edward P. Schwartz e Warren F. Schwartz, "The Challenge of Peremptory Challenges", *Journal of Law, Economics, and Organization*, p. 325 (1996).

mente a favor do autor. Mas isso parece inviável. Outras opções são a redução do número de impugnações peremptórias e o aumento do número de jurados.

Até aqui, limitei minha discussão a questões factuais, isto é, questões do tipo "quem fez o que a quem, quando e onde". É claro que um juiz, seja de primeira ou segunda instância, encontra-se em posição de vantagem comparativamente a um júri quando se trata de decidir questões jurídicas. Mas a fronteira entre uma questão de fato e uma questão de direito não é sempre clara. A responsabilidade civil dependente de culpa é um conceito jurídico. Mas determinar a responsabilidade civil culposa do réu é uma questão factual ou jurídica? A resposta normalmente dada é que a questão é de tipo tanto factual quanto jurídico, ou de nenhum dos dois tipos, e talvez seja mais bem descrita como uma questão "mista" de fato e direito, ou uma questão em torno da aplicação de um conceito jurídico a um conjunto de fatos. Acredito, pelo contrário, que se trata de uma questão puramente de fato, e que portanto o direito está certo em deixá-la a cargo do júri, sujeita ao mesmo tipo de apreciação respeitosa a que se sujeitam todas as determinações factuais feitas pelos júris. Essa constatação torna-se mais facilmente perceptível quando se expressa o conceito de responsabilidade civil culposa segundo a fórmula de Hand (ver Capítulo 1). Isto é, o réu será culpado se $O < MD$, ou seja, se o ônus (custo) de evitar o acidente for menor do que o custo do acidente (D, de dano) multiplicado pela probabilidade de o acidente ter ocorrido a menos que se arcasse com o ônus da prevenção. Todas as condições necessárias à aplicação da fórmula são de caráter factual e não jurídico: estimar O, M e D, multiplicar O por D e determinar se MD é maior que B. Não é preciso ter nenhum conhecimento jurídico para fazer qualquer uma dessas operações (o que seria o caso se fosse pedido ao júri para decidir o que é responsabilidade civil culposa), e, no entanto, sua realização determinará se a responsabilidade civil culposa se aplica ou não ao réu. Acredito, mas não tentarei demonstrar aqui, que as outras questões relativas à correta aplicação de um critério jurídico (como a posse, a voluntariedade e a boa-fé) aos fatos, conhecidas entre os juristas como "questões mistas de fato e direito", também poderiam, em sua maioria, ser decompostas em puras questões de fato.

12. As normas do direito probatório

As Normas Probatórias Federais, promulgadas pelo Congresso norte-americano em 1975 e emendadas de tempo em tempo desde então (a última vez foi em 1975), juntamente com as Observações da Comissão Consultiva às Normas Probatórias, constituem-se ao mesmo tempo como um compêndio e uma fonte revestida de autoridade com base na qual o direito probatório moderno pode orientar-se. Usarei essas normas como aparato estrutural para a análise do direito probatório que doravante empreendo; exceto por algumas cláusulas menos importantes e menos problemáticas, das quais não tratarei. Para além dessas omissões é importante observar que as normas probatórias formalmente codificadas representam apenas uma parcela do direito probatório. Algumas das normas probatórias mais importantes, por restringirem-se a campos específicos do direito material, são classificadas como partes integrantes desses campos e não do direito probatório. No campo da responsabilidade civil, são exemplos disso a doutrina da *res ipsa loquitur*, a concessão de indenização por perdas e danos decorrentes da perda de uma chance (que omite questões intratáveis quanto às provas) e (com a mesma finalidade) as normas de distribuição da responsabilidade civil entre réus de ações de responsabilidade civil culposa, quando é impossível determinar qual foi a contribuição de cada um para o dano infligido. No direito contratual, são exemplos o princípio da inadmissibilidade da prova testemunhal (*parol evidence rule*), o princípio da preponderância da letra para o estabelecimento do sentido de um documento (*four corners rule*) e a lei de fraudes, que são instrumentos criados para reduzir o número de questões de credibilidade insolúveis nos julgamentos de rescisões contratuais. Também afetam o processo probatório as leis que punem o perjúrio, as quais são classificadas como pertencentes ao direito penal e não ao probatório, bem como as leis que regem a prescrição, as quais reduzem a probabilidade de que questões em torno de eventos ocorridos em um passado distante tenham de ser respondidas durante o julgamento. As diretrizes federais para o pronunciamento de sentenças judiciais, especialmente importantes nos processos penais hodiernos, instruem o juiz responsável por dar a sentença – em casos nos quais o réu deponha como testemunha – a impor uma pena mais severa (por obstrução da justiça) caso verifique que o réu praticou perjúrio.

As normas probatórias implícitas no direito da responsabilidade civil e no direito contratual, a imposição de sanções penais por perjúrio e obstrução da justiça e a prescrição demonstram, além disso, que a postura do direito diante da capacidade dos juízes e júris para resolver questões de credibilidade não é inteiramente ingênua. Na maioria dos casos o direito reconhece que não há métodos completamente confiáveis para determinar se uma testemunha diz a verdade. Conforme observei no Capítulo 10, o indivíduo que depõe como testemunha pode ser um bom ator, e portanto ser capaz de criar uma aparência de honestidade; pode ser um bom mentiroso, e assim conseguir tecer uma trama ficcional plausível e internamente coerente; ou pode ainda ser ambas as coisas.

Comecemos pela Norma 103(a), a qual determina, entre outras coisas, que uma decisão de admissão ou exclusão de provas não pode servir de base para que se peça um novo julgamento ou para que se reforme a sentença de primeira instância, "exceto quando um direito essencial da parte [contra a qual se tomou a decisão] for afetado". Em outras palavras, erros inofensivos serão desprezados. A doutrina dos erros inofensivos não se restringe às decisões referentes ao processo probatório. Estas, no entanto, em parte por serem tão frequentes em um julgamento, são as principais candidatas a receber o tratamento em questão. Um aspecto ainda mais importante é que o ato de julgar se um erro é inofensivo depende de pressuposições acerca da capacidade de compreensão do julgador do fato.

Os erros inofensivos desempenham um papel importante nos recursos penais e são o foco da presente discussão. Como a maioria dos réus de ações penais não paga por seu advogado, um réu desses entrará com recurso mesmo quando as chances de reforma forem pequenas, pois, embora a estimativa de benefício do recurso seja ínfima, o custo é nulo. Portanto, nos recursos penais, é muito comum os pequenos erros serem trazidos à tona, e isso torna clara a necessidade de uma doutrina dos erros inofensivos para evitar que os tribunais determinem a realização de novos julgamentos em primeira instância que só acarretariam custos e não trariam nenhum benefício. Porém, apesar da atração que o princípio do erro inofensivo exerce do ponto de vista do senso comum (e da economia), esse princípio muitas vezes pode conferir uma vantagem desmerecida, ou ao menos involuntária, aos promotores públicos[1]. A norma favorece estes, porque o tribunal de segunda instância, não tendo presenciado o julgamento (e sobretudo não tendo observado o júri), carece de informações satisfatórias para estimar a probabilidade de que os erros tenham afetado a decisão. O tribunal de segunda instância inevitavelmente estima os prováveis efeitos dos erros sobre um júri *médio*, enquanto o promotor público pode saber que o júri específico diante do qual ele acusa o réu tem uma propensão acima do comum para a absolvição, motivo pelo qual ele talvez

---

1. Na prática, somente os promotores se beneficiam dessa norma nos processos penais, tão raros são os recursos interpostos por eles.

tenha de manipular as emoções dos jurados se quiser garantir a condenação. Assim, um erro pode parecer inofensivo ao juiz de segunda instância, mesmo tendo causado dano. Ademais, apenas um juiz muito disciplinado redigirá um voto pela reforma de uma sentença quando achar que o réu é culpado, ainda que admita para si mesmo que este poderia ter sido absolvido não fosse por um erro cometido no julgamento em primeira instância e que, portanto, tem direito a um novo julgamento.

A análise acima pode ser formalizada como se segue. Seja p a probabilidade de condenação; enquanto a é a probabilidade de confirmação em segunda instância em caso de condenação (presume-se que o promotor público não possa recorrer da sentença e que o réu condenado sempre recorra da sentença), de modo que $1 - a$ é a probabilidade de reforma; b é o benefício de uma condenação para o promotor público ou para um juiz convicto de que o réu é culpado; c é o custo de um julgamento para o promotor público (para simplificar, presumiremos que o custo em que este incorrerá para defender um recurso interposto pelo réu é nulo; de fato, esse custo muitas vezes será bastante baixo em comparação com o custo do julgamento); x é o conjunto de táticas que envolvam a violação das normas processuais e probatórias em benefício da defesa[2]; e y os demais elementos que contribuem para a obtenção de uma condenação. Qualquer aumento de x e de y provoca um aumento de p, que é a probabilidade de condenação; um aumento de x também faz diminuir a, que é a probabilidade de a sentença de condenação ser confirmada; e qualquer aumento de y também faz c aumentar.

---

2. Talvez a mais comum dessas táticas consista em incitar o júri (sem efetivamente pedir, pois isso configuraria um erro que autorizaria a posterior reforma da sentença) a inferir a culpa do réu com base no fato de este não depor como testemunha. Esse "abuso", porém, é um subproduto do direito de não testemunhar nem produzir provas contra si mesmo; um direito para o qual, como veremos, não é fácil apresentar justificativas econômicas ou de qualquer outra natureza.

Se o promotor público emprega x, são três as consequências possíveis: condenação seguida de confirmação da sentença de primeira instância; condenação seguida de reforma da sentença de primeira instância, esta seguida, por sua vez, de um novo julgamento no qual se pode presumir que as variáveis sejam como deveriam ter sido no primeiro julgamento se $x = 0$; e absolvição, a qual não gera ganho nenhum para o promotor público e o deixa com uma perda total representada por c. A estimativa de ganho efetivo do promotor público (G) quando este emprega o conjunto de táticas x é, portanto, aquilo que ele ganhará se a condenação for confirmada ($p(x,y)b - c(x,y)$); mais aquilo que ele ganhará caso haja reforma da sentença seguida de um novo julgamento ($p(x,y)(p(y)b - c(y))$), que pode terminar em absolvição ou condenação, mais seu ganho negativo se o réu for absolvido ($0 - c(x,y)$), sendo o primeiro ganho multiplicado pela probabilidade de confirmação (a) e o segundo pela probabilidade de reforma ($1 - a$). Assim,

(1) $\quad G = a(x)p(x,y)b - c(x,y) + p(x,y)(1 - a(x))(p(y)b - c(y)) - c(x,y).$

(O motivo de p e c não serem representados como funções de x no cenário em que há reforma seguida de um novo julgamento é que, por definição, $x = 0$ neste cenário.)

O efeito de x (táticas abusivas) sobre G é complexo. A variável faz G aumentar porque eleva a probabilidade de reforma da sentença, mas também faz G diminuir porque eleva os custos do promotor público. Logo, não se pode descartar a possibilidade de que o efeito final seja a elevação de G, possibilidade essa que aumentará se considerarmos que x pode substituir y (a violação das normas processuais e probatórias pode substituir outros meios de obtenção de uma condenação), pois, nesse caso, o emprego das táticas abusivas, além de gerar (como antes) a redução da probabilidade de uma condenação que seja confirmada e, consequentemente, o aumento da probabilidade de ter-se de incorrer no custo de um segundo julgamento ($c(y)$), também provocará uma redução no custo do primeiro julgamento. Este é mais um motivo para acreditarmos que, se o efeito de redução provocado pelas táticas abusivas sobre a probabilidade de a sentença de condenação do réu ser confirmada for pequeno devido à norma do erro inofensivo, então essa norma estimulará a promotoria pública a errar deliberadamente. A probabilidade de isso ocorrer aumentará ainda mais se o efeito de substituição de x sobre y for grande, isto é, se as táticas abusivas forem um substituto barato e eficaz das táticas forenses legítimas.

Mesmo que a doutrina do erro inofensivo incite os promotores públicos, da maneira descrita acima, a cometer erros deliberadamente, isso pode representar eficiência se os promotores cometerem esses erros somente quando estiverem diante de um júri *irracionalmente* inclinado à absolvição. Esta poderia ser, de fato, a consequência da doutrina se os tribunais de segunda instância fossem oniscientes, pois, desse modo, estes poderiam perdoar os erros dos promotores públicos se, e somente se, o réu fosse realmente culpado. Se, no entanto, o tribunal de segunda instância não for capaz de dizer se o réu é culpado, ou seja, caso tudo o que esse tribunal consiga seja dizer se um júri médio teria condenado o réu não fosse pelos erros cometidos, então os promotores podem se sentir incentivados a errar deliberadamente para condenar um inocente. Não se sabe quão grande é esse incentivo; isso depende do peso das ambições puramente carreiristas na função de utilidade do promotor público. A título de segurança, seria desejável modificar a doutrina do erro inofensivo, excluindo de seu raio de aplicação os erros *deliberados* cometidos ou incitados por promotores públicos e fazendo disso uma justificativa para a reforma automática da sentença.

A Norma Probatória Federal 105 determina que o juiz deve instruir o júri a circunscrever dentro de certos limites a consideração de provas admissíveis para determinada finalidade (ou contra uma das partes) mas não para outra (ou contra a outra parte). O pressuposto é o seguinte. Mesmo que uma prova inadmissível seja apresentada ao júri, este será capaz de desconsiderá-la se receber instruções para tanto. Mas esse pressuposto nem sempre é verdadeiro. Por exemplo, se a admissibilidade de uma confissão estiver em pauta, a questão deve ser resolvida sem a participação do júri (Norma 104(c)), pois se a confissão for considerada inadmissível, não se poderá esperar que os jurados a desconsiderem quando forem decidir se o réu é culpado. De modo geral, porém, instruções desse tipo são consideradas eficazes, e não apenas nas circunstâncias previstas na Norma 105, mas também quando essas instruções são usadas para "consertar" a admissão equivocada ou descuidada de provas inadmissíveis: o juiz instrui o júri a desconsiderá-las.

Tanto os dados empíricos quanto o senso comum sugerem que os juízes superdimensionam extraordinariamente a eficácia dessas instruções restritivas[3]. A probabilidade de uma instrução dessas ser completamente ineficaz é bem grande se o juiz não for capaz de explicar por que a informação não é probatória (como acontece com certos tipos de testemunho indireto). Caso esta seja probatória (ou emocionalmente persuasiva)[4], porém inadmissível, é mais provável que a instrução atraia a atenção dos jurados para a prova em questão, em vez de fazer com que a desconsiderem, mesmo que o juiz a fundamente com uma justificativa[5].

---

3. Ver Michael J. Saks, "What do Jury Experiments Tell Us about How Juries (Should) Make Decisions?", 6 *Southern California Interdisciplinary Law Journal* 1, 26 (1997), e estudos ali citados.

4. O exemplo convencional é uma foto repulsiva de uma vítima de homicídio. Sobre a capacidade de tais fotos para influenciar as considerações do júri acerca da questão propriamente lógica da culpa, ver Kevin S. Douglas, David R. Lyons e James R. P. Ogloff, "The Impact of Graphic Photographic Evidence on Mock Jurors' Decisions in a Murder Trial: Probative or Prejudicial?", 21 *Law and Human Behavior* 485 (1997).

5. Para dados empíricos que corroboram isso, ver Kerri L. Pickel, "Inducing Jurors to Disregard Inadmissible Evidence: A Legal Explanation Does Not Help", 19 *Law and Human Behavior* 407, 422-3 (1995).

Por essa razão é que muitas vezes os advogados não requerem que o juiz instrua o júri a desconsiderar uma prova, mesmo quando têm esse direito. É interessante observar também que, em processos penais, a suposta mas duvidosa eficácia das instruções restritivas, junto com a doutrina do erro inofensivo, estimula nos promotores públicos o recurso a táticas abusivas diante do temor de que o réu seja absolvido, uma vez que a reação mais provável a uma pergunta imprópria ou a um comentário inadequado não é a anulação do julgamento nem a reforma da sentença, mas uma instrução restritiva impotente.

É verdade que acreditar é diferente de aceitar. O ato de acreditar é involuntário. Portanto, mandar que uma pessoa não acredite em alguma coisa sem dar-lhe uma razão para ver essa coisa como indigna de crédito de nada adiantará para alterar as crenças dessa pessoa. Esta é a principal razão do ceticismo em relação às instruções restritivas. Os opositores desse ceticismo, no entanto, talvez observem que um indivíduo pode recusar-se a agir segundo as próprias crenças. Podemos acreditar que o réu seja culpado e mesmo assim aceitarmos sua absolvição, por não acreditarmos nessa culpa com o grau de certeza necessário[6]. Em outras palavras, o ônus da persuasão é considerado (adequadamente) como algo que envolve aceitação, e não crença. A probabilidade anterior, a probabilidade posterior e as taxas de probabilidade geradas pelas diferentes provas, tudo isso envolve o ato de acreditar; mas saber qual probabilidade posterior dará a vitória ao demandante ou ao réu, isso é questão de aceitação. Esta é uma distinção que os jurados deveriam ser capazes de compreender.

O problema de usar essa ideia para salvar a reputação da instrução restritiva é que, quando um júri delibera, é muito difícil para ele desconsiderar as provas inadmissíveis de que tomou conhecimento mas que foi instruído a ignorar

---

6. Ver L. Jonathan Cohen, *An Essay on Belief and Acceptance*, pp. 117-25 (1992).

(mesmo que deseje fazê-lo) e basear sua decisão apenas nas provas admissíveis. Se os jurados fossem explicitamente bayesianos e calculassem as taxas de probabilidade correspondentes a cada uma das provas apresentadas, então poderiam desconsiderar as provas de que tomassem conhecimento e que fossem instruídos a ignorar. Mas os jurados não agem dessa forma, e sim intuitivamente. Não se pode esperar que eles avaliem as chances posteriores senão com base em todas as provas que conheceram – e o ponto essencial aqui é que as chances posteriores se fundam no acreditar, e não no aceitar.

Quando se lhes aponta a ineficácia das instruções restritivas, os juízes costumam retrucar que o sistema de julgamento pelo júri *pressupõe* que os jurados obedeçam às instruções que recebem do juiz[7]. Com isso eles parecem querer dizer que o sistema de julgamento pelo júri tem de ser abandonado caso se reconheça que essa pressuposição é incorreta. Mas isso não é verdade. O sistema de julgamento pelo júri pressupõe dos jurados apenas *certo* grau de observância das regras estabelecidas pelo juiz para orientá-los, não 100 por cento de observância. A observância perfeita das regras quase nunca se verifica em nenhuma das esferas da vida humana e é particularmente improvável no caso do

---

7. "Nossa teoria do julgamento apoia-se sobre a capacidade de um júri para seguir instruções." *Opper vs. Estados Unidos*, 348 U.S. 84, 95 (1954). Um dos "pressupostos cruciais que estão na base de nosso sistema constitucional de julgamento pelo júri [é] que os jurados sigam cuidadosamente as instruções dos juízes". *Francis vs. Franklin*, 471 U.S. 307, 324, n. 9 (1985). "Um dos pressupostos centrais de nossa teoria jurídica é que os júris sigam as instruções que recebem." *Estados unidos vs. Castillo*, 140 F.3d 874, 884 (10th Cir. 1998). Mas nem todos os juízes se contentam com o autoengano. Learned Hand, por exemplo, chamava a instrução restritiva de "recomendação ao júri a que realize uma ginástica mental que extrapole não apenas os seus poderes, mas os de qualquer pessoa". *Nash vs. Estados Unidos*, 54 F.2d 1006, 1007 (2nd Cir., 1932). Ocasionalmente um tribunal admite a ineficácia de uma instrução restritiva. Ver, por exemplo, *Bruton vs. Estados Unidos*, 391 U.S. 123 (1968) (em que se reforma a sentença de condenação de um julgamento no qual se permitiu que o júri levasse em consideração uma confissão apresentada por um corréu e que comprometia o réu).

júri, um grupo *ad hoc* cujos incentivos a isso são poucos, visto que os jurados não são penalizados nem recompensados com base no desempenho. Não está claro nem mesmo que os jurados obedeçam às instruções relativas às normas jurídicas, as quais se distinguem daquelas que determinam a desconsideração de determinada prova; e ainda assim, como vimos anteriormente, essa falta de atenção não compromete necessariamente a racionalidade do sistema de julgamento pelo júri.

As Normas Probatórias Federais definem como pertinente aquilo que "tenda de algum modo a fazer com que a existência de qualquer fato relevante para a determinação da ação torne-se menos ou mais provável do que seria na ausência da prova" (Norma 401). As normas tornam admissíveis as provas pertinentes e inadmissíveis as provas não pertinentes (Norma 402), mas uma prova pertinente pode ser excluída "se seu valor probatório for consideravelmente sobrepujado pelo perigo do preconceito, da confusão temática ou da desorientação do júri, ou ainda por considerações relativas a atrasos injustificados, perda de tempo ou apresentação desnecessária de provas cumulativas" (Norma 403). Essas normas fazem sentido do ponto de vista econômico. Da perspectiva bayesiana, uma prova será pertinente se sua taxa de probabilidade for diferente de 1 e não o será se essa taxa for igual a 1^8. Assim definida, uma prova não pertinente não gera benefício público algum, embora possa gerar um benefício privado ao confundir e predispor o júri.

As Observações da Comissão Consultiva à Norma 401 ressaltam que uma prova pode ser pertinente mesmo que diga respeito a um fato cuja veracidade esteja consumada, pois ela pode ajudar a tornar o fato mais claro e, desse modo, auxiliar na determinação correta das taxas de probabilidade. Se um fato pertinente não está claro, o júri pode

---

8. Ver Richard O. Lempert, "Modeling Relevance", 75 *Michigan Law Review* 1021 (1977).

não lhe atribuir o peso apropriado em seus cálculos. Outro ponto relacionado a este (oriundo da teoria da sinalização) é que certo grau de redundância pode aumentar – em vez de diminuir – a inteligibilidade de um ato comunicativo[9].

A Norma 403, por exigir a comparação explícita de benefício e custo, é elemento central para uma análise econômica do direito probatório, tanto quanto a fórmula de Hand é elemento central para uma análise econômica do direito da responsabilidade civil. A norma cria uma fórmula para a decisão daquela que é a mais comum das questões do direito probatório, a saber, se uma prova deve ser admitida ou excluída. A relação entre essa fórmula e a equação (4) do Capítulo 11 ($-p_x R = c_x$), isto é, a fórmula econômica para a quantidade ideal de provas, é a mesma verificada entre a fórmula de Hand e a fórmula econômica para a quantidade ideal de cuidado ($-p_x L = c_x$)[10]. A fórmula de custo e benefício implícita na Norma 403 também pode ser usada para avaliar normas probatórias específicas[11], assim como a fórmula de Hand é usada na análise econômica do direito como critério para a avaliação de normas específicas do direito da responsabilidade civil. É verdade que a Norma 403 faz com que a balança pese mais para um lado que para o outro ("*consideravelmente* sobrepujado"), mas isso pode ser necessário para impedir que o juiz, mediante a exclusão das

---

9. David A. Schum, *The Evidential Foundations of Probabilistic Reasoning*, p. 443 (1994).

10. Renomeei D para L e A para c, em William M. Landes e Richard A. Posner, *The Economic Structure of Tort Law*, p. 60 (1987) (eq. 3.9), para enfatizar a semelhança entre a fórmula para a quantidade ideal de cuidado e a equação (4). A interpretação de custo-benefício da Norma 403 é mencionada em Louis Kaplow, Nota, "The Theoretical Foundation of the Hearsay Rules", 93 *Harvard Law Review* 1786, 1789 (1980). Ver também Thomas Gibbons e Allan C. Hutchinson, "The Practice and Theory of Evidence Law – A Note", 2 *International Review of Law and Economics* 119 (1982).

11. Esta era, de modo geral, a abordagem de Bentham. Para este, não deve haver normas probatórias, embora em determinados casos deva-se permitir que o juiz exclua certas provas por razões de "afronta, dispêndio e atraso". Jeremy Bentham, *Rationale of Judicial Evidence*, vol. 1, p. 1 (J. S. Mill [org.], 1827).

provas favoráveis à parte que, em seu entender, deve perder, usurpe a tarefa de investigação dos fatos do júri.

O texto da Norma 403 não é tão bem elaborado como poderia ser. Na norma apresentam-se ao todo três justificativas distintas para a exclusão de provas pertinentes: (1) emocionalidade (fonte de "preconceito injusto" e "desvirtuamento do júri"), (2) sobrecarga cognitiva ("confusão", entre outras formas de "desvirtuamento do júri") e (3) "perda de tempo" (que parece ser sinônimo de "atraso indevido" e "apresentação desnecessária de provas cumulativas"). À primeira vista, as duas primeiras justificativas dizem respeito às limitações cognitivas do julgador do fato e, consequentemente, aos benefícios da prova para a determinação da verdade, enquanto a terceira remete ao custo, isto é, ao lado direito das equações de (1) a (4) do Capítulo 11. Mas isso não é exatamente assim. Para começo de conversa, é preciso distinguir dois tipos diferentes de limitação cognitiva. O primeiro deles, que costuma ser chamado de "racionalidade limitada" e de que tratei no Capítulo 8, surge do fato de que o custo da absorção e análise de informações não é nulo para as pessoas; estas, portanto, enfrentam problemas de sobrecarga. Esse tipo de limitação cognitiva é totalmente coerente com a racionalidade, a qual não pressupõe custos de aquisição e processamento de informações nulos. Já o segundo tipo de limitação cognitiva pertence ao domínio das ilusões cognitivas e das distrações emocionais, ou seja, ao domínio da irracionalidade, também discutido no Capítulo 8. A justificativa (1) (a que chamei emocionalidade) corresponde a esse segundo tipo de limitação cognitiva e a justificativa (2) (sobrecarga cognitiva), ao segundo tipo. Ocultar provas do júri pode ser mais fácil e conveniente do que despender esforços para dotá-lo de maior habilidade cognitiva e imparcialidade, desígnio esse que pode ser demorado e ineficaz.

Outra maneira de pensar essa função da Norma 403 e das normas probatórias em geral é como um instrumento de correção da falta de incentivo do júri para superar suas limitações cognitivas através de um "aprofundamento" nas questões que é chamado a resolver. Os jurados não têm incentivos pecuniários para fazer um trabalho meticuloso. Ao manter fora do alcance deles determinadas provas que tornariam seu trabalho ainda mais difícil e que, consequentemente, exigiria deles o dispêndio de maiores esforços mentais sem a devida compensação, as normas probatórias reduzem os custos dos jurados e, desse modo, aumentam sua produção.

A justificativa (2) também interage com a (3) (perda de tempo): a repetição e a procrastinação podem tornar mais difícil para o julgador do fato a realização de um juízo correto, além de elevarem o custo direto do julgamento. À medida que mais e mais provas são introduzidas, as provas adicionais, ainda que pertinentes, tendem a significar tanto um desperdício (no sentido de gerarem cada vez menos benefícios no que concerne ao aumento da precisão, sem que a isso corresponda uma redução do custo) quanto um fator de confusão (no sentido de que, na verdade, diminuem a precisão). Essa constatação sugere que, em muitos casos, a duração ideal de um julgamento por júri pode ser bastante curta; os benefícios das provas adicionais tendem a diminuir a um ritmo cada vez mais intenso, enquanto os custos se mantêm constantes, ou até crescem, à medida que os litigantes se lançam mais e mais à procura de provas.

Pode-se explorar esse ponto modificando-se a equação (1) do Capítulo 11, de modo que se permita que a quantidade de provas (x) exerça tanto um efeito positivo quanto um efeito negativo sobre a probabilidade de um desfecho fiel à verdade. Assim,

(2) $\qquad B(x) = p(b_1 x - b_2 x^2)S - c(x)$,

em que b_1 mede o efeito que uma unidade de x exerce no sentido de aumentar a precisão do julgamento e b_2 mede o efeito que uma unidade de x exerce no sentido de diminuir essa precisão confundindo ou sobrecarregando o júri. Além disso, presume-se que este último efeito aumente exponencialmente à medida que aumente a quantidade de provas (ou seja, com o quadrado de x). Dependendo do valor de b_1 e b_2, o acréscimo de provas, a partir de determinado ponto, pode na verdade reduzir a precisão do julgamento e desse modo reduzir a eficiência, mesmo que o custo das provas adicionais seja nulo. Outra possibilidade é pensar a confusão e a sobrecarga como custos indiretos da prova que crescem proporcionalmente à quantidade de provas; nesse caso, o último termo da equação (1) do Capítulo 11 ($c(x)$) poderia ser expresso, por aproximação, como $c_d x + c_i x^2$, em que c_d são os custos diretos da prova e c_i, seus custos indiretos.

Deve-se distinguir as provas cumulativas daquelas necessárias ao fechamento de um mosaico de provas. Uma pequena quantidade de provas "adicionais" dispendiosas pode ser justificável se essas provas, vinculando-se às demais, contribuírem para estabelecer a verdade de forma convincente.

É interessante observar que a Norma 402 e a 403, ao excluírem as provas não pertinentes e até mesmo aquelas que, embora sejam pertinentes, são inúteis em termos gerais, contrapõem-se ao incentivo que as partes encontram, em certos casos, para investir mais do que deveriam do ponto de vista social. É de esperar que essas normas sejam invocadas com maior frequência em casos que envolvam grandes somas de dinheiro, pois é nesses casos que o risco de investimento excessivo é maior.

As normas subsequentes do Artigo IV das Normas Probatórias Federais são uma aplicação do critério geral da Norma 403 ao caso específico das questões recorrentes. A Norma 404 exclui do caso (com várias exceções)[12] as provas concernentes ao caráter de uma pessoa, quando estas são usadas para mostrar que essa pessoa agiu "de acordo

---

12. A maioria das normas contém exceções; deve-se ter em mente essa ressalva o tempo todo, uma vez que não voltarei a repeti-la.

com seu caráter" na ocasião em julgamento. A principal consequência disso é que os antecedentes criminais do réu não podem ser usados como prova, a não ser quando este depuser como testemunha, como veremos. Esse tipo de prova é pertinente, pois o fato de uma pessoa ter cometido um crime no passado indica que sua propensão a cumprir as leis penais está abaixo da média. Mas o caráter probatório desse indício é fraco, sobretudo porque agressores reincidentes são punidos com maior severidade que aqueles sem antecedentes, o que ocorre justamente para compensar qualquer propensão maior à prática de crimes que tenha sido revelada por sua agressão ou suas agressões anteriores. Quando os reincidentes são punidos com severidade suficiente, a propensão à prática de uma segunda agressão (ou de uma terceira, e assim por diante) pode ser reduzida ao mesmo nível da propensão à prática da primeira agressão.

Entretanto, o maior problema com esse tipo de prova não é a carência de valor probatório, mas sim o perigo de que o júri atribua a uma prova dessas mais peso do que deveria; ou então – o que é mais provável – que este declare o réu culpado com base em uma quantidade menor de provas, por acreditar que não importa muito se o réu é inocente do crime específico pelo qual está sendo julgado, uma vez que ele pertence à classe dos criminosos e provavelmente cometeu outros crimes pelos quais não foi punido.

Mas a exclusão determinada pela Norma 404 é falha. Para começo de conversa, os antecedentes criminais podem ser usados para provar outros fatos que não a propensão, tais como motivação, ausência de erro ou *modus operandi* (ver Norma 404(b)). Se, por exemplo, um réu for julgado pelo assassinato de uma testemunha que foi responsável por sua condenação em outro caso, essa condenação seria admissível como prova do motivo que levou o réu a cometer o crime então em julgamento. Outro exemplo em que se verifica uma exceção, nesse caso incondicional, é quando um réu acusado de cometer estupro ou abuso sexual de menores possui antecedentes criminais que envolvem atos semelhantes[13]. Por trás dessa exceção (mais claramente no caso do abuso de menores), podemos encontrar uma lógica econômica que está intimamente relacionada à exceção fundada no motivo – prevista na Norma 404(b). A maioria das pessoas não é chegada a abusar sexualmente de crianças. Logo, entre dois indivíduos que possivelmente tenham cometido esse tipo de crime, e dos quais apenas um tenha em seu histórico um crime semelhante, o histórico estabelece a existência de um motivo a partir do qual se podem distinguir os dois suspeitos; e a existência de antecedentes criminais é admissível para provar o motivo do crime. Ao contrário do que acontece com o indivíduo que abusa sexualmente de crianças, o ladrão, a menos que seja um cleptomaníaco, não tem gosto por roubar. O furto, em seu caso, é simplesmente um instrumento de seu desejo por dinheiro, e muitos são os instrumentos que podem substituí-lo. O fato de que um réu acusado de praticar furto já cometeu o mesmo crime no passado não demonstra que ele "goste" de furtar, portanto, não fornece um motivo para a prática do furto do qual ele está sendo acusado.

Há quem defenda que um jurado racional, ciente da inadmissibilidade do uso dos antecedentes criminais como prova, e portanto consciente de que não descobrirá se o réu é um agressor habitual ou de primeira viagem, pressuporá que há uma probabilidade superior a zero mas inferior a 1 de que o réu seja de fato um agressor habitual. Com base nisso, afirma-se que o jurado subestimará a culpabilidade do agressor habitual e superestimará aquela do agressor de primeira viagem[14]. Pressupor que os jurados ajam dessa forma é demasiado irrealista. Além disso, os autores não apresentam nenhuma prova de que sua tese, apesar disso, esteja correta. A melhor observação que fazem é a de que, se a

---

13. Fed. R. Evid. 413, 414; cf. Fed. R. Evid. 415.
14. Ver Joel Schrag e Suzanne Scotchmer, "Crime and Prejudice: The Use of Character Evidence in Criminal Trials", 10 *Journal of Law, Economics, and Organization* 319 (1994).

apresentação dos antecedentes criminais como prova fosse permitida indiscriminadamente e os jurados fossem altamente propensos a condenar os agressores habituais independentemente das provas apresentadas, isso comprometeria a dissuasão. A estimativa de custo da punição para os agressores habituais seria menor, porque esse custo não é uma função unicamente da probabilidade de o indivíduo ser punido, mas sim, conforme observei anteriormente, uma função da diferença entre a probabilidade de ele ser punido quando é culpado e a probabilidade de ele ser punido quando é inocente. (Um fator que compensa isso parcialmente, entretanto, é que nesse caso haveria um desestímulo adicional ao ato de *tornar-se* um agressor habitual.) A estimativa de custo da punição para os agressores de primeira viagem também seria menor. Os promotores achariam tão mais fácil condenar os agressores habituais independentemente de estes serem ou não culpados, que se sentiriam menos estimulados a acusar agressores de primeira viagem, presumindo-se que os promotores trabalhem com um orçamento restrito e, conforme sugerido no Capítulo 11, desejem maximizar as condenações no que concerne ao tamanho da sentença dentro desses limites orçamentários.

Dentre as exceções à exclusão das provas concernentes ao caráter de uma pessoa, a mais importante está na Norma 609 e diz respeito ao uso desse tipo de prova no contrainterrogatório. Se, nos dez anos que antecedem o julgamento de determinado caso, o réu deste tiver sido condenado alguma vez por crime de fraude ou outro tipo de logro, o promotor público (ou o demandante, pois a norma se aplica tanto ao direito civil quanto ao penal, e a todas as testemunhas, não apenas aos litigantes) tem o direito de usar essa condenação no contrainterrogatório para pedir o *"impeachment"* (isto é, desafiar a credibilidade) do testemunho do réu. Qualquer outra condenação por delito grave ocorrida dentro desse período de dez anos também pode ser usada para esse propósito se o juiz concluir que seu valor probatório excede em importância o efeito que ela possa exercer no sentido de imbuir o júri de um preconceito.

Segundo a lógica dessa norma, uma pessoa que tenha burlado o direito penal no passado provavelmente não levará a sério o juramento feito antes de seu depoimento como testemunha. Pode ser, mas é duvidoso que essa probabilidade seja *menor* que a probabilidade de um agressor de primeira viagem levar o seu julgamento a sério se este achar que pode, mentindo, obter a absolvição[15]. Ou seja, não há por que supor que a probabilidade de os reincidentes mentirem seja maior que aquela de os agressores de primeira viagem fazerem o mesmo; ambos são criminosos, e os incentivos que um criminoso tem para mentir não parecem estar relacionados à quantidade de crimes que ele tenha cometido. Uma coisa que provavelmente é verdade, embora esteja apenas levemente relacionada (por meio do fato de a pena ser mais severa para os réus reincidentes) à reincidência do réu, é que a probabilidade de o réu mentir será maior quanto mais severa for a pena que este terá de cumprir se for condenado. Se isso for verdade, então o dado pertinente é a pena que ele terá de cumprir e não se ele é um reincidente propriamente dito. Considerando todas as variáveis, permitir o uso dos antecedentes criminais como prova no contrainterrogatório provavelmente não traz nenhum benefício em matéria de precisão. Há, porém, um custo; o mesmo custo em que se incorre ao permitir-se o uso desses antecedentes para provar uma propensão para o crime. A despeito da instrução restritiva a que o réu tem direito, não se pode esperar que o júri, ao examinar os antecedentes criminais do réu, circunscreva-se à questão da credibilidade deste. A norma, enfim, compromete a dissuasão dos agressores habituais, pois reduz a probabilidade de que um agressor habitual que deponha como testemunha seja absolvido e, portanto, dissuade agressores desse tipo de testemunharem – o que surte praticamente o mesmo

---

15. Se o réu for inocente, presume-se que ele dirá a verdade.

efeito, já que o júri pode inferir a culpa do réu a partir do fato de este não testemunhar (e isso, mais uma vez, a despeito de quaisquer instruções restritivas).

A Norma 407 determina que se exclua do processo toda prova de que o réu tenha tomado medidas compensatórias depois do incidente (um acidente ou qualquer outro evento) que é fundamento da ação do demandante. Ao mencionar essa norma no capítulo anterior, sugeri que seu propósito é incentivar medidas desse tipo. A razão pela qual volto a ela agora é que desejo considerar outra possibilidade: que a sua finalidade seja combater a percepção tardia (aquilo que talvez parecesse altamente improvável antes de acontecer pode, em retrospectiva, parecer que foi inevitável).

Se for este o propósito da norma, suspeito que ela seja desnecessária. A percepção tardia é uma ilusão cognitiva da qual todos temos consciência. São indicação disso expressões como "a sabedoria da percepção tardia". Ademais, o conceito de "acidente insólito" é bastante conhecido e traz implícita a ideia de que os acidentes podem ser eventos de *muito* baixa probabilidade de ocorrência. Espera-se que um advogado de defesa seja capaz de explicar a um júri que, embora o acidente tenha realmente acontecido, a probabilidade de ele ocorrer era ínfima[16]. Além disso, a percepção tardia muitas vezes é um ato racional (por exemplo, quando a ocorrência de um acidente mostra que uma possibilidade hipotética era uma possibilidade real) e, portanto, não é de modo algum uma ilusão[17].

É verdade que há dados empíricos em favor da tese de que os júris estão sujeitos à variante irracional da percepção

---

16. Para dados empíricos em favor da tese de que a percepção tardia pode ser reduzida, ou mesmo eliminada, mediante a ênfase no papel do acaso nas relações humanas e, consequentemente, no caráter probabilístico de muitos eventos, ver David Wasserman, Richard O. Lempert e Reid Hastie, "Hindsight and Causality", 17 *Personality and Social Psychology Bulletin* 30 (1991).

17. Ver Mark Kelman, "Behavioral Economics as Part of a Rhetorical Duet: A Response to Jolls, Sunstein, and Thaler", 50 *Stanford Law Review* 1577, 1583-1584 (1988); Mark Kelman, David E. Fallas e Hilary Folger, "Decomposing Hindsight Bias", 16 *Journal of Risk and Uncertainty* 251 (1998).

tardia[18]. Esses dados, no entanto, são limitados e insuficientes. Isso não se deve ao fato de eles se basearem em experimentos com júris simulados. Embora o comportamento dos júris simulados não possa ser automaticamente atribuído aos júris de verdade, um experimento projetado para testar uma diferença (como, por exemplo, entre uma determinação *ex ante* e uma determinação *ex post* de cuidado necessário) não é necessariamente invalidado pela discrepância entre as circunstâncias experimentais e aquelas do mundo real[19]. Para rejeitarmos os estudos sobre a percepção tardia porque os participantes da experiência não eram jurados de verdade, seria necessária uma razão para pensarmos que, se o problema da percepção tardia acomete os júris simulados, o mesmo não ocorre com os júris de verdade; e não é de modo algum óbvio qual razão seria essa. O problema desses estudos é de caráter específico e não geral. Em nenhum dos estudos, seja aquele feito por LaBine e LaBine, seja o de Kamin e Rachlinski, o júri recebeu instruções sobre o ônus da prova nem deliberou; e, em ambos os estudos, os jurados podem ter concluído pela existência de responsabilidade civil na situação *ex post* não devido à percepção tardia, mas por causa de suas concepções substantivas acerca da responsabilidade civil (muitos jurados provavelmente acreditam que pessoas que provocam acidentes devem pagar por isso, independente de serem culpadas ou não)[20]. Há dados empíricos que indicam que a delibe-

---

18. Ver Susan J. LaBine e Gary LaBine, "Determinations of Negligence and the Hindsight Bias", 20 *Law and Human Behavior* 501 (1996); Kim A. Kamin e Jeffrey J. Rachlinski, "Ex Post ≠ Ex Ante: Determining Liability in Hindsight", 19 *Law and Human Behavior* 89 (1995). Em contraposição, em um estudo experimental cujos objetos foram juízes de tribunais estaduais, W. Kip Viscusi, "How Do Judges Think about Risk?" 1 *American Law and Economics Review* 26 (1999), verificou-se uma tendência bem menor à percepção tardia do que aquela verificada nos estudos anteriores.

19. Saks, nota 3 acima, p. 8.

20. Ver LaBine e LaBine, nota 18 acima, fl. 512; Kamin e Rachlinski, nota 18 acima, fls. 100-101; Kelman, nota 17 acima, fl. 1584. Logo, a Norma 411 impede que se apresente como prova o fato de que o réu possuía seguro de responsabilidade civil contra terceiros.

ração eleva a precisão do veredicto do júri[21]. Além disso, o fato de uma instrução que advertia o júri do perigo da percepção tardia não ter surtido efeito no estudo de Kamin e Rachlinski (no outro estudo não se deu essa instrução) dá amparo à hipótese de que aquilo que parece percepção tardia é, na realidade, apenas uma divergência de critérios substantivos. É claro que essa constatação não chega a ser um consolo para os defensores do julgamento pelo júri, uma vez que deixa subentendido que o júri desobedece as normas jurídicas, e esse tipo de desobediência gerará decisões juridicamente ilegítimas tanto quanto o farão as ilusões cognitivas.

Quanto à questão mais geral de se as ilusões cognitivas comprometem seriamente a precisão do processo de averiguação dos fatos em um julgamento e, caso comprometam, o que deve ser feito (dado que os juízes encontram-se tão, ou quase tão, sujeitos a elas quanto os jurados), é interessante observar que, se a orientação da ilusão cognitiva for conhecida, o problema pode ser compensado com modificações em outros elementos do processo jurídico. Suponhamos, por exemplo, que os júris tenham uma propensão para absolver réus culpados, mas que os juízes não sejam propensos a isso nem a condenar réus inocentes. Nesse caso, como vimos anteriormente, os réus inocentes tenderão a abrir mão de seu direito a um julgamento por júri, e portanto nossa preocupação se reduzirá apenas, ou principalmente, aos réus culpados. Quanto a estes, podemos desencorajá-los de exercerem o direito a um julgamento por júri se aumentarmos a recompensa pela "aceitação de responsabilidade". Essa figura prevista nas diretrizes federais para o pronunciamento de sentenças judiciais consiste ba-

---

21. Ver, por exemplo, Reid Hastie, David Schkade e John Payne, "A Study of Juror and Jury Judgments in Civil Cases: Deciding Liability for Punitive Damages", 22 *Law and Human Behavior* 287, 305-306 (1998); Gail S. Goodman *et al.*, "Face-to-Face Confrontation: Effects of Closed-Circuit Technology on Children's Eyewitness Testimony and Jurors' Decisions", 22 *Law and Human Behavior* 165, 200 (1998).

sicamente em uma redução da sentença em caso de admissão de culpa e, consequentemente, de renúncia total ao direito a um julgamento. O aumento da recompensa pela admissão de culpa não precisa se dar através da redução da sentença de quem se declarar culpado, o que compromete a dissuasão. Ele pode perfeitamente ser obtido mediante o aumento da sentença de quem não se declarar culpado.

O testemunho indireto, ou de segunda mão, consiste numa prova de algo dito por alguém que não figura como testemunha no processo, prova essa que é apresentada para sustentar a veracidade daquilo que o declarante disse em caráter extrajudicial. Seria de esperar que uma norma relativa à admissibilidade do testemunho indireto figurasse numa nota de rodapé da Norma 403. Em vez disso, porém, devido à complexidade da norma, ela ganhou o próprio artigo nas Normas Probatórias Federais (Artigo VIII). Sob uma perspectiva mais radical, poder-se-ia questionar a própria necessidade da existência de uma norma relativa ao testemunho indireto. A existência de normas que impeçam o uso de provas das quais não advenham custos indiretos (provas como aquela de que houve consertos posteriores ao acidente) só tem uma razão de ser: impedir que o julgador inexperiente dos fatos (o júri) dê importância excessiva à prova, mesmo depois de receber do juiz uma instrução ou qualquer outro tipo de orientação em contrário. Mas grande parte das "provas" com base nas quais agimos em nossa vida pessoal e em nossa carreira consiste, a bem da verdade, em testemunho indireto. Portanto, é de esperar que essa experiência seja usada na triagem e ponderação dos testemunhos indiretos por um júri. Conforme observei no Capítulo 10, desde o ponto de vista do juiz ou do júri, absolutamente todas as provas em um caso são de segunda mão.

Não obstante, a norma relativa ao testemunho indireto provavelmente pode ser justificada com base no fator do "desperdício de tempo" mencionado na Norma 403, ou, mais precisamente, nos custos do processo de julgamento. Como o júri, ao contrário do judiciário em um sistema inquisitorial, não se envolve ativamente na busca por provas, ele não pode finalizar o processo probatório no ponto em que os benefícios da continuidade da busca seriam excedidos pelos custos. Com a ajuda da norma relativa ao testemunho indireto, pode-se fazer isso pelo júri através da exclusão de uma miríade indefinida de provas geralmente questionáveis[22]. As muitas exceções a essa norma permitem que se apresentem como prova aquelas formas de testemunho indireto cujo valor probatório equivalha àquele das provas de primeira mão. Um bom exemplo disso seria um depoimento contra os interesses financeiros ou penais da testemunha, ou seja, o tipo de depoimento que alguém provavelmente só dará se for verdadeiro. A norma do testemunho indireto também pode ser compreendida como uma norma que age em conjunto com aquelas de número 402 e 403 para combater os estímulos no sentido de investir-se excessivamente nas provas, verificados em alguns casos. Ainda assim, talvez fosse melhor descartar a norma categórica contra o uso do testemunho indireto (uma norma com tantas exceções que mais parece um queijo suíço) em favor do critério flexível da Norma 403. Desse modo, determinados testemunhos indiretos seriam excluídos de um processo não por serem indiretos, mas por terem, nas circunstâncias dadas, valor probatório insuficiente para justificar o tempo e o esforço cognitivo necessários à sua admissão e avaliação[23].

Ainda sobre as normas probatórias, a de número 501 lida com o "sigilo", isto é, o direito de uma parte de impedir a apresentação de provas com base em justificativas que normalmente não estão relacionadas ao interesse pela precisão. Nessa norma, não se enumeram os sigilos reconhecidos nos litígios federais; apenas se afirma que a atribuição

---

22. Para um ponto de vista contrário, defendido da perspectiva predominantemente econômica, ver Kaplow, nota 10 acima, pp. 1794-803.

23. Esta é, de modo geral, a posição defendida em Richard D. Friedman, "Truth and Its Rivals in the Law of Hearsay and Confrontation", 49 *Hastings Law Journal* 545, 550-560 (1998).

de direitos de sigilo é de competência do *common law* em âmbito federal ou, quando apropriado, estadual, exceto quando o direito em questão já estiver previsto nas leis ou na Constituição. Examinarei aqui os tipos mais importantes de sigilo, a começar pelos conjugais, que são dois. O primeiro deles é o direito de sigilo *testemunhal*. Ele protege o sigilo de todas as comunicações entre marido e mulher, realizadas antes ou depois do casamento, que possam prejudicar seu casamento se caírem em domínio público; mas apenas o cônjuge convocado a testemunhar pode invocar esse direito. Já o sigilo *conjugal*, que será o foco de minhas atenções, pode ser invocado por ambos os cônjuges, mas se restringe a comunicações ocorridas durante o casamento. Sua lógica é análoga àquela da norma relativa às medidas compensatórias posteriores: custos paralelos. Se um indivíduo confessou o crime ao cônjuge, essa confissão seria um indício de culpa altamente probatório. A prova, no entanto, é excluída por temor de que os cônjuges percam a confiança mútua, o que enfraqueceria a instituição do casamento. A legitimidade desse temor é questionável. O sigilo pode, na verdade, compelir ao casamento pessoas que de outro modo não se casariam; e é improvável que casamentos oriundos de um desejo de obter benefícios probatórios sejam estáveis. Além disso, e o que é mais importante, o sigilo reduz o custo do crime para as pessoas casadas e pode, desse modo, estimular essas pessoas (embora, sem dúvida, apenas ligeiramente) a cometer crimes; e a prática de um crime por um dos cônjuges é um acontecimento altamente desestabilizante para um casamento. Se esse sigilo se restringisse a ações civis, seria mais fácil defender sua existência.

Mas embora os benefícios dos sigilos conjugais sejam poucos, o custo da perda de provas valiosas também pode ser pequeno; portanto, no cômputo geral, o ganho que se teria com a extinção desses sigilos talvez fosse pequeno. Se eles fossem extintos e essa informação se tornasse amplamente conhecida, seria bem menor a probabilidade de os cônjuges dizerem coisas comprometedoras uns aos outros;

a extinção, portanto, não geraria uma profusão de provas valiosas. Isso entra em choque com a Norma 407. Permitir que indícios da realização de consertos posteriores ao evento em litígio sejam apresentados como prova no julgamento é algo que reduziria os incentivos à realização de tais consertos mas que não chegaria a extinguir esses incentivos, porque os consertos geram também o benefício da prevenção contra futuras acusações de responsabilidade civil. Na verdade, esse benefício pode ser tão grande a ponto de justificar a extinção da norma. Mas meu ponto é apenas que essa extinção provocaria a geração de provas. Os benefícios que um indivíduo obtém ao admitir sua conduta ilícita ao cônjuge são menores que aqueles que se obtêm com medidas que evitem futuras e prováveis acusações de responsabilidade civil; logo, a extinção dos sigilos conjugais poderia praticamente acabar com esse tipo de admissão.

O mais importante dos sigilos é o sigilo profissional do advogado; o advogado não pode ser obrigado a divulgar declarações recebidas de seu cliente no decurso da relação profissional entre os dois. Gostaria de debruçar-me sobre a aplicação desse sigilo a declarações proferidas no decurso do litígio ou durante a fase de consideração da conveniência ou não de mover-se o processo, não sobre aquelas proferidas na busca de aconselhamento jurídico acerca de um ato que a pessoa pretende ainda cometer[24]. Assim como a admissão de culpa para o cônjuge é um indício de culpa altamente probatório, também o é a admissão de culpa do indivíduo perante seu advogado. A lógica que subjaz ao impedimento do uso dessa admissão como prova no processo é a de que o processo de confrontação das partes não funcionaria bem se estas não pudessem conversar com seus advogados em regime de sigilo total. Para avaliar esse raciocínio é preciso que façamos o mesmo tipo de reflexão que fi-

---

24. As diferentes considerações aplicáveis aos dois tipos de declaração são enfatizadas em Louis Kaplow e Steven Shavell, "Legal Advice about Information to Present in Litigation: Its Effects and Social Desirability", 102 *Harvard Law Review* 565 (1989).

zemos no caso dos consertos posteriores e dos sigilos conjugais, isto é, devemos nos perguntar quais seriam as consequências da extinção do sigilo profissional do advogado. Uma delas seria que os clientes se abririam bem menos com seus advogados. Em resultado disso, sujeitar os advogados à possibilidade de terem que depor como testemunhas contra seus clientes não provocaria a geração de muitas provas valiosas. Assim, mais uma vez, os benefícios da extinção do sigilo seriam muito pequenos, a menos que se considere um benefício público o tornar mais "fria" a comunicação entre o cliente e o advogado. Outra consequência da extinção do sigilo profissional do advogado seria que os litigantes em potencial despenderiam mais esforços para aprender ao menos os rudimentos do direito, pois assim minimizariam o risco de soltarem admissões comprometedoras ao conversarem com seus advogados. A extinção do sigilo poderia, portanto, aumentar o número de candidatos ao curso de direito nas faculdades!

Em terceiro lugar, os advogados, temerosos de extrair declarações comprometedoras de seus clientes, poderiam deixar de extrair-lhes informações capazes de provar (embora estes não o soubessem) a pertinência de sua pretensão[25]. O quarto ponto – provavelmente o mais importante – é que a extinção do sigilo obstruiria o processo em primeira instância e confundiria os júris. A mesma pessoa poderia figurar como defensora de uma das partes do processo e, ao mesmo tempo, como uma testemunha contra essa parte. Para evitar isso, o litigante teria de mudar de advogado assim que descobrisse ter deixado escapar uma admissão comprometedora a seu advogado atual; e poderia ter de fazê-lo mais de uma vez, visto que também teria de contar sua história a cada novo advogado que contratasse.

Defender um sigilo probatório torna-se uma pretensão muito menos justificável se as pessoas que têm o direito de

---

25. Esse ponto é enfatizado em Ronald J. Allen *et al.*, "A Positive Theory of the Attorney-Client Privilege and the Work Product Doctrine", 19 *Journal of Legal Studies* 359 (1990).

invocá-lo não souberem da existência dele ou não forem afetadas por sua extinção[26]. No caso da instrução restritiva, em que a extinção de um sigilo não teria nenhum efeito dissuasivo sobre a geração de provas, essa extinção só traria benefícios. O sigilo profissional do advogado é bem conhecido, mas considere o sigilo profissional do psicoterapeuta. Aparentemente, a maioria das pessoas não tem conhecimento da existência desse sigilo[27], e mesmo dentre as poucas pessoas que têm esse conhecimento e que se dispõem a consultar-se com um psicoterapeuta a despeito do estigma que a doença mental ainda carrega na sociedade norte-americana, quantas seriam dissuadidas pelo medo de que o psicoterapeuta um dia pudesse ser chamado a depor como testemunha contra elas?[28]

Esse ponto que enfatizei, isto é, de que a extinção das normas que regem o sigilo talvez gerasse muito poucos frutos probatórios, também é aplicável à norma que impede o uso de provas obtidas mediante busca ou apreensão ilegal, norma essa que é bastante criticada. As provas desse tipo são, em geral, altamente probatórias e, às vezes, essenciais; sua exclusão sempre pareceu uma sanção desproporcional pela conduta ilícita da polícia. Porém, se as outras sanções possíveis fossem eficazes para dissuadir a polícia de adotar esse tipo de conduta, não haveria frutos de espécie alguma e, portanto, não haveria ganhos da perspectiva da precisão nos julgamentos de causas. O que os críticos da norma deveriam defender acima de tudo é a redefinição do critério de determinação da ilicitude da ação de busca e apreensão (e, mais especificamente, que essas ações só deveriam ser

---

26. Ver American Bar Association, Section of Litigation, "Civil Trial Practice Standards" 100-102 (fevereiro de 1998).

27. Daniel W. Shuman e Myron S. Weiner, "The Privilege Study: An Empirical Examination of the Psychotherapist-Patient Privilege", 60 *North Carolina Law Review* 893, 925 (1982).

28. Algumas o seriam; a disputa que deu origem ao litígio poderia causar transtornos psicológicos que levassem o indivíduo a procurar um psicoterapeuta, desde que isso não prejudicasse suas chances de vencer o litígio.

consideradas ilegais se os benefícios probatórios não se igualassem aos custos da ação de busca e apreensão para a vítima ou excedessem esses custos) ou então que a única sanção para uma ação ilegal de busca e apreensão fosse uma ação civil por perdas e danos. Esta última abordagem obrigaria a polícia, na prática, a "comprar" os frutos de suas ações de busca e apreensão ilegais das vítimas dessas ações, coisa que presumivelmente ela faria quando os benefícios probatórios excedessem os custos impostos à vítima da ação. Logo, o número de provas excluídas seria menor do que aquele verificado num cenário de vigência da norma em questão.

O mais controverso dos sigilos probatórios é o direito de não testemunhar nem produzir provas contra si mesmo, previsto na Constituição. As preocupações acerca do uso da tortura para a obtenção da confissão são compreensíveis, mas poderiam ser apaziguadas com a proibição dessa prática (inclusive em suas formas atenuadas, como a prática de os investigadores se revezarem para interrogar o suspeito e outras formas de pressão física ou psicológica) e a transformação da pena por desacato ao juiz – seja esta em forma de multa, prisão ou anulação do direito de defesa – na única sanção aplicável à recusa a testemunhar.

Esse sigilo rouba do tribunal provas muito importantes, e seus benefícios são difíceis de identificar. Um dos argumentos é a "forte presunção em favor de que o Estado deixe as pessoas em paz (...). O Estado não deve perturbar a paz de um indivíduo obrigando-o a comparecer em audiência ou a revelar dados que possam levar à sua condenação, exceto se houver suficientes indícios de culpabilidade. Obviamente, se o objetivo é preservar a paz do indivíduo, o Estado deve estabelecer a plausibilidade inicial de seus argumentos a partir de outras fontes que não o próprio indivíduo"[29]. Mas esse argumento, análogo àquele que

---

29. John Henry Wigmore, *Evidence in Trials at Common Law*, vol. 8, § 2251, p. 317 (na edição de 1961, revista por John T. McNaughton). Toda a discussão de McNaughton sobre os argumentos a favor do sigilo é característica. Ver *id.* pp. 295-318.

discuti anteriormente em favor da atribuição do ônus da prova aos demandantes e não aos réus, perderia sua força caso o sigilo fosse extinto assim que o Estado reunisse, a partir de fontes independentes, indícios suficientes para motivar a denúncia, e caso se impusesse um limite à quantidade de tempo que o Estado pode exigir do suspeito para prestar esclarecimentos[30].

Uma das maneiras de colocar a questão da extinção do sigilo é adotar uma perspectiva *ex ante*. Desse modo, pergunta-se o seguinte. Se o sigilo protege apenas (ou principalmente) os culpados, os indivíduos que realizam suas escolhas por trás de um véu de ignorância e portanto não sabem se serão vítimas ou criminosos (ou pessoas inocentes processadas por engano) apoiarão ou rejeitarão esse sigilo? Uma vez que apenas uma pequena parcela da comunidade será composta de criminosos ou mesmo suspeitos de crimes, e como o único custo que a extinção do sigilo imporá ao criminoso será o de dificultar-lhe a impunidade, os votos em favor da extinção podem compor maioria absoluta.

Com aquilo que foi dito no parágrafo anterior, começa a se enfraquecer o pressuposto implícito de que só as pessoas culpadas fazem declarações comprometedoras. Uma pessoa inocente pode tornar-se suspeita de um crime e dizer coisas que contribuam para adensar a nuvem de suspeitas erguida sobre ela ou pode simplesmente ter uma fisionomia suspeita. Quanto maior for o perigo de a extinção do sigilo gerar condenações equivocadas, mais fortes serão as justificativas para evitar essa extinção. Essa constatação tem relação com um dos problemas criados pelo direito de prescindir do benefício de um sigilo probatório. Suponhamos que somente pessoas culpadas soltassem esse tipo de declaração comprometedora que os réus podem evitar ou ocultar graças ao direito de não testemunhar nem produzir

---

30. Não examinarei os problemas suscitados pela afirmação desse sigilo em contextos não litigiosos, como as sabatinas diante de comissões no Congresso.

provas contra si mesmo (e também ao sigilo profissional do advogado e aos sigilos conjugais). Nesse caso, os inocentes sempre renunciariam a esses direitos, para sinalizar sua inocência[31]. Qualquer indivíduo que não o fizesse seria corretamente considerado culpado. É com base nisso que os jurados, a partir da recusa do réu a depor como testemunha, muitas vezes deduzem que este é culpado, embora sejam instruídos a nunca fazerem isso. Se, no entanto, a renúncia a esse direito gerar um custo também para o indivíduo inocente, então a recusa a prescindir do direito não poderá ser legitimamente interpretada como sinal de culpa. O juiz desejoso de que os jurados levem a sério o princípio segundo o qual não se pode deduzir a culpa do réu a partir da recusa deste a prescindir do direito de não testemunhar nem produzir provas contra si mesmo terá de explicar ao júri, de modo satisfatório, que motivos uma pessoa inocente teria para temer as consequências do ato de testemunhar. Não sei bem se de fato existe uma explicação satisfatória; o perigo de uma pessoa inocente fazer afirmações que levem o júri a considerá-la culpada pode ser apenas teórico.

A decisão do réu de uma ação penal sobre testemunhar e, dessa forma, renunciar ao direito de não testemunhar nem produzir provas contra si mesmo pode ser formulada como se segue:

(3) $p = p_1 x_1 + (1-t) p_2 + t p_3 t x_2,$

em que p é a probabilidade de o réu ser culpado, p_1 é a probabilidade de culpa gerada pelas outras provas do processo (x_1), p_2 é a probabilidade de o réu ser culpado que será inferida pelo júri se ele não depuser como testemunha, p_3 é a probabilidade de o réu ser culpado que o júri inferirá se ele testemunhar (sendo x_2 o depoimento que ele dará), e t é a decisão de testemunhar ou não – essa variável assume

---

31. Ver, a título de estudo geral, Daniel R. Fischel, "Lawyers and Confidentiality", 65 *University of Chicago Law Review* 1 (1998).

o valor de 1 se o réu testemunhar e de 0 se ele não testemunhar. Se o réu depuser como testemunha, o termo do meio da parte direita da equação desaparecerá; mas se o seu testemunho o comprometer, então o terceiro termo (que se tornará apenas $p_3 x_2$) terá valor positivo. Se, por outro lado, ele se recusar a testemunhar, o terceiro termo desaparecerá, mas o segundo terá valor positivo. A decisão de depor ou não depor dependerá, portanto, da comparação entre o termo do meio no caso de o réu não depor, com o terceiro termo no caso de ele depor.

Essa abordagem pode ser usada para equacionar qualquer caso no qual a ausência de provas dê ensejo a uma inferência, como em algumas versões do cenário do caso *McDonnell Douglas* e do caso hipotético do ônibus discutidos no capítulo anterior, bem como em casos que envolvam provas estatísticas com nível de significância baixo. No caso do ônibus, por exemplo, p seria a probabilidade de o proprietário do ônibus que lesou o demandante ser a empresa A, isto é, o réu; p_2 seria a contribuição (negativa) dada a p se a única prova fosse a porcentagem de ônibus de propriedade de A e se isso implicasse que o demandante omitia provas que revelariam que o ônibus em questão era, na verdade, de B (isto é, se $t = 0$); e p_3 seria a contribuição dada a p se o demandante apresentasse, além da estatística pura e simples, provas adicionais concernentes à propriedade do ônibus (x_2).

Seidmann e Stein apresentaram um argumento inédito em favor do direito de não testemunhar nem produzir provas contra si mesmo[32]. O autores observaram que esse direito dá ao réu culpado duas opções: dar falso testemunho ou manter silêncio. Se a segunda opção lhe for vetada pela extinção do direito supracitado, os réus culpados testemunharão e mentirão com maior frequência. Como a maioria

---

32. Daniel J. Seidmann e Alex Stein, "The Right to Silence Helps the Innocent: A Game-Theoretic Analysis of the Fifth Amendment Privilege" (a ser publicado pela *Harvard Law Review*).

dos réus de ações penais é culpada, então, dentre os réus desse tipo, a maioria dos que testemunharem mentirá. Isso diminuirá a credibilidade dos réus inocentes, pois os julgadores dos fatos esperarão já de antemão que o testemunho do réu seja desonesto.

Os artigos VI e VII das Normas Probatórias Federais contêm diversas cláusulas relativas às testemunhas, sobretudo àquelas que deponham como especialistas (Artigo VII). A mais importante delas é a Norma 602, que determina que não especialistas só podem prestar testemunho de fatos dos quais tenham tido conhecimento direto, e a Norma 702, que autoriza o perito judicial a dar depoimento sobre assuntos de sua área "na forma de opinião"[33]. Uma opinião é uma inferência feita a partir de uma combinação de conhecimento direto e conhecimento prévio. Quando um indivíduo, ao ver nuvens escuras se formarem no céu, opina que vai chover, essa opinião é a conjunção da observação das nuvens com o conhecimento prévio sobre os sinais da natureza. O amplo conhecimento prévio que define uma pessoa como perita em determinado campo lhe permite emitir opiniões que não passariam de especulações irresponsáveis se saíssem da boca de um leigo.

Devido à complexidade técnica de muitas das questões levantadas nos processos de hoje, o constante recurso ao depoimento de peritos parece ser a única opção além da migração do atual sistema de tribunais generalistas (em grande medida) para um sistema de tribunais especializados, migração essa que teria seus próprios problemas[34]. Mas o recurso ao testemunho de peritos gera muita insatisfação, e esta tem duas fontes principais, relacionadas entre si. Em primeiro lugar, como o perito é pago pela parte que o

---

33. A Norma 701 permite que testemunhas leigas prestem testemunho sob a forma de opinião, dentro de limites estritos.

34. Discutido em Richard A. Posner, *The Federal Courts: Challenge and Reform*, cap. 8 (1996). Contudo, é importante compreender que os tribunais especializados são uma solução perfeitamente possível para os problemas decorrentes do recurso ao testemunho de peritos.

chamou, teme-se que os peritos sejam partidários de quem os contratou ("paus-mandados"), não testemunhas desinteressadas e, portanto, fiéis à verdade. Isso, é claro, não os distingue substancialmente de diversos outros tipos de testemunha, dentre as quais se destacam as próprias partes do litígio, a quem outrora já foi vetado testemunhar, justamente com base nessa constatação. Em segundo lugar, teme-se que os peritos tenham maior capacidade que os leigos para conduzir o júri a equívocos com seu testemunho, pois é mais difícil derrubar seus argumentos no contrainterrogatório; eles podem se esconder atrás de sua especialidade, expressando-se através de um jargão ininteligível. Mesmo que seus argumentos sejam derrubados no contrainterrogatório por um advogado que tenha sido muito bem preparado por um especialista da mesma área do interrogado, o júri pode não entender suficientemente as perguntas e respostas do contrainterrogatório para nem sequer perceber que os argumentos da testemunha foram mesmo derrubados. Outro problema que está intimamente relacionado a este da inteligibilidade é o de que as opiniões de dois peritos que depõem cada qual em favor de uma das partes muitas vezes se neutralizam mutuamente. A expectativa quanto à decisão não sofre então influência alguma e, portanto, o recurso aos peritos gera custos e não traz benefícios.

Nenhum desses problemas parece particularmente sério, desde que o depoimento do especialista se refira a uma área na qual haja consenso em torno das premissas básicas de caráter substantivo e metodológico (esta é uma ressalva essencial, à qual retornarei).

Com respeito ao primeiro problema, ou seja, a ausência de uma postura imparcial por parte da testemunha, cinco pontos precisam ser observados:

1. Como a maioria dos peritos judiciais, ao contrário dos leigos, está sempre testemunhando, essas pessoas possuem um interesse financeiro pela criação e pela preservação de uma reputação de honestidade e competência. Qualquer crítica que um juiz faça a uma testemunha em público (em

um voto, formalmente redigido ou não, ou mesmo nos autos de um processo em primeira instância ou de qualquer tipo de audiência) pode prejudicar a carreira do especialista como testemunha, às vezes de forma irremediável, pois a crítica tende a ser apresentada nos contrainterrogatórios posteriores a que ele se submeta[35]. Muitos desses peritos, ademais, são empregados de escritórios de advocacia, os quais têm uma reputação pela qual zelar e que pode ser comprometida pelos erros cometidos por qualquer um de seus empregados. Quanto aos professores, estes podem incorrer na diminuição de sua reputação acadêmica (algo que valorizam muito, do contrário provavelmente não seriam acadêmicos), que é um tipo de custo não pecuniário, se forem descritos como testemunhas displicentes ou desonestas.

Esta discussão não oferece uma resposta final ao problema do partidarismo, porque é também esse especialista cujo ofício é testemunhar quem possui um incentivo para agradar seu cliente, pois assim aumentará as chances de ser contratado novamente no futuro. Como é proibido condicionar o pagamento do perito à vitória da parte favorecida por seu testemunho, o especialista que testemunhe uma só vez não tem nada a perder *nem a ganhar* com a apresentação de um depoimento desonesto ou tendencioso.

2. O perito judicial que tenha um histórico de obras acadêmicas publicadas será "mantido honesto" pelo fato de que, se tentar renegar a própria obra acadêmica em seu depoimento, abrirá caminho à possibilidade de ser submetido a um contrainterrogatório devastador. Isso implica que

---

35. "Uma menção favorável num caso que conste na jurisprudência traz benefícios concretos para um economista forense [isto é, um economista que deponha como testemunha], enquanto uma menção desfavorável representa um custo substancial." Thomas R. Ireland, Walter D. Johnson e Paul C. Taylor, "Economic Science and Hedonic Damage Analysis in Light of *Daubert vs. Merrell Dow*", 10 *Journal of Forensic Economics* 139, 156 (1997). Para um exemplo de "menção desfavorável", ver *In re Brand Name Prescription Drugs Antitrust Litigation*, 1996 WL 351178 (N.D. Ill., 24 de junho de 1996).

é preciso redobrar a atenção toda vez que um perito judicial não possuir um histórico acadêmico de obras publicadas ou for testemunhar sobre assuntos a respeito dos quais nunca publicou nenhum trabalho. Não apenas a probabilidade de esse especialista ser fiel à verdade em seu testemunho será menor como também o fato de o advogado tê-lo escolhido como perito judicial implicará que este foi incapaz de encontrar uma pessoa genuinamente instruída que estivesse disposta a testemunhar em favor do cliente.

3. Devido ao fato de o sistema processual norte-americano ser baseado na confrontação das partes, e devido à obrigatoriedade da revelação dos elementos de prova antes do julgamento, os elementos de prova apresentados pelo especialista estão sujeitos a um intenso exame crítico[36]. Isso deve dissuadir ao menos alguns peritos de testemunhar com irresponsabilidade. No caso da economia, uma área na qual a tradição de proliferação de estudos acadêmicos semelhantes é relativamente fraca[37], um estudo conduzido com fins litigiosos tende mais a ser alvo de um exame minucioso do que um estudo acadêmico, mesmo quando publicado em um periódico acadêmico conceituado.

4. Uma prova pericial é inadmissível se não atender às exigências metodológicas de seu campo[38]. Para um juiz, é mais fácil determinar isso do que se a prova é legítima. Essa

---

36. A título de exemplo daquilo que espera os peritos no contrainterrogatório, ver Stan V. Smith, "Pseudo-Economists – The New Junk Scientists", 47 *Federation of Insurance and Corporate Counsel Quarterly* 95 (1996).

37. Talvez seja por isso que os pesquisadores acadêmicos adotaram um nível de significância de 5 por cento e não um nível de 10 por cento ou 20 por cento. Quanto menor for a frequência de publicação de estudos acadêmicos redundantes, mais necessário será submetê-los à disciplina interna de um rigoroso teste de significância. Ver Lempert, nota 8 acima, p. 1099.

38. Ver, por exemplo, *Kumho Tire Co. vs. Carmichael*, 119 S. Ct. 1167 (1999); *Daubert vs. Merrell Dow Pharmaceuticals, Inc.*, 509 U.S. 579 (1993); *Navarro vs. Fuji Heavy Industries*, 117 F3d 1027, 1031 (7th Cir. 1997); *People Who Care vs. Rockford Board of Education*, 111 E3d 528, 537 (7th Cir. 1997); *Rosen vs. Ciba-Geigy Corp.*, 78 F.3d 316, 318-319 (7th Cir. 1996); David L. Faigman et al., *Modern Scientific Evidence: The Law and Science of Expert Testimony*, vol. 1, pp. 2-45 (1997).

norma funciona como um pente-fino contra a pseudociência, ainda que talvez fino demais no caso das provas estatísticas, como já vimos. Note que a existência desse pente-fino pode não apenas excluir testemunhos que não sejam de nível profissional, como também fazer com que os peritos nem sequer cheguem a elaborar testemunhos desse tipo, por temerem que sua reputação fique comprometida se as provas periciais forem consideradas pseudociência e, como tal, excluídas do processo.

5. Como extensão do ponto anterior, considere-se ainda o fato de que hoje em dia, como quase todas as decisões judiciais estão disponíveis na Internet, qualquer crítica de um juiz a um perito judicial tende a se tornar de conhecimento geral da comunidade litigiosa em muito pouco tempo e a ser utilizada para impugnar qualquer testemunho que o perito venha a prestar. Essa perspectiva dá aos peritos judiciais incentivos consideráveis para evitar o erro, o exagero e o excesso de partidarismo ao testemunharem. Além disso, ela também deve servir para melhorar a imagem do perito judicial "profissional", que muitas vezes é depreciado. Quanto mais frequentemente o perito testemunhar (ou, mais precisamente, quanto mais frequentemente ele, ao elaborar um depoimento, se enxergar na posição de perito judicial em processos futuros), maior será seu interesse em conservar imaculada sua reputação, evitando provocar críticas dos juízes e, portanto, mais credibilidade terá seu testemunho. Uma testemunha "profissional" que tenha testemunhado em dezenas ou centenas de casos sem ser criticada por nenhum juiz, e que ainda espere testemunhar em muitos outros casos, é particularmente passível de ser considerada confiável. Isso porque ela resistiu às investidas de seus adversários nos casos de que já participou, adquirindo assim uma reputação considerável que ficaria comprometida por uma eventual postura desonesta em seu testemunho.

Se os incentivos do mercado garantissem a honestidade dos peritos judiciais, o advogado do réu muitas vezes nem recorreria a esse tipo de testemunho, pois teria dificuldade para encontrar um perito com boa reputação para contradizer o perito chamado pelo demandante[39]. Portanto, é de esperar que a frequência do recurso a peritos judiciais aumente quanto menos "exata" for a ciência envolvida no caso.

O segundo problema do recurso a peritos judiciais, ou seja, o problema da inteligibilidade das provas periciais consideradas admissíveis, é sem dúvida procedente, mas não tanto quanto pode parecer, pois a preocupação com esse problema ignora a ação dos incentivos. Uma testemunha incapaz de se fazer entender provavelmente não será persuasiva. Essa consideração é importante sobretudo nos julgamentos por júri porque os jurados muitas vezes valorizam mais a clareza que as credenciais da testemunha[40]. Se os peritos se explicarem com maior clareza quando estiverem diante de um júri, os jurados serão tão capazes de entendê-los quanto os juízes, ainda que o juiz médio seja mais hábil que o jurado médio.

Esta não é uma resposta completa às críticas acerca da ininteligibilidade. Muitas áreas são tão técnicas que não é razoável esperar que o jurado médio, ou mesmo o juiz médio, seja capaz de compreender todas as críticas de um estudo conduzido por um especialista da área. É por isso que a crescente complexidade técnica das provas periciais não é um argumento forte contra o emprego do júri. Uma solução parcial é sugerida em um estudo por meio do qual se constatou que os jurados atribuem muita importância às credenciais do perito judicial quando seu testemunho é muito complexo[41]. Esta é uma postura racional. Os peritos com

---

39. Ver Deanne M. Short e Edward L. Sattler, "The Market for Expert Witnesses", 22 *Journal of Economics* 87, 89 (1996).

40. Ver Daniel W. Shuman, Anthony Champagne e Elizabeth Whitaker, "Juror Assessments of the Believability of Expert Witnesses: A Literature Review", 36 *Jurimetrics Journal* 371, 379 (1996).

41. Joel Cooper, Elizabeth A. Bennett e Holly L. Sukel, "Complex Scientific Testimony: How Do Jurors Make Decisions?", 20 *Law and Human Behavior* 379, 391-392 (1996).

mais credenciais têm mais a perder em matéria de reputação se fornecerem provas periciais que não estejam à altura dos padrões aceitáveis de sua profissão.

Outra maneira de lidar com o problema da inteligibilidade seria o recurso mais frequente a peritos judiciais nomeados pelo juiz. O poder para fazer esse tipo de nomeação é conferido explicitamente aos juízes federais pela Norma 706, mas mesmo assim é pouco exercido[42]. A objeção mais comum ao exercício desse poder é a de que o juiz é incapaz de determinar se o perito por ele escolhido está em uma posição de neutralidade. O problema pode ser solucionado através da emulação de um método bastante comum de seleção de árbitros: cada uma das partes escolhe um árbitro e os dois árbitros escolhem um terceiro, neutro, a quem geralmente cabe dar o voto decisivo. Analogamente, o perito de uma das partes poderia, em conjunto com o perito da outra, escolher um perito neutro que seria nomeado pelo juiz. O testemunho desse perito poderia acrescentar-se aos dos outros dois, ou poderia ser somente ele a testemunhar[43]. Sua posição de neutralidade garantiria que seus pontos de vista fossem enxergados com total seriedade pelo júri. Mesmo que os jurados não o compreendessem, isso não teria importância, pois sua conclusão teria credibilidade por ser imparcial e por ele ser um perito. Pode-se acreditar racionalmente em uma coisa mesmo sem compreendê-la. As pessoas acreditam racionalmente que voar é seguro, mesmo sem saberem o que impede um avião de cair[44].

---

42. Ver Joe S. Cecil e Thomas E. Willging, *Court-Appointed Experts: Defining the Role of Experts Appointed under Federal Rule of Evidence*, p. 706 (1993); Faigman *et al.*, nota 38 acima, pp. 43-4. Porém, isso pode estar mudando. Ver Howard M. Erichson, "Mass Tort Litigation and Inquisitorial Justice", 87 *Georgetown Law Journal* 1983, 1988-1993 (1999).

43. Isso já foi proposto – Daniel L. Rubinfeld, "Econometrics in the Courtroom", 85 *Columbia Law Review* 1048, 1096 (1985) – e uma variante do procedimento foi utilizada em pelo menos um caso, *Leesona Corp. vs. Varta Batteries, Inc.*, 522 F. Supp. 1304, 1312 (S.D.N.Y. 1981). Ver também American Bar Association, nota 26 acima, p. 246.

44. Este é um exemplo do ponto de vista de Coady segundo o qual o testemunho pode ser uma fonte de conhecimento real. Ver Capítulo 10.

O terceiro problema do testemunho de peritos judiciais, ou seja, o de que testemunhos opostos muitas vezes se neutralizam mutuamente, seria solucionado se os peritos das partes selecionassem um perito neutro e só este testemunhasse. Mas será que este é um problema de verdade? Pois poderia parecer que, sempre que as opiniões dos peritos em confronto fossem canceladas uma pela outra, as partes fariam um acordo no sentido de não chamá-los, para reduzir suas despesas com o processo. Isso acontece ocasionalmente, mas não é muito comum, talvez porque um advogado que sugerisse isso pareceria estar sinalizando que, em sua visão, seu perito tem menos credibilidade que aquele do adversário. Além disso, há o viés seletivo; o fenômeno da neutralização mútua dos testemunhos ocorre apenas nos casos que vão a julgamento. Muitos casos, entretanto, podem se resolver por acordo entre as partes (ou nem mesmo irem a juízo) se estas, ao consultarem seus respectivos peritos, forem convencidas por estes de que não existe causa de pedir.

Mas é naquelas áreas onde há menos parâmetros para determinar a honestidade da testemunha que o emprego de peritos judiciais é mais problemático. Este costumava ser, e até certo ponto ainda é, o caso da ciência econômica no que diz respeito aos trustes. Um economista pode perfeitamente ser um "militante" das leis antitruste sem que isso o torne menos respeitável, e o mesmo vale para um economista que defenda políticas conciliatórias nessa área. Ambos podem ser donos de uma longa lista de trabalhos acadêmicos respeitados e totalmente coerentes com uma série de testemunhos sistematicamente favoráveis ao demandante (ou ao réu). Um juiz ou um júri não teria parâmetros para escolher entre os dois peritos, sobretudo porque cada um deles provavelmente teceria um raciocínio lógico impecável a partir de suas premissas, as quais soariam igualmente plausíveis a um público leigo. Por outro lado, poderia não haver nenhum indivíduo cujas visões fossem neutras e que, ao mesmo tempo, pudesse ser considerado um verdadeiro perito. Nesse caso, um perito nomeado pelo juiz seria inevitavelmente partidário de alguma das partes. Não tenho uma solução para esse problema.

Um dos grandes custos sociais das provas periciais nem chega a ser discutido na bibliografia sobre os peritos judiciais: o problema dos pesquisadores acadêmicos (sobretudo aqueles com estabilidade de emprego) que abandonam sua pesquisa para testemunhar como peritos. Embora a atuação como perito judicial, ao fornecer aos pesquisadores acesso a dados que de outro modo lhes seriam inacessíveis, possa eventualmente gerar dividendos acadêmicos, é improvável que a produção geral das universidades norte-americanas (pesando quantidade e qualidade) seja maior em decorrência da demanda por professores dispostos a testemunharem como peritos. Se o salário dos professores universitários for igual ao produto social marginal da pesquisa acadêmica, o fenômeno dos pesquisadores que desistem de pesquisar para testemunhar como peritos não reduzirá o bem-estar social. Se, porém, a pesquisa acadêmica gerar benefícios sociais não usufruídos pelo pesquisador, e se esse superávit for maior que aquele gerado pelo testemunho dos pesquisadores, a prática de contratar professores universitários como peritos judiciais imporá, sim, custos à sociedade.

A segunda condição é particularmente "condicional". A precisão nos julgamentos de causas gera benefícios sociais (sobretudo o de dissuadir os indivíduos de proceder ilicitamente) que não são totalmente absorvidos pelos peritos judiciais nas taxas cobradas por estes, pois os advogados não lhes pagarão pelos benefícios gerados para o restante da comunidade. Além disso, a oportunidade de obtenção de renda extra pode impelir à carreira acadêmica pessoas competentes que, de outro modo, não escolheriam a profissão de professor. Mas este argumento é mais fraco. Se os professores tiverem a oportunidade de possuir um segundo emprego, as universidades podem acabar diminuindo o salário deles, e a oferta de pesquisadores acadêmicos pode permanecer inalterada. Uma vez que as oportunidades de testemunhar estão aleatoriamente distribuídas pela comunidade acadêmica relativamente ao valor da produção acadêmica, o principal efeito da obtenção de renda com o segundo emprego, mesmo que esta não seja compensada pela diminuição do salário de professor universitário, pode ser o de alterar a distribuição dos profissionais entre as diferentes áreas acadêmicas sem se levar em consideração o produto social.

Supondo-se que a profissão de perito judicial tenha vindo para ficar, devemos considerar de que modo pode-se aperfeiçoá-la. Uma de minhas sugestões foi recorrer com maior frequência a peritos nomeados pelo juiz, selecionados pelo mesmo método utilizado para escolher árbitros em posição de neutralidade. Também mencionei a apresentação de críticas por parte dos juízes como método de imposição de custos, sob a forma de perda de reputação, aos peritos que errarem. Embora haja o perigo de alguns juízes tecerem críticas infundadas por desconhecimento do assunto, se isso ocorrer o dano à reputação do perito será menor. Da próxima vez em que testemunhar, ele terá a oportunidade de rebater a crítica se esta lhe for apresentada no contrainterrogatório. Além do que seu advogado talvez consiga persuadir o juiz do novo caso a impedir que se apresente no contrainterrogatório a crítica tecida pelo juiz do caso anterior, sob a justificativa de que seu valor probatório é ínfimo em face da predisposição que ela pode gerar no júri em favor de uma das partes.

Vale considerar, ainda, duas outras medidas para melhorar a qualidade das provas periciais. A primeira é a de determinar que cada associação de profissionais de cujas fileiras saiam peritos judiciais mantenha uma lista de todos esses testemunhos. O registro conteria um resumo de cada testemunho, juntamente com quaisquer críticas tecidas pelo juiz do caso, pelos advogados ou pelos peritos da parte oponente. Isso permitiria que se monitorasse, em cada profissão, a adesão de seus membros a padrões elevados de probidade e responsabilidade ao testemunhar. Além disso, certos procedimentos poderiam ser criados para que os membros da associação pudessem contestar imprecisões e, tendo sido por esses meios validada, a lista poderia ser disponibilizada ao judiciário.

Ao fazer essa sugestão, não estou apelando ao altruísmo. Cada associação, ou melhor, os membros de cada associação (ou, melhor dizendo, a maioria destes) extrairiam benefícios da manutenção da lista. Como a lista preveniria que se contratassem, para atuar como peritos, membros da profissão representada pela associação que tivessem má reputação, sua existência elevaria o prestígio da associação, e também elevaria a renda que os integrantes reputados da profissão obteriam com o serviço de perito judicial, pois reduziria a concorrência representada pelos profissionais de má reputação. O incentivo à manutenção dessa lista seria, portanto, o mesmo de qualquer outro tipo de autorregulação profissional: reduzir os custos externos que a má conduta de um dos integrantes de uma profissão impõe aos demais.

A segunda medida seria exigir que o advogado que contratasse um especialista para depor como testemunha divulgasse o nome de todos os especialistas que ele contatou antes de escolhê-lo. Isso chamaria a atenção do júri para o problema do "mercado de testemunhas". Suponhamos que o advogado do demandante tenha contratado o primeiro candidato (economista, agrônomo, físico, médico, e assim por diante) entrevistado e que o advogado do réu tenha contratado o vigésimo especialista por *este* entrevistado. A partir desses dados, seria razoável inferir que o argumento do réu é mais fraco que o do demandante. Uma analogia possível seria conduzir vinte testes estatísticos de uma hipótese e levar em conta (como significante ao nível de 5 por cento) apenas o único teste que confirmou a hipótese.

V. Empirismo

V. Empirismo

13. A contabilização, sobretudo de citações

A grande carência de estudos acadêmicos quantitativos é hoje uma das mais graves deficiências da pesquisa jurídica, inclusive no campo da análise econômica do direito. Quando as hipóteses não podem ser testadas por meio de experiências, sejam estas naturais, sejam artificialmente provocadas, nem os resultados analisados rigorosamente segundo as convenções da inferência estatística, a especulação reina e o conhecimento míngua. Isso não significa que toda pesquisa empírica não quantitativa sobre o sistema jurídico seja desprovida de valor; vários trabalhos valiosos desse tipo foram produzidos nos últimos anos[1]. Muitos dos trabalhos sobre as normas jurídicas conduzidos pelos estudiosos da análise econômica do direito são de inspiração empírica, sem serem, no entanto, quantitativos[2]. Há também estudos quantitativos do direito, muitos destes baseados em informações sobre casos arquivados e decididos, informações que hoje são abundantes; eu mesmo já fiz trabalhos deste tipo[3]. No Capítulo 3 apresentei um estudo quan-

---

1. Como exemplo, pode-se citar estudo de campo merecidamente celebrado de Robert Ellickson sobre o comportamento regido por normas, *Order without Law: How Neighbors Settle Disputes* (1991), que citei no Capítulo 9.

2. Ver, por exemplo, William M. Landes e Richard A. Posner, *The Economic Structure of Tort Law* (1987).

3. Ver, por exemplo, Richard A. Posner, *The Federal Courts: Challenge and Reform*, partes 2-3 (1996); Posner, "Explaining the Variance in the Num-

titativo das relações entre a igualdade econômica e a justiça política e legal. Há também uma farta bibliografia em que se testa o modelo criminal de Bentham e Becker (ver Capítulo 1) com base em dados estatísticos[4]. É interessante observar que, na teoria econômica comportamental do direito, enfatiza-se o empirismo, o que é um ponto em favor dessa abordagem, ainda que se questionem, como se faz no Capítulo 8, alguns de seus métodos e resultados. Os sociólogos do direito também contribuíram com uma grande quantidade de trabalhos empíricos, muitos dos quais são quantitativos[5]. Mesmo assim, o volume de pesquisas quantitativas no campo do direito continua ínfimo diante não apenas de outros tipos de pesquisa no mesmo campo, mas também das oportunidades que uma abordagem quantitativa oferece para elucidar questões até hoje consideradas espinhosas. Deixe-me dar um exemplo.

O Tribunal Federal da Nona Região é de longe o maior dos tribunais recursais dos Estados Unidos no que se refere tanto ao contingente populacional que atende quanto ao número de juízes, que é de 28 (o segundo maior tribunal, o da Quinta Região, tem 17). O tribunal é também tema de muita controvérsia, sendo por muitos considerado, entre todos os tribunais federais regionais, aquele que mais erra. Seus críticos não raro atribuem seus problemas ao tamanho, e há um movimento em curso no Congresso em favor da divisão da Nona Região em duas, talvez como parte de uma reordenação mais ampla dos limites de todas as regiões. O Congresso criou uma Comissão de Análise de Estruturas Alternativas para os Tribunais Federais Regionais,

---

ber of Tort Suits across U.S. States and between the United States and England", 26 *Journal of Legal Studies* 477 (1997).

4. Essa bibliografia encontra-se resumida em Isaac Ehrlich, "Crime, Punishment, and the Market for Offenses", *Journal of Economic Perspectives*, inverno de 1996, pp. 43, 55-63; D. J. Pyle, "The Economic Approach to Crime and Punishment", 6 *Journal of Interdisciplinary Studies* 1, 4-8 (1995).

5. Comento sucintamente essa bibliografia em meu livro *The Problematics of Moral and Legal Theory*, pp. 213-5 (1999).

para estudar as questões da divisão e da reordenação, bem como as demais questões relacionadas; e, embora a recomendação da comissão tenha sido que não se faça a divisão[6], a questão continua se deteriorando.

Há duas razões teóricas para esperar que um tribunal da dimensão do Tribunal Federal da Nona Região tenha um desempenho inferior àquele de tribunais menores, sendo iguais todas as outras variáveis. A primeira delas é a de que a vitaliciedade de seu cargo e a estrutura de remuneração da profissão deixam os juízes imunes aos estímulos habituais que levam uma pessoa a trabalhar muito e com competência. O que os "mantém na linha", se é que mantém, são principalmente certas normas informais de decoro e comedimento próprias da profissão; e a eficácia das normais informais, como vimos no Capítulo 9, é maior quanto menor o grupo em que elas vigorem. Em segundo lugar, o tamanho excessivo do Tribunal Federal da Nona Região levou-o a adotar um procedimento abreviado para a decisão plenária. Os casos submetidos a nova apreciação por tribunal pleno são julgados, na verdade, por uma câmara de onze juízes composta do juiz-presidente mais dez juízes escolhidos aleatoriamente entre os que estão na ativa. Por escolher-se aleatoriamente para essa câmara apenas uma parte da totalidade de juízes que compõem o tribunal, uma turma de três juízes que tenha decidido ir contra a jurisprudência daquele tribunal, ou que tenha adotado alguma outra tese controversa, terá bastantes chances de conseguir seu intento, pois mesmo que uma nova apreciação pelo tribunal pleno seja requerida e deferida, pode acontecer de a câmara que representa o tribunal pleno ser dominada pelos juízes da turma que julgou o caso da primeira vez ou por aliados destes.

Saber se esses fatores que predispõem os juízes à irresponsabilidade prejudicaram a qualidade dos serviços pres-

---

6. Commission on Structural Alternatives for the Federal Courts of Appeals, *Final Report* (dezembro de 1998).

tados pelo Tribunal Federal da Nona Região é uma questão empírica, à qual recentemente um juiz daquele próprio tribunal tentou responder[7]. Depois de reconhecer que, entre 1995 e 1997, a Suprema Corte reformou 48 sentenças de seu tribunal e confirmou apenas sete, e que esse índice de reforma de sentenças é maior que aquele experimentado por qualquer outro tribunal no mesmo período[8], o juiz Farris observa que a Suprema Corte "deixou intocadas 99,7% das decisões proferidas pelo Tribunal Federal da Nona Região em 1996"[9]. Ambos os grupos de estatísticas são insignificantes para fins de avaliação desse tribunal; o primeiro porque, conforme observa o juiz Harris, as reformas de decisões pela Suprema Corte muitas vezes envolvem divergência de pontos de vista e não a correção de um erro; e o segundo (que está relacionado ao primeiro) porque a Suprema Corte não tem capacidade nem incentivo para apreciar senão uma ínfima porcentagem das decisões proferidas pelos tribunais recursais. O juiz Farris, portanto, não diz nada contra seu tribunal nem a favor deste; e, mais adiante em seu artigo, ele mesmo joga por terra sua conclusão de que esse tribunal está fazendo um bom trabalho, ao negar que a razão pela qual suas sentenças são reformadas com tanta frequência está em que seus juízes são menos conservadores que os da Suprema Corte[10]. Se fosse esta a razão, isso fortaleceria a hipótese de que o índice de reforma de sentenças pela Suprema Corte não possui relação nenhuma com a qualidade dos juízes – a razão da variação entre os índices de reforma de sentenças seria então a incongruência com as visões políticas da Suprema Corte.

---

7. Ver Jerome Farris, "The Ninth Circuit – Most Maligned Circuit in the Country – Fact or Fiction?", 58 *Ohio State Law Journal* 1465 (1997). Ver também Marybeth Herald, "Reversed, Vacated, and Split: The Supreme Court, the Ninth Circuit, and Congress", 77 *Oregon Law Review* 405 (1998).
    8. Farris, nota 7 acima, fl. 1465 e n. 2.
    9. *Id.* fl. 1465. O juiz não explica por que restringiu a comparação a 1996.
    10. *Id.* fl. 1471.

Logo, o empirismo do juiz Farris não leva a lugar algum. Mesmo assim, a questão que ele discute é importante. Experimentemos então uma outra abordagem empírica, baseada no fato de que há dois tipos de reforma de decisão pela Suprema Corte. O mais comum é aquele em que a Corte acolhe a arguição de relevância e decide reapreciar totalmente o caso, ouvindo nova sustentação oral, ao que se segue, por fim, uma sentença. Menos comumente, a Corte acolhe a arguição de relevância e reforma a decisão sumariamente, sem apreciar razões, quer oralmente, quer por escrito. Esse segundo tipo de reforma bem pode ser descrito como uma reprimenda dirigida ao tribunal de segunda instância: este interpretou a questão de modo tão claramente equivocado, que não há necessidade do tipo de elucidação que a reapreciação do caso e a realização de uma sustentação oral proporcionariam.

Analisemos então o desempenho do Tribunal Federal da Nona Região em comparação com os outros tribunais recursais no que concerne aos índices de reforma sumária. O denominador da comparação é o número total de casos que os serviços cartoriais dos tribunais federais norte-americanos consideraram encerrados "com resolução de mérito" no ano anterior, pois é daí que sai a maioria dos casos passíveis de nova apreciação (os demais geralmente são decididos por acordo entre as partes, ou então são abandonados, extintos mediante declaração de litigância de má-fé ou incorporados por outros casos). Os dados do período que vai de 1985 a 1997 são apresentados na Tabela 13.1.

O Tribunal Federal da Nona Região tem o maior índice de reformas sumárias pela Suprema Corte, o que confirma as expectativas dos críticos daquele tribunal, bem como os pontos teóricos básicos apresentados no início da presente discussão. Esse resultado também se verifica quando adotamos como denominador não o número total de casos encerrados com resolução de mérito, mas o número total de casos em que a Suprema Corte acolhe a arguição de relevância. A porcentagem de decisões reformadas sumaria-

Tabela 13.1 Reformas sumárias da Suprema Corte, por região, 1985-1997

Região	Reformas	Casos encerrados com resolução de mérito	Reformas (%)
Nona	15	48.669	0,030820
Sexta	7	28.714	0,024378
Décima	4	16.712	0,023935
Oitava	4	22.957	0,017424
Décima Primeira	4	33.400	0,011976
Quinta	2	39.278	0,005092
Segunda	1	19.732	0,005068
Terceira	1	21.869	0,004573
Quarta	1	29.218	0,003423
Sétima	0	18.662	0
D. C.	0	9.748	0
Primeira	0	9.425	0
Total	39	298.384	

mente é, nesse caso, 4,98% para o Tribunal Federal da Nona Região e 4,05% para o segundo colocado, o Tribunal Federal da Sexta Região. Mas o grau de confiabilidade dessas estatísticas depende em parte de se a diferença entre o índice de decisões sumariamente reformadas do Tribunal Federal da Nona Região e aquele dos demais tribunais possui significância estatística. A resposta a isso é dada na Tabela 13.2, na qual os números em negrito são aqueles que possuem significância estatística ao nível convencional de 5 por cento.

A Tabela 13.2 revela que, com exceção dos tribunais da sexta, décima, oitava e décima primeira regiões, a diferença entre o índice de reformas sumárias do Tribunal Federal da Nona Região e aquele dos outros tribunais federais possui significância estatística, enquanto a significância estatística do índice de reformas sumárias do Tribunal Federal da Sexta Região só não é maior que o de três dos outros tribunais. Portanto, embora o Tribunal Federal da Nona Região tenha o pior histórico de reformas sumárias, é impossível, usando o teste convencional de significância estatística (ver Capí-

Tabela 13.2 Níveis de significância relativos à diferença entre os índices de reforma sumária pela Suprema Corte, por região, 1985-1997

Região	Nona	Sexta	Décima	Oitava	Décima Primeira
Nona					
Sexta	0,403				
Décima	0,368	0,023			
Oitava	0,744	0,417	0,340		
Décima Primeira	0,942	0,741	0,629	0,304	
Quinta	**0,997**	**0,949**	0,868	0,809	0,676
Segunda	**0,994**	**0,934**	0,854	0,780	0,622
Terceira	**0,996**	**0,946**	0,869	0,809	0,674
Quarta	**0,998**	**0,967**	0,864	0,865	0,785
Sétima	**0,999**	**0,989**	0,947	0,943	0,934
D. C.	**0,999**	**0,983**	0,935	0,922	0,892
Primeira	**0,999**	**0,983**	0,934	0,920	0,889

tulo 11), rejeitar o acaso como o motivo pelo qual esse histórico é pior que aquele dos três tribunais que aparecem logo abaixo na classificação. Quando se usa o outro denominador (número de arguições de relevância acolhidas), a diferença entre o índice de reformas sumárias do Tribunal Federal da Nona Região e aquele de todos os outros tribunais, menos os da oitava, décima e décima primeira regiões, possui significância estatística. Logo, mais uma vez, o Tribunal Federal da Nona Região não se destaca claramente dos demais.

Mas experimentemos agora expandir a análise e passemos a considerar as outras reformas, isto é, as não sumárias. Conforme expliquei anteriormente, as reformas não sumárias não constituem uma variável qualitativa de grande força, mas uma de suas dimensões pode ser qualitativa. As estatísticas são apresentadas na Tabela 13.3.

Aqui o Tribunal Federal da Nona Região cai para o segundo lugar, ficando atrás do Tribunal Federal do Distrito de Colúmbia. Porém, o alto índice de reformas deste último

Tabela 13.3 Reformas não sumárias da Suprema Corte, por região, 1985-1997

Região	Reformas[a]	Casos encerrados com resolução de mérito	Reformas (%)
D. C.	42	9.748	0,430858
Nona	142	48.669	0,291762
Segunda	51	19.732	0,258463
Oitava	53	22.957	0,230866
Décima	36	16.712	0,215414
Sétima	38	18.662	0,203622
Sexta	54	28.714	0,188062
Terceira	40	21.869	0,182907
Primeira	16	9.425	0,169761
Quarta	49	29.218	0,167705
Quinta	61	39.278	0,155303
Décima Primeira	42	33.400	0,125749
Total	624	298.384	

a. Inclui as reformas parciais

sem dúvida reflete a grande incidência de casos de interesse nacional nesse tribunal; o Tribunal Federal da Nona Região não tem uma desculpa semelhante a essa para justificar seu alto índice de reformas. Estatisticamente, no entanto, aquele índice não difere significativamente do dos tribunais da segunda, oitava e décima regiões. Logo, mais uma vez, as provas em favor dos críticos do Tribunal Federal da Nona Região são inconclusivas.

Agora suponha que consideremos apenas aquelas reformas não sumárias estabelecidas por unanimidade, com o que ficam eliminados os casos nos quais a ideologia tenda a influenciar significativamente a Suprema Corte em sua decisão de reformar. Se a Corte reforma uma decisão de segunda instância e o faz em caráter de unanimidade mesmo depois de reapreciar totalmente o caso e ouvir nova sustentação oral, é mais provável essa decisão estar simplesmente incorreta do que refletir diferenças de visão política. Os números para os diferentes tribunais recursais são fornecidos

Tabela 13.4 Reformas não sumárias e unânimes da Suprema Corte, por região, 1985-1997

Região	Reformas	Casos encerrados com resolução de mérito	Reformas (%)
Nona	38	48.669	0,430858
Décima	11	16.712	0,291762
D. C.	6	9.748	0,258463
Sétima	11	18.662	0,230866
Sexta	15	28.714	0,215414
Oitava	11	22.957	0,203622
Terceira	10	21.869	0,188062
Quinta	14	39.278	0,182907
Quarta	10	29.218	0,169761
Primeira	3	9.425	0,167705
Segunda	6	19.732	0,155303
Décima Primeira	10	33.400	0,125749
Total	145	298.384	

na Tabela 13.4. Novamente o Tribunal Federal da Nona Região aparece em primeiro lugar, e dessa vez a margem que o separa dos demais possui significância estatística.

As tabelas de 13.1 a 13.4 não são conclusivas, mas fornecem razões substanciais para acreditarmos que os críticos do Tribunal Federal da Nona Região descobriram algo[11].

De uma perspectiva mais geral, os dados sugerem a existência de uma relação entre as reformas sumárias e o tamanho da região. Quando se determina, através de uma análise de regressão, a relação entre a porcentagem de reformas sumárias na Tabela 13.1 e o número de juízos por

---

11. Podem-se encontrar mais dados estatísticos em favor dessa tese em uma pesquisa recente com advogados atuantes nos diversos tribunais recursais. Dos mais experientes dentre estes, 25 por cento afirmaram que muitas vezes tiveram problemas para prever a decisão de um recurso no Tribunal Federal da Nona Região; essa porcentagem é superior à de qualquer outro tribunal. "Survey of Appellate Counsel", em *Working Papers of the Commission on Structural Alternatives for the Federal Courts of Appeals*, p. 79 (Federal Judicial Center, julho de 1998).

tribunal federal, verifica-se que esta é de proporção direta e que é significante ao nível de 5 por cento (o valor de t é 2,23), com o valor de R^2 ajustado para 0,27. O coeficiente da variável referente ao número de juízos denota que a cada juízo adicional em um tribunal de segunda instância corresponde uma elevação de 0,00168% no índice de reformas sumárias, elevação essa que, embora seja pequena, não é insignificante se considerarmos que a porcentagem de reformas sumárias do Tribunal Federal da Quarta Região é de apenas 0,0034% e que três tribunais têm porcentagens nulas. Isso implica que os problemas com controle de qualidade realmente aumentam de acordo com o tamanho de um tribunal, como prevê a teoria. Essa implicação persiste quando, mudando o critério de teste, comparamos as reformas sumárias com o número de casos nos quais a arguição de relevância é acolhida e não com o número total de casos encerrados com resolução de mérito, por região. A porcentagem de reformas sumárias permanece diretamente proporcional ao número de juízes; essa correlação é estatisticamente significante ao nível de 4 por cento (t = 2,33) e o valor ajustado de R^2 é 0,29. Por último, quando se determina, através de uma análise de regressão, a relação entre a porcentagem de reformas não sumárias decididas por unanimidade (Tabela 13.4) e o número de juízes, verifica-se novamente que essa relação é de proporção direta e que é significante ao nível de 7 por cento (t = 2,07, sendo 0,23 o valor ajustado de R^2); se a variável independente for o número de juízes elevado ao quadrado (para seguir a teoria de que o efeito do tamanho sobre o desempenho tende a ser crescente), então o nível de significância aumentará para 4 por cento (t = 2,23, sendo 0,29 o valor ajustado de R^2).

Uma experiência "natural" fornece ainda mais dados empíricos em favor da tese de que o aumento do número de juízes possui relação direta com a redução de qualidade expressa na quantidade de reformas sumárias das decisões de um tribunal de segunda instância pela Suprema Corte. Em 1981, o Tribunal Federal da Quinta Região, que então possuía 26 juízes (quase a mesma quantidade que o Tribunal Federal da Nona Região possui hoje), foi dividido em dois tribunais de praticamente igual tamanho (os tribunais federais da quinta e da sexta regiões). Somados, os índices de reforma sumária dos dois tribunais resultantes da divisão, para o ano de 1997, foi de 0,000146; enquanto, no caso do Tribunal Federal da Quinta Região, o mesmo índice, para os cinco últimos anos anteriores à divisão, foi de 0,000597. A diferença possui significância estatística.

A questão geral do tamanho dos tribunais e a questão específica do desempenho do Tribunal Federal da Nona Região também podem ser elucidadas pelo emprego da análise de citações ou, mais especificamente, da contagem de citações "de outros tribunais". Discutirei mais a fundo a análise de citações na segunda parte deste capítulo; por ora basta dizer que um dos padrões de medida da qualidade das decisões de um juiz ou tribunal é a frequência com que as decisões destes são citadas em tribunais não obrigados pela norma do *stare decisis* a seguir os precedentes deles. Nos tribunais recursais federais, esse método de avaliação é muito facilmente empregado mediante o exame das citações do juiz ou tribunal de segunda instância em questão pelos outros tribunais recursais federais, levando-se em conta o fato de que, quanto maior é um tribunal, menor é a quantidade existente de juízes "de outros tribunais" para citar as decisões desse tribunal. Empregando esse método, William Landes, Lawrence Lessig e Michael Solimine compuseram uma lista de treze tribunais, na qual o Tribunal Federal da Nona Região aparece em décimo primeiro lugar no que concerne à qualidade das decisões; e o *Federal Circuit** pro-

---

* O *United States Court of Appeals for the Federal Circuit* é um tribunal recursal federal cuja competência se restringe às causas em que entram em jogo determinadas matérias, entre as quais o comércio internacional, contratos firmados com a União federal, marcas e patentes e determinadas reivindicações pecuniárias contra a União, entre outras. O tribunal tem jurisdição sobre as causas federais relacionadas a essas matérias em todo o território nacional e acolhe recursos vindos de todos os tribunais federais de distrito, bem como de diversos tribunais federais especializados. (N. do E.)

vavelmente só ficou em último lugar devido ao alto grau de peculiaridade dos casos ali julgados. Dentre os tribunais federais regionais, o da nona região aparece na décima primeira posição de uma lista de doze (o décimo segundo é o Tribunal Federal da Sexta Região). Até mesmo o Tribunal Federal do Distrito de Colúmbia (que aparece na décima primeira posição), cujos casos também são peculiares, embora menos que aqueles do *Federal Circuit*, vem na frente do Tribunal Federal da Nona Região[12].

Ainda com a ajuda da análise de citações, examinemos novamente a questão mais geral do efeito do número de juízes de um tribunal sobre a qualidade da produção deste. Em um estudo mais antigo sobre os tribunais recursais, verificou-se que a produção de um tribunal, pesada pelas citações de outros tribunais, cai à medida que aumenta o número de juízes desse tribunal[13]. Quando se aufere, através de uma análise de regressão, a relação entre os dados concernentes ao número de citações de outros tribunais fornecidos pelo estudo de L., L. e S. e o número de juízes por tribunal, verifica-se que essa relação é de proporção inversa e que sua significância estatística por muito pouco não se encaixa no nível de 95 por cento de confiabilidade[14]. Esses dados dão ainda mais amparo à tese segundo a qual se aumentando o número de juízes de um tribunal reduz-se a qualidade das decisões deste, o que, por sua vez, sugere que os problemas do Tribunal Federal da Nona Região talvez sejam sistêmicos e não oriundos de acidentes no processo de nomeação.

---

12. William M. Landes, Lawrence Lessig e Michael E. Solimine, "Judicial Influence: A Citation Analysis of Federal Courts of Appeals Judges", 27 *Journal of Legal Studies* 271, 318 (tabela 5) (1998). Ver também *id*. p. 277 (tabela 1), 332. Porém, usando uma amostra um tanto diferente no mesmo estudo, o número de citações do Tribunal Federal da Nona Região feitas por outros tribunais fica dentro da média. Ver *id*. p. 331 (tabela A4). Doravante neste capítulo, refiro-me a esse estudo como "L., L. e S.".

13. *The Federal Courts: Challenge and Reform*, nota 3 acima, pp. 235-6, e tabela 7.7.

14. A estatística *t* é -2,091 e o valor ajustado de R^2 é 0,25.

A Tabela 13.5 expressa uma tentativa mais sistemática de distinção entre as duas hipóteses, ou seja, entre a hipótese de que a causa do fraco desempenho do Tribunal Federal da Nona Região em comparação com os tribunais das outras regiões é o tamanho daquele tribunal e a hipótese de que essa causa está em outros fatores, como a qualidade das nomeações. Pela análise de regressão, avalia-se a relação entre o índice de reformas sumárias pela Suprema Corte e várias variáveis potencialmente explicativas (não apenas o número de juízos e o quadrado desse número, que são as variáveis que nos interessam especificamente), bem como variáveis *dummy* para cada tribunal, que traduzem efeitos sobre a qualidade decorrentes de outras características do tribunal[15].

Os coeficientes das variáveis referentes ao número de juízos não são significantes ao nível de confiabilidade de 95 por cento, mas o são ao nível de 90 por cento de confiabilidade[16]. Esses coeficientes subentendem, contudo, que o efeito positivo exercido pelo tamanho de um tribunal sobre seu índice de reformas sumárias atinge um ponto máximo de 12,98, o que sugere que o índice singularmente alto de reformas sumárias do Tribunal Federal da Nona Região não resulta de seu tamanho também singular. Minha conclusão, embora provisória, é que (1) o acréscimo de juízos tende a reduzir a qualidade da produção de um tribunal; e que (2) o alto índice de reformas sumárias de decisões do Tribunal Federal da Nona Região pela Suprema Corte (a) provavelmente não é um acidente estatístico e (b) talvez não seja produto apenas do elevado número de juízos daquele tribunal.

---

15. As variáveis *dummy* referentes a tribunais que não tiveram nenhuma decisão reformada são omitidas. A ausência de registro do desvio-padrão na variável *dummy* para o Tribunal Federal da Segunda Região decorre de uma disfunção inexplicada no programa de cálculo estatístico (Stata, versão 5). Cada ano é tratado como uma estimação à parte para cada região, de modo que o número total de estimações é 156.

16. Um teste-F da hipótese de que ambas as variáveis referentes ao número de juízos são iguais a zero rejeitou essa hipótese a um nível de confiabilidade de apenas 80 por cento.

Tabela 13.5 Avaliação, por regressão *probit*, da relação entre o número de reformas sumárias pela Suprema Corte por caso encerrado com resolução de mérito e o número de juízos, variáveis *dummy* por região, entre outras variáveis, 1985-1997

Variável	Coeficiente	Desvio--padrão	Valor P
Juízos	4,9040	3,0353	0,106
Juízos ao quadrado	–0,1888	0,1126	0,094
Variável *dummy* para o Tribunal Federal da Segunda Região	4,5805		
Variável *dummy* para o Tribunal Federal da Terceira Região	4,2690	0,2984	0,000
Variável *dummy* para o Tribunal Federal da Quarta Região	4,7963	0,4858	0,000
Variável *dummy* para o Tribunal Federal da Quinta Região	5,8646	1,3437	0,000
Variável *dummy* para o Tribunal Federal da Sexta Região	6,2084	0,7008	0,000
Variável *dummy* para o Tribunal Federal da Oitava Região	5,7619	1,0033	0,000
Variável *dummy* para o Tribunal Federal da Nona Região	46,4215	23,8682	0,052
Variável *dummy* para o Tribunal Federal da Décima Região	5,9558	0,5556	0,000
Variável *dummy* para o Tribunal Federal da Décima Primeira Região	4,6442	0,6972	0,000
Casos encerrados com resolução de mérito	0,0009	0,0007	0,197
Arguições de relevância apresentadas	–0,0015	0,0018	0,399
Arguições de relevância acolhidas	0,0963	0,0372	0,010
Constante	–40,0116	20,7634	0,054
N.º de estimações	156		
Log da probabilidade	–51,1906		
Pseudo-R^2	0,375		

* * *

Tanto na atividade judicial, que é uma das principais atividades práticas do sistema judiciário, quanto na pesquisa jurídica as citações são um recurso intensamente utilizado. Espero demonstrar no restante deste capítulo que, explorando os ricos dados contidos nos índices de citações, podemos testar hipóteses econômicas a respeito do sistema jurídico, aprofundar nosso conhecimento acerca da atividade judicial e da pesquisa acadêmica de direito e, enfim, contribuir para o aperfeiçoamento de ambos esses aspectos da empresa jurídica. Já vimos como a análise de citações pode nos ajudar a responder à questão da relação entre o tamanho de um tribunal e a qualidade de sua produção.

A contagem de citações (principalmente as citações de outros casos que figuram nos processos judiciais e as citações de trabalhos acadêmicos que figuram em publicações acadêmicas) vem se tornando um método cada vez mais importante de pesquisa empírica no campo do direito, da economia, da sociologia (sobretudo na sociologia da ciência) e da administração acadêmica. O emprego desse método, ademais, foi extremamente facilitado pelos avanços na área da computação[17]. Obviamente, porém, o fato de determinado

---

17. O Instituto para a Informação Científica (ISI, na sigla em inglês) mantém bancos de dados computadorizados para as ciências naturais (*Science Citation Index*), as ciências sociais (*Social Sciences Citation Index*) e as artes e humanidades (*Arts and Humanities Citation Index*). Além destes, no caso do direito, a West Publishing Company mantém excelentes bancos de dados computadorizados dos votos e das sentenças dos juízes, bem como de artigos jurídicos. O primeiro serviço de citações jurídicas, o *Shepard's Citations*, serviu na verdade de inspiração para os índices do ISI. Laura M. Baird e Charles Oppenheim, "Do Citations Matter?", 20 *Journal of the American Society for Information Science* 2, 3 (1994); ver também Fred R. Shapiro, "Origins of Bibliometrics, Citation Indexing, and Citation Analysis: The Neglected Legal Literature", 43 *Journal of the American Society for Information Science* 337 (1992). A Internet é também uma fonte de dados em potencial para a análise de citações; *sites* de busca como o AltaVista e o Google podem ser usados para consultar o número de ocorrências referentes ao nome de um indivíduo, de um livro ou de um artigo. Ver William M. Landes e Richard A. Posner, "Citations, Age, Fame, and the Web", 29 *Journal of Legal Studies* 319 (2000); Marcy Neth, "Citation Analysis and the Web", 17 *Art Documentation* 29 (1998).

tipo de pesquisa ser de fácil realização não explica por que alguém deseja efetivamente realizá-lo. Não basta dizer que o custo é baixo; é preciso haver benefícios – além do que o custo de *oportunidade* da adoção de um método em detrimento de outro não é baixo. A análise de citações está em ascensão principalmente por ser um método de análise quantitativa de fenômenos muito difíceis de estudar quantitativamente, tais como a reputação, a influência, o prestígio, a celebridade, a decisão segundo a jurisprudência, a qualidade da produção acadêmica, a qualidade dos periódicos acadêmicos e a produtividades de estudiosos, juízes, tribunais e departamentos universitários[18].

A análise de citações não é inerentemente econômica; é uma metodologia empírica que pode ser usada por uma série de disciplinas. Veremos, porém, que uma estrutura econômica fomenta a precisão em sua utilização. De fato, o modelo do capital humano desenvolvido pelos economistas pode ser indispensável para o emprego da análise de citações com a finalidade de comparar e avaliar o desempenho individual, seja de juízes, seja de estudiosos acadêmicos.

As citações são menções a trabalhos anteriores, já publicados ou inéditos, ou simplesmente ao nome de um autor ou de outra pessoa qualquer. Elas figuram mais comumente em diversas formas de documentação (tanto eletrônica quanto impressa), entre elas patentes, artigos de jornais e

---

18. A bibliografia da análise de citações é hoje extensa; portanto não pretendo esgotá-la aqui. Os pioneiros na área foram os sociólogos da ciência. Ver, por exemplo, Robert K. Merton, *The Sociology of Science: Theoretical and Empirical Investigations*, pt. 5 (Norman W. Storer [org.], 1973). Para uma discussão que ocupa todo um livro, mas que hoje infelizmente encontra-se bastante superada, ver Eugene Garfield, *Citation Indexing – Its Theory and Application in Science, Technology, and Humanities* (1979), relativamente atualizada, porém, em Garfield, "From Citation Indexes to Informetrics: Is the Tail Now Wagging the Dog?", 48 *Libri* 67 (1998). O artigo de Baird e Oppenheim citado na nota anterior oferece uma boa visão geral do campo; a respeito das citações no campo das ciências naturais, ver Dirk Schoonbaert e Gilbert Roelants, "Citation Analysis for Measuring the Value of Scientific Publications: Quality Assessment Tool or Comedy of Errors?", 1 *Tropical Medicine and International Health* 739 (1996).

revistas, periódicos e livros acadêmicos e, nos sistemas de direito baseados na jurisprudência, como aqueles dos Estados Unidos e da Inglaterra, nas decisões judiciais. Se as citações fossem aleatórias, não haveria por que estudar essa prática; na verdade, nem existiria uma prática de citar propriamente dita. Porém, ainda que apenas por implicarem um custo (dá trabalho encontrar a citação e há a possibilidade de o indivíduo ser criticado por referir o trecho citado ao autor errado ou por não citar o autor), seria uma surpresa se as citações fossem aleatórias. Ademais, há dados empíricos que dão amparo à tese de que não é esse o caso. É interessante observar que a contagem de citações costuma indicar com bastante confiabilidade quem receberá altas honrarias acadêmicas, como o Prêmio Nobel nas ciências naturais[19].

Podemos apontar muitas razões para a citação. A primeira delas, que predomina na historiografia, é simplesmente identificar uma fonte de informação para que o leitor possa verificar a precisão das afirmações factuais apresentadas[20]. A segunda razão, que está intimamente relacionada à primeira, é incorporar, por meio da referência, um

---

19. Ver referências em Gregory J. Feist, "Quantity, Quality, and Depth of Research as Influences on Scientific Eminence: Is Quantity Most Important?", 10 *Creativity Research Journal* 325, 326 (1997), e em Blaise Cronin e Taylor Graham, *The Citation Process: The Role and Significance of Citations in Scientific Communication*, p. 27 (1984); cf. C. Y. K. So, "Citation Ranking vs. Expert Judgment in Evaluating Communication Scholars: Effects of Research Specialty Size and Individual Prominence", 41 *Scientometrics* 325 (1998); Paul R. McAllister, Richard C. Anderson e Francis Narin, "Comparison of Peer and Citation Assessment of the Influence of Scientific Journals", 31 *Journal of the American Society for Information Science* 147 (1980). Conforme observo mais adiante neste capítulo, os trabalhos em que se estudam as menções aos juízes importantes fornecem resultados compatíveis com os indícios mais comuns e qualitativos do prestígio de um juiz.

20. "As notas de rodapé historiográficas registram não os grandes escritores que sancionam determinada afirmação ou cujas palavras foram criativamente adaptadas pelo autor, mas sim os documentos (muitos ou a maioria dos quais nem mesmo se caracterizam como textos literários) que dão substância àquilo que se diz." Anthony Grafton, *The Footnote: A Curious History*, p. 33 (1997).

conjunto de informações, isto é, guiar o leitor a um lugar onde ele poderá encontrar as informações caso esteja interessado. Essas duas razões fundem-se em uma só: "informação". Mas é preciso ressaltar que o termo "informação" aqui deve ser compreendido de maneira abrangente: aplicável tanto a ideias e argumentos quanto a fatos. A razão de ser da citação informativa é simplesmente atender a uma demanda por informação.

Outra finalidade que leva um indivíduo a fazer uma citação, que chamarei de "anterioridade", é a de demonstrar obediência a qualquer norma aplicável contra o plágio, mediante o reconhecimento da autoria de ideias, argumentos ou tecnologias (no caso da menção a "patentes anteriores" em pedidos de registro de patente) utilizadas em seu trabalho. No campo das ciências naturais e no das ciências sociais, com exceção, parcialmente, do direito, a maioria das citações é por "anterioridade". Em sentido estrito, as citações por anterioridade são um subgrupo das citações informativas; a anterioridade diz respeito à defesa de uma tese, à descoberta de uma ideia ou à invenção de um produto ou processo. Porém, se um autor redige citações informativas por iniciativa própria simplesmente para tornar seu trabalho mais valioso para o leitor, o mesmo não acontece com as citações por anterioridade. Estas, ele as redige com relutância (exceto quando a referência é a si mesmo!), obrigado a fazê-lo pela norma contra o plágio.

Quando um indivíduo cita a si mesmo, seu objetivo geralmente é o de incorporar, por meio da referência, informações contidas em outros trabalhos de sua autoria, ou estabelecer a anterioridade de algum trabalho mais antigo seu em relação a trabalhos posteriores de autoria de outros. Uma das preocupações suscitadas pela análise de citações é a de que, à medida que esta se popularize, a prática da citação se torne estratégica e os autores passem a citar mais vezes a si mesmos para aumentar o número de citações do seu nome. Mas é improvável que esse artifício funcione, pois é fácil excluir, da contagem de menções ao trabalho de uma pessoa, aquelas que ela fez a si mesma. As citações recíprocas é que constituem o verdadeiro problema. Podemos imaginar estudiosos combinando citar-se com mais intensidade uns aos outros para alavancar mutuamente sua reputação. Além disso, há dados empíricos em favor da tese de que os editores de periódicos acadêmicos são mais citados em suas publicações do que seriam se eles não fossem os editores (citações que os autores inseririam em seus trabalhos para aumentar a probabilidade de que estes sejam publicados)[21].

Os autores também costumam fazer citações com a finalidade de identificar trabalhos ou indivíduos dos quais discordam. Essas citações ("citações negativas") são movidas não pelas normas contra o plágio, mas pela necessidade do autor de contextualizar sua obra. Não citar o adversário seria como resenhar um livro sem revelar o título nem o autor deste.

Outra finalidade da citação, finalidade essa que é particularmente importante no direito e em outras instituições fundadas na "autoridade", tais como as igrejas hierárquicas e os Estados totalitaristas (considere-se a razão de citar-se o *Mein Kampf* [Minha luta] na Alemanha nazista ou de citarem-se as obras de Marx e Engels nas sociedades comunistas), é revestir de autoridade dada afirmação que se faz. Chamarei isso de citação "por autoridade". Em um sistema de direito baseado na jurisprudência, além do poder analítico, também as decisões dos casos anteriores são fonte de fundamentação para a decisão de um caso atual. Nesse contexto, a citação de um caso desses é uma invocação dessa autoridade. Isso é verdade até mesmo quando a citação tem o objetivo de introduzir uma distinção que o precedente não fizera ou de rejeitar completamente o pre-

---

21. Ver Lydia L. Lange e P. A. Frensch, "Gaining Scientific Recognition by Position: Does Editorship Increase Citation Rates?", 44 *Scientometrics* 459 (1999); Richard A. Wright, "The Effect of Editorial Appointments on the Citations of Sociology Journal Editors, 1970-1989", 25 *American Sociologist* 40 (1994).

cedente. A razão que a move é o fato de o caso anterior ser uma fonte jurídica revestida de autoridade, a qual tem de ser contornada ou destruída para que se viabilize a decisão desejada para o caso atual. Porém, muitas decisões judiciais desempenham um papel relacionado à informação e não à autoridade; elas são citadas como uma maneira rápida e simples de expressar determinadas doutrinas jurídicas, de expor argumentos com clareza ou de articular com eloquência certas ideias ou políticas importantes. Poucas dentre as citações judiciais são por anterioridade, pois não há uma norma contra o plágio na atividade judicial. Nesse quesito a situação no direito assemelha-se àquela que vigorava na literatura antes de se passar a definir a criatividade como originalidade[22].

O derradeiro objetivo possível de uma citação é aquele que se pode chamar de "enaltecedor". Esse tipo de citação está no meio do caminho entre a citação informativa e a citação por autoridade. A característica do trabalho citado que dá ensejo a esse tipo de citação é o seu prestígio ou a sua reputação[23]. Ao vincular o trabalho ao seu, o autor aumenta a credibilidade deste. (Note a relação entre essa forma de citação e a persuasão pelo "testemunho", discutida no Capítulo 10.)

Através de uma citação, portanto, pode-se reconhecer a anterioridade ou influência de outro trabalho, fornecer informações, apresentar pontos de discordância, reconhecer a autoridade de alguma norma ou enaltecer o trabalho ou autor citado. A heterogeneidade dos objetivos das citações traz à tona o problema do uso destas como medida de influência ou qualidade. Uma forma de visualizar esse problema é buscando distinguir entre a *razão* e o *motivo* de

---

22. Ver Richard A. Posner, *Law and Literature*, pp. 389-405 (na edição revista e ampliada de 1998).

23. Há uma analogia aqui com o caso das celebridades que dão sua aprovação a determinados produtos. Ver Jagdish Agrawal e Wagner A. Kamakura, "The Economic Worth of Celebrity Endorsers: An Event Study Analysis", 59 *Journal of Marketing* 56 (1995).

uma citação[24]. Quando um autor cita a si mesmo, muitas vezes é movido por um desejo de autoengrandecimento; outras vezes, porém, ele o faz por simples preguiça (dá menos trabalho pesquisar o próprio trabalho do que pesquisar o trabalho dos outros em busca de trechos para citar). Algumas citações do trabalho alheio são movidas pelo desejo de bajular o autor do trabalho citado, que pode estar em posição de auxiliar o bajulador em sua carreira ou que provavelmente o citará em um periódico acadêmico. Outras são movidas por reverência ou gratidão, ou pelo desejo de demonstrar erudição. Mencionei ainda a possibilidade da citação recíproca. Além disso, pode-se conceber até que, em áreas acadêmicas altamente competitivas, estudiosos mais jovens mostrem-se relutantes em citar seus colegas e prefiram citar autores falecidos, que não são mais seus concorrentes. Como o custo da imprecisão nas citações geralmente é baixo (reduz-se basicamente à possibilidade de o indivíduo ser criticado por ter cometido um erro na citação ou por não ter citado o trabalho mais apropriado), é muito comum um autor ser descuidado ao redigir uma citação; logo, estudos quantitativos de citações estão fadados a conter muito "ruído". Mas a imperfeição dos dados empíricos não é nenhuma novidade; ela não anula necessariamente (como veremos) a utilidade da análise estatística. Além disso, a concorrência limita até certo ponto a realização de citações irresponsáveis, pois estudiosos rivais sentem-se incentivados a expor esse tipo de prática.

Mesmo que todas as citações fossem feitas com escrúpulo e precisão, o estudioso que simplesmente as reunisse ainda estaria sujeito a equívocos, mesmo depois de excluídas as fontes mais óbvias de distorção, como as citações de um autor a si mesmo. Suponhamos, por exemplo, que um

---

24. Para um raro estudo dos motivos que levam as pessoas a fazer citações, ver Peiling Wang e Marilyn Domas White, "A Qualitative Study of Scholars' Citation Behavior", 33 *Proceedings of the 59th ASIS Annual Meeting* 255 (1995).

departamento de uma faculdade qualquer considerasse o número de citações existentes da obra de um estudioso como um dos fatores para decidir se lhe dava ou não um cargo de professor titular. Suponhamos ainda que o principal critério para concessão do cargo fosse a originalidade. O trabalho desse indivíduo poderia ter sido muito citado; mas se essas citações fossem, em sua maior parte, de caráter informativo (talvez ele tivesse redigido uma série de resenhas bastante úteis como resumos de trabalhos anteriores), então a contagem delas passaria uma impressão enganosa de que ele mereceria ganhar o cargo.

Esse tipo de distorção é mais comum que a possibilidade de um grande número das menções ao trabalho de um indivíduo ser negativo. Obras insignificantes tendem mais a ser ignoradas do que a ser citadas. Uma citação negativa muitas vezes indica que o trabalho citado incomodou o autor que o critica, talvez por revelar-se um grande desafio às ideias estabelecidas.

As citações são heterogêneas tanto em qualidade quanto em espécie. A citação de um trabalho acadêmico em um jornal é uma indicação melhor da popularidade da obra de um estudioso do que o seria uma citação do mesmo trabalho em uma publicação acadêmica, mas esta última indica com mais precisão o caráter acadêmico do trabalho. Uma citação redigida por um estudioso renomado ou que figure em um periódico acadêmico de grande qualidade é uma indicação melhor de qualidade que uma citação feita por um estudioso qualquer em uma publicação acadêmica qualquer. Analogamente, a citação de um caso pelo mesmo tribunal pelo qual este foi decidido ou por um tribunal de instância inferior, obrigado a seguir as decisões daquele, é um sinal mais fraco de respeito ou consideração pelo caso citado do que uma citação feita por um tribunal de instância superior ou de mesma instância, não obrigado pela norma do *stare decisis* a seguir o precedente do caso, introduzir distinções nele ou fazer qualquer outro tipo de referência a ele.

O número de menções a um trabalho acadêmico ou a uma decisão judicial pode, além disso, refletir fatores completamente casuais – principalmente o tamanho da população de citantes em potencial e as convenções relativas à citação em determinadas disciplinas[25] – que podem tornar sem sentido qualquer comparação entre áreas diferentes e, devido ao crescimento do número de periódicos acadêmicos, entre épocas diferentes. Mesmo dentro de uma mesma área, diferenças de alcance entre as especializações podem tornar confusas as comparações relativas a citações; sendo iguais todas as outras variáveis, os trabalhos mais especializados são citados com menos frequência que trabalhos de caráter mais generalista (como artigos de pesquisa), pois o público em potencial é menor. Da mesma forma, artigos metodológicos e decisões judiciais de questões processuais tendem a ser citados com maior frequência que trabalhos de direito material, porque seu horizonte de aplicabilidade é mais amplo.

As diferenças de idade entre os trabalhos citados também comprometem as comparações. Quanto mais antigo é um trabalho, mais tempo ele teve para acumular citações; mas o número de citações pode diminuir devido à diminuição do interesse pelo assunto de um trabalho citado ou ao surgimento de trabalhos mais atuais que o substituam. Isso ocorre porque, assim como o capital físico, também o capital em forma de conhecimento gerado pela atividade acadêmica ou judicial é, ao mesmo tempo, durável e depreciável. Outro problema que acomete a interpretação do número de menções a um trabalho é que pode ser difícil dis-

---

25. "O erudito (correta ou erroneamente associado a uma tradição germânica mais antiga) que exibe o próprio saber em suas notas de rodapé não está registrando as fortes influências intelectuais que atuaram sobre ele. O erudito supostamente desinteressado (sem dúvida formado na tradição de Oxford e Cambridge) considera exibição de pedantismo qualquer citação que vá além de um nome, o qual de preferência deve ser escrito errado." George J. Stigler e Claire Friedland, "The Citation Practices of Doctorates in Economics", 83 *Journal of Political Economy* 477, 485 (1975).

tinguir empiricamente entre uma obra que não é mais citada por ter perdido todo o seu valor e uma obra cuja influência é tão grande que os estudiosos de hoje se referem às ideias nela contidas sem citar os trabalhos em que apareceram originalmente, e muitas vezes sem mencionar o nome do autor delas (por exemplo, a teoria da relatividade, a teoria da evolução ou o conceito de *superavit* do consumidor)[26]. Numa contagem das citações às obras de Adam Smith ou Jeremy Bentham certamente a influência desses autores ficaria subestimada, e, no caso de Bentham, ainda há outra razão: poucos de seus trabalhos foram publicados em vida e grande parte de sua influência se deu pelo contato pessoal com indivíduos que se tornaram seus seguidores e transmitiram sua influência através dos trabalhos deles[27]. Infelizmente, portanto, a análise de citações não será capaz de responder à difícil questão da influência de Bentham, discutida no primeiro capítulo deste livro.

Outro ponto relacionado a esse é que os índices de citações podem variar muito em razão do custo da informação para quem faz a citação, o qual pode cair conforme o número de vezes que uma obra é citada[28]. Quanto maior é a frequência de citação da obra, mais conhecida ela se torna, o que reduz o custo de lembrá-la e localizá-la em comparação com o custo de lembrar e localizar uma obra menos citada e, logo, menos conhecida. Esse fenômeno é chamado de externalidade de rede e é congênere ao aumento da utilidade dos serviços de telefonia de acordo com o número de usuários, ou ao aumento do valor de uma palavra de acordo com a quantidade de pessoas que conhecem seu significado.

---

26. "A obra de um inovador é aceita e usada por outros. A influência pode ser ainda mais poderosa quando simplesmente não fazemos citação alguma." *Id*. p. 486.

27. Os problemas do uso da análise de citações para avaliar a influência intelectual de um autor são bem discutidos em Harriet Zuckerman, "Citation Analysis and the Complex Problem of Intellectual Influence", 12 *Scientometrics* 329 (1987).

28. Cf. Moshe Adler, "Stardom and Talent", 75 *American Economic Review* 208 (1985).

Outra maneira de ver isso é pensando-se no citante como um consumidor que escolhe entre "marcas" concorrentes e, como não se paga nenhum direito autoral ao autor do trabalho citado, quanto mais conhecida for a marca, mais barato será citá-la em detrimento de outra. Assim, por exemplo, é John Rawls quem se convencionou citar quando se mencionam os conceitos de posição original e véu de ignorância, muito embora estes tenham sido explicados antes por John Harsanyi[29]. Como Harsanyi é menos conhecido que Rawls, é mais "dispendioso" citá-lo. O custo de citar a obra mais conhecida é menor não apenas para o citante, mas também para o público deste, para o qual a informação transmitida pela citação de um trabalho mais conhecido pode ser mais valiosa. Portanto, a simples comparação entre o número de menções a Rawls e a Harsanyi nos daria uma noção exagerada da diferença de qualidade, originalidade e até de influência dos dois teóricos.

Por todas essas razões e mais algumas outras[30], seria absurdo considerar que uma simples lista dos juízes ou dos

---

29. Como reconhece o autor – com certa relutância, a meu ver – em John Rawls, *A Theory of Justice*, p. 118, n. 11 (na edição revista de 1999), citando J. C. Harsanyi, "Cardinal Utility in Welfare Economics and in the Theory of Risk--Taking", 61 *Journal of Political Economy* 434 (1953).

30. Anthony J. Chapman, "Assessing Research: Citation-Count Shortcomings", *The Psychologist: Bulletin of the British Psychological Society*, p. 336, 339-341 (1989), relaciona 25 problemas do uso dos dados relativos a citações publicados pelo ISI (ver nota 17 acima) para avaliar a qualidade ou o impacto de trabalhos de pesquisa acadêmica. Discuto os principais no corpo do texto, mas talvez seja útil relacionar aqui os 25, nas palavras de Chapman: "Exclusão de alguns periódicos"; "Exclusão das citações feitas em livros"; "Favorecimento da pesquisa aplicada"; "Citações de Psicologia [tanto] no SCI [*Science Citation Index*] [quanto no] SSCI [*Social Sciences Citation Index*]"; "Convenções que devem ser seguidas na referência [isto é, na citação]"; "Inclusão de cartas, resumos e resenhas de livros"; "Prestígio dos distribuidores das publicações"; "Registro de apenas uma 'citação', mesmo quando o autor cita repetidas vezes determinada obra"; "Registro somente do primeiro autor [isto é, só se inclui no índice o nome do primeiro autor citado de uma obra redigida por vários autores]"; "Comparações interdisciplinares; e multidimensionalidade da psicologia"; "Comparações entre indivíduos; e contagens 'simples' *versus* contagens 'completas'"; "Fatores sociais influenciam as escolhas"; "Predomínio

estudiosos mais citados tenha alguma utilidade. Isso, porém, não torna a análise de citações um absurdo. O que os críticos da análise de citações muitas vezes deixam de observar é que, se os erros nos dados empíricos se distribuem aleatoriamente com relação à variável de interesse (como a qualidade ou o impacto da pesquisa), é improvável que eles invalidem as conclusões do estudo, desde que a amostra seja suficientemente grande[31]. Além disso, erros que distorcem igualmente ambos os grupos de dados comparados não distorcem a comparação[32]. Se, por exemplo, a questão for a de se determinado estudioso ou periódico acadêmico foi mais citado em 1999 que em 1989, muitos dos erros capazes de distorcer o número em cada um desses anos podem ser ignorados por não afetarem a comparação. Isso não significa negar a importância do zelo nos métodos de reunião, correção e interpretação de citações. Ilustrarei com exemplos as correções mais importantes à medida que for explicando as duas principais aplicações da análise de citações que surgiram até hoje: como ferramenta de administração e como um meio de testar hipóteses[33].

---

dos 'famosos'"; "Homógrafos com iniciais de nomes"; "Algumas mulheres casadas saem prejudicadas [se elas já publicaram com mais de um nome]"; "Tendência a desprezar os novatos"; "Carência de autores citáveis em áreas muito especializadas; e menções de um autor a si mesmo"; "Várias ocorrências em diferentes letras do alfabeto para uma só pessoa"; "Erros humanos no ISI"; "Sumiço por incorporação"; "Trabalhos de metodologia científica – falsa multiplicação das citações?"; "Citação não significa necessariamente aprovação"; "Citação sem conhecimento"; "Quantidade não é qualidade"; "Citações refletem um reconhecimento já existente". Ver também Cronin e Graham, nota 19 acima, pp. 63-73; Michael H. MacRoberts e Barbara R. MacRoberts, "Quantitative Measures of Communication in Science: A Study of the Formal Level", 16 *Social Studies of Science* 151 (1986). Chapman, acima, p. 342, reconhece que algumas das críticas à análise de citações talvez provenham da inveja por parte de autores que descobrem que não são muito citados.

31. Stephen M. Stigler, "Precise Measurement in the Face of Error: A Comment", 17 *Social Studies of Science* 332 (1987).

32. *Id.* p. 333.

33. Não discuto as tentativas de desenvolver métodos objetivos de análise do *conteúdo* das citações. Ver, por exemplo, John Swales, "Citation Analysis and Discourse Analysis", 7 *Applied Linguistics* 39 (1993).

Quando uma empresa produz bens que são vendidos em mercados explícitos, a avaliação da produção dela é objetiva, e geralmente a contribuição dos empregados e dos fornecedores para essa produção também é determinável. Mas nem todos os empreendimentos são assim. Duas exceções observáveis são as universidades (no que diz respeito a sua atividade de pesquisa) e os tribunais recursais. Um dos principais produtos de ambos os tipos de "empresa" são os trabalhos publicados sem fins lucrativos. Alguns estudiosos costumam considerar esse fato como um empecilho à análise mercadológica da produção dessas instituições[34]. Mas um economista tenderá a discordar disso. Os estudiosos acadêmicos e os juízes, na visão de grande parte dos economistas, não são muito diferentes das outras pessoas em matéria de gostos e inclinações; além do que as universidades e os tribunais são instituições sujeitas a restrições orçamentárias que obrigam seus membros a economizar custos. A produtividade acadêmica e judicial é um tema muito discutido. Nesse contexto, como vimos no início do capítulo, encontramos tentativas de comparação entre estudiosos acadêmicos, departamentos de universidades, tribunais e juízes. O problema aqui é de mensuração, e não de incentivos e constrangimentos. Se esse problema puder ser resolvido, o mercado de professores e juízes poderá ser integrado ao mercado de trabalho normal. A análise de citações pode contribuir significativamente para a solução, e isso é importante tanto para podermos transitar eficazmente por esses mercados quanto para entendermos o funcionamento deles.

A União federal, pelos últimos quinze anos, encorajou suas agências de pesquisa a concentrarem-se mais em pesquisas que tenham aplicação comercial. Será que essa mudança de política foi eficaz? Em um estudo sobre patentes estatais descobriu-se que as pesquisas conduzidas pelo Es-

---

34. Para uma afirmação enérgica desse ponto de vista, ver John O'Neill, *The Market: Ethics, Knowledge and Politics*, pp. 155-7 (1998).

tado de fato têm sido citadas com mais frequência nos pedidos de registro de patentes[35]. A Secretaria de Patentes estabelece exigências rigorosas com respeito à citação de patentes anteriores, o que leva a crer que a contagem de citações em pedidos de registro de patentes forneça informações proveitosas, embora não completamente confiáveis, sobre a utilidade das invenções citadas[36]. A aplicação dessa metodologia à avaliação de programas de pesquisa – acadêmica ou de qualquer outro tipo – é imediata[37].

A quantidade de decisões de um tribunal de segunda instância ponderada pelo número de citações dessas decisões por outros tribunais de segunda instância resulta em uma medição da produção judicial que, conforme já vimos de relance, pode ser usada para comparar a produtividade dos diferentes tribunais[38]. Essa medição não pode estar completa, ainda que apenas por estimar implicitamente um valor nulo para as "decisões não publicadas"*, as quais não

---

35. Ver Adam B. Jaffe, Michael S. Fogarty e Bruce A. Banks, "Evidence from Patents and Patent Citations on the Impact of NASA and Other Federal Labs on Commercial Innovation", 46 *Journal of Industrial Economics* 183 (1998). Os autores mencionam vários estudos anteriores sobre citação de patentes. *Id*. p. 185.

36. Os autores tentaram verificar a exatidão das citações e descobriram que 75 por cento destas eram úteis; as demais não passavam de ruído. *Id*. p. 202. Em Baird e Oppenheim, nota 17 acima, p. 7, avalia-se que pelo menos 20 por cento das citações estão erradas.

37. Ver, por exemplo, Lawrence D. Brown, "Influential Accounting Articles, Individuals, Ph.D. Granting Institutions and Faculties: A Citational Analysis", 21 *Accounting, Organizations and Society* 723 (1996); Charles Oppenheim, "The Correlation between Citation Counts and the 1992 Research Assessment Exercise Ratings for British Research in Genetics, Anatomy and Archeology", 53 *Journal of Documentation* 477 (1997).

38. Ver também *The Federal Courts: Challenge and Reform*, nota 3 acima, p. 234; Mitu Gulati e C. M. A. McCauliff, "On Not Making Law", *Law and Contemporary Problems*, verão de 1998, pp. 157, 198-200, 202.

* *Unpublished decisions*. No sistema judiciário federal norte-americano, os tribunais recursais podem atribuir a certas decisões o caráter de *unpublished* ou *nonprecedential*, o que proíbe que elas sejam citadas como precedentes em qualquer tribunal ou grau de jurisdição. O objetivo da norma é o de evitar a publicação de uma grande quantidade de material que nada acrescentaria ao corpo do direito substantivo. Entretanto, a prática de proferir, de caso pen-

são citáveis como precedentes, muito embora sejam parte importante da produção dos tribunais de segunda instância hodiernos. Uma "decisão não publicada" resolve uma disputa, o que é uma coisa útil a se fazer ainda que não se crie um precedente. Porém, podem ser necessárias algumas correções antes que se consiga chegar a uma medição completa da produtividade. Ademais, a partir de uma avaliação, por regressão estatística, da relação entre a produtividade e as diferentes funções de produção dos diferentes tribunais, é possível sugerir melhorias, como faço mais adiante.

Uma forma ainda mais audaciosa de emprego das citações como ferramenta de administração judicial é a atribuição de uma "nota" aos juízes de segunda instância com base no número de citações de suas decisões por outros tribunais. O estudo de L., L. e S. faz uma classificação dos juízes do Tribunal Recursal Federal precisamente nessa linha[39]. Mas há problemas de comparação; os juízes são nomeados em épocas diferentes para tribunais com diferentes cargas de trabalho, além do que tanto o número de juízes quanto o de casos muda ao longo do tempo. O estudo busca resolver esse problema avaliando, por regressão estatística, a relação entre as citações feitas por outros tribunais e diversas variáveis. Estas incluem, além do próprio juiz, o tempo de trabalho deste, a carga de trabalho de seu tribunal no que se refere ao número de casos, a data em que ele foi nomeado, entre outros fatores que provavelmente influenciam o número de citações que um juiz de qualidade mediana deveria receber. Portanto, o coeficiente da variável correspondente ao juiz indica quantas das citações feitas por outros tribunais decorrem das características pessoais dele e não dos fatores que as influenciam mas que não emanam especificamente do juiz.

---

sado, decisões que não criam precedente tem sido muito criticada nos Estados Unidos, cujo sistema jurídico tem caráter eminentemente jurisprudencial. (N. do E.)

39. Ver nota 12 acima. Para um estudo bastante parecido, porém dos juízes da Suprema Corte, ver Montgomery N. Kosma, "Measuring the Influence of Supreme Court Justices", 27 *Journal of Legal Studies* 333 (1998).

Dada a impossibilidade de integrar perfeitamente todos esses fatores na pesquisa (um fator importante, por exemplo, é que as diferenças relativas à composição da carga de trabalho de um tribunal no que se refere às matérias das causas afetará o número de citações em potencial, pois o número de causas relacionadas a cada matéria não é o mesmo), a ordem de classificação produzida pelo estudo serve, na melhor das hipóteses, para dar uma ideia inicial da qualidade relativa (ou da influência, ou ainda da reputação, pois não está totalmente claro o que é que está sendo medido) dos juízes da amostra. Ainda assim, a tentativa talvez represente um avanço em comparação com as estratégias puramente qualitativas de avaliação dos juízes de segunda instância. Tribunais inteiros podem ser avaliados dessa forma, conforme sugeri acima quando me referi ao Tribunal Federal da Nona Região.

É mais comum empregar-se a análise de citações para classificar estudiosos do que para classificar juízes[40]. Utilizada dessa forma, ela é hoje uma ferramenta administrativa de uso bastante disseminado quando se fala de contratação e promoção de professores em universidades cuja atividade de pesquisa é mais intensa[41]. Esta é uma aplicação natural da análise de citações, porque a produção do corpo docente dessas faculdades restringe-se principalmente à pesquisa divulgada em publicações acadêmicas, e quanto mais um trabalho é citado mais influente e importante ele tende a ser. Aqui, novamente, é preciso superar alguns problemas de comparação; não faz sentido nenhum comparar as cita-

---

40. Ver, por exemplo, Fred R. Shapiro, "The Most-Cited Legal Scholars", 29 *Journal of Legal Studies* 409 (2000); B. K. Sen, T. A. Pandalai e A. Karanjai, "Ranking of Scientists – A New Approach", 54 *Journal of Documentation* 622 (1998); Michael E. Gordon e Julia E. Purvis, "Journal Publication Records as a Measure of Research Performance in Industrial Relations", 45 *Industrial and Labour Relations Review* 194 (1991); Marshall H. Medoff, "The Ranking of Economics", 20 *Journal of Economic Education* 405 (1989).

41. Ver, por exemplo, Philip Howard Gray, "Using Science Citation Analysis to Evaluate Administrative Accountability for Salary Variance", 38 *American Psychologist* 116 (1983).

ções que remetem a autores veteranos com aquelas que remetem a autores novatos que sejam seus rivais, exceto, talvez, se um autor mais novo (não necessariamente em idade, mas em tempo de serviço) tiver mais citações que seu rival mais experiente. Mas aqui, provavelmente, cabem correções semelhantes àquelas aplicadas à comparação da produção de um juiz à de outro. Com esses ajustes, a análise de citações se transforma em um método razoavelmente objetivo de fundamentação de decisões relativas à contratação, promoção e concessão de aumentos salariais. A descoberta de um método de fundamentação objetiva para esse tipo de decisão é particularmente importante em uma época como a nossa, em que a administração de uma universidade pode ser forçada a defender em juízo suas decisões relativas a pessoal, contra acusações de discriminação racial, sexual ou de qualquer outro tipo.

A análise de citações também pode ser usada para avaliar o impacto (e portanto, presumivelmente, a qualidade) de periódicos acadêmicos e editoras universitárias[42]. O "fator

---

42. Ver, por exemplo, Geoffrey M. Hodgson e Harry Rothman, "The Editors and Authors of Economic Journals: A Case of Institutional Oligopoly?", 109 *Economic Journal* F165 (1999); Alireza Tahai e G. Wayne Kelly, "An Alternative View of Citation Patterns of Quantitative Literature Cited by Business and Economic Researchers", 27 *Journal of Economic Education* 263 (1996); S. J. Leibowitz e J. P. Palmer, "Assessing the Relative Impacts of Economics Journals", 22 *Journal of Economic Literature* 77 (1984). Quando se usa o fator do impacto para avaliar citações, pode parecer que se está registrando duas vezes uma mesma variável; isso porque as citações são usadas para avaliar o periódico e, se este for muito citado, poder-se-ia concluir que os artigos nele citados serão igualmente citados por outros periódicos. Mas não é necessariamente assim que a coisa acontece. Suponhamos que um artigo de *A* seja citado num artigo de *B* publicado no periódico *X*, e que esse periódico seja muito citado por outros (e, portanto, considerado de alto nível). Pode-se esperar que o artigo de *B* seja citado mais frequentemente do que o seria se tivesse sido publicado num periódico de qualidade inferior; mas os artigos que citam o artigo de *B* não citarão, necessariamente, os artigos citados por *B*. Não obstante, o fato de *B* ter citado *A* é um ponto a favor de *A*, dado que o artigo de *B* apareceu num periódico de alto nível. É importante observar, porém, que a avaliação baseada no impacto foi criticada também por "ignorar totalmente o impacto dos periódicos como arquivos e dar muito mais peso a publicações de

de impacto" de um periódico acadêmico (que, por convenção, é o número de citações feitas no ano t a artigos publicados nos anos t-1 e t-2, dividido pela soma desses artigos) pode ser usado para avaliar as citações de um autor multiplicando-se o número de citações que outros autores fizeram de seus trabalhos pelo fator de impacto dos periódicos nos quais essas citações aparecem[43]. O objetivo é corrigir de forma objetiva as diferenças de qualidade entre os periódicos e, consequentemente, entre as citações. Depois de corrigidas desse modo, as citações podem ser usadas para classificar por ordem de qualidade não apenas estudiosos tomados individualmente, mas também departamentos de faculdades[44].

Mas a utilidade prática da classificação de estudiosos com base nas citações de sua obra não se restringe à administração acadêmica. Como já sugeri, em casos nos quais um professor alega ter sofrido discriminação da parte da universidade que o emprega, pode-se usar a análise de citações para ajudar a determinar se a suposta discriminação foi injusta ou se, em vez disso, fundou-se na falta de excelência acadêmica do demandante[45].

---

natureza mais efêmera ou àquelas publicações mais preocupadas com debates sobre questões em voga do que com pesquisa." Stephen M. Stigler, "Citation Patterns in the Journals of Statistics and Probability", 9 *Statistical Science* 94, 98 (1994). Para um exemplo intrigante, ver John P. Perdew e Frank J. Tipler, "Ranking the Physics Departments: Use Citation Analysis", *Physics Today*, outubro de 1996, pp. 15, 97.

43. Ver, a título de discussão crítica desse procedimento, o editorial "Citation Data: The Wrong Impact?", 1 *Nature Neurosciences* 641 (1998).

44. Ver, por exemplo, Raymond P. H. Fishe, "What Are the Research Standards for Full Professor of Finance?", 53 *Journal of Finance* 1053, 1057 (1998); Richard Dusansky e Clayton J. Vernon, "Ranking of U.S. Economics Departments", *Journal of Economic Perspectives*, inverno de 1998, p. 157.

45. Entre os casos em que a análise de citações foi utilizada com esse fim, estão *Tagatz vs. Marquette University*, 861 F.2d 1040, 1043 (7th Cir. 1988); *Weinstein vs. University of Illinois*, 811 F.2d 1091, 1093 (7th Cir. 1987); *Demuren vs. Old Dominion University*, 33 F. Supp. 2d 469, 481 (E.D. Va. 1999); e *Fisher vs. Vassar College*, 852 F. Supp. 1193, 1198-2000 (S.D.N.Y. 1992), cuja decisão foi reformada por outras razões, 70 F.3d 1420 (2d Cir. 1994), reformado, 114 F.3d 1332 (2nd Cir. 1997) (decisão plenária).

O uso da análise de citações na pesquisa acadêmica é conceitualmente distinto de seu uso na administração acadêmica ou judicial, mas há uma coincidência no plano prático. O estudo sobre patentes que citei mais acima pode ser usado não só para avaliar as políticas do governo com relação à pesquisa, mas também para testar hipóteses sobre a economia das transferências de tecnologia[46]. Estudos sobre as práticas de citação dos juízes podem ser usados tanto para avaliar tribunais e juízes quanto para testar hipóteses sobre o comportamento desses profissionais e explicar diferenças de produtividade.

As pesquisas que empregam a análise de citações precisam de modelos que as orientem. Gostaria de sugerir aqui três destes: um modelo fundado no capital humano, outro fundado na reputação e um terceiro que se funda na informação. O primeiro é o mais útil, por razões que ficarão claras mais adiante. Portanto, discutirei os outros dois sucintamente. Em um modelo baseado na reputação[47], a ênfase recai sobre o fato de que a reputação é algo conferido pelos "atribuidores de reputação" em razão dos próprios interesses pessoais destes, como, por exemplo, o interesse por economizar nos custos com informação. Isso pode gerar, como sugeri anteriormente, o fenômeno da "celebridade", quando pequenas diferenças de qualidade geram enormes diferenças de renda ou, neste caso, de número de citações[48]. Tomando as "ocorrências" em *sites* de busca na In-

---

46. Ver Jaffe, Fogarty e Banks, nota 35 acima, pp. 202-3; também Adam B. Jaffe, Manuel Trajtenberg e Rebecca Henderson, "Geographic Localization of Knowledge Spillovers as Evidenced by Patent Citations", 108 *Quarterly Journal of Economics* 577 (1993).

47. Ver, por exemplo, Richard A. Posner, *Cardozo: A Study in Reputation*, cap. 4 (1990).

48. Cf. Sherwin Rosen, "The Economics of Superstars", 71 *American Economic Review* 845 (1981). Robert K. Merton descreveu basicamente esse fenômeno, que chamou de "Efeito Matthew". Merton, "The Matthew Effect in Science", 159 *Science* 56 (1968). Ele afirma que os estudiosos usariam a reputação de um autor como um mecanismo de triagem e tenderiam, portanto, a citar autores mais conhecidos com maior frequência do que o justificaria qualquer diferença concreta de qualidade entre sua obra e a de autores menos co-

ternet e as citações em jornais referentes a juristas conceituados e comparando-as com as citações a esses estudiosos em periódicos acadêmicos[49], Landes e eu constatamos que o efeito do fenômeno da celebridade é maior sobre os "famosos" do que sobre os estudiosos. Conjecturamos que isso é uma função do tamanho do mercado. O interesse do público geral pelo direito é bastante limitado. Portanto, a demanda desse público pela produção dos estudiosos acadêmicos é facilmente atendida por uma meia dúzia de autores proeminentes. Já a comunidade acadêmica tem um interesse muito mais amplo pela pesquisa acadêmica de direito. Consequentemente, ela valoriza um número muito maior de estudiosos.

No modelo informacional, as citações são concebidas como a criação de um estoque de informações. O cientista pode usar o modelo para elucidar questões como a da difusão geográfica de informações (como no estudo sobre patentes que citei anteriormente) e o ritmo de depreciação do valor desse estoque (por exemplo, como uma função do grau de generalidade da obra citada, o qual determina sua adaptabilidade às diferentes circunstâncias). Uma abordagem relacionada a essa, porém de caráter sociológico e não econômico, é aquela que busca demarcar escolas de pensamento pela identificação de padrões de reciprocidade na atividade de citação[50].

No modelo convencional do capital humano adotado na economia do trabalho, a renda é formulada como função do investimento no capital humano do trabalhador (isto é, a capacidade dele de gerar renda). O estoque de ca-

---

nhecidos. Outra descoberta afim é a de que os periódicos que usam o sistema de seleção anônima (isto é, que não revelam o nome dos autores a quem vai selecionar os textos para publicação) são citados com maior frequência, corrigidas as demais diferenças, do que os periódicos que não usam esse procedimento. David N. Laband e M. J. Piette, "A Citation Analysis of the Impact of Blinded Peer Review", 272 *JAMA (Journal of the American Medical Association)* 147 (1994).

49. Landes e Posner, nota 17 acima.
50. Ver, por exemplo, Stigler e Friedland, nota 25 acima.

pital humano de um indivíduo cresce nas fases iniciais de sua carreira de trabalhador como resultado do treinamento realizado no emprego e da experiência adquirida com o trabalho. Porém, assim como outros tipos de capital, também o capital humano se deprecia. Desse modo, o estoque total de capital humano acaba diminuindo quando o volume de investimento na geração de capital novo cai abaixo do nível de reposição à medida que o trabalhador se aproxima da aposentadoria, pois, quanto menor é o tempo que lhe resta de vida produtiva, menos tempo ele e seu empregador têm para recuperar o custo de qualquer investimento novo.

A relação entre a renda (R) e o tempo de trabalho (t, em anos) dá-se então da seguinte forma: $R(t) = a + b_1 t - b_2 t^2$, em que $R(t)$ é a renda anual em razão do tempo (anos de trabalho desde o primeiro emprego até a aposentadoria), a é um componente da renda que independe do investimento em capital humano e que se presume ser constante ao longo do tempo, b_1 é o aumento anual da renda gerado por investimentos no capital humano e $-b_2$ é a redução anual da renda causada pela depreciação do estoque de capital humano do indivíduo. O ano em que a renda atinge seu pico (t^*) é determinado obtendo-se a derivada de $R(t)$ em relação a t e igualando o resultado a zero (pode-se presumir que tenham sido satisfeitas todas as outras condições para o alcance de uma máxima). Esse procedimento gera o resultado $t^* = b_1 / b_2$. O ano em que um indivíduo atinge sua renda máxima é mais tardio quanto mais sua renda for elevada por investimentos em capital humano (b_1) e quanto menor for o efeito exercido pelo tempo de serviço (iminência da aposentadoria), no sentido de reduzir sua renda por fazê-lo investir menos na reposição do capital humano à medida que este se deprecia (b_2). Se substituirmos $R(t)$ pelo log natural de $R(t)$, os coeficientes (b_1 e b_2) tornam-se interpretáveis como taxas de crescimento.

A mudança que a análise de citações baseada no capital humano introduz no modelo convencional é a substituição da renda pelas citações. Este é um ajuste apropriado no caso de atividades nas quais não há uma relação clara entre a renda e a produção. O judiciário federal é um bom exemplo desse tipo de atividade. Todos os juízes do mesmo escalão (juízes federais distritais, juízes do Tribunal Recursal Federal e assim por diante) recebem o mesmo salário, independentemente de tempo de serviço, número de decisões ou sentenças reformadas, número de "decisões não publicadas" ou qualquer outro fator que poderia ser utilizado por um empregador do setor privado para determinar a produção marginal do empregado.

Em muitas universidades, também, a remuneração do corpo docente é homogênea; e, mesmo quando não é, a quantia que se paga a mais é invariavelmente muito menor do que o justifica qualquer estimativa razoável das diferenças entre a produção acadêmica dos vários professores[51]. Uma das explicações possíveis é que a renda total de um estudioso acadêmico inclui a fama[52] e, portanto, varia de estudioso para estudioso de acordo com as diferenças de qualidade entre suas obras. Esse argumento já foi defendido em compasso com a distinção entre ciência e tecnologia. "A meta da ciência é aumentar o estoque de conhecimento, enquanto a da tecnologia é obter a renda privada auferível desse conhecimento."[53] A consecução da meta do cientista

---

51. Não obstante, há indícios de que o número de citações da obra de um acadêmico seja um indicador significativo de seu salário. Ver, por exemplo, Raymond D. Sauer, "Estimates of the Returns to Quality and Coauthorship in Economic Academia", 96 *Journal of Political Economy* 855 (1988); Arthur M. Diamond Jr., "What Is a Citation Worth?", 21 *Journal of Human Resources* 200 (1986). Isso provavelmente ocorre porque a fama nos meios acadêmicos é diretamente proporcional ao valor da produção de um de seus membros.

52. Ver Paula E. Stephan, "The Economics of Science", 34 *Journal of Economic Literature* 1199, 1206 (1996). Dados empíricos que dão amparo a essa conjectura no caso dos economistas são apresentados em David M. Levy, "The Market for Fame and Fortune", 20 *History of Political Economy* 615 (1988).

53. Partha Dasgupta e Paul A. David, "Information Disclosure and the Economics of Science and Technology", em *Arrow and the Ascent of Modern Economic Theory*, pp. 519, 529 (George R. Feiwel [org.], 1987) (nota de rodapé omitida).

depende da total exposição pública de seus métodos e suas descobertas. Como essa exposição pública total impede a obtenção de renda, a ciência precisa vislumbrar outros métodos de compensação. "A norma da anterioridade é uma forma de pagamento específica dos cientistas."[54] Isso pode nos ajudar a entender por que o reconhecimento da anterioridade é uma norma na pesquisa acadêmica – e a forma habitual de reconhecimento da anterioridade é a citação, embora nas citações se reconheçam também outras formas de contribuição acadêmica.

O modelo econômico da citação como substituto da renda reconhece que a variação no salário não é uma função apenas do tempo de serviço e dos investimentos no capital humano. A variável que chamei de *a* representa os outros fatores que influenciam a produção, incluindo-se variáveis qualitativas (como a inteligência, o discernimento e a habilidade para escrever) que possuem uma relação muito leve (ou mesmo nula) com o treinamento ou quaisquer outras formas de investimento no capital humano. Lembremo-nos de que, no estudo de L., L. e S. sobre as citações mútuas dos juízes no âmbito dos diferentes tribunais recursais, o modelo baseado no capital humano foi usado para prever diferenças na produção dos juízes, e as diferenças residuais foram então usadas para classificar os juízes, isto é, para determinar em que grau cada juiz possui o atributo *a* proporcionalmente aos demais juízes.

Outro método de chegar a *a* é restringindo-se a comparação de citações a juízes que trabalhem ou tenham trabalhado no mesmo tribunal e na mesma época (tornando-se desnecessário fazer correções referentes à composição da carga de trabalho e à data dos trabalhos citados), ou a estudiosos que tenham aproximadamente a mesma idade ou o mesmo tempo de serviço. Utilizei esse método menos elaborado de ajuste para verificar a superioridade, em termos de qualidade ou influência, de Benjamin Cardozo e

---

54. *Id.* p. 531.

Learned Hand em relação a seus colegas do Tribunal Federal de Nova York e da Suprema Corte dos Estados Unidos (no caso de Cardozo), e do Tribunal Federal da Segunda Região (no caso de Hand)[55]. Para comparações mais abrangentes, entretanto, o modelo baseado no capital humano é indispensável, uma vez que possibilita corrigir as diferenças de localização de um juiz ou estudioso no ciclo de sua vida.

A variável *a* não precisa ser vista como uma caixa-preta; L., L. e S. procuraram explicar a classificação dos juízes de segunda instância por fatores como quantas vezes um juiz citou ele mesmo, o grau de especialização do tribunal a que pertence (o que tende a reduzir o número de citações de um juiz por juízes de outros tribunais), o nível da faculdade de direito que ele cursou, as notas que recebeu da Ordem dos Advogados ao ser avaliado para nomeação ou sua experiência prévia como juiz[56]. Verificou-se que todos os fatores menos o último possuem uma relação estatisticamente significante com a classificação do juiz, e no sentido previsto.

Uma das descobertas mais surpreendentes do estudo de L., L. e S. é a de que, quando um juiz cita muito a si mesmo, isso faz com que o número de citações desse juiz por outros tribunais aumente. Os autores explicam, porém, que a citação de si mesmo indica um maior envolvimento do juiz no processo de redação dos pareceres que justificam suas decisões; um juiz que lembre e cite seus votos anteriores estará, geralmente, mais engajado no processo mencionado acima do que um juiz que delegue aos estagiários a incumbência de fazer citações.

O estudo não constatou nenhum efeito da raça ou do sexo sobre o número de citações judiciais. Em compensação, um estudo sobre citações de trabalhos de estudiosos do direito em periódicos acadêmicos constatou que mulheres ou

---

55. Posner, nota 47 acima, pp. 83-90; Richard A. Posner, *Aging and Old Age*, pp. 188-92 (1995). Ver também Henry T. Greely, "Quantitative Analysis of a Judicial Career: A Case Study of Judge John Minor Wisdom", 53 *Washington and Lee Law Review* 99, 133-150 (1996).

56. Landes, Lessig e Solimine, nota 12 acima, pp. 320-4.

membros de minorias são citados com menos frequência, corrigidos outros fatores, como a área de atuação e o tempo de serviço. Isso implica que a ação afirmativa, comum no processo de contratação de professores nas faculdades de direito, leva, conforme afirmam seus adversários, à contratação de candidatos menos qualificados dentre aqueles provenientes desses grupos, segundo se mede a partir da produção desses indivíduos depois de contratados. O estudo verifica, por exemplo, níveis significativos de discriminação contra os judeus do sexo masculino, os quais, sendo iguais todas as outras variáveis, são citados com frequência muito maior do que outros estudiosos acadêmicos[57]. É claro que os judeus do sexo feminino podem ser simplesmente melhores que os outros grupos. A prova dos nove da discriminação seria comparar o número de menções a autores de pouca importância pertencentes ao grupo dos judeus do sexo masculino com autores de pouca importância pertencentes a outros grupos; se o primeiro número fosse maior, isso sugeriria que a contratação de mais judeus elevaria o número total de menções à faculdade, o que, por sua vez, indicaria discriminação.

Outro estudo da área acadêmica do direito constata uma relação de proporção inversa entre a produção acadêmica medida pelo número de citações e a contratação de pessoas formadas na própria faculdade contratante, em detrimento de pessoas formadas em outras faculdades de direito[58].

---

57. Deborah Jones Merritt, "Scholarly Influence in a Diverse Legal Academy: Race, Sex, and Citation Counts", 29 *Journal of Legal Studies* 345 (2000). Esta não é, porém, a interpretação que Merritt faz dos dados de seu estudo. Em um estudo diferente, mas que também utiliza as citações como um indicador da qualidade, constata-se a existência de discriminação contra as mulheres por parte dos departamentos de economia. Van W. Kolpin e Larry D. Singell, Jr., "The Gender Composition and Scholarly Performance of Economics Departments: A Test for Employment Discrimination", 49 *Industrial and Labor Relations Review* 408 (1996).

58. Theodore Eisenberg e Martin T. Wells, "Inbreeding in Law School Hiring: Assessing the Performance of Faculty Hired from Within", 29 *Journal of Legal Studies* 369 (2000).

Há ainda um outro estudo que contribui para uma melhor compreensão da produção acadêmica de direito. Esse estudo constata (embora com base numa amostra muito pequena) que a pesquisa e a docência são, no fim das contas, atividades complementares e não mutuamente excludentes no âmbito da produção acadêmica[59]. Além disso, um estudo da produção de citações dos tribunais recursais federais[60] no qual se investiga a função de produção dos tribunais de segunda instância constata, entre outras coisas, que quanto maior é a quantidade e a extensão dos votos majoritários em um dado tribunal, e quanto menor é o número de notas de rodapé e votos divergentes, maior é o número de citações desse tribunal feitas por outros tribunais. Notas de rodapé em decisões judiciais tendem a confundir o leitor, e um voto divergente compromete o voto majoritário, não apenas por indicar ausência de unanimidade, mas também por expressar críticas à decisão, críticas que a maioria teria preferido passar em silêncio. O estudo também constatou que a produção medida pelo número de citações diminui na medida em que aumenta o número de juízes de um tribunal, o que está em consonância com outros dados empíricos apresentados neste capítulo.

O estudo de L., L. e S. restringe-se a juízes de mesma instância (permitindo algumas diferenças de especialização), e os meus estudos se restringem a juízes do mesmo tribunal ou de tribunais de um mesmo sistema judiciário (de novo, os tribunais recursais federais). Quando se reúnem citações de uma amostra heterogênea de tribunais, os números totais podem continuar fazendo sentido como medida de influência, mas perdem o sentido como medida de qualidade. O mesmo vale para estudos sobre citações acadêmicas. A comparação do número total de citações de todos os estudiosos do direito[61] pode ser válida como medida

---

59. James Lindgren e Allison Nagelberg, "The False Conflict between Scholarship and Teaching" (Faculdade de Direito da Universidade do Noroeste, inédito, s/d).

60. *The Federal Courts: Challenge and Reform*, nota 3 acima, pp. 234-6.

61. Como em Shapiro, nota 40 acima.

da influência dos autores, mas não como medida de qualidade, uma vez que diferenças numéricas referentes a citações entre áreas distintas podem ser reflexo não de diferenças de qualidade, mas, antes, de diferenças entre as áreas no que concerne ao tamanho, ao número de periódicos e até mesmo às normas de citação. No entanto, o agrupamento de citações acadêmicas por área e *ao longo do tempo* é um método válido de mapeamento da ascensão e queda dos diferentes campos de conhecimento, como, por exemplo (no caso do direito), a análise econômica, a teoria feminista do direito e a análise doutrinal[62]. Por último, a comparação de citações entre áreas diferentes faz sentido se o interesse do cientista for justamente medir o tamanho relativo de cada área.

O tratamento de um corpo de decisões judiciais como estoque de capital chama a atenção para a depreciação da jurisprudência, um tema que Landes e eu abordamos no primeiro estudo econômico sobre citações jurídicas[63]. Aqui a analogia com o capital físico é bastante forte. Uma máquina especializada tende a ficar obsoleta mais rapidamente que uma outra na qual se possam fazer ajustes para o desempenho de diferentes tarefas, pois a primeira é menos adaptável a mudanças. Da mesma forma, quanto mais generalidade tiver um precedente, menos rápida tenderá a ser a sua depreciação. Ademais, assim como uma máquina ro-

---

62. Ver William M. Landes e Richard A. Posner, "The Influence of Economics on Law: A Quantitative Study", 36 *Journal of Law and Economics* 385 (1993). Nesse estudo, concluímos que "a influência da economia sobre o direito vinha crescendo, pelo menos ao longo da década de 1980 (ainda é muito cedo para falar sobre a década de 1990), embora a taxa de crescimento possa ter diminuído a partir de meados da década; que a influência da economia sobre o direito cresceu mais que a influência de qualquer outra abordagem interdisciplinar ou não tradicional do direito; e que a abordagem tradicional [da pesquisa acadêmica de direito] – aquilo que chamamos de "análise doutrinal" – estava em declínio durante esse período, em comparação com as abordagens interdisciplinares em geral e com a abordagem econômica em particular". *Id.* p. 424.

63. William M. Landes e Richard A. Posner, "Legal Precedent: A Theoretical and Empirical Analysis", 19 *Journal of Law and Economics* 249 (1976).

busta tende a depreciar com menos rapidez (sendo iguais todas as outras variáveis) que uma máquina frágil, quanto mais autoridade tem um tribunal (por exemplo, a Suprema Corte em comparação com um tribunal federal de instância inferior), mais lentamente os precedentes que ele gera tendem a depreciar[64]. Também podemos esperar que, quanto maior for o ritmo das transformações jurídicas, mais alta será a taxa de depreciação; foi isso que constatei a partir de uma comparação de casos ingleses com casos norte-americanos[65]. Uma grande mudança no direito, como a abolição do uso do *common law* federal determinada pela decisão do caso *Erie*[66], pode ter o efeito de tornar obsoleta uma enorme parcela da jurisprudência[67].

A faixa etária das citações é um elemento importante no estudo tanto da pesquisa acadêmica (inclusive a de direito) quanto do comportamento dos juízes. Sendo iguais todas as demais variáveis, o tempo que as citações de um trabalho ou de um periódico acadêmico levam para atingir a "meia-idade" (ou alguma outra medida de decadência) é menor quanto mais progressista é a disciplina (ou subdivisão de uma disciplina, como a análise econômica do direito, os estudos jurídicos críticos ou a teoria feminista do direito), pois uma disciplina assim está sempre gerando novas pesquisas cujas descobertas superam as descobertas anteriores. Esse mesmo tempo, porém, é maior quanto mais acelerado é o crescimento numérico e físico das publicações que dão vazão à produção acadêmica da disciplina. A razão deste último efeito, menos óbvio, é que a rápida expansão dos veículos de divulgação das pesquisas gera mais oportunidades para que os artigos mais antigos sejam citados, presumindo-se que haja uma defasagem nas citações (em

---

64. O estudo citado na nota anterior dá amparo a ambas as hipóteses.
65. Richard A. Posner, *Law and Legal Theory in England and America*, pp. 84-7 (1996).
66. *Erie R. R. vs. Tompkins*, 304 U.S. 64 (1938).
67. Ver William M. Landes e Richard A. Posner, "Legal Change, Judicial Behavior, and the Diversity Jurisdiction", 9 *Journal of Legal Studies* 367 (1980).

parte devido ao "Efeito Matthew"[68]: um periódico acadêmico novo só passa a ser tão citado quanto os antigos depois de adquirir certa reputação), de modo que os artigos publicados nos periódicos novos não serão citados de imediato[69].

A depreciação total do capital humano é uma função não apenas da taxa de depreciação, mas também da taxa de investimentos novos. Essa taxa esmorece não apenas porque o retorno esperado diminui à medida que a aposentadoria se aproxima, mas também devido ao processo de envelhecimento. Vimos no Capítulo 4 que, nos países que adotam o sistema do *common law*, como a Inglaterra e os Estados Unidos, a profissão de juiz é famosa pela idade avançada de seus membros. Em parte, isso é um subproduto do método lateralista de ocupação dos juízos nesses países: quanto maior é a idade média de ingresso, inevitavelmente maior é a faixa etária média dos profissionais. Outra possibilidade, porém, é a de que, em um sistema judiciário fortemente fundado na jurisprudência (que é um método de tomada de decisões voltado para o passado), o envelhecimento comprometa menos a competência do que em uma profissão que enfatize a manipulação de modelos abstratos, como, por exemplo, a matemática[70]. Pode-se testar essa hipótese relacionando-se as citações com a idade do juiz cuja decisão foi citada; ao fazer isso, encontrei poucos indícios de influência do envelhecimento antes dos oitenta anos de idade[71].

---

68. Ver nota 48 acima.
69. Helmut A. Abt, "Why Some Papers Have Long Citation Lifetimes", 395 *Nature* 756 (1998).
70. Os psicólogos distinguem entre a "inteligência fluida", que é a capacidade de manipular símbolos abstratos, e a "inteligência cristalizada", que é a capacidade do indivíduo de trabalhar a partir de uma base de conhecimento há muito consolidada, como o conhecimento de sua própria língua.
71. Posner, *Aging and Old Age*, nota 55 acima, pp. 182-92.

AGRADECIMENTOS

Agradeço a Susan Burgess, Paul Choi, Schan Duff, France Jaffe, Eugene Kontorovich, Gene Lee, Bruce McKee e Anup Malani, pelo prestimoso auxílio em minha pesquisa. Muito devo, ainda, a Lawrence Lessig, Martha Nussbaum, Eric Posner e Cass Sunstein, pelos valiosos comentários às primeiras versões da maioria dos textos nos quais me baseei para compor este livro. Também recebi comentários diversos e úteis sobre textos específicos, tecidos por Ronald Allen, Albert Alschuler, Jack Balkin, Susan Bandes, Gary Becker, Andrew Daughety, Neil Duxbury, Robert Ellickson, Richard Epstein, Stanley Fish, Gertrud Fremling, Richard Friedman, Joseph Gastwirth, Richard Helmholz, Laura Kalman, Bruce Kobyashi, Larry Kramer, William Landes, Brian Leiter, Frank Michelman, Peter Newman, Eric Rasmusen, Jennifer Reinganum, Richard Rorty, Carol Rose, Michael Saks, Erich Schanze, Steven Shavell, Stephen Stigler, Geoffrey Stone, David Strauss e David Wilson. Devo agradecimentos especiais a Gertrud Fremling e Eric Rasmusen. Ambos foram meus coautores; o primeiro, em um texto que deu origem ao Capítulo 8, e o segundo, em um texto que deu origem ao Capítulo 10 (certas passagens desses textos foram transcritas literalmente). Eles não devem ser responsabilizados pelas edições que fiz ao adaptar esses textos para o presente volume.

Gostaria de indicar, ainda, a origem dos diferentes capítulos. A Introdução provém de um ensaio sobre "teoria do direito" que preparei para a *Encyclopedia Britannica*, de uma resenha de Mark Tushnet, *Taking the Constitution away from the Courts* (1999), publicada sob o título de "Appeal and Consent", na *New Republic* de 16 de agosto de 1999, p. 36, e de minha resenha do livro *Law and Disagreement* (1999), de Jeremy Waldron, em 100 *Columbia Law Review* 582 (2000). O Capítulo 1 se baseia numa palestra do ciclo *Coase Lectures*, proferida na Faculdade de Direito da Universidade de Chicago, em 6 de janeiro de 1998, e publicada com o título "Values and Consequences: An Introduction to Economic Analysis of Law", em *Chicago Lectures in Law and Economics*, p. 189 (Eric A. Posner [org.], 2000); em meu discurso de posse como presidente do *Bentham Club* do *University College* de Londres, em 2 de março de 1998, publicado sob o título "Bentham's Influence on the Law and Economics Movement", 51 *Current Legal Problems* 425 (1998); e, finalmente, em uma palestra do ciclo *Distinguished Lecture Series on Economics and the Law*, que proferi na Faculdade de Direito da Universidade George Mason, em 14 de setembro de 1999. O Capítulo 2 se baseia num ensaio preparado para uma coletânea de ensaios (ainda inédita) organizada por Lee Bollinger e Geoffrey Stone para comemorar a primeira grande decisão da Suprema Corte sobre a liberdade de expressão, *Schenck vs. Estados Unidos*, 249 U.S. 47 (1919). O Capítulo 3 baseia-se quase por inteiro em meu artigo "Equality, Wealth, and Political Stability", 13 *Journal of Law, Economics, and Organization* 344 (1997), o qual, por sua vez, baseia-se numa palestra que proferi em um congresso da Unesco realizado em Paris, em 27 de março de 1996, sobre o tema *"Qui Sommes-Nous?"* ("Quem somos nós?"); e também em meu artigo "Cost-Benefit Analysis: Definition, Justification, and Comment on Conference Papers", 29 *Journal of Legal Studies* 1153 (2000).

O Capítulo 4 baseia-se em meu texto "Past-Dependency, Pragmatism, and Critique of History in Adjudication and Legal Scholarship", preparado para um congresso sobre "dependência do passado", realizado na Universidade de Stanford em 5 e 6 de novembro de 1999 e publicado em 67 *University of Chicago Law Review* 573 (2000). O Capítulo 5 baseia-se nesse texto, assim como, em parte, em minha resenha do livro *We the People: Transformations* [Nós, o povo: transformações] (1998), v. 2, de Bruce Ackerman, publicada sob o título "This Magic Moment", em *New Republic*, 6 de abril de 1998, p. 32; e em minha resenha do livro *The Cultural Study of Law: Reconstructing Legal Scholarship* [O estudo cultural do direito: reconstrução da erudição legal] (1999), de Paul W. Kahn, publicada sob o título "Cultural Studies and the Law", em *Raritan*, outono de 1999, p. 42. O Capítulo 6 é baseado na palestra "Savigny, Holmes, and the Law and Economics of Possession", proferida por ocasião da abertura do ciclo de palestras *Savigny Memorial Lectures*, na Philips-Universität de Marburgo, a 25 de junho de 1999, e publicada em 86 *Virginia Law Review* 535 (2000).

O Capítulo 7 se baseia sobretudo em um trabalho intitulado "Emotions versus Emotionalism in Law", apresentado em 23 de maio de 1998 em uma conferência sobre as emoções e o direito, patrocinada pela Universidade de Chicago e pela Universidade DePaul, e que se acha publicado em *The Passions of Law* [As paixões do direito], p. 309 (Susan Bandes [org.], 2000). O Capítulo 7 se baseia também em "Social Norms, Social Meaning, and Economic Analysis of Law: A Comment", 27 *Journal of Legal Studies* 553 (1998). O Capítulo 8 também se baseia nesse comentário, mas sua fonte principal é meu artigo "Rational Choice, Behavioral Economics, and the Law", 50 *Stanford Law Review* 551 (1998), bem como um texto ainda inédito que escrevi com Gertrud M. Fremling: "Market Signaling of Personal Characteristics" (novembro de 2000). O Capítulo 9 baseia-se em meu artigo "Social Norms and the Law: An Economic Approach", 87 *American Economic Review Papers and Proceedings* 365 (maio de 1997); num artigo que escrevi em coautoria com Eric B. Rasmusen, "Creating and Enforcing Norms, with Special Reference to Sanctions", 19 *International Review of Law and Economics* 369 (1999); e em meu artigo

"Comment on Laurence R. Iannaccone, 'Religion, Values, and Behavioral Constraint'", o qual foi apresentado num simpósio sobre análise econômica do comportamento social, patrocinado pelo Instituto Fraser e realizado nos dias 1º e 2 de dezembro de 1995, em comemoração ao 65º aniversário de Gary Becker.

O Capítulo 10, por sua vez, baseia-se principalmente em "In the Fraud Archives", minha resenha do livro *The Crime of Sheila McGough* [O crime de Sheila McGough] (1999), de Janet Malcolm, publicada na *New Republic* de 10 de abril de 1999, p. 29. O Capítulo 11 e o 12 se baseiam em meu artigo "An Economic Approach to the Law of Evidence", 51 *Stanford Law Review* 1477 (1999). Por fim, o Capítulo 13 se baseia em meu artigo de pesquisa intitulado "An Economic Analysis of the Use of Citations Analysis in the Law", 2 *American Law and Economics Review* 381 (2000), e em outro texto de minha autoria, "Is the Ninth Circuit Too Large? A Statistical Study of Judicial Quality", 29 *Journal of Legal Studies* 711 (2000).

Todo o material anteriormente publicado passou por revisões, não raro exaustivas, tendo em vista a publicação do presente livro.

ÍNDICE REMISSIVO

aborto, 323-4
Abrams vs. Estados Unidos, 52-3, 58-9, 83
aceitação de responsabilidade, como base para a redução da pena, 298-9, 523-4
Ackerman, Bruce, 203-20, 225
acordo entre as partes. *Ver* litígio judicial
Adkins vs. Children's Hospital, 206, 212
Adler, Matthew D., 135, 144, 149-51
administração judiciária, 547-60, 566, 584-9
advogados: limites de seus deveres para com os clientes, 436-7
Allen, Ronald J., 494n, 528n
altruísmo, 122-3, 313, 334, 338-46, 357-60; dos pais, 378-80
ambientais, valores, 150, 163
American Booksellers Ass'n, Inc. vs. Hudnut, 69n
análise de citações, 557-89; críticas à, 567-72; modelos econômicos da, 579-83; fator de impacto, 577-8; como medida de influência, 570-1; citações judiciais, 557-60, 566, 584-5; como método de avaliação dos juízes, 557-60, 584; no âmbito da pesquisa acadêmica, 585-6; nos pedidos de registro de patentes, 574, 579-80; citações de estudiosos acadêmicos, 561-72, 577-89; tipos de citação e motivos para citar, 22, 563-8
análise de custo-benefício, 52-6, 133-63; definição de, 133; exigida pela Norma Probatória Federal 403, 512-3; de regulamentações de saúde e segurança, 141-44, 152
analogia histórica, 175, 193-4
Anderson, Elizabeth, 322-4
Antígona, 155-6
antitruste, direito, 14
antropologia do direito, 220-34
aquecimento global, 155
arbitragem, 473-4, 540
Aristóteles, 231, 283

Arkansas Educational Television Comm'n vs. Forbes, 56
Arlen, Jennifer, 324n
Ashenfelter, Orley, 491n
autoria, 22-5. *Ver também* personalidade

Balkin, Jack, 220n
bebês, comércio de, 25-6
Beccaria, Cesare, 36-7
Becker, Gary S., 3, 7, 33-46, 331-3
bem-estar social, economia do. *Ver* economia
bens de crença, 22, 455
Bentham, Jeremy, X, 3-7, 33-46, 98, 570; sobre a prova, 452, 513n
Bilson, John F. O., 116n
Blackmun, Harry, 310
Blackstone, William, 42, 177
Blasi, Vincent, 78n
Bork, Robert H., XXVIIIn
Brandenburg vs. Ohio, 59n
Broome, John, 135, 141, 151-2
Brown vs. Board of Education, XVIII, XLI-XLIII, 212
Bruton vs. Estados Unidos, 511n
Buckley vs. Valeo, 88
busca, quantidade ideal de, 442-5. *Ver também* prova, modelo econômico da
busca e apreensão. *Ver* prova, obtenção ilegal da

Calabresi, Guido, 30, 43-4, 186
Cantwell vs. Connecticut, 85
capital humano, 29, 45, 579-80, 589
Cardozo, Benjamin N., 583-4
Castaneda vs. Partida, 491n

causalidade, XLIV, 4-6, 195-6
Chapman, Anthony C., 571n
clemência, 313. *Ver também* empatia; declarações acerca do impacto sobre a vítima
Clermont, Kevin M., 475
Coady, C. A. J., 168n, 415, 418n, 496n
Coase, Ronald, XIV, 7, 18, 103n, 325n, 365
codificação, 43, 236-41, 273-4
Cohen, Joshua, 48n
Collingwood, R. J., 168n
common law, 36, 42, 105.
Ver também posse
comportamentalismo, 319ss; dados empíricos gerados a partir de experiências, 360, 522; efeitos de seleção no, 360-4; caráter pouco teórico da economia comportamentalista, 336-5
confiança, homens de, 420-37
conhecimento. *Ver* epistemologia; verdade
Constituição, Artigo V, 203-20
contrainterrogatório, 456
contratos, como fontes de normas, 395-6
controle judicial de constitucionalidade, XXVIII--XLVI. *Ver também* direito constitucional
credibilidade, determinação da credibilidade da testemunha na sala de audiências, 427, 432-3
crime: a sangue-frio, 289-91; golpes e golpistas, 420-37; crimes passionais, 289, 292; teoria econômica do, 33-6,

547-8; crimes motivados pelo ódio, 282, 289-97; por homofobia, 292; e a racionalidade dos criminosos, 361-2
criminologia, 33-6
critério de prova superior a toda dúvida razoável. *Ver* ônus da prova, no direito civil e no direito penal
culpa, como garantia de cumprimento das normas, 377-81, 393
cy pres, doutrina, 186

Damaska, Mirjan R., 465n
David, Paul A., 182
decisão, teoria da, 440n
declarações acerca do impacto sobre a vítima, 310-1, 326
democracia: modelo do eleitor médio, 110-1
dependência da trajetória, 183-7, 392
desconto, 361-2. *Ver também* desconto hiperbólico
desconto hiperbólico, 329-30, 361-2
desregulamentação, 15-6
difamação, 395
direito: análise de citações no, 557-89; estudos culturais do, 220-34; emoção no (*ver* emoção); estudos empíricos do, 547-89; probatório, 440, 447-8, 503-4; dos descobridores, 260-2, 271; alemão (*ver* sistemas de *civil law*; Savigny, Friedrich Carl von); ideologia do, 229-34; e a relação entre locador e locatário, 249, 264-5; natural, 244; e normas, 373-4, 381, 393-400; origens do direito na vingança, 386; romano, 240-1, 244, 274. *Ver também* direito constitucional; direito penal; posse; sigilo
direito constitucional, 177-81, 185, 403; emendas ao, 203-20; processo penal, 483-4; efeitos do, XXVII-XLVI. *Ver também* Constituição; liberdade de expressão; originalismo
direito de não testemunhar nem produzir provas contra si mesmo, 436, 506n, 530-5
direito penal, 13-4; e emoção, 289ss; fundamentos do, 297, 306-7; papel da moral no, 297
direito previdenciário. *Ver* ERISA
direitos autorais. *Ver* autoria
dissuasão: importância de sua exatidão na averiguação dos fatos, 445-6, 488-9
distribuição de renda e riqueza, 103ss; e democracia, 110-1; *versus* nível de renda, 115-33; comparações internacionais, 109-10; mensuração e fatores determinantes da, 109-25; consequências políticas da, 112-33; nos Estados Unidos, 109-10, 117-8
Dr. Miles Medical Co. vs. John D. Park & Sons Co., 14
Dworkin, Ronald, 180, 185, 188, 201n, 223

Eckert vs. Long Island R.R., 16-7
economia: modelos econômicos de análise de citações, 579-83;

caráter empático da, 307-9; da liberdade de expressão, 47ss; não mercadológica, 37-41, 45-6; da posse, 256-73; da religião, 400-12; do bem-estar (economia normativa), 39-42, 97-108, 133-63. *Ver também* comportamentalismo; análise de custo-benefício; teoria econômica do direito; valor da vida

economia comportamental e teoria econômica comportamental do direito. *Ver* comportamentalismo

educação no Terceiro Mundo, 157-8

efeito de apropriação, XXIII, 347-54, 356, 364-6

efeito Matthew, 579n, 589

eficiência. *Ver* Pareto, eficiência segundo o critério de; maximização da riqueza

Eisenberg, Theodore, 475

Ellickson, Robert C., 386n, 547n

Elster, Jon, 285n

emoção, 281ss, 386; teoria cognitiva da, 282-5; *versus* emocionalismo, 285-6, 306, 315-6; nos litígios judiciais, 282

empatia, 120, 307-8

emprego: obrigatoriedade de benefícios trabalhistas, 363-5

epistemologia: crença *versus* aceitação, 510-1; e religião, 406-11; ceticismo epistemológico, 415-9. *Ver também* probabilidade; testemunho; verdade

Epstein, Richard A., 241n

equidade, 333-4, 366-9; teoria evolutiva da, 335-42. *Ver também* jogo do ultimato

Erie R.R. vs. Tompkins, 588

ERISA (Employment Retirement Income Security Act), 27-9

erro: erro do tipo I *versus* erro do tipo II, 481-2

erro inofensivo, 505-8

escolha pública, XX

escolha racional, 158-9; crítica comportamentalista da, 319ss; concepção econômica da, 319-24; e emoção, 281-5. *Ver também* análise de custo--benefício; informação, custo da

Eskridge, William N. Jr., XLIV

estabilidade política, 106-33; definição, 108; medidas de, 125

Estado. *Ver* democracia; política

estado de direito, 221, 224-34, 376

Estados Unidos vs. Curtiss--Wright Export Corp., 199n

Estados Unidos vs. Dennis, 51n, 59n, 62, 66

Estados Unidos vs. Lallemand, 295n

estatística: testes de significância, 491-2, 537n; e seu uso como elemento de prova, 487-500

estudos jurídicos críticos, XXV

estudos jurídicos pós--modernos, XXV-XXVI

ética jurídica, 436-7

eu, múltiplos eus, 331, 363

extorsão, 294

ÍNDICE REMISSIVO

falência, 10-1
Fallon, Richard H. Jr., 201n
falta de força de vontade, 329-34
Família, 393. *Ver também* culpa; vergonha
Fankhauser, Samuel, 155
Farnsworth, Ward, 365-6
Farris, Jerome, 550
fato, questão de, *versus* questão de direito, 500-1
fenômeno da celebridade, 106-7, 579
fideicomisso instituído em benefício de um pródigo, 9
Field, David Dudley, 43
financiamento de campanhas eleitorais, XLIII, 87-92
Fischel, Daniel R., 532n
Fish, Stanley, 78-9
fórmula de Hand, 11-2, 51n, 500, 513
Foucault, Michel, 170, 221
Frank, Robert H., 135, 147-8
fraude, 420-37
Fremling, Gertrud M., 351n, 591
Friedman, Richard D., 525n

genealogia, 218-9, 221
Griswold vs. Connecticut, 178, 206, 212
Gross, Samuel R., 485n
Gruber, Jonathan, 363-4

hábito, 349-50, 380
Hahn, Robert W., 135, 138
Hale, Robert, 6
Hand, Learned, XXVIII, 51n, 511n, 584. *Ver também* fórmula de Hand
Harsanyi, John C., 571
Haslem vs. Lockwood, 270

Hazelwood School District vs. Estados Unidos, 491n
heurística da disponibilidade, XXIII, 58, 142, 308, 311, 315, 324-7, 367
história: e causalidade, 4-6; escola histórica da teoria do direito, 235-77; leis da, 195; do direito, XV-XVI, 169, 177ss; teoria nietzschiana da, 167-76, 218-9; força normativa da história sobre o direito, 187-8; e verdade, 167ss. *Ver também* historiografia
historiografia: virtual, XLI, 4-5, 195, 214; *Geschichte versus Historie*, 168
Holmes, Oliver Wendell Jr., 36, 43-4, 49-54, 58-9, 81-3, 116n, 196, 233, 276; crítica à escola histórica da teoria do direito, 235-6, 242-5, 252; ceticismo moral, 254; *The Common Law*, 243-4, 276; teoria da posse, 242-5, 251-6
honra, código de. *Ver* vingança
Hume, David, 6; sobre os milagres, 418, 496; sobre a religião, 400, 411
Hustler Magazine, Inc. vs. Falwell, 79n
Huxley, Aldous, 100

igualdade, 122. *Ver também* distribuição de renda e riqueza
impugnação peremptória, 499
influência, 3-5. *Ver também* análise de citações
informação, custo da, 22, 81, 145, 579-80. *Ver também*

analogia histórica;
jurisprudência
Inglaterra, sistema político e
  jurídico da, 230-1, 466-7
inveja, 122-4, 149, 334n, 340;
  versus emulação, 123
Issacharoff, Samuel, 352

jogo do ditador, 357-60
jogo do ultimato, 343-4, 357-60
Jolls, Christine, 319, 325ss
juízes: idade dos, 195, 589;
  emoções dos, 286, 304-16;
  normas de comportamento
  dos, 376-7, 548; produtividade
  dos, 556-60, 574-8, 585-9;
  recusa sob alegação de
  tendenciosidade, 497-500;
  salário dos, 466n. *Ver também*
  administração judiciária
julgamento, comparação entre
  as causas decididas pelo juiz
  e as causas decididas pelo
  júri, 464-8. *Ver também* prova;
  Normas Probatórias Federais;
  litígio judicial
júri, 184-6, 452-78
júris: precisão dos, 474-8;
  teorema do júri de Condorcet,
  471; peritos judiciais nos
  julgamentos por júri, 539-40;
  imparcialidade dos, 499;
  instruções ao júri, 472, 493-5,
  510-2; tamanho ideal dos,
  472-4, 477-8, 499-500; como
  são selecionados, 467-8;
  norma de votação, 474. *Ver
  também* Normas Probatórias
  Federais
jurisprudência, decisão segundo
  a, 175, 185, 193-6, 587-9. *Ver
  também* analogia histórica

justa indenização, 31
justiça, 334-5, 366-70; teoria
  evolutiva da, 338-46. *Ver
  também* jogo do ultimato
justiça distributiva, 103-7, 133-4
justiça penal, 420-37; estímulos
  dos promotores públicos,
  482-6, 505-8, 519-20

Kahan, Dan M., 293n, 300n
Kahn, Paul W., 187, 220-34
Kalman, Laura, 181
Kamin, Kim A., 522-3 e n
Kaminsky vs. Hertz Corp., 488n
Kant, Immanuel, 123, 231-2
Kaplow, Louis, 513n
Kelman, Mark, 522n
Knight, Frank, 38
Kornhauser, Lewis A., 135,
  139-40
Kuran, Timur, 321, 393
Kuznets, Simon, 110

Labine, Susan J. e Gary, 522 e n
Landes, William M., 557-8, 580,
  584, 587, 588n
Langbein, John H., 460
Legislação, XXIX-XLI
Leibowitz, S. J., 183n
Lessig, Lawrence, 557-8, 584
liberalismo, 112; e estado de
  bem-estar social, 112
liberdade, 111-2, 115; medidas
  de, 125-6. *Ver também*
  liberalismo; Mill, John Stuart
liberdade de expressão, 47ss; e
  financiamento de campanhas
  eleitorais, 87-92; comercial,
  82; diferentes tipos de, 64-5;
  palavras insultuosas, 85;
  queima da bandeira, 65; dano
  versus ultraje, 54, 56-9, 62-3,

ÍNDICE REMISSIVO

70-1; formas de expressão motivadas pelo ódio, 63-4, 84-6; veto do contestador, 85; valor instrumental *versus* valor intrínseco da, 47-8; na Internet, 92-5; e propriedade, 86; espaço público, 60-1; subsídios à, 74-5, 91
litígio judicial: modelo econômico (*ver* prova, modelo econômico da); resolvido por acordo entre as partes, 316-8, 365-6, 486-7
Lochner *vs. Nova York*, 206, 212
Loewenstein, George, 352
Lofgren, Charles A., 199n
Louisville Joint Stock Land Bank vs. Radford, 206
Luker, Kristin, 322-3

Maine, Henry, 244
Malcolm, Janet, *The Crime of Sheila McGough*, 419-21
marcas, 19
Margolis, Stephen E., 183n
maternidade substituta, 25-9
maximização da riqueza, 101-3, 134-5
McDonnell Douglas Corp. vs. Green, 480, 533
McNaughton, John T., 530n
McNeill, William H., 5
mediação, 316-8
Melnick, R. Shep, 138n
Merton, Robert K., 579n
Michelman, Frank I., 181
Mill, John Stuart, 48, 52n, 57-8, 64, 71-2, 115, 477
moral, teoria emotivista da, 306-7; teoria expressiva da, 297; sorte moral, 342-3

negociação, 365-8. *Ver também* mediação
negociações de acordos, 486-7
New Deal, 206-14, 217
Nietzsche, Friedrich, 167ss, 218-9, 410
normas: criação e alteração de, 390-400; definição, 373-4; efeito da educação sobre as, 396-7; efeito do pluralismo religioso *versus* efeito do sistema religioso sobre as, 388-9, 400, 410-5; cumprimento das, 378; de comportamento dos juízes, 376-7; ostracismo como sanção pela violação das, 388; em relação às leis, 373-4, 381, 393-400; valor social *versus* valor privado das, 374-5, 379-80, 397-9
Normas Probatórias Federais, 503; Norma 103 (a), 504; Norma 105, 508-9; Norma 401, 512; Norma 402, 512, 516, 525; Norma 403, 457, 512-3, 524-5; Norma 404, 516-7; Norma 407, 521, 527; Normas 413 a 415, 518n; Norma 602, 534; Norma 609, 519; Norma 701, 534n; Norma 702, 534; Norma 706, 540
normas sociais. *Ver* normas
normas *versus* padrões, 273-4
Nussbaum, Martha C., 135, 155-7, 293n

Oaxaca, Ronald, 491n
ônus da prova, 478-500, 531; no direito civil e no direito penal,

482-4; ônus da produção *versus* ônus da persuasão, 478-88
originalismo, XIX, 181, 192-3, 200-2
Orwell, George, *1984*, 418n
ostracismo, 388, 408

Parcialidade, como motivo para desculpar o júri ou recusar o juiz, 497-500
Pareto, eficiência segundo o critério de, 105-6, 153
patrimônio histórico, leis de preservação do, 30-1
Peirce, Charles Sanders, 66n
Peltzman, Sam, 125
pena, 519; e precisão na averiguação dos fatos, 445-6; papel do remorso na determinação da, 298-9; penas de envergonhamento, 300-4; papel da vingança na determinação da, 313-4.
Ver também pena capital
pena capital, 298-9, 310-2, 361-2
percepção tardia, XXIII, 336n, 366, 474, 521
perito judicial, 534-44; nomeado pelo juiz, 540; "profissional", 538
perjúrio, 428, 504
Perry Education Ass'n vs. Perry Local Educators' Ass'n, 60n
personalidade, teoria econômica da, 18-25
pertinência, 512
Pigou, A. C., 38, 41
Planned Parenthood of Southeastern Pennsylvania vs. Casey, 234

Plessy vs. Fersuson, 207, 211
pobreza, 116-8
poder de expropriação, 27
polarização grupal, 477-8
política: e análise custo- -benefício, 136; do ambientalismo, 163; da identidade, 136, 227; igualdade política, 121.
Ver também Antígona; financiamento de campanhas eleitorais
política populacional, 153-4
pornografia, 70-1
Posadas de Puerto Rico Associates vs. Tourism Co. of Puerto Rico, 67
Posner, Eric A., 135, 144, 149-51
posse: por usucapião, 266-9; de obras de arte, 271-2; teoria econômica da, 256-73; na teoria econômica do direito, 242-6
pragmatismo, 196, 201e n, 241
preferências, formação e transformação das, 347
presunção de inocência, 498n
Primeira Emenda. *Ver* liberdade de expressão
privacidade, 302, 398
probabilidade, teoria matemática da, 487-500. *Ver também* Teorema de Bayes
processo penal, 482-7, 498n, 517-51; norma do erro inofensivo, 505-8. *Ver também* direito de não testemunhar nem produzir provas contra si mesmo
propriedade: teoria econômica da, 256-73; feudal, 250; e

ÍNDICE REMISSIVO

liberdade de expressão, 86; e medos irracionais, 143; direitos de, 125. *Ver também* posse

prova: admissibilidade, 508-9; comparação entre o direito probatório no sistema anglo-americano e nos sistemas de *civil law*, 440, 452-70, 482-3, 488, 500, 589; e caráter (incluindo crimes anteriores), 516-22; custos da, 446-8, 513-6; modelo econômico da, 440-56; e testemunho indireto, 524; obtenção ilegal da, 529-30; inferência a partir de provas faltantes, 480; direito probatório, 440, 447-8, 503-4; que predisponha o júri contra o réu, 510-4; normas probatórias, 310-2, 457-8, 472; estatística, 487-500, 533; de consertos posteriores, 448-9, 522-4, 526. *Ver também* Normas Probatórias Federais; sigilo

psicologia: cognitiva, XXII-XXIV, XXVI, 135-6, 142-3, 281ss, 463-4, 477-8, 493n, 514; inteligência fluida *versus* inteligência cristalizada, 589n. *Ver também* comportamentalismo; emoção

Quinta Emenda. *Ver* direito de não testemunhar nem produzir provas contra si mesmo

Rabban, David M., 66n
Rabin, Matthew J., 324n, 331, 336n, 464n, 477n

Rachlinski, Jeffrey J., 522 e n
racionalidade: do vício, 332-4; limitada, 326-9, 514; da opção pelo aborto, 323-4; do efeito de apropriação, 347; do ódio étnico, 320; e evolução, 338-46; irracionalidade, 143-4, 326-9; homem racional *versus* homem do comportamentalismo, 336; da crença religiosa, 406-11. *Ver também* Teorema de Bayes; probabilidade

Rasmusen, Eric A., 375n, 591
Rawls, John, XXXV, 122-4, 571
realismo jurídico, IX, 41-5
regra do produto, 493-7
religião, 5-6; e crime, 411; análise econômica da, 400-12; e normas, 388-9, 400-4, 411-2; racionalidade das crenças religiosas, 406-12

renda: nível de renda *versus* distribuição de renda, 112-33; relativa, 147-8

responsabilidade civil, 11-4, 16-7, 43-4, 366-7, 479; ações de proteção à privacidade, 19. *Ver também* fórmula de Hand

responsabilidade civil dependente de culpa, questão factual ou jurídica? 500-1. *Ver também* responsabilidade civil

retaliação. *Ver* vingança
revelação recíproca dos elementos de prova antes do julgamento, 457-8, 479
Richardson, Henry, 134-5, 158-60

Robbins, Lionel, 39
Robson, Arthur J., 285n
Roe vs. Wade, XLIV-XLV, 206, 212
Rorty, Richard, 219
Rosenberg, Gerald N., XLIV, 223
Rubinfeld, Daniel L., 540

Sandel, Michael, 25-6
Savigny, Friedrich Carl von, 177, 178n, 235-77; teoria da posse, 242-55
Scalia, Antonin, 200
Scanlon, Thomas, 48n
Schenck vs. Estados Unidos, 49-50, 52-3, 58-62
Schmitt, Carl, 302
Seidmann, Daniel J., 533n
Sen, Amartya, 97, 118n, 134-5, 162-3, 348
sessão de reconhecimento policial sugestiva, 482
sigilo: no direito probatório, 525-32; sigilo profissional do advogado, 527-8; conjugal, 526; sigilo profissional do psicoterapeuta, 529. *Ver também* direito de não testemunhar nem produzir provas contra si mesmo
sinalização, teoria da, 321-2, 343, 350-60, 456, 532
Singer, Peter, 101
sistemas de *civil law*, 196. *Ver também* prova, comparação entre o direito probatório no sistema anglo-americano e nos sistemas de *civil law*; Savigny, Friedrich Carl von
Smith, Adam, 6; sobre religião, 400-1, 411

Smith vs. Rapid Transit, Inc., 488n
sociologia, 38, 580; do direito, XXI-XXII, 548
Solimine, Michael E., 557-8, 584
Stare decisis. *Ver* jurisprudência
Stein, Alex, 533n
Strauss, David A., XXVIIIn
Sunstein, Cass R., 135, 141-4, 152, 181, 319, 325ss
Suprema Corte dos Estados Unidos, 231-2; reformas de decisões pela, 548-60. *Ver também* direito constitucional

tendência à confirmação, 464, 477n
tendenciosidade, como justificativa para dispensar um candidato a jurado ou recusar um juiz, 498
Teorema de Bayes, XXVI, 449, 488-90, 493, 497-8, 511-2
Teorema de Coase. *Ver* Coase, Ronald
Teorema de Condorcet, 471
teoria constitucional, XVII-XX, XXVII-XLVI
teoria crítica da raça, XXVI
teoria do direito, VIII. *Ver também* Savigny, Friedrich Carl von
teoria do direito: definição, VII-XI; crítica de Kahn à, 228-9
teoria econômica do direito, XI-XV, XXV, 3ss, 103-6, 587. *Ver também* comportamentalismo
teoria feminista do direito, XVI-XVII, XXVI, 69-71
teoria literária do direito, XXIV-XV, 232

teoria política, XIX-XX; de Bruce Ackerman, 205-6. *Ver também* financiamento de campanhas eleitorais; estabilidade política
teoria social do direito, XXII
testemunho: em juízo, 416, 420, 426-9, 432-3; como categoria epistemológica, 82-3, 407, 415-9, 493
Thaler, Richard, 319, 325ss
Tocqueville, Alexis de, 124
tomada de decisões. *Ver* análise de custo-benefício; escolha racional
tragédia, 155-7
tribunais: tribunais recursais federais, 548-60; influência do tamanho sobre o desempenho, 555-60; Tribunal Federal da Nona Região, 547-60. *Ver também* direito constitucional; juízes; administração judiciária
tributação, 112n
Tullock, Gordon, 458n, 469n
Tushnet, Mark, XXVIIIn, XXX

utilidade, média *versus* total, 152; conceito econômico de, 98-9
utilitarismo, 33-41, 98-102, 153-4. *Ver também* maximização da riqueza

valor da vida, 139-40; para os idosos, 146
verdade, 80-3, 198; determinação da verdade pelo sistema jurídico, 420-37. *Ver também* história
vergonha: como garantia de cumprimento das normas, 377-89, 393; e pena, 300-4; *versus* culpa, 377-8. *Ver também* pena, penas de envergonhamento
vício: *versus* hábito, 349-50; como comportamento racional, 332-4
vingança, 313-5, 360, 385-6, 392, 399. *Ver também* equidade
Viscusi, W. Kip, 135, 144-7, 152
voto, 328-9, 340

Waldron, Jeremy, XXVIIIn, XXXIII-XLI
Weber, Max, X, 171, 275
Wechsler, Herbert, XVIII
Wells, Gary L., 488n, 493n
White, James Boyd, 220n
Wicksteed, Philip H., 39
Wisconsin vs. Mitchell, 294
Wittgenstein, Ludwig, 417